파티큘러는 눈, 비, 불꽃, 연기, 폭발, 먼지 등을 표현하는 서드파티 플러그인입니다.

애프터이펙트 파티큘러

CS & CC 를 위한

저자 이용태

원리이해
기초+예제

파티큘러는 애프터이펙트를 비롯, 프리미어 프로, 누크에서도 사용할 수 있는 플러그인입니다.

에프원북스

애프터이펙트 파티큘러
CS & CC 를 위한
기초+예제

초판 인쇄 : 2014년 11월 5일
초판 발행 : 2014년 11월 5일

출판등록 번호 : 제 379-2007-000026 호
ISBN : 978-89-93624-16-8 13000

주소 : 강원도 횡성군 횡성읍 궁천리 79-7
도서문의(신한서적) 전화 : 031) 919-9851 팩스 : 031) 919-9852
펴낸곳 : 에프원북스
펴낸이 : 에프원북스

지은이 : 이용태   www.facebook.com/eyongtae
기획 : 에프원북스
진행 책임 : 에프원북스
편집 디자인 : 에프원북스
표지 디자인 : 에프원북스

본 도서의 내용 중 디자인 및 저자의 창작성이 인정되는 내용을 무단으로 복제 및 복사하는 것은
저작권법에 의해 처리될 수 있습니다.

Published by f1books Co. Ltd Printed in Korea

저자의 말

그동안 국내에는 파티큘러에 대한 변변한 서적도 없어 인터넷을 검색하거나 영문으로 된 헬프 문서를 번역해서 공부를 해야만 했었습니다. 이에 필자는 이미 몇 해전부터 파티큘러에 대한 집필을 준비하고 있었으나 시기가 잘 맞지 않아 시작도 못하고 있다가 이번에 와서야 본격적인 집필이 가능하게 되었습니다.

애프터이펙트를 꽤나 오랫동안 사용하면서 파티큘러는 반드시 필요한 서드파티 플러그인으로써 정립되었습니다. 필자도 파티큘러를 자주 사용하는 것은 사실이나 필요에 의해서만 사용했기 때문에 파티큘러를 깊이 파고들어가 본적이 없었습니다. 때에 맞춰 책을 통해 파티큘러의 모든 기능들에 대해서 하나하나 설명을 하려니 어쩔 수 없이 고시 공부를 하는 학생으로 돌아가게 되더군요. 이렇게 책을 쓰다 보니 파티큘러의 매력에 더 빠지게 되었고 파티큘러를 원리적으로 접근하다 보니 이미 만들어진 프리셋을 분석하지 않고도 어떻게 만들어졌는지에 대한 이해가 쉽게 되었습니다.

만약 이 책을 정독하게 된다면 여러분은 파티큘러의 원리를 이해하게 될 것이며 여러분들이 생각하는 장면을 표현하는데 거침이 없을 것이라 생각됩니다. 이제 파티큘러와 함께 여러분만의 크리에이티브한 상상력을 표현해 보기 바랍니다.

본 도서에 대한 질문은 이용태닷컴(www.이용태.com)의 커뮤니티 Q&A를 이용해 주길 바랍니다.

2014년 10월 20일

본 도서는

본 도서는 애프터이펙트와 함께 기초 학습 및 예제를 통해 파티큘러를 처음 접하는 초보자도 파티큘러를 쉽게 익힐 수 있게 구성하였습니다. 참고로 본 도서를 유연하게 활용하기 위해서는 가급적 애프터이펙트의 기본 지식을 쌓은 후 학습을 하는 것이 좋습니다.

1th 처음 시작하는 분들을 위한 기초 이론을 기술하고 있습니다.
본 도서는 파티큘러를 처음 시작하는 부분들을 위한 도서로써 애프터이펙트 사용자에게 최적화되어 있으나 그밖에 프리미어 프로, 누크 등의 편집 프로그램을 사용하는 분들에게도 유익한 내용이 담겨있습니다.

2th 파티큘러의 모든 기능을 익힐 수 있습니다.
파티큘러를 설치하는 방법부터 파티큘러에서 제공되는 모든 기능을 빠짐없이 설명하고 있어 원리적인 이해를 하는데 많은 도움이 됩니다.

3th 예제를 통해 심층적인 학습을 할 수 있도록 구성되어 있습니다.
본 도서는 파티큘러에 대한 기초 이론적인 학습이 끝난 후 예제 파트를 통해 보다 심층적으로 파티큘러를 이해할 수 있도록 구성하였습니다.

4th 배운 즉시 실무에 곧바로 활용할 수 있습니다.
단순히 학습을 위한 매뉴얼적인 내용이 아니라 배우면 곧바로 실무에 활용할 수 있는 보편적이면서도 실용적인 예제에 중점을 두었습니다.

5th 강의식으로 설명된 내용은 보다 쉽고 친숙하게 합니다.
본 도서는 기존의 딱딱한 느낌의 매뉴얼 방식의 설명에서 벗어나 보다 쉽고 친숙하게 다가갈 수 있도록 모든 설명을 강의식으로 구성하였습니다.

본 도서의 내용을 보다 원활하게 학습하기 위해서는 학습자료들이 필요합니다. 학습자료 파일들은 이용태닷컴을 통해 다운로드받아 사용할 수 있으므로 아래에서 설명하는 방법을 통해 학습자료 파일을 이용하면 됩니다.

1단계 인터넷 익스플로러의 주소 입력 창에서 www.이용태.com을 입력하여 이용태닷컴에 접속합니다. 또는 다음이나 네이버 같은 검색엔진에서 이용태닷컴으로 검색하여 해당 사이트에 접속합니다.

2단계 이용태닷컴에 접속한 후 회원가입을 하고 로그인을 합니다. 그다음 도서학습자료 메뉴를 클릭하여 해당 페이지를 열어줍니다. 개인정보 노출을 꺼리는 분들은 자료를 받으신 다음, 회원을 탈퇴하시면 됩니다.

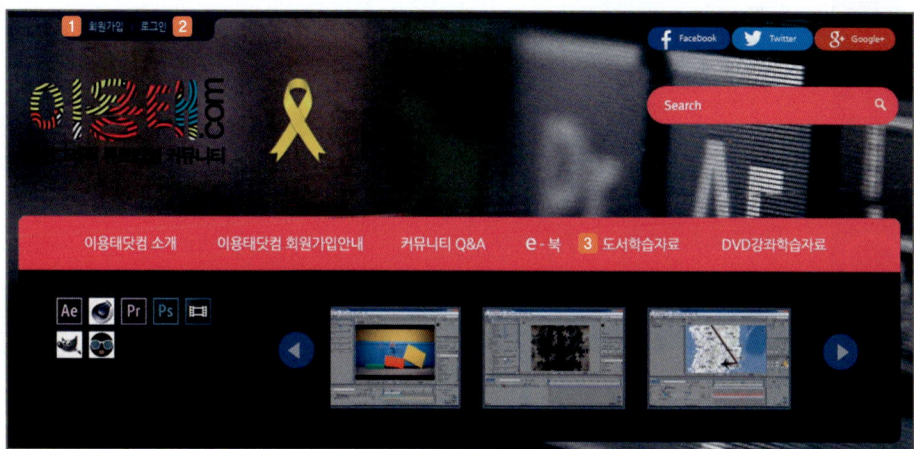

3단계 도서학습자료 페이지에 들어오면 해당 도서명[애프터이펙트를 위한 파티큘러]을 클릭하여 들어간 후 좌측에 있는 대용량자료의 다운로드 글자 버튼을 클릭하여 다운로드받아서 사용하면 됩니다.

대용량자료	다운받기

4단계 다운로드 된 파일은 압축되어있기 때문에 윈집이나 알집 등의 압축 툴을 사용하여 압축을 풀어서 사용하면 되며 본 도서에 대한 궁금한 점이 있다면 커뮤니티 Q&A를 통해 질문을 하시면 되며 답변은 저자분이 가능한 시간 때에 직접 답변을 해 드릴 것입니다.

00 파티큘러 설치하기 — 012

01 파티큘러 분석하기 — 016

- 01 이미터 • 018
- 02 파티클 • 036
- 03 셰이딩 • 060
- 04 피직스 • 070
- 05 옥스 시스템 • 096
- 06 월드 트랜스폼 • 110
- 07 비저빌러티 • 114
- 07 렌더링 • 126

02 예제로 배우는 파티큘러 — 136

- 01 비내리는 장면 • 138

02 눈내리는 장면 • 150

03 바닥에서 분출되는 버블 • 158

04 가시덩굴 글자 • 176

05 불꽃놀이 • 192

06 슬로우 셔터 효과 • 208

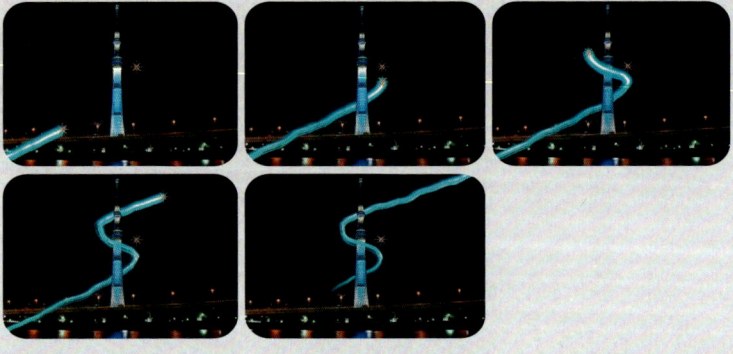

07 구름 글자 1 • 224

08 눈구름 글자 2 • 234

09 날아가는 새들 • 244

10 LED 스크린 • 260

목차

11 캠프파이어 • 272

12 배경 디자인 • 286

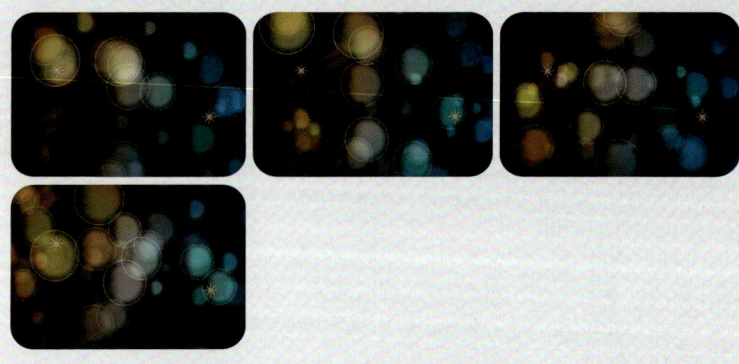

13 파티큘러 프리셋 활용 • 294

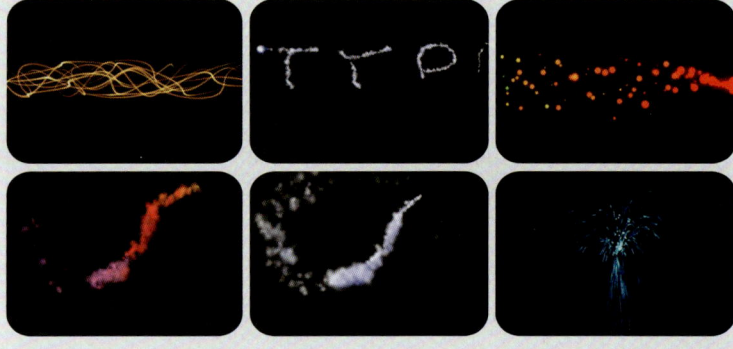

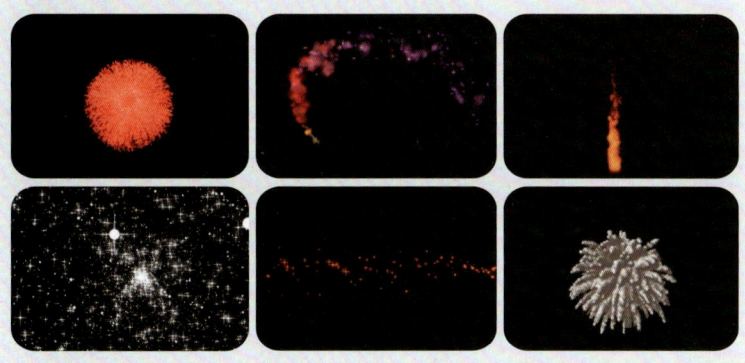

찾아보기　302

파티큘러 설치하기

본 도서의 학습을 위해서는 파티큘러가 설치되어야 하며 파티큘러를 설치하기 위해서는 윈도우(혹은 매킨토시)의 64비트 환경이어야 하며 애프터 이펙트가 설치되어있어야 합니다. 학습자료 폴더에 준비된 Trapcode Suite 12(트랩코드 슈트) 폴더로 들어가서 Trapcode Suite 12.1.1 64-bit. exe 파일을 실행하여 설치하면 됩니다.

01 학습자료 폴더에 준비된 트랩코드 슈트 12(Trapcode Suite 12) 폴더로 들어가서 Trapcode Suite 12.1.1 64-bit.exe 파일을 더블 클릭하여 실행합니다. 이 실행 파일은 파티큘러뿐만 아니라 트랩코드의 메인 서트파티 플러그인들이 모두 설치되는 파일입니다.

02 설치가 진행되면 트랩코드 슈트의 로고와 함께 인스톨 쉘드 위저드 창이 뜨게 됩니다. [Next] 버튼을 클릭하여 다음 단계로 넘어갑니다.

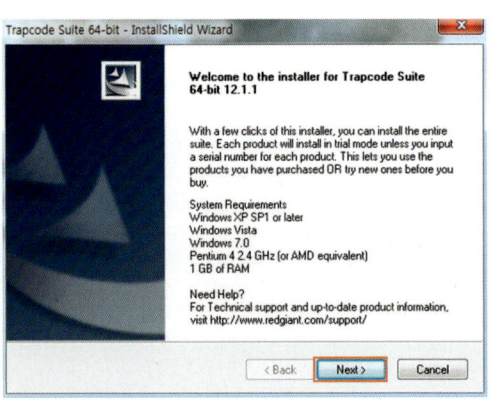

03 계속해서 라이센스 어그리먼트(License Agreement) 창으로 넘어가면 [Yes] 버튼을 클릭하여 다음 단계로 넘어갑니다.

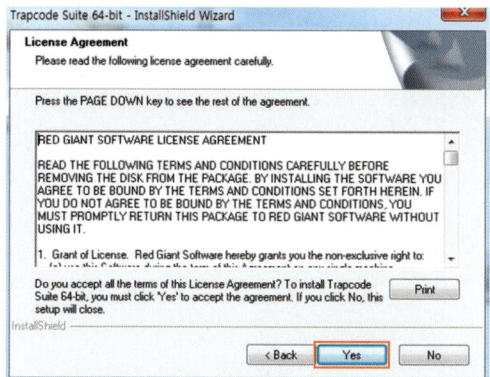
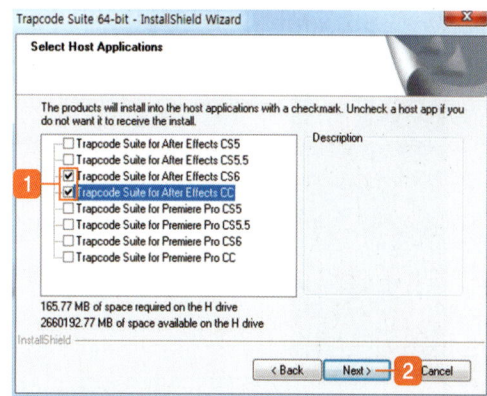

04 레드 자이언트 소프트웨어 레지스트레이션 창으로 넘어가면 아래쪽 프로덕트에서 트랩코드 파티큘러를 체크(설치하는 김에 즐겨 사용되는 Shine과 3D Stroke, Form, Starglow를 같이 체크)하고 위쪽의 시리얼 # 입력 창에 파티큘러에 대한 시리얼 넘버를 입력한 후 Submit 버튼을 눌러 시리얼을 인증합니다. 그리고 [Next] 버튼을 눌러 다음 단계로 이동합니다. 만약 시리얼 번호가 없는 상태에서 넥스트 버튼을 클릭하여 설치하면 정품이 아닌 트라이얼(기능제한) 버전이 설치됩니다.

06 다음 창으로 넘어가면 트랩코드 슈트를 설치를 위해 [Install]버튼을 클릭합니다. 이제 더 이상의 설정 없이 자동으로 설치됩니다. 만약 이전 설정이 잘 못 됐다면 Back 버튼을 눌러 설정을 다시 하면 됩니다.

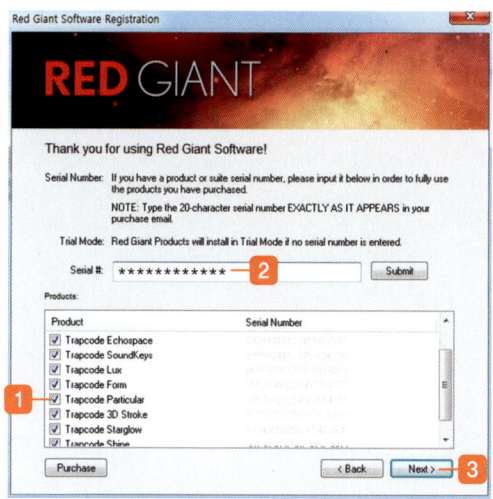
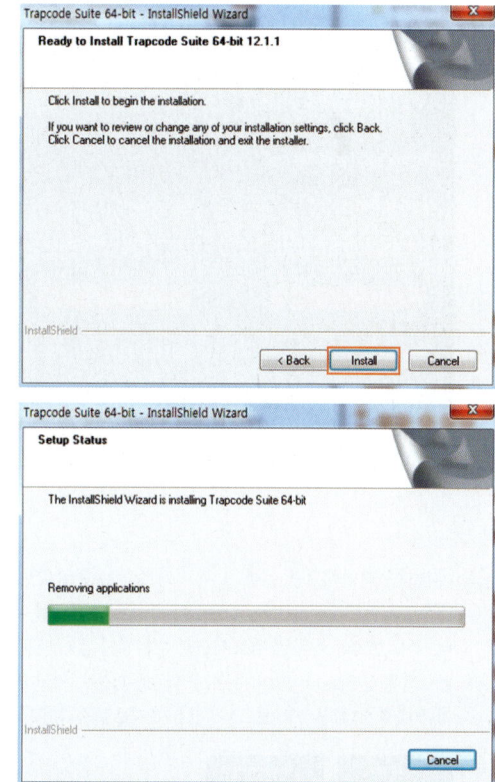

05 설치한 프로그램에 대한 선택 창이 열리면 애프터이펙트 CS6 혹은 CC 버전을 체크(애프터이펙트 하위 버전에서는 지금의 트랩코드 슈트를 설치할 수 없으므로 해당 버전에 맞는 플러그인을 구해서 설치해야 함)한 후 [Next] 버튼을 클릭합니다. 필자는 두 버전을 모두 사용하기 때문에 CS6와 CC를 모두 체크했습니다.

07 모든 설치가 끝나면 설치가 끝났다는 컴플리트 창이 열립니다.

[Finish] 버튼을 클릭하여 설치를 종료합니다.

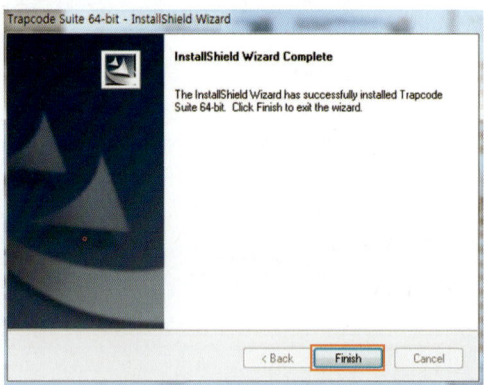

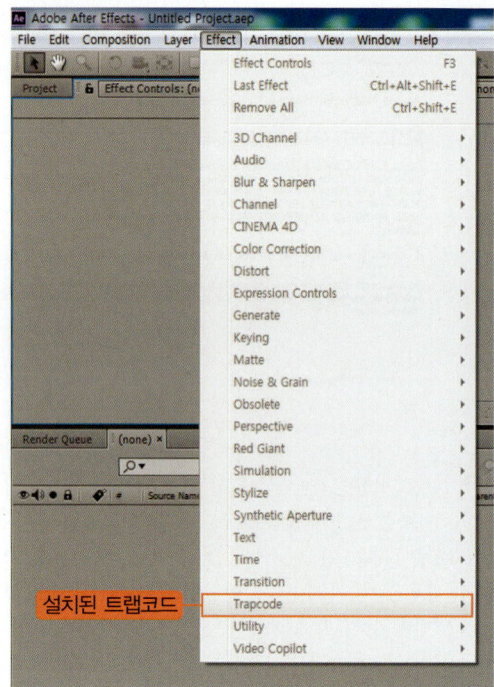

08 설치가 끝나면 레드 자이언트 홈페이지로 접속되는데 여기에 서는 사용자 인증(레지스터)을 할 수 있게 합니다. 정품 사용 자 중 레드 자이언트의 정보 및 자료를 얻고자 한다면 사용자 등록을 하면 되고 그렇지 않다면 홈페이지를 닫고 나옵니다.

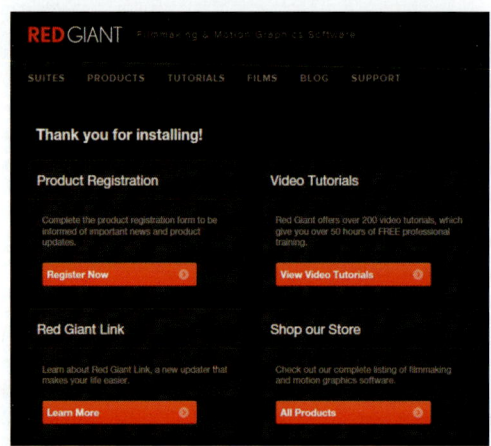

09 이제 애프터이펙트를 실행 한 후 이펙트 메뉴를 살펴보면 아 래쪽 부분에 Trapcode(트랩코드)라는 새 메뉴가 표시될 것입니 다. 물론 현재는 아무런 컴포지션과 푸티지가 없기 때문에 비 활성화된 상태로 나타납니다. 다음 학습부터는 설치된 파티큘 러에 대해 하나하나 알아보는 시간을 가져보겠습니다.

PART 01

파티큘러 분석하기

파티큘러는 애프터이펙트의 서드파티 플러그인으로써 눈, 비, 불꽃, 스모그, 폭발 등의 다양한 장면을 표현하고자 할 때 사용됩니다. 이것은 애프터이펙트의 기본 이펙트인 CC 파티클 월드와는 비교가 되지 않을 정도의 막강한 기능을 제공하여 파티클, 즉 입자에 관한 장면에서 우리가 상상하는 모든 것을 표현할 수 있습니다. 이번 파트에서는 트랩코드의 파티큘러에 대한 기본 사용법을 기초로 하여 각 파라미터(기능)가 어떻게 쓰여지는지에 대해 빠짐없이 살펴볼 것입니다.

이미터

이미터(Emitter)의 사전적 의미는 방사체, 발포자 등으로 사용되는데 애프터이펙트와 같은 그래픽 툴에서는 파티클(입자)를 생성하는 장치로 이해하면 됩니다. 이미터에서는 생성될 파티클의 개수와 방식, 범위(영역), 방사되는 방향, 회전 속도 등에 대한 설정이 이루어집니다.

01 학습을 위해 컴포지션을 만들어줍니다. Ctrl+N 키를 눌러 컴포지션 셋팅 창을 열고 컴포지션의 이름을 [파티큘러], 작업 크기(Width, Height)를 1280X720으로 설정합니다. 작업 시간(Duration)은 10초로 설정합니다.

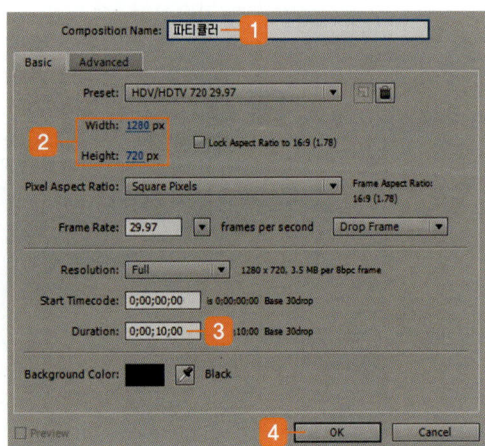

Ctrl+Y 키를 눌러 솔리드 셋팅 창을 열어줍니다. 솔리드의 이름은 [파티큘러]로 해 주고 나머지는 기본 값을 그대로 사용합니다.

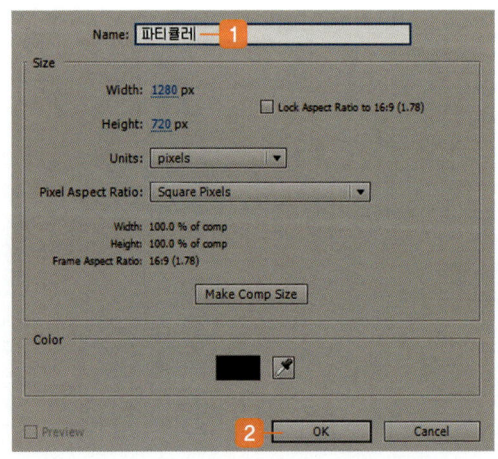

02 파티큘러 효과를 적용하기 위한 레이어를 만들어주기 위해

03 이제 솔리드 레이어에 파티큘러 효과를 적용하기 위해 이펙트 메뉴에서 Trapcode 〉 Particular를 선택하여 적용합니다.

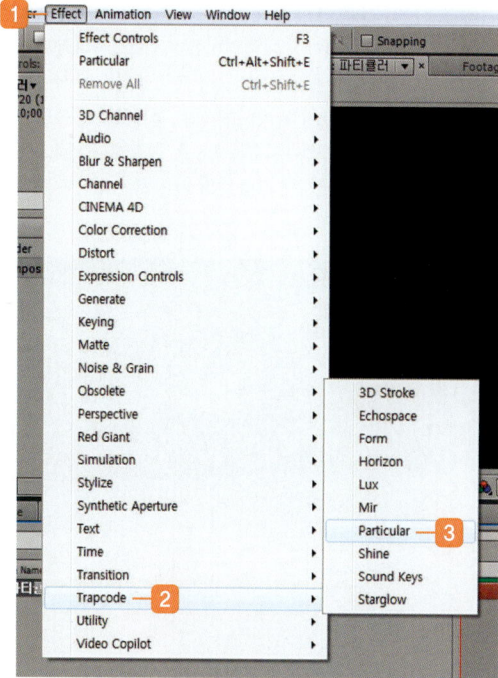

05 이펙트 컨트롤 패널을 보면 앞서 적용한 파티큘러 효과의 설정을 할 수 있는 파라미터들이 보입니다. 파티큘러는 총 8개의 파라미터 항목으로 나뉘어져 있는데 맨 위쪽의 레지스터는 파티큘러의 정품 인증 번호를 등록하기 위한 목적으로 사용됩니다. [Redgister] 버튼을 클릭해 보면 레드 자이언트 로고 창이 열리고 아래쪽에 엔터 시리얼 넘버 입력 창에 정품 번호(정품 번호가 있는 분만 가능)를 입력한 후 [Done] 버튼을 클릭하면 됩니다.

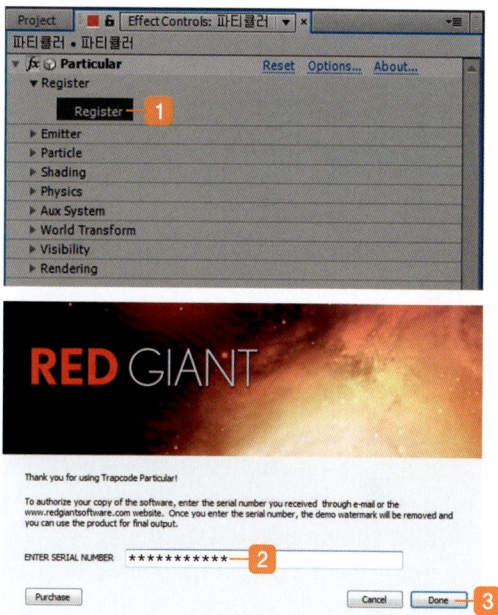

04 타임라인에서 타임마커(커런트 타임 인디케이터-이하 타임마커라로 칭함)를 우측(뒷시간)으로 이동해 보면 파티클들이 뿜어져 나오는 것을 볼 수 있습니다. 이처럼 파티큘러 효과는 입자에 대한 표현을 할 때 사용됩니다. 이제부터 파티큘러의 이미터에 대해 하나하나 살펴보기로 합니다.

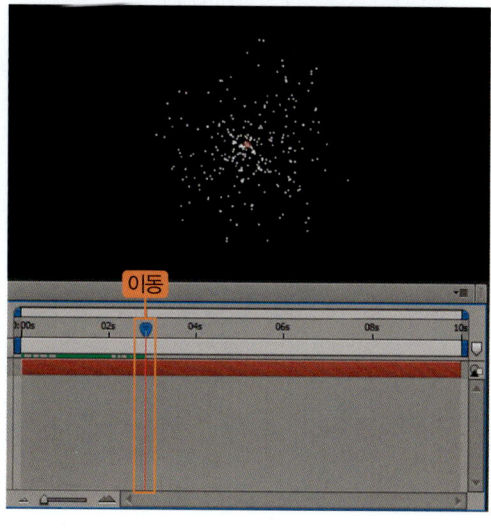

06 이제부터 파티클 생성 장치인 이미터에 대해 알아봅니다. 이미터를 열어보면 다양한 파라미터들이 있습니다. 먼저 맨 위쪽의 Particles/sec에 대해 알아봅니다. 파티클/세크는 파티클(입자)의 개수를 설정합니다. 여기에서는 값을 500 정도로 설정해 봅니다. 컴포지션 패널에 보이는 파티클의 양이 전보다 훨씬 증가된 것을 볼 수 있습니다. 때론 파티클의 개수가 지나치게 많아지면 시스템 속도가 느려질 수 있으니 주의해야 합니다.

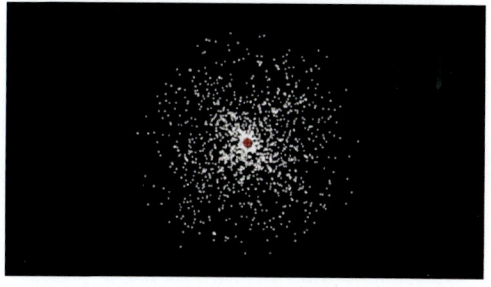

파티큘러 분석하기 - 이미터

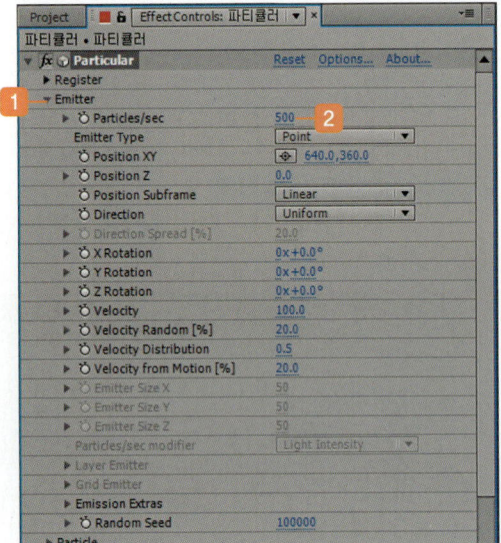

08 벨로시티 값을 다시 원래 상태인 100으로 설정하여 아래쪽 Velocity Random [%]에 대해 알아봅니다. 벨로시티 랜덤은 분출되는 파티클들의 속도를 불규칙적으로 표현할 때 사용됩니다. 벨로시티 랜덤 값이 0이면 분출되는 파티클들의 속도는 항상 일정하지만 값이 높아질수록 속도는 점점 불규칙적으로 변하게 됩니다. 여기에서는 최대 값인 100으로 설정하여 확인해 봅니다.

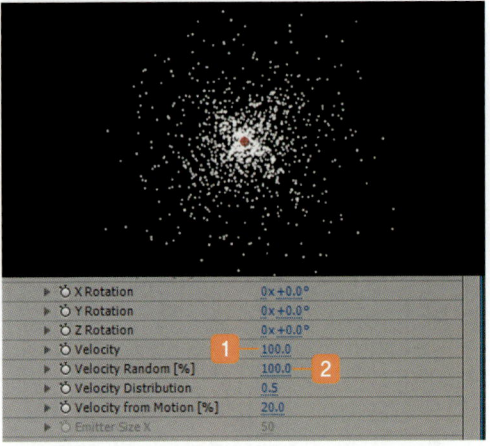

07 현재는 Emitter Type이 포인트로 되어 있습니다. 이미터 타입은 이미터를 어떤 방식으로 사용할 것인지 결정합니다. 일단 포인트 방식(포인트 방식은 단순히 포인트에 의한 파티클 만을 표현함)에서 아래쪽 Velocity에 대해 알아봅니다. 벨로시티는 이미터, 즉 파티클이 분출되는 속도를 설정합니다. 기본 값인 100에서 0으로 설정하여 속도를 완전히 없애 봅니다. 이 상태에서는 파티클의 움직임이 전혀 생기지 않아 파티클이 분출되지 않습니다. 벨로시티 값이 높을수록 파티클이 분출되는 속도가 빨라집니다.

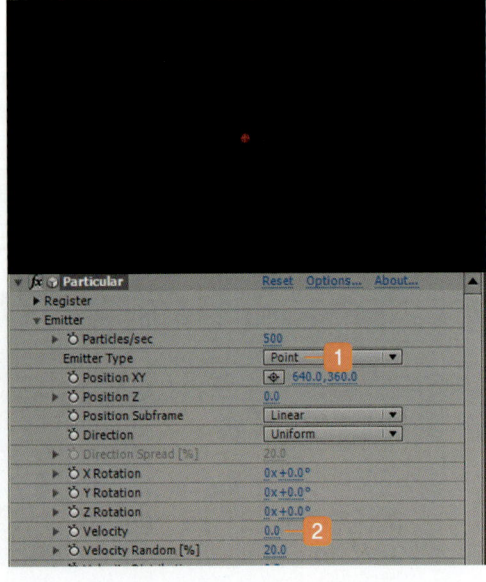

09 이번엔 아래쪽 Velocity Distribution에 대해 알아봅니다. 벨로시티 디스트리뷰션은 분출되는 파티클들을 분배할 때 사용합니다. 값을 5 정도로 증가해 보면 설정된 값에 의해 일정한 분포로 나뉘져서 분출되는 것을 알 수 있습니다.

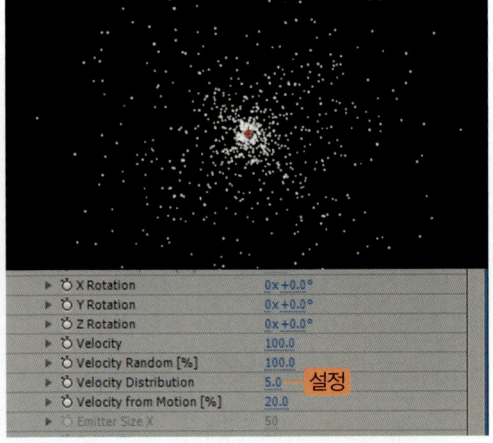

10 계속해서 이번엔 아래쪽 Velocity from Motion에 대해 알아보기 위해 파티클이 움직이도록 해 봅니다. 움직임은 키프레임을

사용할 수도 있지만 이번엔 익스프레션의 위글 스크립트를 활용해 봅니다. 타임라인의 파티큘러 솔리드 레이어를 열고 이펙트 > 파티큘러 > 이미터 > 포지션 XY 축의 좌측에 있는 스톱워치를 Alt 키를 누른 상태로 클릭하여 익스프레션을 적용합니다. 익스프레션 입력 필드에 다음과 같이 입력하여 파티클에 움직임을 줍니다.

wiggle(5, 500)

11 이제 Velocity from Motion 값을 200 정도로 증가해 보면 위글에 의해 움직임이 생긴 파티클의 속도보다 더욱 빨라진 것을 알 수 있습니다. 이렇듯 벨로시티 프롬 모션은 파티클에 움직임이 있을 때만 사용이 가능하며 움직이는 파티클들의 관성에 의한 속도를 제어하는데 사용된다는 것을 알 수 있습니다.

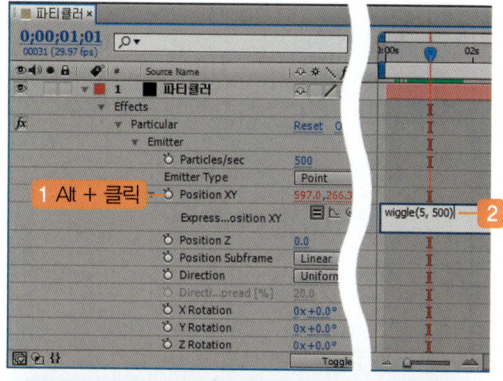

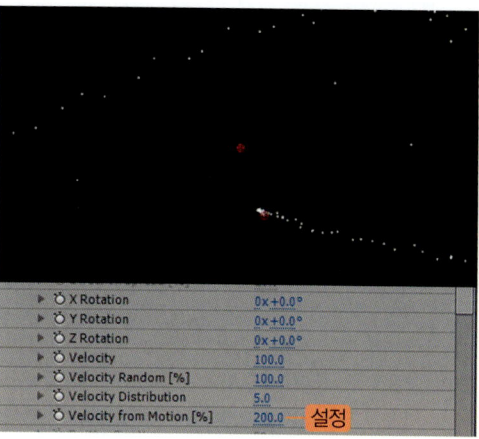

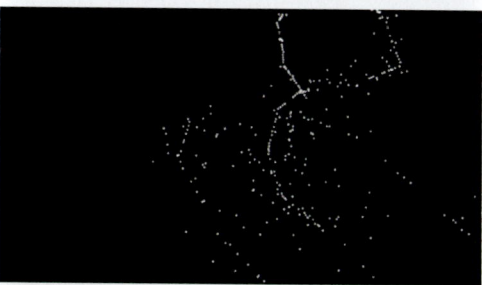

12 이번엔 Position Subframe에 대해 알아봅니다. 포지션 서브프레임은 움직이는 파티클의 경로를 부드럽게 또는 거칠게 표현할 때 사용합니다. 살펴보기 전에 Velocity 값을 0으로 설정하여 속도를 없애고 Particles/sec 값을 3000 정도로 증가합니다. 현재 포지션 서브프레임이 선형 방식인 리니어로 되어 있어 움직임의 경로가 매우 거칠게(각진 선형의 모습) 표현됩니다.

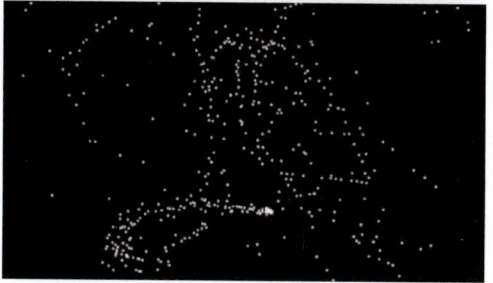

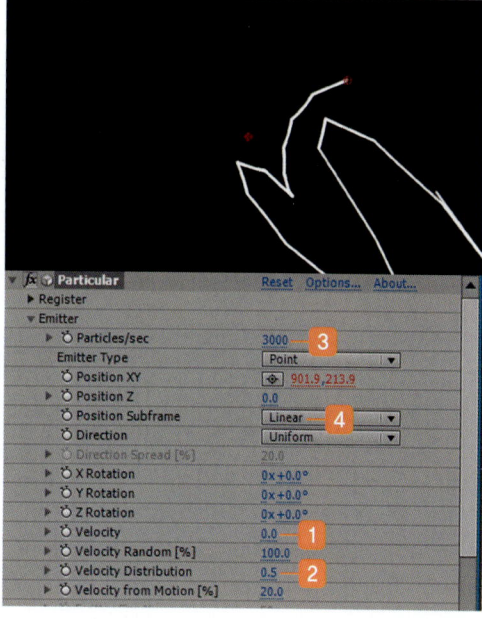

파티큘러 분석하기 - 이미터 **021**

13 Position Subframe을 열어보면 기본 방식인 Linear를 비롯해서 10x Linear, 10x Smooth, Exact (Slow)가 있습니다. 이 방식들은 아래쪽으로 갈수록 움직임의 경로가 더욱 부드러워집니다. 단, 경로가 부드러워질수록 시스템 속도가 느려지게 되므로 주의해야 합니다. 여기에서는 가장 부드럽게 표현되는 이그잭트를 선택해 봅니다. 앞서 리니어일 때보다 경로가 훨씬 부드러워진 것을 알 수 있습니다.

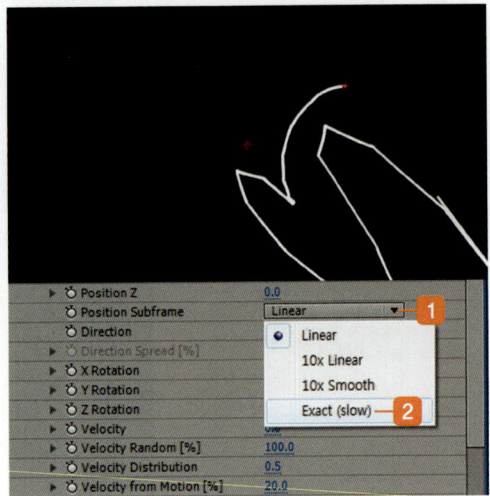

14 이번엔 다른 이미터 타입에 대해 알아보기 위해 앞서 설정된 파라미터들을 모두 초기 상태로 전환하기 위해 위쪽의 Reset 버튼을 클릭합니다. 그리고 Position XY 축에 적용됐던 익스프레션도 없애주기 위해 Alt 키를 누른 상태로 스톱워치를 클릭합니다.

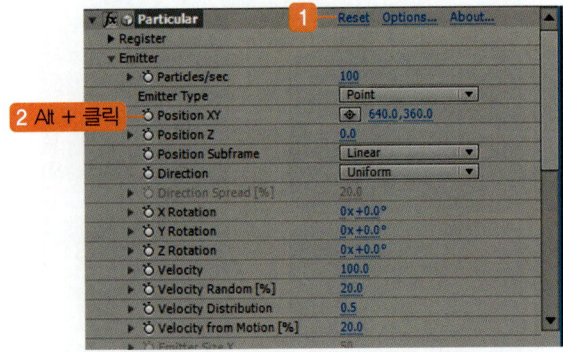

15 Emitter Type을 Box로 설정하고 Particles/sec를 5000 정도로 높여줍니다. 그리고 아래쪽 Emitter Size XYZ를 각각 800, 500, 600 정도로 설정합니다. 확인해 보면 파티클이 표현되는 모습이 박스 형태가 되었습니다.

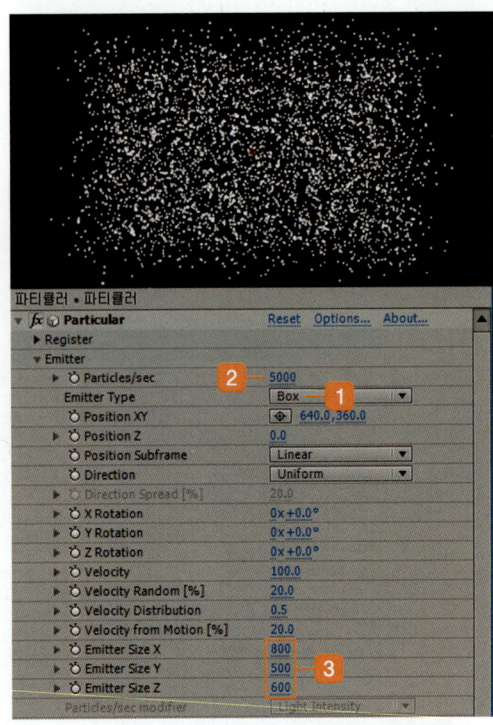

16 여기서 XYZ Rotation 값을 설정해 보면 박스 형태의 파티클이 입체적으로 표현되는 것을 알 수 있습니다. 이렇듯 이미터 타입의 박스는 평면이 아닌 박스 형태의 공간에서 입체적인 파티클을 표현할 수 있습니다.

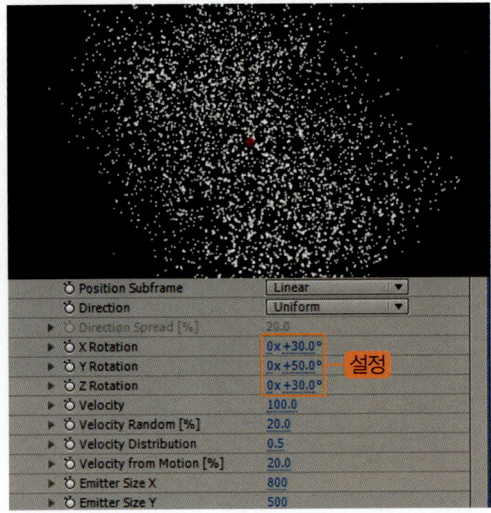

17 파티큘러의 이미터는 카메라에 영향을 받습니다. 앞서 설정한 XYZ Rotation 값을 초기 값인 0으로 설정하고 Layer 〉 New 〉 Camera를 선택합니다. 카메라는 기본 프리셋인 50mm로 사용합니다.

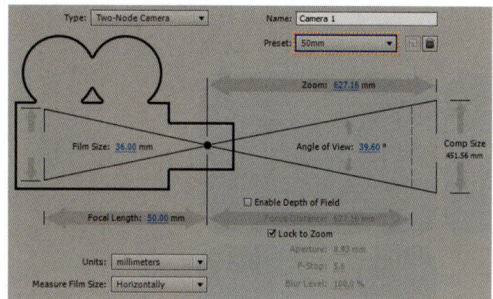

18 카메라가 적용된 상태에서 기본 카메라(Unified Camera) 툴을 선택한 후 컴포지션 패널에서 클릭 & 드래그하여 회전을 해 보면 박스 형태의 파티클이 회전되는 것을 알 수 있습니다. 이렇듯 파티큘러의 파티클은 카메라에 의해 제어가 되기 때문에 카메라의 활용에 대해서도 생각해 보아야 할 것입니다.

19 카메라 툴에 대한 언두(Ctrl+Z)를 하여 다시 원래 박스 모양대로 전환합니다. 이번엔 파티클이 나타나기 시작하는 시간(프레임)에 대한 설정을 위해 Emission Extras에 대해 알아봅니다. 이미션 엑스트라스의 Pre Run은 파티클이 분출되는 시작을 백분율(%)로 설정합니다. 현재는 기본 값인 0으로 되어 있는데 이것은 즉, 0프레임에서 시작하는 파티클이 0% 분출된다는 것입니다. 이 값을 10%로 설정하면 파티클의 시작이 10%부터 분출됩니다. 아래쪽 Pero dicity Rnd(페로 디시티 알엔디)는 분출

되는 파티클의 간격을 임의로 조절할 때 사용되며 방향성이 있는 파티클을 사용할 때만 사용이 가능합니다. 아래쪽 Lights Unique Seeds(라이트 유니크 시드)는 시드의 설정을 유일하게 라이트에 의해 설정되도록 해 줍니다. 그러므로 이 기능을 사용하기 위해서는 반드시 조명을 생성해야 하며 Particle Type을 Streaklet로 선택해야 합니다. 시드에 대해서는 다음에 설명하는 랜덤 시드를 참고하기 바라며 스트리클렛에 대해서는 파티클 타입에 대한 설명 과정과 예제 편인 [슬로우 셔터 효과]를 통해 이해하기 바랍니다.

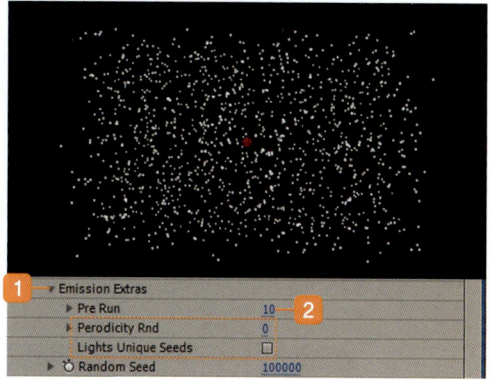

20 이번엔 Random Seeds에 대해 알아보기 위해 먼저 Pre Run 값을 초기 값인 0으로 설정합니다. 랜덤 시드는 특정한 배열 순서나 규칙적인 의미가 없는 난수 설정으로써 파티클이 나타나는 위치와 속도 등에 대해 약간에 차이를 두어 파티클들을 무작위로 분출시킬 때 사용됩니다. 살펴보기 위해 파티큘러 솔리드 레이어를 Ctrl+D 키를 눌러 하나 복제합니다.

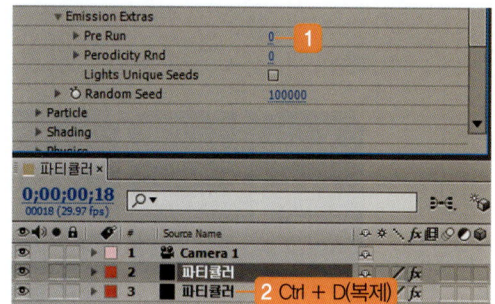

21 복제된 위쪽 파티큘러 솔리드 레이어를 선택하고 이펙트 컨트롤 패널에서 Rendom Seeds를 0으로 설정한 후 앞서 살펴보던 파티클과 구분하기 위해 파티클 항목을 열고 컬러를 빨간색으로 설정합니다. 랜덤 시드가 달라졌기 때문에 앞서 살펴보았

던 파티클과 복제된 파티클의 위치와 속도 등이 다르게 표현되는 것을 알 수 있습니다. 이렇듯 랜덤 시드는 파티클이 나타나는 위치와 속도 등을 원하는 상태로 표현되도록 할 때 유용하게 사용됩니다.

23 이번엔 다른 이미터 방식에 대해 알아봅니다. Emitter Type을 Sphere로 설정합니다. 스피어는 공처럼 둥근 구 모양의 볼륨을 이미터로 사용합니다.

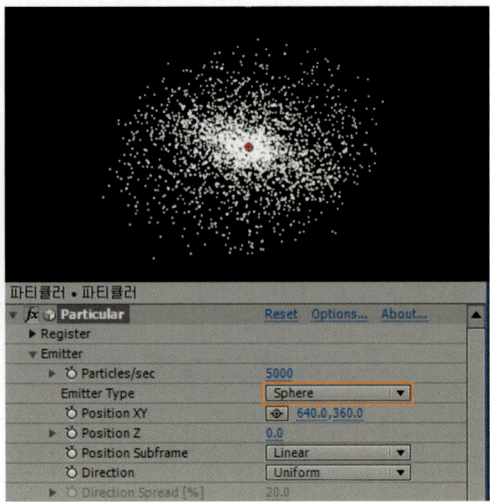

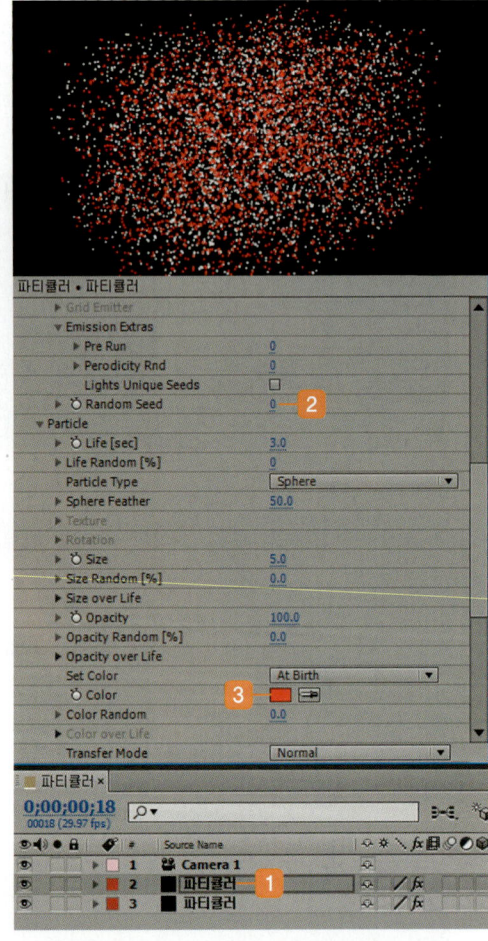

24 여기서 이미터, 즉 파티클이 분출되는 방향에 대한 설정을 하기 위해 Direction을 Directional로 설정합니다. 디(다이)렉셔널로 설정하면 파티클이 분출되는 방향을 특정한 방향으로 지정할 수 있습니다. Velocity를 350 정도로 증가하여 확인해 보면 파티클들이 좌측 모서리 방향으로 분출되는 것을 알 수 있습니다.

22 랜덤 시드에 대해 살펴보았다면 이제 복제된 파티큘러 솔리드 레이어는 Delete 키를 눌러 삭제합니다.

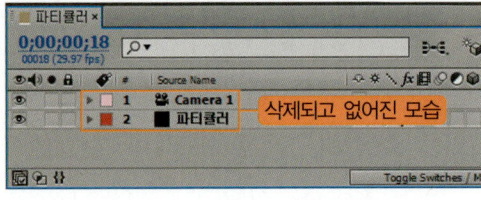

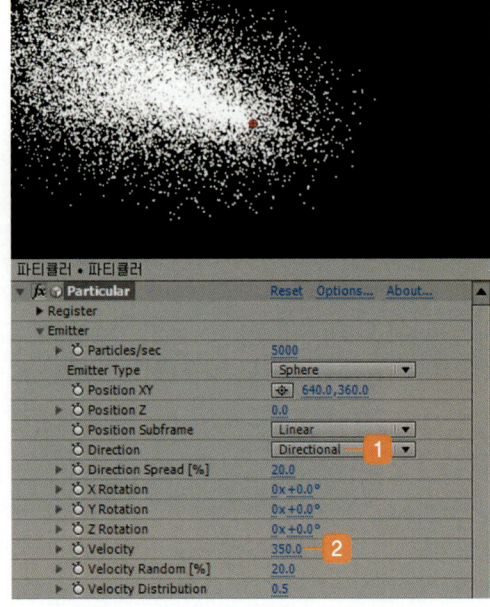

25 파티클의 방향을 설정하기 위해서는 XYZ Rotation을 이용하는데 일단 여기에서는 X 로테이션을 180도로 설정해 봅니다. 그러면 파티클의 방향이 우측 하단 모서리 방향으로 바뀌게 됩니다.

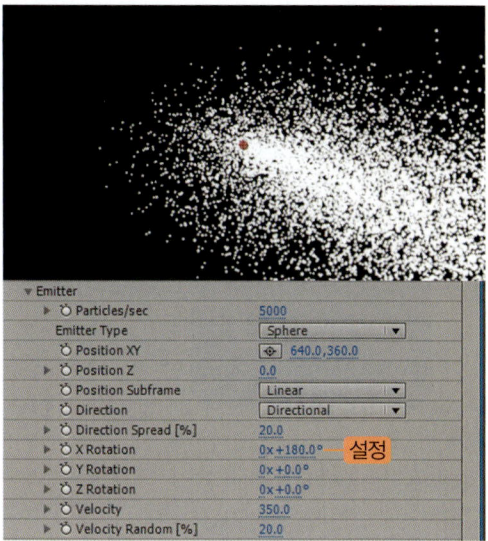

26 이미터 방향에 대한 설정을 할 때 Direction Spread [%]는 마치 분무기를 통해 뿌려지듯 흩어지는 범위(힘)를 조절할 수 있는데 디렉션 스프레드 값을 100으로 증가한 후 확인해 보면 방향성이 사라져 사방으로 흩어지는 것을 알 수 있습니다. 디렉션 스프레드 값이 낮을수록 방향성이 짙게 나타납니다.

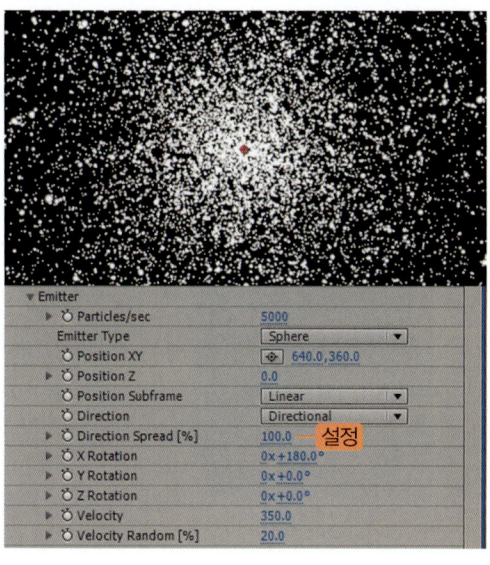

27 확인이 끝나면 디렉션 스프레드 값을 다시 초기 값인 20, X Rotation 값도 0으로 설정합니다. 그리고 Direction Bi-Directional로 설정합니다. Bi-디렉셔널은 양쪽으로 뻗어나가는 파티클을 표현할 때 사용됩니다.

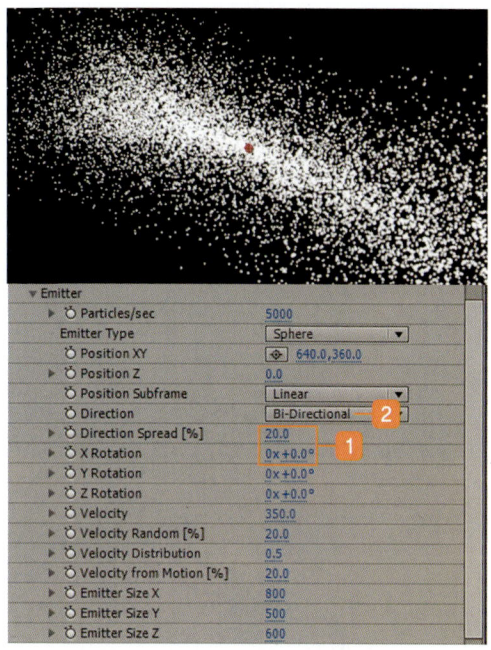

28 이번엔 이미터 볼륨을 디스크 모양으로 표현하기 위해 디렉션을 Disc로 설정합니다. 아래쪽 이미터 사이즈 ZYZ를 각각 500, 500, 50 정도로 설정하여 확인해 보면 이미터 볼륨이 얇은 디스크 모양으로 표현되는 것을 알 수 있습니다.

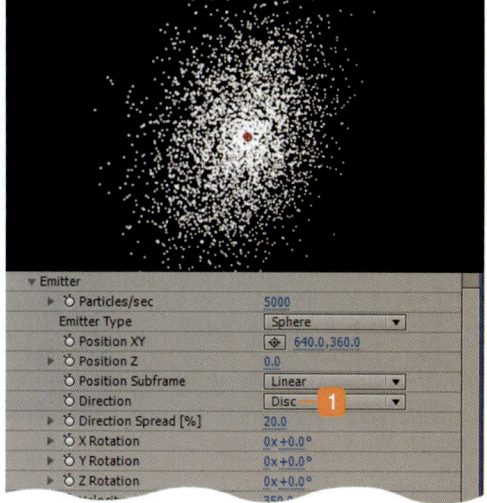

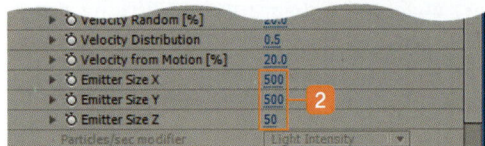

29 디렉션의 마지막 옵션인 Outwards는 파티클이 이미터 중심에서 바깥으로 분출되게 할 때 사용되는데 살펴보기 위해 이미터 타입을 Grid로 설정한 후 디렉션을 아웃워드로 설정해 봅니다. 이미터 타입을 그리드로 설정했기 때문에 여러 개의 격자 모양에서 파티클이 분출되는 것을 볼 수 있습니다. 이때 분출되는 위치를 보면 다른 것과는 다르게 중심에서 바깥쪽으로 향하는 것을 알 수 있습니다.

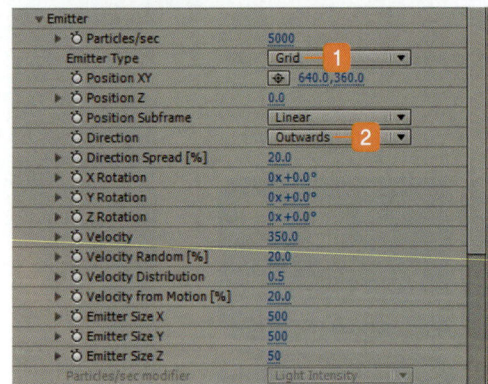

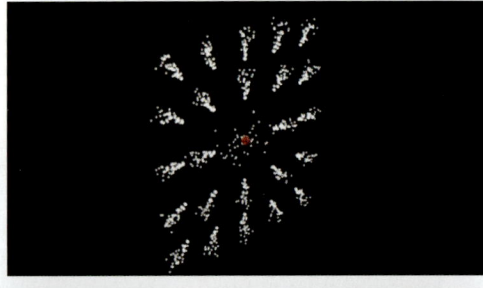

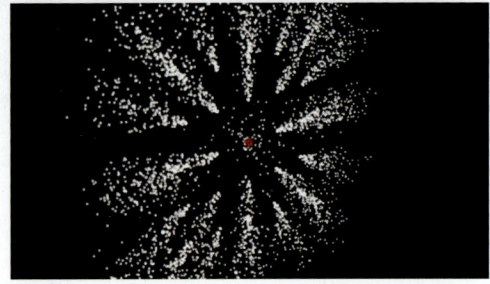

30 이번엔 조명에 의해 조절되는 이미터를 살펴보기 위해 이미터 타입을 Light(s)로 설정합니다. 현재 상태에서 이미터 타입을 라이트로 설정하면 조명이 없기 때문에 조명을 설치해야 하며 사용되는 조명의 이름은 영문명 Emitter로 사용해야 한다는 메시지가 뜹니다. 일단 OK 버튼을 클릭하여 창을 닫습니다.

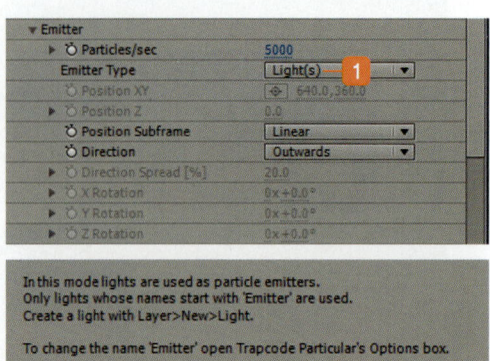

31 여기서 먼저 이미터를 조명으로 사용하기 전에 살펴볼 것이 있습니다. 파티큘러 효과 맨 위쪽의 리셋(초기화) 옆을 보면 Options이란 글자가 있습니다. 이 옵션에서는 조명을 통해 파티클을 표현할 때 조명의 기본 이름과 그림자 이름에 대한 설정을 할 수 있습니다. 옵션을 클릭하여 설정 창을 띄워놓고 확인해 보면 기본 조명의 이름이 Emitter로 되어있고 그림자를 위한 라이트 네임이 Shadow로 되어있는 것을 알 수 있습니다. 여기서 사용되는 이름은 앞으로 만들어질 조명의 이름과 같아야 하므로 지금의 이름을 기억하기 바랍니다. 참고로 기본 이름은 여기서 원하는 이름으로 바꿔서 사용할 수도 있습니다..

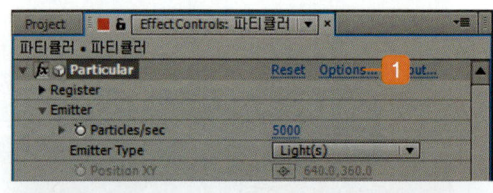

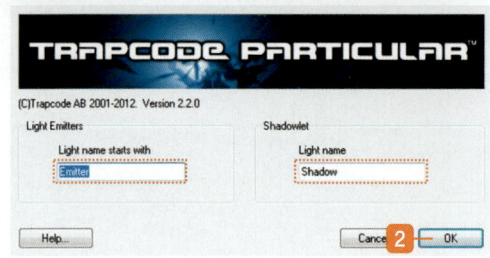

32 이제 조명을 만들기 위해 Layer > New > Light를 선택합니다. 라이트의 이름은 영문명으로 Emitter로 입력하며 일단 나머지 옵션은 기본 상태 그대로 사용합니다.

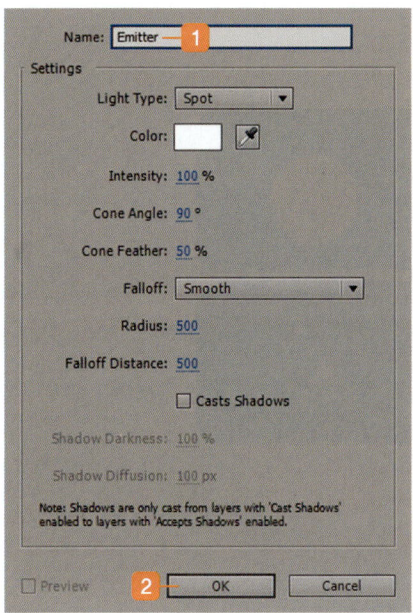

33 Emitter란 이름의 조명이 생성된 후의 모습을 보면 이미터의 위치가 조명에 일치되는 것을 알 수 있습니다. 이제 조명을 이리저리 움직여 보면 조명의 위치에 맞게 이미터가 움직이는 것을 알 수 있습니다.

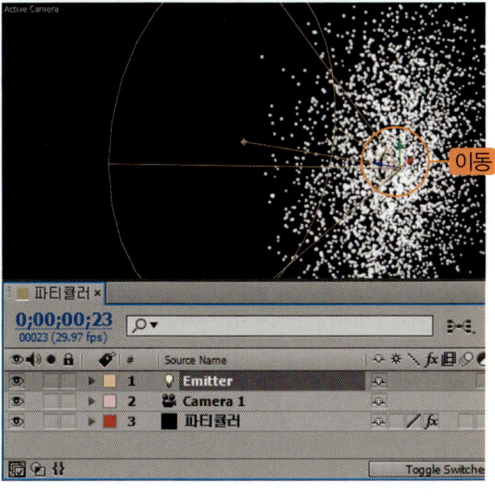

34 이번엔 레이어 이미터 타입에 대해 살펴보기 위해 먼저 새로운 컴포지션을 만듭니다. Ctrl+N 키를 눌러 [레이어 이미터]란 이름의 새로운 컴포지션을 추가합니다.

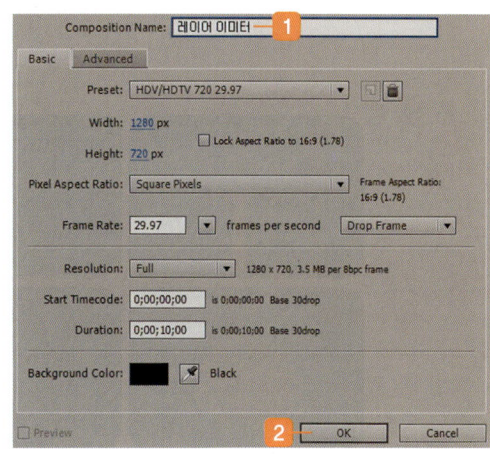

35 방금 만든 컴포지션에서 Type 툴을 사용하여 글자를 입력합니다. 글자는 여러분이 원하는 것으로 입력하고 색상은 각각 다르게 설정해 줍니다.

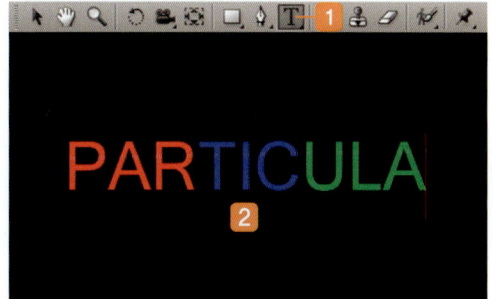

36 다시 앞서 작업 중인 파티큘러 컴포지션(타임라인)으로 이동한 후 프로젝트 패널에서 방금 작업한 레이어 이미터 컴포지션을 끌어다 맨 아래쪽으로 갖다 놓습니다. 파티큘러 효과에서 Emitter Type을 Layer로 설정하면 레이어 모양이 파티클로 표현되는데 이때 사용되는 레이어는 항상 지금처럼 컴포지션 형태의 레이어야 합니다. 이제 적용된 레이어 이미터의 모습을 보이지 않게 숨겨 놓습니다.

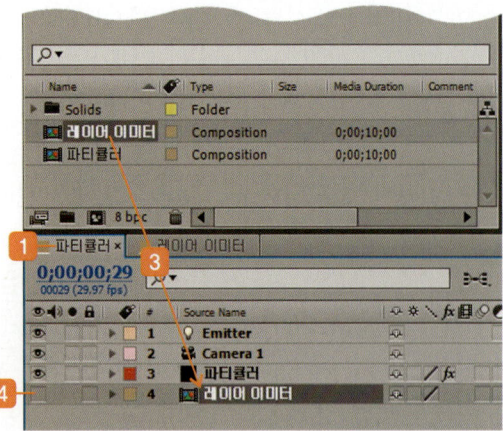

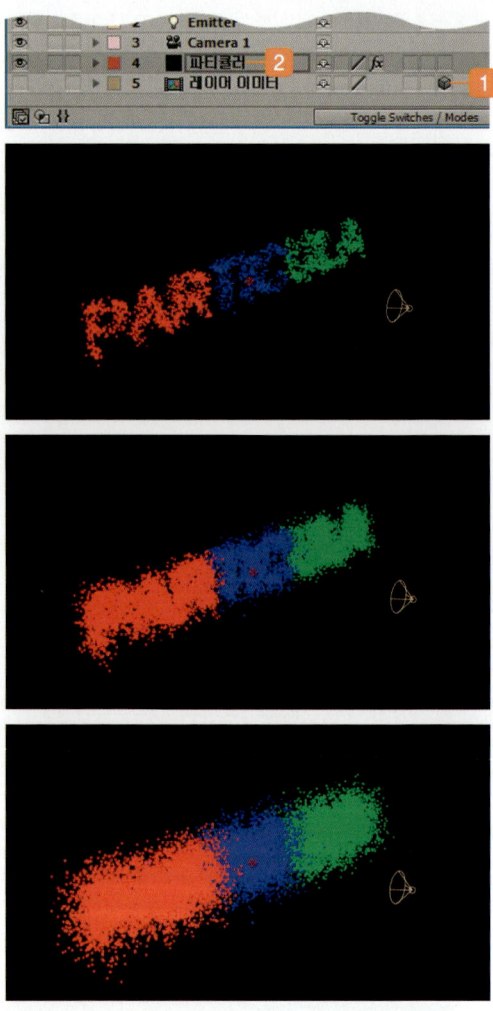

37 레이어 이미터를 3D Layer로 설정(레이어 이미터 타입을 사용하면 반드시)하고 파티큘러 솔리드 레이어를 선택하여 다시 파티큘러 효과를 설정할 수 있도록 해 줍니다. 이펙트 컨트롤 패널에서 이미터 타입을 Layer로 설정하고 아래쪽 레이어 이미터의 레이어를 글자를 입력한 레이어 이미터 레이어로 지정합니다. Particles/sec 값을 500000 정도로 높여주고 Velocity를 100 정도로 낮춰주며 Direction을 Uniform으로 설정한 후 확인해 보면 앞서 만든 글자의 모습과 색상이 이미터 볼륨으로 표현되는 것을 알 수 있습니다. 이렇듯 레이어 이미터 타입은 특정 레이어의 모습을 이미터(파티클)로 표현할 때 사용합니다.

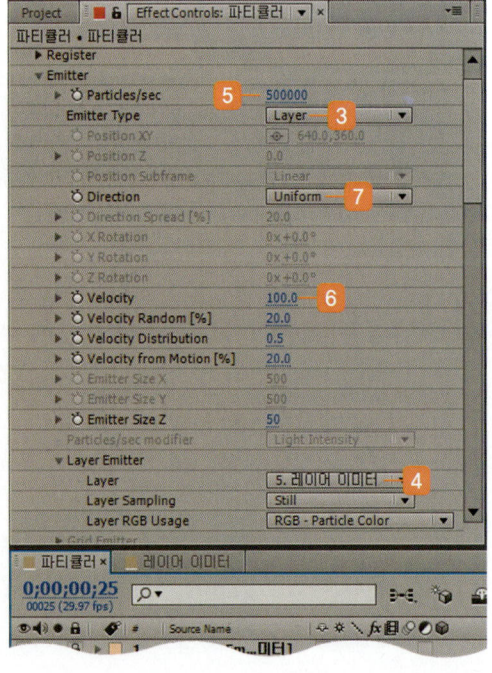

38 앞선 작업에서처럼 레이어를 Layer 이미터로 지정하면 이미터의 위치에 대한 설정을 위해 새로운 조명(지정된 레이어의 이름과 동일한) 레이어가 자동으로 생성됩니다.

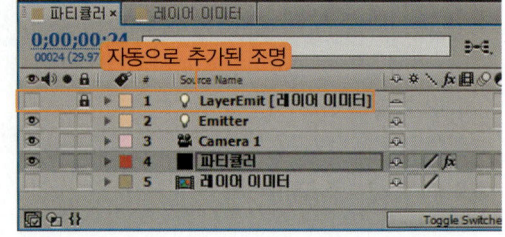

39 이번엔 레이어 이미터 타입을 사용할 때 표현되는 시간에 대한 설정을 할 수 있는 Layer Sampling 대해 알아봅니다. 현재는 기본 상태인 Still로 되어있습니다. 스틸을 레이어로 사용되는 컴포지션에서 해당 레이어의 길이 만큼만 파티클이 표현되는 방식입니다.

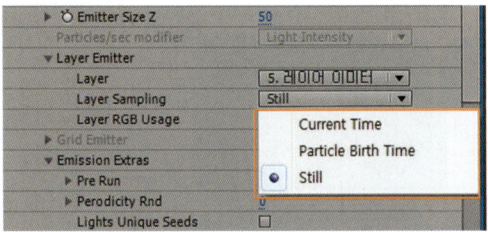

40 스틸 방식에 대해 자세히 살펴보기 위해 레이어 이미터 컴포지션(타임라인)으로 이동한 후 글자 레이어의 끝점을 이동하여 레이어의 길이를 5프레임 정도로 줄여줍니다.

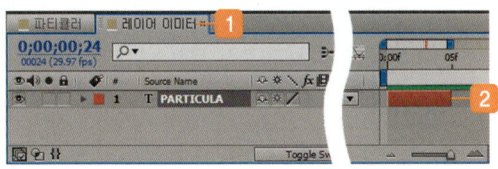

41 다시 파티큘러 컴포지션으로 이동한 후 확인해 보면 5프레임부터는 파티클의 모습이 더 이상 표현되지 않습니다.

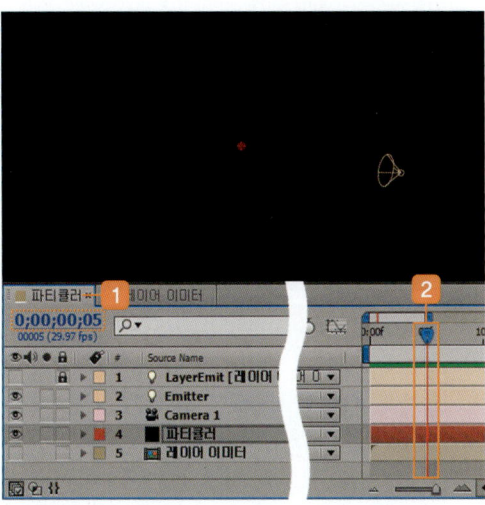

42 이번엔 레이어 샘플링을 Particle Birth Time으로 설정한 후 확인해 봅니다. 전과는 다르게 5프레임 이후에도 파티클의 모습이 보이는 것을 알 수 있습니다. 또한 5프레임부터는 파티클들이 흩어지면서 사라지는 것을 알 수 있는데 이것은 앞서 설정한 5프레임 지점이 파티클이 사라지기 시작하는 시간으로 사용되는 것을 알 수 있습니다. 참고로 파티클의 표현되는 시간, 즉 수명은 아래쪽 파티클 항목의 Life [sec]에서 결정됩니다.

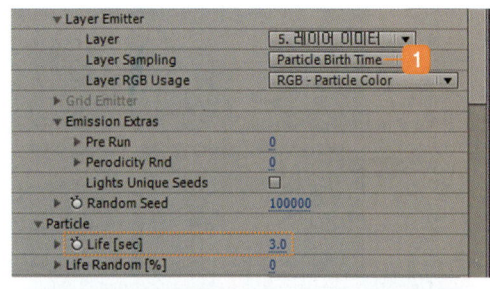

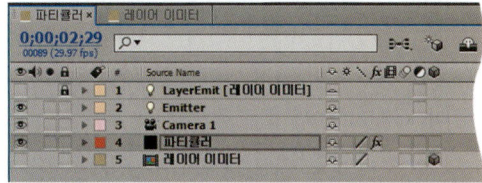

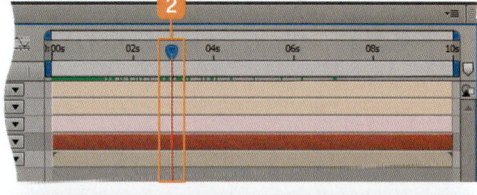

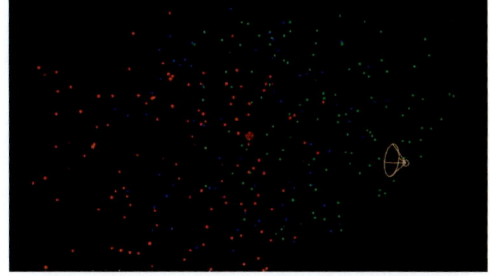

43 레이어 샘플링에 있는 첫 번째 옵션인 Current Time은 스틸과 같은 레이어 이미터로 사용되는 레이어의 길이를 그대로 방영하지만 읽는 위치는 현재의 컴포지션(타임라인)에서 프리뷰됩니다.

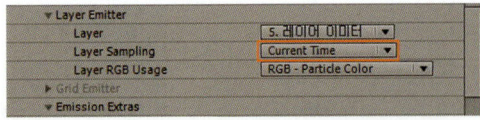

44 이번엔 Layer RGB Usage(레이어 알지비 유시지)에 대해 알아보기 위해 일단 레이어 이미터 컴포지션으로 이동한 후 줄였던 글자 레이어의 길이를 다시 원래 길이로 늘려 놓습니다. 설정이 끝나면 다시 파티큘러 컴포지션으로 이동합니다.

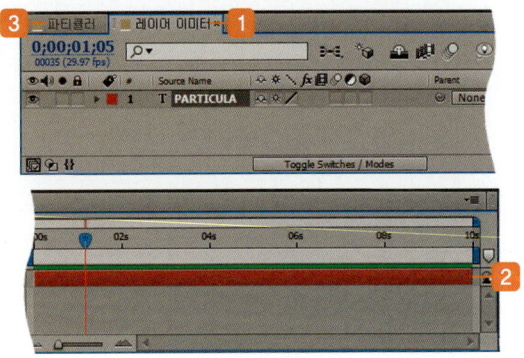

45 레이어 RGB 유시지는 파티클의 색상과 크기, 속도 등의 상태를 다양하게 표현할 수 있는데 현재 기본 옵션으로 선택되어 있는 RGB – Particle Color는 레이어 이미터로 사용되는 글자 레이어의 색상을 그대로 파티클 색상에 반영하는 방식입니다. 그밖에 옵션을 통해 레이어 이미터로 사용되는 글자의 밝기, 색상에 따라 파티클의 크기, 속도, 회전, 색상 등을 변경할 수 있습니다.

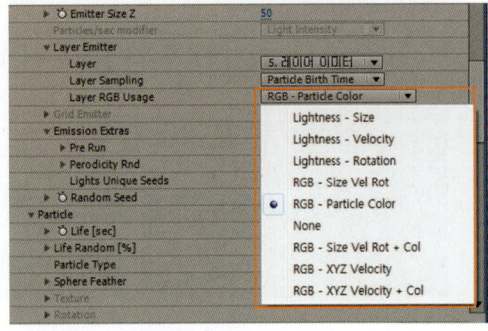

46 먼저 맨 위쪽에 있는 Lightness – Size를 살펴보기 위해 선택합니다. 컴포지션 패널을 보면 파티클이 흰색으로 바뀐 것을 알 수 있습니다. 라이트니스 – 사이즈는 레이어 이미터 글자의 색상은 방영되지 않고 크기에만 영향을 줍니다.

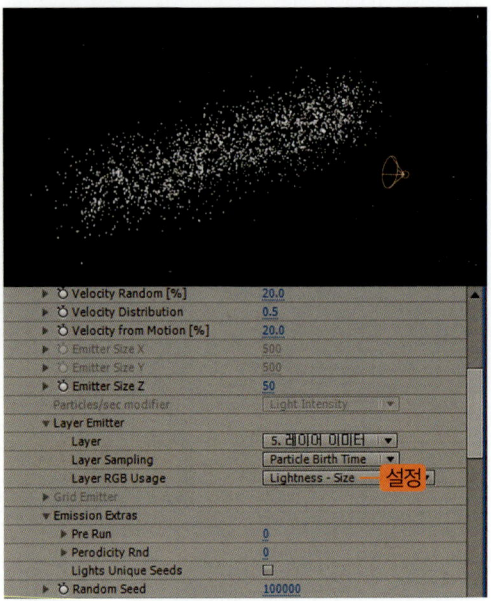

47 라이트니스 – 사이즈는 레이어 이미터에서 사용되는 이미지(현재는 글자)밝기에 따라 파티클의 크기에 영향을 주는 방식입니다. 살펴보기에 앞서 파티큘러 컴포지션과 레이어 이미터 컴포지션을 동시에 띄워놓고 확인해 보기 위해 컴포지션 상단의 팝업 메뉴에서 New Comp Viewer를 선택합니다.

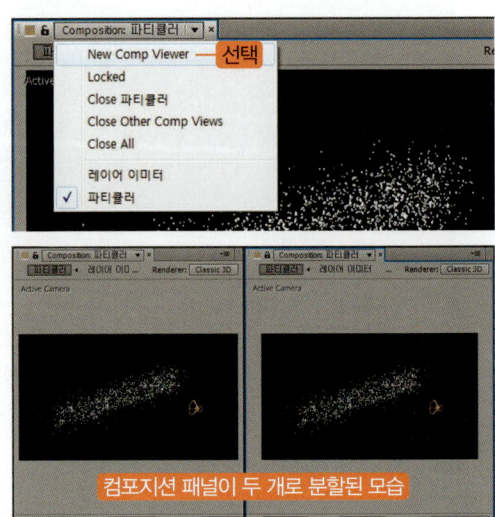

컴포지션 패널이 두 개로 분할된 모습

48 이제 레이어 이미터에 대한 밝기를 설정하기 위해 레이어 이미터 컴포지션(타임라인)으로 이동해 봅니다. 두 개의 컴포지션이 지금 선택한 레이어 이미터와 파티큘러로 나눠진 것을 알 수 있습니다.

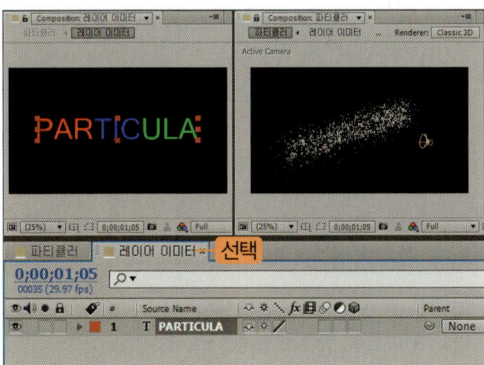

49 여기서 글자 레이어의 밝기를 조절하기 위해 글자 레이어에 Effect 〉 Color Correction 〉 Brightness & Contrast를 적용합니다. 그리고 이펙트 컨트롤 패널에서 Brightness 값을 100으로 높여 줍니다. 이제 파티큘러 컴포지션을 보면 파티클의 크기가 덜 밝았을 때보다 훨씬 커진 것을 알 수 있습니다. 이렇듯 레이어 RGB 유시지를 라이트니스 – 사이즈로 사용하면 레이어 이미터의 밝기에 따라 파티클의 크기가 조절된다는 것을 알 수 있습니다.

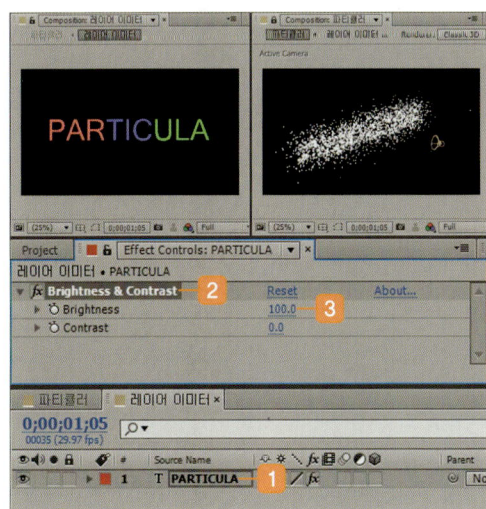

50 이번엔 다른 레이어 RGB 유시지를 살펴보기 위해 파티큘러 컴포지션으로 이동한 후 파티큘러 솔리드 레이어에 적용된 파티큘러 이펙트 컨트롤 패널에서 레이어 RGB 유시지를 Lightness – Velocity로 바꿔봅니다.

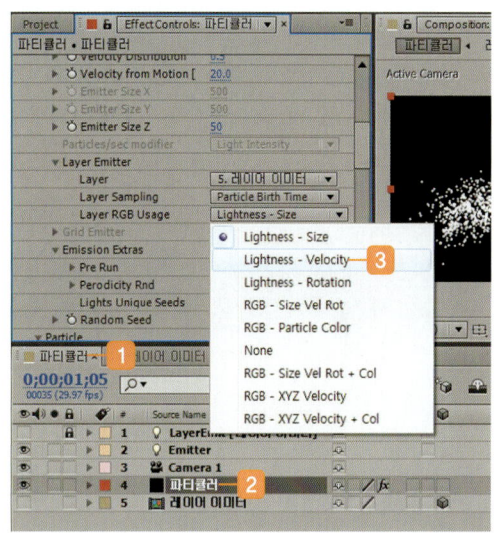

51 방금 설정한 라이트니스 – 벨로시티는 레이어 이미터의 밝기에 따라 파티클이 분출되는 속도에 영향을 줍니다. 살펴보기 위해 다시 레이어 이미터 컴포지션으로 이동한 후 같은 시간에서 글자 레이어에 적용된 브라이트니스 & 컨트라스트의 브라이트니스 값을 낮춰봅니다.

52 브라이트니스 값이 낮으면 파티클이 분출되는 속도도 느려지고 브라이트니스 값이 높으며 빨라집니다. 즉, 레이어 이미터(글자 레이어)의 밝기가 어두우면 속도가 느려지고 밝으면 빨라진다는 것을 의미합니다. 다음의 두 그림은 라이트니스 값이 50일 때와 100일 때의 모습입니다. 이렇듯 라이트니스 – 벨로시티는 레이어 이미터의 밝기를 설정하여 파티클이 분출되는 속도를 조절한다는 것을 알 수 있습니다.

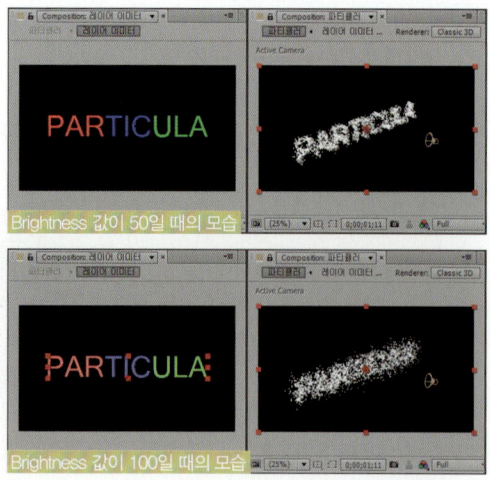

Brightness 값이 50일 때의 모습

Brightness 값이 100일 때의 모습

53 다른 레이어 RGB 유시지에 대해 살펴보기 위해 파티큘러 컴포지션으로 이동한 후 파티큘러 솔리드 레이어에 적용된 파티큘러 이펙트에서 레이어 RGB 유시지를 열어봅니다. 앞서 살펴보았던 라이트니스 그룹은 밝기에 따라 파티클의 변화가 생기는데 세 번째에 있는 Lightness - Rotation은 레이어 이미터의 밝기에 따라 파티클(이미지)이 회전됩니다. 이 부분은 어렵지 않기 때문에 여러분이 직접 확인해 보길 바랍니다. 여기서 이번엔 RGB 그룹에 대해 알아봅니다. 먼저 맨 위쪽의 RGB - Size, Vel(벨로시티), Rot(로테이션)에 대해 알아보기 위해 선택합니다. RGB - 사이즈, 벨, 로트는 각각 레이어 이미터의 색상에 따라 파티클의 크기, 속도, 회전에 영향을 줍니다.

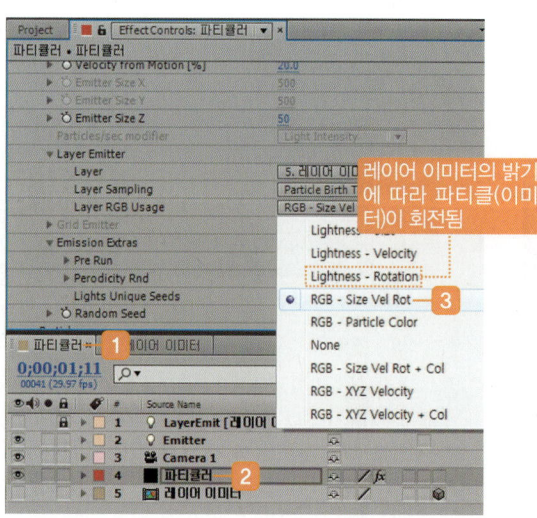

54 RGB - 사이즈, 벨, 로트에 대해 살펴보기 위해 먼저 이미터 항목에서 Particles/sec 값을 500000으로 증가하여 파티클 글자의 모습을 식별할 수 있도록 해 줍니다.

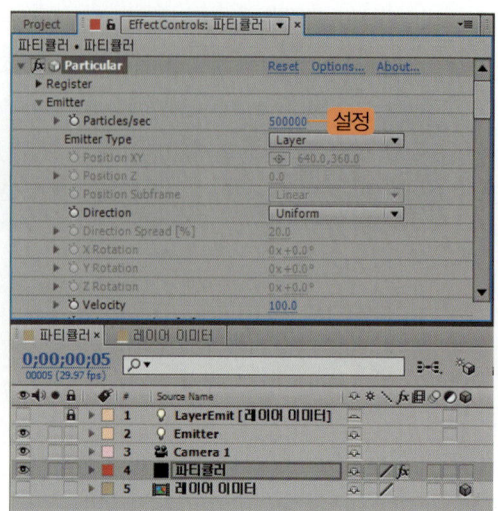

55 레이어 이미터 컴포지션으로 이동한 후 글자 레이어에 Effect 〉 Color Correction 〉 Hue/Saturation을 적용합니다. 이펙트 컨트롤 패널에서 앞서 적용한 브라이트니스 & 컨트라스트를 꺼주거나 삭제하여 효과를 없애주고 휴/세츄레이션의 Master Hue를 조절하여 색상의 변화를 줍니다.

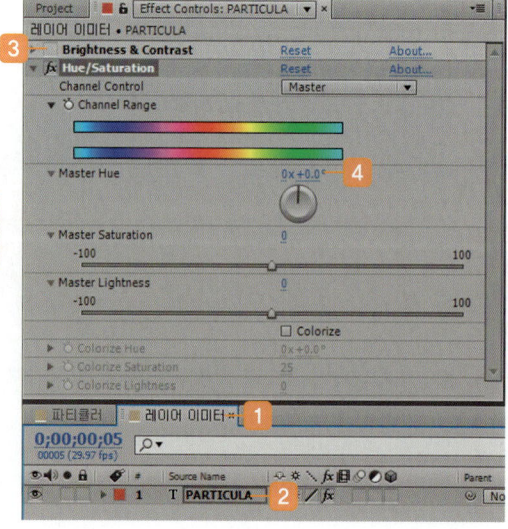

56 마스터 휴의 회전 값을 조절해 보면 글자의 색상 변화에 따라

파티클의 크기, 속도, 회전에 대한 변화가 생기는 것을 알 수 있습니다. 이때 빨간색에 가까울수록 파티클이 빠르게 변화하며 파란색에 가까울수록 파티클의 변화가 없게 되는데 완전한 파란색은 파티클이 아예 표현되지 않게 됩니다.

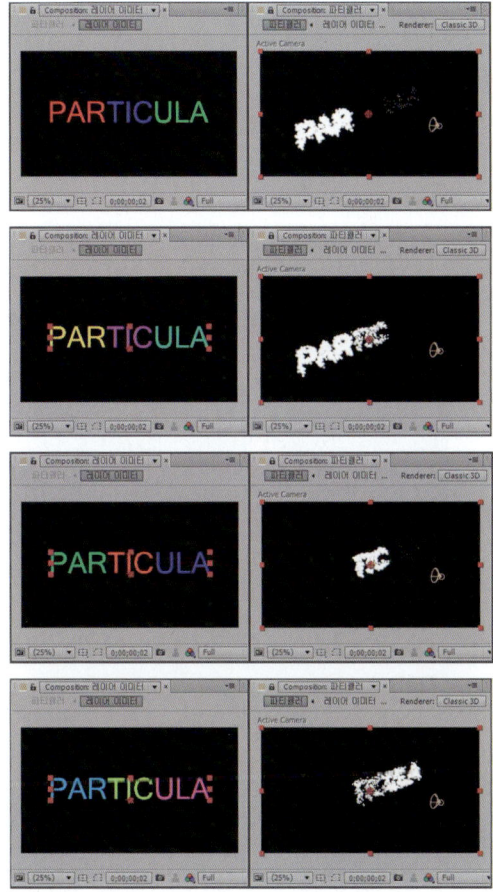

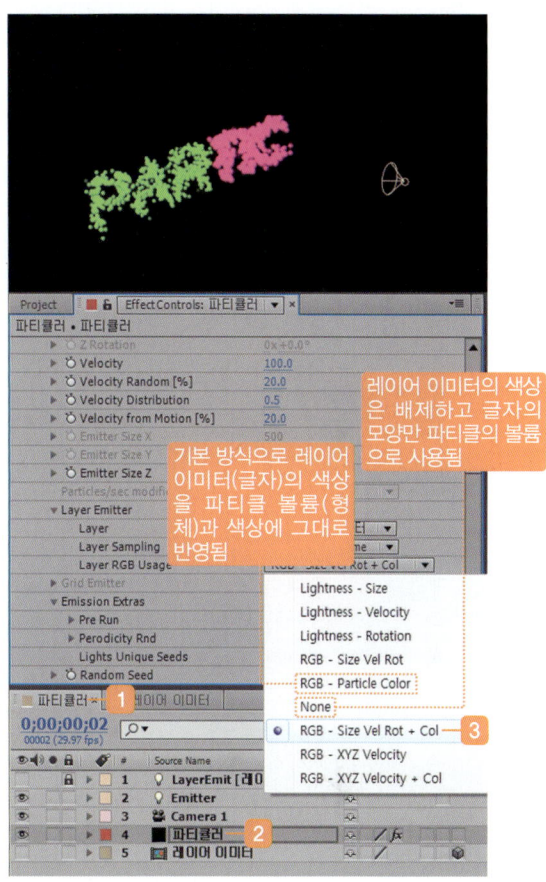

58 계속해서 레이어 RGB 유지지를 RGB - XYZ Velocity로 설정해 보면 레이어 이미터의 색상에 따라 파티클의 위치(XYZ)와 속도에 변화가 생깁니다.

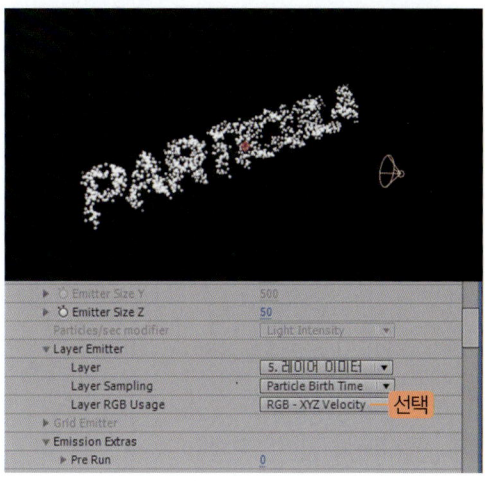

57 이번엔 다른 레이어 RGB 유지지에 대해 알아보기 위해 파티큘러 컴포지션으로 이동한 후 파티큘러 솔리드 레이어에 적용된 파티큘러의 레이어 RGB 유지지를 열어줍니다. 방금 살펴본 RGB - 사이즈 벨 로트 다음에 있는 RGB - Particle Color는 기본 방식으로 레이어 이미터(글자)의 색상을 파티클 볼륨(형체)과 색상에 그대로 반영하는 것이며 아래쪽 None은 레이어 이미터의 색상은 배제하고 글자의 모양만 파티클의 볼륨으로 사용됩니다. 여기에서는 None 아래쪽에 있는 RGB - Size Vel Rot + Col(컬러)에 대해 알아보기 위해 선택합니다. RGB - 사이즈 벨 로트 + 콜은 레이어 이미터의 색상 변화에 따라 파티클의 크기, 속도, 회전 그리고 색상(Col)을 반영합니다.

파티큘러 분석하기 - 이미터 **033**

59 마지막으로 레이어 RGB 유시지를 RGB - XYZ Velocity + Col로 설정합니다. 이 방식은 레이어 이미터의 색상에 따라 파티클의 위치, 속도가 반응하고 더 나아가 글자(레이어 이미터)의 색상까지 반영됩니다.

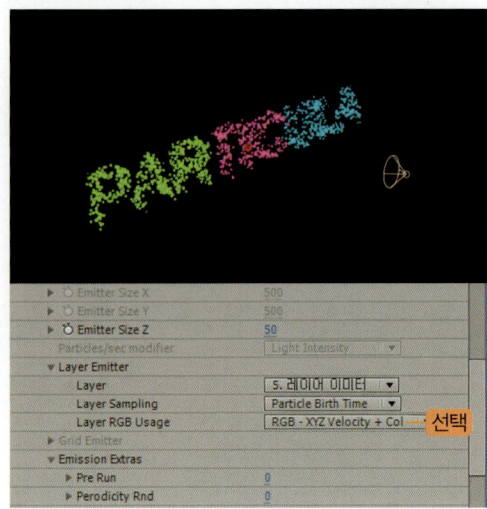

60 이제 이미터 항목의 마지막 이미터 타입인 Layer Grid에 대해 살펴보기 위해 레이어 이미터 컴포지션에서 글자 레이어에 적용된 모든 이펙트를 해제하거나 삭제합니다.

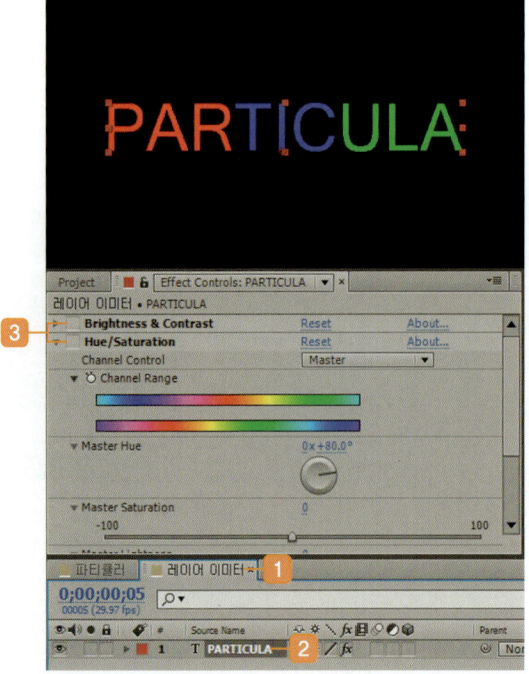

61 다시 파티큘러 컴포지션으로 이동한 후 파티큘러 솔리드 레이어에 적용된 파티큘러를 다음과 같이 설정합니다. 설정 후의 모습을 보면 레이어 이미터 글자의 색상과 모양(볼륨)이 그대로 반영되지만 글자의 모습은 면의 형태가 아닌 도트(점) 형태로 표현되는 것을 알 수 있습니다. LED 전광판의 글자와 흡사하게 느껴집니다. 이렇듯 레이어 그리드는 그리드 방식의 이미지(글자나 로고)를 표현할 때 사용됩니다.

Particles/sec : 5000

Emitter Type : Layer Grid

Velocity : 0(파티클이 분사되지 않게 하기 위함)

Layer Emitter의 Layer Sampling : Still

Layer Emitter의 Layer RGB Usage : RGB – Particle Color

Layer Emitter의 Particle in XYZ : 100, 100, 5

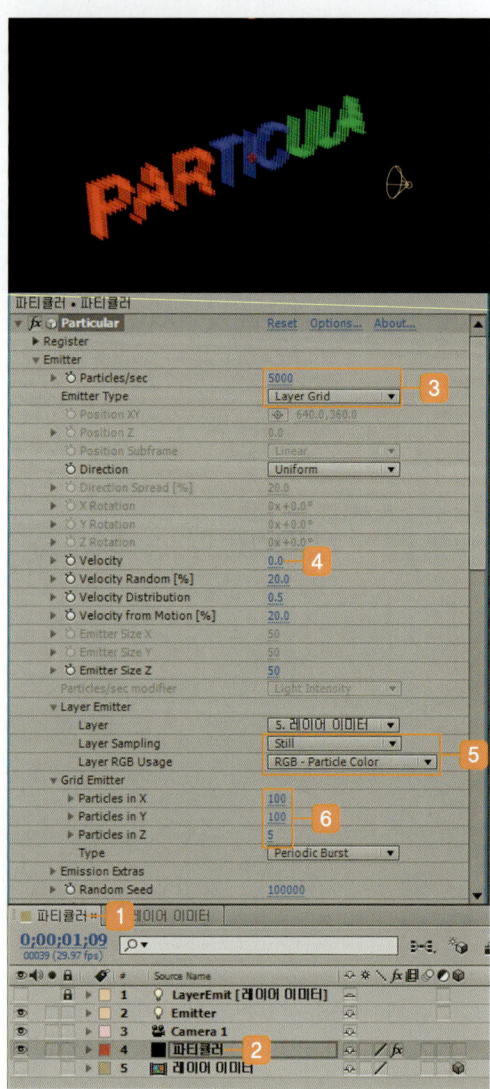

62 레이어 그리드 방식에서 사용되는 파라미터 중 Emitter Size Z축은 레이어 이미터(글자)의 두께를 설정할 때 사용되며 그리드 이미터의 Particle in XYZ를 통해 도트(입자)의 개수를 설정합니다. 그리고 Type은 파티클을 주기적으로 분사할 것인지 아니면 횡으로 그려지게, 즉 나타나게 할 것인지에 대한 설정을 합니다.

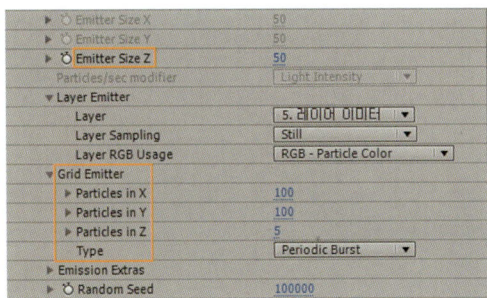

64 이제 그리드 이미터 타입을 Traverse(트래버스)로 바꿔봅니다. 그리고 확인해 보면 그리드 글자의 모습이 횡으로 나타났다 흩어지고 흩어지는 사이에 다음 그리드 글자가 횡으로 다시 나타납니다. 여기서 나타나는 횟수는 Particles in Z축의 개수입니다. 이렇듯 레이어 그리드는 글자(레이어 이미터)의 모습을 그리드 형태로 표현하는 것을 알 수 있습니다. 이것으로 파티큘러 효과의 이미터 항목에 대해 알아 보았습니다.

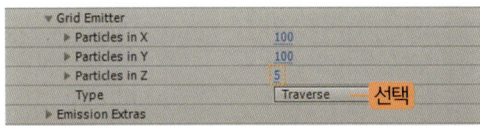

63 여기서 그리드 이미터의 타입에 대해 알아보기 위해 Velocity를 20 정도로 설정하여 속도를 약간 높여주고 Particle 항목의 Life [sec]를 10초로 늘려줍니다. 파티클 항목은 다음 과정에서 학습하게 됩니다. 그리드 이미터 타입이 초기 상태인 Periodic Burst(피리어딕 버스트)상태에서 확인해 보면 단순히 그리드 형태의 글자 나타났다 흩어지는 장면이 연출됩니다.

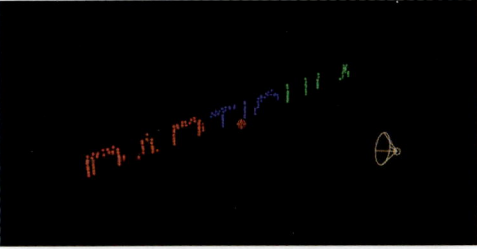

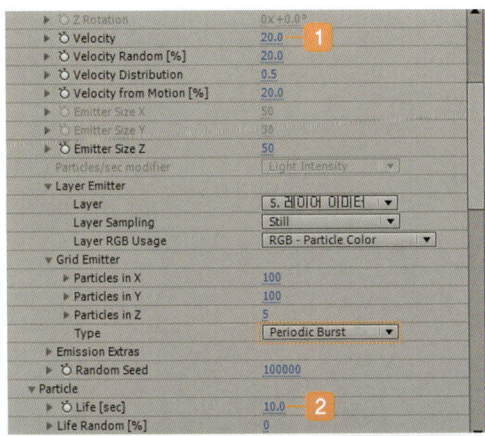

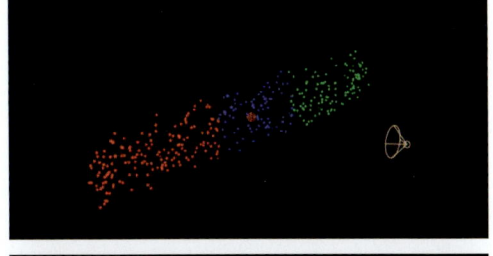

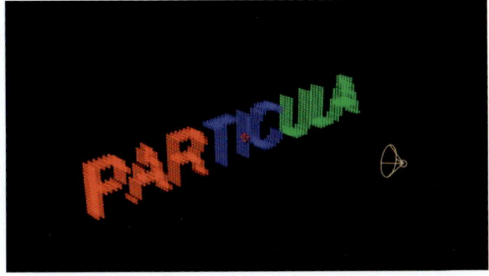

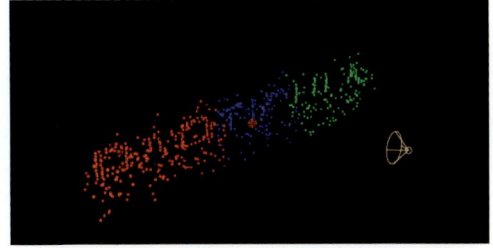

02

파티클

파티클(Particle) 항목에서는 이미터 항목에서 설정된 방식과 속성에 의해 분출되는 파티클의 생몰 시간, 파티클(입자)의 모양, 크기, 투명도, 컬러 등에 대한 세부적인 설정을 합니다. 단순한 모양의 파티클부터 구름, 눈, 비, 불꽃, 스모그 등의 실질적인 파티클의 모양을 결정짓게 됩니다.

01 앞서 학습한 이미터처럼 새로운 컴포지션과 솔리드 레이어를 만들고 솔리드 레이어에 파티큘러를 적용합니다.

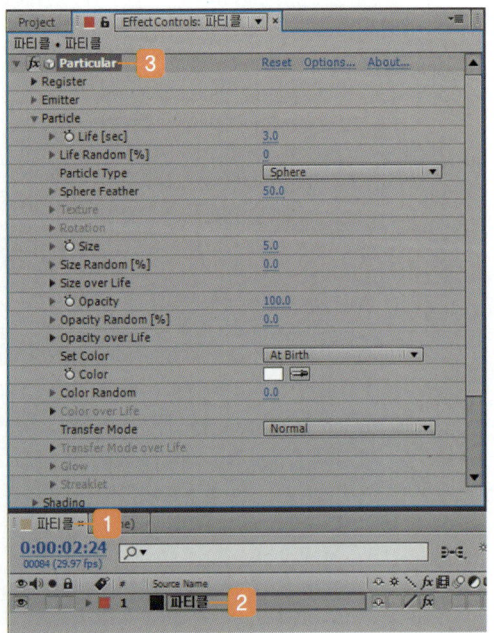

02 파티클 항목의 맨 위쪽에 있는 Life [sec]에 대해 알아봅니다. 라이프 [세크]는 파티클이 생성되고 소멸(사멸)되는 시간, 즉 생몰 시간을 초 단위로 설정합니다. 타임마커(커런트 타임 인디케이터)를 3초에서 3초 1프레임까지 확인해 보면 라이프[세크]가 현재는 기본 상태인 3초이기 때문에 3초 1프레임에서 사멸되는 것을 알 수 있습니다.

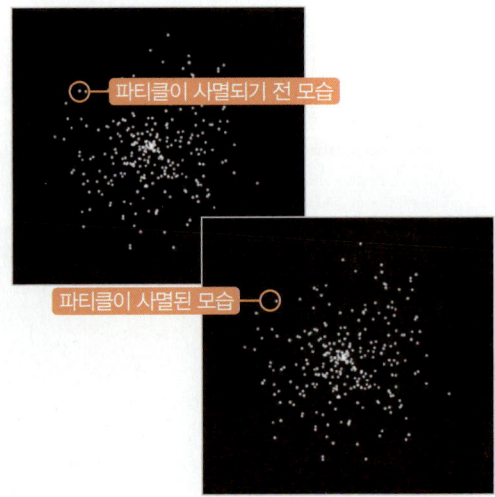

03 앞서 살펴본 라이프[세크]가 파티클의 수명을 담당한다면 아래쪽 Life Random은 파티클의 수명을 무작위로 설정할 수 있습니다. 즉 어떤 파티클은 라이프[세크]에서 설정된 시간대로 수명을 가지고 어떤 파티클은 보다 짧거나 긴 수명을 가지게 된다는 것입니다. 여기에서는 50 정도로 설정해 봅니다. 확인해 보면 파티클의 수명이 50% 범위에서 무작위로 조정된 것을 알 수 있습니다.

> 알아두기
>
> **NO DOF란?**
>
> DOF는 뎁스 오브 필드(Depth of Field)에 대한 약자로 사용됩니다. 쉽게 말해 카메라 심도라고 이해하면 됩니다. 카메라와 피사체 간의 거리가 가까울수록 심도구간이 좁아지고(얕아지고) 사진기와 피사체 간의 거리가 멀어질수록 심도구간이 넓어지게(깊어지게)됩니다. 이러한 이유로 심도가 얕은 아웃 포커스(흐림) 효과를 얻을 수 있는 것입니다. 여기에서 사용되는 NO DOF는 이러한 심도 효과를 사용하지 않고 전체적으로 선명한 상태를 유지한다는 의미입니다.

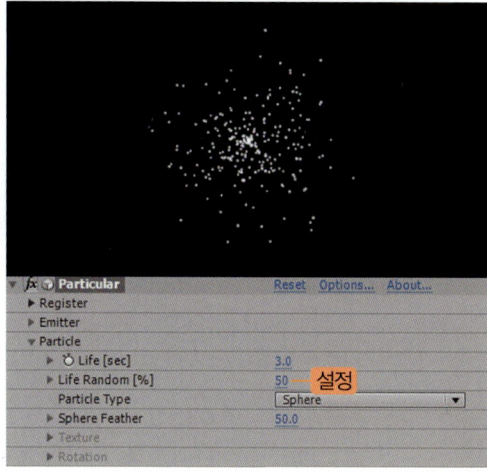

04 아래쪽 파티클 타입은 파티클의 모양을 선택할 수 있습니다. 맨 위쪽의 Sphere는 둥근 원 모양의 기본 도형이며 그밖에 별모양이나 구름 등의 모양을 사용할 수 있으며 우리가 직접 만든 모양을 파티클로 사용할 수도 있습니다. 파티클 타입에 대해 자세히 살펴보기 위해 두 번째에 있는 Glow Sphere (No DOF)를 선택해 봅니다.

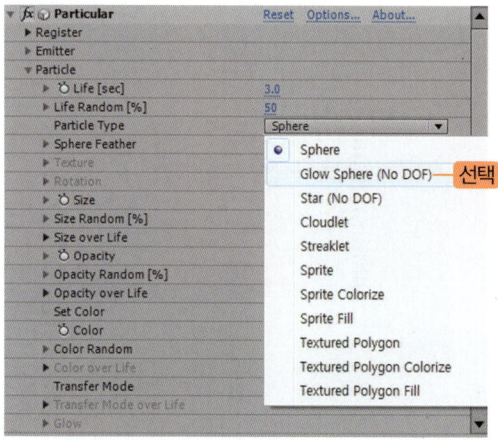

05 글로우 스피어(NO DOF)를 선택한 상태에서 Size를 10 정도로 높여줍니다. 사이즈는 파티클의 크기를 조절합니다. 확인해 보면 둥근 모양의 파티클 주위에 글로우(네온과 같은 발광) 효과가 표현되는 것을 알 수 있습니다. 이렇듯 글로우 스피어는 파티클 주위에 은은하게 빛이 발산되는 장면을 위해 사용됩니다.

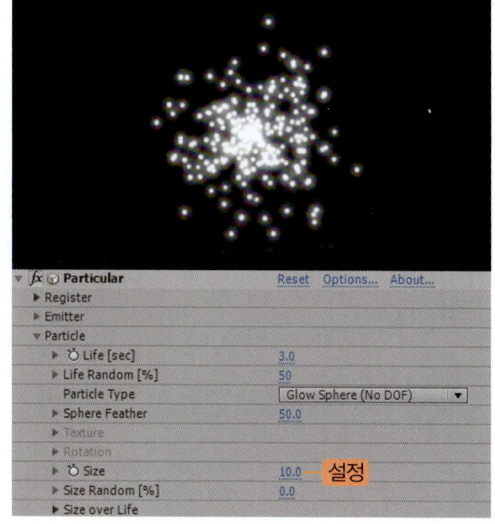

06 여기서 잠깐 Sphere Feather에 대해 알아봅니다. 스피어 패더는 파티클 가장자리를 부드럽게 혹은 뚜렷하게 할 때 사용되는데 이것은 글로우 타입과는 차이가 있습니다. 비교해 보기 위해 Sphere Feather 값을 0으로 설정해 봅니다. 확인해 보면 부드러웠던 파티클 가장자리가 뚜렷하게 바뀌었습니다. 스피어 패더는 스피어 타입과 클라우드, 스트리클렛 타입에서만 사용되는데 역시 파티클 가장자리를 부드럽게 혹은 뚜렷하게 처리할 때 사용됩니다.

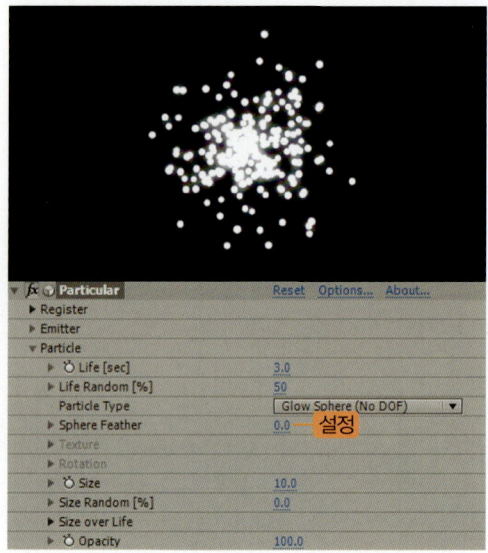

08 아래쪽 Random Rotation은 위쪽에서 회전된 값(각도)에 대해 회전 범위를 무작위로 설정할 때 사용됩니다. 랜덤 로테이션을 100으로 설정해 봅니다. 별 모양의 파티클들이 45도를 기준으로 어떤 것은 반대로 회전되고 어떤 것은 설정된 각도보다 훨씬 많이 회전된 것을 알 수 있습니다.

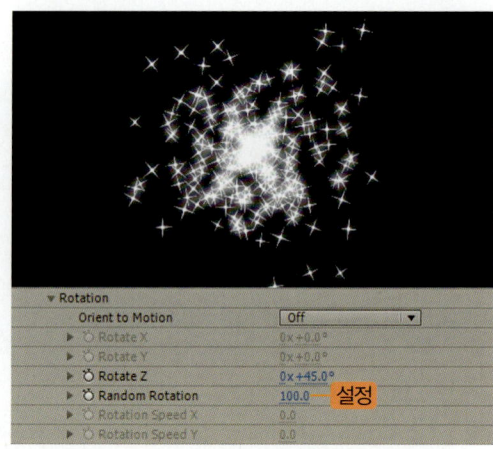

07 파티클 타입을 Star (No DOF)로 바꿔봅니다. 이 타입은 별 모양의 파티클로 만들어줍니다. 파티클 타입을 스타로 설정하면 회전이 가능한 로테이션이 활성화됩니다. 물론 모든 회전축이 활성화되는 것은 아니고 Z축에 대해서만 설정이 가능하게 됩니다. Rotate Z축을 45 정도로 설정해 보면 별 모양의 파티클들이 45도로 회전됩니다.

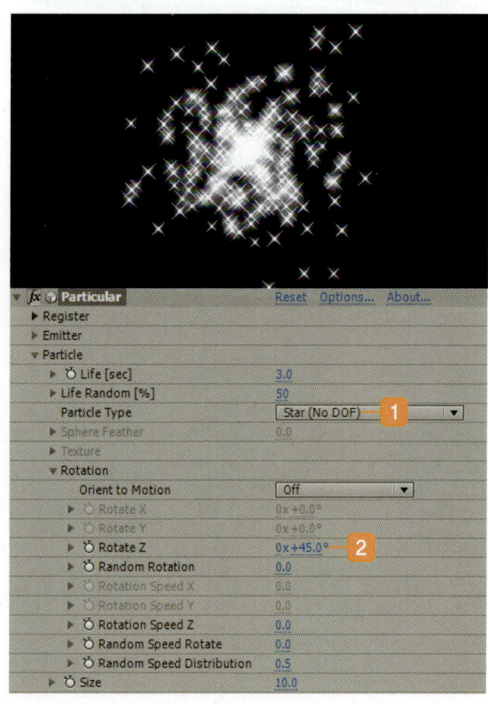

09 회전되는 속도는 Rotation Speed에서 설정할 수 있습니다. 먼저 Rotation Speed Z축를 20 정도로 설정해 봅니다. 설정된 속도로 별 모양의 파티클이 회전되는 것을 알 수 있습니다. 여기서 Random Speed Rotate를 사용하면 회전 속도를 무작위로 설정할 수 있습니다. 랜덤 스피드 로테이트를 50 정도로 설정해 보면 회전되는 속도가 각각 다르게 조절됩니다. 맨 아래쪽의 Random Speed Distribution(디스트리뷰션)은 랜덤 속도에 대한 미세 조정이 가능하게 합니다. 기본 값인 0.5는 가우스 분포(Gaussian Distribution)로 표현되는데 즉, 랜덤 스피드에 의해 무작위 속도를 가진 파티클들의 느림과 빠름을 계산해 보면 평균 속도와 같으며 값을 1로 설정하면 균일한 속도로 분포됩니다. 여기서 값을 1보다 높게 증가하면 극단적인 속도의 편차를 얻을 수 있습니다.

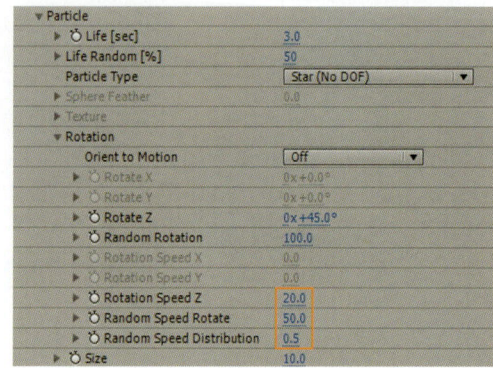

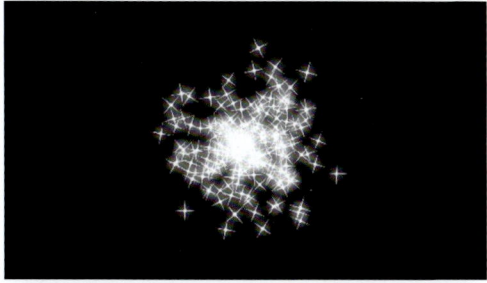

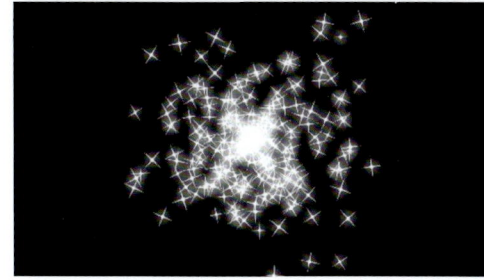

11 먼저 Size를 77 정도로 늘려보면 구름 조각의 크기가 커집니다. 그리고 Cloudlet Feather를 100으로 설정하여 구름의 가장자리를 실제 구름처럼 부드럽게 해 줍니다. 아래쪽 Opacity(불투명도)를 10 정도로 설정하여 구름의 투명도를 떨어뜨립니다. 구름의 투명도를 랜덤하게 하기 위해 Opacity Random [%]를 80 정도로 설정합니다. 이제 제법 실제 구름처럼 표현됩니다.

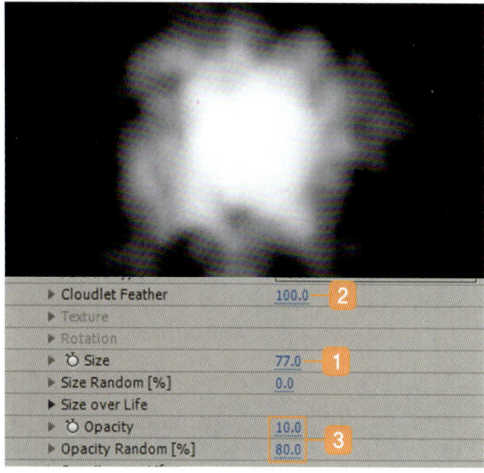

10 이제 다른 파티클 타입에 대해 알아보기 위해 Particle Type을 Cloudlet(클라우들렛)으로 바꿔봅니다. Cloudlet은 구름을 표현할 때 사용되는 타입입니다. 확인해 보면 아직까지는 구름 조각 느낌이 들지 않습니다.

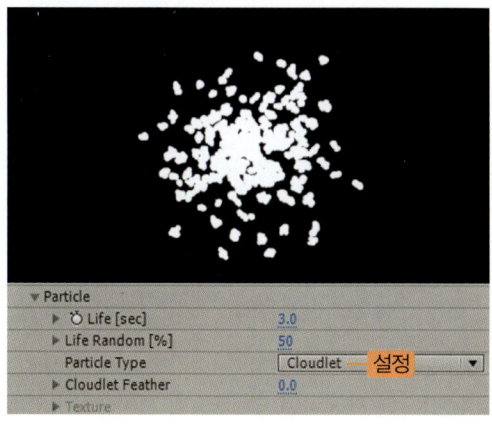

12 구름의 투명도를 보다 사실적으로 표현하기 위해 Opacity over Life를 열어줍니다. 먼저 가장 큰 영역을 차지하고 있는 그래프 영역 아래쪽을 보면 BIRTH(출생)과 DEATH(사멸)이라고 있습니다. 이것은 파티클(구름)의 생겨나고 사멸될 때의 불투명도를 그래프로 작성한다는 의미로 보면 됩니다. 그래프의 작성은 다양합니다. 그래프의 빨간색(현재는 빨간색으로 꽉 채워진 상태) 영역에서 마우스를 클릭하여 원하는 모습으로 드로잉 해 봅니다. 이제 그림이 그려진 모습으로 파티클의 불투명도가 정의됩니다. 빨간색 그래프 모습이 아래로 갈수록 파티클은 더욱 투명해 집니다.

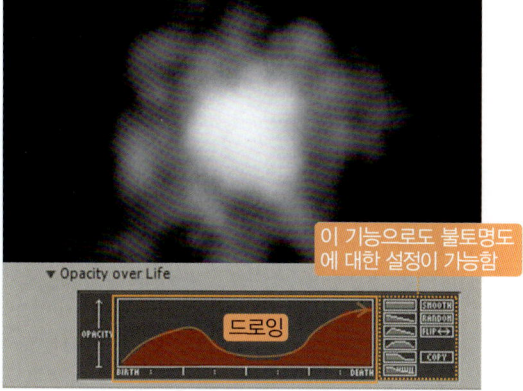

13 여기서 다시 원래 상태로 되돌아가기 위해 우측 프리셋 버튼 중 좌측 맨 위쪽에 있는 버튼을 클릭합니다. 이제 그래프 영역 전체가 초기 상태인 빨간색으로 채워졌습니다. 나머지 프리셋 버튼들도 해당 그림과 이름처럼 다양한 모양의 그래프로 설정됩니다.

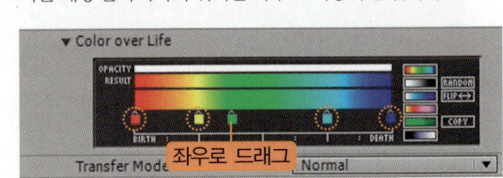

14 이번엔 파티클의 색상에 대해 알아봅니다. Set Color에서는 색상에 대한 표현 방식을 선택합니다. 일단 기본 상태인 At Birth에서 Color를 하늘색으로 바꿔줍니다. 확인해 보면 파티클의 색상이 하늘색으로 바뀐 것을 알 수 있습니다. 이렇듯 앳 버스는 단일 색상의 파티클을 표현할 때 사용합니다.

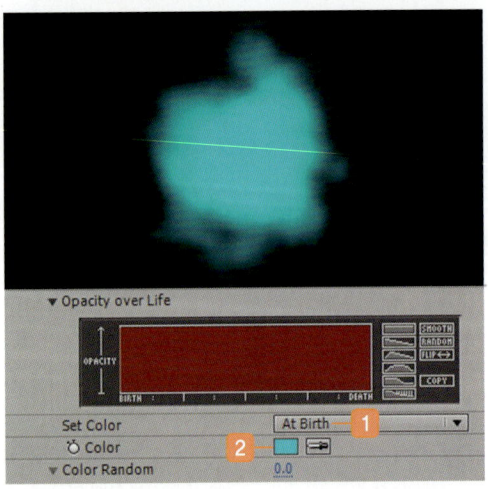

15 계속해서 Set Color를 Over Life로 바꿔봅니다. 아래쪽 Color over Life 옵션이 활성화됩니다. 여기에서는 파티클의 색상을 원하는 개수 만큼 만들어 표현할 수 있습니다.

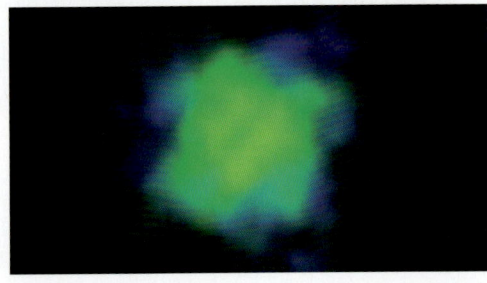

16 색상과 분포 위치를 바꾸기 위해서는 아래쪽 네모 모양의 색상 슬라이더를 이용하는데 색상의 분포 위치를 조절하기 위해서는 해당 슬라이더의 위치를 좌우로 이동하면 됩니다.

17 파티클의 색상을 바꾸기 위해서는 해당 슬라이더를 더블클릭한 후 열리는 색상 선택 창에서 원하는 색상을 선택한 후 OK 버튼을 누르면 됩니다. 나머지 색상 슬라이더도 같은 방법을 이용합니다.

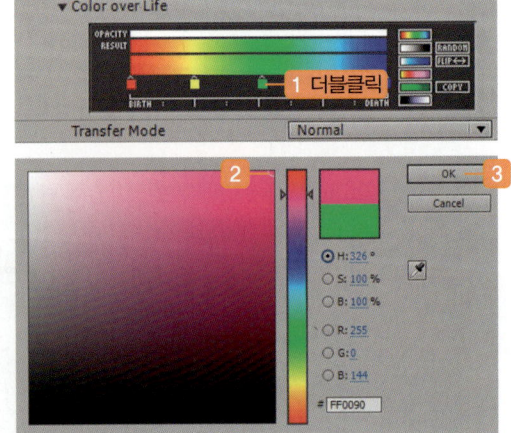

18 이제 확인해 보면 파티클의 색상 중 가운데 초록색이었던 색상이 분홍색으로 바뀐 것을 알 수 있습니다.

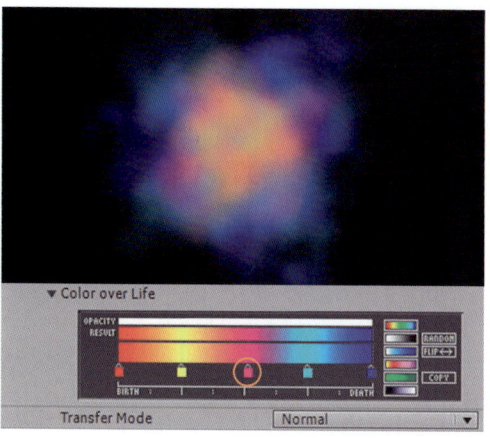

21 이번엔 Transfer Mode를 Screen으로 설정해 봅니다. 앞서 설정한 Add와는 다르게 각 파티클들의 색상이 자연스럽게 밝아진 것을 알 수 있습니다. 이렇듯 트랜스퍼 모드는 파티클들의 교차된 영역의 색상, 밝기, 채도에 대한 합성을 할 수 있습니다.

19 Color over Life도 우측 프리셋 버튼들을 이용하여 다양한 변화를 줄 수 있습니다. 여기에서는 좌측 버튼들 중 위에서 네 번째 버튼을 눌러봅니다. 파티클의 색상이 방금 선택된 색상으로 바뀐 것을 알 수 있습니다.

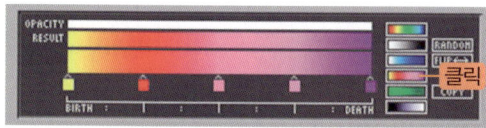

20 아래쪽 Transfer Mode는 애프터이펙트 타임라인의 블렌딩(합성) 모드와 같습니다. 포토샵에서도 사용하듯 각 레이어(층) 간의 색상, 밝기, 채도 등을 계산하여 합성하게 됩니다. 먼저 Add로 설정해 보면 각 파티클들이 교차된 영역의 색상이 더욱 강렬해 진 것을 알 수 있습니다.

22 여기서 앞서 설정한 것은 그대로 두고 Set Color를 Random from Gradient로 설정해 봅니다. 이 방식은 아래쪽 Color over Life에서 설정된 색상들을 랜덤하게 혼합해 주는 방식입니다.

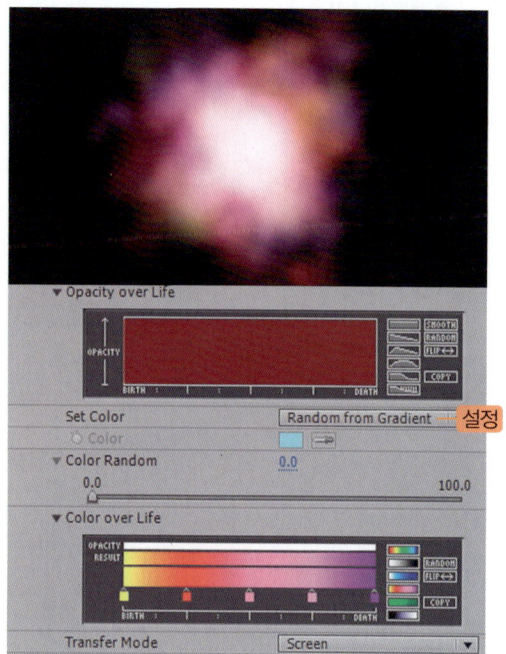

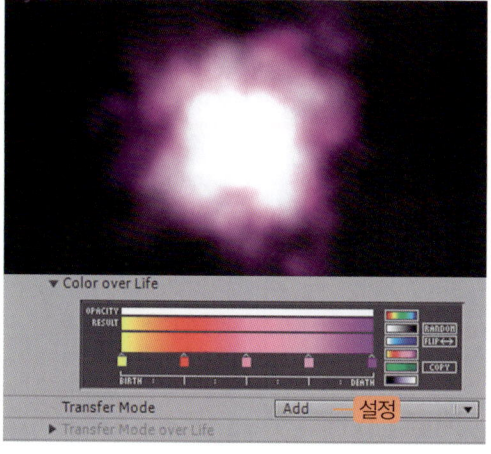

23 마지막 From Light Emitter는 파티클의 색상이 순전히 조명의 색상에 의해 결정됩니다. 이 방식을 사용하기 위해서는 라이트를 생성해야 하며 일반적으로 조명을 사용할 때처럼 파티클

레이어를 3D 레이어로 전환하지 않아도 됩니다.

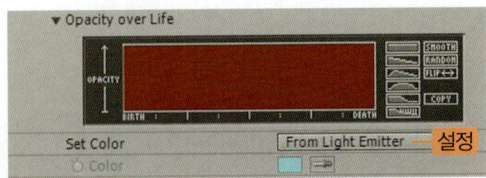

24 위쪽의 사이즈에 관한 파라미터들은 파티클의 크기에 대한 설정을 할 수 있습니다. 여기서 아래쪽 Size over Life 또한 그래프를 통해 파티클이 시작될 때의 크기와 사멸될 때의 크기를 조절할 수 있습니다. 확인이 끝나며 다시 초기 상태로 설정해 줍니다.

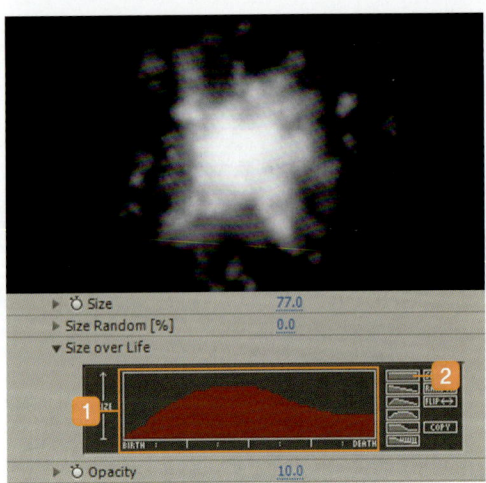

25 파티큘러를 완전히 초기 상태로 해 주기 위해 상단 Reset를 클릭합니다. 리셋을 클릭하면 모든 파라미터 값이 초기 상태로 바뀌지만 Size over Life와 키프레임 같은 그래프의 설정은 그대로 보존된다는 것을 유의하기 바랍니다.

26 모든 파라미터가 초기 상태로 바뀌었다면 이제 Particle Type을 Streaklet(스트리클렛)으로 설정합니다. Streaklet은 연속성을 가진 파티클을 표현할 때 사용되는데 쉽게 거친 선을 표현하

는 것이라고 생각하면 됩니다. 이 효과를 이용하면 애플의 아이폰 광고에서 볼 수 있듯이 긴 노출 빛(슬로우 셔터) 효과와 유사하게 표현할 수 있습니다. 컴포지션 화면을 확대해 보면 거친 입자들의 모습이 보입니다.

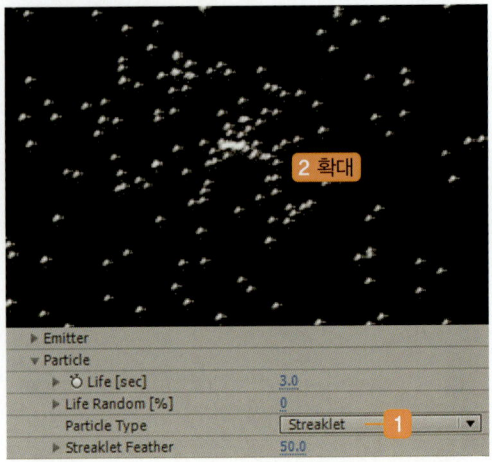

27 Streaklet은 크게 네 가지 파라미터가 다른 타입과는 다른데 맨 위쪽에 있는 Streaklet Feather는 파티클(입자) 가장자리를 부드럽게 하거나 뚜렷하게 해 줍니다. 그리고 아래쪽 Streaklet는 세 개의 서브 파라미터가 있는데 Random Seed는 입자가 표현되는 위치를 다르게 해 주며 No Streaks는 입자의 개수를 설정합니다. 이것은 원형 입자 주위에 작은 입자들이 생성되기 때문에 거친 느낌을 표현할 수 있습니다. 마지막 Streak Size는 입자의 크기를 설정합니다.

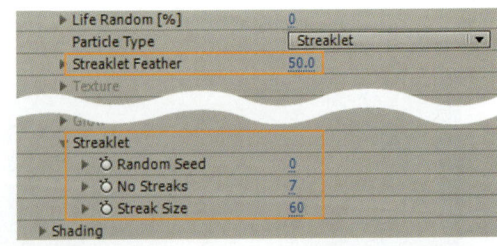

28 Streaklet 입자에 모션을 주기 위해 타임라인에서 파티큘러의 이미터를 열고 Position XY의 스톱워치를 Alt 키를 누른 상태에서 클릭하여 익스프레션을 적용합니다. 익스프레션 스크립트 입력 필드에 다음과 같이 입력하여 이리저리 움직이는 모션을 만들어줍니다.
wiggle(5, 500)

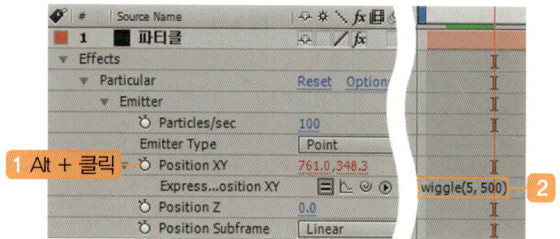

31 선에 색상을 주기 위한 다양한 방법을 사용할 수 있지만 주로 Set Color를 Over Life로 설정하면 여러가지 색상을 쉽게 표현할 수 있습니다.

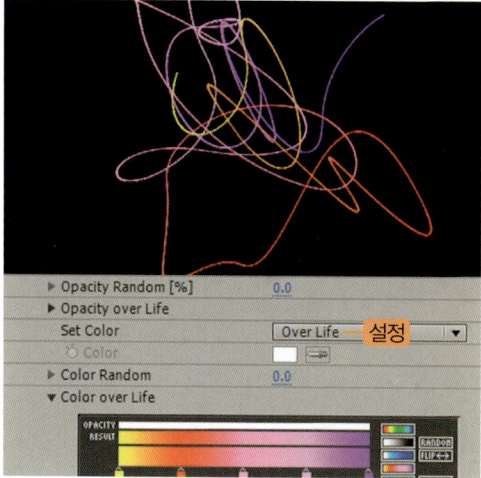

29 Particles/sec를 3500 정도로 증가하고 Position Subframe을 10x Smooth로 설정하여 모션 경로를 부드럽게 해 줍니다. 확인해 보면 입자가 움직이고 뒤쪽의 입자들은 서서히 사방으로 흩어지게 됩니다.

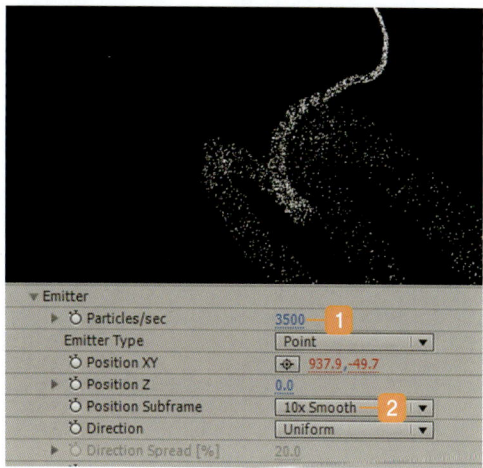

32 지금의 선 상태에서 글로우 효과를 적용하면 실제 빛의 노출에 의해 생기는 장면을 표현할 수 있습니다. 파티클 레이어에 Effects 〉 Stylize 〉 Glow를 적용하고 Glow Threshold를 9.8, Glow Radius를 29, Glow Intensity를 2.4 정도로 설정합니다. 선의 두께는 Streak Size를 120 정도로 설정하여 조금 더 두껍게 해 줍니다. 이제 원하는 모습의 빛의 긴 노출에 의해 생기는 장면이 표현됐습니다. 이렇듯 Streaklet은 간단히게 입자에 의한 선을 표현할 수 있습니다. 이 작업은 예제 편에서 다시 다루겠습니다.

30 완전한 선으로 표현하기 위해 Velocity를 0으로 설정하고 Velocity from Motion [%]도 0으로 설정합니다. 이제 입자의 움직임에 맞게 선으로 표현되는 것을 알 수 있습니다.

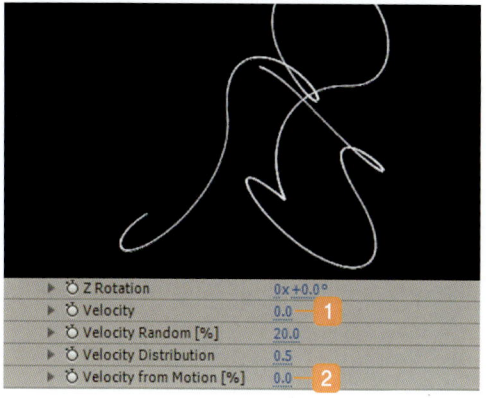

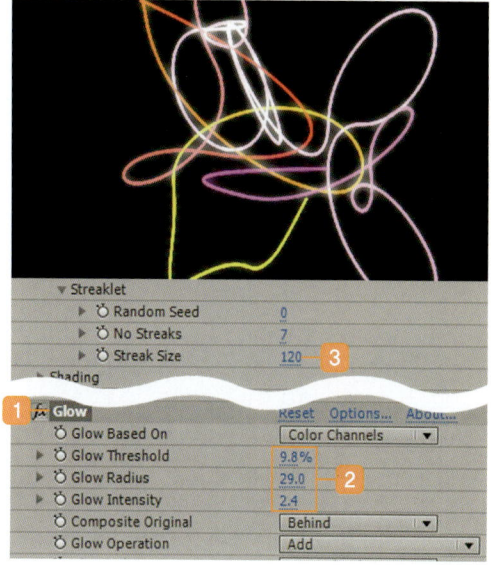

33 이번엔 다른 파티클 타입에 대해 알아봅니다. Particle Type을 열어보면 살펴보지 않은 Sprite(스프라이트), Sprite Colorize, Sprite Fill 그리고 Textured Polygon, Textured Polygon Colorize, Textured Polygon Fill이 있습니다. 이 6가지 타입은 모두 별도의 텍스처(무늬) 레이어를 이용하여 입자를 표현하는 방식입니다. 먼저 Sprite를 선택합니다. 스프라이트는 텍스처 레이어의 색상을 그대로 반영하는 방식입니다.

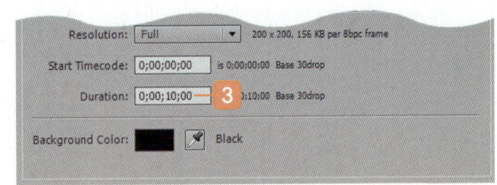

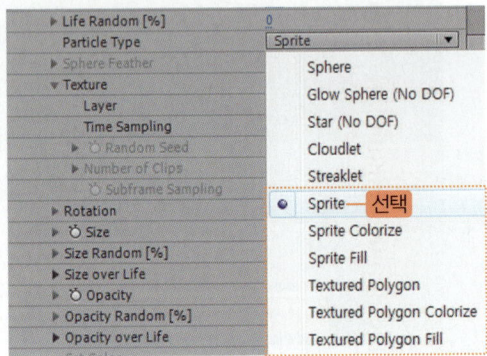

34 앞서 작업했던 것도 모두 초기화시키기 위해 Reset을 클릭하고 Enable Expression을 끄거나 아예 삭제합니다.

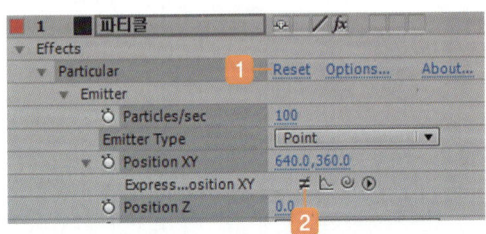

35 앞서 소개한 6가지 타입은 모두 별도의 텍스처로 사용될 레이어가 필요하기 때문에 새로운 컴포지션을 통해 만들어주어야 합니다. Ctrl+N 키를 눌러 가로, 세로 크기가 200인 새로운 컴포지션을 만들어줍니다. 컴포지션의 이름은 [텍스처]라고 하고 작업 길이(Duration)은 앞선 작업에서의 시간과 같은 10초로 설정합니다.

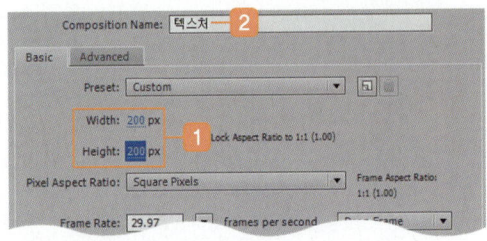

36 Ellipse 툴을 사용하여 그림처럼 타원형을 만들어줍니다. 그리고 쉐이프 도형의 색상을 Fill을 통해 노란색으로 설정하고 Stroke을 0으로 설정하여 두께를 없애줍니다.

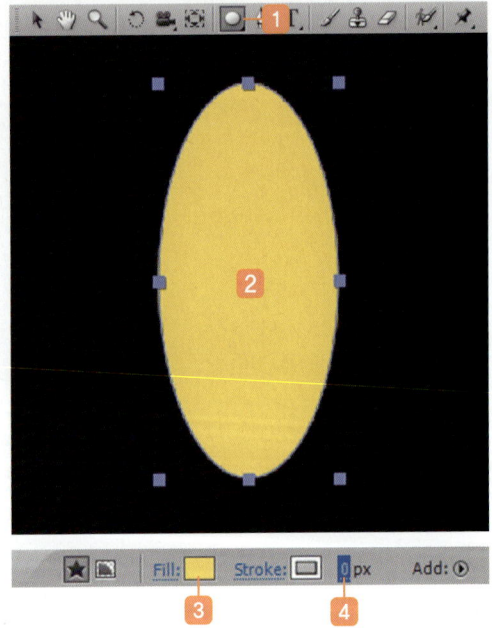

37 방금 만든 타원형 중간에 선을 그려 나뭇잎처럼 보이게 하기 위해 먼저 아무 레이어도 선택되지 않도록 합니다. 특정 레이어를 선택한 후 도형을 만들면 선택된 레이어에 마스크가 만들어지기 때문입니다.

38 Pen 툴을 사용하여 그림처럼 타원형 중간에 선을 만들어주고

선의 두께를 Stroke를 통해 3 정도로 설정합니다. 그리고 선의 색상은 타원형 색상보다 짙은 색상으로 설정합니다.

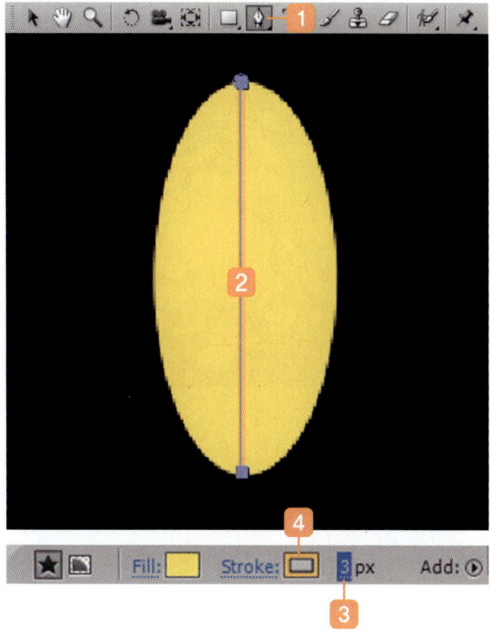

39 2개의 쉐이프 레이어를 하나로 합쳐주기 위해 레이어를 모두 선택한 후 Ctrl+Shift+C 키를 눌러줍니다.

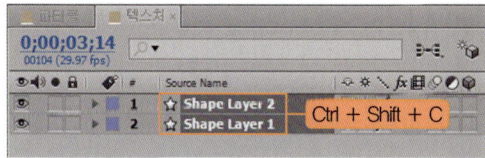

40 프리 컴포지션 창이 열리면 이름은 [나뭇잎]이라고 해 줍니다. 이제 앞서 선택된 두 레이어는 하나의 컴포지션 레이어로 합쳐집니다.

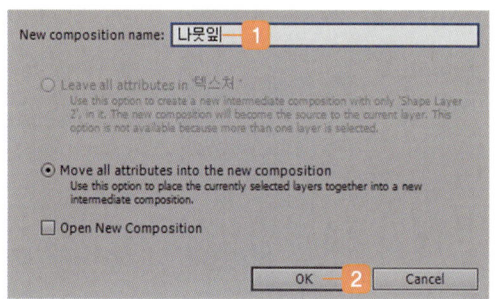

41 프로젝트 패널에서 앞서 만든 텍스처 컴포지션을 끌어다 파티클 컴포지션의 타임라인에 적용합니다. 이것으로 텍스처가 필요한 파티클 타입을 표현하기 위한 준비가 되었습니다.

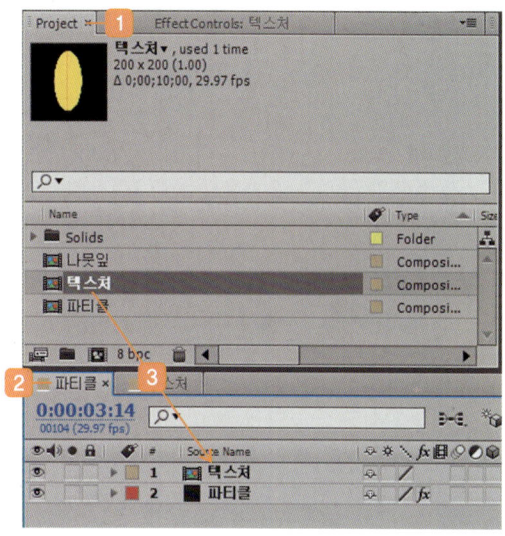

42 파티클 레이어를 선택한 후 이펙트 컨트롤 패널로 이동합니다. Texture의 Layer를 앞서 적용한 1. 텍스처로 선택합니다. 이제 파티클의 모습이 텍스처 레이어의 모습인 나뭇잎으로 표현됩니다.

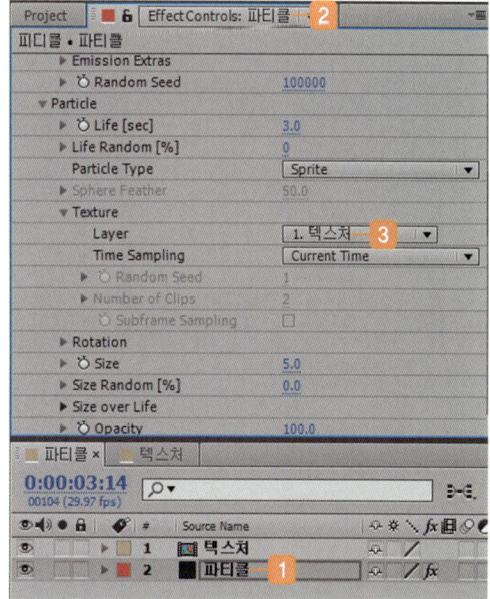

43 파티클 원형인 텍스처 레이어의 모습은 숨겨놓기 위해 Hides Video를 꺼줍니다. 그리고 앞선 작업에서 적용한 글로우 효과도 보이지 않게 하거나 삭제합니다.

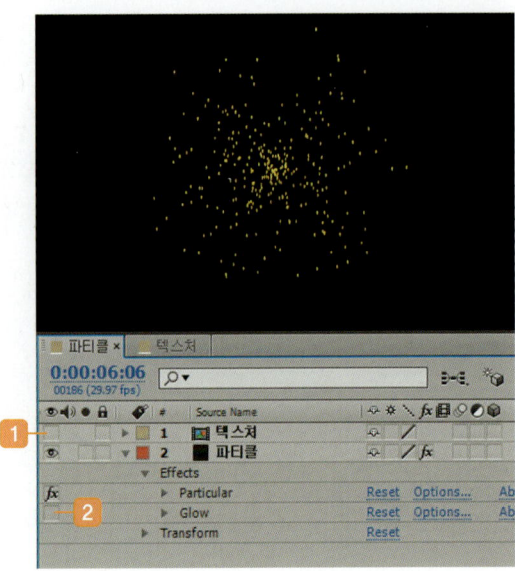

44 파티클의 크기가 너무 작기 때문에 Size를 35 정도로 키워주고 Size Random [%]를 50 정도로 설정하여 크기를 무작위로 해 줍니다. 그리고 Opacity Random [%]을 50 정도로 설정하여 투명도에 대해서도 무작위로 해 줍니다.

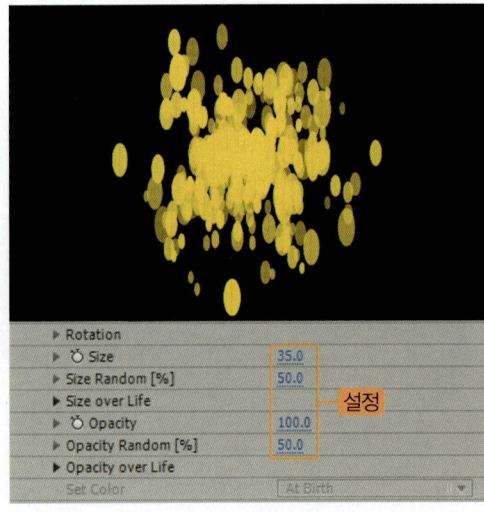

45 파티클의 회전은 Rotation에서 이뤄지는데 Orient to Motion을 On으로 설정하면 사방으로 흩어졌던 파티클들이 원형의 모습으로 회전됩니다. 그밖에 아래쪽에 있는 Rotation에 대한 파라미터들은 개별적으로 파티클을 회전하거나 회전되는 속도에 대한 설정을 할 때 사용됩니다.

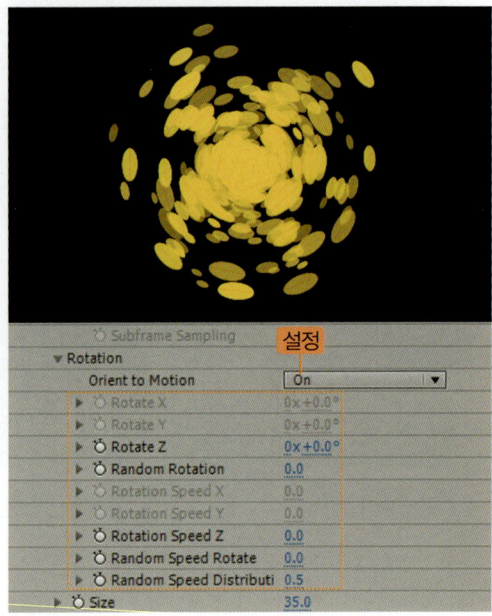

46 여기서 Time Sampling에 대해 알아보기로 합니다. 타임 샘플링은 Sprite에서 Textured Polygon Fill까지 사용되는 파티클이 표현되는 시간에 대한 설정을 할 수 있습니다. 타임 샘플링을 어떤 것을 선택하느냐에 따라 프리 렌더(미리보기)의 속도에 차이가 날 수 있습니다. 현재 기본 값으로 사용되는 Current Time은 현재 사용되는 텍스처 소스 레이어(나뭇잎)의 길이(상태)를 그대로 반영하여 표현(재생)합니다.

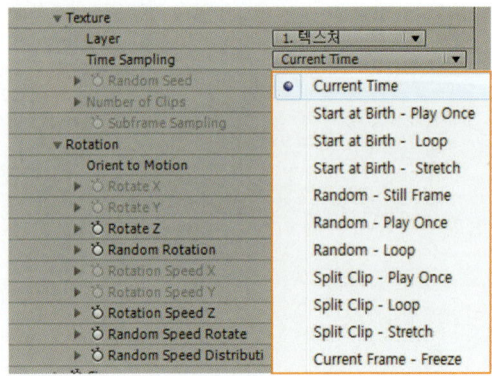

47 텍스처 컴포지션으로 이동한 후 나뭇잎 레이어를 Ctrl+D 키를 두 번 눌러 총 3개의 레이어가 사용되도록 해 줍니다. 그리고 각각 전체 시간(10초)을 기준으로 1/3 정도의 길이로 줄여서 차례대로 배치합니다.

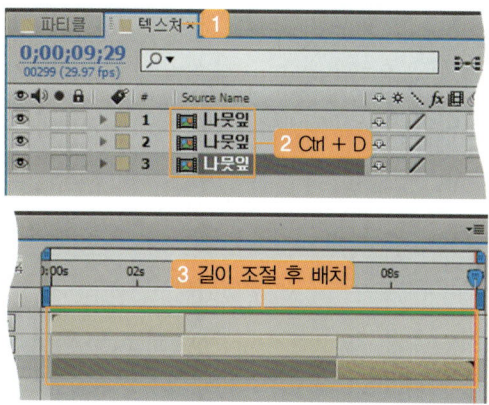

48 이제 세 개의 나뭇잎 레이어에 대한 색상을 차별해 봅니다. 먼저 두 번째 나뭇잎 레이어를 선택한 후 Effect 〉 Color Correction 〉 Hue/Saturation을 적용하고 Master Hue를 설정하여 하늘색으로 바꿔줍니다.

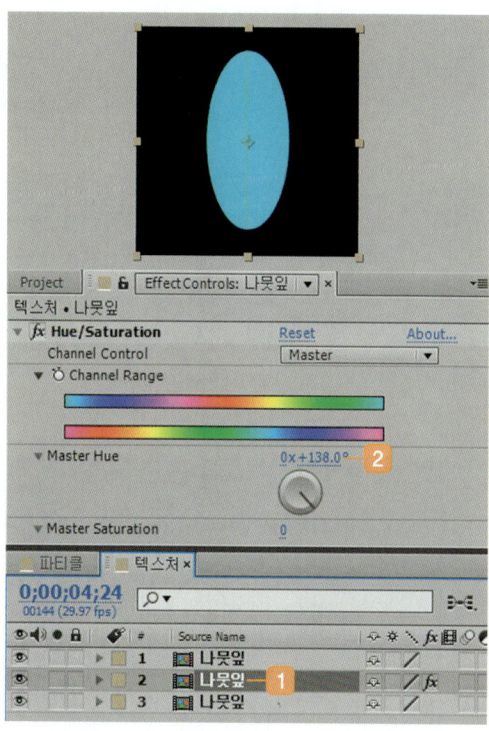

49 같은 방법으로 세 번째 나뭇잎 레이어에도 Hue/Saturation을 적용한 후 색상을 분홍색으로 설정합니다. 이렇게 해서 세 개의 나뭇잎 색상이 서로 다르게 되었습니다. 지금 설정된 3개의 나뭇잎 색상과 길이, 위치는 파티클이 표현되는 상태에 영향을 주게 됩니다.

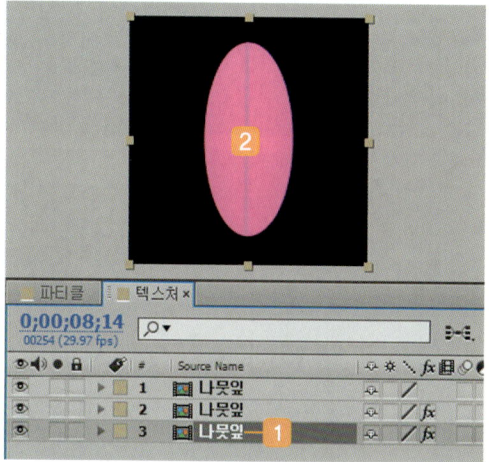

50 지금의 작업을 확인하기 위해 다시 파티클 컴포지션으로 이동합니다.

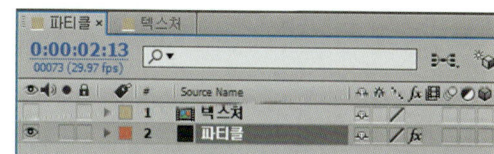

51 확인해 보면 현재 Time Sampling이 Current Time으로 되어있기 때문에 텍스처 컴포지션에 배치된 3개의 나뭇잎 레이어의 색상과 배치된 시간이 그대로 반영되는 것을 알 수 있습니다.

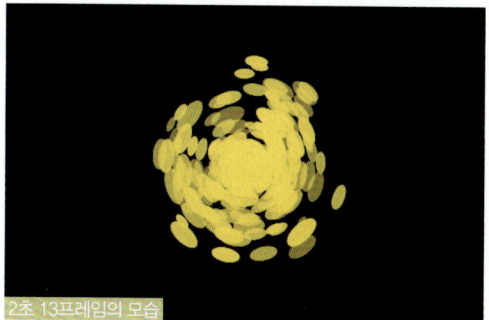

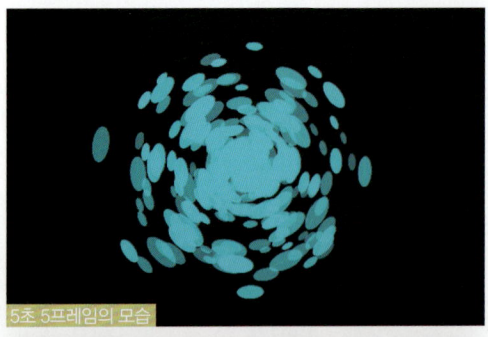

5초 5프레임의 모습

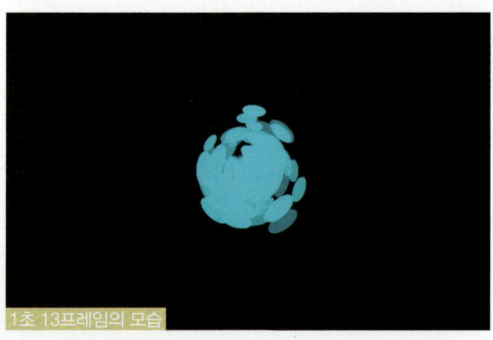

1초 13프레임의 모습

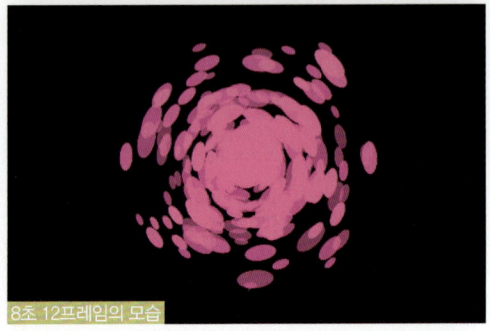

8초 12프레임의 모습

52 다시 텍스처 컴포지션으로 이동한 후 1번 나뭇잎 레이어의 길이를 짧게 하고 2번 나뭇잎 레이어의 길이를 짧아진 1번 레이어 만큼 길게 늘려줍니다. 이렇게 설정된 나뭇잎들은 이제 파티클이 나타나는 시간에 영향을 줍니다.

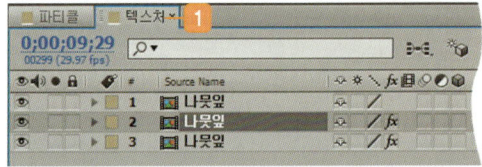

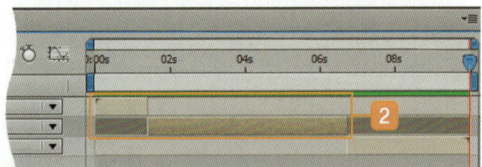

53 다시 파티클 컴포지션으로 이동한 후 확인해 보면 1초 13프레임이 되는 지점(텍스처 컴포지션의 1번 나뭇잎 레이어가 끝나고 2번 나뭇잎 레이어가 시작되는 시간)부터 하늘색 2번 나뭇잎이 나타나는 것을 알 수 있습니다. 이렇듯 Time Sampling의 Current Time은 파티클 입자로 사용되는 텍스처 레이어의 색상과 길이를 그대로 반영하는 것을 알 수 있습니다.

54 이번엔 두 번째에 있는 Start at Birth - Play Once를 선택합니다. Start at Birth 타입은 현재 사용되는 파티클 소스 레이어의 길이와 Life 시간에 영향을 받게 되는데 지금 선택한 Start at Birth - Play Once는 파티클 소스 레이어의 시작점부터 끝점까지 1회 표현(재생)하는 방식입니다. Life [sec]에서 설정된 시간 안에 포함된 텍스처 소스의 시간(나뭇잎 레이어)만 반영되며 일단 이 상태에서 확인해 보면 1초 14프레임 정도에서 두 번째 하늘색 나뭇잎의 모습이 보이기 시작합니다.

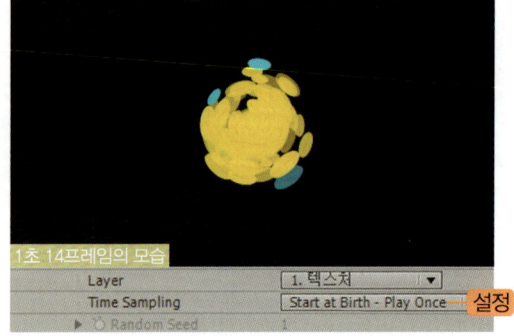

1초 14프레임의 모습

55 시간을 8초 28프레임 정도로 이동해 봅니다. 이 시간대에서는 3번 분홍색 나뭇잎이 보여야 하는데 보이지 않습니다. 이것은 현재 Life 시간이 3초로 되어있기 때문입니다.

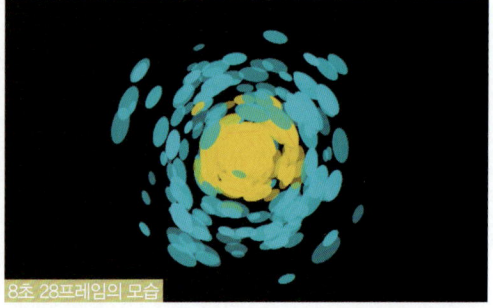

8초 28프레임의 모습

56 Life [sec]를 7초 정도로 늘려주고 다시 확인해 보면 텍스처로 사용되는 3번 분홍색 나뭇잎의 모습이 6초 25프레임 정도에 나타나는 것을 알 수 있습니다. 이것은 Life 시간이 3번 분홍색 나뭇잎이 나타나는 시간보다 길기 때문입니다. 다시 말해 파티클의 Life 시간은 파티클 입자로 사용되는 레이어의 시간(길이)를 반영한다고 이해하면 됩니다.

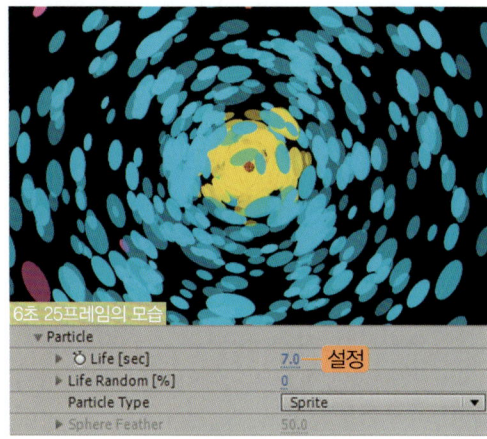

57 여기서 텍스처로 사용되는 레이어의 길이를 반 정도로 줄이고 확인해 봅니다. 줄어든 길이와는 상관없이 파티클의 모습이 그대로 반영되는 것을 알 수 있습니다. 이 또한 Start at Birth - Play Once의 특징임을 기억하기 바랍니다.

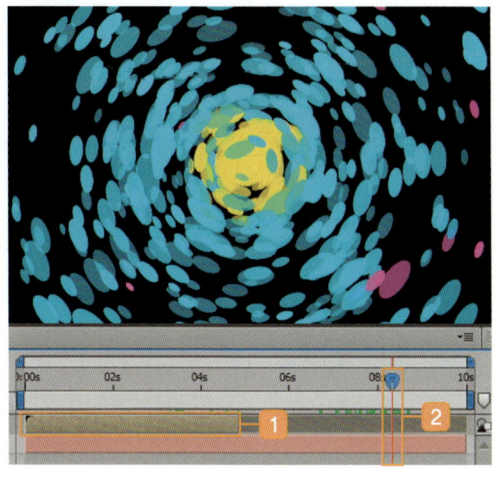

58 이번엔 Time Sampling을 Star at Birth - Loop로 설정해 봅니다. 이 방식은 파티클 소스 레이어(나뭇잎)의 시작점부터 끝점까지 표현하며 파티클 소스 레이어의 길이와 상관없이 다시 반복하여 표현(재생)됩니다.

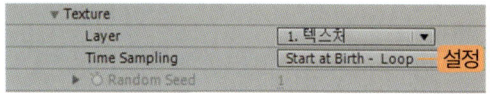

59 앞서 텍스처 레이어를 반 정도로 줄인 상태에서 확인해 보면 10초에 가까운 시간대에서도 3번 분홍색 나뭇잎이 보이지 않는 것을 알 수 있습니다. 이것은 텍스처 레이어의 길이가 텍스처 컴포지션에 사용된 3개의 레이어의 시간에 영향을 준다는 것을 알 수 있습니다. 즉 텍스처 레이어의 끝점이 현재 5초 정도 되기 때문에 5초 이후에 배치된 3번 분홍색 나뭇잎은 표현되지 않는 것입니다. 이렇듯 Start at Birth - Loop 방식은 파티클로 사용되는 레이어의 길이 만큼 계속 반복 표현됩니다.

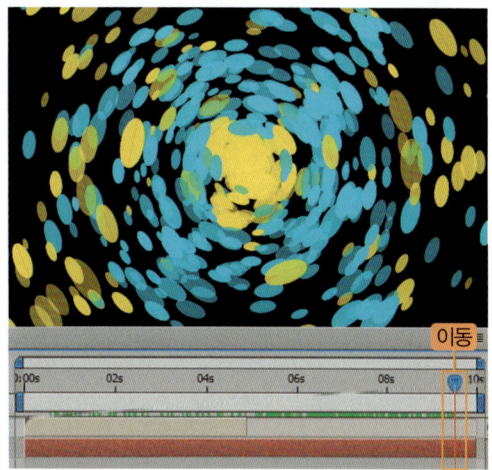

60 여기서 텍스처 레이어의 길이를 1초도 안 되도록 줄여봅니다. 다시 확인해 보면 텍스처 컴포지션의 1번 노란색 나뭇잎의 모습만 반복 표현되는 것을 알 수 있습니다. 지금까지 루프 방식에 대해 알아 보았습니다.

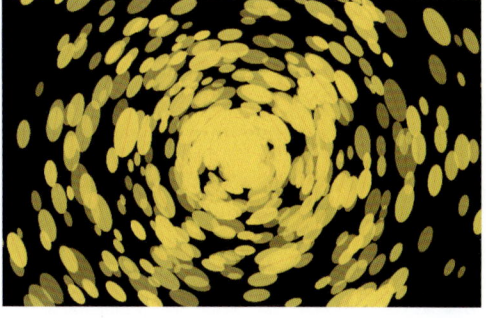

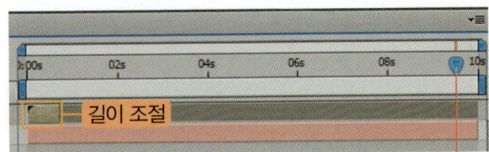

61 이번엔 Time Sampling을 Start at Birth - Stretch로 설정합니다. 이 방식도 파티클 소스 레이어의 길이를 기준으로 재생되지만 Life 시간을 조절하여 파티클들이 소멸될 때까지의 모습을 표현하게 됩니다. 가령 현재의 Life 시간이 7초라고 한다면 7초에 해당되는 시간을 기준으로 파티클 소스로 사용되는 텍스처 컴포지션의 모든 나뭇잎의 모습이 압축된 상태로 표현됩니다.

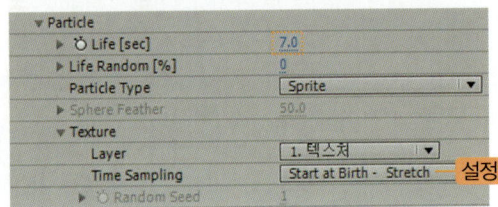

스처 레이어의 길이가 5초 정도되기 때문에 텍스처 컴포지션에 사용된 3개의 나뭇잎 중 세 번째 분홍색 나뭇잎이 표현되지 않습니다. 이것은 현재 Life 시간이 3초로 압축되어있기 때문입니다.

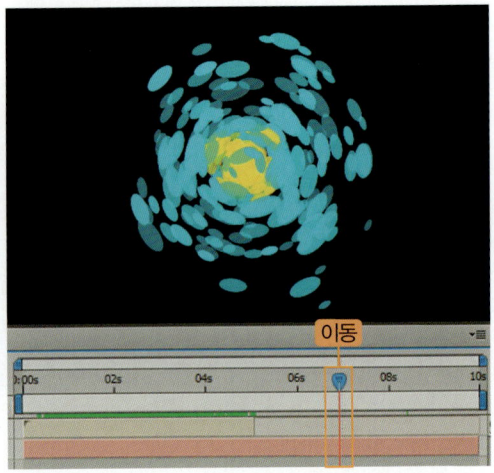

62 Life [sec]를 3초로 줄여줍니다. 이제 3초로 압축되었기 때문에 3초 이후부터 모든 나뭇잎 레이어의 모습이 표현됩니다.

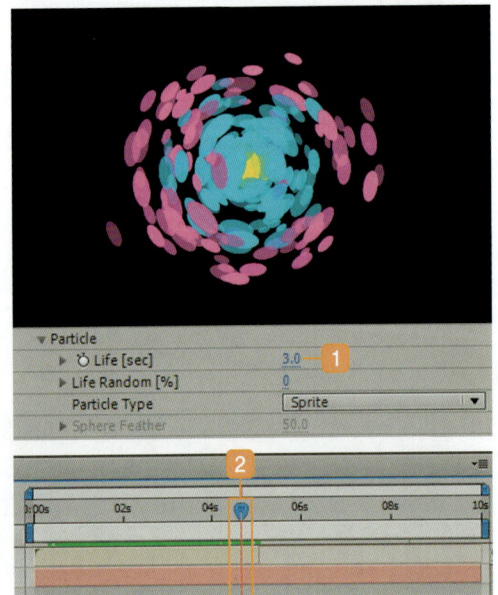

63 시간을 텍스처 레이어의 길이에서 벗어나 봅니다. 현재는 텍

64 텍스처 레이어의 길이를 현재 컴포지션의 작업 시간에 맞게 늘려줍니다. 다시 확인해 보면 이제 3개의 나뭇잎이 모두 표현됩니다. 이것으로 Start at Birth - Stretch 방식은 Life 시간과 파티클 소스로 사용되는 레이어(텍스처)의 길이에 영향을 받는다는 것을 알 수 있습니다.

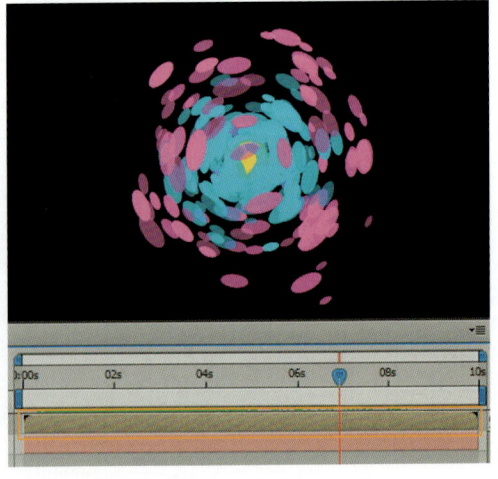

65 이번엔 나뭇잎 레이어의 분포율을 설정해 봅니다. 텍스처 컴포지션으로 이동한 후 나뭇잎 2번을 조금 더 짧게 해 주고 3번을 길게 늘려 줄어든 2번 레이어의 공간만큼 채워줍니다.

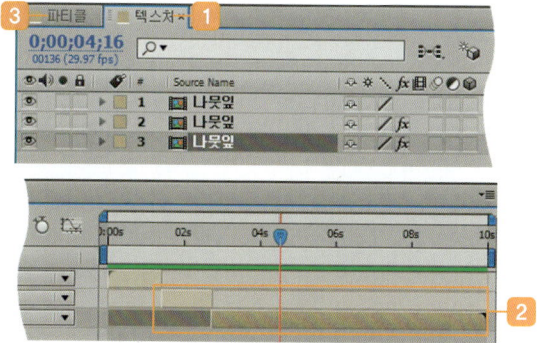

68 Type 툴을 사용하여 그림처럼 숫자 1을 입력합니다. 글자의 크기는 컴포지션 크기를 꽉 채울 정도로 해 주고 색상은 원하는 색상으로 설정합니다.

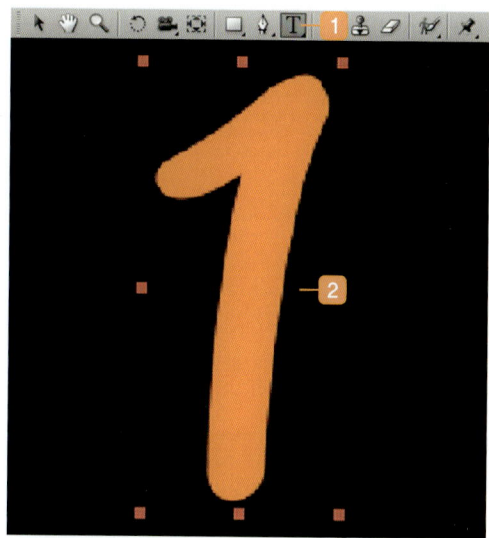

66 다시 파티클 컴포지션으로 이동한 후 확인해 보면 방금 설정한 나뭇잎 레이어 중 분홍색 나뭇잎의 모습이 가장 많이 표현되는 것을 알 수 있습니다. 이렇듯 파티클 소스로 사용되는 레이어를 어떻게 배치하느냐에 따라 최종적으로 표현되는 파티클의 개수에 영향을 준다는 것을 알 수 있습니다.

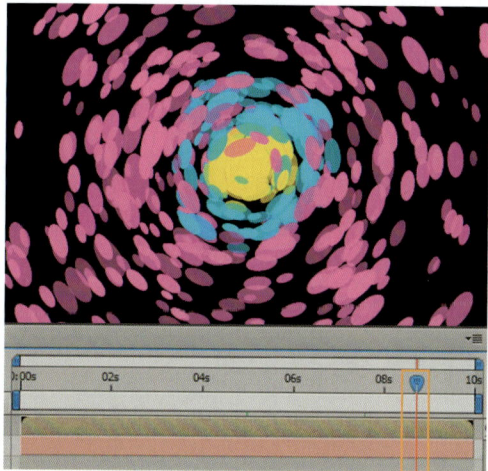

69 이제 숫자 1이 입력된 글자 레이어의 Text를 열고 Animate 〉 Character Offset를 선택합니다. 캐릭터 옵셋은 입력된 글자의 순서를 바꿔줄 때 사용합니다.

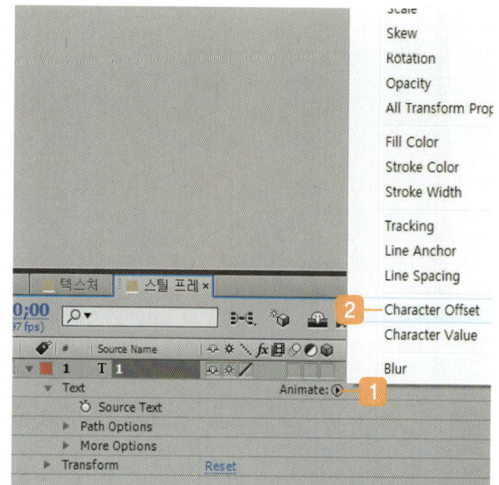

67 계속해서 Random - Still Frame에 대해서 살펴보기 위해 Ctrl+N 키를 눌러 새로운 컴포지션을 만들어줍니다. 컴포지션의 이름은 [스틸 프레임]으로 해 주고 가로, 세로 크기를 앞서 사용했던 파티클 소스의 크기처럼 200, 200으로 설정합니다.

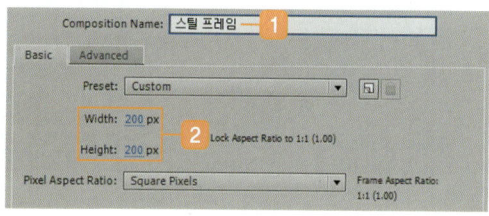

70 숫자가 바뀌는 애니메이션을 표현하기 위해 시간을 시작 프레임으로 이동합니다. 그리고 Character Offset의 스톱워치를 클릭하여 현재 시간에 키프레임을 생성합니다.

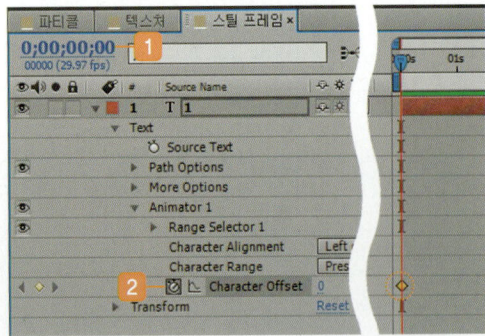

71 시간을 5초로 이동한 후 Character Offset을 9로 설정합니다. 이제 1에서 0까지의 숫자가 애니메이션되는 장면이 만들어졌습니다.

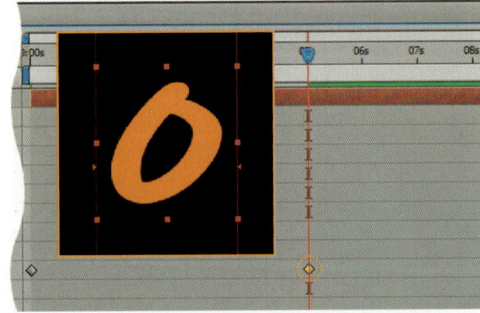

72 프로젝트 패널로 이동하고 파티클 컴포지션의 타임라인에 방금 작업한 스틸 프레임 컴포지션을 끌어다 적용합니다. 그리고 스틸 프레임 레이어의 Hides Video를 꺼서 해당 레이어의 모습을 숨겨놓습니다.

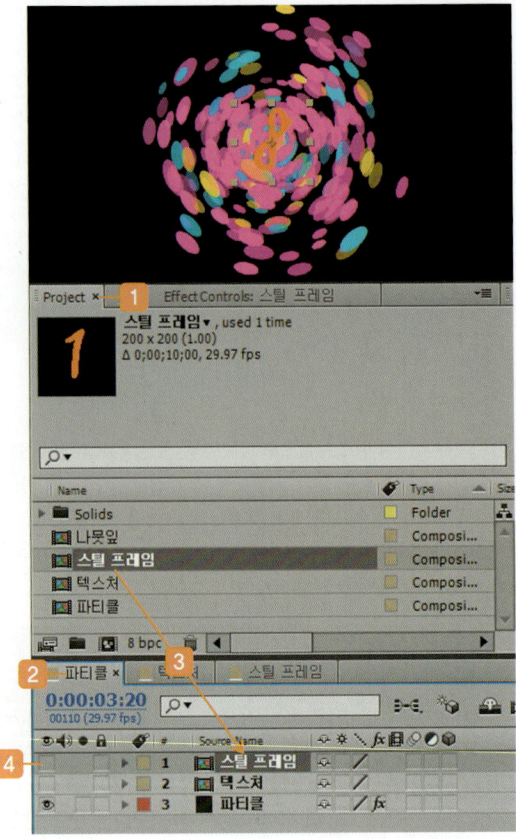

73 다시 파티클 레이어를 선택한 후 이펙트 컨트롤 패널로 이동합니다. 파티큘러의 Texture에서 Layer를 방금 적용한 1. 스틸 프레임(번호는 어떤 레이어 위치에 적용하느냐에 따라 달라짐)으로 바꿔줍니다. 확인해 보면 숫자가 바뀌는 장면의 파티클이 표현되는 것을 알 수 있는데 이렇듯 파티큘러는 정지된 이미지 소스 뿐만 아니라 움직임이 있는 애니메이션(모션) 소스도 사용할 수 있습니다. 현재 Time Sampling 상태는 앞서 사용하던 Start at Birth - Stratch입니다.

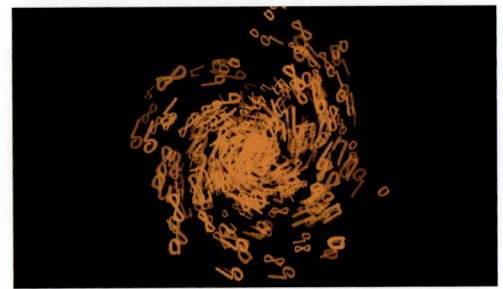

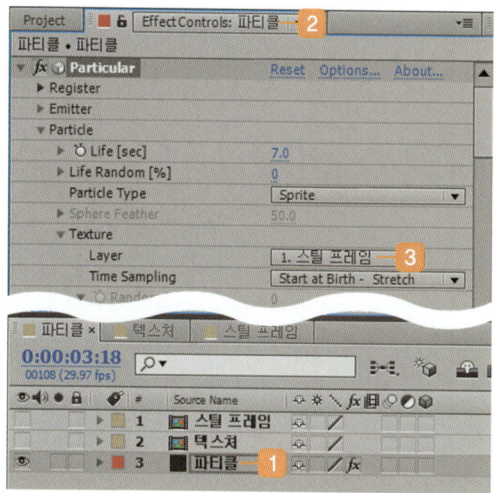

75 이제 여기서 Time Sampling을 Random - Still Frame으로 전환합니다. 이 방식은 파티클 소스 레이어의 특정 프레임(장면)을 무작위(랜덤)하게 추출하여 정지 상태로 표현합니다. 그러므로 지금처럼 움직임이 있는 파티클 소스를 사용할 때 유용합니다.

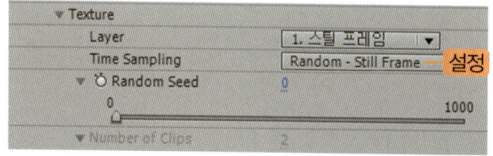

76 지금 이 상태에서 확인해 보면 시간이 흘러도 숫자가 바뀌지 않는 것을 알 수 있습니다.

74 지금 이 상태에서 확인해 보면 시간이 흐를수록 숫자도 바뀌는 것을 알 수 있습니다.

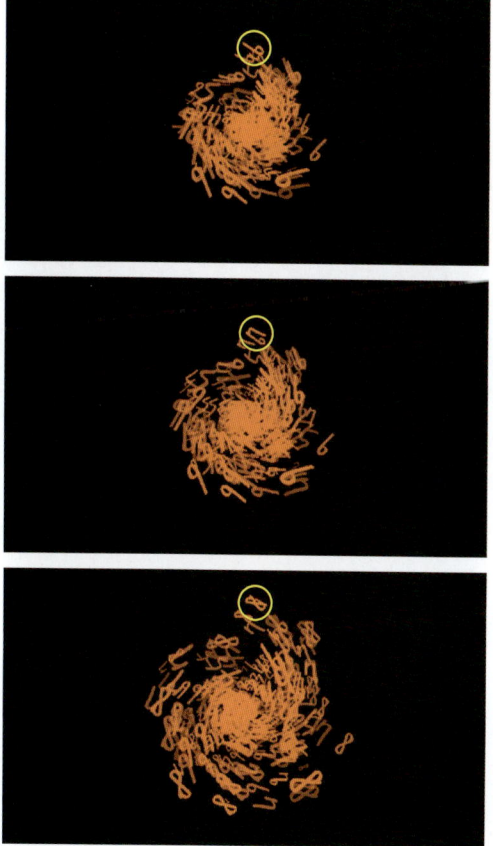

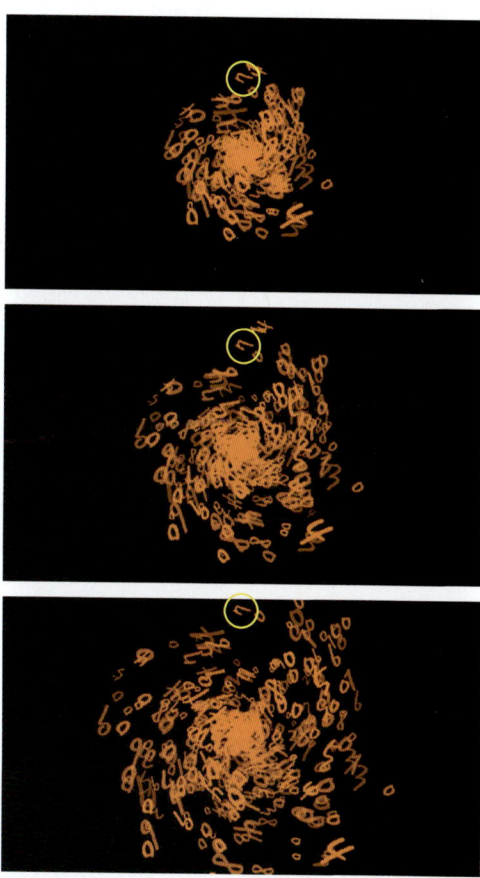

77 스틸 프레임을 통해 나타나는 숫자를 다른 숫자로 바꿔주기 위해서는 Random Seed를 이용하면 됩니다. 랜덤 시드 값을

272 정도로 설정해 보면 설정된 값에 맞게 숫자들이 무작위로 바뀐 것을 알 수 있습니다. 이렇듯 랜덤 시드를 통해 원하는 파티클들을 배치하면 됩니다. 지금의 장면은 Random Seed 값이 0일 때와 비교해 보기 바랍니다.

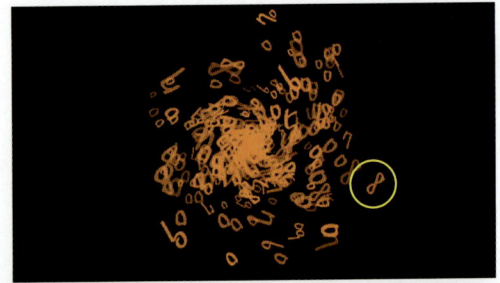

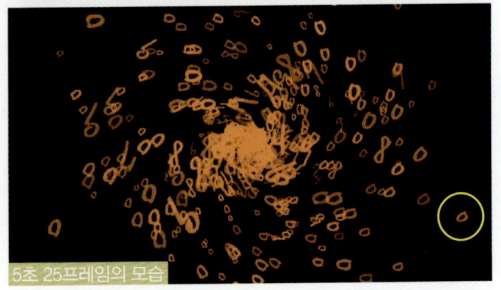

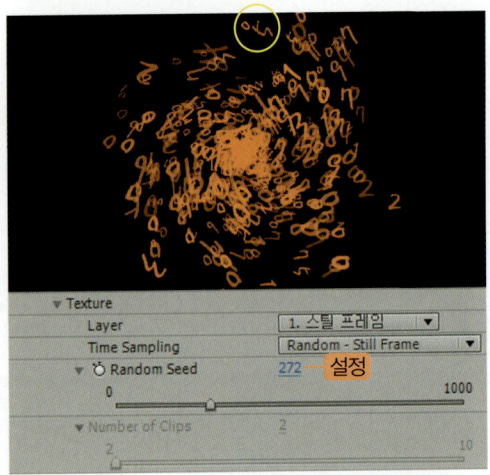

78 이번엔 Time Sampling을 Random - Play Once로 설정합니다. 랜덤 - 플레이 원스는 앞서 살펴본 Start at Birth - Play Once와 마찬가지로 파티클 소스로 사용되는 스틸 프레임(또는 나뭇잎 텍스처) 레이어를 1회에 거쳐 표현해 주는 방식이지만 다른 점은 파티클을 무작위(랜덤)하게 표현한다는 것입니다.

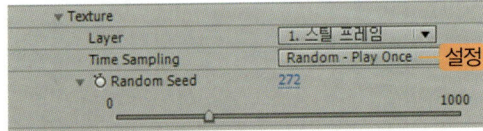

80 여기서 Random Seed를 설정하면 파티클 숫자의 번호와 위치가 무작위로 바뀌기 때문에 원하는 형태의 파티클을 선택할 수 있습니다. 랜덤 시드 값을 0으로 설정하여 앞선 시간대의 장면과 비교해 보기 바랍니다.

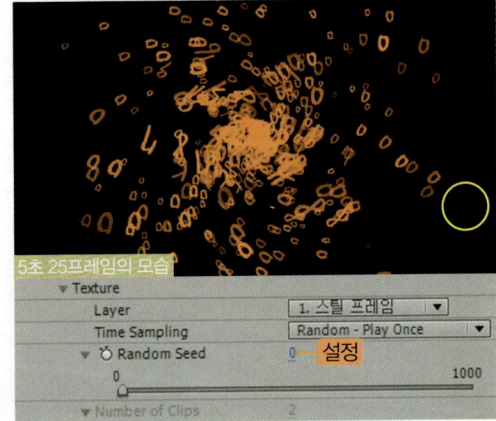

79 확인해 보면 파티클 숫자가 Life 시간과는 상관없이 5초(숫자가 변하는 최종 애니메이션 시간) 이후에는 0이란 숫자에서 정지된 상태로 그대로 표현되는 것을 알 수 있습니다.

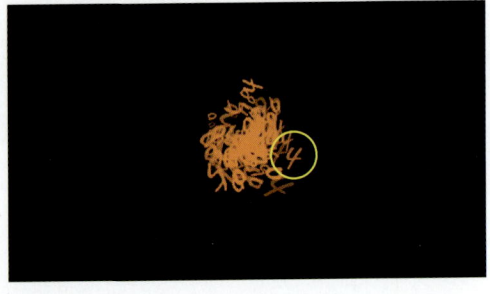

81 계속해서 Time Sampling을 Random - Loop로 설정합니다. 랜덤 루프는 앞서 살펴본 Start at Birth - Loop와 같이 파티클 소스 레이어의 길이만큼 반복하여 표현할 때 사용되지만 파티클들을 무작위로 배열한다는 것은 다릅니다.

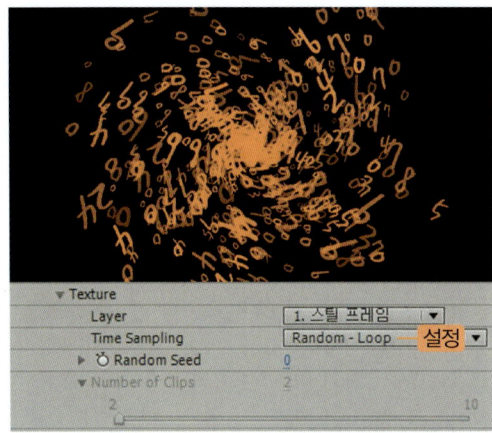

82 이번엔 Time Sampling을 Split Clip - Play Once로 설정합니다. 그리고 파티클 소스로 사용되는 Layer를 2. 텍스처로 바꿔줍니다. Split Clip 방식은 Number of Clips의 개수만큼 파티클 소스 레이어를 나눠서 표현합니다. 가령 파티클 소스 레이어의 길이가 1초이고 Number of Clip의 개수가 3으로 설정되었다면 이것은 파티클 소스 레이어가 각각 10프레임 짜리 레이어(클립)으로 나누어진다는 것을 의미합니다. 그러므로 현재 설정된 스플릿 클립 - 플레이 원스는 각각 나눠진 클립의 개수를 1회에 거쳐 표현하게 됩니다.

84 이번엔 Time Sampling을 Split Clip - Loop로 바꿔봅니다. 앞서 Number of Clips을 4로 설정했지만 루브 방식을 사용하므로 인해 줄어들었던 파티클의 개수가 다시 원래 상태로 복원되었습니다. 즉 루프 방식은 스플릿된 파티클 소스 레이어의 개수와 상관없이 반복해서 표현하기 때문입니다. 이렇듯 Split Clip - Loop 방식을 사용하면 나눠진 레이어의 특정 프레임(장면)만 랜덤하게 사용하기 때문에 파티클의 모습만 변화될 뿐 개수에는 영향을 주지 않습니다.

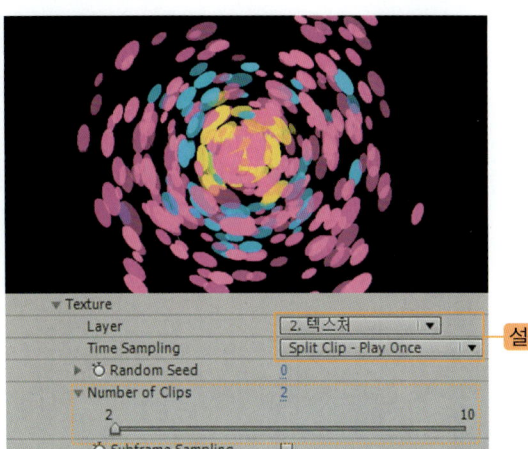

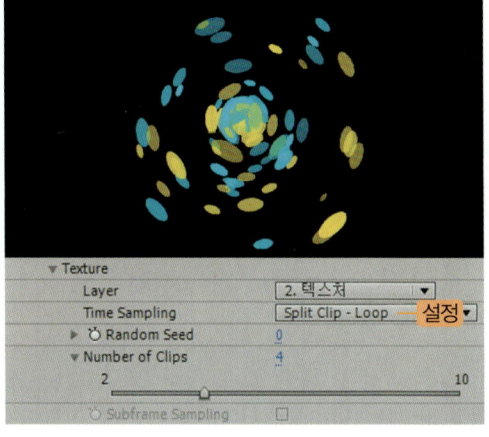

83 Number of Clips의 개수를 4 정도로 늘려봅니다. 현재 사용되는 파티클 소스 레이어(클립)의 4개로 나눠졌기 때문에 최종적으로 표현되는 파티클의 개수도 나눠진 만큼 줄어든 것을 알 수 있습니다. 현재 Time Sampling이 1회만 사용되는 Split Clip - Play Once로 되었기 때문에 개수가 줄어든 것입니다.

85 세 번째 스플릿 방식인 Split Clip - Stretch를 선택합니다. 스트레치 방식 역시 앞서 살펴본 Start at Birth - Stretch와 같이 Life 시간에 의해 파티클 소스 레이어의 길이가 조절되지만 Number of Clips에서 설정된 개수만큼 나눠진 레이어의 특정 프레임이 무작위로 표현됩니다. 이 방식 역시 Random Seed에 따라 표현되는 파티클의 모습이 달라집니다. 여기에서는 Life [sec]를 15 정도로 늘려서 파티클의 양을 더욱 풍성하게 표현되

도록 해 보았습니다.

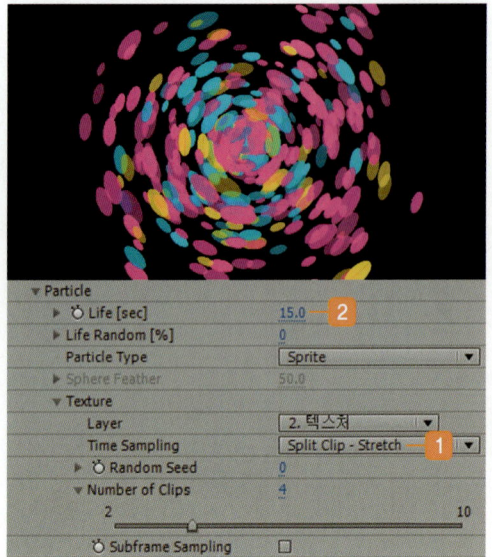

87 확인해 보면 처음 나타난 파티클 번호가 사라질 때까지 바뀌지 않고 그대로 표현되는 것을 알 수 있습니다. 이것으로 Time Sampling에 대해 알아 보았습니다. 살펴본 것처럼 타임 샘플링은 사용되는 파티클 소스 레이어(클립)을 시간에 대한 속성을 통해 다양하게 표현할 수 있다는 것을 알 수 있었습니다. 다소 복잡하지만 딱 정의해 놓지 말고 블렌딩 모드처럼 우연의 효과를 기대하는 것이 좋을 듯 합니다.

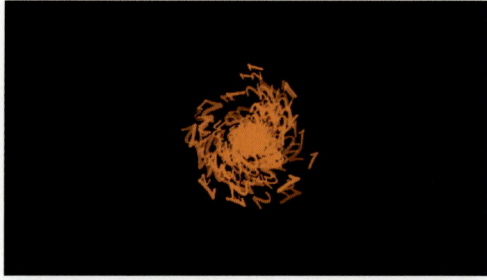

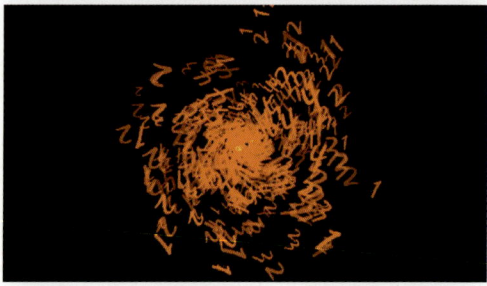

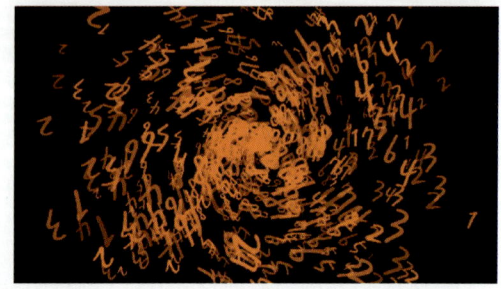

> **알아두기**
>
> **Subframes Sampling이란?**
>
>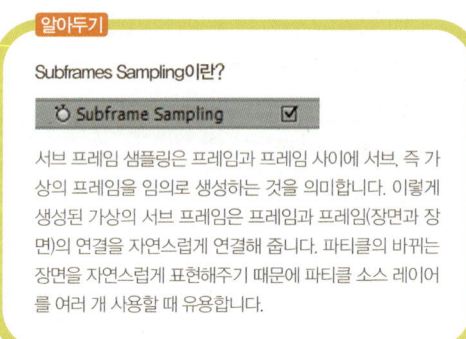
>
> 서브 프레임 샘플링은 프레임과 프레임 사이에 서브, 즉 가상의 프레임을 임의로 생성하는 것을 의미합니다. 이렇게 생성된 가상의 서브 프레임은 프레임과 프레임(장면과 장면)의 연결을 자연스럽게 연결해 줍니다. 파티클의 바뀌는 장면을 자연스럽게 표현해주기 때문에 파티클 소스 레이어를 여러 개 사용할 때 유용합니다.

86 마지막으로 Time Sampling을 Current Frame - Freeze로 설정합니다. 커런트 프레임 - 프리즈는 파티클 소스 레이어의 특정 프레임(장면)을 무작위로 표현하는 방식이지만 다른 방식과는 다르게 애니메이션되는 장면이 표현되는 것이 아니라 이름처럼 특정 프레임만 정지된 상태로 표현합니다. 여기에서는 파티클 Layer를 숫자 애니메이션이 되어있는 1. 스틸 프레임으로 설정합니다.

88 이제 다른 파티클 타입에 대해 알아봅니다. 이번엔 Sprite Colorize를 선택합니다. 스프라이트 컬러라이즈는 파티클 소스 레이어의 원래 색상을 사용하지 않고 Color에서 직접 설정하는 방식입니다.

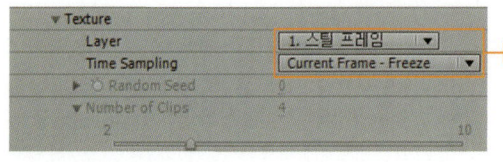

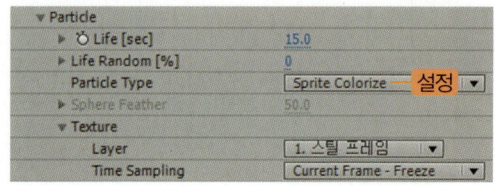

89 확인해 보면 숫자 파티클들이 회색으로 표현된 것을 알 수 있습니다.

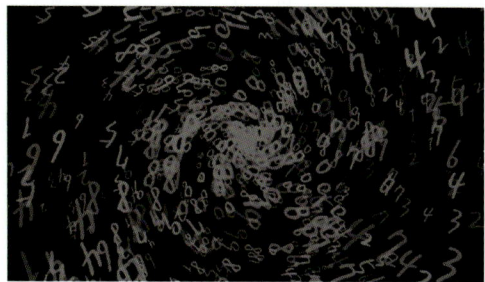

90 파티클의 색상을 설정하기 위해 Color를 하늘색으로 바꿔봅니다. 확인해 보면 파티클이 하늘색으로 바뀌었습니다. 지금처럼 단일 색상을 사용하는 방식은 Set Color를 At Birth로 이용합니다.

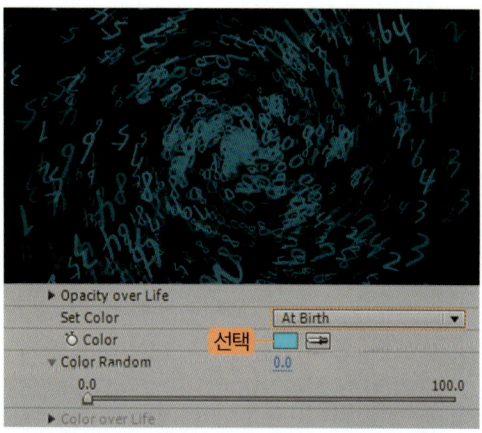

91 Set Color를 Over Life로 설정합니다. 이제 다양한 색상을 파티클에 적용할 수 있게 되었습니다. 아래쪽 Color over Life를 통해 원하는 색상을 설정할 수 있습니다. 이 옵션의 설정법은 전에 학습한 적이 있습니다.

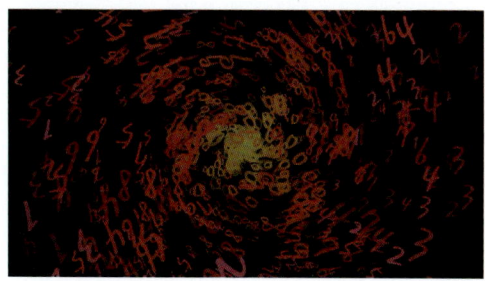

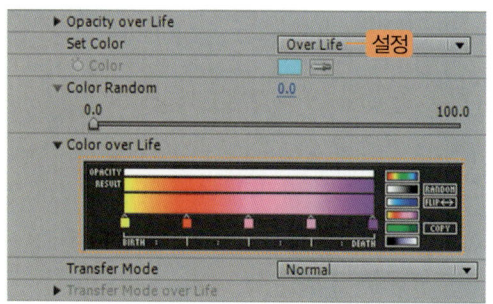

92 Color Random은 현재 사용되는 색상에 대해서 무작위로 사용할 수 있게 합니다. 컬러 랜덤 값을 50 정도로 설정하여 확인해 보면 색상의 변화가 생겼습니다. 지금의 색상은 지극히 랜덤한 상태로 표현됩니다.

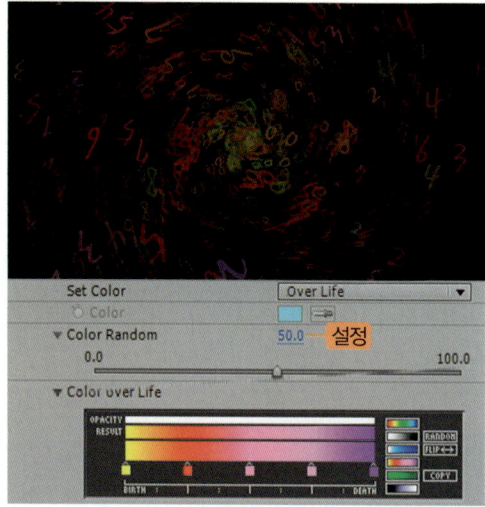

93 이번엔 Set Color를 Random from Gradient로 설정합니다. 이 방식도 여러가지 색상의 파티클을 표현할 때 사용되지만 Color over Life의 색상을 무작위(랜덤)하게 사용합니다. 또한 Gradient(그레이디언트)에 의해 색상의 변화가 자연스럽게 연결됩니다. 나머지 From Light Emitter 방식은 파티클의 색상이 조명의 색상에 의해 좌우됩니다. 가령, 라이트를 만들고 라이트의 색상을 빨간색으로 설정했다면 파티클의 색상도 빨간색으로 표현된다는 것입니다. 앞서 언급한적이 있지만 조명을 사용하기 위해서는 일반적으로 조명을 사용할 때처럼 파티클 레이어를 3D 레이어로 전환하지 않아도 됩니다.

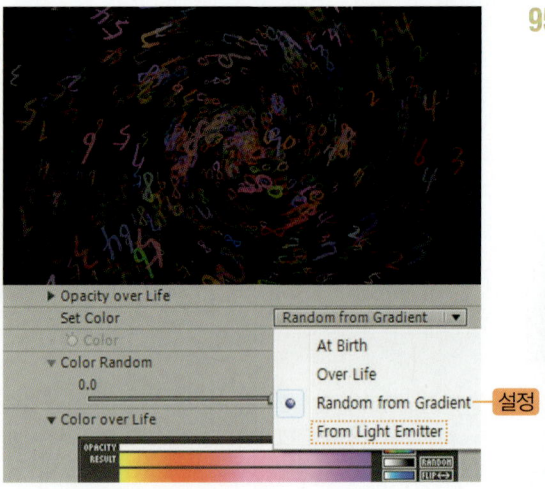

95 이번엔 텍스처 폴리곤 타입에 관한 방식에 대해 알아봅니다. Particle Type을 Textured Polygon으로 선택합니다. 텍스처 폴리곤 타입들은 파티클의 모습을 입체(3D)적으로 표현할 때 사용합니다. 지금 선택한 텍스처 폴리곤은 파티클 소스 레이어의 원래 색상을 그대로 반영합니다.

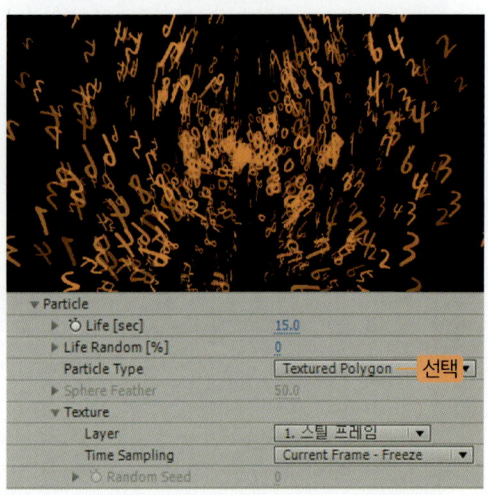

94 계속해서 이번엔 Particle Type을 Sprite Fill로 선택합니다. 앞서 살펴보았던 스프라이트 컬러라이즈가 너무 어둡게 느껴졌다면 보다 밝게 표현되는 스프라이트 필로 사용하면 됩니다. 확인해 보면 더욱 밝고 선명한 색상으로 표현되는 것을 알 수 있습니다. 이 방식도 스프라이트 컬러라이즈와 같이 동일한 설정이 가능합니다.

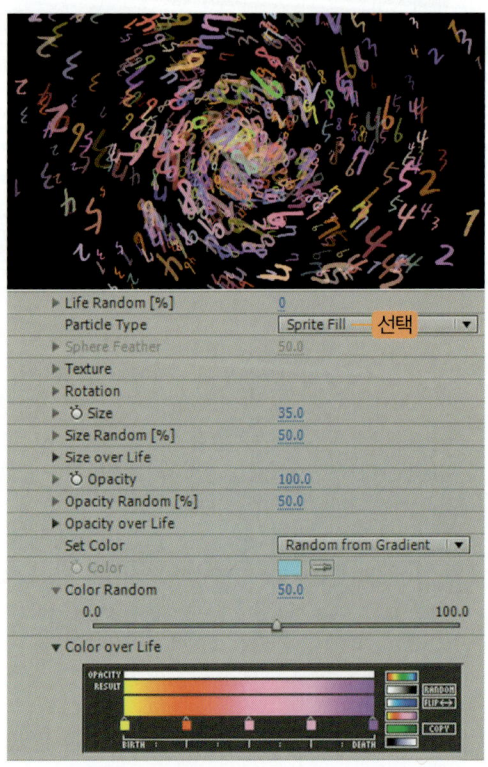

96 다른 스프라이트 파티클 타입과 비교해 보기 위해 Emitter(이미터)의 X, Y Rotation을 회전해 보면 파티클들이 회전되는 것을 알 수 있는데 이때 회전되는 파티클 숫자의 모습을 보면 단순히 회전만 되는 것이 아니라 숫자 자체도 회전되어 각도에 따라 얇은 모습이 보여지기도 합니다. 이것이 Textured Ploygon의 특징입니다.

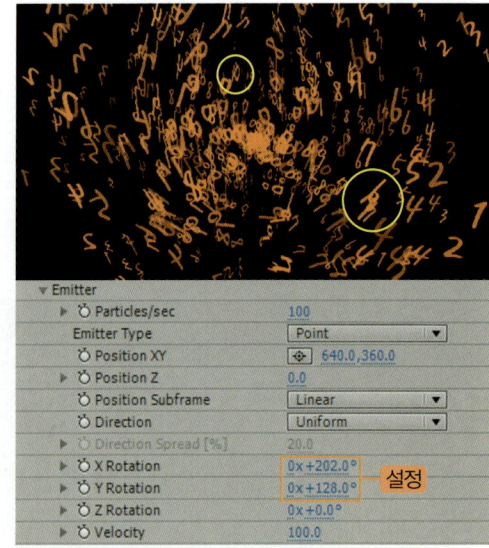

97 앞서 살펴본 스프라이트 타입과 비교하기 위해 파티클 타입을 Sprite로 바꿔봅니다. 앞서 Textured Ploygon에서 설정한 X, Y Rotation 값에 의해 파티클 궤적은 회전은 되었지만 각각의 파티클들의 모습은 정면, 즉 평면적으로 표현되는 것을 알 수 있습니다. 이렇듯 스프라이트와 텍스처 폴리곤 방식의 차이는 평면(2D)과 입체(3D)라는 것에 대한 것입니다.

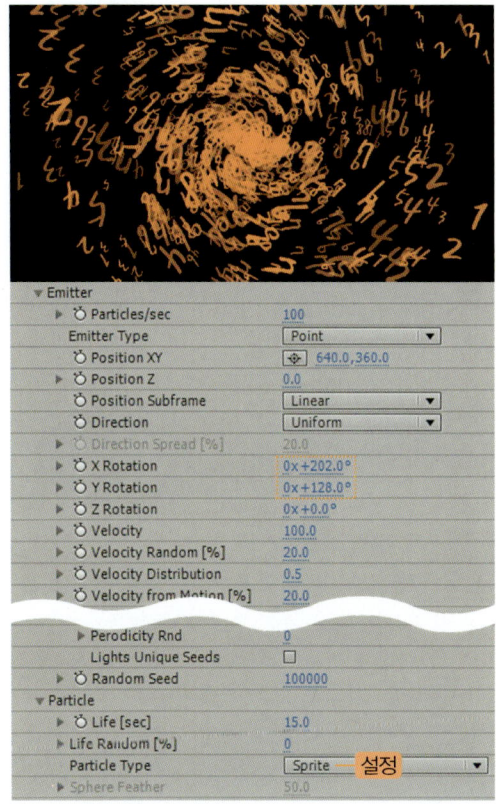

99 마지막으로 Textured Polygon Fill을 선택해 봅니다. 이 타입 역시 앞서 살펴본 두 타입과 같지만 파티클 소스 레이어의 원래 색상이 아닌 Color를 통해 설정하는 방식입니다. 그리고 방금 살펴본 텍스처 폴리곤 컬러라이즈보다 훨씬 밝고 선명한 색상을 표현할 때 사용합니다. 지금까지 파티클 항목에 대해 살펴보았습니다. 살펴본 것처럼 파티클 항목에서는 실질적으로 파티클의 모양과 상태 등에 대한 설정을 하는 것을 알 수 있었습니다.

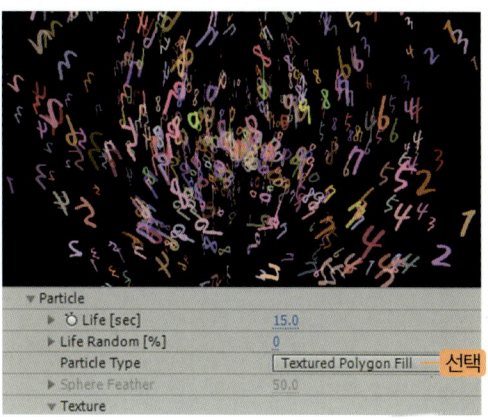

98 계속해서 파티클 타입을 Textured Polygon Colorize로 선택합니다. 이 타입 역시 파티클들을 입체적으로 표현하며 파티클 소스 레이어의 원래 색상이 아닌 Color를 통해 설정하게 되는데 앞서 살펴본 스프라이트 컬러라이즈를 생각하면 됩니다.

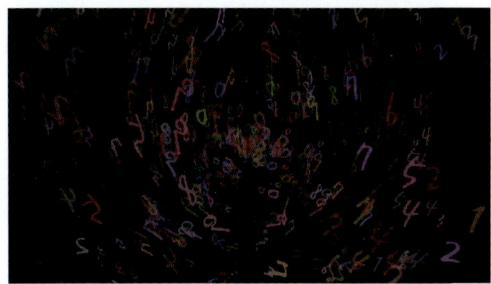

파티큘러 분석하기 – 파티클 **059**

03

셰이딩

셰이딩(Shading) 항목에서는 조명을 설치했을 때 조명의 범위, 강도, 하이라이트, 사물의 반사, 그림자에 대한 다양한 설정을 하게 됩니다. 빛에 대한 설정을 통해 사물(파티클)을 보다 섬세하게 표현할 수 있습니다.

01 앞선 작업에서처럼 작업 크기(Width, Height)를 1280X720으로 설정하고 컴포지션의 이름은 이번 학습에 사용될 [셰이딩]으로 해 줍니다. 그리고 파티큘러 효과를 적용할 솔리드 레이어도 같은 이름과 크기로 만들어줍니다. 셰이딩 솔리드 레이어에 파티큘러 효과를 적용합니다.

02 현재는 Shading이 Off로 되어있고 조명이 없기 때문에 셰이딩을 이용할 수가 없습니다. 셰이딩을 사용하기 위해서는 반드시 조명이 필요합니다. 아직 조명은 없지만 일단 Shading을 On으로 켜줍니다. 셰이딩을 켜주면 파티클의 모습이 보이지 않게 됩니다.

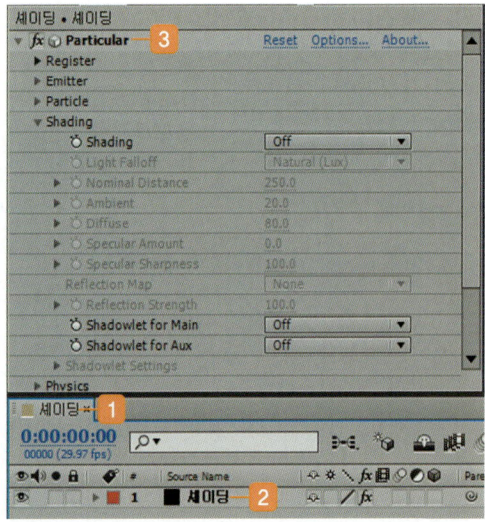

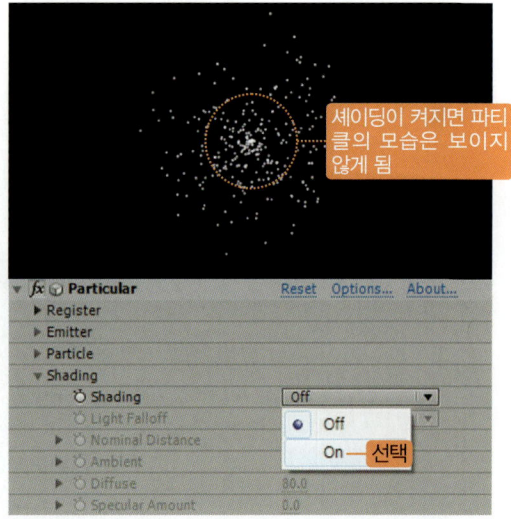

셰이딩이 켜지면 파티클의 모습은 보이지 않게 됨

03 이제 조명을 설치하기 위해 Layer > New > Light를 선택하거나 단축키 Ctrl+Alt+Shift+L 키를 누릅니다. 조명의 이름은 [파티클 조명1]이라고 해 주고 Light Type은 Spot으로 설정하며 Color는 하늘색으로 설정합니다. 그림자를 사용하기 위해 Casts Shadow를 체크합니다.

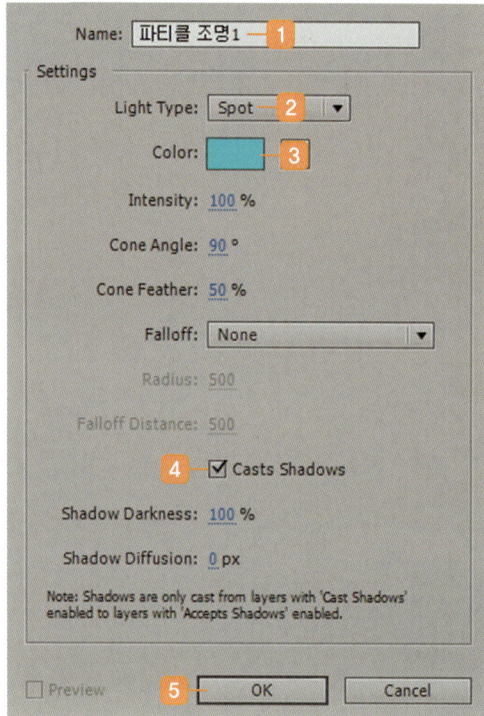

04 조명이 적용되면 파티클의 색상이 조명의 색상에 영향을 받게 되고 조명의 위치나 속성에 따라 파티클의 모습이 희미하게 표현됩니다.

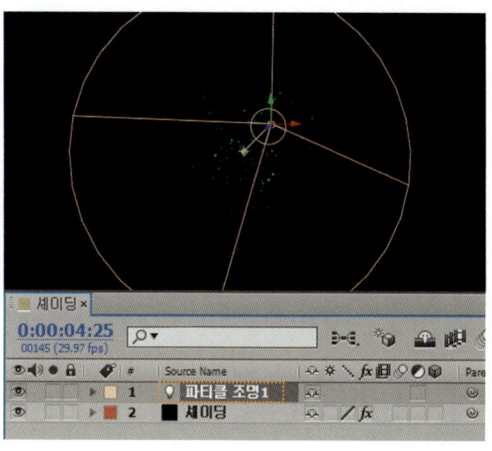

05 이번 학습에서는 파티클 소스를 별도로 만들어서 작업을 할 것이므로 새로운 컴포지션을 만들어야 합니다. Ctrl+N 키를 눌러 새로운 컴포지션을 만들고 컴포지션의 이름을 [텍스처]라고 해 주며 작업 크기는 가로, 세로 모두 300으로 설정합니다.

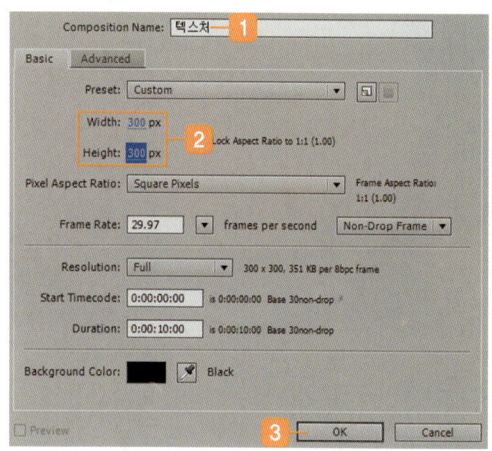

06 이번엔 파티클의 모양을 동전과 같은 느낌으로 해 보겠습니다. Ellipse 툴로 전환한 후 더블클릭하여 현재 컴포지션의 크기에 맞는 원을 생성합니다. 생성된 원의 색상은 필자와 다를 수 있습니다.

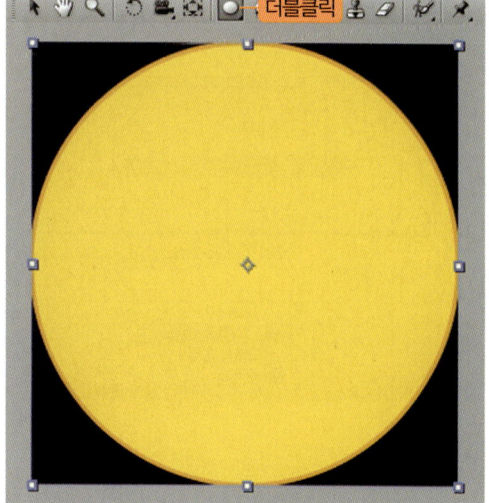

07 Fill을 이용하여 색상을 약간 회색 빛이 감도는 흰색으로 해 주고 Stroke를 0으로 설정하여 테두리를 없애줍니다.

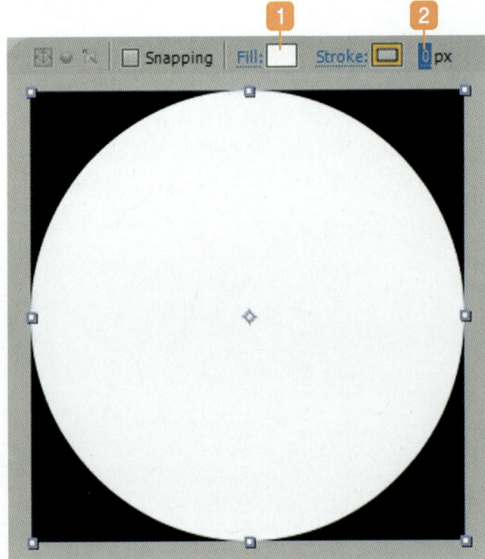

08 다시 셰이딩 컴포지션으로 이동하고 프로젝트 패널에서 앞서 만든 텍스처 소스를 끌어다 타임라인(위치는 중요하지 않음)에 적용합니다. 적용된 텍스처 소스 레이어를 보이지 않게 Hides Video를 꺼줍니다.

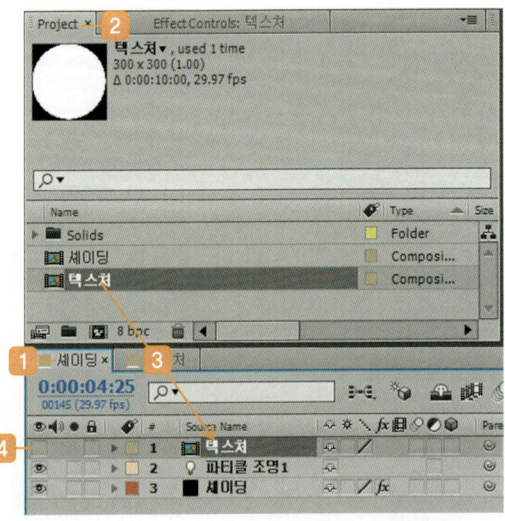

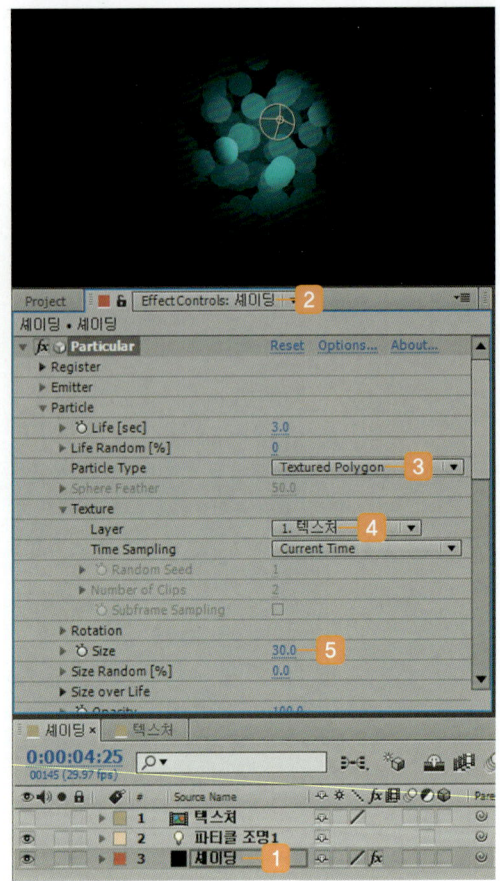

09 파티큘러가 적용된 셰이딩 레이어를 선택하고 이펙트 컨트롤 패널에서 Particle Type을 Textured Polygon으로 선택합니다. 그리고 Texture의 Layer를 1. 텍스처 소스 레이어로 설정합니다. 현재 크기가 너무 작으므로 Size를 30 정도로 키워줍니다.

10 하나의 조명을 더 사용하기 위해 파티클 조명1을 선택한 후 Ctrl+D 키를 눌러 하나 복제를 해 줍니다. 복제된 두 개의 조명을 그림처럼 좌우로 띄어놓습니다. 이동할 때는 X축을 이용하여 수평으로만 움직이게 합니다.

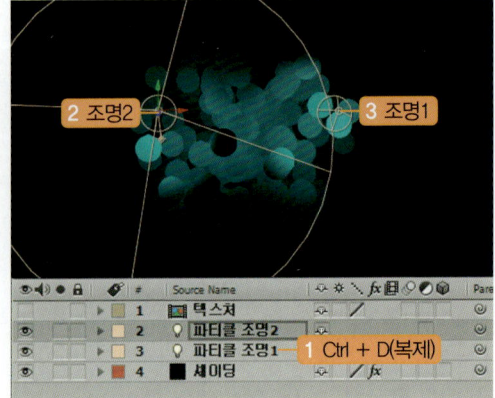

11 조명2는 조명1과 차별화하기 위해 파티클 조명2의 Light Options를 열고 Color를 분홍색으로 설정합니다. 이것으로 서로 다른 색상의 조명이 완성됐습니다.

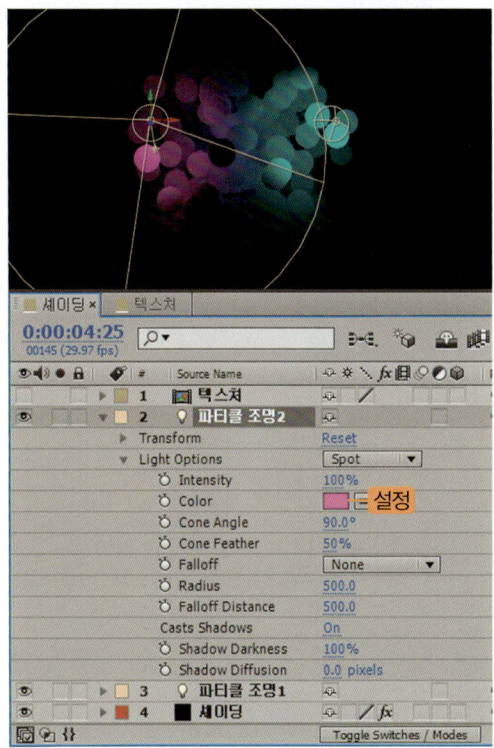

12 Emitter 항목에서 X, Y Rotation을 설정하여 원하는 상태로 회전하고 파티클이 퍼져나가는 속도를 더욱 빠르게 하기 위해 Velocity를 250 정도로 증가합니다.

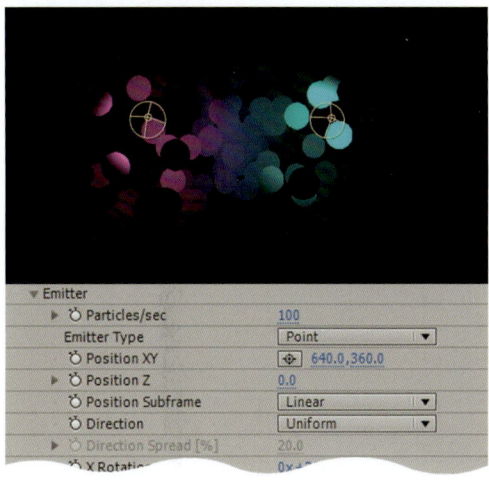

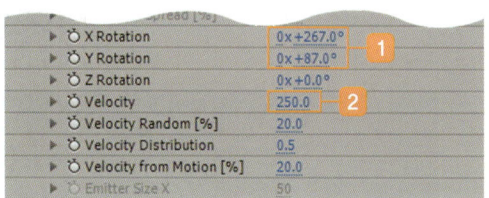

13 다시 셰이딩 항목에서 Nominal Distance를 720 정도로 증가해 봅니다. 그러면 파티클이 더욱 밝아지는 것을 알 수 있습니다. 노미널 디스턴스는 조명과 피사체(파티클)의 거리를 실제로 조절하는 것이 아닌 명목상(인위적)으로 조절하는 파라미터입니다. 이 수치가 증가되면 실제 조명과 피사체의 거리가 가까워지는 것과 같이 표현됩니다. 그래서 지금처럼 파티클의 밝기가 더욱 밝아진 것입니다. 또한 현재 사용되고 있는 2개의 조명에 동일하게 영향을 받습니다.

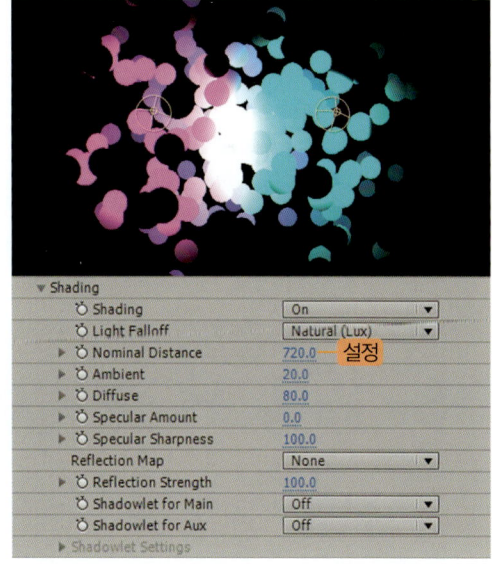

14 Light Falloff는 조명의 영향을 받는 방식을 설정하는 옵션으로 현재 Natural (Lux)로 되어있기 때문에 앞서 설정한 Nominal Distance 값에 의해 조명과 피사체의 거리가 조절되지만 라이트 폴오프를 None (AE)로 설정하게 되면 이제 노미널 디스턴스가 아닌 애프터이펙트(AE)의 실제 조명의 거리에 의해 피사체의 간격이 조절됩니다. None (AE)를 선택해 보면 전과는 다르게 부분적으로 아주 어둡게 표현되는 것을 알 수 있으며 전체적으로 어둡게 표현됩니다. 이것은 현재 조명과 피사체(파티클)의 거리가 너무 가깝기 때문입니다. 또한 이 None (AE)

방식을 사용하게 되면 사용되는 조명을 각각 개별로 설정할 수 있습니다.

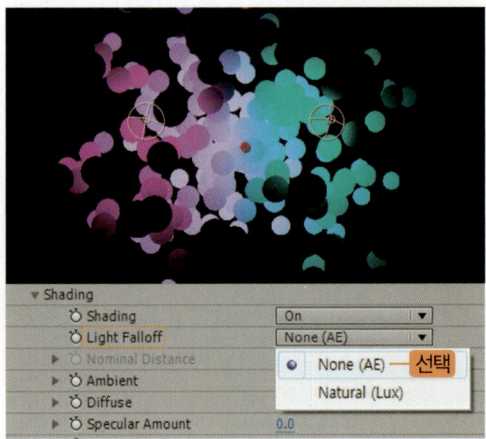

15 여기서 파티클 조명2 레이어를 열고 Transform의 Position에서 Z축을 -689 정도로 설정해 보면 조명과 피사체의 거리가 멀어지기 때문에 전보다 밝게 표현되는 것을 알 수 있습니다. 그리고 Light Options의 Intensity를 171 정도로 높여주면 빛이 더욱 밝아져 파티클에도 영향을 주는 것을 알 수 있습니다. 이렇듯 라이트 폴오프 방식을 None (AE)로 사용하면 조명 자체의 파라미터를 통해 설정할 수 있다는 것을 알 수 있습니다. 확인이 끝나면 Ctrl+Z 키(언두) 눌러 다시 원래 상태로 되돌아갑니다.

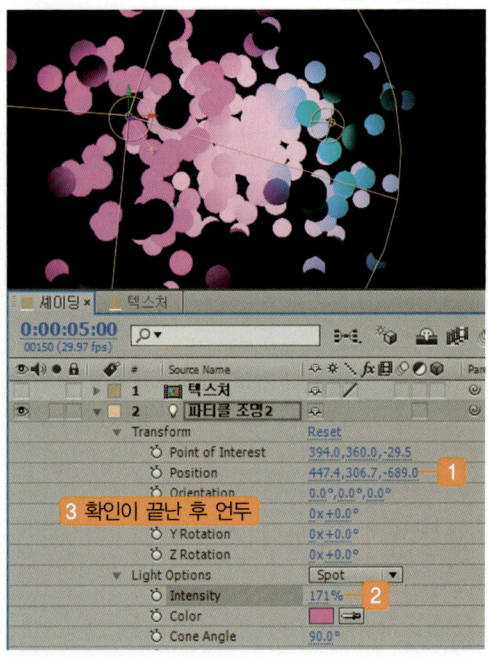

16 Light Falloff를 다시 Natural (Lux)로 전환합니다. 이번엔 Ambient에 대해서 알아봅니다. 앰비언트는 공간 전체에 영향을 주는 조명을 말합니다. 일단 앰비언트 값을 조절해 봅니다. 그러나 아무런 반응이 없을 것입니다. 이것은 현재 2개의 스폿 라이트만 사용될 뿐 앰비언트 조명이 사용되고 있지 않기 때문입니다.

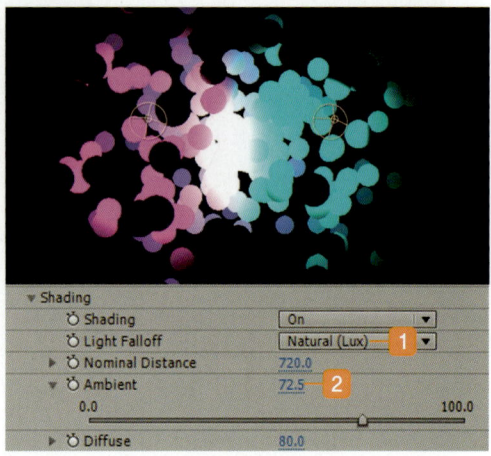

17 이제 앰비언트 조명을 설치하기 위해 Layer 〉 New 〉 Light를 선택하거나 단축키 Ctrl+Alt+Shift+L 키를 누릅니다. 조명의 이름은 [앰비언트]라고 해 주고 Light Type을 Ambient로 설정하며 Color는 노란색으로 설정합니다.

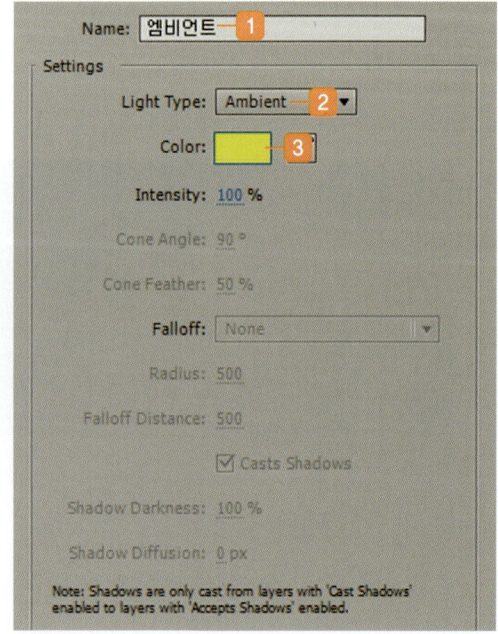

18 이제 Ambient를 조절해 보면 앞서 생성된 앰비언트 조명에 의해 공간 전체의 밝기가 조절되는 것을 알 수 있습니다. 이렇듯 Ambient는 항상 앰비언트 조명을 사용할 때만 설정이 가능하다는 것을 알 수 있습니다.

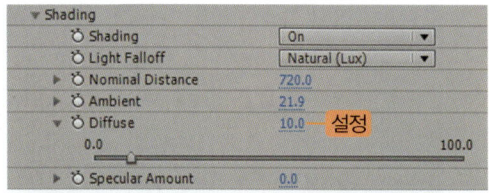

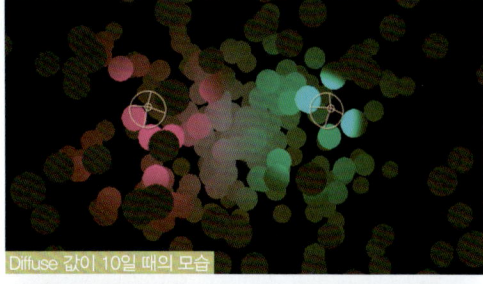
Diffuse 값이 10일 때의 모습

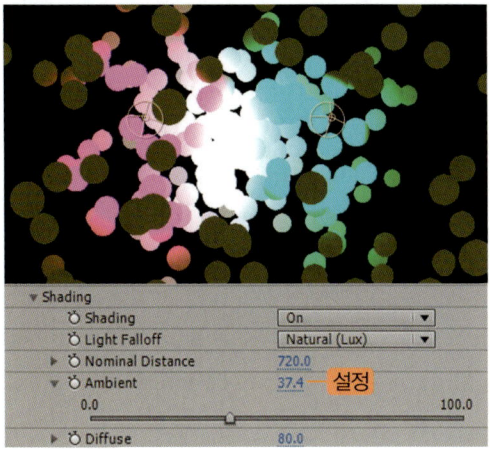

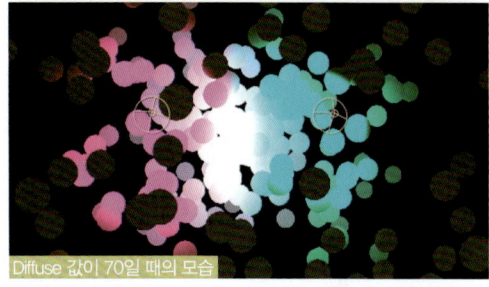
Diffuse 값이 70일 때의 모습

알아두기

Ambient 조명에 대하여

앰비언트 조명은 위치와 관계없이 공간 전체를 비춰주는 조명으로써 위치의 X, Y, Z축에 대한 의미가 없습니다. 그러므로 앰비언트 조명은 단순히 밝기(Intensity)와 색상에 대해서만 설정이 가능합니다.

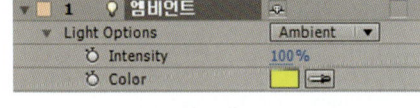

19 계속해서 이번엔 물체 표면에 비친 빛이 반사되는 양을 설정하는 디퓨즈에 대해 알아봅니다. Diffuse 값을 조절해 보면 수치가 높아질수록 물체 표면에서 반사되는 빛이 더욱 강해지는 것을 알 수 있습니다. 이것은 일종의 전구에서 발산되는 빛의 느낌과 유사하며 물체(파티클)의 표면 재질에 따라 달라집니다. 물론 파티큘러에서의 재질은 특별한 의미는 없습니다. 여기서 눈여겨볼 것은 디퓨즈는 앰비언트 조명에는 영향을 주지 않는다는 것입니다. 앰비언트 조명은 특정 물체에 비춰지는 조명이기 보다는 공간의 밝기를 위해 사용되는 조명이기 때문입니다.

20 이번엔 빛이 물체의 표면을 비출 때 표면에서 받는 빛의 하이라이트(강하게 비춰지는 영역)에 대한 설정을 하는 스페큘러 어마운트에 대해 알아봅니다. 셰이딩에서는 두 가지의 스페큘러를 사용할 수 있는데 먼저 Specular Amount는 실질적인 하이라이트의 강도(양)를 설정할 때 사용합니다. Specular Amount 값을 조절해 보면 수치가 높아질수록 물체(파티클) 표면의 하이라이트가 더욱 강하게 표현되는 것을 알 수 있습니다.

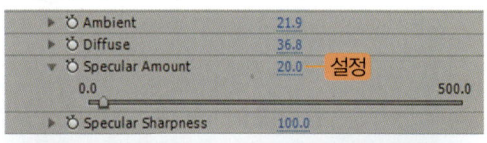

Specular Amount 값이 20일 때의 모습

Specular Amount 값이 450일 때의 모습

하는 리플렉션 맵에 대해 알아봅니다. 일반적으로 물체의 표면은 거울처럼 반사가 되는 재질과 벽돌처럼 반사가 되지 않는 재질이 있습니다. 여기에서는 물론 반사를 표현해야 하기 때문에 리플렉션 맵을 이용해 볼 것입니다. 현재 Reflection Mat을 보면 None으로 되어있습니다. 그러므로 물체 표면에 어떠한 모습도 비춰지지 않고 있습니다. 현재의 작업에서 사용되는 2개의 레이어를 반사 재질(매터리얼)로 사용할 수도 있지만 사용되는 2개의 레이어는 반사 재질로 사용하기에 다소 무늬가 밋밋합니다. 그러므로 별도의 이미지 파일을 불러와 사용해야 합니다. 이와 같은 작업을 위해 사용하는 이미지 파일을 환경(Environment - 인바이어런먼트)맵 소스 파일이라고 합니다.

21 계속해서 이번엔 Specular Sharpness에 대해 알아봅니다. 스페큘러 샤프니스는 하이라이트의 경계를 뚜렷하게 하거나 흐리게 할 때 사용됩니다. Specular Sharpness 값을 조절해 보면 수치가 높아질수록 하이라이트의 경계가 더욱 뚜렷해 지는 것을 알 수 있습니다.

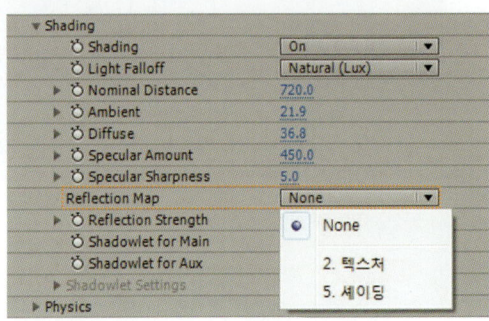

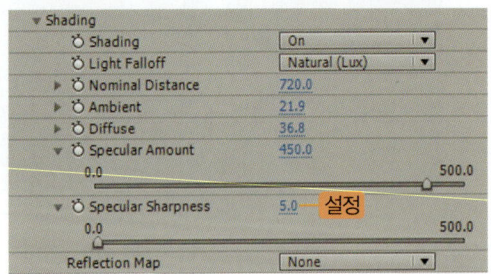

Specular Sharpness 값이 5일 때의 모습

23 리플렉션 맵은 일단 초기 상태(None)로 해 주고 환경 맵으로 사용될 소스 파일을 불어옵니다. Ctrl+I 키를 눌러 학습자료 폴더에 있는 맵소스.jpg 파일을 불러와 타임라인 맨 아래쪽에 배치합니다.

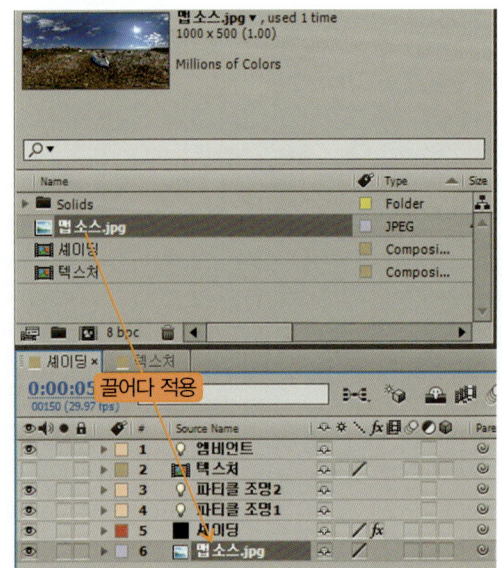

Specular Sharpness 값이 1500일 때의 모습

22 이번엔 물체(파티클)의 표면에 다른 물체의 모습이 비춰지게

24 다시 셰이딩 레이어를 선택하고 이펙트 컨트롤 패널에서 Reflection Map을 6. 맵소스.jpg로 선택합니다. 그러면 하늘과 땅, 뒤집어진 배의 모습이 있는 맵소스의 모습이 파티클 표면에 살짝 비춰지는 것을 알 수 있습니다. 파티큘러가 시네마4D와 같은 전문 3D 툴이 아니기 때문에 뚜렷하게 표현되지는 않지만 그래도 환경맵의 역할은 하고 있습니다. 여기서 Reflection Strength 값을 조절하여 표면의 반사율을 설정하며 그밖에 셰이딩의 Ambient나 Specular Amount 등을 조절하여 원하는 모습으로 설정하면 됩니다.

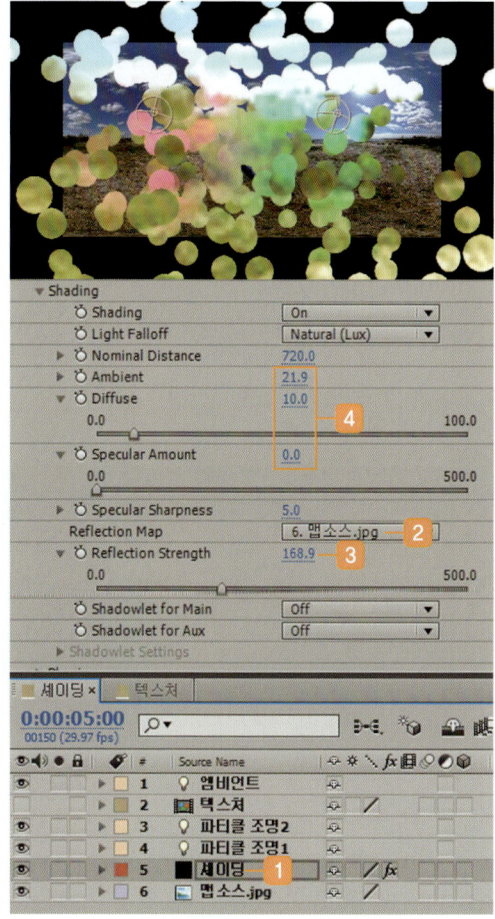

25 여기서 맵소스 레이어는 반사를 위한 환경 맵으로 사용하는 소스이기 때문에 컴포지션 화면이 보이지 않아야 합니다. 맵소스 레이어의 Hides Video를 꺼줍니다. 앞서 언급을 했듯 파티큘러에서의 리플렉션을 전문 3D 툴에서의 리플렉션에 비해 퀄리티가 현저히 떨어지는 것을 이해하기 바랍니다.

26 이번엔 조명에 의해 발생되는 그림자에 대해서 알아봅니다. 셰이딩에서는 2개의 그림자 파라미터가 있습니다. 먼저 메인 그림자에 대한 설정을 해 주는 쉐도울렛 포 메인에 대해 알아봅니다. Shadowlet for Main은 현재 Off 상태입니다. 그래서 뒤섞여있는 파티클의 모습이 입체적인 느낌이 덜합니다.

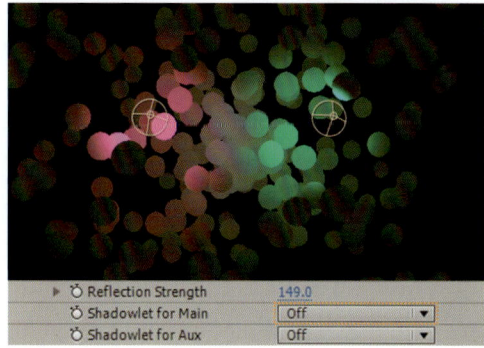

27 이제 Shadowlet for Main을 On으로 해 줍니다. 뒤쪽에 있는 파티클에 그림자가 표현되는 것을 알 수 있습니다. 이것은 앞서 살펴 보았던 그림자가 없는 모습보다 훨씬 입체적으로 느껴집니다. 쉐도울렛 포 메인을 켜주면 아래쪽 Shadowlet Settings 항목이 활성화되어 그림자에 대해 세밀하게 설정할 수 있습니다. 참고로 Shadowlet for Aux는 메인 옥스 시스템 항목에서 생성된 서브(보조) 파티클의 그림자를 설정하는 방식으로 서브 파티클을 사용할 때만 사용하게 됩니다. 앞으로 학습할 예제 편에서 보다 자세히 설명할 것입니다.

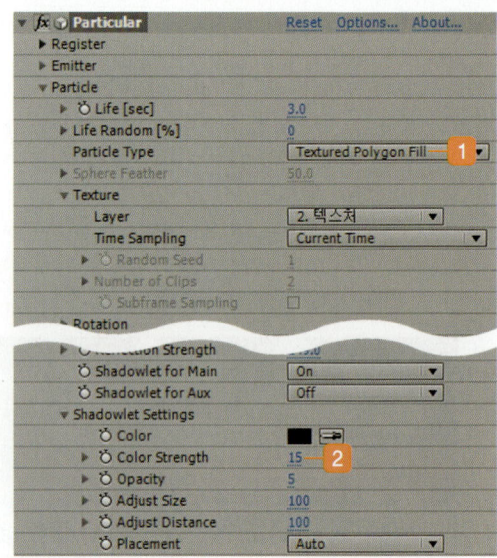

28 그림자에 대한 세부 설정을 위해 쉐도울렛 셋팅의 파라미터들을 이용하면 되는데 여기에서는 그림자 색상, 강도, 불투명도, 그림자의 크기, 거리, 위치 등을 설정할 수 있습니다.

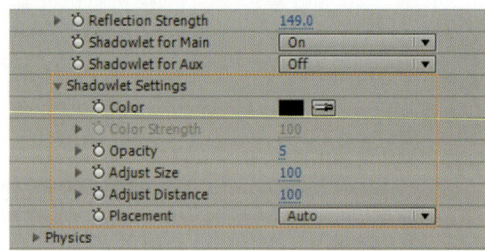

29 그림자 색상을 설정할 때 Color Strength는 색상의 채도를 설정한다고 이해하면 되는데 현재는 파티클 타입이 텍스처 폴리곤 타입이기 때문에 컬러 스트랭스를 사용할 수가 없습니다. 컬러 스트랭스를 사용해 보기 위해 Particle Type을 Textured Polygon Fill로 설정합니다. 이제야 비로서 Color Strength가 활성화되었습니다. 여기에서는 15 정도로 낮춰봅니다. 그림자 색상의 채도가 낮아져 회색으로 바뀐 것을 알 수 있습니다. 확인이 끝났다면 컬러 스트랭스 값을 다시 100으로 설정해 놓습니다.

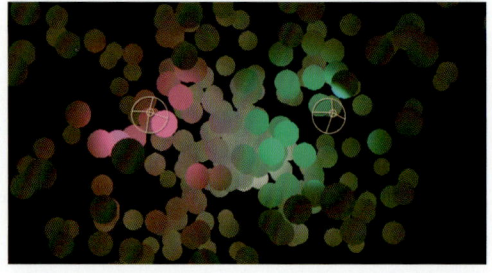

30 그림자의 불투명도는 오패서티를 통해 설정이 가능합니다. Opacity를 설정해 보면 그림자의 투명도에 대한 변화가 생깁니다. 여기에서는 9 정도로 높여서 그림자가 더욱 진하게 표현되도록 했습니다.

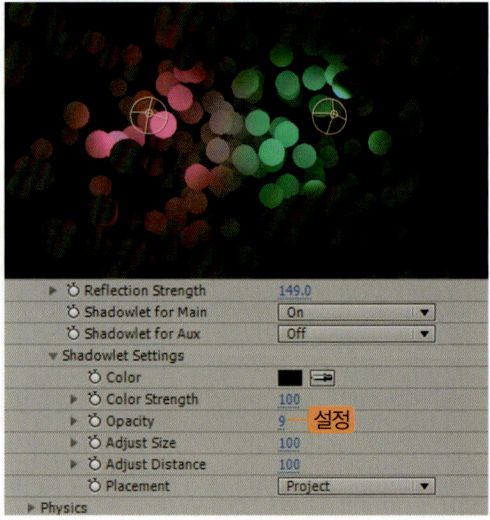

31 그밖에 그림자의 크기는 Adjust Size를 통해 조절이 가능하며 물체와 그림자의 거리는 Adjust Distance를 통해 조절이 가능합니다. 여기에서는 어저스트 사이즈를 118, 어저스트 디스턴스를 37 정도로 설정했습니다.

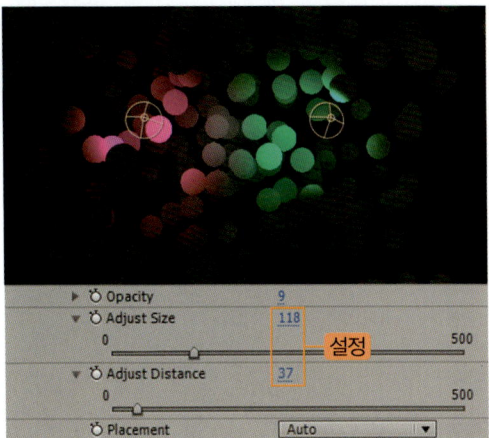

Auto를 사용할 때 발생되는 플리커(깜빡거리는 현상)가 발생될 경우 유용하게 사용할 수 있습니다. 지금까지 조명을 설치했을 때 발생되는 현상을 다양하게 설정하는 셰이딩에 대해 알아보았습니다.

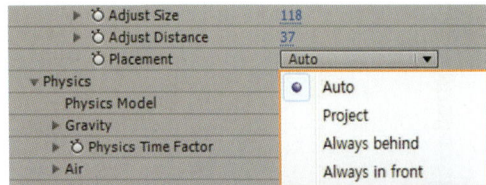

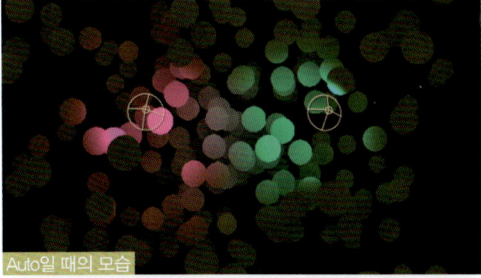

Auto일 때의 모습

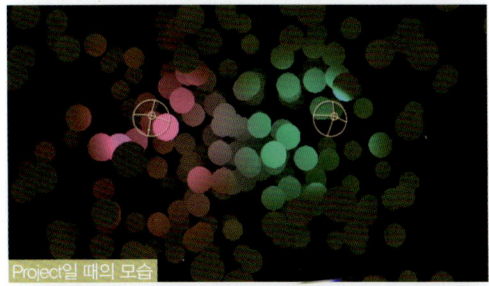

Project일 때의 모습

알아두기

Shadowlet 100% 활용하기

쉐도울렛을 100% 활용하기 위해서는 현재 사용되는 조명의 이름과 파티큘러 옵션에서 사용되는 Shadowlet의 Light name이 일치되는 것이 좋은데 이것은 쉐도울렛 조명의 이름과 타임라인에 있는 조명의 이름이 일치되지 않았을 경우 디테일한 부분까지 표현되지 않기 때문입니다. 그러므로 쉐도울렛을 사용할 경우엔 가급적 타임라인의 조명과 옵션의 라이트 네임을 일치시키는 것이 필요합니다.

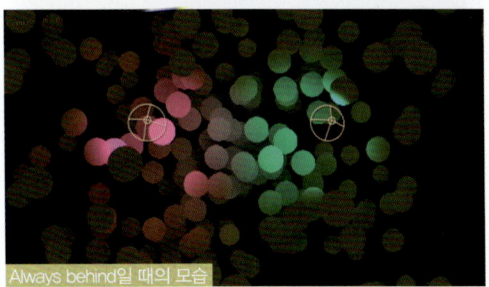

Always behind일 때의 모습

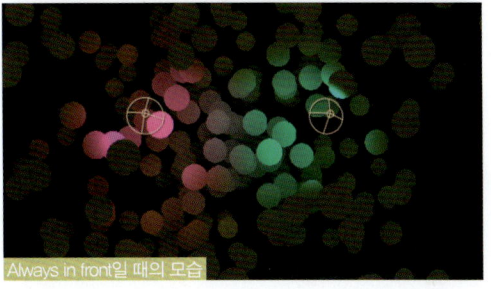

Always in front일 때의 모습

32 Placement는 입체(3D) 공간에 대한 그림자의 배치를 위해 사용되는 몇 개의 옵션을 이용할 수 있습니다. 첫 번째 Auto는 그림자의 배치가 자동으로 설정됩니다. 자동으로 설정되기 때문에 파티클과 그림자의 흐름을 기준으로 설정 최적의 위치를 결정할 수 있습니다. 두 번째 Project는 그림자를 빛의 위치에 따라 깊이를 설정합니다. 네 번째 Always behind는 그림자를 항상 뒤쪽에 생성하며 Always in front는 항상 파티클 앞쪽에 생성합니다. 올웨이즈 비하인드와 올웨이즈 인 프론트는 자칫

04

피직스

피직스(Physics)는 물리학이란 뜻을 가지고 있듯 물체(파티클)가 물리적인 환경, 즉 중력에 의해 낙하를 하거나 바람에 의해 움직이거나 또 다른 물체와 부딪쳤을 때 반응을 하는 다양한 표현을 하기 위해 사용되는 항목입니다.

01 이번에도 역시 앞선 작업에서처럼 작업 크기(Width, Height)를 1280X720으로 설정하고 컴포지션의 이름은 이번 학습에 사용될 [피직스]로 해 줍니다. 그리고 파티큘러 효과를 적용할 솔리드 레이어도 같은 이름과 크기로 만들어줍니다. 피직스 솔리드 레이어에 파티큘러 효과를 적용합니다.

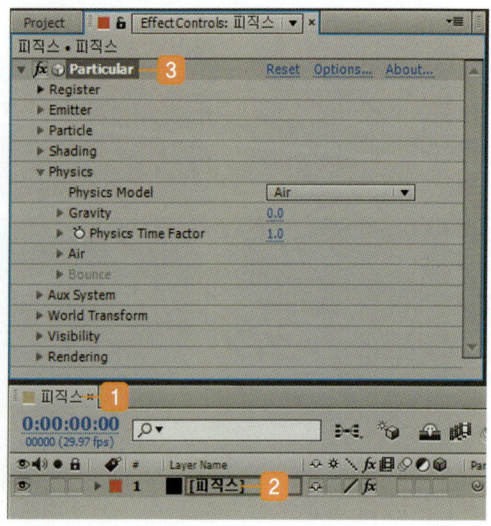

02 Physics 항목에서 Physics Model을 보면 기본적으로 Air로 되어 있는데 에어는 물체(파티클)가 중력, 바람 등에 영향을 받는 일반적인 환경을 제공하고 아래쪽의 Bounce는 물체가 다른 물체와 부딪쳤을 때 튕겨나가거나 미끄러지거나 쌓이는 등의 환경을 제공합니다. 일단 기본 환경인 Air가 선택된 상태로 학습을 진행해 봅니다.

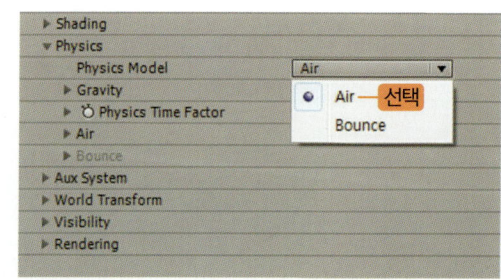

03 현재 피직스의 Gravity는 0으로 되어 있습니다. 그래비티는 중력에 해당되므로 중력이 0인 상태는 무중력이라 할 수 있습니다. 그래서 현재 파티클은 사방으로 흩어져나가는 것을 볼 수 있습니다.

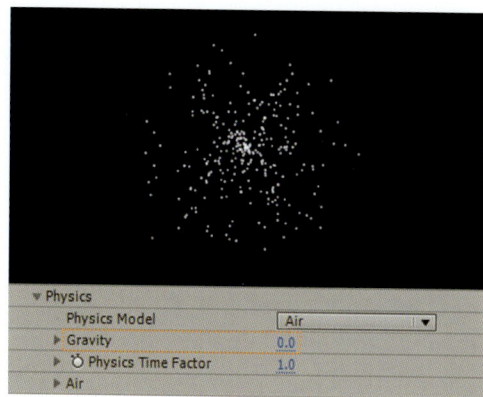

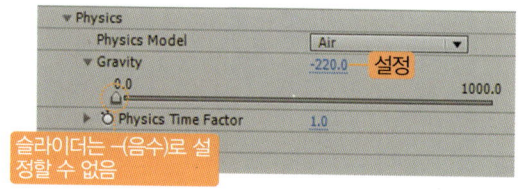

슬라이더는 -(음수)로 설정할 수 없음

04 Gravity 값을 200 정도로 높여줍니다. 확인해 보면 사방으로 흩어지던 파티클들이 아래로 떨어지는 것을 알 수 있습니다. 그만큼 중력이 강해졌다는 것을 의미하는 것입니다.

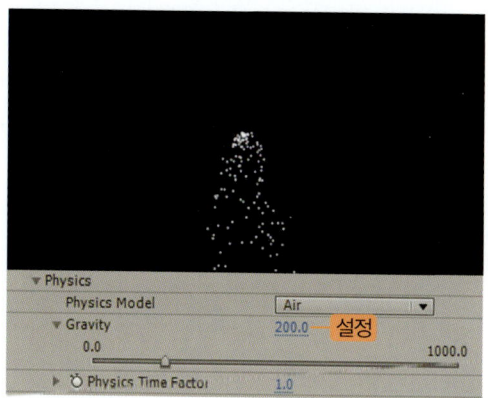

05 그래비티 값을 슬라이더를 통해 조절했을 때 -(음수)로 설정할 수 없기 때문에 직접 수치를 통해 설정을 해야 합니다. 이번에는 -220 정도로 설정해 봅니다. 아래로 떨어지던 파티클들이 위쪽으로 올라가는 것을 알 수 있습니다. 이것은 역중력이 되어 위쪽에서 끌어당기는 것과 같습니다.

06 이번엔 Physics Time Factor에 대해 알아보기 위해 시간을 2초로 이동합니다. 타임라인에서 설정하기 위해 타임라인의 피직스 레이어를 열고 앞서 설정된 Gravity를 초기 값인 0으로 설정해 줍니다. 그리고 Physics Time Factor의 스톱위치를 켜줍니다. 피직스 타임 팩터는 파티클이 발생되는 시간적 요인을 설정할 수 있는데 쉽게 파티클이 중력에 영향을 받는 정도를 설정하여 파티클의 속도를 조절하는 것이라고 이해하면 될 듯 합니다.

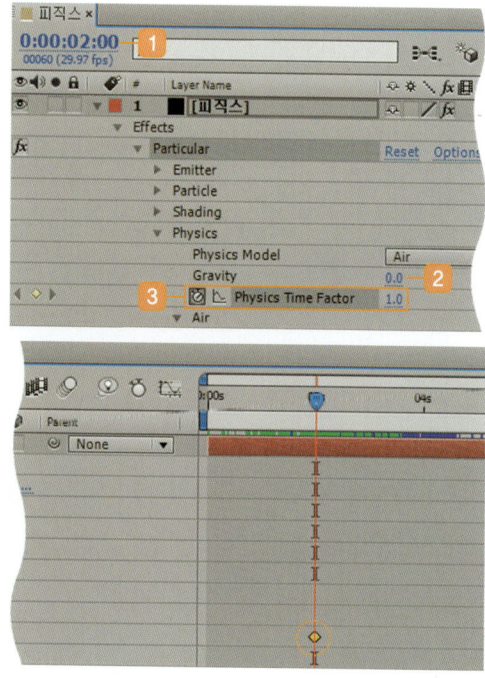

07 시간을 3초로 이동한 후 Physics Time Factor를 10 정도로 높여줍니다. 피직스 타임 팩터 값이 높아졌기 때문에 이제 중력의 영향을 많이 받게 되어 파티클이 흩어져나가는 속도가 더욱 빨라졌습니다. 계속해서 시간을 4초로 이동한 후 피직스 타임 팩터를 0으로 설정합니다. 확인해 보면 이 시간부터는 파티클들이 중력에 영향을 받지 않고 그대로 멈춰있는 것을 알 수 있습니다. 여기서 만약 피직스 타임 팩터 값을 -(음수)로 설정한다면 파티클들은 다시 안쪽으로 들어갈 것입니다.

파티큘러 분석하기 - 피직스 **071**

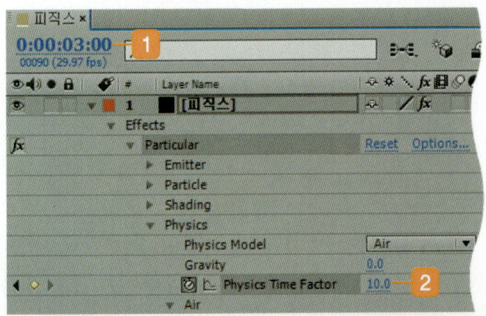

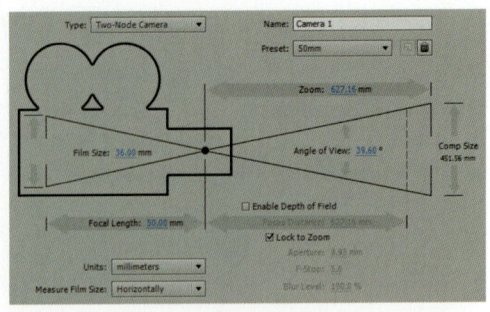

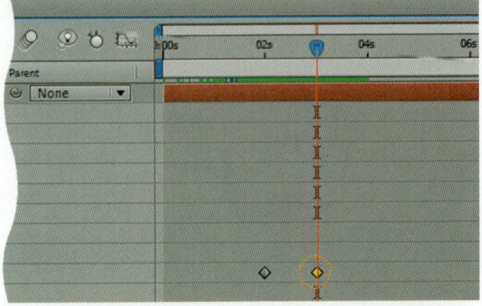

08 여기서 멈춰있는 파티클에 카메라를 이용하여 회전하는 장면을 표현해 봅니다. Layer 〉 New 〉 Camera를 선택하거나 단축키 Ctrl+Alt+Shift+C 키를 눌러 기본 카메라를 하나 생성합니다.

09 방금 만든 카메라를 열고 파티클이 멈춘 시간인 4초 상태에서 Position의 스톱워치를 켜줍니다.

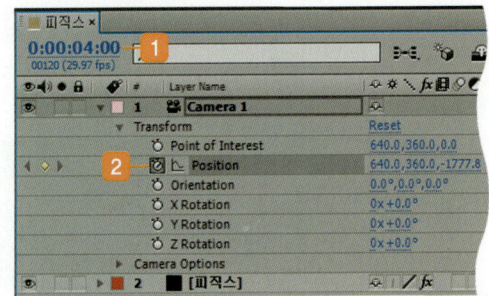

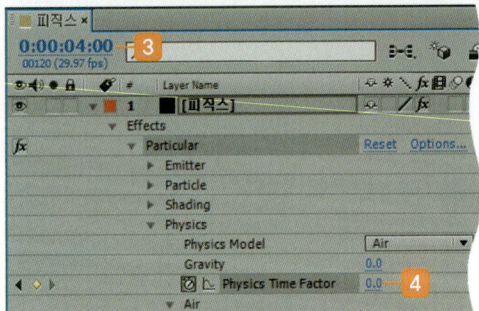

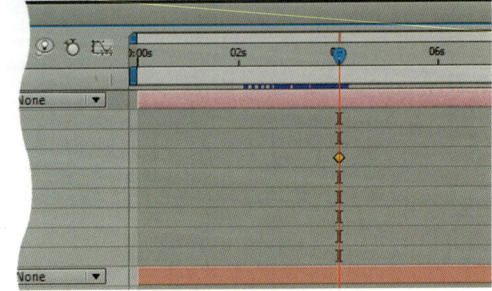

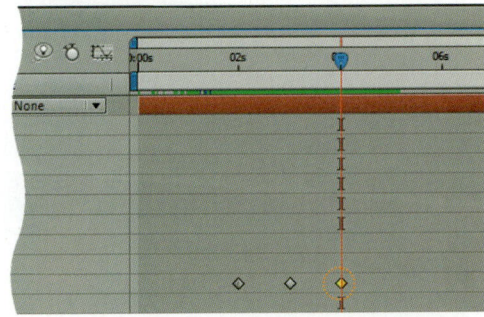

10 시간을 6초로 이동한 후 Orbit Camera 툴을 사용하여 파티클을 수평 방향으로 회전을 합니다.

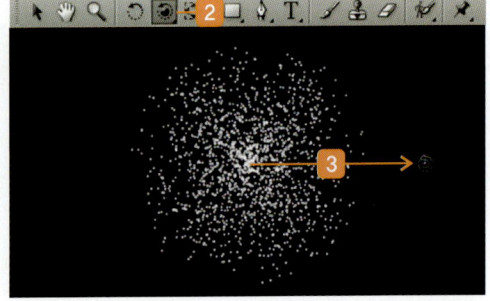

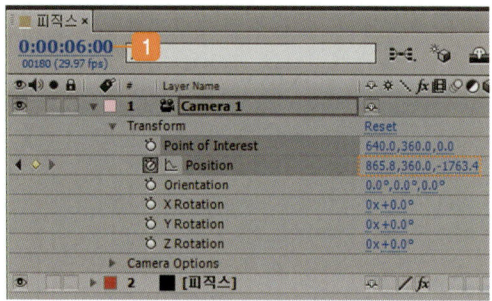

상태로 해 주기 위해 Reset을 클릭합니다.

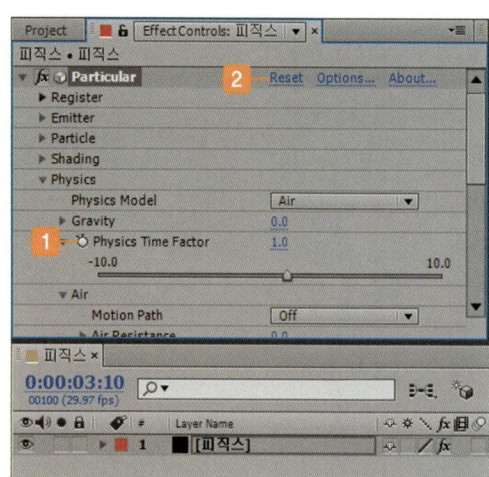

11 지금의 작업을 확인해 보면 파티클이 빠르게 흩어지다가 멈춘 후 카메라에 의해 서서히 회전하는 것을 볼 수 있습니다.

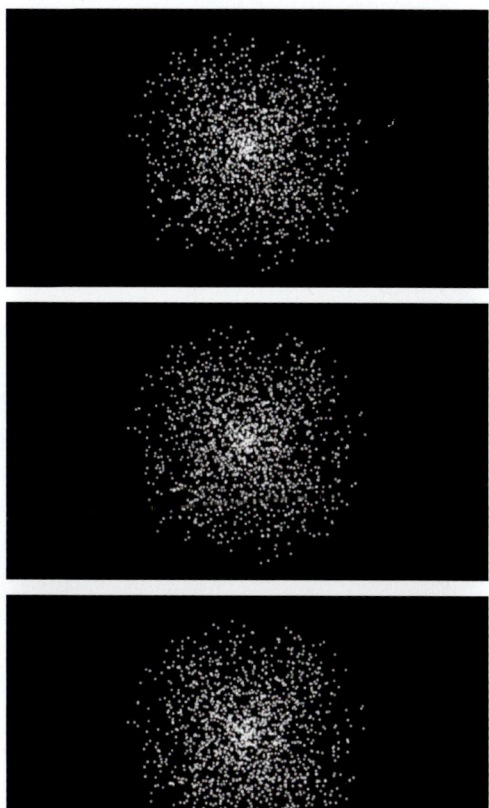

13 Air 항목을 열고 Motion Path를 봅니다. 모션 패스는 조명의 움직임을 파티클이 이동하는 경로로 사용할 수 있게 해 주는 옵션입니다. 현재는 Off로 되어있어 사용할 수 없는 상태이므로 특정 번호를 선택해야 합니다. 번호는 1부터 9까지 되어있으며 번호 옆에 HQ라고 되어있는 것은 같은 번호를 사용했을 때 보다 품질이 좋은 결과를 보여줍니다. 즉 HQ는 High Quality의 약자로 보면 됩니다. 여기에서는 1번을 선택합니다.

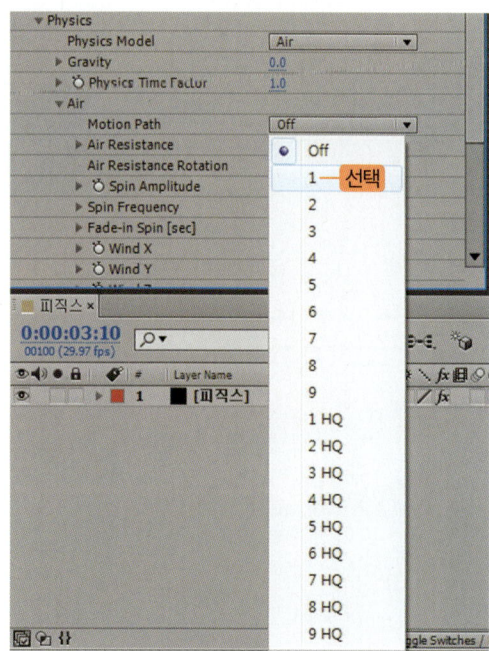

12 이번엔 다른 파라미터에 대해 알아보기 위해 앞서 만든 카메라를 삭제하고 Physics Time Factor의 스톱워치를 꺼서 모든 키프레임을 삭제합니다. 그리고 파티큘러의 파라미터 값을 초기

14 모션 패스를 특정 번호로 선택하면 아래 그림과 같은 메시지가 뜹니다. 아직 조명이 만들어지지 않았다는 메시지이기 때문에 작업에 맞는 조명을 만들어주어야 합니다. 일단 무시하고 OK 버튼을 누르고 창을 닫습니다.

위치를 켜줍니다. 그리고 조명의 위치를 컴포지션 화면 좌측 하단으로 이동해 줍니다.

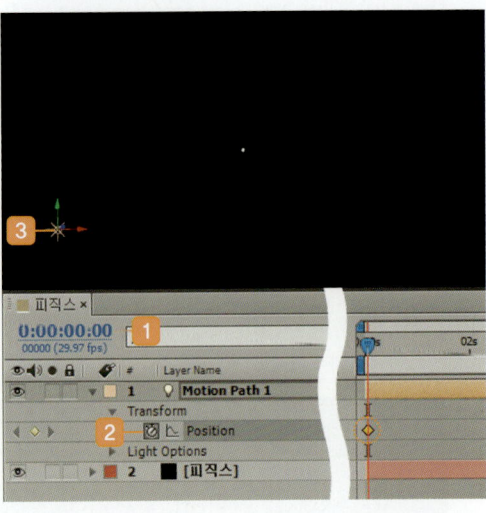

15 조명을 만들기 위해 Layer 〉 New 〉 Light를 선택하거나 단축키 Ctrl+Alt+Shift+L 키를 눌러 조명을 만듭니다. Light Type은 이동하기 편한 Point를 설정합니다. 여기서 가장 중요한 것은 조명의 이름입니다. 모션 패스를 위한 조명이므로 이름을 동일하게 해 주어야 합니다. 조명의 이름을 Motion Path 1로 입력합니다. 앞서 모션 패스 번호를 1번으로 했기 때문에 1이란 숫자를 한 칸 띄어서 입력했으며 영문명은 대소문자를 구분하므로 주의해서 입력해야 합니다.

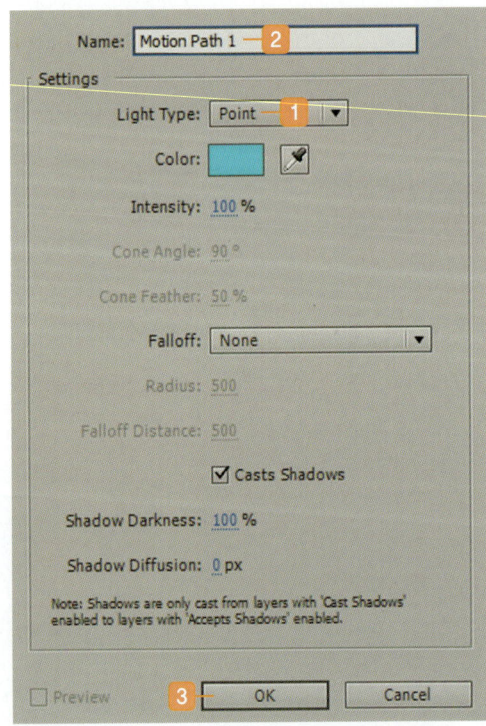

17 시간을 5초로 이동한 후 모션 패스 1 조명 레이어의 위치를 우측 상단으로 이동합니다. 조명을 이동하면 파티클의 위치도 같이 이동되는 것을 알 수 있습니다.

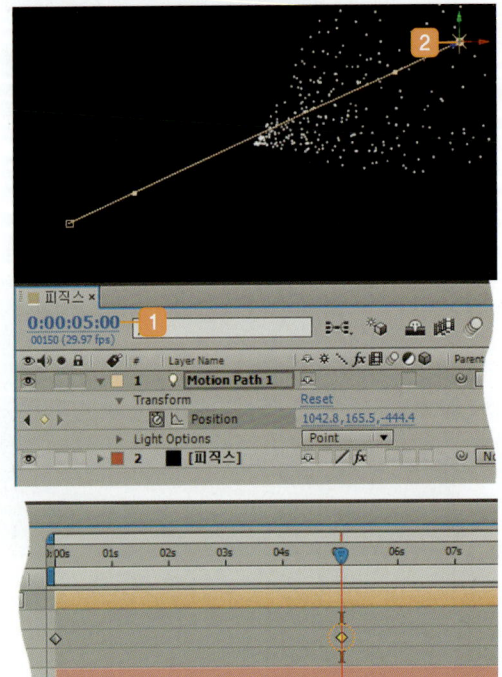

16 이제 조명이 움직이는 애니메이션을 연출하기 위해 시간을 시작점으로 이동한 후 모션 패스 1 조명 레이어 Position의 스톱

18 조명의 움직임을 보다 다채롭게 하기 위해 시간을 2초 15프레임으로 이동한 후 조명의 위치를 중앙 아래쪽으로 이동합니다. 그리고 각 키프레임의 핸들(탄젠트)을 그림처럼 조절하여 웨이브 형태의 모션 경로를 만들어줍니다.

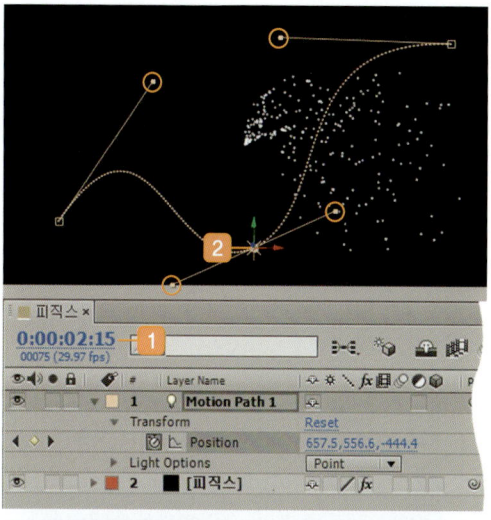

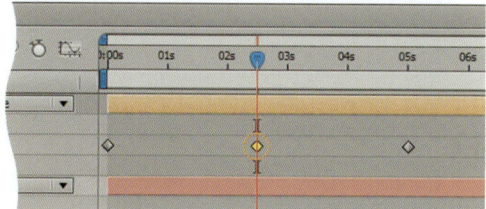

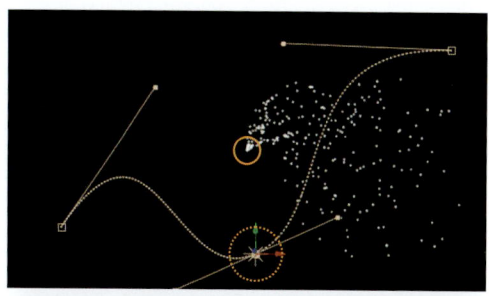

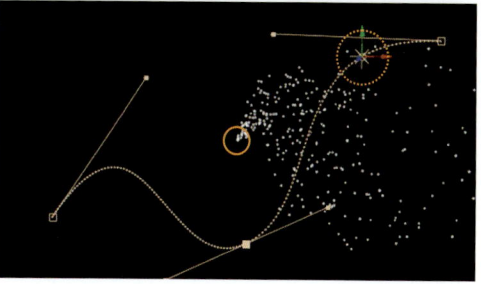

19 확인해 보면 파티클의 움직임이 조명의 모션 경로에 맞게 이동되는 것을 알 수 있습니다. 그런데 이미터의 위치가 기본 위치인 중앙에 있기 때문에 조명의 움직임이 시작되는 좌측 하단으로 이동해 주어야 합니다. 여기에서는 익스프레션을 이용하여 조명의 경로가 이동될 때 파티클(이미터)의 경로도 자동으로 이동되도록 해 보겠습니다.

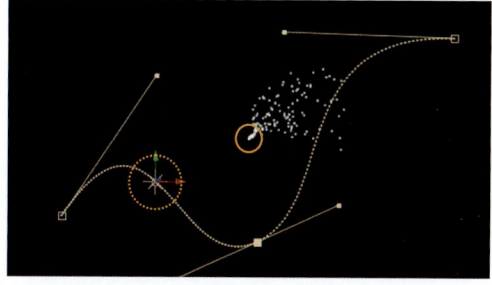

20 피직스 레이어를 열고 파티큘러의 Emitter 〉 Position XY의 스톱워치를 Alt 키를 누른 상태로 클릭하여 익스프레션을 적용한 후 곧바로 나선형 모양의 Expression pick whip를 끌어다 조명 레이어의 Position에 적용(연결)합니다.

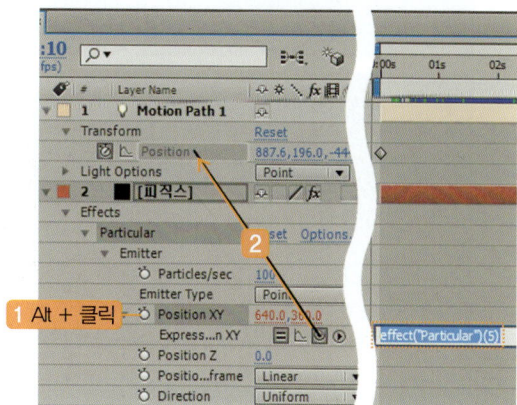

21 같은 방법으로 이번엔 파티큘러 Emitter 〉 Position Z의 스톱워치를 Alt 키를 누른 상태로 클릭하여 익스프레션을 적용한 후 곧바로 나선형 모양의 Expression pick whip를 끌어다 조명 레이어의 Position 값 중 Z축에 해당되는 값(수치)에 적용(연결)합니다. 이것으로 이미터의 포지션 Z는 조명의 포지션 Z축과 일치되었습니다.

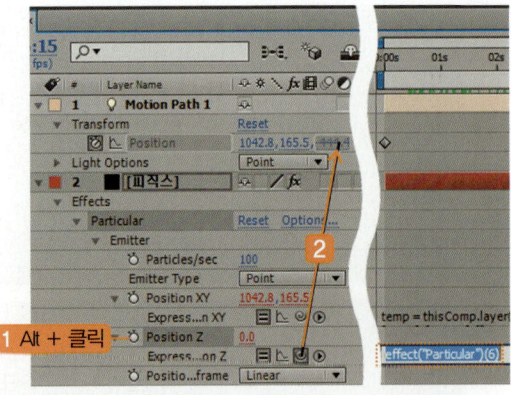

24 계속해서 아래쪽의 Positions Z축에 대한 익스프레션 스크립트를 수정해 봅니다. Position의 마지막글자인 n자와 대괄호 사이에서 다음과 같이 입력합니다. 입력할 때 대소문자를 구분하기 때문에 문제가 없도록 입력해야 합니다.

.valueAtTime(0);

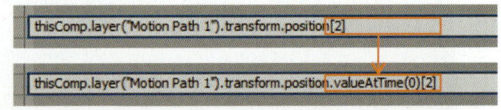

22 확인을 해 보면 파티클이 조명이 이동되는 경로에 맞게 이동되는 것을 알 수 있습니다. 그런데 파티큘러의 이미지도 같이 이동되기 때문에 익스프레션 스크립트를 수정해야 합니다.

25 다시 확인해 보면 이미터는 조명의 시작점에 그대로 있으면서 파티클만 조명의 움직임에 맞게 이동되는 것을 알 수 있습니다. 이렇듯 모션 패스는 조명의 움직임에 맞게 파티클의 움직임을 제어하는 것을 알 수 있습니다.

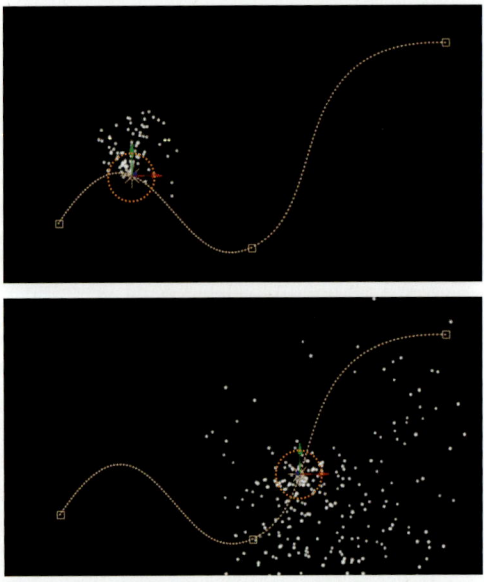

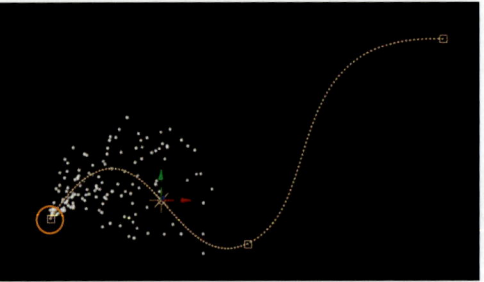

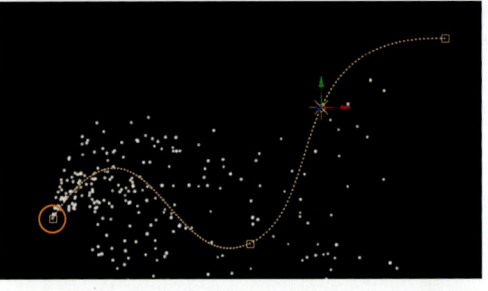

23 먼저 위쪽의 Positions XY축에 대한 익스프레션 스크립트를 수정해 봅니다. 첫 번째 줄 마지막 세미클론 앞쪽부터 다음과 같이 입력합니다. 입력 후에는 세미클론이 맨 뒤쪽에 있어야 합니다.

.valueAtTime(0);

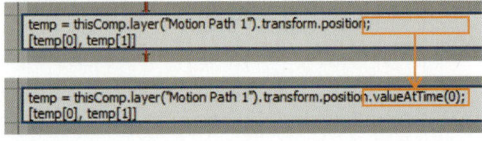

> **알아두기**
>
> **모션 패스의 HQ에 대하여**
>
> 앞서 잠깐 언급을 했듯이 모션 패스에서는 번호만 사용하는 방식과 번호 옆에 HQ가 붙어있는 두가지 방식을 사용한다고 했습니다. 보통 HQ가 없는 방식을 사용하는 것이 프리 렌더의 속도를 향상시킬 수 있지만 조명의 움직임이 너무 빨라서 파티클의 움직임이 제대로 표현되지 않을 경우엔 HQ(High Quality) 방식으로 설정하면 모든 파티클을 표현할 수 있습니다.

26 이번엔 Air Resistance에 대해 알아봅니다. 에어 레지스턴스는 공기에 대한 저항이라고 이해하면 됩니다. 이 수치가 높을수록 공기의 저항을 많이 받아 파티클이 흩어지는 것을 차단합니다. 여기에서는 Air Resistance 값을 7 정도로 설정한 후 확인해 봅니다. 시간이 흐를수록 흩어지던 파티클들이 일정한 폭으로 이동되는 것을 알 수 있습니다. 불꽃놀이와 같은 폭발하는 장면에 유용합니다.

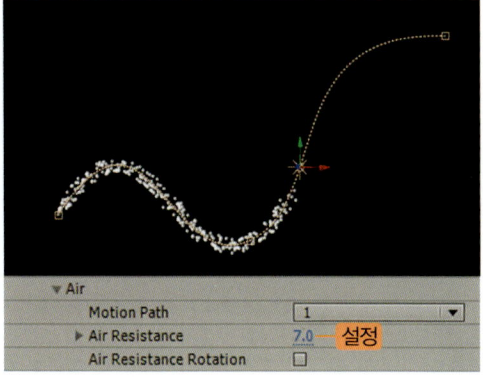

27 아래쪽 Air Resistance Rotation은 공기의 저항을 받을 때 파티클의 회전에 대해서도 공기의 저항을 받게 해 줍니다. 공기의 저항을 받게 하기 위해서는 이 체크박스를 체크해야 합니다. 확인이 끝났다면 체크를 해제합니다.

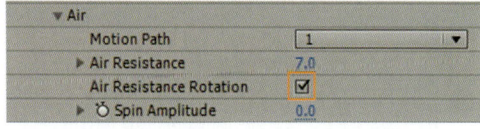

28 이번엔 스핀에 대한 파라미터를 살펴보기 위해 먼저 앞서 사용하던 조명과 피직스 레이어에 적용된 파티큘러 이펙트를 모두 삭제합니다. 그리고 피직스 레이어에 새로운 파티큘러를 적용합니다. 새로 적용된 파티큘러에서 Emitter 항목의 Emitter Type을 Box로 설정하고 Position Y축을 670 정도로 설정하여 아래로 내려줍니다. Direction을 Directional으로 설정하여 파티클이 한 방향으로 날아가게 해 주고 X Rotation을 90도로 설정하여 파티클이 위쪽으로 뻗어나가게 해 줍니다. 그리고 Emitter Size X를 1100 정도로 설정하여 파티클이 표현되는 영역을 키워줍니다.

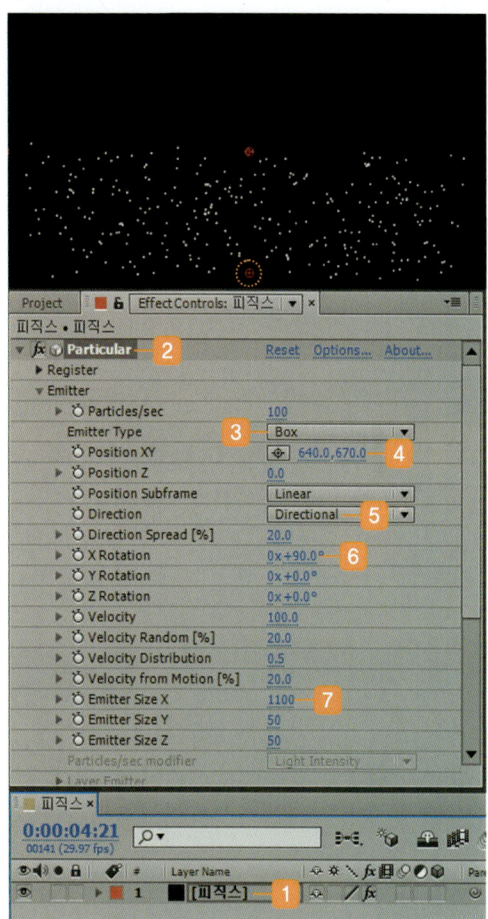

29 파티클의 생물 시간을 늘려주기 위해 Particle 항목에서 Life [sec] 값을 5 정도로 늘려줍니다. 그리고 파티클의 크기를 Size를 통해 조금만 더 크게 해 줍니다. 여기에서는 10 정도로만 키워봅니다.

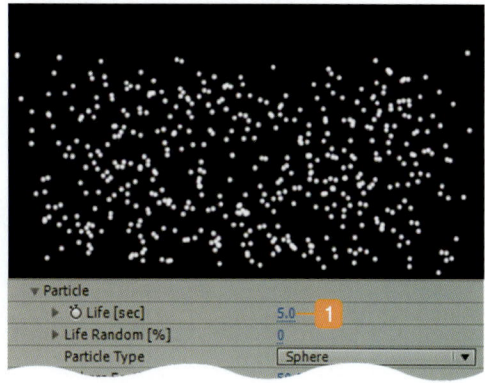

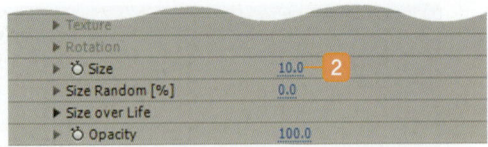

30 계속해서 Aux System 항목에서 Emit를 Continously(스펠링이 잘 못 표기된 것 같습니다. 이하 continuously로 정정합니다.)으로 설정합니다. 옥스 시스템은 메인 파티클에 대한 서브(보조) 파티클을 표현할 때 사용되는데 이미트를 컨티뉴어슬리로 설정하면 메인 파티클 뒤쪽에 혜성의 꼬리처럼 서브 파티클이 연속해서 표현됩니다. 서브 파티클의 크기를 조금만 작게 해주기 위해 Size를 3 정도로 줄이고 파티클을 선처럼 보이게 하기 위해 Particles/sec를 40 정도로 늘려줍니다. 그리고 Life [sec] 시간을 3초 정도로 늘리고 색상은 흰색으로 보이게 하기 위해 Color From Main [%]를 100으로 설정합니다. Aux System 항목에 대해서는 다음 학습 파트에서 자세히 살펴볼 것입니다.

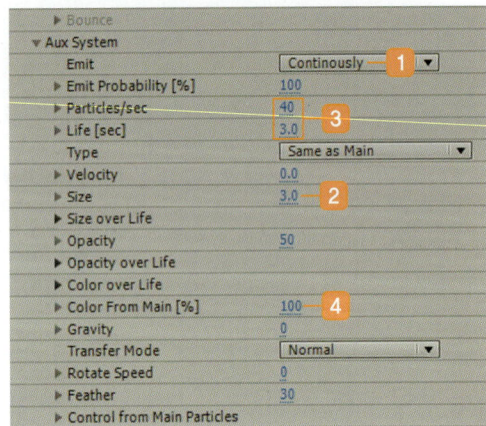

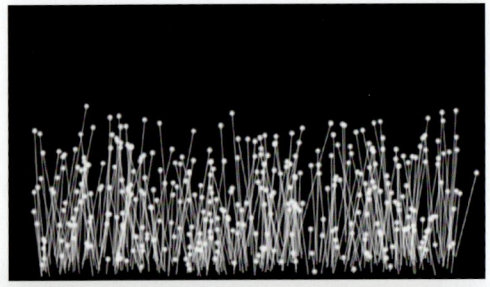

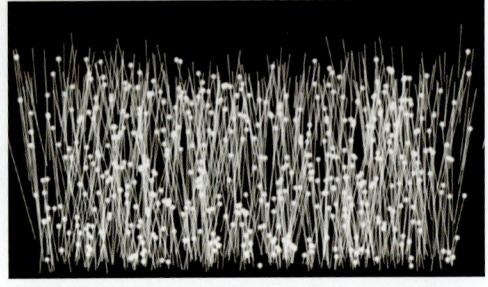

32 파티클이 완전히 위로 올라갔을 때 서브 파티클의 모습이 계속 남아있기 때문에 크기를 이용하여 사라지게 해 봅니다. Aux System 항목의 Size over Life의 그래프 모습을 그림처럼 만들어줍니다.

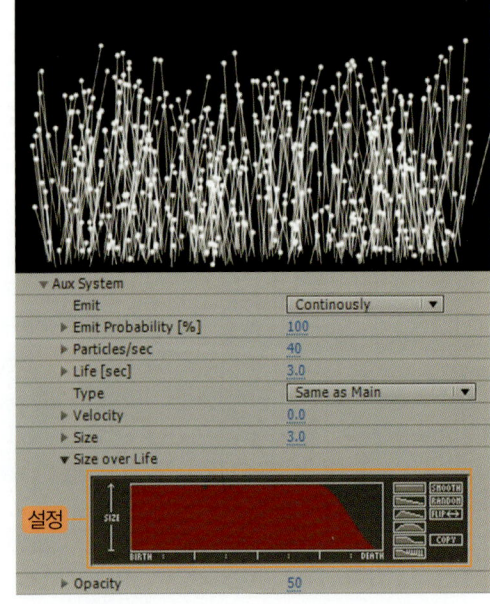

31 확인해 보면 메인 파티클 뒤쪽으로 서브 파티클이 혜성의 꼬리처럼 표현되는 것을 볼 수 있습니다.

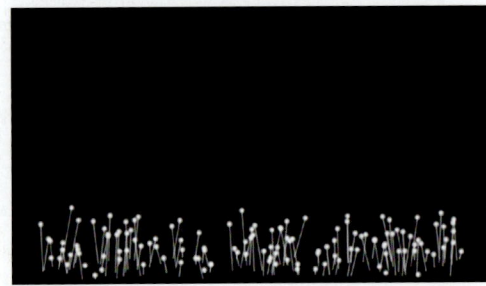

33 파티클의 개수가 너무 많아 조금 복잡하게 느껴집니다.

Emitter 항목의 Particles/sec를 50 정도로 줄여줍니다.

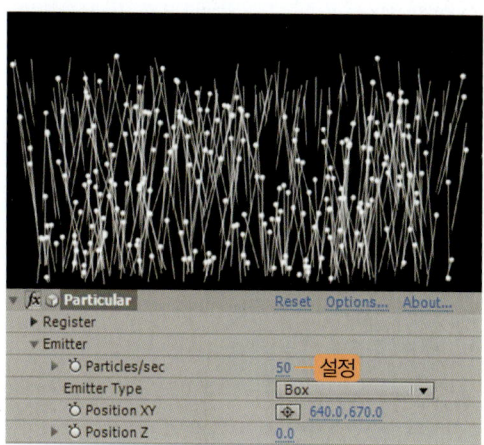

34 이제 피직스 항목의 스핀에 대해 알아봅니다. Physics 항목의 Spin Amplitude를 80 정도로 증가해 봅니다. Aux System 항목에서 설정한 서브 파티클의 모습이 이리저리 휘어진 것을 볼 수 있습니다. 이렇듯 스핀 앰플리튜드를 이용하면 파티클에 스핀이 걸려 회전하는 진폭을 설정할 수 있습니다. 이 장면을 카메라를 설치해서 확인해 보면 입체(3D) 형태로 표현되는 것을 확인할 수 있습니다.

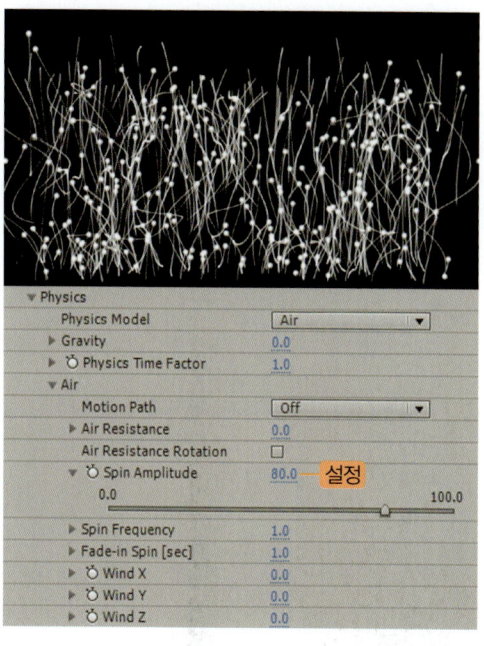

35 스핀 앰플리튜드가 스핀의 진폭을 담당한다면 아래쪽 Spin Frequency는 스핀이 발생되는 빈도(진동)를 설정할 수 있습니다. 여기에서는 스핀 프리퀀시를 5 정도로 높여봅니다. 전보다 훨씬 스핀, 즉 휘어지는 빈도가 많아지는 것을 알 수 있습니다. 확인이 끝났다면 다시 초기 값인 1로 설정합니다.

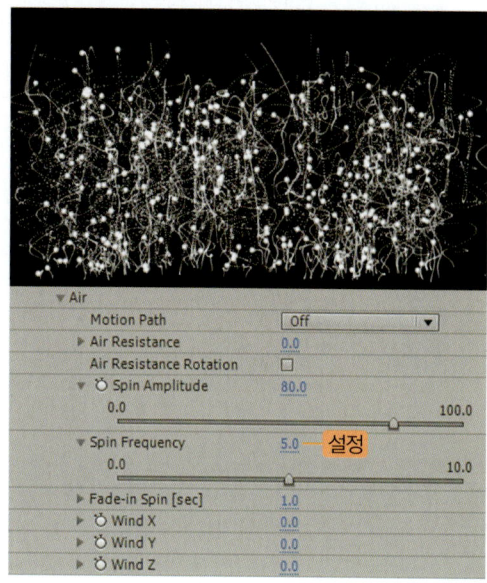

36 아래쪽 Fade-in Spin [sec]은 스핀이 표현되는 시간을 설정할 수 있습니다. 쉽게 말해 스핀이 발생되는 지점의 시간대를 설정하여 이 시간 전의 스핀이 자연스럽게 줄어들게 할 수 있습니다. 현재는 기본 값이 1초로 되어있습니다. 이것은 1초부터 스핀이 발생된다는 것입니다. 여기에서는 페이드-인 스핀 [세크]를 5초 정도로 늘려줍니다. 이제 파티클이 스핀되는 시간이 5초로 되었기 때문에 이전에는 완만한 곡선 형태로 올라가다가 5초 지점부터 스핀이 발생되는 것을 알 수 있습니다.

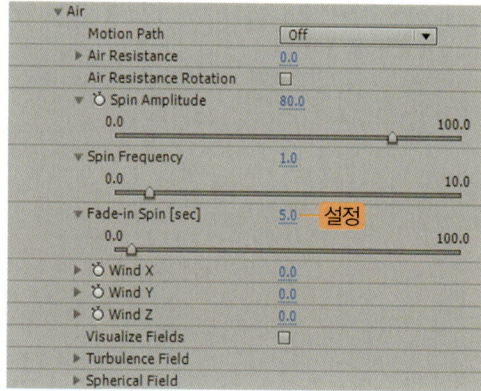

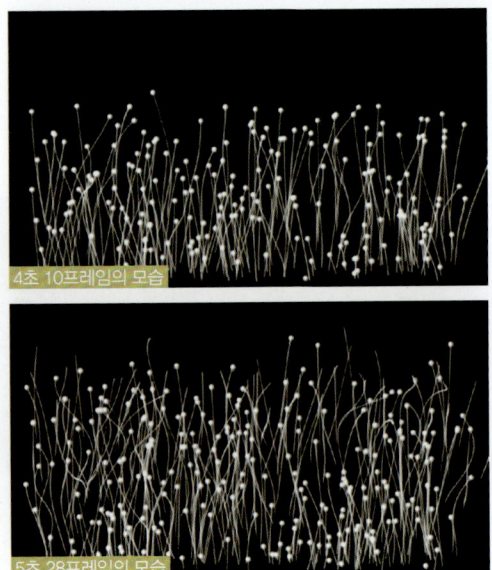

38 아래쪽 Visualize Fields는 파티클이 이동하는 방향을 확인하기 위한 좌표를 보여줍니다. 확인해 보기 위해 비주얼라이즈 필드를 체크해 봅니다. 빨간색(X축), 초록색(Y축), 파란색(Z축) 세 방향의 축에 대한 좌표가 나타나는 것을 알 수 있습니다.

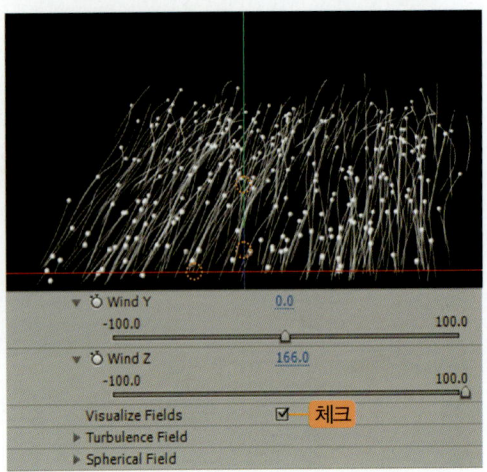

37 이번엔 바람에 대해 알아봅니다. 바람이 불어 파티클이 바람이 부는 방향으로 날아가게 할 수 있습니다. Wind X, Z축을 각각 44, 166 정도로 설정해 봅니다. 확인해 보면 파티클이 우측 방향 뒤쪽으로 움직이는 것을 알 수 있습니다. 윈드를 사용할 때 바람의 강도가 항상 일정하기 때문에 바람에 흔들리는 장면을 표현할 수 없습니다. 바람에 흔들리는 장면을 표현하기 위해서는 아래쪽 터뷸런스(돌풍-난기류)를 이용해야 합니다. 이것은 잠시 후에 살펴보기로 합니다.

39 여기서 좌표에 대해 보다 확실하게 살펴보기 위해 Layer 〉 New 〉 Camera를 선택하거나 단축키 Ctrl+Alt+Shift+C 키를 눌러 기본 카메라를 하나 생성합니다.

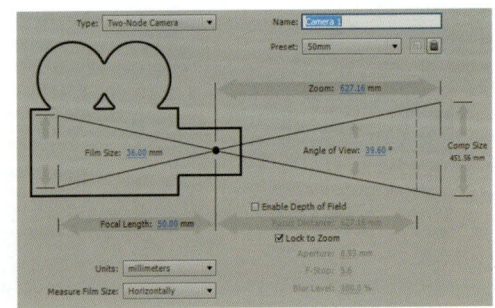

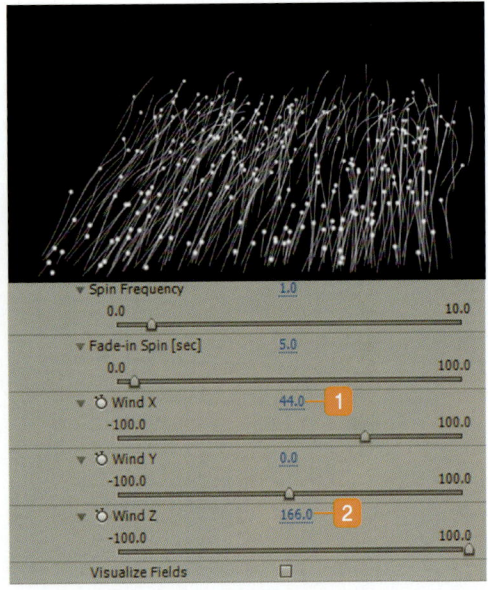

40 카메라가 설치됐기 때문에 Orbit Camera 툴을 사용하여 그림처럼 회전해 봅니다. 앞서 평면적으로 보였던 좌표의 방향이 더욱 확실하게 보이게 됐습니다. 이렇듯 비주얼라이즈 필드는 파티클이 움직이는 방향을 확인하기 위해 좌표를 보여주거나 숨겨놓을 수 있습니다. 확인이 끝났다면 Visualize Fields를 해제합니다. 카메라 또한 더 이상 필요 없기 때문에 꺼주거나 삭제합니다. 여기에서는 혹시 모르니 다음 작업을 위해 카메라를 Hides Video를 꺼주기만 합니다.

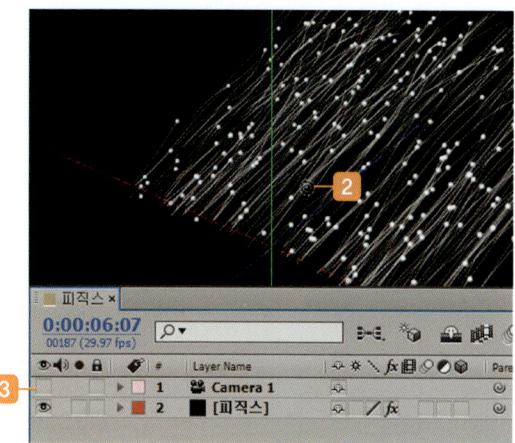

42 이번엔 아래쪽 Affect Position에 대해 알아봅니다. 어펙트 포지션은 난기류를 만난 파티클이 흔들리는 장면을 표현할 때 사용합니다. 어펙트 포지션 값을 80 정도로 증가한 후 확인해 보면 비교적 얌전히 움직이던 파티클들이 급격히 흔들리는 것을 볼 수 있습니다.

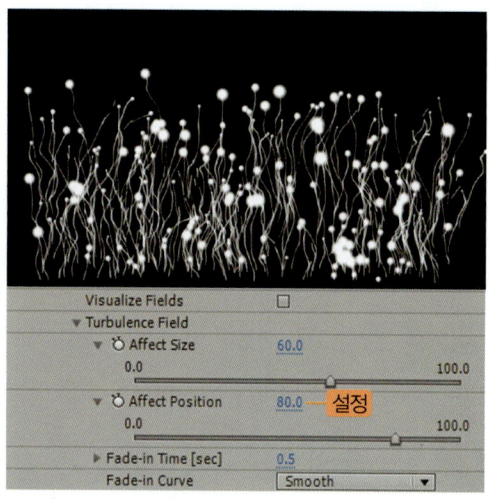

41 이제부터 파티클이 난기류, 즉 돌풍을 만났을 때의 상태를 표현해 봅니다. Turbulence Field를 통해 난기류를 표현할 수 있습니다. 터뷸런스 필드를 살펴보기에 앞서 Wind X, Z 값을 모두 0으로 설정해 놓습니다. 그다음 Turbulence Field의 Affect Size를 60 정도로 높여줍니다. 어펙트 사이즈는 파티클 크기에 대한 영향을 줍니다. 수치가 높아질수록 파티클 크기는 불규칙적으로 조절됩니다. 설정 후의 모습을 보면 마치 반딧불이가 반짝거리는 듯한 느낌이 듭니다. 참고로 터뷸런스 필드의 모든 파라미터는 랜덤하게 작동됩니다.

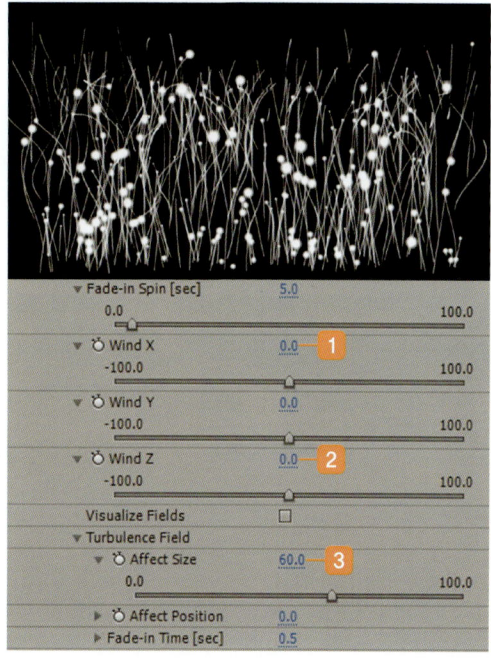

43 난기류가 발생되는 시간을 설정하기 위해서는 아래쪽 Fade-in Time [sec]를 이용하면 됩니다. 이것은 앞서 살펴본 스핀에서 알아본 것과 유사합니다. 현재는 기본 값이 0.5초로 되어있습니다. 이것은 0.5초부터 난기류가 발생된다는 것입니다. 여기에서는 페이드-인 타임 [세크]를 4초 정도로 늘려줍니다. 이제 난기류가 발생되는 시간이 4초로 되었기 때문에 4초 지점부터 난기류에 의해 파티클들이 흔들리는 것을 알 수 있습니다.

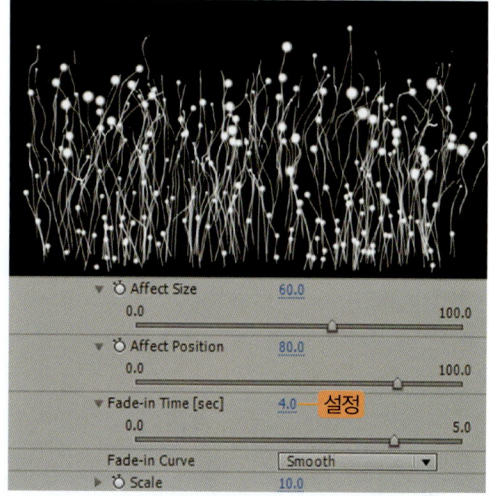

44 아래쪽 Fade-in Curve는 파티클이 이동하는 경로 즉, 난기류의 움직임을 부드럽게(Smooth) 하거나 직선형(Linear)으로 할 때 사용됩니다. 일반적으로는 부드러운 형태의 스무스를 사용하게 됩니다.

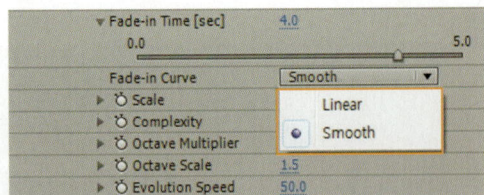

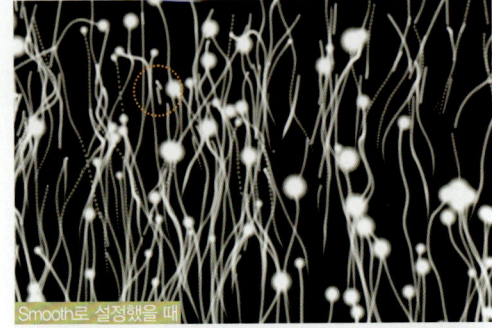
Smooth로 설정했을 때

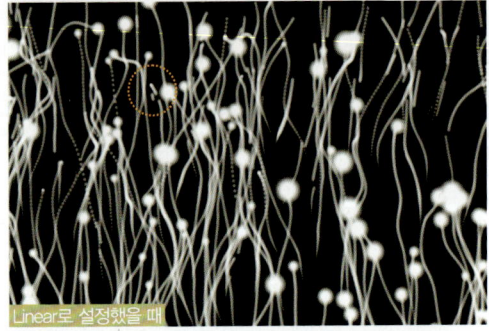
Linear로 설정했을 때

45 Scale은 터뷸런스(난기류)의 크기를 설정할 수 있습니다. 크기가 커질수록 난기류는 더욱 세분화됩니다. 여기에서는 스케일 값을 50 정도로 설정해 봅니다. 시간이 흐를수록 난기류가 더욱 세분화되는 것을 알 수 있습니다.

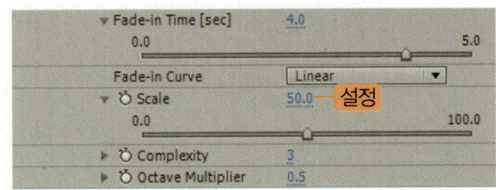

알아두기

펄린 프랙탈 노이즈(Perlin Fractal Noise)에 대하여

파티큘러의 터뷸런스 필드는 펄린 프랙탈 노이즈에 기초하여 표현되는 구조로 되어있습니다. 펄린 프랙탈 노이즈는 불규칙한 패턴을 무한반복적으로 표현할 수 있는 성질을 가지고 있어 입자(파티클)를 아무리 크게 하여도 컴플렉시티에 의해 다시 복잡한 구조로 세분화할 수 있습니다. 그러므로 터뷸런스 필드를 이용하면 불꽃이나 구름, 연기 등을 표현할 때 도움이 됩니다.

46 여기서 스케일과 컴플렉시티에 대한 개념을 이해하기 위해 지금까지 사용하던 파티큘러 이펙트를 삭제합니다.

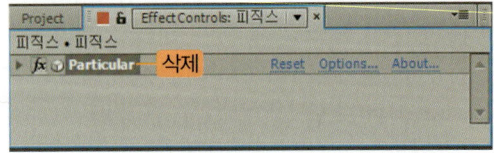

47 파티큘러에서 사용되는 노이즈 형태는 폭발, 연기와 같은 표현을 위해 효과적인 펄린 노이즈(Perlin Noise) 방식을 사용합니다. 그러므로 이와 유사한 프랙탈 노이즈를 사용하여 학습을 해 봅니다. 피직스 솔리드 레이어에 Effect 〉 Noise & Grain 〉 Fractal Noise를 적용합니다.

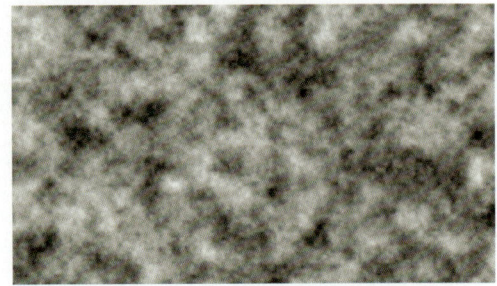

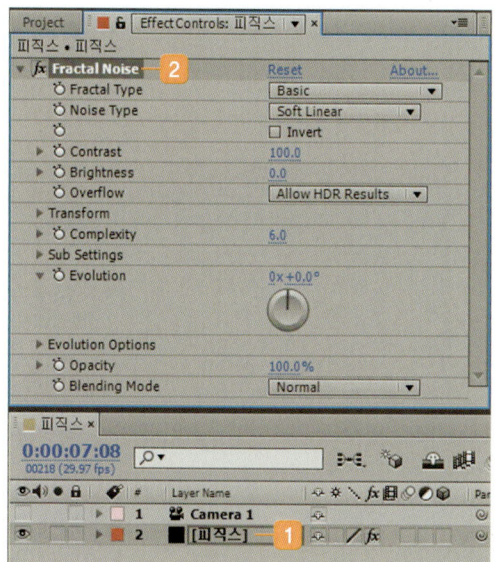
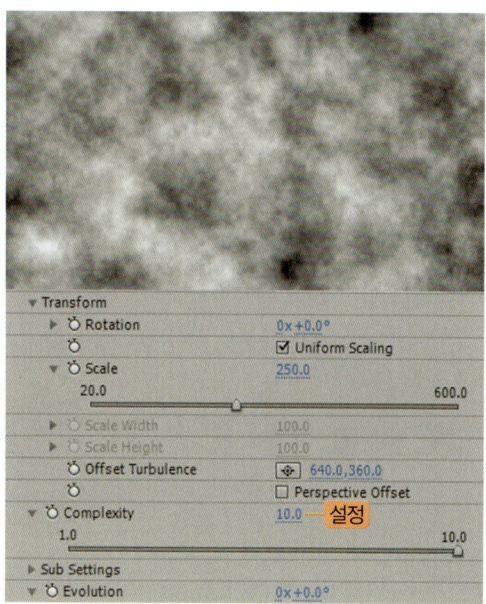

48 프랙탈 노이즈의 Transform 항목을 열고 Scale을 250 정도로 증가해 봅니다. 프랙탈 노이즈의 크기가 커졌기 때문에 전체적으로 패턴의 모습이 흐려지게 보입니다.

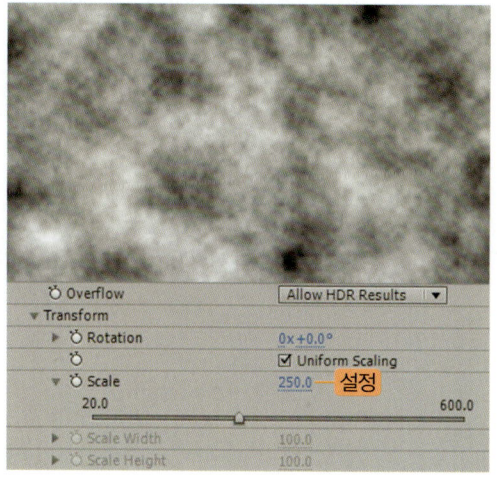

> **알아두기**
>
> **프랙탈(Fractal) 이란?**
>
> 프랙탈은 어느 특정 부분이 전체를 닮는 자기 유사성의 특징을 일컫는 용어로 사용됩니다. 일정 기간의 날씨 패턴은 긴 주기의 날씨 패턴과 닮았다는 이론에서 인간의 뇌나 고사리 이파리를 들여다보면 같은 모양의 구조가 무수히 모여있다는 사실을 알 수 있습니다. 이처럼 어느 부분을 잘라도 전체와 닮으면서 끝없이 반복되는 성질을 지닌 깃이 바로 프랙탈인 것입니다.

50 펄린 프랙탈 노이즈에 대해 살펴보았기 때문에 이제 앞서 적용한 Fractal Noise 이펙트를 삭제합니다.

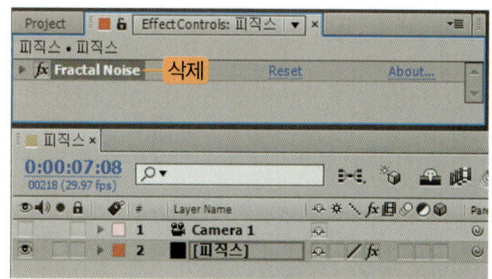

49 여기에서 아래쪽 Complexity 값을 10으로 증가해 보면 앞서 흐려졌던 프랙탈 노이즈 패턴의 모습이 선명해 지면서 세분화되는 것을 알 수 있습니다. 이렇듯 프랙탈 노이즈의 성질은 스케일과 컴플렉시티에 의해 무한 확대, 반복되는 것을 알 수 있습니다. 이것은 파티큘러의 터뷸런스 필드도 같은 구조로 되어 있음을 기억하기 바랍니다.

51 다시 터뷸런스에 대해 살펴보기 위해 피직스 레이어에 파티큘러 이펙트를 적용한 후 Emitter 항목에서 Emitter Type을 Grid, Direction을 Directional, Velocity를 0으로 설정하여 움직임을 없애줍니다. 그리고 Emitter Size X, Y, Z축을 각각 그림처럼 설정하고 Grid Emitter 항목의 Particles in X, Y, Z를 각각 10, 5, 5로 설정합니다.

에 의해서 파티클의 크기가 영향을 받게 되는 것입니다. 즉, 프랙탈 패턴이 커졌고 커진 프랙탈 패턴의 밝은 영역의 패턴은 파티클의 크기를 크게 하는 것이고 반대로 어두운 영역의 패턴은 파티클의 크기를 작게하는 원리입니다.

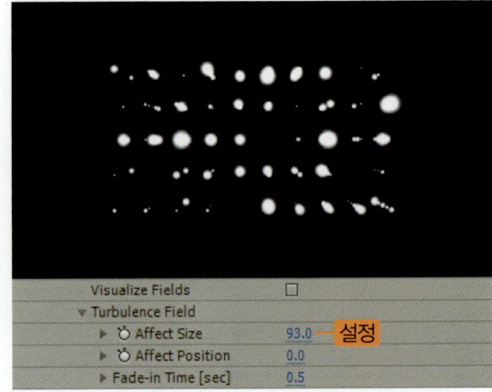

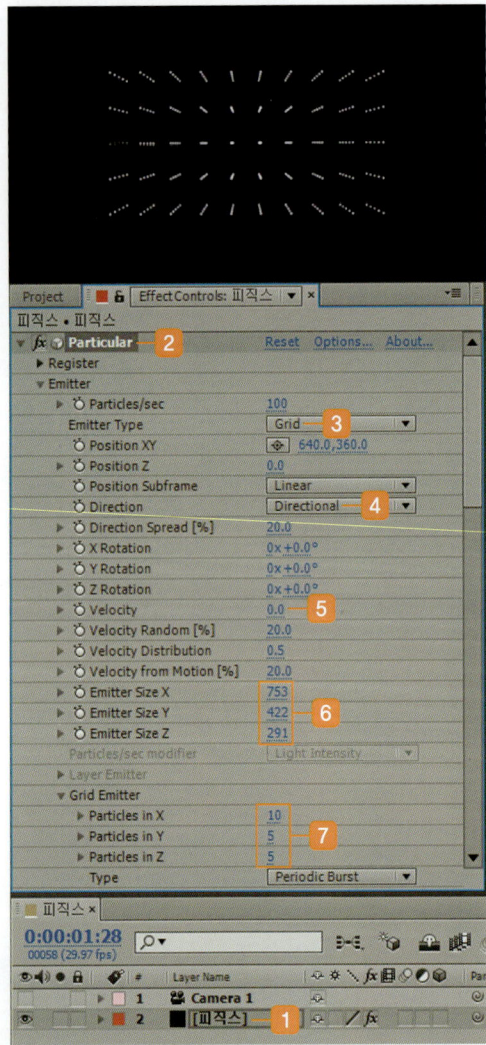

아래쪽 그림을 보면 프랙탈 패턴과 파티클을 합성하여 프랙탈과 파티클의 크기와 위치 등이 어떻게 조절되는지 알 수 있을 것입니다. 물론 이 프랙탈 패턴은 임의로 만든 것이기 때문에 패턴의 밝고 어두운 영역에 정확하게 파티클의 크기가 크거나 작게 표현되지는 않았지만 이 그림을 통해 프랙탈 패턴과 파티클이 어떻게 결성되는지 이해를 할 수 있을 것입니다.

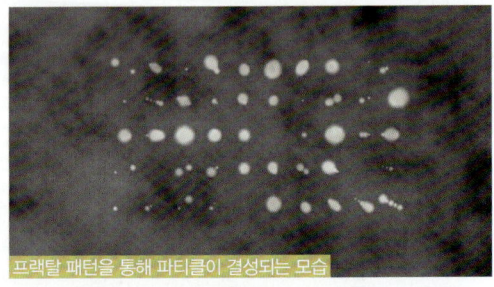

프랙탈 패턴을 통해 파티클이 결성되는 모습

53 이번엔 Affect Position을 설정해 봅니다. 프랙탈 패턴의 위치가 변함에 따라서 파티클의 위치도 흐트러지는 것을 알 수 있습니다.

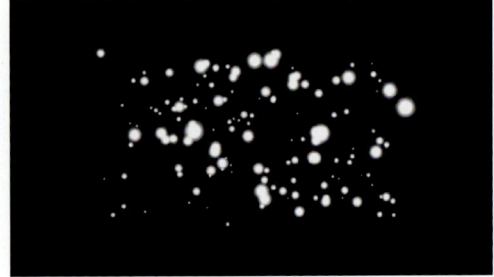

52 이 상태에서 Turbulence Field 항목을 열어줍니다. 여기서 먼저 Affect Size 값을 증가해 봅니다. 앞선 학습에서도 살펴본 적이 있듯 파티클 크기가 랜덤하게 바뀌는 것을 알 수 있습니다. 이것은 파티클 크기 변화에 프랙탈 패턴의 원리를 이용한 것으로 각 파티클 위치에서 프랙탈 필드가 추출되며 필드의 수치

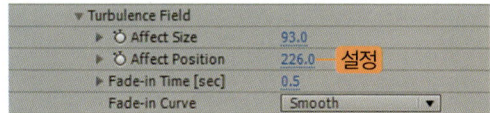

54 여기서 앞서 만들어 놓았던 카메라를 켜줍니다. 그리고 Orbit Camera 툴을 사용하여 그림과 같은 원근감이 느껴지도록 회전을 해 놓습니다.

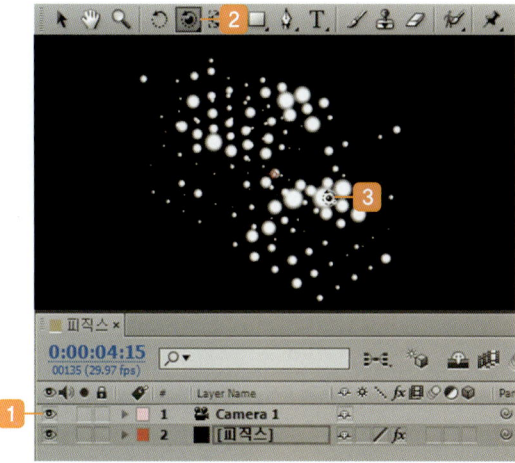

55 이제 Scale 값을 0으로 설정해 보면 어펙트 사이즈와는 상관없이 파티클의 크기가 기본 크기로 작아졌습니다.

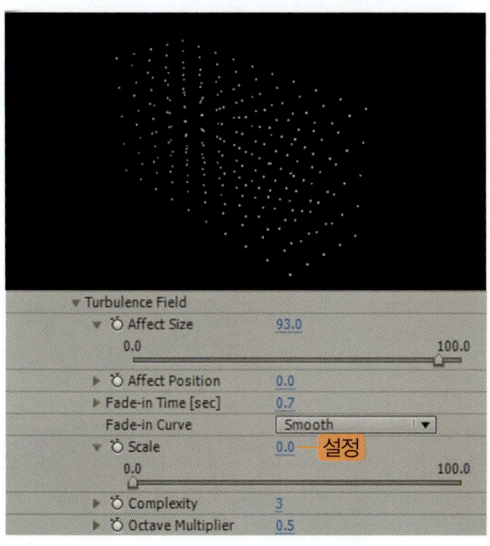

56 이번엔 Scale 값을 40 정도로 설정해 봅니다. 어펙트 사이즈를 기준으로 파티클의 크기가 불규칙적으로 커진 것을 알 수 있습니다. 이렇듯 스케일 파라미터는 프랙탈(터뷸런스) 필드(패턴)에 의해 생성 된 값의 전반적인 승수를 설정합니다. 이것은 수학의 곱셈과 같은 것이므로 스케일 값이 0이 되면 아무 변화가 생기지 않으며 수치가 높을수록 많은 승수(곱셈)이 되므로 파티클의 배율과 크기 또는 위치에 대한 변화가 더욱 혼란스럽게 되는 것입니다. 이와같이 스케일 값을 통해 결합된 패턴을 필린 프랙탈 노이즈라고 하며 여기서 중요한 것은 자칫 스케일이란 이름처럼 파티클의 크기가 커지는 것으로 이해하면 안 된다는 것입니다.

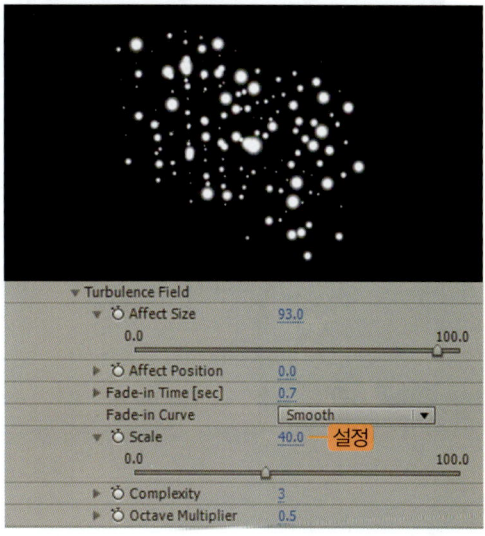

57 앞서 스케일을 통해 결합된 필드, 즉 프랙탈 패턴의 수를 컴플렉시티(복잡성)를 통해 개수를 설정할 수 있는데 가령, 컴플렉시티 값이 3이라고 했을 때 결합된 프랙탈 패턴의 수는 위쪽의 스케일 개수와 곱해진 수와 같은 것으로 이것은 프랙탈 패턴의 개수가 높아질수록 더욱 복잡한 패턴구조가 된다는 것을 의미하는 것입니다.

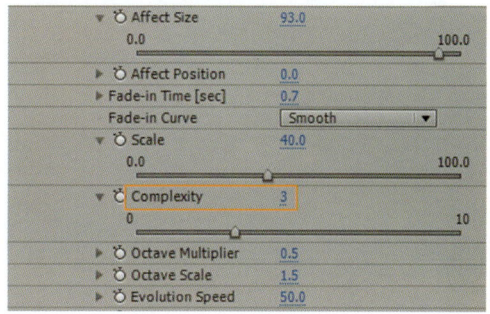

58 이번엔 Octave Multiplier에 대해 알아봅니다. 옥타브 멀티플라이어는 각 프랙탈 필드(패턴)에 영향의 차이를 분절화시킬 때 사용됩니다. Octave Multiplier 값을 기본 값인 0.5에서 1로 증가하면 프랙탈 필드는 보다 세분화되어 파티클의 모습에 영향을 주는 것을 알 수 있습니다.

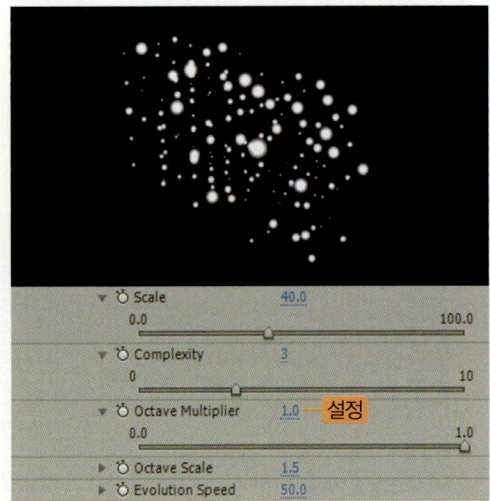

59 계속해서 Octave Scale은 위쪽의 Scale에 대한 프랙탈 필드(패턴)를 분절시켜 줄 때 사용합니다. 옥타브 스케일 값이 높아질수록 많은 분절로 나눠지기 때문에 파티클의 배율과, 위치에 대해 보다 세분화됩니다. 여기에서는 Octave Scale 값을 2 정도로 높여 확인해 봅니다.

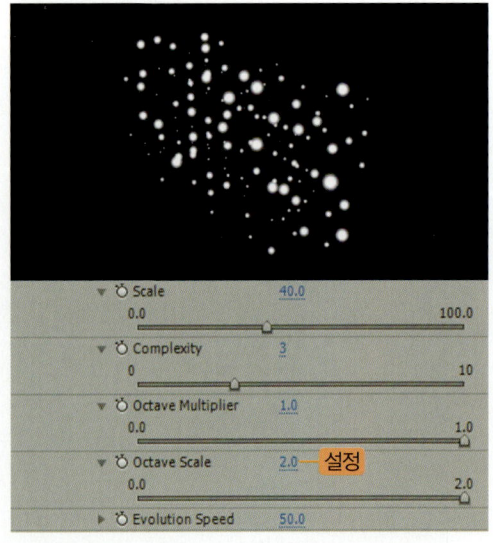

60 계속해서 아래쪽 2개의 에벌루션에 대해 알아봅니다. 먼저 위쪽의 Evolution Speed는 프랙탈 필드(패턴)가 진화되는 즉, 움직이는 속도를 조절하며 아래쪽 Evolution Offset은 프랙탈 필드의 위치를 이동할 때 사용됩니다. 이 2개의 에벌루션을 통해 다양한 브랙탈 필드의 패턴 변화를 통해 파티클 모습을 표현할 수 있습니다.

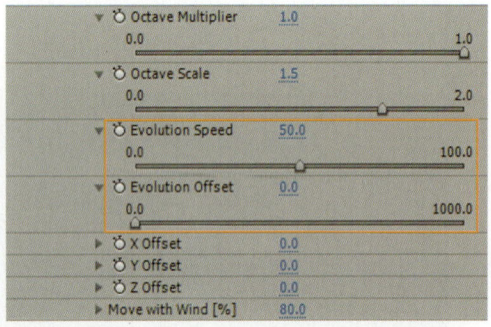

61 아래쪽 X, Y, Z Offset은 터뷸런스(난기류) 필드에 대한 위치를 XYZ 세 방향으로 이동할 수 있습니다. 이동되는 값에 따라 파티클의 위치에 대한 변화가 생깁니다.

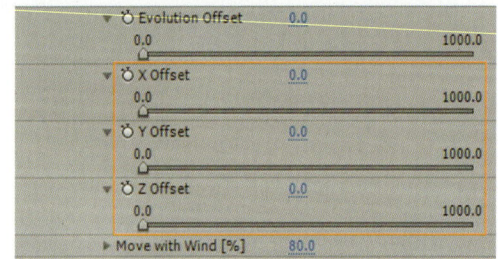

62 아래쪽 Move with Wind [%]는 위쪽 Wind XYZ 파라미터에 의해 발생되는 바람의 방향에 의해 터뷸런스 필드(패턴)을 움직이게 해 줍니다. 이것은 사실적인 불꽃과 연기 등의 표현을 위해 사용됩니다.

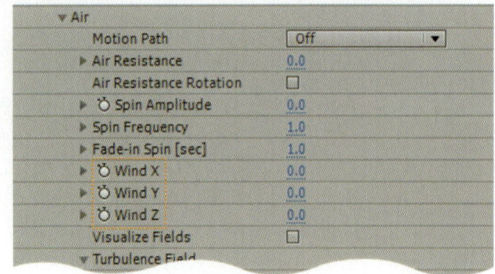

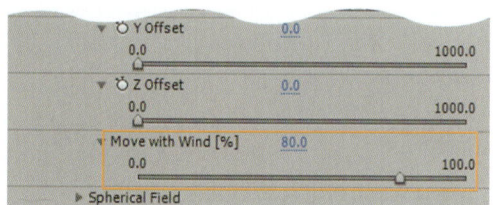

63 이번엔 프랙탈 필드에 의한 난기류가 아닌 구 모양의 공간에서 난기류를 발생시키는 스퍼리컬 필드에 대해 알아보기 위해 파티큘러의 Reset을 클릭하여 모든 파라미터를 초기 값으로 되돌려 놓습니다. 그리고 Emitter 항목의 Particles/sec를 200 정도로 증가하고 Position Y축을 설정하여 이미터의 위치를 그림처럼 아래로 내려줍니다. 그다음 Physics 항목의 Gravity를 -330 정도로 설정하여 파티클이 위쪽으로 솟아오르도록 해 줍니다. 이때 카메라는 꺼줍니다.

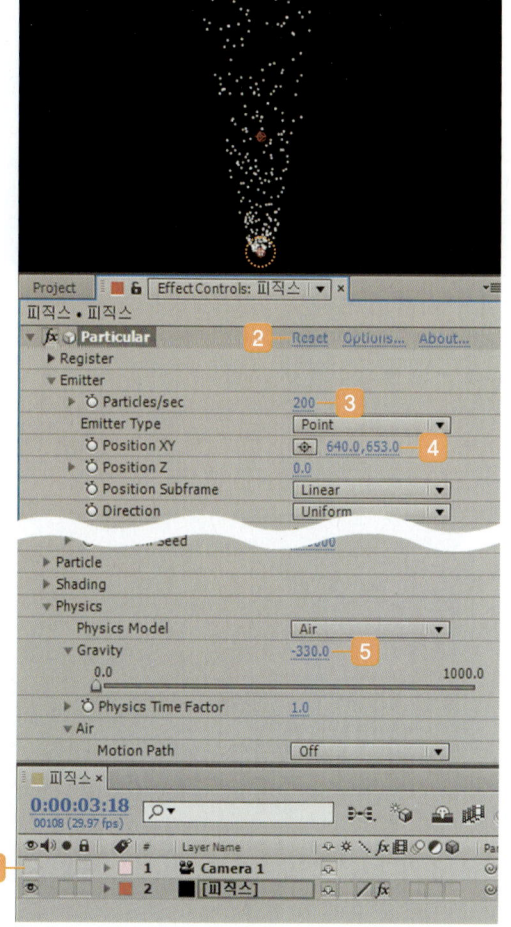

64 이제 스퍼리컬 필드에 대해 알아보기 위해 Spherical Field 항목을 열고 먼저 Strength 값을 100으로 설정해 봅니다. 확인해 보면 스퍼리컬 필드 영영이 파티클 중간 지점에 나타나는 것을 알 수 있습니다. 이 상태에서는 파티클들이 위로 솟아오를 때 스퍼리컬 필드 영역에서 위치에 대한 변화가 생기는 것을 볼 수 있을 것입니다.

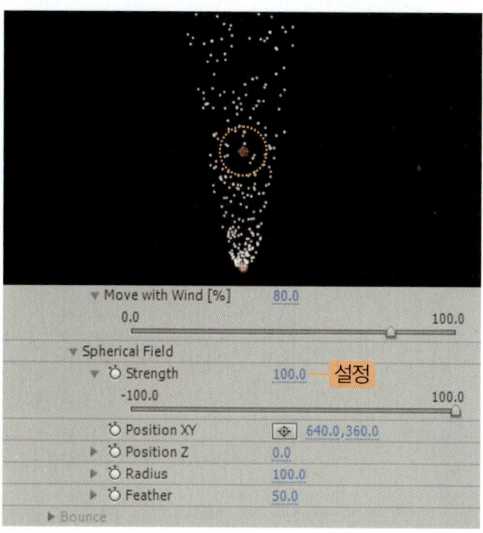

65 여기서 스퍼리컬 필드 영역을 보이게 한 후 작업을 하기 위해 Air 항목의 Visualize Fields를 체크합니다. 이제 스퍼리컬 필드가 빨간색으로 표시됩니다.

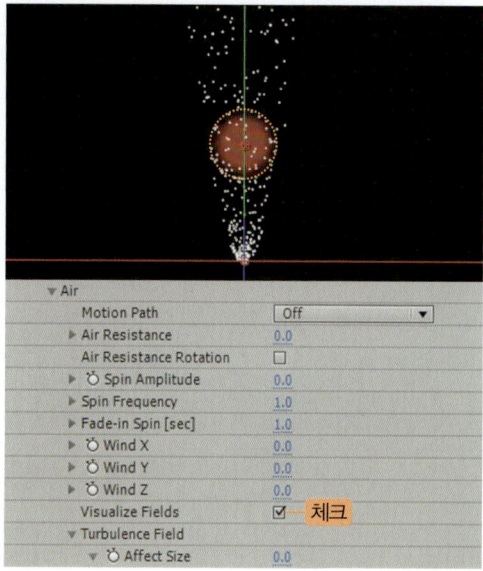

파티큘러 분석하기 - 피직스 **087**

66 계속해서 아래쪽 Position XYZ는 스퍼리컬 필드의 위치를 XYZ축으로 이동할 수 있습니다. 확인 후 다시 원래 위치로 되돌려놓습니다.

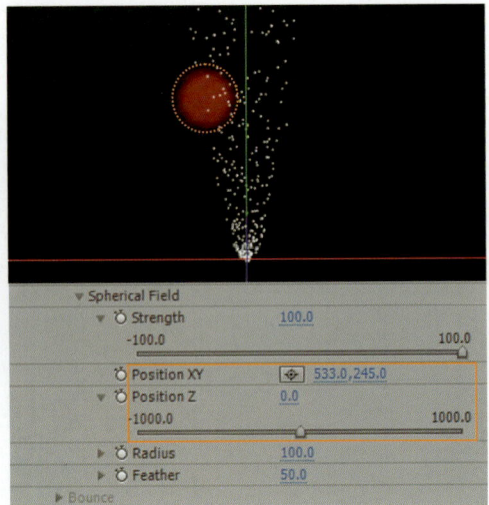

67 아래쪽 Radius는 스퍼리컬 필드의 크기(반지름)를 조절할 때 사용합니다. 여기에서는 Radius 값을 250 정도로 크게 해 줍니다. 파티클이 위로 솟아오르다가 거대한 스퍼리컬 필드 영역에서는 크게 벗어나는 것을 알 수 있습니다. 이렇듯 스퍼리컬 필드는 구 모양의 난기류를 발생시켜 특정 위치에서 파티클의 위치에 대한 변화가 생기도록 해 줍니다.

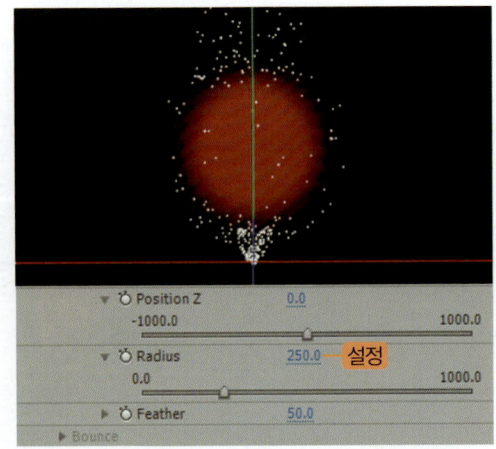

68 이제 스퍼리컬 필드의 난기류를 만난 파티클의 모습을 확인해 봅니다.

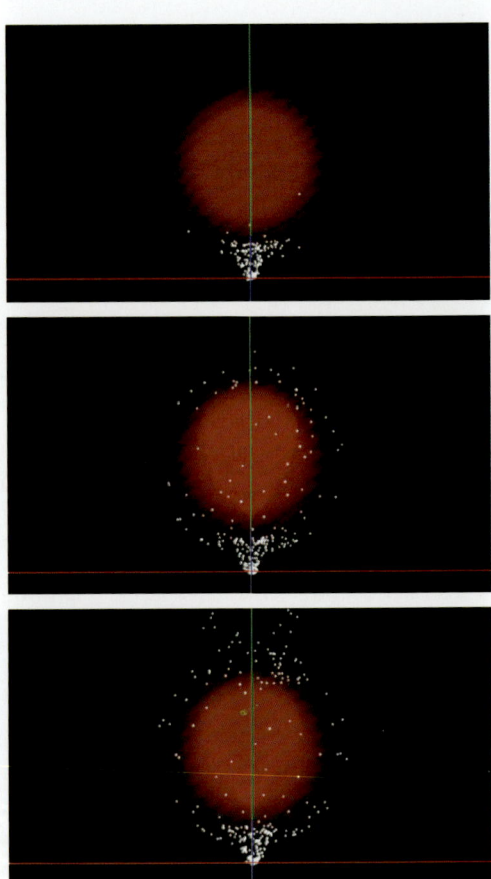

69 아래쪽 Feather는 스퍼리컬 필드 영역의 가장자리를 뚜렷하게 하거나 부드럽게 할 수 있습니다. 경계가 부드러워지면 파티클들이 스퍼리컬 필드 영역 안쪽에 자연스럽게 침범하게 되고 경계가 뚜렷해 지면 지정된 경계를 침범할 수 없게 됩니다.

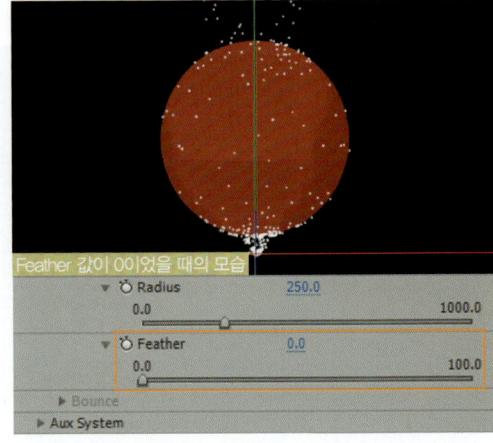

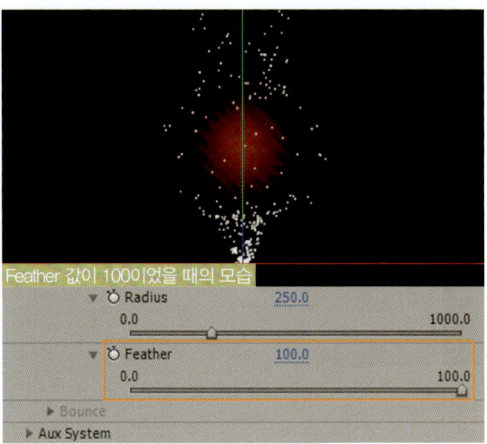

다른 물체에 부딪쳐 튕겨나가거나 미끄러지거나 쌓이는 바운스에 대해 알아보기 위해 파티큘러의 Reset을 클릭합니다. 그리고 Physics Model을 Bounce로 설정해 줍니다.

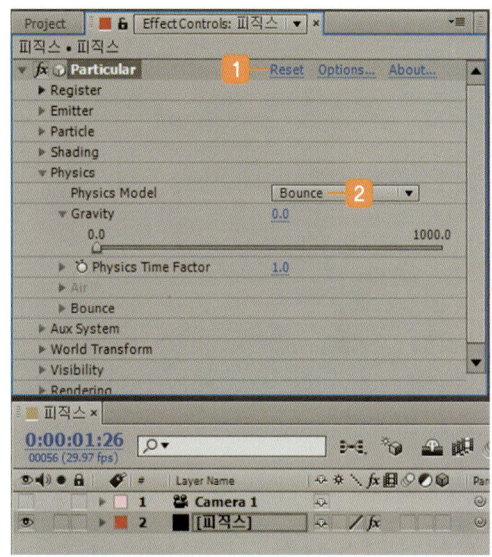

70 스퍼리컬 필드의 마지막으로 힘에 대한 설정을 위해 사용되는 Strength에 대해 다시 한번 살펴봅니다. 현재는 스트랭스 값이 100이기 때문에 스퍼리컬 필드 영역이 빨간색으로 표시되고 이 영역에 도달했을 때의 파티클은 바깥으로 밀려나가게 됩니다. 여기서 만약 Strength 값을 -100으로 설정한다면 스퍼리컬 필드 영역은 파란색으로 표시되고 파티클은 반대로 이 영역 안쪽으로 끌어 당겨지게 됩니다.

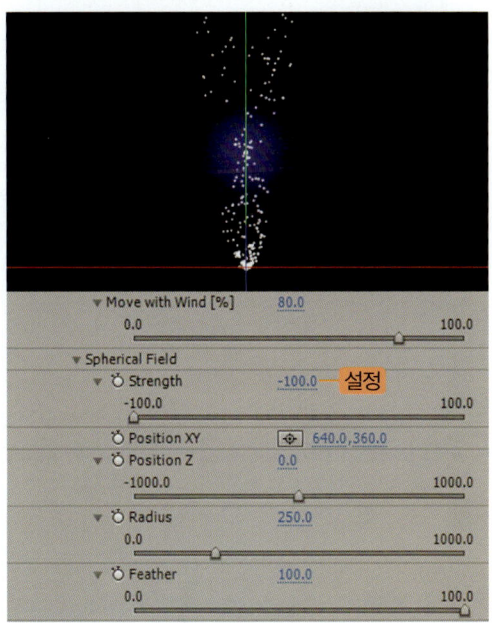

71 에어에 대한 학습이 모두 끝났습니다. 이번엔 물체(파티클)가

72 파티클이 아래로 떨어지는 장면을 표현하기 위해 먼저 Emitter의 Particles/sec를 200 정도로 늘려주고 Position Y축을 50 정도로 설정하여 이미터를 위쪽으로 이동해 줍니다. 그리고 Velocity를 250 정도로 증가하여 파티클이 분출되는 속도를 높여줍니다. 벨로시티 값을 높이는 또 다른 이유는 파티클들이 흩어지는 각도를 넓혀주기 위해서입니다. 그다음 중력에 의해 아래로 떨어지게 하기 위해 Physics의 Gravity를 500 정도로 설정합니다.

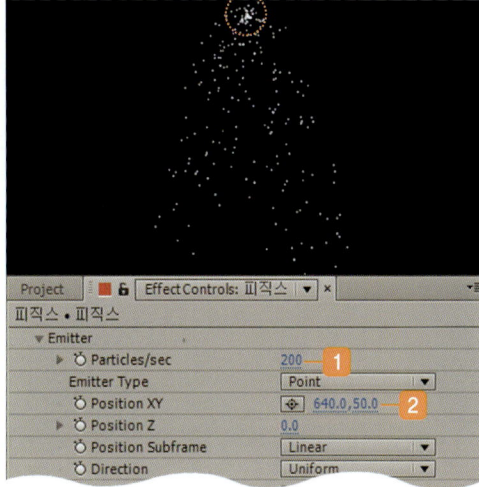

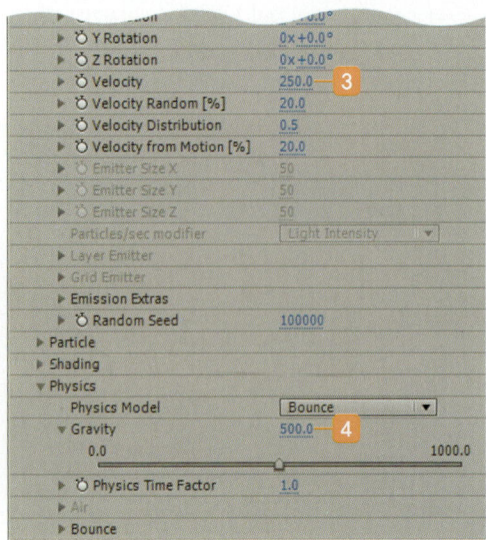

73 바닥으로 사용할 레이어를 만들기 위해 Layer 〉 New 〉 Solid를 선택하거나 단축키 Ctrl+Y 키를 누릅니다. 솔리드 레이어의 이름은 [바닥]으로 해 주고 가로와 세로 크기는 모두 400으로 설정합니다. 색상은 밝은 청록색 정도로 해 주면 될 듯합니다.

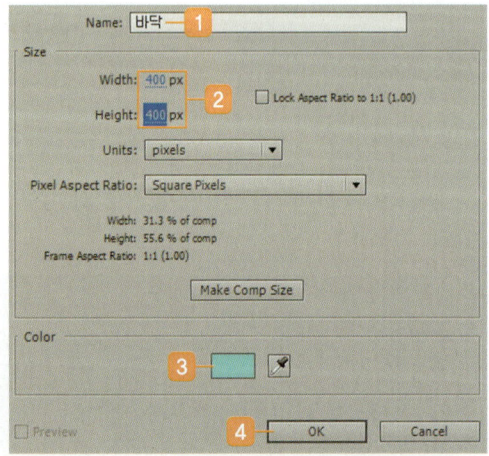

75 지금 이 상태에서 확인을 해 보면 파티클이 바닥을 뚫고 지나가는 것을 알 수 있습니다. 이것은 아직 바운스와 관련된 설정을 하지 않았기 때문입니다.

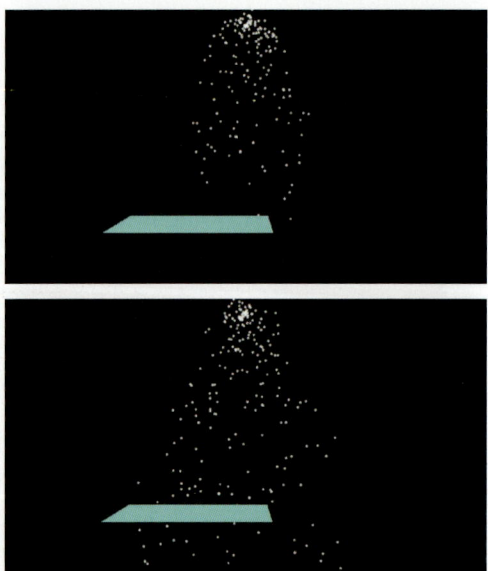

74 바닥 솔리드 레이어를 3D Layer로 전환한 후 Rotation 툴을 사용하여 X축으로 90도 회전한 다음 Selection 툴을 사용하여 그림처럼 좌측 아래쪽에 배치합니다. 이때 이동하는 축은 X축과 Y축만을 사용해야 합니다.

76 파티큘러 이펙트가 적용된 피직스 레이어를 선택하고 이펙트 컨트롤 패널에서 Physics 〉 Bounce의 Floor Layer를 2. 바닥(필자는 바닥 레이어의 번호가 2번 이므로 바닥 레이어의 번호가 2로 되어있음) 레이어를 선택합니다. 이렇듯 플로어 레이어는 파티클에 충돌이 생길 바닥 레이어를 선택할 수 있습니다. 플로어 레이어를 선택하면 타임라인에 Floor [바닥]이란 이름의

조명 레이어가 생성되는데 이것은 바운스가 발생되는 환경을 측정하기 위한 레이어로 사용됩니다.

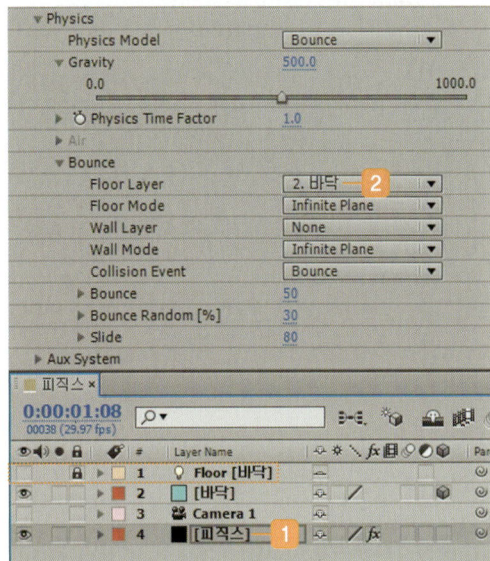

78 여기서 Floor Mode를 바닥의 크기와 상관없이 플로어 레이어로 선택된 레이어가 있는 위치가 모두 바닥 영역으로 사용되는 인피니트(무한) 플레인에서 바닥 레이어로 사용되는 레이어의 크기만 바닥 즉, 충돌체로 사용할 수 있는 Layer Size를 선택합니다.

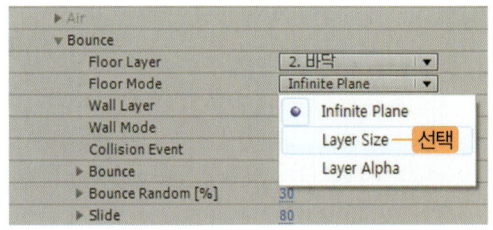

79 이제 확인해 보면 바닥 레이어가 없는 영역은 파티클이 그대로 떨어지는 것을 알 수 있습니다.

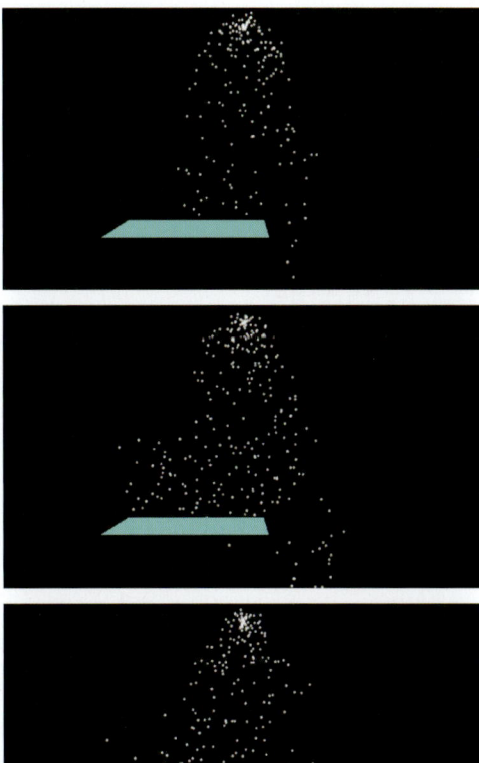

77 확인해 보면 파티클이 바닥에 부딪쳐 튕겨나가는 것을 알 수 있습니다. 그런데 바닥의 크기와는 상관없이 바닥이 없는 부분에도 파티클이 튕기는 것을 알 수 있습니다. 이것은 현재 Floor Mode가 Infinite Plane로 되어있기 때문입니다.

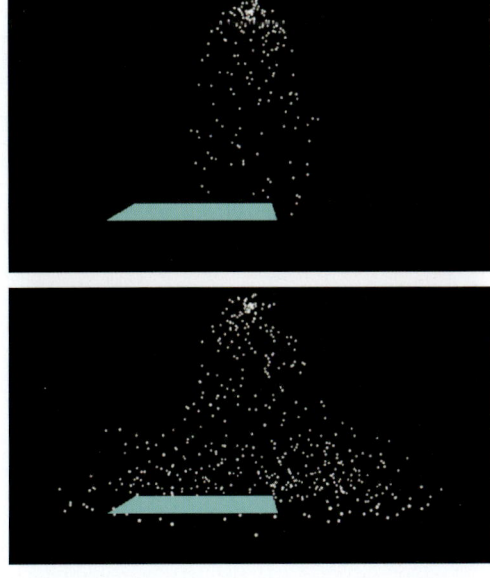

파티큘러 분석하기 – 피직스 **091**

80 이번엔 레이어 알파 모드에 대해 살펴보기 위해 새로운 컴포지션을 만들어봅니다. Ctrl+N 키를 눌러 새로운 컴포지션을 만든 후 컴포지션의 이름을 [구멍이 뚫린 바닥]으로 해 주고 나머지는 기본 상태를 그대로 사용합니다.

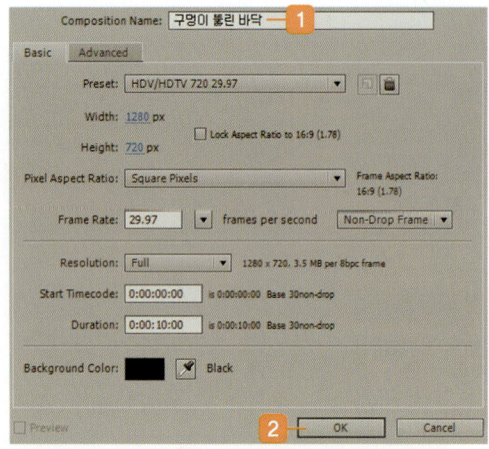

81 계속해서 이번엔 구멍이 뚫린 바닥을 만들기 위해 솔리드 레이어를 만들어줍니다. Ctrl+Y 키를 눌러 [구멍이 뚫린 바닥]이란 이름의 솔리드 레이어를 만듭니다. 솔리드 레이어의 크기는 Make Comp Size 버튼을 눌러 현재의 컴포지션 규격과 동일하게 맞춰주고 색상은 앞서 만든 바다 솔리드 레이어의 색상과 동일하게 사용합니다.

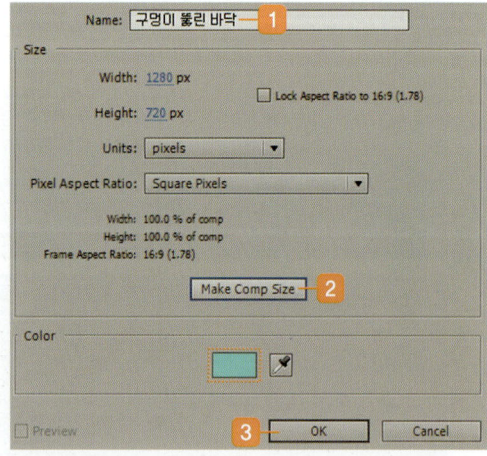

82 구멍이 뚫린 바닥 레이어가 선택된 상태에서 Ellipse 툴을 사용하여 그림처럼 크고 작은 동그라미를 여러 개 만들어줍니다.

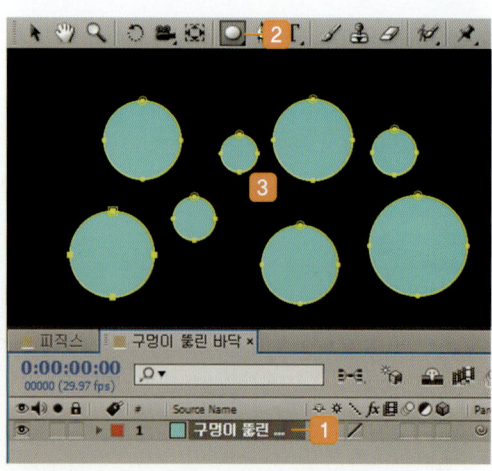

83 구멍이 뚫린 바닥 레이어의 Masks를 열고 앞서 만든 모든 마스크를 선택한 후 마스크 모드를 Subtract로 바꿔줍니다. 이제 동그라미 모양으로 만든 마스크가 구멍이 뚫리게 됩니다. 이렇듯 구멍이 뚫린 즉, 아무것도 없는 투명한 상태를 알파(채널)이라고 합니다.

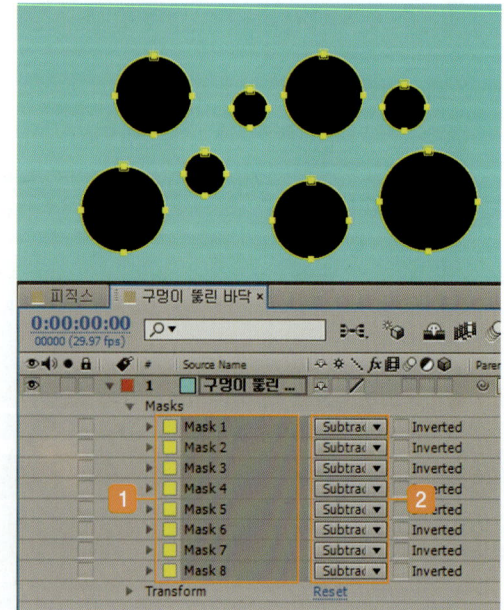

84 다시 피직스 컴포지션으로 이동한 후 프로젝트 패널에서 방금 작업한 구멍이 뚫린 바닥 컴포지션을 끌어다 타임라인에 갖다 놓습니다. 그리고 3D Layer로 전환한 후 Rotation 툴을 사용하

여 90도로 회전해 놓고 Selection 툴을 사용하여 그림처럼 아래로 내려줍니다.

86 이제 확인해 보면 구멍이 뚫린 바닥 레이어의 알파(채널) 즉, 구멍이 뚫린 곳은 파티클이 지나가고 구멍이 없는 부분에만 파티클이 튕겨나가는 것을 볼 수 있습니다. 이렇듯 레이어 알파를 사용하면 알파 속성이 있는 영역은 투명, 즉 아무것도 없는 곳으로 인식되는 것을 알 수 있습니다. 이것은 애프터이펙트에서 글자를 만들어 사용하거나 포토샵에서 이미지를 불러와 사용할 때도 같은 결과를 얻을 수 있습니다.

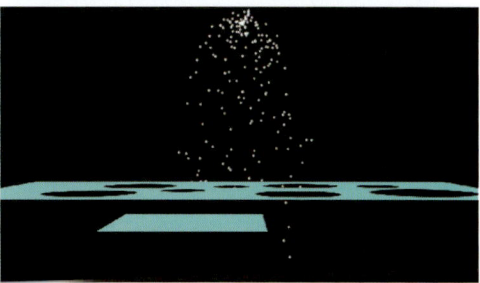

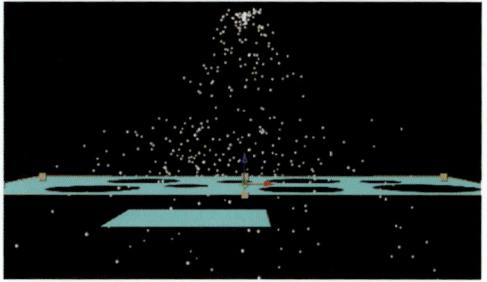

85 아직까지는 구멍이 뚫린 바닥에 역할을 하지 못 하기 때문에 적절한 설정이 필요합니다. 파티큘러 이펙트가 적용된 피직스 레이어를 선택한 후 이펙트 컨트롤 패널에서 Bounce의 Floor Layer를 구멍이 뚫린 바닥 레이어로 바꿔줍니다. 그리고 Floor Mode를 Layer Alpha로 설정합니다.

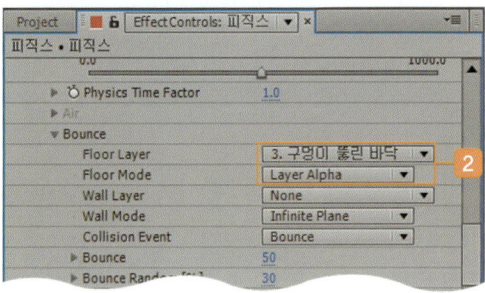

87 이번엔 바운스에 대한 반응에 대해 살펴봅니다. 아래쪽 Bounce는 물체(파티클)가 다른 물체(바닥)와 부딪쳤을 때 튕겨 나가는 반발력을 조절할 수 있습니다. 그리고 Bounce Random [%]은 불규칙적인 바운스를 사용할 수 있게 해 줍니다. 이것은 파티클들이 서로 다른 반발력을 갖게 된다는 의미로 이해하면 됩니다. 맨 아래쪽 Slide는 파티클이 물체와 부딪치고 난 후 미끄러지는 정도를 설정할 수 있습니다. 여기에서는 Bounce를 75, Bounce Random [%]을 70 정도로 설정한 후 확인해 봅니다. 확인해 보면 파티클이 바닥에 부딪친 후 전보다 훨씬 많이 튕겨지는 것을 볼 수 있습니다.

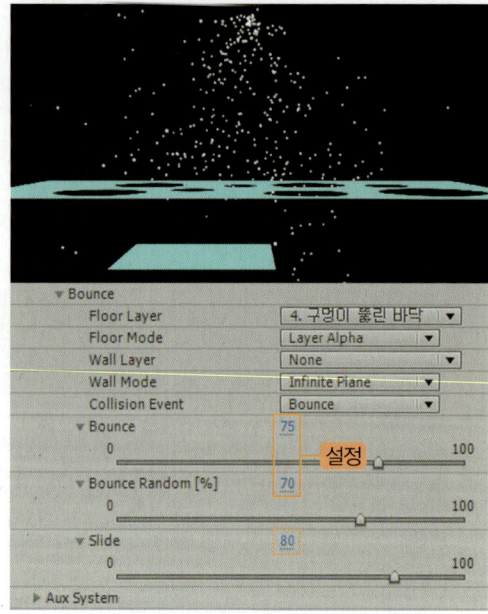

88 이번엔 벽에 대한 개념으로 사용되는 Wall Layer에 대해 살펴보기 위해 먼저 구멍이 뚫린 바닥과 바닥 솔리드 레이어를 그림처럼 배치해 놓습니다. 회전 툴과 이동 툴을 사용하면 됩니다.

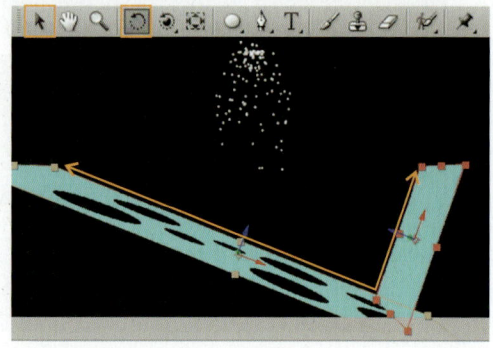

89 이제 Wall Layer를 바닥 레이어로 선택합니다. 그리고 확인해 보면 구멍이 뚫린 바닥 레이어에 튕겨진 파티클들이 잠시 벽으로 사용되는 바닥 레이어에 부딪쳐 튕겨지는 것을 알 수 있습니다. 이렇듯 월 레이어는 2차 바운스 효과를 위해 사용됩니다.

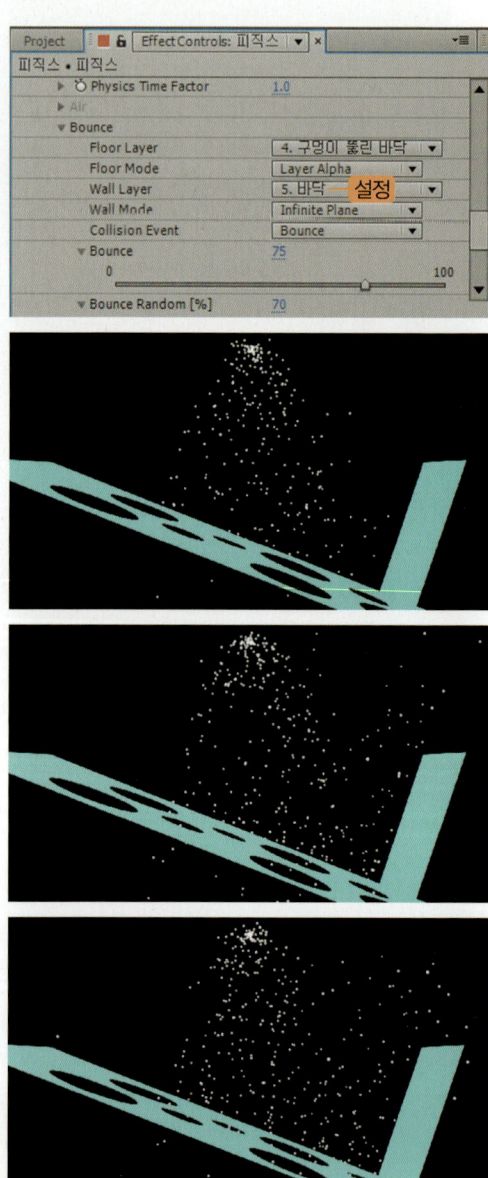

90 아래쪽 Wall Mode는 앞서 살펴본 Floor Mode와 같은 개념으로 사용됩니다.

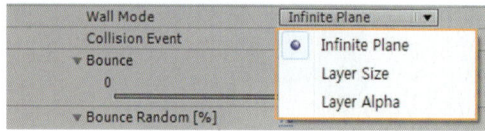

91 피직스 항목의 마지막으로 Collision Event에 대해 살펴보기 위해 먼저 바닥 레이어를 숨겨놓고 구멍이 뚫린 바닥 레이어를 회전과 위치이동, 크기조절을 통해 그림처럼 배치합니다.

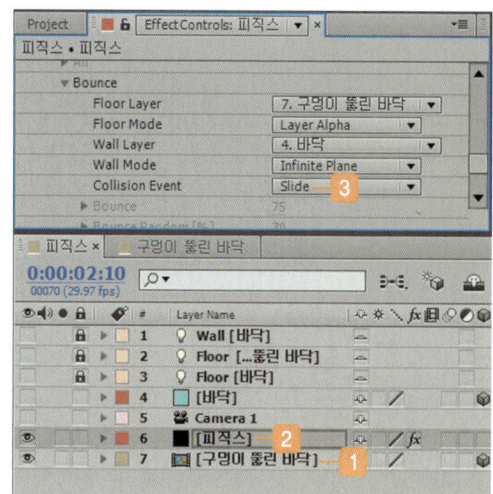

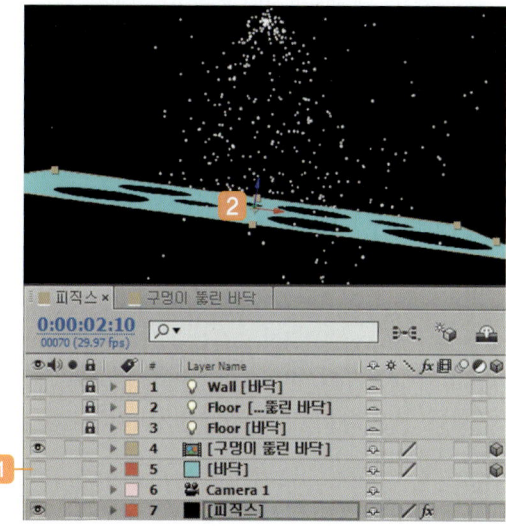

92 현재 Collision Event는 물체가 부딪쳤을 때 튕겨나가는 Bounce로 되어있습니다. 이것을 Slide로 바꿔줍니다. 확인해 보면 물체가 부딪쳤을 때 튕겨나가지 않고 미끄러지는 것을 알 수 있습니다. 이때 중요한 것은 파티클의 모습이 바닥 위에 표현되는 것입니다. 앞선 작업에서는 구멍이 뚫린 바닥 레이어가 피직스 레이어 위쪽에 있었기 때문에 파티클의 모습이 제대로 표현되지 않았었습니다. 이제 구멍이 뚫린 바닥 레이어를 맨 아래쪽으로 내려줍니다. 이제야 비로서 파티클의 모습이 바닥 위에 표현됩니다.

93 컬리젼 이벤트의 나머지 Stick과 Kill이 있습니다. 파티클이 물체(바닥)에 쌓이게 하기 위해서는 스틱을 사용하면 되고 마치 눈처럼 녹아 사라지게 하기 위해서는 킬을 사용하면 됩니다. 이 이벤트들에 대해서는 여러분이 직접 살펴보기 바랍니다. 지금까지 파티클들이 물리적인 법칙에 의해 변화하는 피직스에 대해 알아보았습니다.

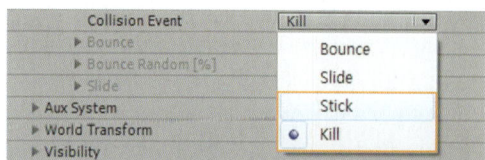

05

옥스 시스템

옥스 시스템(Aux System)은 Auxiliary(옥질리어리)의 줄임말로 사용되는데 [보조]라는 뜻을 가지고 있습니다. 이 항목은 메인 파티클 뒤쪽이나 주위에 서브(보조) 파티클을 생성하여 다양한 변화를 주고자 할 때 사용합니다. 로켓이 날아갈 때 뒤쪽에 뿜어지는 연기와 폭발할 때의 파편, 불꽃놀이 등과 같은 장면을 표현할 때 유용합니다.

01 이번에도 역시 앞선 작업처럼 작업 크기를 1280X720으로 설정하고 컴포지션의 이름은 [옥스 시스템]으로 해 줍니다. 그리고 파티큘러 효과를 적용할 솔리드 레이어도 같은 이름과 크기로 만들어줍니다. 그리고 옥스 시스템 솔리드 레이어에 파티큘러 효과를 적용합니다. 현재는 Emit가 Off로 되어있기 때문에 모든 파라미터가 비활성화 된 상태입니다.

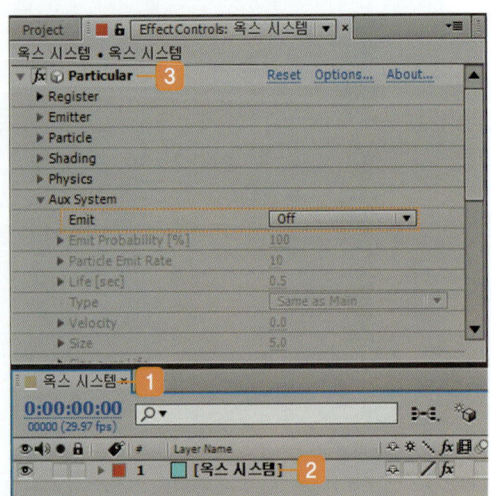

02 이제부터 각 기능, 즉 파라미터에 대해 살펴보기 위해 Aux System 항목을 열고 Emit를 확인해 봅니다. 현재는 모든 기능이 꺼져있는 Off 상태입니다. 옥스 시스템을 사용하기 위해서는 At Bounce Event 또는 Continuously(스펠링이 잘 못 표시된 것 같음 - 이하 Continuously - 컨티뉴어슬리로 표기할 것임)가 선택되어야 합니다. At Bounce Event는 바운스된 파티클에 효과(이벤트)를 주기 위해 사용되며 Continuously는 메인 파티클 주변에 서브(보조) 파티클을 생성할 때 사용됩니다. 이 두 Emit 방식은 하위의 모든 파라미터를 같은 방식으로 사용됩니다. 여기에서는 먼저 가장 많이 사용되는 Continuously에 대해 살펴보기로 합니다.

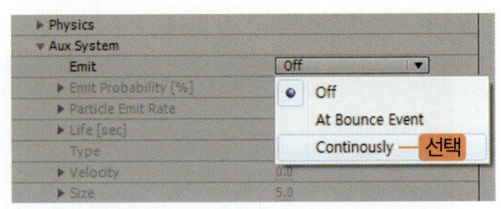

03 일단 여기서 파티클의 상태를 확인해 보면 메인 파티클 뒤쪽

으로 여러 색상의 서브 파티클이 뒤따라 날아가는 것을 알 수 있습니다.

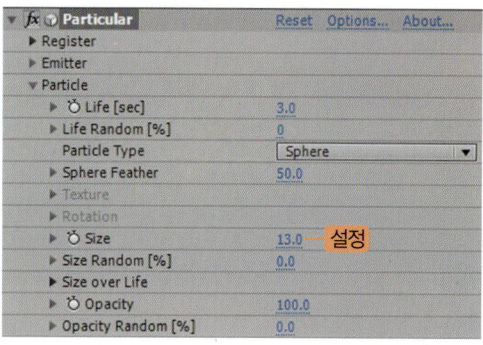

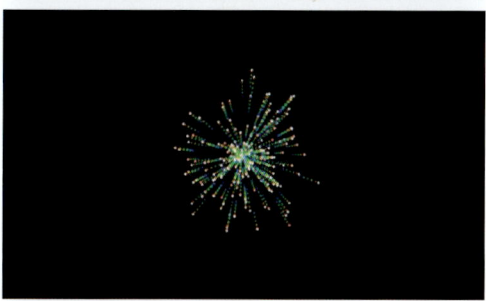

05 계속해서 Emit Probability(브로버블러티)에 대해 알아봅니다. Emit Probability [%]는 서브 파티클이 발생되는 확률, 즉 빈도를 설정할 수 있습니다. 수치를 28 정도로 낮춰주면 서브 파티클이 발생될 확률이 28%로 낮아진 것이기 때문에 메인 파티클 뒤쪽에 서브 파티클의 모습이 완전치 않게 보입니다. 확인이 끝나면 모든 서브 파티클을 표현하기 위해 다시 100%로 설정합니다.

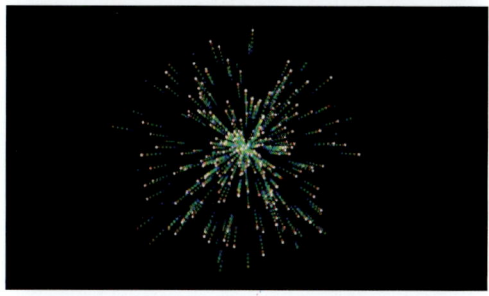

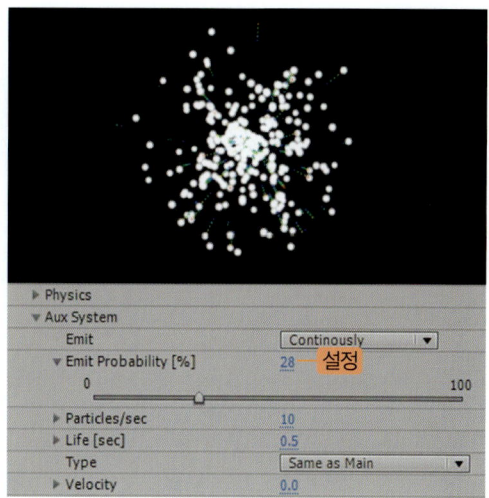

04 여기서 일단 메인 파티클과 서브 파티클을 구분하기 위해 Particle 항목의 Size를 13 정도로 키워줍니다. 이제 확인해 보면 메인과 서브 파티클의 차이가 눈에 띄게 달라진 것을 알 수 있습니다.

06 이번엔 아래쪽 Particles/sec에 대해 알아봅니다. 파티클/세크는 서브 파티클이 생산되는 개수를 설정할 수 있습니다. 여기에서는 70 정도로 증가해 봅니다. 전보다 훨씬 파티클이 많아졌기 때문에 메인 파티클 뒤로 혜성의 꼬리와 같은 선 느낌으로 표현되는 것을 알 수 있습니다. 이렇듯 서브 파티클의 개수에 따라 전혀 다른 느낌이 연출됩니다.

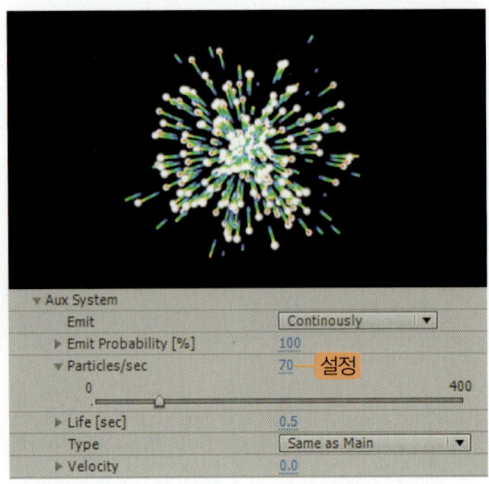

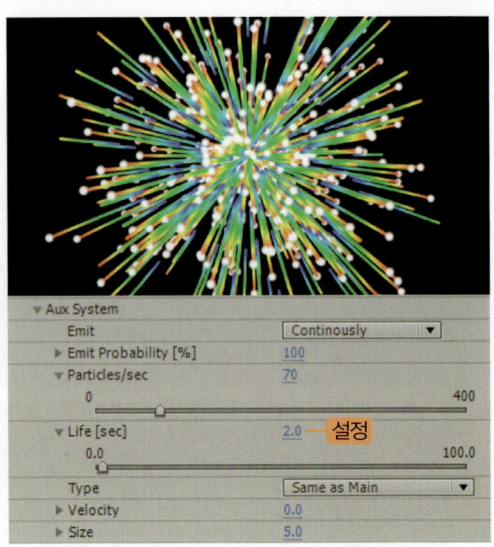

07 현재는 메인 파티클의 생몰 시간이 너무 짧게 느껴지기 때문에 시간을 늘려줄 필요가 있습니다. 다시 위쪽의 Particle 항목에서 Life [sec]를 5초로 늘려줍니다.

09 서브 파티클도 다양한 모양의 파티클을 사용할 수 있습니다. Type을 보면 Sphere부터 Same as Main까지 총 6가지 파티클 타입이 있습니다. 현재 선택되어있는 것은 메인 파티클과 같은 모양으로 사용되는 Same as Main 방식입니다. 여기에서는 구름(연기) 느낌을 표현하기 위해 Cloudlet을 선택해 봅니다.

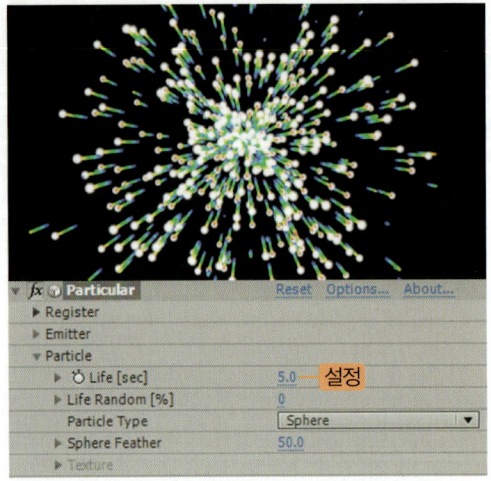

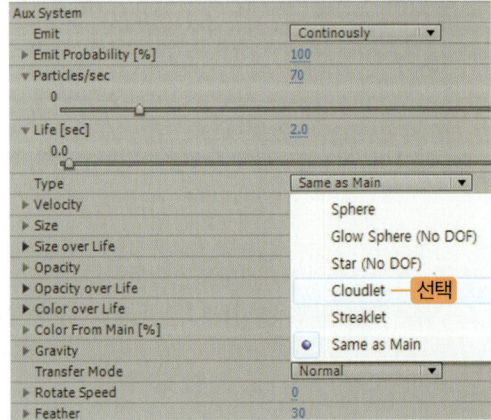

08 계속해서 Aux System 항목의 Life [sec]를 살펴봅니다. 옥스 시스템의 라이프 시간은 방금 설정한 Particle의 Life [sec]와 같이 파티클의 생몰 시간을 설정하는데 여기에서의 생몰 시간은 서브 파티클에 대한 설정입니다. Life [sec]를 2초로 증가해 봅니다. 메인 파티클 뒤로 발생되는 서브 파티클의 생몰 시간이 늘어났기 때문에 꼬리가 더욱 길게 표현됩니다. 마치 불꽃놀이에서 폭죽이 폭발하여 불꽃이 사방으로 퍼지는 듯한 느낌이 되었습니다.

10 확인을 해 보면 메인 파티클 뒤로 오색의 서브 파티클이 마치 작은 로켓이 사방으로 발사될 때의 모습처럼 보입니다. 현재는 서브 파티클의 색상이 다양하기 때문에 뿜어내는 연기 같은 느낌이 덜 들지만 색상만 잘 선택하면 실제 연기와 같은 느낌을 표현할 수 있습니다.

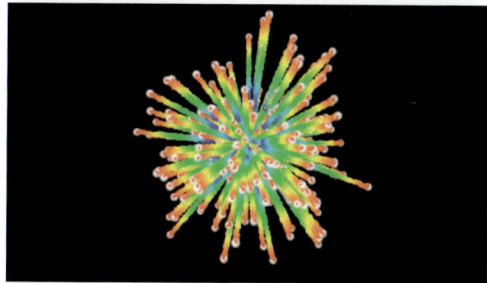

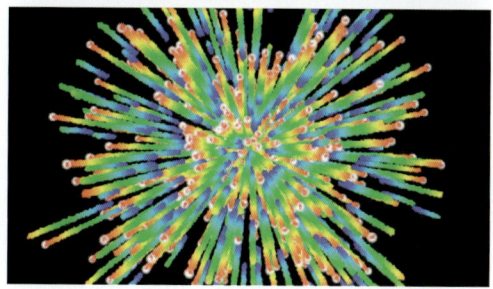

12 다시 확인해 보면 벨로시티를 통해 서브 파티클의 속도를 높여주었기 때문에 시간이 흐를수록 서브 파티클들이 바깥으로 퍼져나가는 것을 알 수 있습니다. 이렇듯 서브 파티클로 속도에 의해 점점 퍼져나가는 장면이나 뭉쳐있는 느낌을 표현할 수 있습니다.

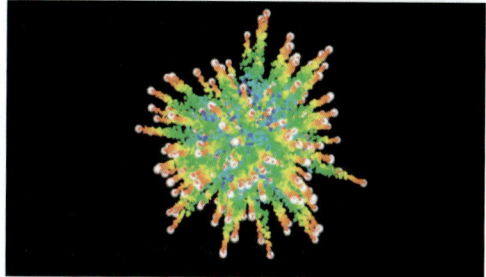

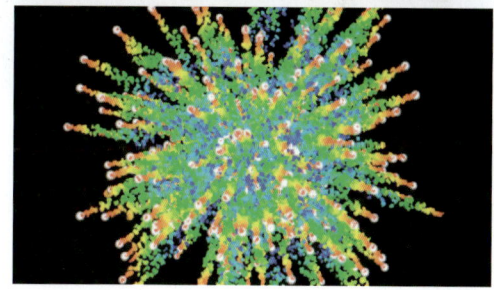

11 계속해서 이번엔 Velocity에 대해 알아봅니다. 벨로시티에 대해 알아보기 전에 파티클의 개수가 너무 많아 프리뷰(미리보기) 속도가 느려졌습니다. 서브 파티클의 개수를 줄이기 위해 Particles/sec 값을 30 정도로 낮춰줍니다. 그다음 Velocity를 15 정도로 증가합니다. 여기서 사용되는 벨로시티는 서브 파티클의 속도를 조절하는 파라미터입니다.

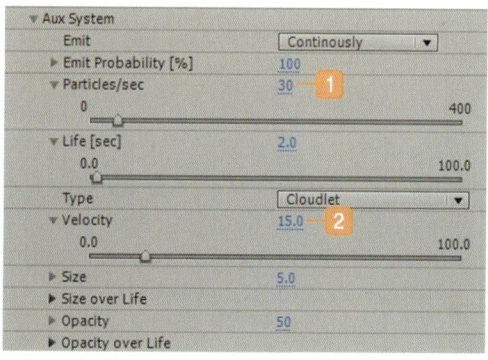

13 이번엔 Size에 대해 알아봅니다. 사이즈는 서브 파티클의 크기에 대한 변화를 줄 수 있습니다. 물론 크기를 랜덤(불규칙)하게 표현할 수도 있는데 이것은 다음에 설명할 Randomness에서 살펴보기로 합니다. 사이즈를 줄이거나 늘렸을 때의 느낌이 사뭇 다르므로 다양한 크기로 변화를 줘보십시오.

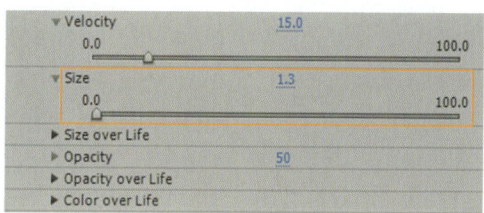

Size가 1.3일 때의 모습

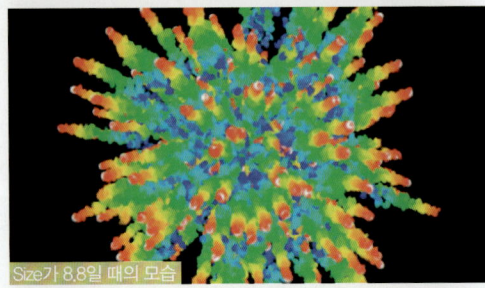

Size가 8.8일 때의 모습

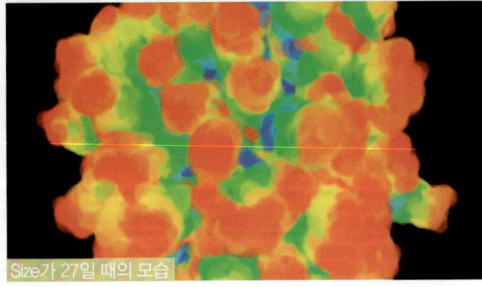

Size가 27일 때의 모습

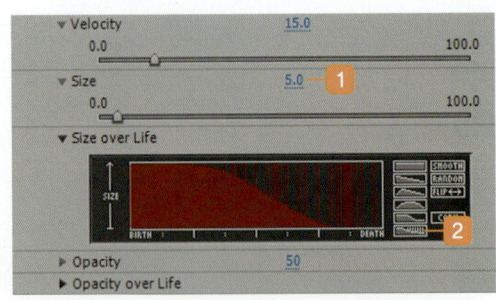

14 확인이 끝나면 Size는 5 정도로 설정하고 다음 파라미터인 Size over Life에 대해 살펴봅니다. 사이즈 오버 라이프는 이전 섹션에서도 살펴본 적이 있듯 서브 파티클에 대한 크기를 그래프 형태로 표현할 수 있습니다. 직접 그려서 사이즈 그래프를 만들 수 있으며 우측의 다양한 프리셋 버튼을 통해 원하는 그래프 모양을 만들 수도 있습니다. 여기에서는 여섯 번째 버튼을 클릭하여 표현해 봅니다. 서브 파티클이 사라질 때의 모습이 불규칙(크거나 작게)으로 표현되는 것을 알 수 있습니다.

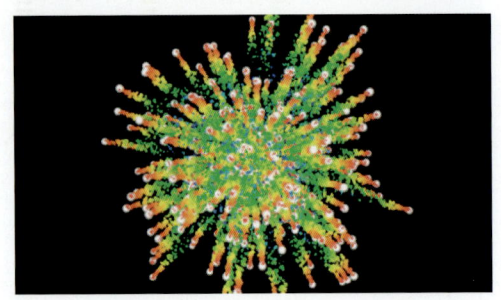

15 아래쪽엔 파티클에 대한 불투명도를 설정할 수 있는 2개의 Opacity가 있습니다. 먼저 위쪽의 오패서티는 서브 파티클 전체에 대한 (불)투명도를 조절할 수 있으며 아래쪽 Opacity over Life는 그래프를 통해 투명도를 조절할 수 있습니다. 여기에서도 여섯 번째 버튼을 클릭하여 서브 파티클이 사라질 때의 투명도가 불규칙적으로 표현되게 합니다.

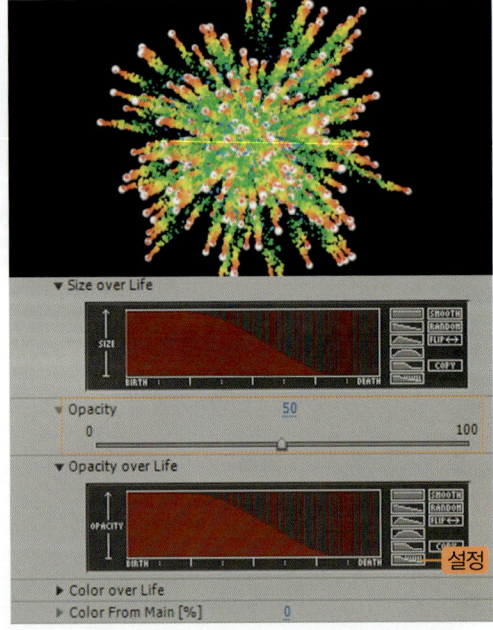

16 이번엔 파티클의 색상에 대해 살펴봅니다. 파티클의 색상은 최종 결과물(구름을 표현할 것인지 아니면 연기 또는 폭발 장면을 표현할 것인지)에 중요한 요인이 되기 때문에 세밀한 부분까지 신경을 써야 합니다. 여기에서는 세 번째 버튼을 클릭하여 흰색에서 하늘색 그리고 파란색으로 이어지는 색의 서브 파티클로 표현해 봅니다. 물론 이렇게 선택된 색상은 색상 슬

라이더를 통해 원하는 색으로 수정할 수 있습니다.

여기에서는 갈색톤으로 설정해 봅니다. 모든 파티클의 색상이 갈색톤으로 바꼈습니다.

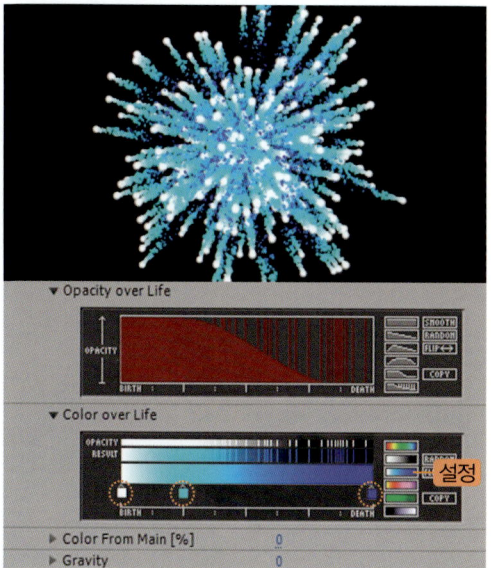

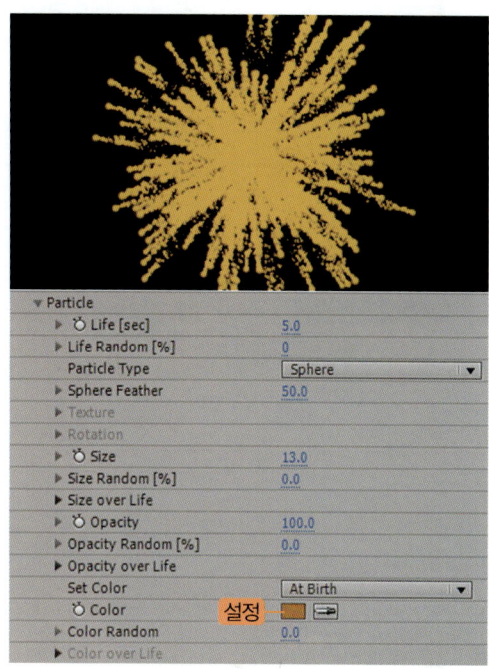

17 아래쪽 Color From Main [%]은 메인 색상과 현재의 Color over Life의 색상의 비율을 조절하는 파라미터로서 일단 Color From Main [%]를 100으로 설정해 봅니다. 컬러 프롬 메인 값이 100으로 설정되면 서브 파티클의 색상은 메인 색상을 그대로 반영됩니다.

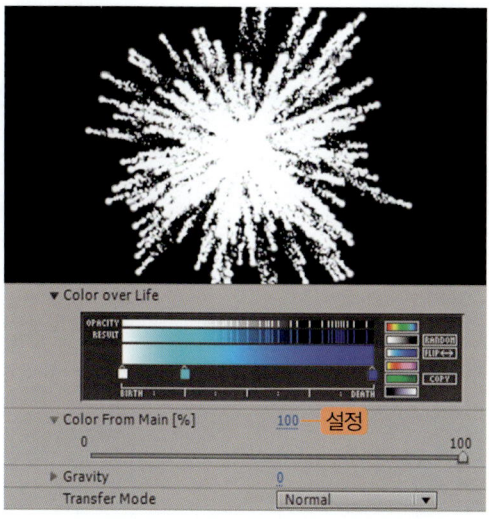

19 여기서 먼저 Gravity에 앞서 Transfer Mode를 Screen으로 설정해 봅니다. 이 상태에서 확인해 보면 공중에서 어떤 물체가 폭발된 것 같은 느낌으로 바뀌었습니다. 이렇듯 피디클의 색상에 따라 느낌이 확 달라지기 때문에 색상에 대해 각별히 신경을 써야 할 것입니다.

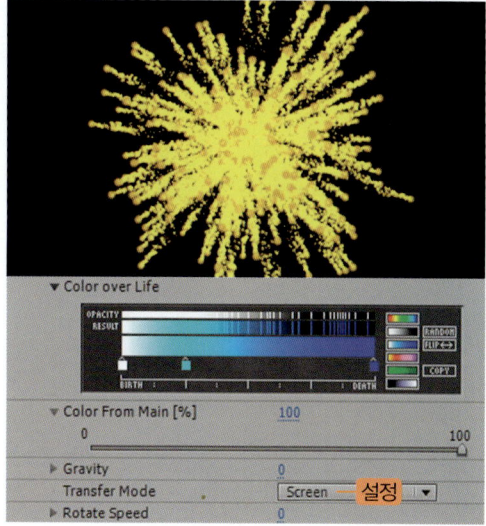

18 메인 색상은 Particle 항목의 Color를 통해 설정할 수 있습니다.

파티큘러 분석하기 – 옥스 시스템 **101**

20 이번엔 서브 파티클을 중력에 영향받게 해 주는 Gravity에 대해 알아봅니다. Gravity 값을 481 정도로 높여준 후 확인해 보면 서브 파티클들이 채 날아가기도 전에 아래로 떨어지는 것을 알 수 있습니다. 이렇듯 그래비티 값을 지나치게 높이면 우스꽝스럽게 표현되므로 주의를 해야 합니다.

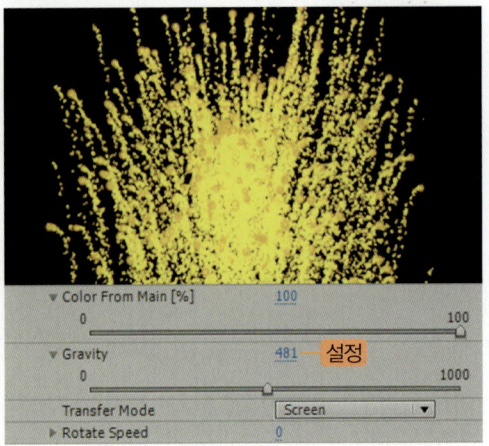

21 이 장면에서는 그래도 서브 파티클이 약간의 중력에 영향을 받는 것이 자연스러우므로 Gravity 값을 45 정도로 낮춰줍니다. 다시 확인해 보면 메인 파티클보다 상대적으로 힘이 부족한 서브 파티클들은 중력에 영향을 받아 살짝 아래로 떨어지면서 날아가는 것을 알 수 있습니다. 여기서 더욱 사실적으로 표현하려면 메인 파티클에도 약간의 중력이 필요합니다.

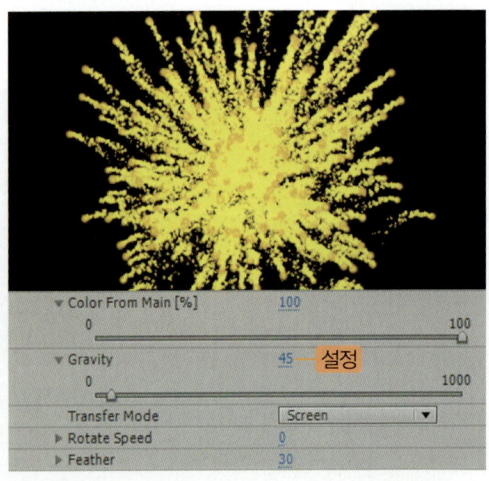

22 계속해서 이번엔 Rotate Speed에 대해 알아봅니다. 로테이트

스피드는 서브 파티클의 회전 속도를 조절할 때 사용됩니다. Rotate Speed를 225 정도로 높여준 후 확인해 봅니다. 현재는 모습이 그렇게 눈에 띌 정도는 아닙니다. 이것은 지금의 파티클이 둥근 모양의 스피어로 사용되고 있기 때문입니다.

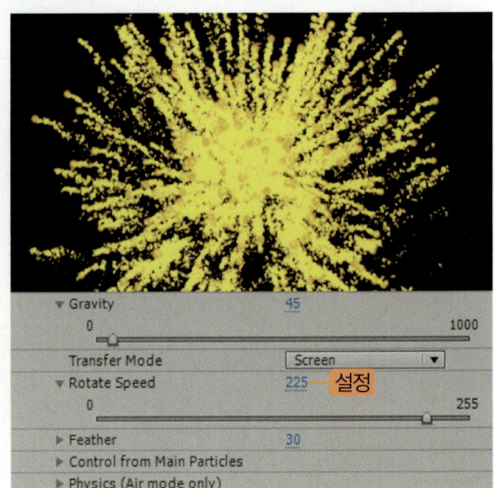

23 여기서 만약 회전되는 모습을 더 확실하게 느끼고 싶다면 Particle 항목의 Particle Type을 Star (No DOF) 등의 회전됐을 때 변화를 느낄 수 있는 파티클 타입을 선택한 후 확인해 보면 됩니다. 또한 컴포지션 화면을 확대한 후 확인하면 보다 확실하게 느낄 수 있을 것입니다. 확인이 끝나면 다시 원래 상태 (Sphere)로 되돌려놓습니다.

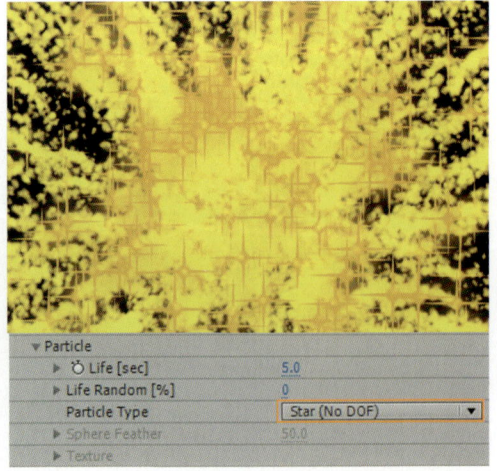

24 이번엔 Feather에 대해 알아봅니다. 패더는 서브 파티클 가장

자리를 부드럽게 하거나 뚜렷하게 할 수 있습니다. 지금과 같은 작업에서는 보다 자연스러운 파티클의 모습을 위해 가장자리를 부드럽게 해 주는 것이 좋습니다.

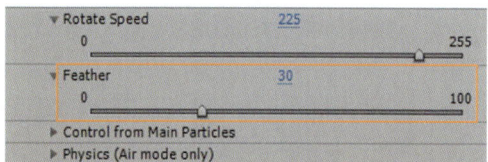

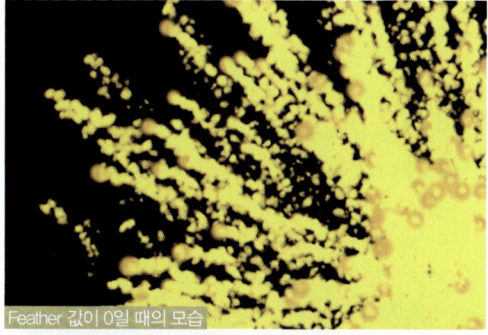

Feather 값이 0일 때의 모습

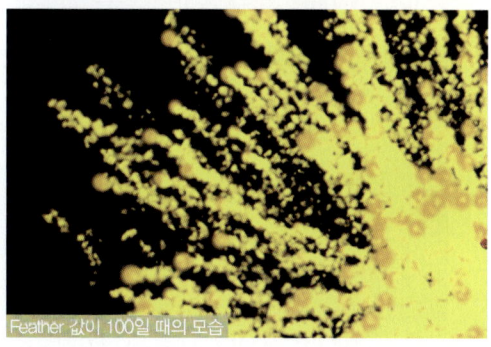

Feather 값이 100일 때의 모습

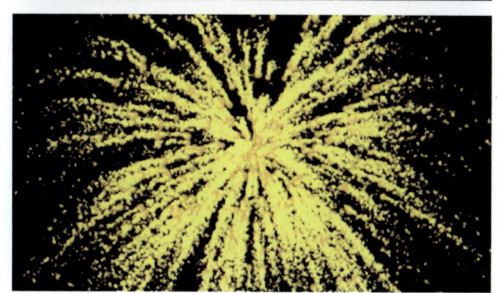

25 아래쪽 Control from Main Particles는 메인 파티클에 대한 서브 파티클의 상대적 속도와 시작되는 시간 및 정지 시간을 설정할 수 있습니다. 먼저 Inherit Velocity에 대해 알아봅니다. 인허리트 벨로시티는 기본적으로 메인 파티클의 속도를 상속받은 서브 파티클의 속도를 독립적으로 조절할 수 있습니다. Inherit Velocity 값을 246 정도로 높여봅니다. 서브 파티클의 속도가 메인 파티클의 속도보다 빨라졌기 때문에 메인 파티클을 앞질러 가는 것을 볼 수 있습니다.

26 이번엔 서브 파티클이 시작되고 끝나는 시점을 설정하는 Start/Stop Emit [% of Life]에 대해 알아봅니다. 먼저 서브 파티클이 시작되는 시점을 설정하는 스타트 이미트에 대해 알아봅니다. Star Emit [% of Life] 값을 40 정도로 설정 후 확인해 보면 서브 파티클의 모습이 2초 지점에서부터 나타나기 시작하는 것을 볼 수 있습니다. 이렇듯 스타트 이미트는 서브 파티클이 시작되는 시점을 설정하기 위해 사용되는데 여기서의 시점은 시간이 아니라 서브 메인 파티클의 생몰 시간을 기준으로 한 백분율로 할당됩니다. 지금은 40%로 되었기 때문에 메인 파티클의 생몰 시간인 5초를 기준으로 40%에 해당되는 시간이 지나서 서브 파티클의 모습이 나타나게 되는 것입니다.

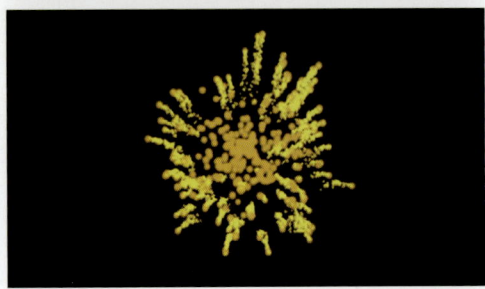

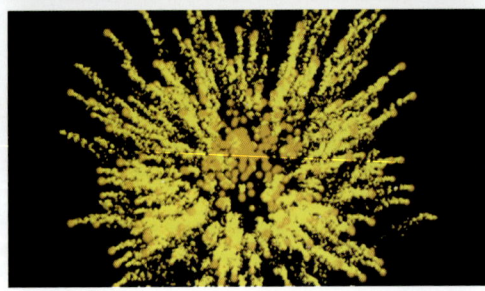

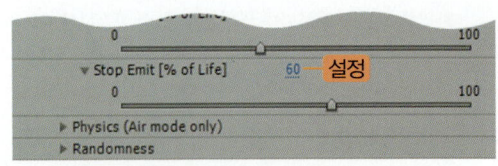

28 이번엔 아래쪽 Physics (Air mode only)에 대해 알아봅니다. 이 항목은 3개의 파라미터를 제공하는데 서브 파티클에 대한 공기의 저항이나 바람의 영향 그리고 터뷸런스(난기류)에 대한 설정을 할 수 있습니다. 또한 이 항목을 사용하기 위해서는 피직스 모델이 Air로 설정되어있어야 합니다. 만약 피직스 모델이 Bounce로 되어있으면 이 기능은 설정되기는 하나 동작하지는 않습니다. 먼저 Air Resistance에 대해 알아봅니다. 에어 레지스턴스는 서브 파티클에 대한 공기저항을 설정할 수 있습니다. Air Resistance 값을 90 정도로 높인 후 확인해 보면 서브 파티클이 공기의 저항을 많이 받아 사방으로 퍼져나가지 않고 직선 형태로 날아가는 것을 알 수 있습니다. 확인이 끝나면 다시 원래 상태인 0으로 설정해 줍니다.

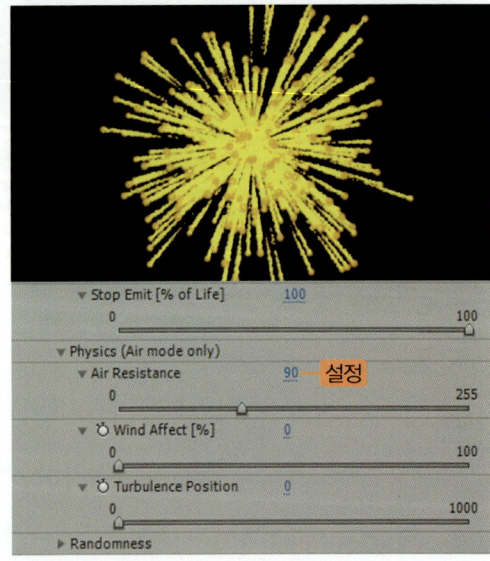

27 계속해서 이번엔 Stop Emit [% of Life]를 60으로 설정해 봅니다. 이 수치 역시 메인 파티클의 생몰 시간을 기준으로 해서 서브 파티클이 정지되는 시점을 백분율로 설정한 것입니다. 확인해 보면 메인 파티클의 생몰 시간인 5초를 기준으로 60% 지점에서 서브 파티클이 정지된 것을 알 수 있습니다.

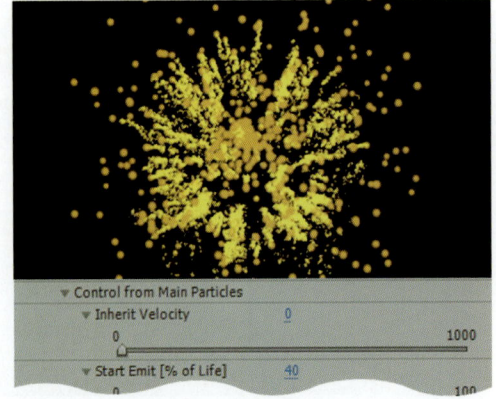

29 계속해서 아래쪽 Wind Affect [%]은 서브 파티클이 바람에 영향을 받는 정도를 설정할 수 있습니다. 이것은 불규칙적인 결과를 얻게 되며 이 파라미터를 사용하기 위해서는 반드시 바람이 불어야 합니다. 바람이 불게 하기 위해 피직스 항목의 Air에서 Wind X축을 75 정도로 설정합니다. 이제 바람이 우측으로 불게 되어 모든 파티클이 우측으로 날아가는 것을 알 수 있습니다.

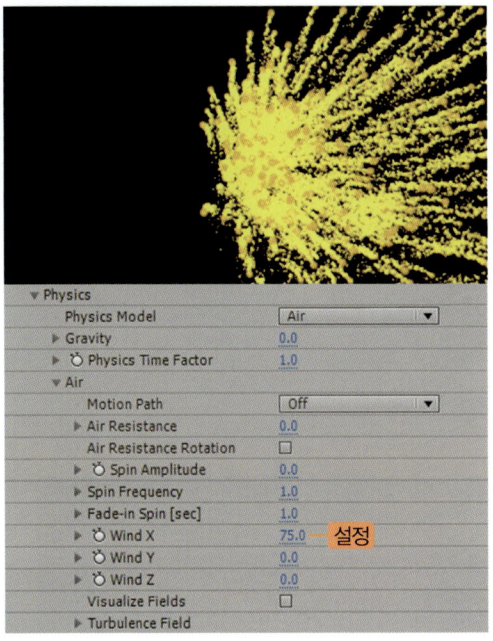

31 계속해서 Turbulence Position에 대해 알아봅니다. 터뷸런스 포지션은 앞선 섹션에서 살펴본 프랙탈 노이즈 패턴과 관련이 있습니다. 프랙탈 노이즈 패턴의 위치를 이동하므로 서브 파티클의 위치도 변하게 됩니다. 여기에서는 Turbulence Position 값을 582 정도로 설정해 봅니다. 서브 파티클들의 위치가 눈에 띄게 변동된 것을 알 수 있습니다. 역시 확인이 끝나면 다시 원래 값인 0으로 되돌려줍니다.

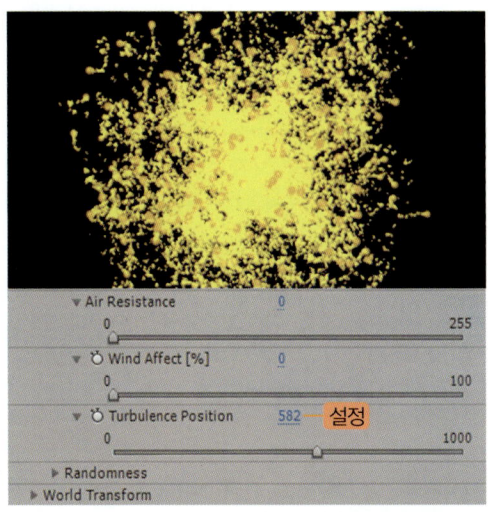

30 이제 Wind Affect [%] 값을 100 정도로 높여봅니다. 서브 파티클들이 바람에 영향을 받아 불규칙하게 흩어지는 것을 알 수 있습니다. 확인을 끝냈다면 다시 원래 값인 0으로 설정합니다. 앞서 설정된 Wind X축의 값도 다시 0으로 설정해 줍니다.

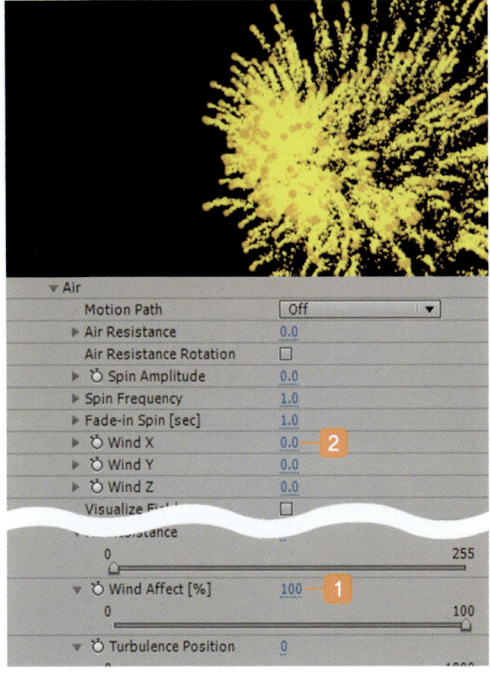

32 이제 옥스 시스템의 마지막 항목인 Randomness에 대해 알아봅니다. 랜덤니스는 서브 파티클의 생몰과 크기, (불)투명도에 대해 불규칙적인 결과를 얻어낼 수 있습니다. 먼저 Life에 대해 알아봅니다. 라이프는 서브 파티클의 생몰에 대해 랜덤하게 처리해 줍니다. Life 값을 50 정도로 설정한 후 확인해 보면 서브 파티클의 수명이 무작위로 설정되어 어떤 것은 Life [sec]의 2초보다 오래 살고 어떤 것은 빨리 사멸되는 것을 알 수 있습니다. 서브 파티클의 수명을 보다 자연스럽게 표현할 때 유용합니다.

파티큘러 분석하기 - 옥스 시스템 **105**

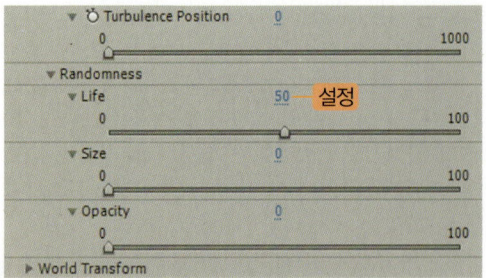

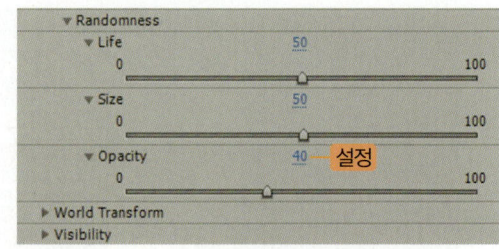

33 아래쪽 Size는 서브 파티클에 대한 크기를 랜덤하게 설정할 수 있습니다. 여기에서는 50 정도로 설정하여 확인해 봅니다. 서브 파티클의 크기가 서로 다르게 표현되어 보다 자연스럽게 느껴집니다.

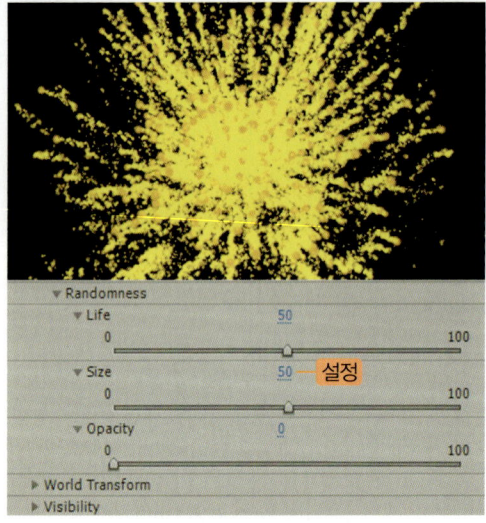

34 아래쪽 Opacity는 서브 파티클에 대한 (불)투명도를 설정합니다. 여기에서는 40 정도로 설정하여 서로 다른 투명도로 표현해 봅니다.

35 옥스 시스템의 마지막으로 바운스되는 서브 파티클에 대한 이벤트를 위한 At Bounce Event에 대해 알아보기 위해 먼저 새로운 [바운스 이벤트]란 이름의 새로운 컴포지션을 만들어주고 파티큘러 이펙트가 적용될 솔리드 레이어를 만들어줍니다. 그 다음 만들어진 솔리드(필자는 바운스 이벤트란 이름의 솔리드 레이어를 만들었음)에 파티큘러 이펙트를 적용해 줍니다.

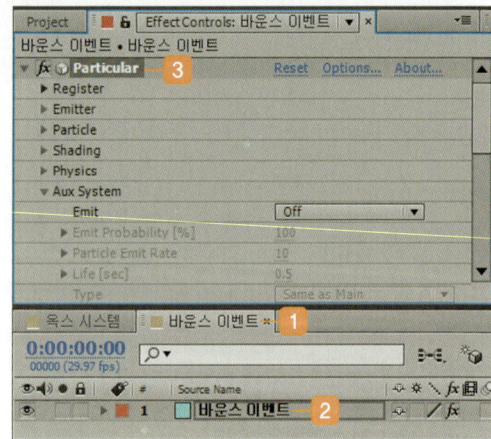

36 계속해서 바닥을 위한 솔리드 레이어를 하나 더 만들어줍니다.

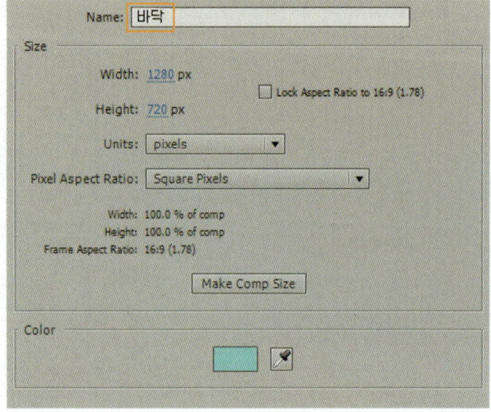

37 바닥 솔리드 레이어를 3D 레이어로 전환한 후 Rotation 툴을 이용하여 90도로 회전하여 그림처럼 바닥 느낌으로 해 주고 Selection 툴을 이용하여 아래로 내려줍니다. 이때 바닥 레이어는 바운스 이벤트 레이어보다 아래쪽에 있어야 파티클의 모습이 제대로 표현됩니다.

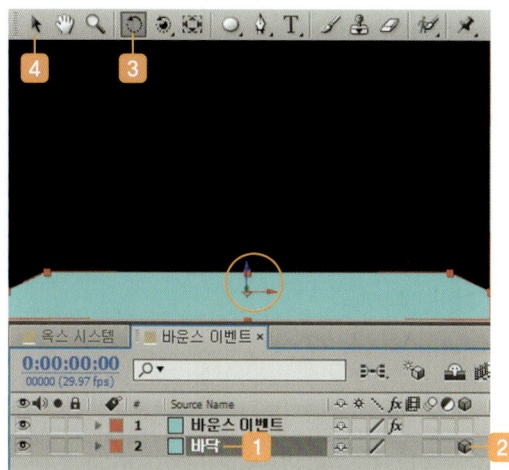

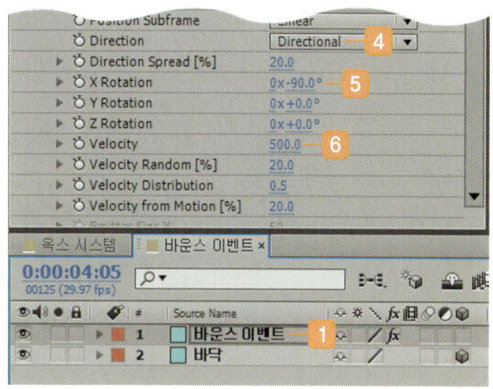

38 바운스 이벤트 레이어를 선택한 후 이펙트 컨트롤 패널에서 Emitter 항목을 열어줍니다. 여기에서는 파티클이 아래로 떨어지는 장면을 연출할 것입니다. 먼저 Particles/sec를 200 정도로 늘려주고 Position Y축을 설정하여 이미터를 그림처럼 약간 위쪽으로 이동합니다. 그리고 Direction을 특정 방향으로 분출되도록 Directional로 설정하고 X Rotation을 -90도로 설정하여 파티클이 아래쪽으로 뿜어지도록 해 줍니다. 그 다음 Velocity를 500 정도로 설정하여 파티클의 속도를 아주 빠르게 해 줍니다.

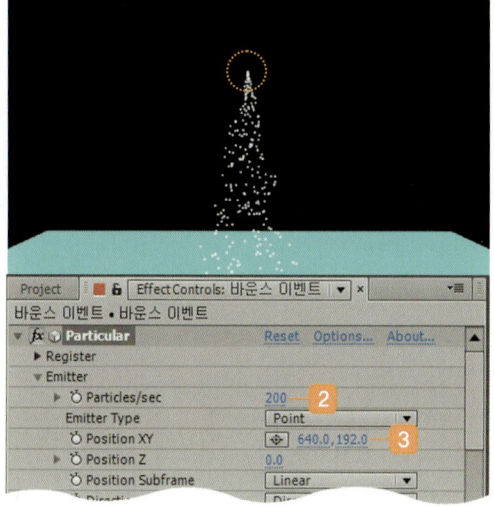

39 계속해서 이번엔 Particle 항목을 열고 Life [sec]를 7초 정도로 늘려주고 Size를 10 정도로 늘려서 파티클을 조금 더 크게 해 줍니다.

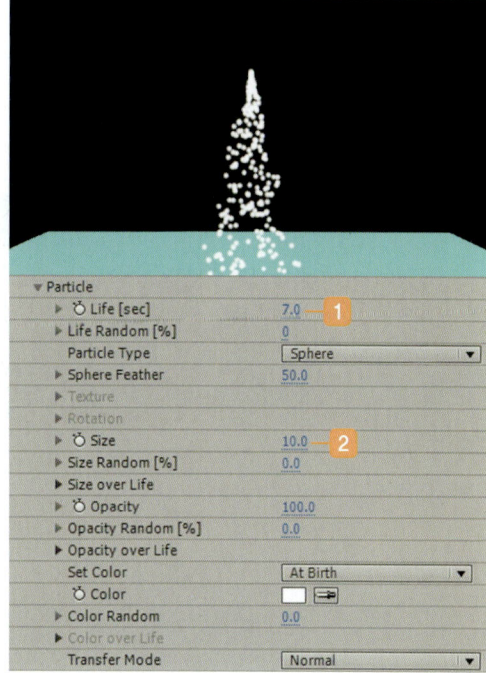

40 이번엔 바운스 효과를 표현하기 위해 Physics 항목을 열고 Physics Model을 Bounce로 설정합니다. 그 다음 아래쪽 Bounce 항목의 Floor Layer를 바닥으로 사용되는 레이어로 선택해 줍니다.

파티큘러 분석하기 - 옥스 시스템 **107**

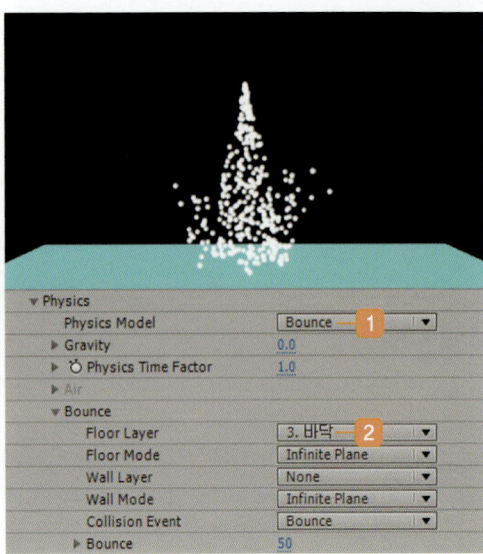

42 서브 파티클의 속도를 보다 빠르게 하기 위해 Velocity 값을 100 정도로 높여주고 파티클의 크기를 Size를 통해 10 정도로 키워줍니다. 확인을 해 보면 속도가 빨라졌는데도 불구하여 바운스 이벤트로 사용되는 서브 파티클은 바닥에 그대로 있습니다.

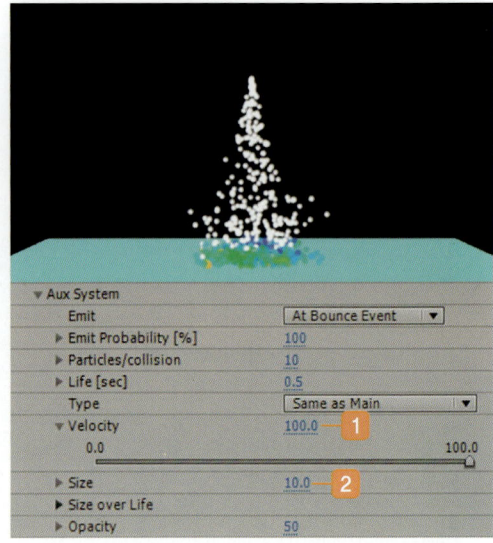

41 이제 서브 파티클에 대한 바운스 이벤트에 대해 살펴보기 위해 Aux System 항목의 Emit를 At Bounce Event로 설정합니다. 이 상태에서 확인해 보면 메인 파티클이 바닥에 부딪치고 난 후에 서브 파티클의 모습이 나타나는 것을 알 수 있습니다.

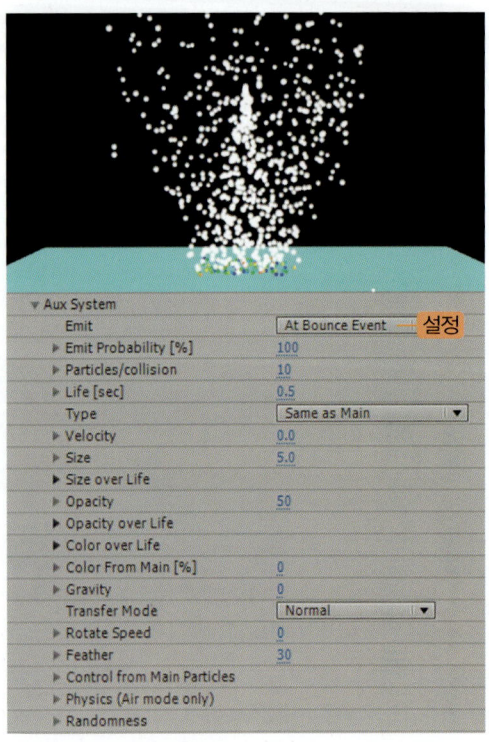

43 앞선 작업에서 서브 파티클이 튀어 오르지 않는 이유는 서브 파티클의 생몰 시간이 너무 짧기 때문입니다. 이제 서브 파티클의 생몰 시간을 Life [sec]를 통해 7초 정도로 늘려줍니다.

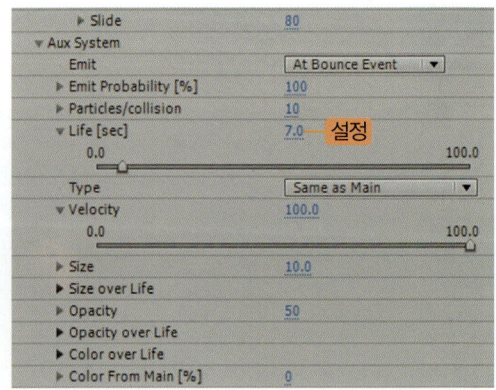

44 다시 확인해 보면 이제서야 비로소 서브 파티클이 튕겨져 나가는 것을 볼 수 있습니다. 이렇듯 At Bounce Event를 사용하면 메인 파티클이 바운스되는 순간에 서브 파티클이 튕겨져 나가는 다양한 장면을 표현할 수 있다는 것을 알 수 있습니다.

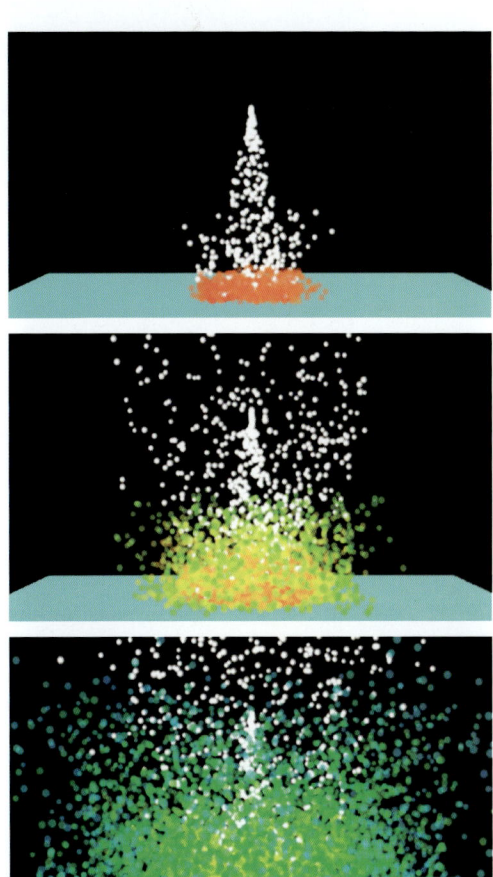

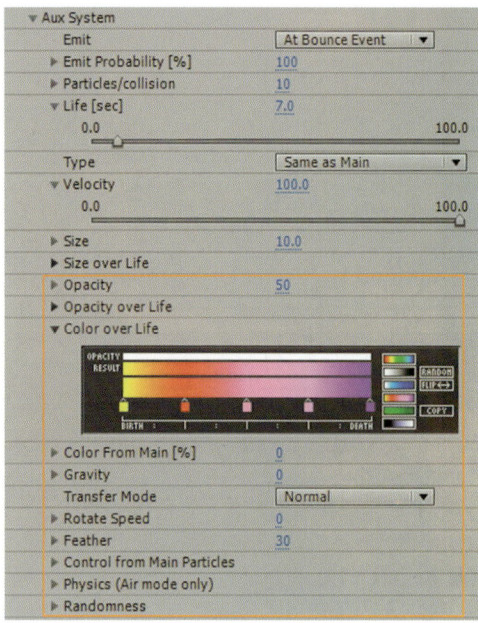

45 앳 바운스 이벤트 또한 그밖에 파라미터를 통해 다양한 변화를 줄 수 있습니다. Color over Life를 통해 바운스되는 서브 파티클의 색상을 다양하게 설정할 수 있으며 투명도, 중력, 회전 스피드, 패더, 서브 파티클이 나타나고 정지되는 시간, 피직스, 랜덤 등을 통해 다양한 변화를 줘보십시오.

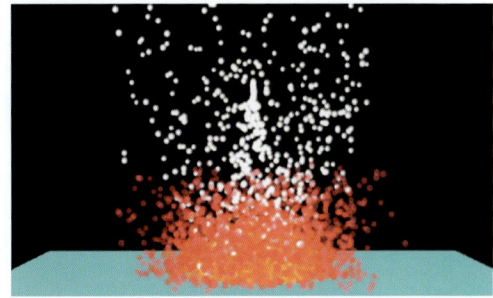

06

월드 트랜스폼

월드 트랜스폼(World Transform) 항목은 메인 및 서브 파티클의 X, Y, Z축을 이용하여 회전(Rotation)을 하거나 위치(Offset)를 변경하기 위해 사용됩니다. 여기서 변경된 값은 모든 파티클에 영향을 주며 타임라인에 카메라를 설치했을 때와 같은 결과를 얻을 수 있습니다.

01 이번 섹션의 시작은 앞선 섹션인 [옥스 시스템]에서 학습한 프로젝트 파일을 복사하여 이름만 바꿔놓은 [월드 트랜스폼]이란 프로젝트 파일입니다. 이 파일을 열어서 옥스 시스템 컴포지션(타임라인)의 옥스 시스템 솔리드 레이어를 선택해 줍니다.

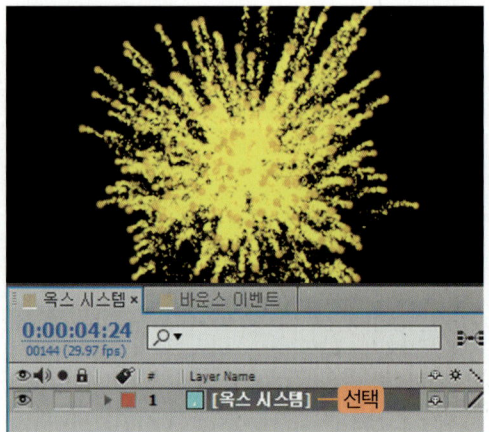

02 여기서 먼저 옥스 시스템 솔리드 레이어의 트랜스폼을 통해 설정했을 때의 모습을 확인해 봅니다. Transform을 열고 Rotation 값을 76도 정도로 회전해 봅니다. 파티큘러가 적용된 옥스 시스템 레이어가 회전된 것을 알 수 있습니다. 그런데 입체(3D)적이지 않고 평면(2D)적으로 보이는 것을 알 수 있습니다.

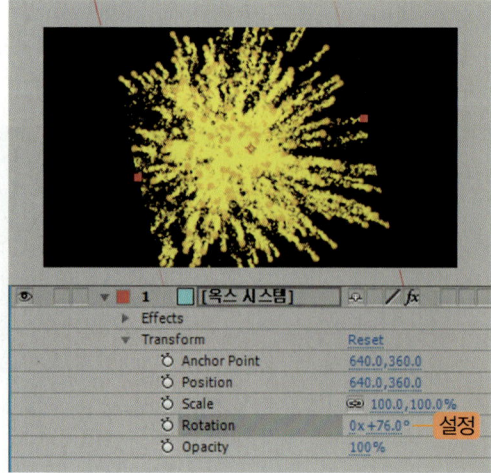

03 이번엔 옥스 시스템 레이어를 3D 레이어로 전환하여 설정해 봅니다. 먼저 앞서 설정한 Rotation을 다시 원래 값인 0도로 설정한 후 옥스 시스템의 3D Layer를 켜줍니다.

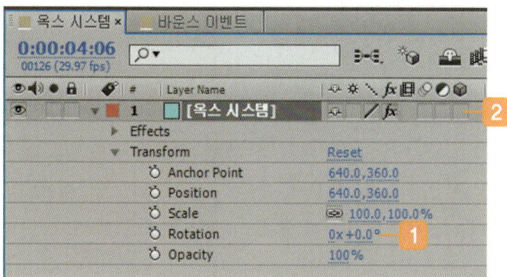

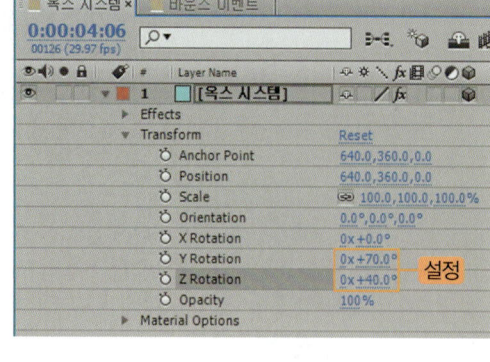

04 현재는 3D 레이어에 대한 환경, 즉 카메라나 조명이 없는 상태이기 때문에 아래와 같은 메시지 창이 뜹니다. 일단 무시하고 OK 버튼을 클릭하여 창을 닫습니다.

06 이번엔 카메라를 설치하여 파티큘러 효과에 대한 제어를 해봅니다. Layer 〉 New 〉 Camera를 선택하거나 단축키 Ctrl+Alt+Shift+C 키를 눌러 카메라를 생성합니다. 사용되는 카메라는 기본 상태를 그대로 사용합니다.

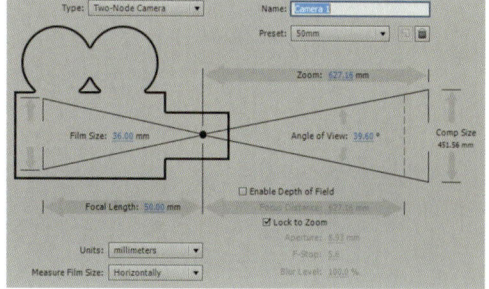

05 옥스 시스템 레이어가 3D 레이어로 전환됐기 때문에 이제 입체적인 환경에서 작업을 할 수 있게 되었습니다. 여기서 옥스 시스템의 Transform에서 Y, Z Rotation을 회전시켜봅니다. 앞서 평면일 때와 마찬가지로 레이어 자체만 회전될 뿐 파티클 자체에 대한 것은 평면적으로 표현되는 것을 알 수 있습니다. 이렇듯 레이어 자체의 변화는 해당 레이어에 적용된 파티큘러 효과에는 영향을 주지 않는 다는 것을 알 수 있습니다.

07 방금 생성된 카메라를 제어하기 전에 먼저 앞서 설정했던 Y, Z Rotation 값을 모두 원래 값인 0도로 설정해 놓습니다.

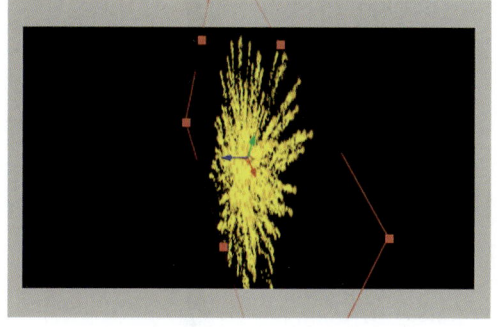

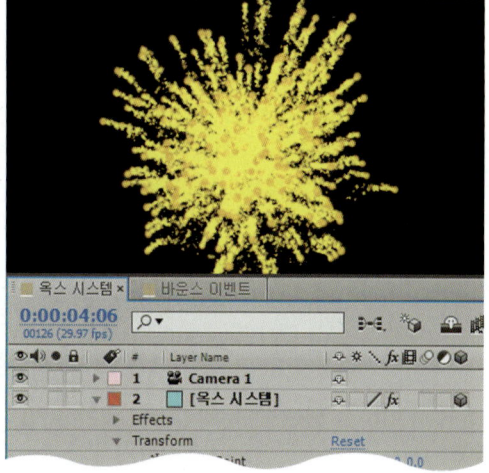

파티큘러 분석하기 – 월드 트랜스폼 **111**

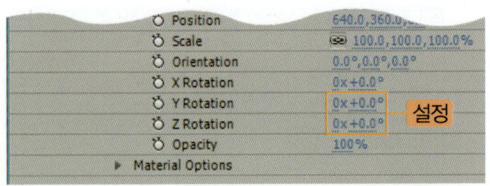

08 이제 Unified Camera 툴을 사용하여 카메라를 이리저리 회전해 봅니다. 카메라 툴을 통해 회전한 모습은 앞서 3D 레이어 모드에서 옥스 시스템 레이어를 회전한 것과 같이 레이어만 회전될 뿐 파티큘러 효과는 평면적으로 표현되는 것을 알 수 있습니다.

10 다시 회전해 보면 이제야 비로소 레이어 자체가 아닌 파티큘러 효과가 회전되는 것을 알 수 있습니다. 이렇듯 파티큘러가 적용된 레이어를 3D 레이어 모드로 사용되면 입체적인 제어가 불가능하다는 것을 알 수 있으며 카메라 툴을 이용하면 파티클들을 자유자재로 제어할 수 있다는 것 또한 알 수 있습니다.

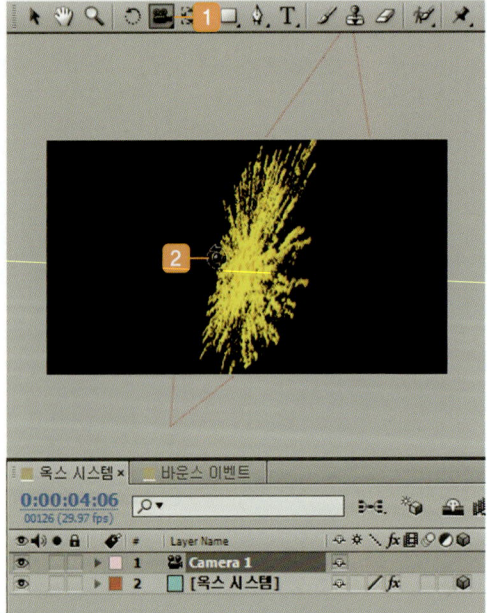

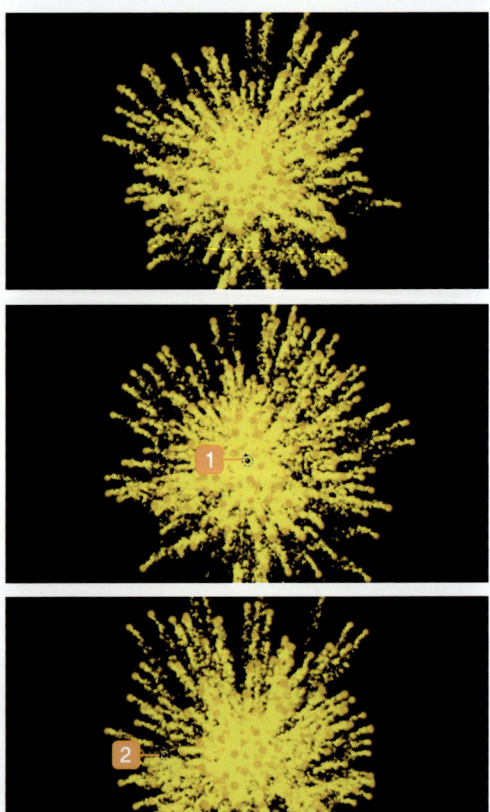

09 여기서 파티큘러의 이펙트 컨트롤 패널을 보면 파티큘러 효과는 3D 레이어 상태에서는 문제가 있음을 경고 아이콘으로 시사하고 있습니다. 이제 옥스 시스템 레이어의 3D 레이어 모드는 꺼줍니다.

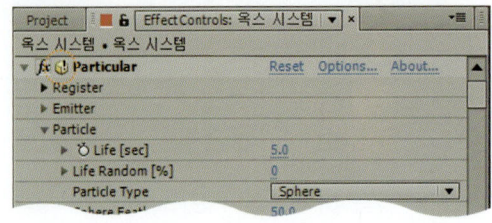

11 이번엔 파티큘러 효과의 월드 트랜스폼을 통해 파티클들을 제어하는 방법에 대해 알아봅니다. 그러기 위해 먼저 앞서 생성

한 카메라를 삭제합니다.

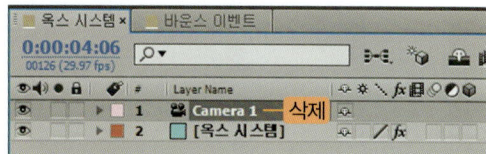

어할 수 있다는 것을 알 수 있었습니다.

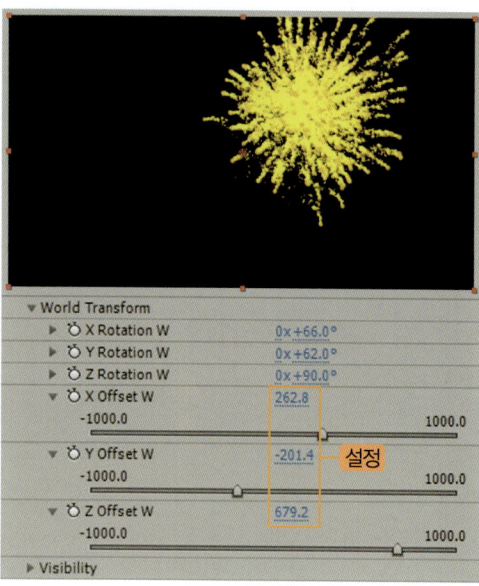

12 파티큘러 효과에서 월드 트랜스폼 항목은 가장 간단하게 구성되어 있습니다. 모든 파티클들을 회전하거나 위치에 대한 변경을 할 때만 사용되기 때문입니다. 여기서 먼저 World Transform의 X, Y, Z Rotation W을 임의로 설정해 봅니다. 앞서 카메라를 통해 회전하는 것처럼 파티클들이 입체적으로 회전되는 것을 알 수 있습니다. 만약 회전되는 모습을 애니메이션으로 표현하고 싶다면 스톱워치를 이용하면 됩니다.

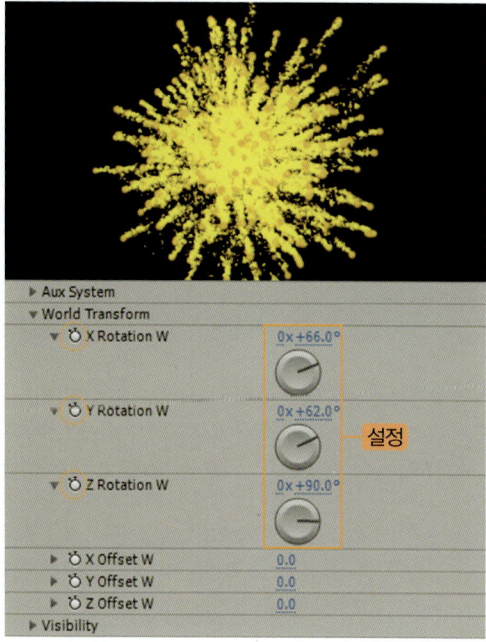

13 계속해서 이번엔 아래쪽 X, Y, Z, Offset W에 대해 알아봅니다. 옵셋은 이미터(파티클)의 위치에 대한 편차를 설정합니다. 쉽게 말해 포지션처럼 위치에 대한 변화를 준다는 것입니다. 월드 트랜스폼에서의 옵셋은 파티클(이미터)를 상하좌우로 이동하는 것뿐만 아니라 앞뒤로 이동할 수 있어 깊이(Depth)에 대한 원근을 설정할 수 있습니다. 이것으로 간단하게 월드 트랜스폼에 대해 살펴보았습니다. 월드 트랜스폼을 사용하면 카메라를 사용하지 않고도 이미터에 대한 위치와 회전을 쉽게 제

07

비저빌러티

비저빌러티(Visibility – 비지빌리티라고도 함) 항목은 파티클들에 대한 가시성, 즉 카메라의 거리에 따라 파티클이 표현되는 모습과 특정 물체(엄폐물)에 가려졌을 때의 모습 그리고 파티클 주변을 자연스럽게 사라지도록 하는 버퍼 맵에 대한 작업을 할 수 있습니다.

01 이번 학습은 앞선 작업처럼 작업 크기(Width, Height)를 1280X720으로 설정하고 컴포지션의 이름은 이번 학습에 사용될 [비저빌러티]로 해 줍니다. 그리고 파티큘러 효과를 적용할 솔리드 레이어도 같은 이름과 크기로 만들어줍니다. 비저빌러티 솔리드 레이어에 파티큘러 효과를 적용합니다.

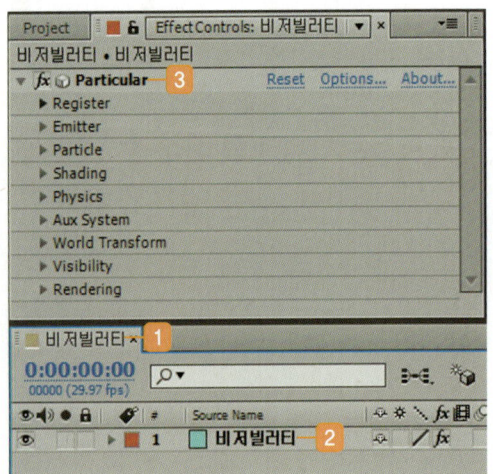

02 기본 상태에서 비저빌러티에 대해 설명하는 것 보다는 어떠한 장면을 만든 후 살펴보는 것이 좋을 듯하여 이번엔 파티큘러 효과를 이용하여 수백 마리의 정자가 헤엄치는 장면을 먼저 표현해 봅니다. 먼저 Emitter 항목의 Emitter Type을 Box로 설정하고 Position Y축을 530 정도로 설정하여 이미터(파티클)를 아래로 조금 내려줍니다. 그리고 Direction을 Directional로 설정하여 한 방향으로만 이동하게 해 줍니다. 방향은 나중에 설정하기로 하고 Velocity를 200 정도로 설정하여 보다 빠른 움직임을 주며 Emitter Size X, Z축을 각각 1243, 7500 정도로 설정하여 파티클이 표현되는 영역을 넓고 아주 깊게 해 줍니다.

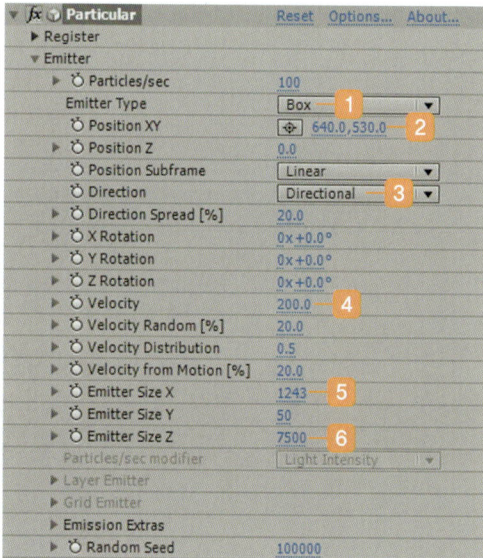

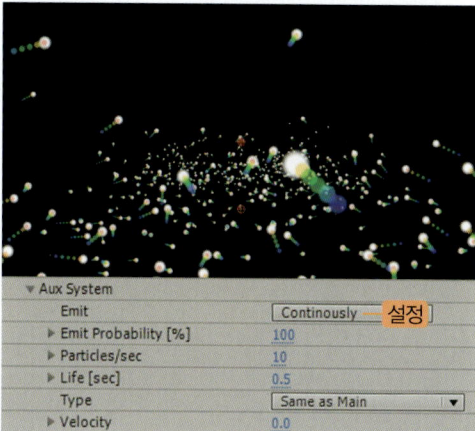

04 정자의 머리 부분이 만들어졌기 때문에 이제 꼬리 부분을 표현할 차례입니다. Aux System의 Emit를 Continuously로 선택합니다. 메인 파티클 뒤쪽에 여러 개의 서브 파티클들이 표현됐습니다. 그러나 아직은 정자의 꼬리처럼은 보이지 않습니다.

03 이번엔 Particle 항목에서 Life [sec]를 10초 정도로 늘려주고 Size를 10 정도로 키워줍니다.

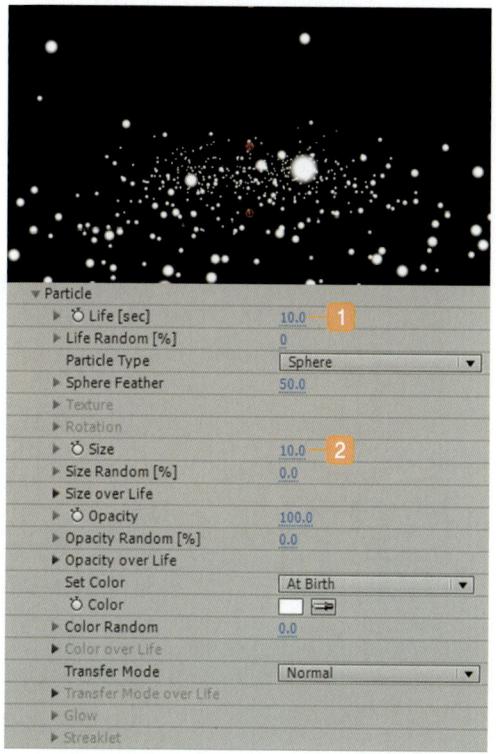

05 이제 꼬리처럼 보이도록 해 주기 위해 Particles/sec를 50 정도로 늘려주고 Life [sec]를 1.5 정도로 늘려줍니다. 그리고 Color From Main [%] 값을 100으로 설정하여 메인 색상인 흰색과 동일하게 해 줍니다.

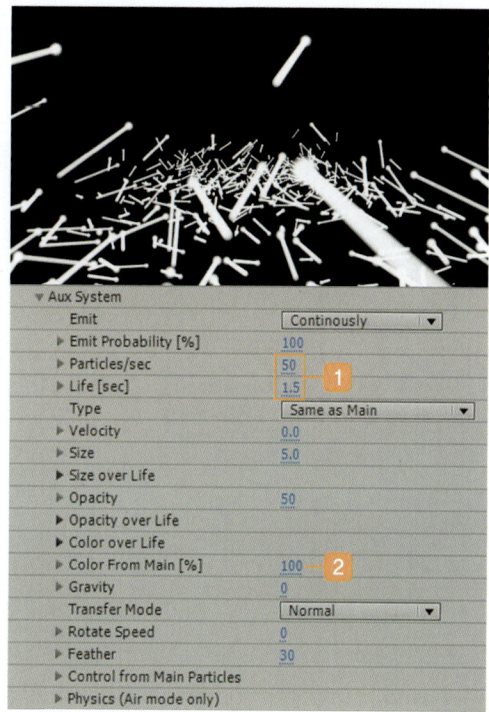

06 아직은 실제 꼬리처럼 끝부분이 얇지가 않습니다. Size over Life를 그림과 같은 그래프 형태로 설정하여 꼬리가 끝으로 갈수록 점점 얇아지도록 해 줍니다.

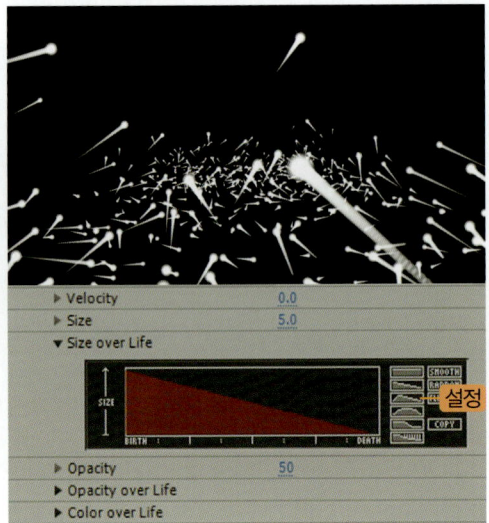

07 이제 정자가 헤엄치는 장면을 표현하기 위해 Physics 항목의 Spin Amplitude 값을 12.5로 설정하고 Spin Frequency 값을 8.5 정도로 설정합니다. 확인해 보면 실제 정자처럼 꿈틀거리면서 헤엄치는 장면이 연출됐습니다. 여기서 스핀 앰플리튜드 값이 너무 높으면 꼬리의 길이가 너무 길어지기 때문에 적당한 값으로 설정해야 합니다.

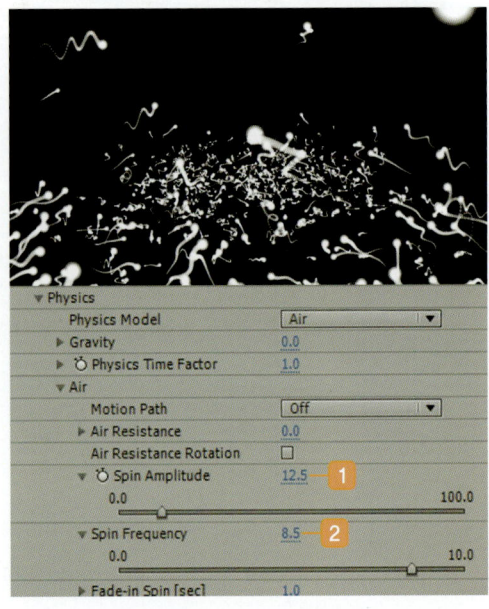

08 여기서 꼬리의 끝부분을 보면 점선으로 표현된 것을 볼 수 있습니다. 이것은 앞서 스핀 앰플리튜드 값이 증가됨에 따라 꼬리도 길어졌기 때문입니다. 이 문제를 해결하기 위해 다시 Aux System 항목의 Particles/sec 값을 115 정도로 높여서 꼬리를 실선으로 보이게 해 줍니다.

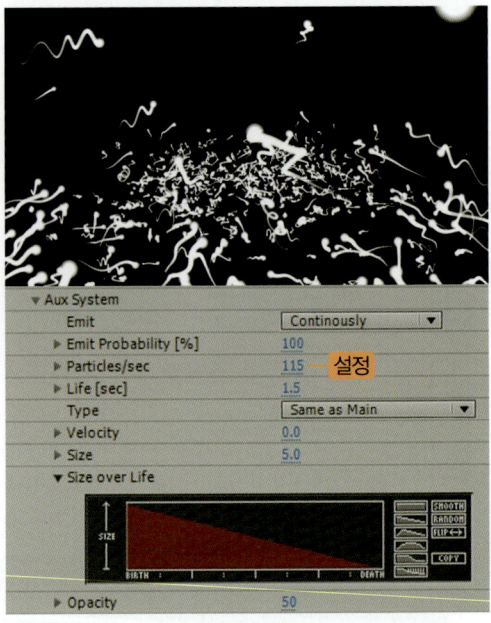

09 이제 정자가 헤엄치는 방향을 설정해 줍니다. Emitter 항목에서 Y Rotation을 180도로 설정합니다. 확인해 보면 뒤로 헤엄치던 정자들이 앞으로 방향을 바꾼 것을 알 수 있습니다.

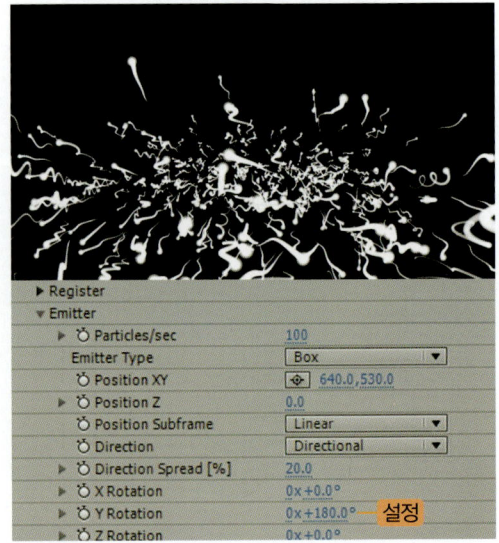

10 활기차게 헤엄치는 정자가 만들어졌기 때문에 이제부터는 비저빌러티 항목을 통해 파티클(정자들)에 대한 가시성을 설정해 봅니다. 여기서 먼저 Visibility 항목의 Far Vanish 값을 1890 정도로 낮춰봅니다. 파티클의 개수가 줄어든 것을 알 수 있습니다. 파 배니쉬는 카메라에서 가장 먼 거리에 있는 피사체(파티클)들을 보이지 않게 즉, 사라지게 할 때 사용되는 파라미터입니다.

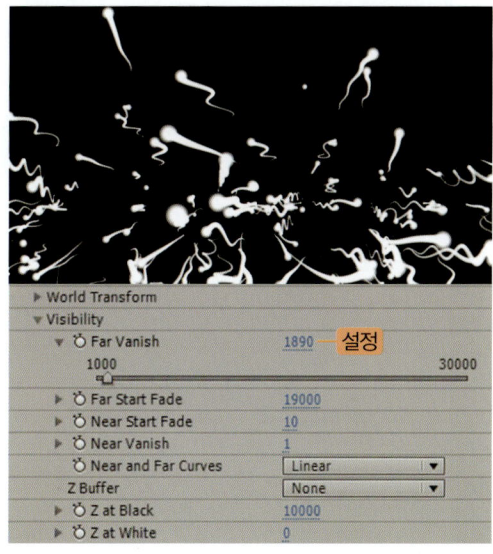

11 여기서 카메라를 생성하여 파티클의 위치에 대해 보다 자세히 알아봅니다. Ctrl+Alt+Shift+C 키를 눌러 기본 카메라를 하나 생성합니다.

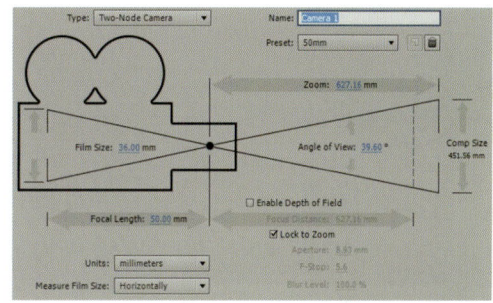

12 다시 Visibility의 Far Vanish를 5000 정도로 높여서 카메라가 표현할 수 있는 피사체(파티클)의 거리를 늘려줍니다. 그리고 카메라를 Orbit Camera 툴을 사용하여 그림과 같은 앵글로 회전해 보면 파 배니쉬의 거리 값이 멀어졌기 때문에 멀리 있는 뒤쪽의 파티클의 모습까지 표현되는 것을 알 수 있습니다.

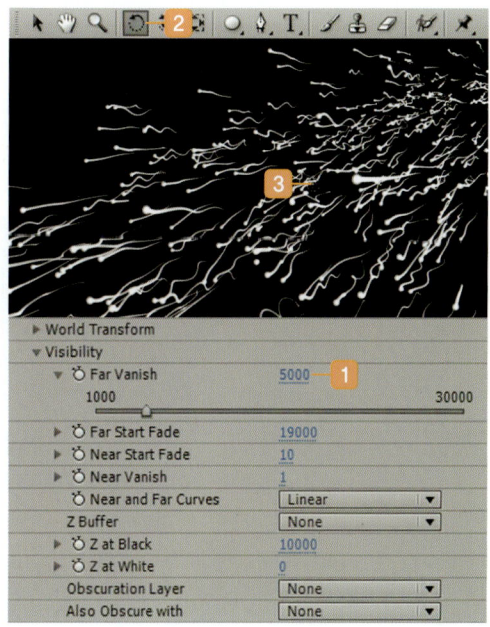

알아두기

비저빌러티에 대한 이해

비저빌러티는 카메라와 피사체간의 거리를 통해 다양한 변화를 줄 수 있는데 특히 Far Vanish와 Near Vanish는 카메라와 가장 먼 거리(뒤쪽)의 피사체(파티클)과 가장 가까운 거리(앞쪽)의 피사체에 대한 자연스러운 사라짐을 표현할 수 있습니다. 아래 그림은 카메라와 피사체간의 표현이 어떻게 이루어지는지에 대한 설명입니다.

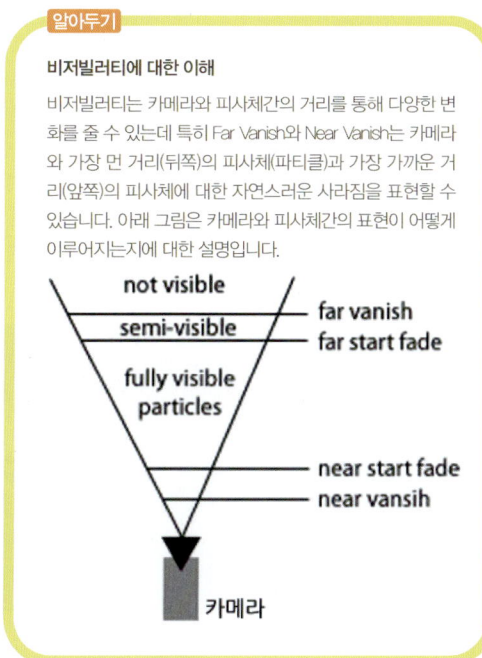

13 계속해서 이번엔 아래쪽 Far Start Fade에 대해 알아봅니다. 파 스타트 페이드는 위쪽의 파 배니쉬의 거리를 기준으로 서서히 흐려지는 파티클을 표현할 때 사용됩니다. 이것을 파티클들이 표현되는 경계(카메라의 포커스 아웃되는 지점과 유사함)를

보다 자연스럽게 처리하기 위해 사용됩니다. 여기에서는 1000으로 설정해 봅니다. 파티클의 뒤쪽 부분이 서서히 투명해졌습니다.

15 이번엔 Far Start Fade 값을 3500 정도로 다시 높여봅니다. 그러면 파티클의 뒤쪽 경계가 다시 뚜렷하게 표현되는 것을 알 수 있습니다. 이렇듯 Far Vanish와 Far Start Fade는 카메라와 가장 먼 거리의 파티클들의 모습을 표현하는데 사용됩니다.

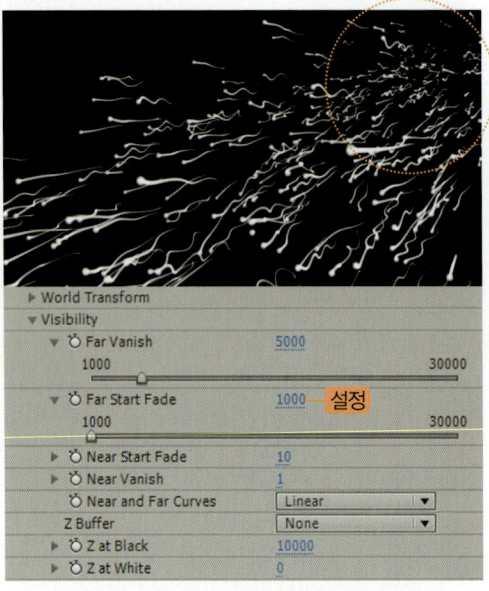

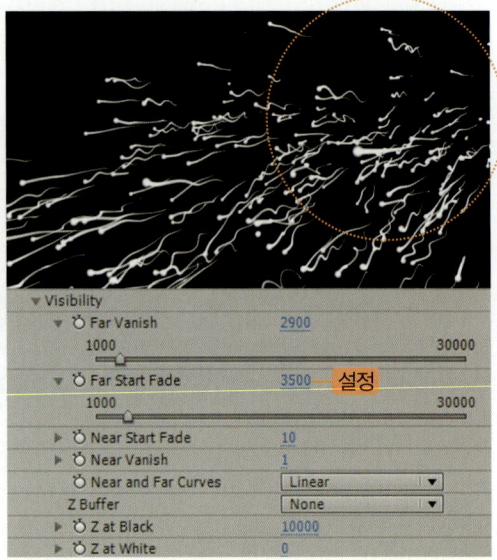

14 여기서 다시 위쪽 Far Vanish 값을 2900 정도로 낮추면 카메라가 표현되는 거리가 짧아졌기 때문에 뒤쪽의 파티클들이 많이 사라진 것을 알 수 있습니다.

16 파 배니쉬가 카메라와 가장 먼 거리의 파티클을 표현하는 것이었다면 니어 배니쉬는 반대로 카메라와 가장 가까운 거리의 파티클을 표현할 때 사용합니다. 살펴보기 전에 먼저 앞서 설정한 Far Vanish 값을 5000, Far Start Fade 값을 4000 정도로 설정하여 뒤쪽의 파티클들이 모두 보이도록 해 준 후 Near Vanish 값을 1890 정도로 설정해 봅니다. 확인해 보면 앞쪽 부분의 파티클들이 많이 사라진 것을 알 수 있습니다. 이것은 그만큼 카메라가 표현하는 가까운 거리를 늘려놓았기 때문에 이 거리보다 짧은 거리에 있는 피사체(파티클)들의 모습이 사라진 것입니다. 또한 위쪽의 Near Start Fade는 Near Vanish에 의해 설정된 거리를 기준으로 서서히 사라지게 해 줄 때 사용됩니다.

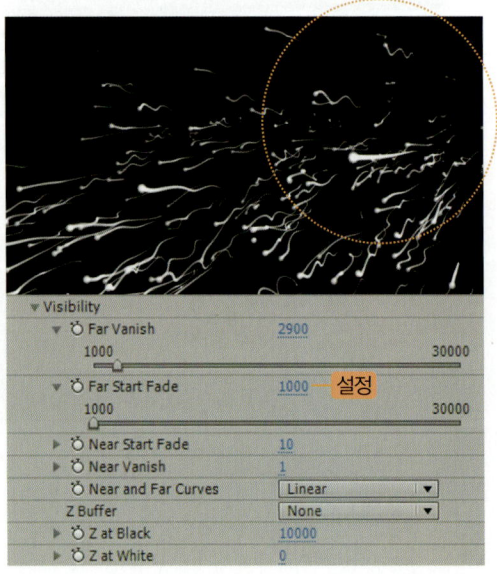

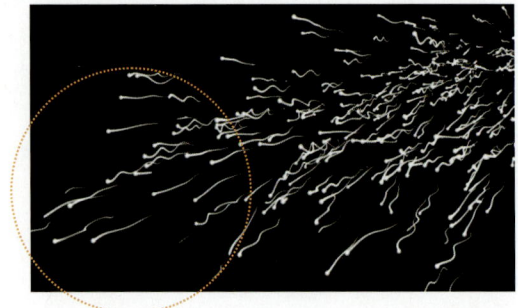

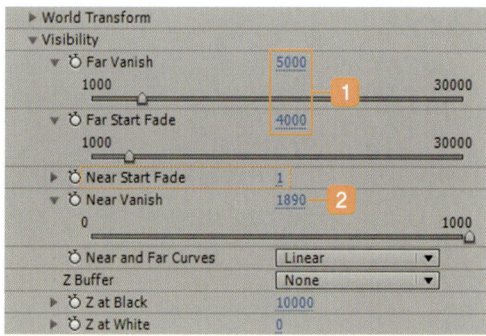

17 비저빌러티는 앞선 섹션에서 살펴본 월드 트랜스폼과도 관련이 있습니다. 살펴보기 위해 World Transform 항목의 Z Offset W 값을 6010 정도로 조절해 봅니다. 파티클들의 위치가 Z축으로 멀리 이동했기 때문에 파티클들의 앞쪽의 대부분이 사라진 것을 알 수 있습니다. 이렇듯 비저빌러티를 통해 설정되는 카메라와 피사체의 거리는 월드 트랜스폼을 통해 직접 피사체들을 이동하여 표현할 수도 있다는 것을 알 수 있습니다. 확인이 끝나면 Z Offset W와 Near Vanish 값을 원래 상태로 되돌려 놓습니다.

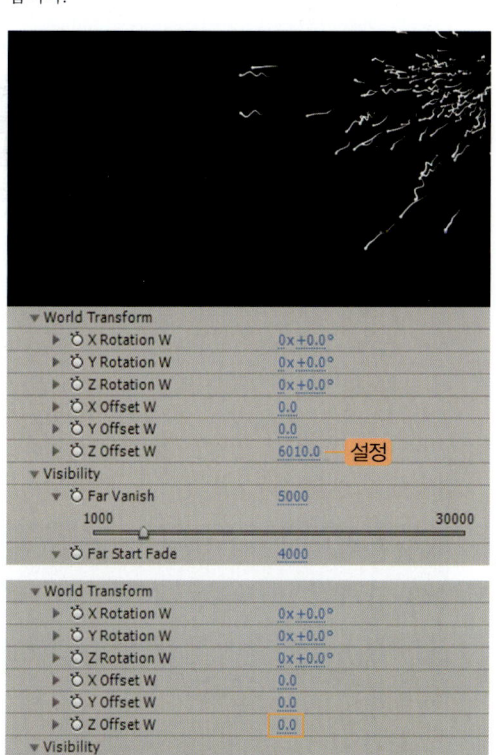

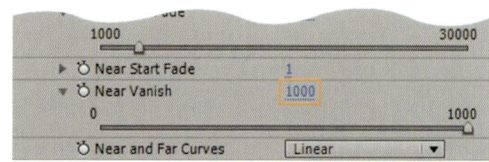

18 계속해서 아래쪽 Near and Far Curves는 페이드 영역의 모습을 뚜렷하게 표현하거나 부드럽게 표현할 때 사용되는데 Linear 방식은 뚜렷하게 표현하며 Smooth 방식은 부드럽게 표현합니다.

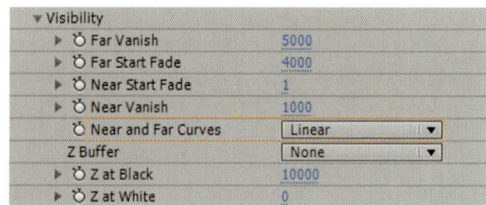

19 이번엔 맵 소스를 이용하여 특정 영역만을 표현하기 위한 Z 버퍼에 대해 알아봅니다. Z 버퍼를 사용하기 위해서는 버퍼 맵 소스를 만들어야 하기 때문에 Ctrl+N 키를 눌러 [버퍼 맵]이란 이름의 컴포지션을 만들어줍니다.

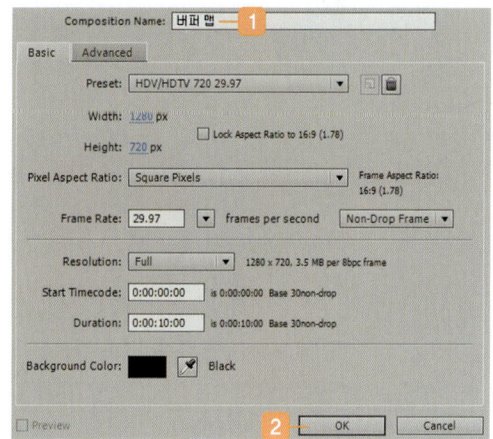

20 버퍼 맵 소스를 만들기 위해서는 레이어가 필요합니다. Ctrl+Y 키를 눌러 [버퍼 맵]이란 이름의 솔리드 레이어를 만들어줍니다. 솔리드 레이어의 색상은 아무 색상이나 상관 없습니다.

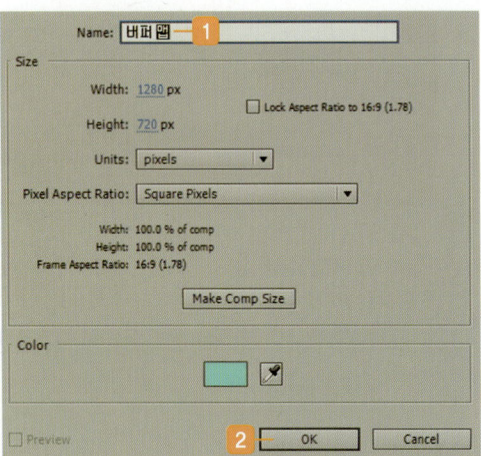

놓습니다.

21 버퍼 맵 솔리드 레이어에 Effect 〉 Generate 〉 Gradient Ramp(애프터이펙트 CS6 이하 버전에서는 Ramp) 효과를 적용합니다. 현재는 위쪽이 검정색, 아래쪽이 흰색으로 된 선형의 모습입니다.

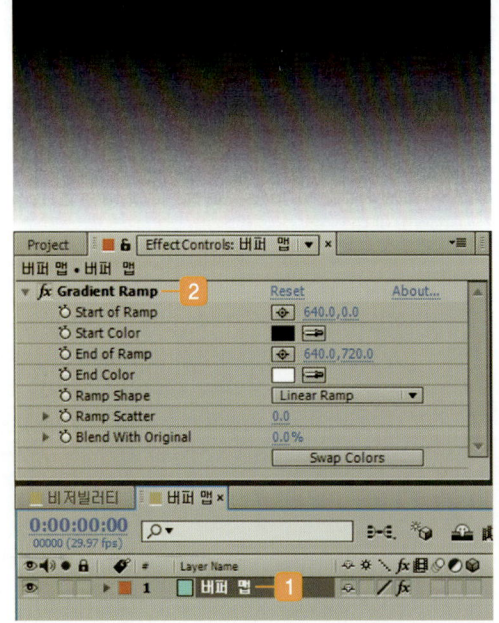

22 비저빌러티 컴포지션으로 이동한 후 프로젝트 패널에서 앞서 작업한 버퍼 맵 컴포지션 소스를 끌어다 맨 아래쪽으로 갖다

23 이제 여기서 비저빌러티 레이어를 다시 선택한 후 Visibility 항목의 Z Buffer를 방금 적용한 3. 버퍼 맵으로 설정해 줍니다. 확인을 해보면 버퍼 맵으로 사용되는 레이어의 아래쪽 흰색 영역에 포함되는 파티클들의 모습이 사라진 것을 알 수 있습니다. 이렇듯 Z 버퍼를 이용하면 버퍼 맵으로 사용되는 레이어의 색상, 즉 밝기를 기준으로 파티클이 표현되는 영역을 설정할 수 있습니다. 이것은 파티클이 표현되는 모습(영역)을 다양한 모양으로 표현할 수 있게 해 줍니다.

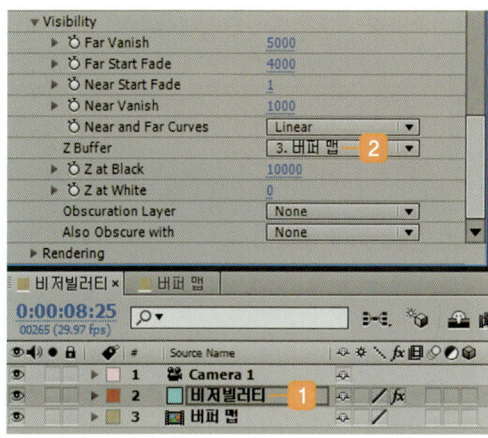

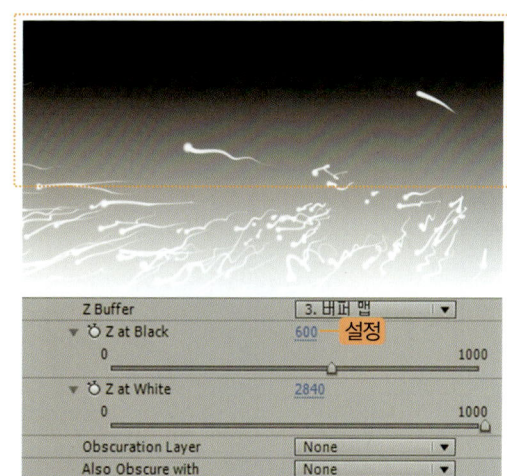

24 여기서 아래쪽 Z at White 값을 2840 정도로 설정해 봅니다. Z축(깊이) 방향으로 버퍼 맵의 흰색 영역이 더욱 넓어졌기 때문에 앞서 사라진 앞쪽 부분, 즉 버퍼 맵의 흰색 영역에 포함되 파티클들이 다시 나타난 것을 알 수 있습니다. 이렇듯 Z 앳 화이트는 버퍼 맵의 흰색 영역 범위를 Z축 방향으로 설정할 수 있다는 것을 알 수 있습니다.

26 현재는 버퍼 맵 소스 레이어가 평면으로 되어있기 때문에 파티클들이 사라지는 모습에 방향성을 이해하기 어려울 수도 있습니다. 여기서 버퍼 맵을 3D Layer로 전환해 보면 현재의 카메라 앵글과 일치되기 때문에 버퍼 맵도 같은 방향으로 보이게 됩니다. 이와 같은 각도에서 버퍼 맵을 보면 Z Buffer가 적용되는 방향에 대한 이해가 보다 쉽게 다가올 것입니다. 또한 버퍼 맵 소스 레이어가 현재는 세워져 있는 상태지만 Z 버퍼의 특성상 세워진 레이어의 방향과는 상관없이 Z축(깊이) 방향으로만 표현이 된다는 것을 기억하십시오.

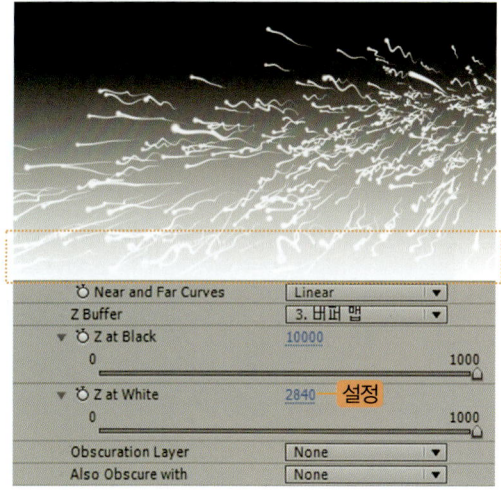

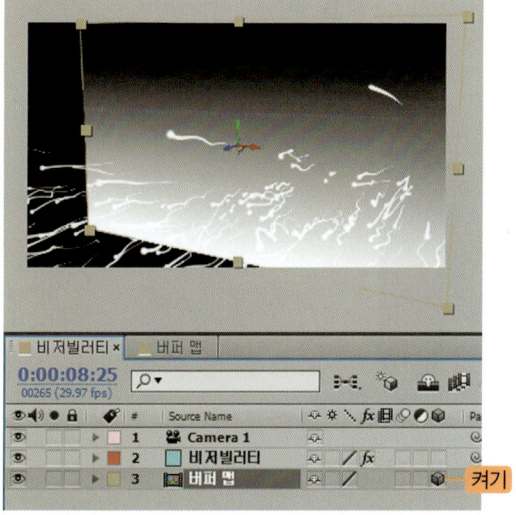

25 이번엔 위쪽의 Z at Black 값을 600 정도로 낮춰봅니다. 확인해 보면 버퍼 맵의 검정색 영역의 범위가 줄어들었기 때문에 검정색 영역에 포함된 파티클들의 모습이 사라진 것을 알 수 있습니다. 이렇듯 Z 앳 블랙은 버퍼 맵의 검정색 영역의 범위를 설정할 수 있다는 것을 알 수 있습니다.

27 이번엔 버퍼 맵을 다른 모양으로 표현해 보기 위해 버퍼 맵 컴

포지션(타임라인)으로 이동한 후 버퍼 맵에 적용된 그레이디언트 램프 이펙트의 Ramp Shape를 원형인 Radial Ramp로 바꿔줍니다. 그리고 Start of Ramp의 Y축을 360으로 설정하여 중앙으로 이동해 줍니다.

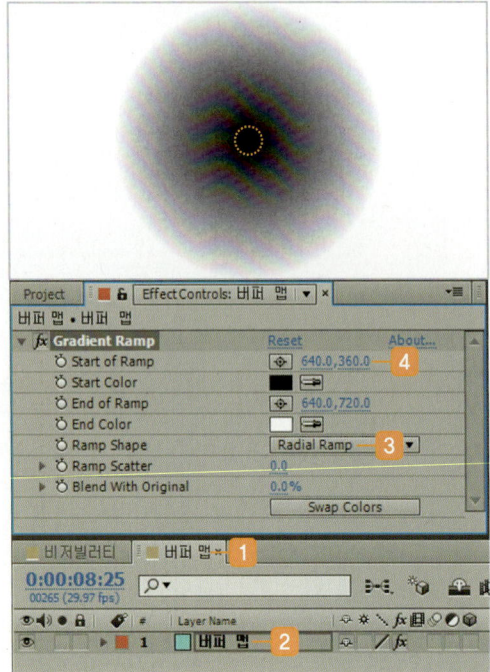

29 여기서 버퍼 맵 소스 레이어의 Hides Video를 꺼서 보이지 않게 해 줍니다. 버퍼 맵 소스의 모습이 보이지 않기 때문에 최종적인 파티클의 모습만 표현됩니다. 이렇듯 실제 작업에서는 버퍼 맵 소스의 모습은 보이지 않게 해 놓고 작업을 하게 됩니다.

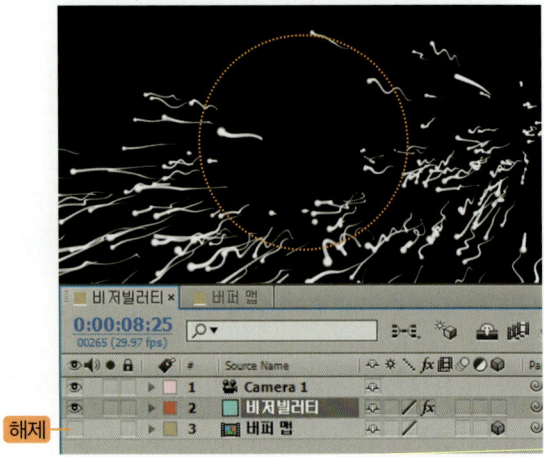

28 다시 비저빌러티 컴포지션으로 이동해서 확인해 보면 앞서 원형 그레이디언트로 바꿔주었기 때문에 가운데 검정색 영역에 포함된 파티클들의 모습이 사라진 것을 알 수 있습니다.

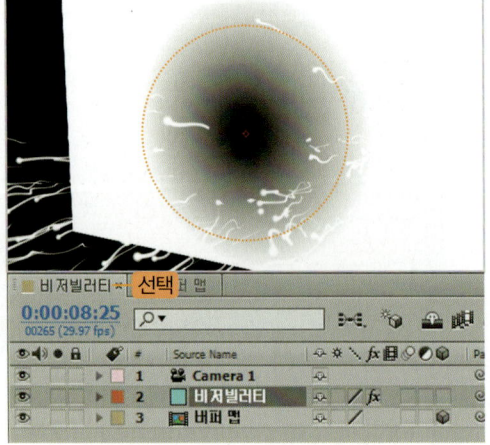

30 다시 Z at Black과 White를 설정해 보면 원형의 버퍼 맵 모양에 따라 영역이 조절되는 것을 알 수 있습니다. 이렇듯 Z Buffer는 버퍼 맵의 밝고 어두운 영역으로 파티클이 표현되는 모습을 다양하게 설정할 수 있다는 것을 알 수 있습니다. 확인이 끝나면 Z Buffer를 None으로 설정하여 사용하지 않습니다.

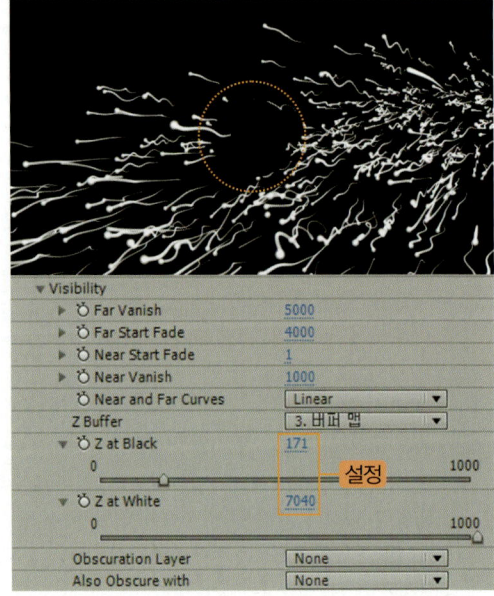

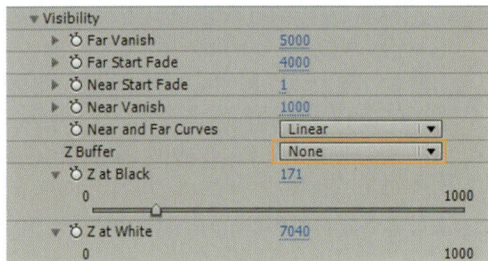

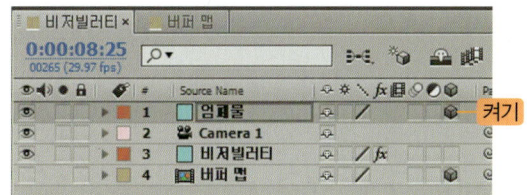

31 이번엔 파티클이 있는 영역에 다른 물체(레이어)가 있을 경우 그 물체와 파티클간의 표현 방식에 대한 설정을 할 수 있는 Obscuration(압스큐어레이션)에 대해 알아봅니다. 압스큐어레이션은 일종의 사물을 가리는 엄폐물과 같은 역할을 하게 되는데 살펴보기 위해서는 엄폐물로 사용되는 레이어가 필요합니다. Ctrl+Y 키를 눌러 [엄폐물]이란 이름의 솔리드 레이어를 생성합니다.

33 이제 엄폐물 레이어를 맨 아래쪽으로 내려놓습니다. 확인해 보면 엄폐물 레이어와는 상관없이 파티클들이 모두 표현되는 것을 알 수 있습니다. 그런데 엄폐물 레이어 뒤쪽에 가려진 파티클들도 그래도 표현되는 것을 알 수 있습니다. 이렇듯 레이어의 위치에 따라 파티클이 표현되는 모습에 차이가 있기 때문에 주의해야 합니다.

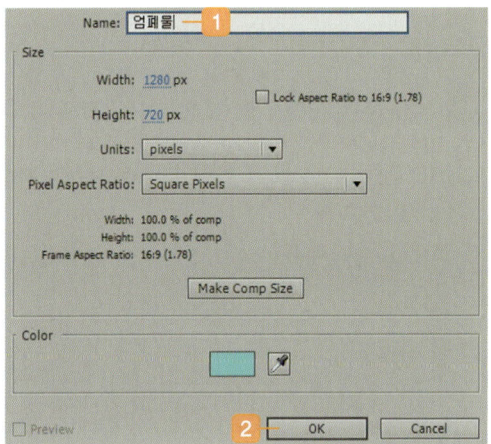

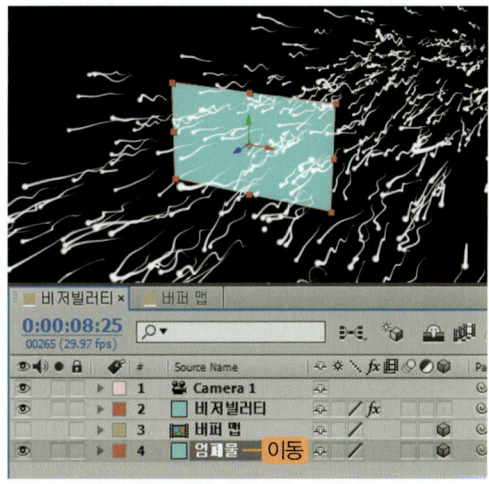

32 엄폐물 솔리드 레이어를 3D Layer로 전환해 줍니다. 그리고 크기를 그림처럼 줄여줍니다. 현재는 엄폐물 레이어가 맨 위쪽에 있기 때문에 파티클들의 위치와 상관없이 가리고 있습니다.

34 비저빌러티 레이어를 선택하고 Visibility 항목의 Obscuration Layer를 앞서 만들어 놓은 엄폐물 레이어로 선택합니다. 확인해 보면 엄폐물 레이어 뒤쪽에 가려진 파티클들의 모습은 사라진 것을 알 수 있습니다.

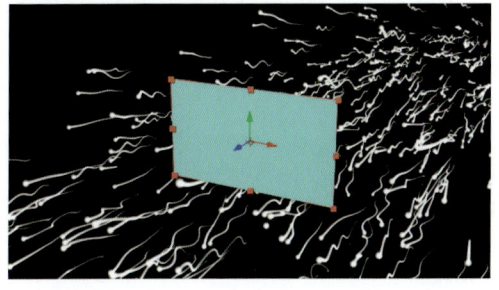

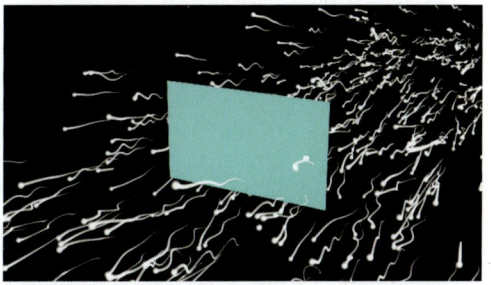

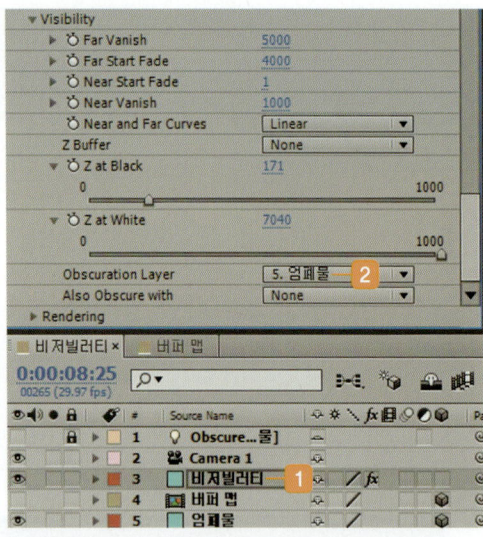

36 이번엔 Also Obscure with에 대해 알아봅니다. 올소우 압스큐어 위드는 위쪽의 압스큐어레이션에서 지정된 엄폐물과 함께 파티클을 가릴 또 다른 레이어를 사용할 수 있게 해 줍니다. 현재는 None으로 설정되어 있는데 이것은 앞서 사용된 엄폐물 레이어만 사용한다는 의미로 생각하면 됩니다. 여기에서는 그밖에 파티클의 모양으로 사용되는 레이어 이미터와 플로어, 월 등을 엄폐물로 사용할 수 있습니다.

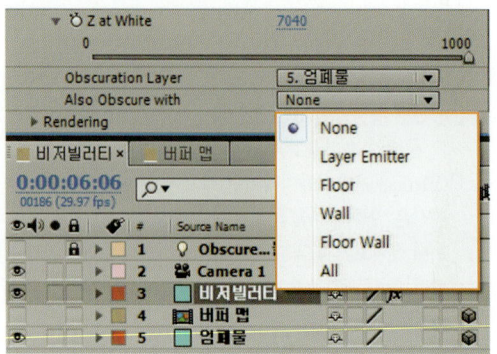

35 Camera 툴을 이용하여 엄폐물 레이어의 앞쪽과 뒤쪽을 회전하여 확인해 봅니다.

37 그밖에 엄폐물 중 한 두 가지만 살펴봅니다. 먼저 바닥에 대한 엄폐물을 살펴보기 위해 Ctrl+Y 키를 눌러 [바닥]이란 이름의 레이어를 만들어줍니다. 바닥 레이어의 색상을 앞서 사용하던 엄폐물 솔리드 레이어와는 다른 색상으로 해 줍니다.

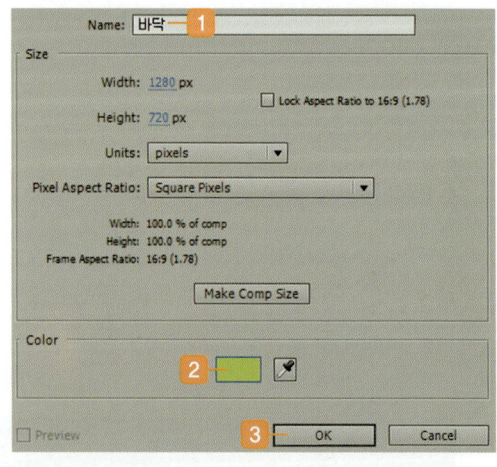

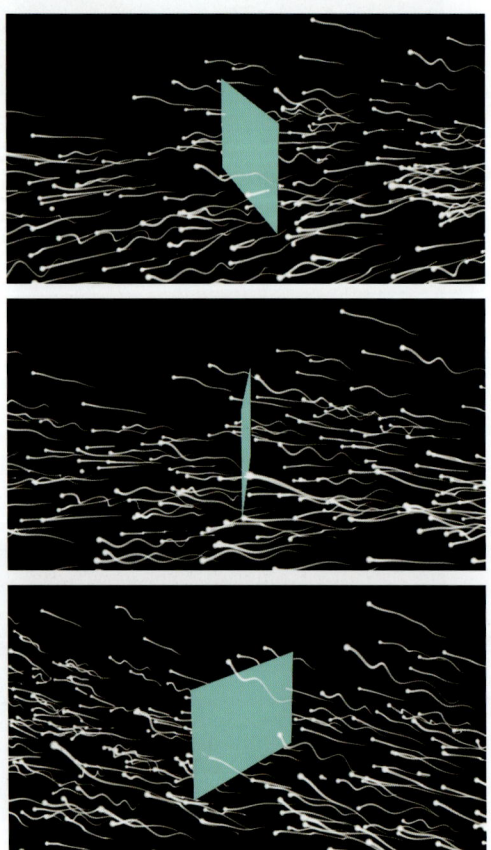

38 방금 만든 바닥 솔리드 레이어를 맨 아래쪽으로 내려준 후 3D Layer로 전환해 줍니다.

39 Rotation 툴과 Selection 툴을 사용하여 그림처럼 바닥 레이어를 실제 바닥처럼 배치합니다. 바닥의 위치는 파티클들이 이동되는 영역을 벗어나지 않게 합니다.

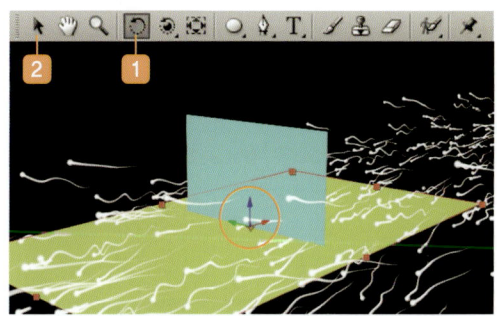

40 이제 비저빌러티 레이어를 선택한 후 Also Obscure with를 바닥으로 사용하기 위해 Floor로 설정합니다. 그런데 아직까지는 아무런 변화가 없습니다.

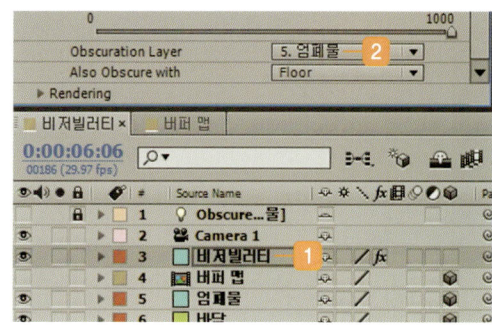

41 바닥 레이어를 실제 바닥으로 사용하기 위해 Physics 항목의 Physics Model을 Bounce로 선택한 후 Bounce의 Floor Layer를 바닥 레이어로 선택합니다. 이제 확인해 보면 바닥에 가려진 파티클들의 모습이 보이지 않는 것을 알 수 있습니다. 이렇듯 올소우 압스큐어 위드는 또 다른 엄폐물을 위해 사용됩니다.

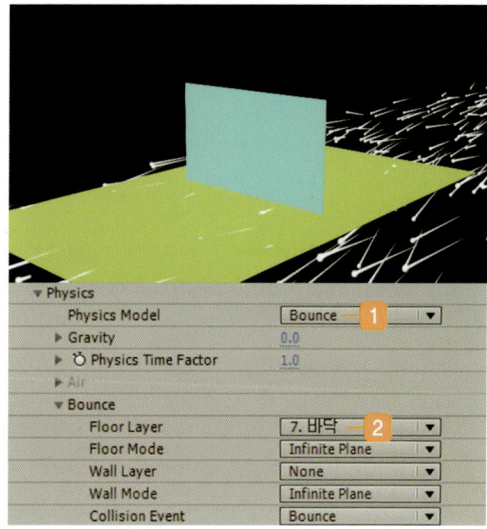

42 그밖에 엄폐물 중 Layer Emitter는 이미터 타입을 레이어로 했을 때 사용되는 레이어 이미터를 엄폐물로 사용할 수 있으며 Wall은 바운스의 벽으로 사용되며 All은 여기에 포함된 모든 레이어에 대해 엄폐물로 사용됩니다.

렌더링

렌더링(Rendering) 항목은 파티큘러를 통해 작업한 내용을 최종적으로 렌더(최종출력, 즉 파일 만들기)를 할 때의 전체적인 품질을 설정할 때 사용됩니다. 특히 이 항목에서는 파티클의 최종 개수와 뎁스 오브 필드(DOF), 모션 블러 등에 대해 세부적인 설정을 할 수 있습니다.

01 드디어 파티큘러를 분석하는 이론적인 학습편에 대한 마지막 시간입니다. 이번 섹션을 학습하기위해 [렌더링]이란 이름의 프로젝트 파일을 열어줍니다.

02 Rendering 항목의 Render Mode는 최종 렌더링되는 품질 상태를 설정할 수 있습니다. 현재는 기본 모드인 Full Render로 되어있어 가장 우수한 품질로 나타납니다. 품질이 좋다는 것은 그만큼 렌더, 특히 프리뷰(미리보기)할 때의 속도가 느려진다는 것을 의미합니다.

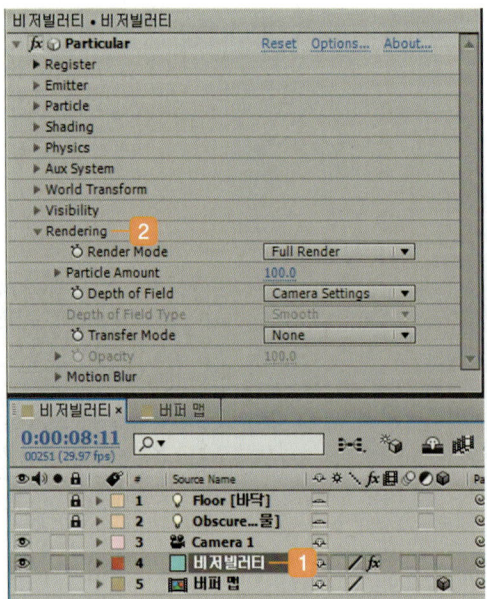

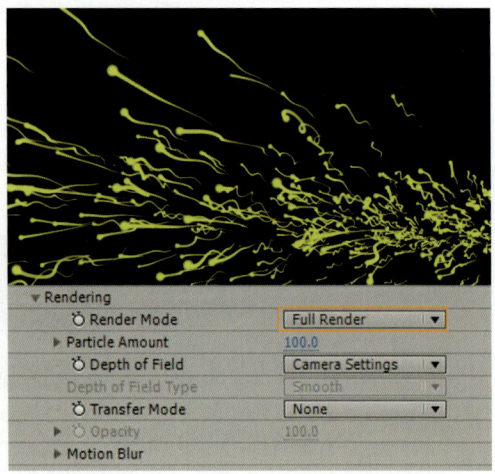

03 여기서 Render Mode를 Motion Preview로 바꿔봅니다. 전과는 다르게 파티클의 모습이 아주 러프(Rough-단조로운)한 점으로 표시되는 것을 볼 수 있습니다. 그만큼 품질이 낮아졌다는 것인데 이 방식의 장점은 정교하지 않기 때문에 프리뷰의 시간이 빨라진다는 것입니다. 그러나 최종 출력 시에는 일반적으로 사용하지 않습니다. 확인이 끝났다면 다시 고품질의 풀 렌더로 설정해 놓습니다.

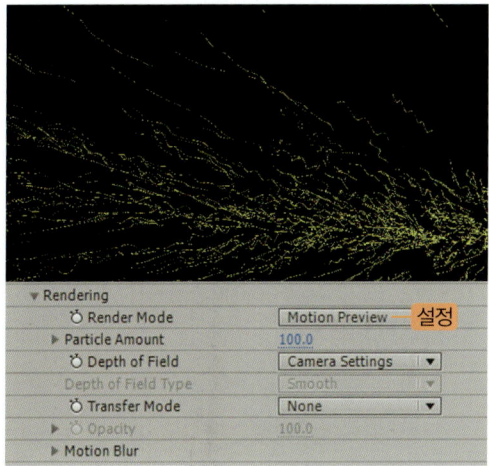

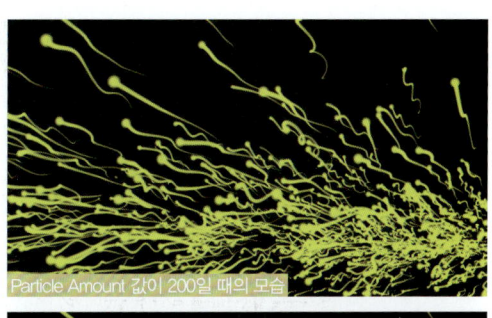

Particle Amount 값이 200일 때의 모습

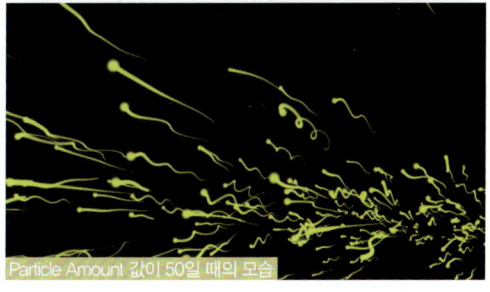

Particle Amount 값이 50일 때의 모습

04 이번엔 아래쪽 Particle Amount에 대해 알아봅니다. 지금의 렌더링 프로젝트 파일은 이미 파티클 항목에서 파티클의 개수를 지정한 상태입니다. 그러나 렌더링 항목의 파티클 어마운트에서 다시 최종 렌더링될 파티클의 개수(양)을 설정할 수 있습니다. Particle Amount는 v 2.2 버전에서 새로 추가된 기능임

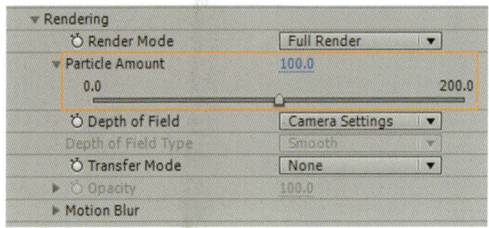

06 계속해서 이번엔 Depth of Field에 대해 알아봅니다. 뎁스 오브 필드는 약자로 DOF라고도 하는데 카메라와 피사체(파티클)의 심도(깊이)에 따른 변화를 표현하기 위해 사용됩니다. 쉽게 말해 카메라의 포커스와 벗어나면 흐려지는(아웃 포커스) 효과를 위해 사용된다는 것입니다. 기본적으로 Camera Settings로 되어있어 뎁스 오브 필드를 사용할 수 있으나 타임라인에 카메라가 없다면 아무런 의미가 없습니다. 지금 사용되는 렌더링 프로젝트 파일은 이미 카메라가 생성된 상태이므로 이 방식을 사용할 수 있습니다. 그러나 만약 카메라 유무와 관계없이 뎁스 오브 필드를 사용하지 않고자 않다면 Off로 설정하면 됩니다.

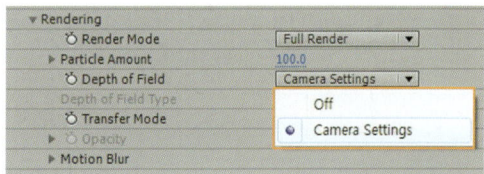

05 Particle Amount 값을 최대 값인 200으로 늘리면 원래의 양보다 두 배 더 늘어납니다. 확인이 끝나면 원활한 작업을 위해 다시 수치를 정당하게 낮춰줍니다.

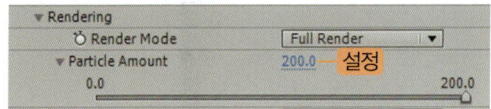

07 여기서 뎁스 오브 필드를 사용하기 위해 카메라 레이어의 Camera Options를 열고 Depth of Field를 On으로 켜줍니다. 이제야 비로소 뎁스 오브 필드 효과가 표현됩니다. 이렇듯 뎁스 오브 필드를 사용하기 위해서는 반드시 카메라의 Depth of Field를 켜주어야 합니다.

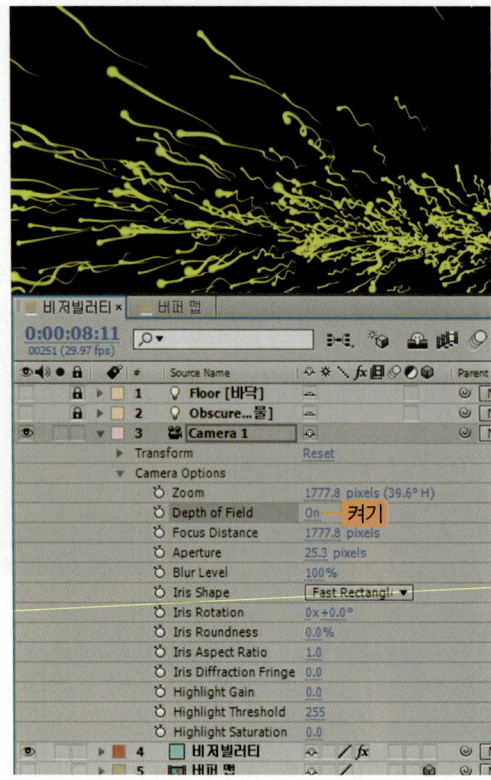

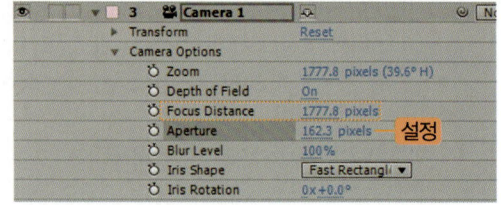

09 여기서 만약 애퍼쳐를 통해서도 원하는 흐림 효과가 표현되지 않는다면 아래쪽 Blur Level을 이용할 수 있습니다. 블러는 물리적으로 이미지를 흐리게 처리합니다. Blur Level 값을 250 정도로 증가해 보면 파티클들이 전보다 훨씬 흐려진 것을 알 수 있습니다.

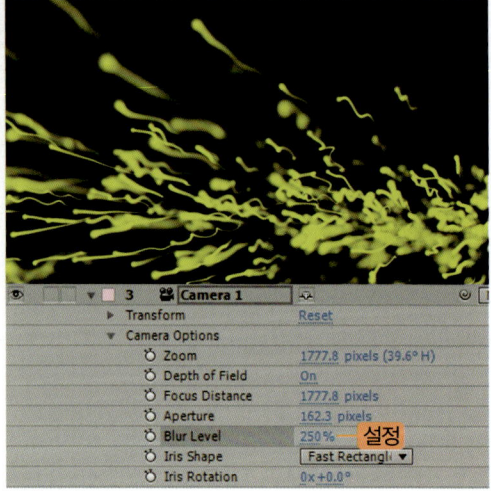

08 현재는 파티클들의 모습이 뎁스 오브 필드(아웃 포커스)에 영향을 많이 받지는 않습니다. 카메라에서 Aperture 값을 증가해 봅니다. 이제 파티클들의 모습이 더욱 흐려진 것을 알 수 있습니다. 지금 설정한 애퍼쳐는 카메라의 조리개 정도로 이해하면 되는데, 즉 카메라를 통해 들어오는 빛의 양을 조리개를 통해 조절하는 것과 같습니다. 조리개가 많이 열리면 그만큼 빛이 많이 들어오기 때문에 이미지는 전체적으로 밝고 뚜렷하게 표현됩니다. 그래서 방금 애퍼쳐 값을 증가하여 빛을 더 많이 받게 하였으므로 파티클이 흐려지는 모습이 더욱 뚜렷해진 것입니다. 참고로 위쪽 Focus Distance는 카메라와 피사체의 거리를 조절하는 기능입니다.

10 계속해서 아래쪽 Depth of Field Type에 대해 알아봅니다. 현재는 뎁스 오브 필드 타입은 비활성화 상태입니다. 이 기능을 사용하기 위해서는 파티클 타입을 스프라이트나 텍스처 폴리곤 타입으로 변경해야 합니다.

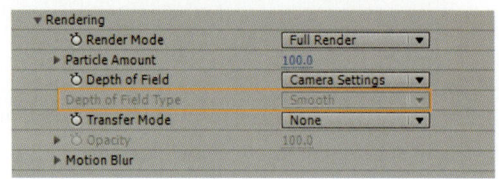

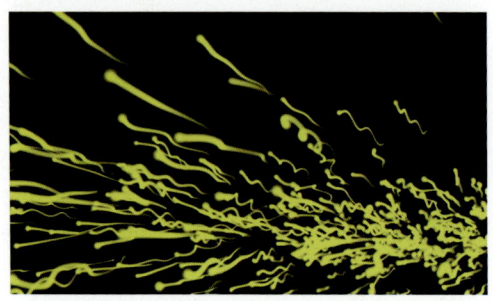

11 새로운 파티클로 사용하기 위해 Ctrl+N 키를 눌러 [파티클]이란 이름의 컴포지션을 만들어줍니다. 이 컴포지션의 크기는

가로, 세로를 모두 100 정도로 설정합니다.

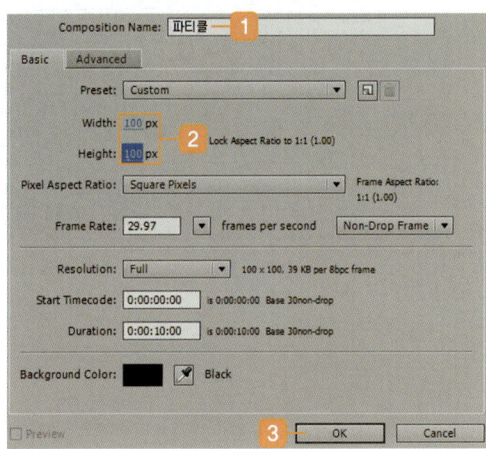

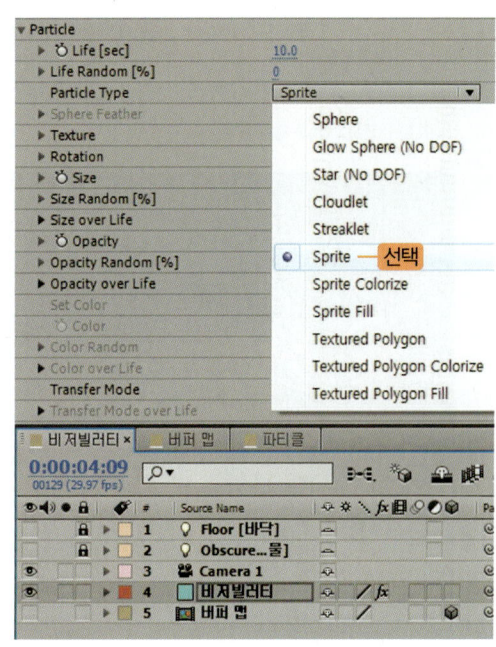

12 Star 툴을 더블클릭하여 앞서 만든 파티클 컴포지션 크기와 맞는 별 모양의 쉐이프를 만들어줍니다. 이제 이 별 모양을 파티클로 사용할 것입니다.

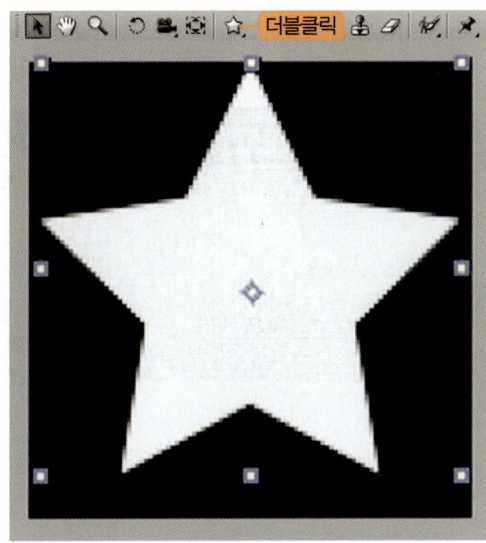

13 이제 뎁스 오브 필드 타입에 대한 사용이 가능하도록 다시 비저빌러티 컴포지션으로 이동한 후 Particle 항목의 Particle Type을 Sprite로 선택합니다. 그밖에 Sprite와 Textured Polygon 타입들도 뎁스 오브 필드 타입을 사용할 수 있는 파티클 타입들이며 스프라이트 타입 상위에 있는 타입들은 뎁스 오브 필드 타입을 사용할 수 없습니다.

14 프로젝트 패널에서 앞서 작업한 파티클 컴포지션 소스를 끌어다 비저빌러티 타임라인에 갖다 적용합니다. 작업의 편의상 맨 아래쪽에 갖다 놓습니다.

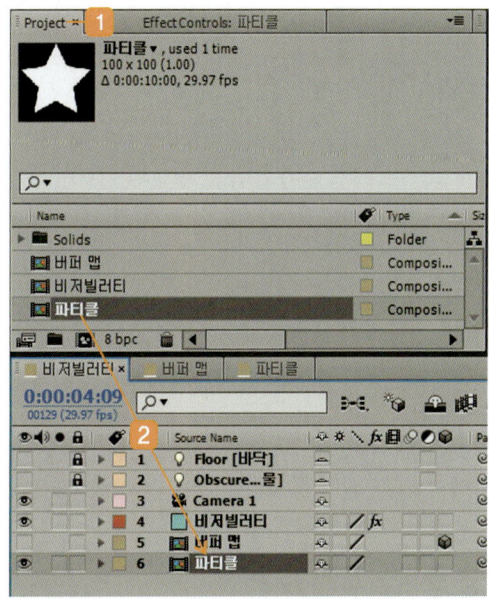

15 텍스처 레이어를 선택하기 위해 비저빌러티 레이어를 선택하

고 이펙트 컨트롤 패널에서 Particle 항목의 Texture의 Layer를 방금 적용한 파티클 레이어로 선택합니다. 파티클 레이어의 모습은 숨겨놓고 확인해 보면 메인 파티클의 모습이 별 모양으로 바뀐 것을 알 수 있습니다.

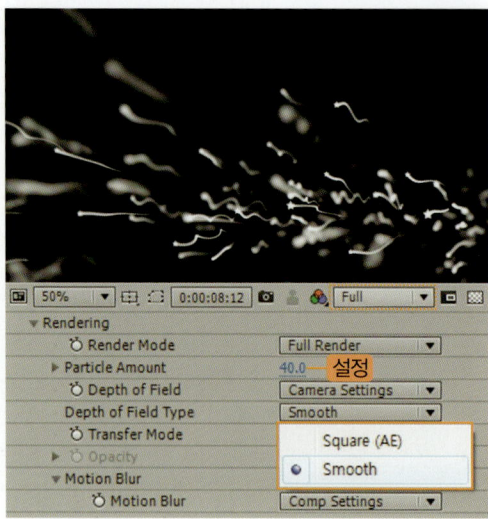

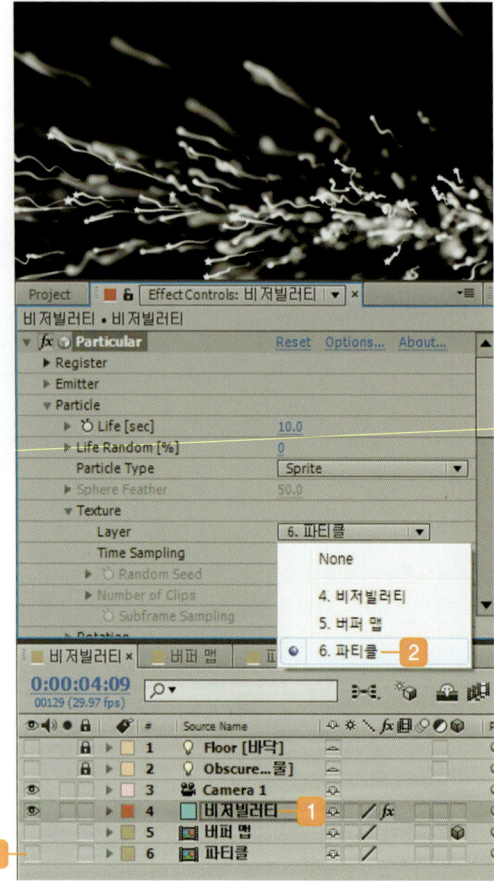

17 이번엔 Depth of Field Type을 Square (AE)로 바꿔봅니다. 스무스를 사용할 때와 약간의 변화가 생긴 것을 알 수 있습니다. 스퀘어 (AE) 타입은 애프터이펙트의 기본 사각형 DOF 방식을 사용하므로 애프터이펙트 카메라의 뎁스 오브 필드에 관한 기능을 통해 설정이 가능합니다.

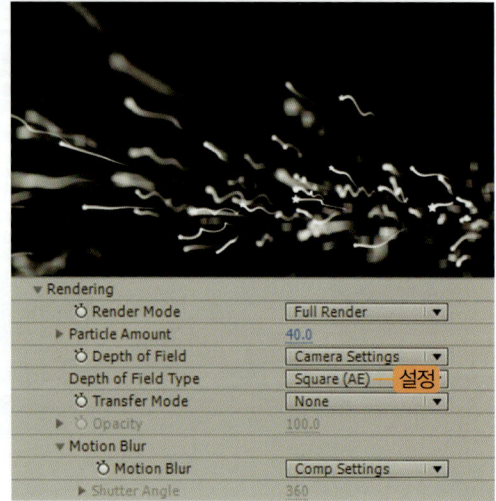

16 이제 Depth of Field Type이 활성화되었기 때문에 사용할 수 있게 되었습니다. 이 기능은 Square (AE)와 Smooth 두 타입을 제공합니다. 현재는 뎁스 오브 필드에 의해 흐려지는 모습을 부드럽게 처리해 주는 스무스로 되어있습니다. 스무스 타입은 사실적인 포커스 아웃 효과를 표현해 주지만 프리뷰(렌더) 시간이 느려진다는 단점을 가지고 있습니다. 여기서 일단 프리뷰 시간을 조금이나마 단축하기 위해 Particle Amount 값을 40 정도로 줄여줍니다. 물론 프리뷰 속도를 보다 빠르게 하기 위해서 컴포지션 패널 하단의 Resolution/Down Sample Factor 팝업에서 Half나 Third급 해상도로 낮춰줄 수도 있지만 파티클의 모습이 많이 왜곡되므로 여기에서는 사용하지 않습니다.

18 이번엔 Transfer Mode에 대해 알아봅니다. 트랜스퍼 모드는 레이어 블렌딩 모드처럼 합성에 사용되는 기능입니다. 그러나 이 합성 모드는 레이어가 아닌 파티클과 파티큘러가 적용된 레이어간에 합성이 이뤄집니다. 현재는 기본적으로 None으로 되어있어 아무런 변화가 없지만 Normal부터는 레이어 블렌딩

모드와 같은 방식으로 합성이 이뤄집니다. 여기서 일단 Normal을 선택해 봅니다.

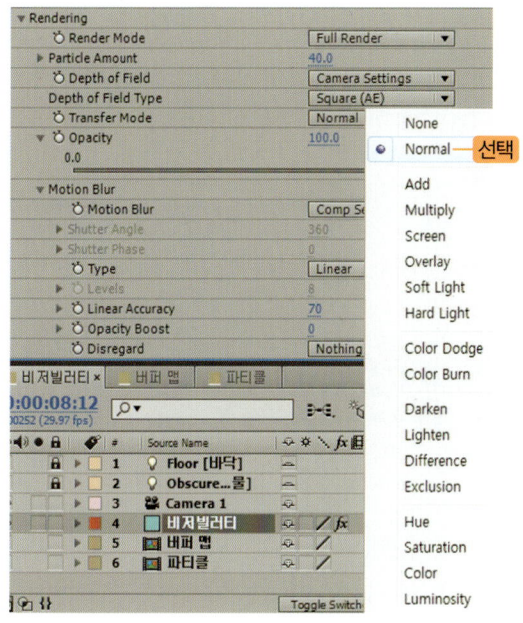

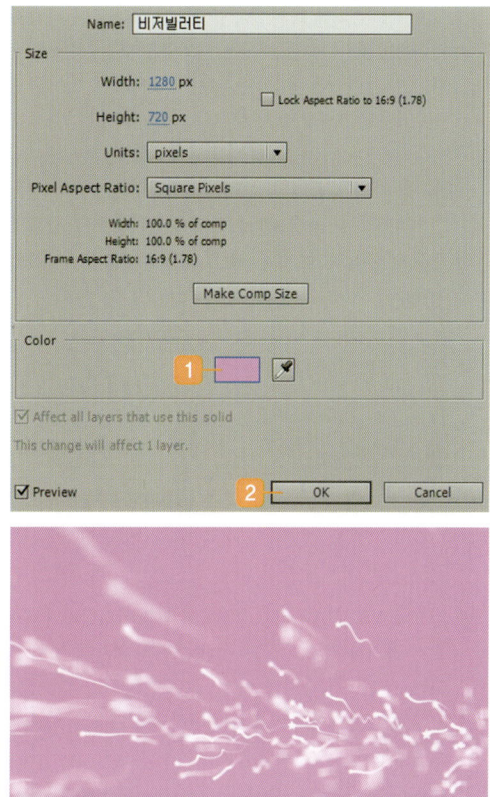

19 앞서 노멀을 선택한 후의 결과는 배경이 엷은 청록색(필자의 경우)으로 바뀌었고 파티클의 색상을 원래 색상인 흰색이 그대로 사용됩니다.

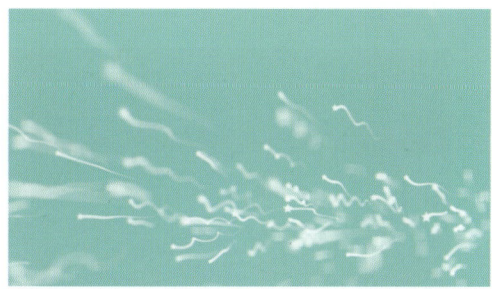

20 여기서 비저빌러티 솔리드 레이어의 색상을 바꿔봅니다. Layer > Solid Setting을 선택한 후 솔리드 레이어의 색상을 다른 색으로 바꿔봅니다. 그러면 새롭게 바뀐 색상의 배경색으로 사용되는 것을 알 수 있습니다. 이렇듯 트랜스퍼 모드는 파티큘러 효과가 적용된 레이어의 색상과 파티클간의 색상, 밝기, 채도 값을 계산하여 합성이 이뤄진다는 것을 알 수 있습니다.

21 이번엔 트랜스퍼 모드를 Add로 설정해 봅니다. 파티클의 밝기가 전보다 훨씬 강렬해진 것을 알 수 있습니다. 나머지 모드는 여러분이 직접 살펴보기 바라며, 아래쪽 Opacity는 트랜스퍼 모드가 사용될 때의 (불)투명도를 설정할 수 있습니다.

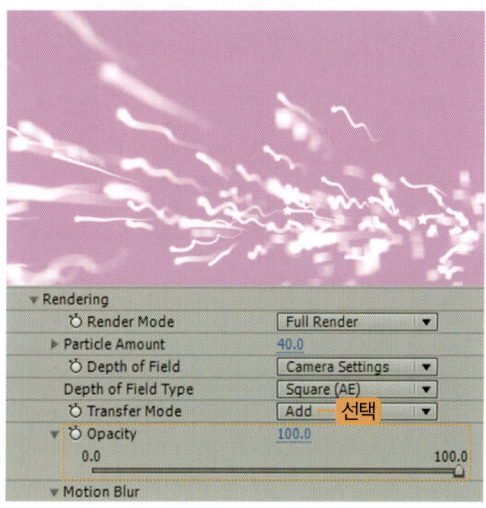

파티큘러 분석하기 - 렌더링 **131**

22 이제 모션 블러에 대해 알아 볼 차례입니다. 앞선 작업에서의 트랜스퍼 모드는 다시 None으로 해 주고 Motion Blur를 열어봅니다. 모션 블러는 움직이는 피사체(파티클)에 잔상을 만들어 속도감을 증가시킬 때 사용합니다. 모션 블러는 3가지 타입이 있는데 Off는 모션 블러를 사용하지 않을 때 선택하며 나머지 2가지는 모션 블러를 사용할 때 선택합니다. 먼저 기본적으로 선택되어있는 Comp Settings에 대해 알아봅니다. 컴프 셋팅은 현재 사용되고 있는 컴포지션의 모션 블러를 사용하는 방식입니다.

또한 수치가 높을수록 모션 블러를 보다 명확하게 표현할 수 있습니다. 이렇게 하므로 모션 블러의 양이 증가된 것처럼 표현되는 것입니다. 참고로 우측에 있는 Shutter Phase는 모션 블러가 표현되는 방향을 설정할 수 있습니다. 설정 각도에 따라 모션 블러가 피사체(파티클)의 앞쪽에 표현될 수도 있으며 일반적으로는 피사체의 뒤쪽에 표현되도록 각도를 사용하지 않습니다.

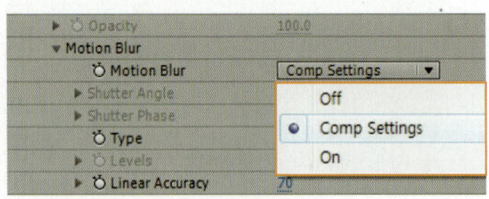

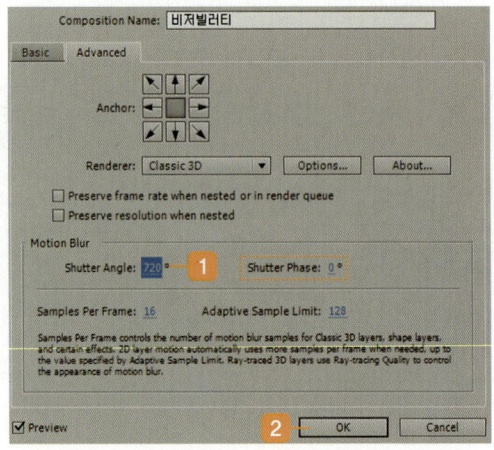

23 컴프 셋팅의 모션 블러를 설정하기 위해 비저빌러티 레이어의 모션 블러를 켜주고 상단 메인 스위치 역할을 하는 Enable Motion Blur도 켜줍니다. 이것으로 모션 블러가 적용됐습니다. 모션 블러는 피사체의 속도에 따라 강도가 달라지면 별도로 조정을 할 수도 있습니다.

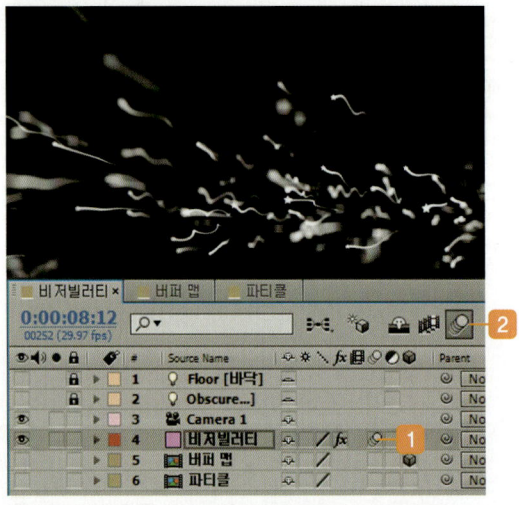

24 모션 블러의 양을 인위적으로 조절하기 위해 Composition 〉 Composition Settings를 선택합니다. Advanced 탭으로 이동하고 Motion Blur의 Shutter Angle을 720으로 늘려줍니다. 셔터 앵글은 카메라의 셔터 스피드와 같은 개념으로 빠른 셔터가 빛을 많이 받아 사물을 보다 밝고 정확하게 촬영하듯이 셔터 앵글

25 앞서 설명했듯 셔터 앵글은 피사체의 속도감을 느끼기 위해 즐겨 사용되는 장치로써 아래 그림을보면 모션 블러가 사용됐을 때와 그렇지 않았을 때의 차이가 사뭇 다르다는 것을 알 수 있습니다.

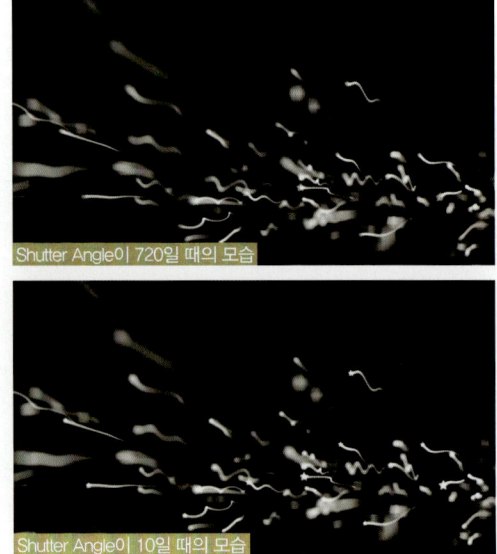

26 이번엔 Motion Blur 타입을 On으로 설정해 봅니다. 온으로 설정하면 애프터이펙트의 컴포지션이 아닌 아래쪽 Shutter Angle과 Shutter Phase를 사용하여 모션 블러의 양과 방향을 설정할 수 있습니다.

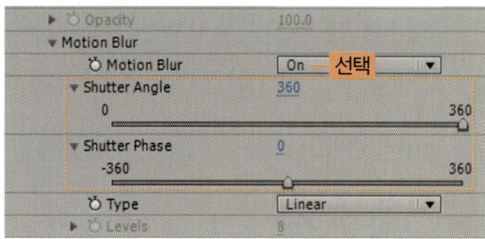

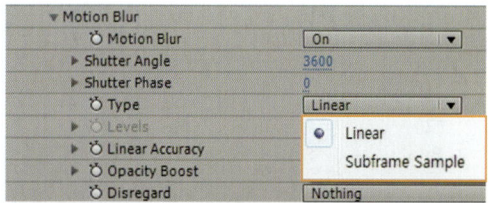

27 파티큘러 효과에서 사용되는 모션 블러의 셔터 앵글은 애프터이펙트의 셔터 앵글보다 많은 양의 모션 블러를 표현할 수 있습니다. 여기에서는 최대 3600까지 증가할 수 있습니다.

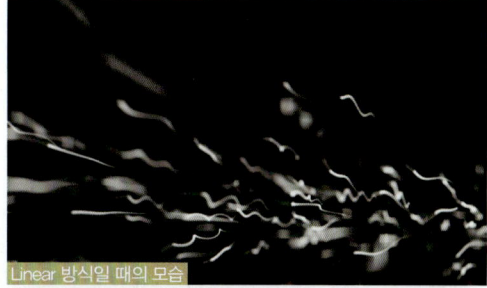

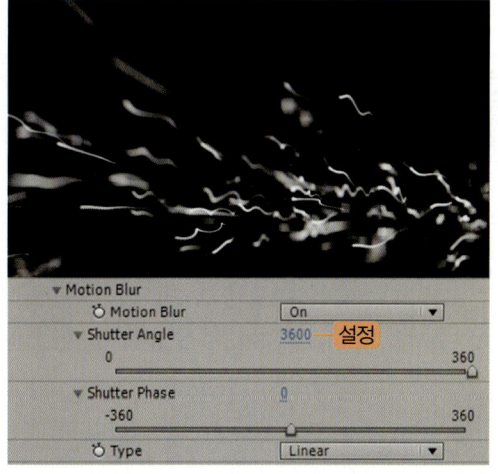

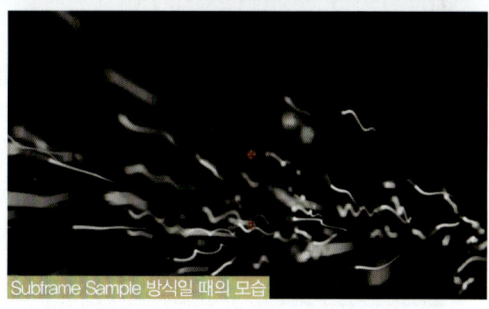

28 계속해서 아래쪽 Type에 대해 알아봅니다. 타입은 모션 블러가 표현되는 방식을 선택할 수 있습니다. 기본적으로 Linear 방식으로 되어있는데 리니어 방식은 모션 블러가 선형으로 표현되기 때문에 인위적이고 섬세하지는 않지만 프리뷰 속도는 빠른 편입니다. 반면 Subframe Sample은 프레임과 프레임 사이에 가상의 프레임을 추가하는 방식으로 모션 블러를 보다 섬세하게 표현합니다. 이 방식은 주로 피사체의 움직임이 곡선일 때 유리하며 섬세하게 표현하기 때문에 프리뷰 속도는 다소 느린 편입니다.

29 아래쪽 Levels은 위쪽 타입을 서브프레임 샘플로 선택했을 때 사용되는 파라미터로써 프레임과 프레임 사이에 샘플링되는 개수를 조절할 때 사용됩니다. 이 수치가 높을수록 샘플링 개수가 많아지기 때문에 모션 블러는 더욱 정교해 지지만 프리뷰 속도는 만족스럽지 못 할 것입니다. 여기서는 20 정도로 높여서 확인해 봅니다.

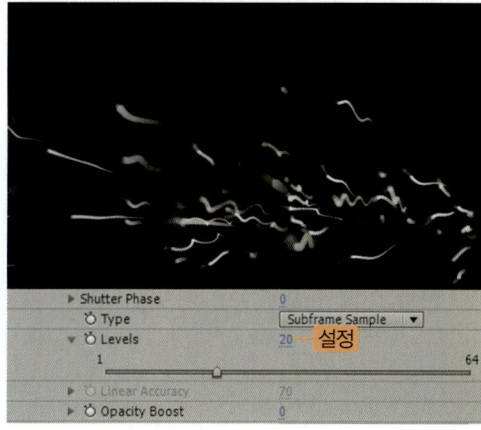

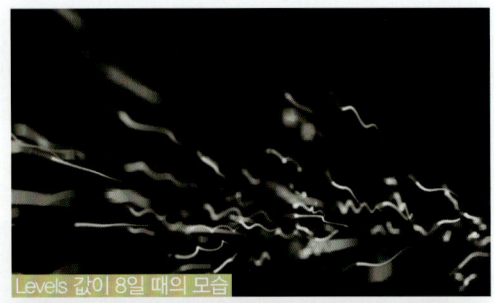
Levels 값이 8일 때의 모습

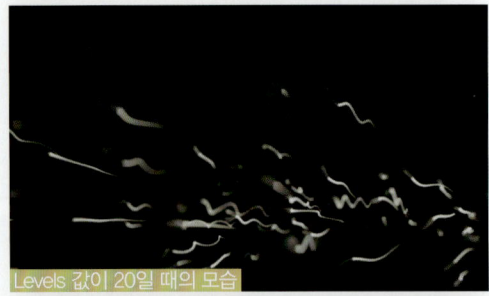
Levels 값이 20일 때의 모습

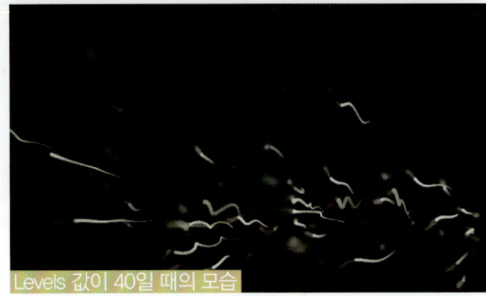
Levels 값이 40일 때의 모습

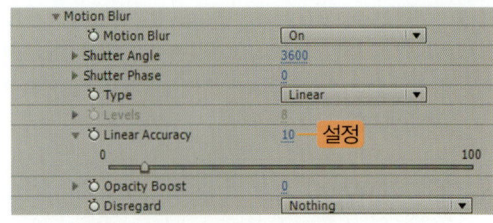

30 이번엔 리니어 타입을 사용했을 때 정확도에 대한 설정을 할 수 있는 리니어 애큐러시에 대해 알아봅니다. Type을 다시 Linear로 선택한 후 Linear Accuracy 값을 설정해 봅니다. 여기에서는 10 정도로 낮춰보면 모션 블러의 모습이 매우 거칠어진 것을 알 수 있습니다. 참고로 리니어 애큐러시가 활성화가 되지 않는다면 메인 파티클 타입이 스프라이트나 텍스처 폴리곤 타입이 아니기 때문임을 기억하기 바랍니다.

31 이번엔 Linear Accuracy 값을 50 정도로 높여봅니다. 이전보다 훨씬 모션 블러가 정확하게 표현된 것을 알 수 있습니다. 이렇듯 리니어 애큐러시는 리니어 타입의 모션 블러의 품질에 영향을 준다는 것을 알 수 있습니다.

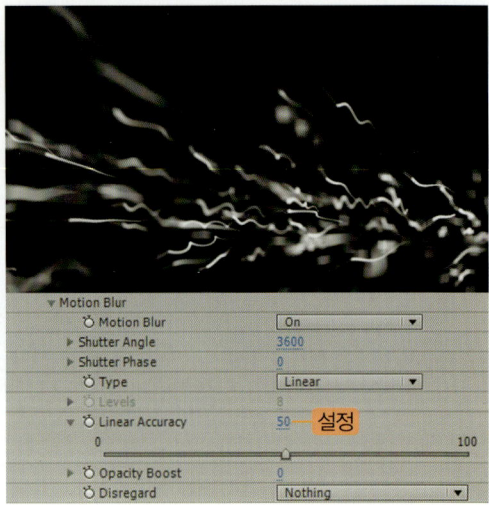

32 계속해서 이번엔 Opacity Boost에 대해 알아봅니다. 오패서티 부스트는 파티클에 모션 블러가 적용됐을 때 엷어지는(흐려지는) 현상을 보상하기 위해 사용됩니다.

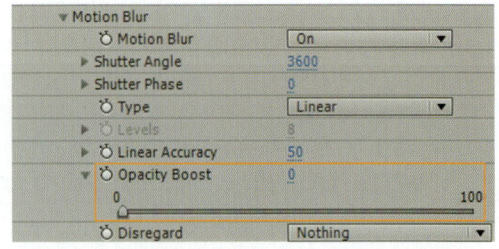

33 오패서티 부스트 값을 설정해 보면 수치가 높을수록 파티클의

모습이 불투명해지기 때문에 보다 선명한 결과를 얻을 수 있습니다.

Opacity Boost 값이 30일 때의 모습

Opacity Boost 값이 65일 때의 모습

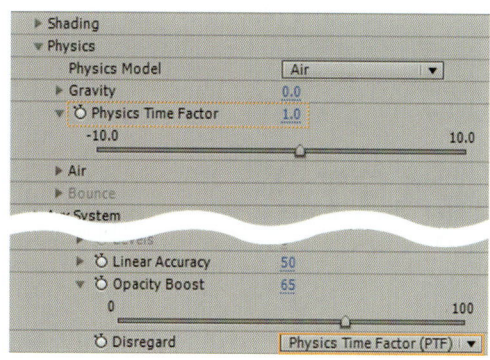

34 이제 마지막으로 Disregard에 대해 알아봅니다. 디스리가드는 모션 블러가 전체적으로 적용되는 것을 원치 않을 때 특정 모션 블러를 제외시킬 때 사용됩니다. 현재는 기본 상태인 Nothing입니다. 낫씽은 모든 모션 블러를 사용한다는 것이며 그밖에 3가지 방식은 해당 기능에 대해서는 모션 블러가 사용되지 않도록 합니다.

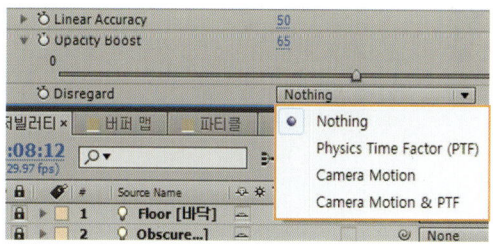

35 먼저 디스리가드의 Physics Time Factor (PTF)에 대해 살펴봅니다. 피직스 타임 팩터는 해당 섹션에서 살펴본 것처럼 중력에 대한 시간적 설정을 통해 파티클들이 빠르게 움직이거나 멈춰있는 장면을 표현할 수 있기 때문에 디스리가드에서 이 방식을 선택하여 폭발하는 장면 같은 곳에서 사용하면 모션 블러 또한 멈춰있게 할 수 있습니다.

36 그리고 Camera Motion은 카메라가 움직이는 동안에는 모션 블러가 사용(표현)되지 않고자 할 때 사용됩니다. 가령 모션 블러의 양, 즉 셔터 앵글의 수치가 높을 경우엔 프리뷰의 시간이 오래 걸리게 되는데 여기서 카메라 마저 움직임이 있다면 모션 블러의 양이 더욱 증가됩니다. 이렇게 증가된 모션 블러는 프리뷰 시간을 더욱 느리게 하기 때문에 이때 만이라도 카메라의 움직임으로 증가된 모션 블러를 제외시켜 프리뷰 시간을 단축시킬 수 있습니다.

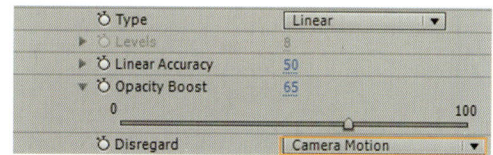

37 나머지 Camera Motion & PTF는 카메라 모션과 피직스 타임 팩터를 모두 모션 블러에서 제외시킬 때 사용됩니다. 이것으로 렌더링 항목까지 모두 살펴보았습니다. 앞서 학습한 섹션과 함께 파티큘러를 통해 무엇을 표현할 수 있을까에 대한 연구를 해 보십시오. 다음 파트에서는 지금까지 학습한 기초 이론을 토대로 간단한 예제를 통해 파티큘러를 보다 심층적으로 이해할 수 있는 시간을 가져봅니다.

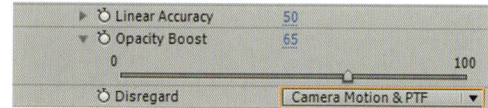

PART 02

예제로 배우는 파티큘러

앞선 챕터에서는 파티큘러의 모든 기능에 대한 소개와 사용법에 대한 이론적인 부분에 대해 알아보았습니다. 이번 챕터에서는 앞서 배운 이론적인 내용을 토대로 한 예제를 통해 파티큘러를 보다 심층적으로 이해할 수 있는 시간이 될 것입니다.

비내리는 장면

파티큘러를 이용하면 비내리는 장면을 표현할 수 있습니다. 빗방울이 바닥에 튕기는 장면을 위해 피직스의 바운스를 이용하며 옥스 시스템의 앳 바운스 이벤트를 이용하여 빗방울이 부딪쳐 부서지는 장면을 표현합니다. 모션 블러를 통해 빗줄기의 속도감을 표현하며 카메라 모션을 이용하는 방법에 대해서도 알아봅니다.

01 새로운 작업을 위해 Ctrl+N 키를 눌러 [비내리는 장면]이라는 컴포지션을 만듭니다. 컴포지션의 크기는 앞선 섹션들 처럼 가로, 세로를 1280X720으로 설정합니다.

들어줍니다. 바닥 솔리드 레이어의 크기는 가로, 세로 모두 2500 정도로 설정합니다.

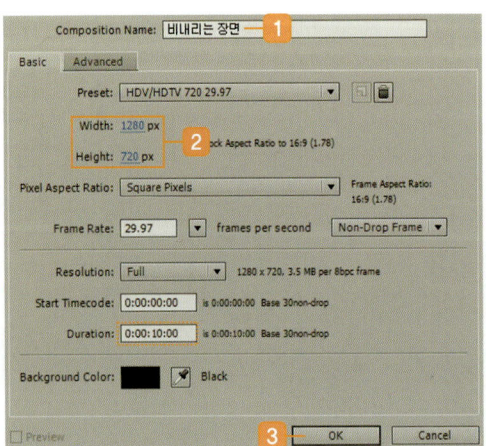

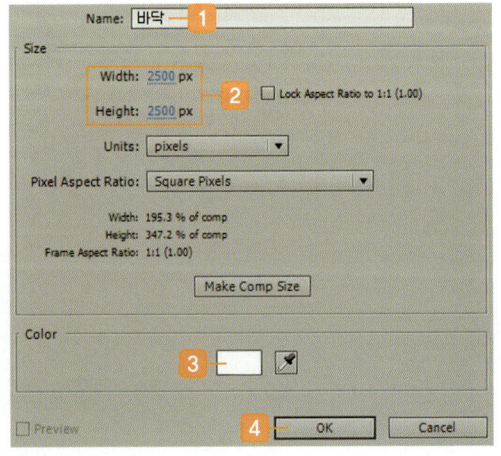

02 파티큘러 효과를 적용하기 전에 먼저 바닥을 만들기 위해 Ctrl+Y 키를 눌러 [바닥]이란 이름의 흰색 솔리드 레이어를 만

03 바닥 솔리드 레이어를 3D Layer로 전환한 다음 Rotation 툴을 사용하여 90도로 회전한 후 Selection 툴을 사용하여 그림처럼

아래로 내려줍니다.

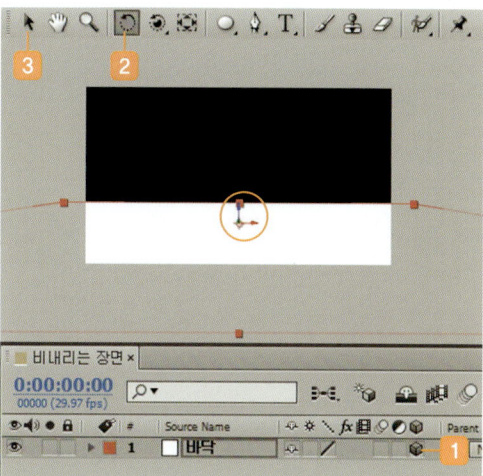

04 바닥에 비추는 조명을 설치하기 위해 Ctrl+Alt+Shift+L 키를 누르거나 Layer 〉 New 〉 Light를 선택합니다. Light Type은 Point로 해 주고 색상은 흰색으로 설정합니다.

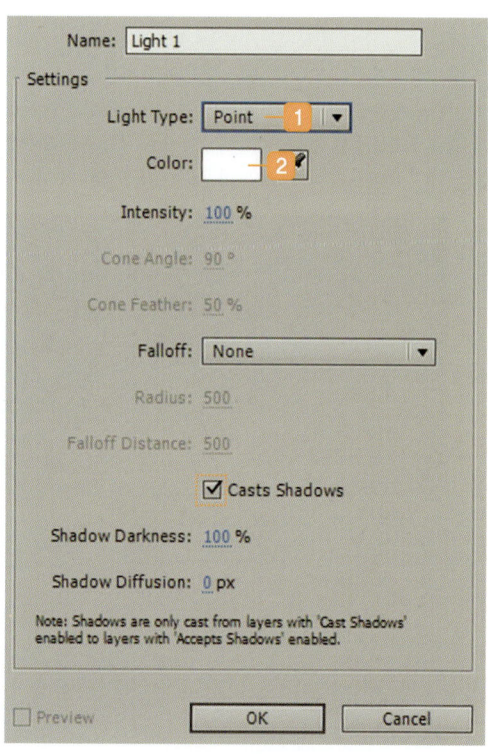

05 조명의 위치를 조정하기 위해 Light 1 레이어의 Transform을 열고 Position의 X축을 640으로 설정하여 X축 방향으로 중앙에 위치하도록 하고 Y축을 150 정도로 설정하여 위쪽으로 이동합니다. 그리고 Z축을 0으로 설정합니다.

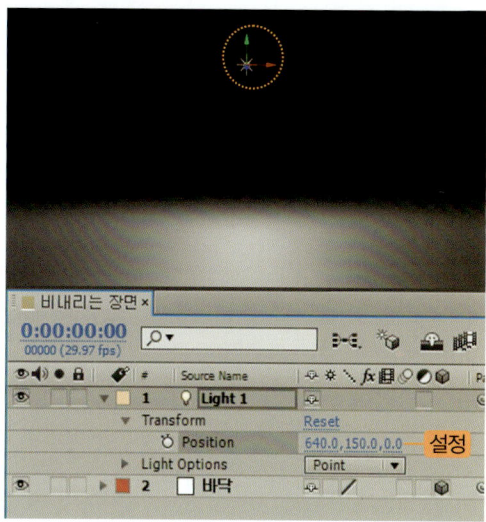

06 이번엔 카메라를 설치해 봅니다. Ctrl+Alt+Shift+C 키를 누르거나 Layer 〉 New 〉 Camera를 선택하여 기본 카메라를 만들어줍니다.

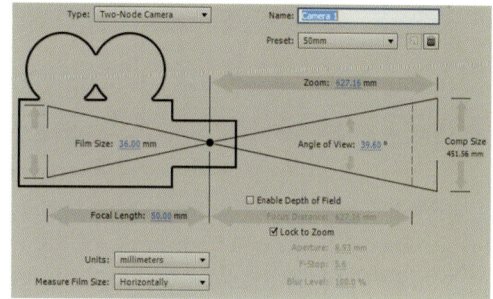

07 이제 카메라를 제어하기 위해 널 오브젝트를 만들어줍니다. Ctrl+Alt+Shift+Y 키를 누르거나 Layer 〉 New 〉 Null Object를 선택합니다. Null 1 레이어를 3D Layer로 전환한 후 카메라의 페어런트를 Null 1로 설정합니다. 이로써 널 오브젝트는 카메라의 움직임을 제어하는 페어런트(부모)로 되었습니다. 이제 널 오브젝트를 회전하거나 위치를 변경하면 카메라도 같이 반응을 합니다. 물론 카메라를 직접 설정할 수도 있겠지만 카메라를 직접 제어하는 것 보다 이와 같이 널 오브젝트를 통해 카메라

를 제어하는 것이 훨씬 쉽고 편리합니다.

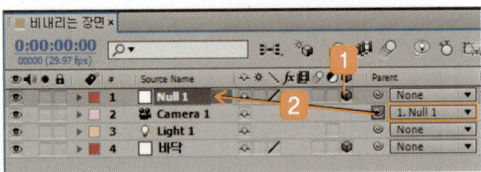

08 이번엔 파티큘러 효과가 적용될 레이어를 만들어줍니다. Ctrl+Y 키를 눌러 [비내리는 장면]이란 이름의 솔리드 레이어를 만듭니다. 솔리드 레이어의 크기는 Make Comp Size 버튼을 클릭하여 현재의 컴포지션과 동일한 크기로 설정합니다.

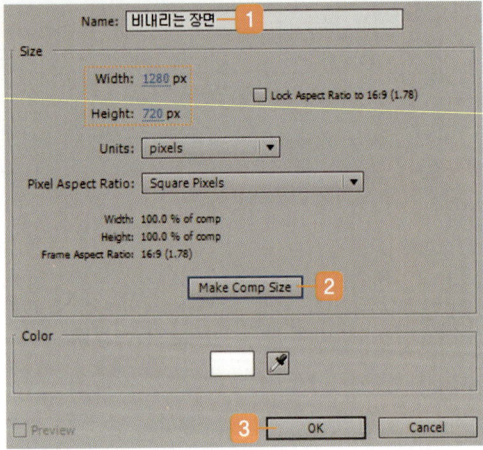

09 비내리는 장면 솔리드 레이어에 파티큘러 효과를 적용한 후 이펙트 컨트롤 패널에서 Emitter 항목을 설정합니다. Particles/sec를 250, Emitter Type을 Box, Position Y축을 45, Direction을 Directional, X Rotation을 -90, Emitter Size X, Y를 모두 1500 정도로 설정하여 파티클들이 아래로 떨어지는 장면을 만들어줍니다.

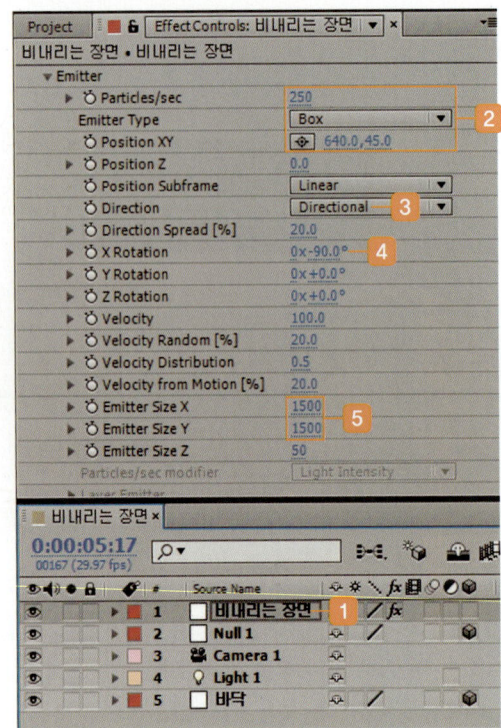

10 비로 사용될 파티클들이 바닥에 채 떨어지기도 전에 사라지고 말기 때문에 여기에서는 파티클이 생몰 시간을 늘려주어야 합니다. Particle 항목의 Life [sec]를 6초 정도로 늘려줍니다.

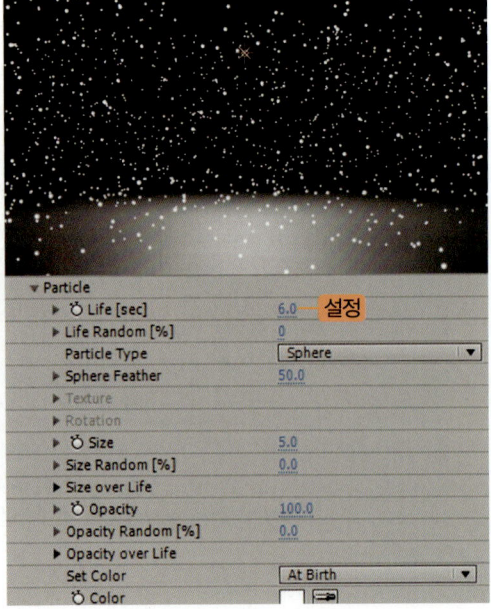

11 빗방울이 바닥에 튀는 장면을 표현하기 위해 Physics 항목의 Physics Model을 Bounce로 설정하고 바운스의 Floor Layer를 바닥 레이어로 선택합니다.

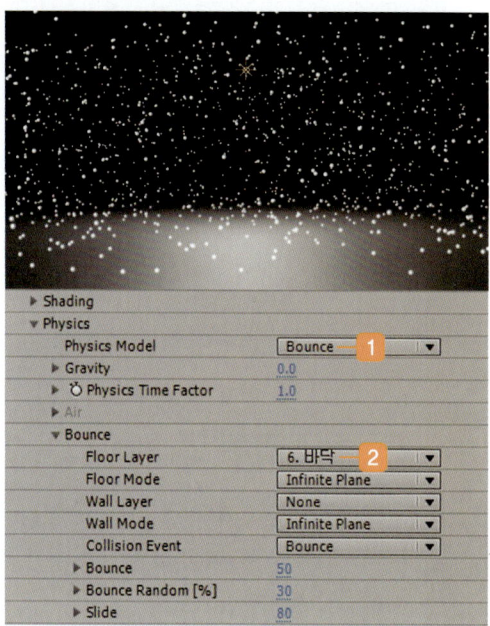

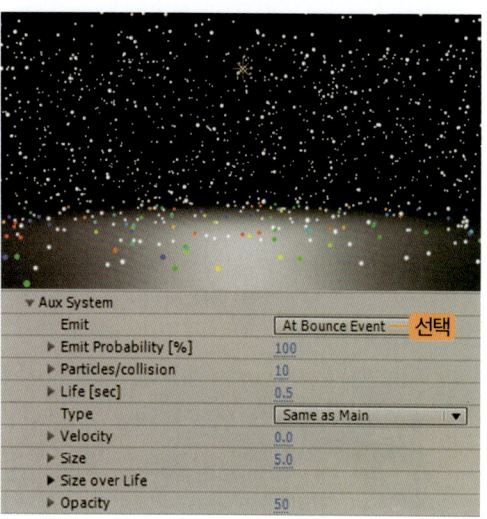

12 현재는 빗방울(파티클) 자체가 바닥에 튕겨나가기 때문에 사실감이 떨어집니다. 바닥에 튈 때 여러 개의 조각들로 분리되어 튕겨나가게 하기 위해 먼저 Collision Event를 Kill로 설정하여 바닥에 닿을 때 사라지도록 합니다. 그리고 Floor Mode를 Layer Size로 설정하여 바닥 레이어 그기에서만 바운스되는 영역으로 사용되도록 합니다.

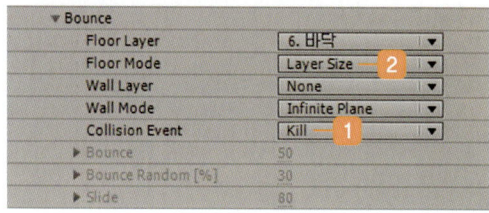

13 이제 빗방울이 바닥에 튈 때 사용할 작은 빗방울을 표현하기 위해 Aux System 항목의 Emit를 At Bounce Event로 설정합니다. 확인을 해 보면 현재는 메인(큰) 빗방울이 바닥에 떨어질 때 서브(작은) 빗방울이 컬러로 나타나기 때문에 세부적인 수정 작업이 필요합니다.

14 작은 빗방울이 튀는 장면을 위해 Velocity를 110 정도로 높여주고 큰 빗물과 같은 색으로 해 주기 위해 Color From Main [%]를 100으로 설정합니다. 작은 빗방울이 중력에 영향을 받아 튀면서 떨어지게 하기 위해 Gravity를 100 정도로 설정하고 생물 시간을 Life [sec]를 통해 2초 정도 늘려줍니다. 그리고 작은 빗방울의 개수를 Particles/collision을 통해 15 정도로 늘려줍니다. 이제 확인해 보면 큰 빗물에 튕겨나가는 장면이 어느 정도 표현됐습니다.

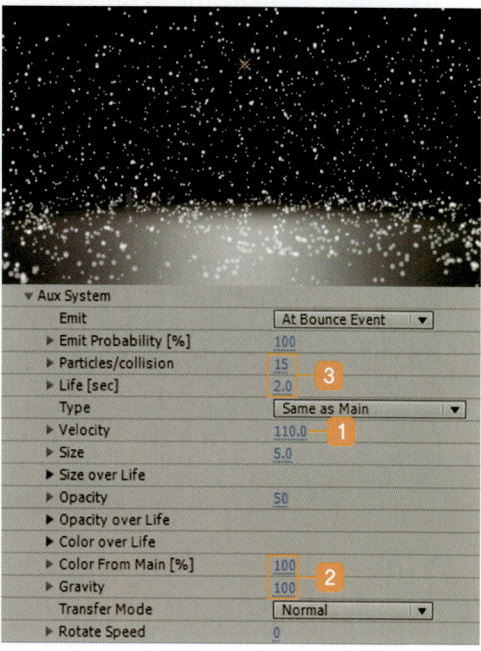

15 이번엔 조명에 의해 발생되는 파티클을 표현하기 위해 Shading 항목을 열어줍니다. 빛에 영향을 받게 하기 위해 Shading을 On으로 설정하고 Light Falloff를 None (AE)로 설정하여 애프터이펙트에서 설치된 조명을 통해 설정(파라미터)할 수 있도록 합니다. 그리고 그림자를 사용하기 위해 Shadowlet for Main과 아래쪽 Aux를 모두 On으로 설정합니다. 쉐도울렛 포 메인은 메인 파티클, 즉 큰 빗방울에 사용할 그림자이며 아래쪽 쉐도울렛 포 옥스는 서브(작은) 파티클(빗방울)에 사용할 그림자입니다. 세부 설정을 위해 Shadowlet Settings를 그림과 같이 설정합니다.

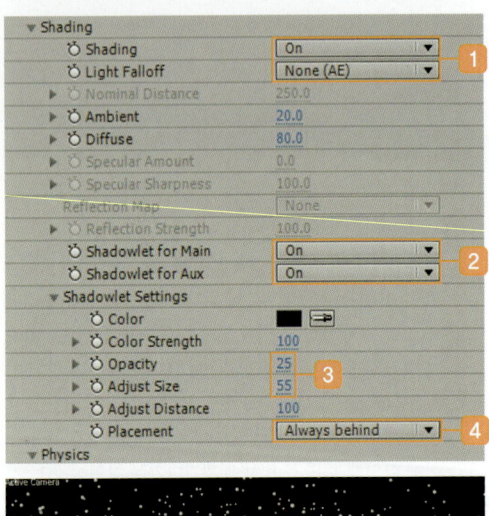

그림자를 사용할 때의 모습

그림자를 사용하지 않을 때의 모습

16 이번엔 카메라에 의한 뎁스 오브 필드에 대한 설정을 위해 카메라 레이어의 Camera Options를 열고 Depth of Field를 On으로 설정합니다. 뎁스 오브 필드를 더욱 두렷하게 해주기 위해 Aperture를 90 정도로 높여줍니다.

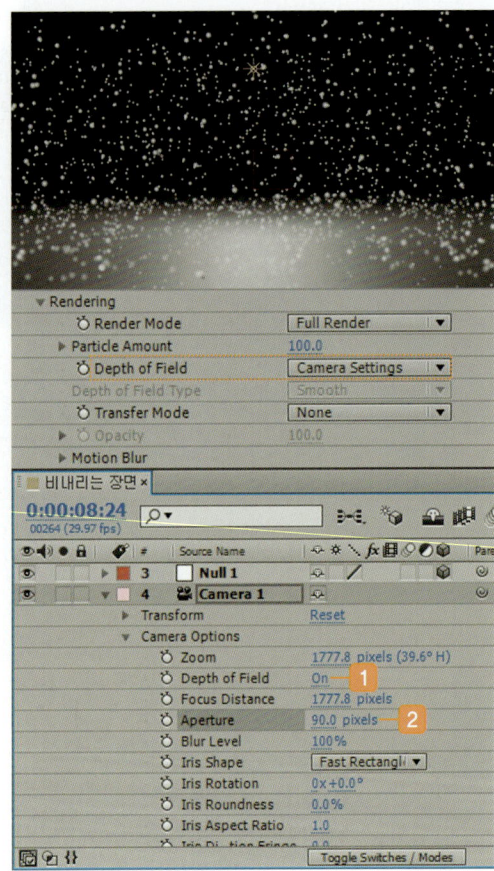

17 계속해서 빗방울이 떨어질 때의 속도를 모션 블러를 통해 더욱 속도감을 느끼게 해 봅니다. Rendering 항목의 Motion Blur에서 Motion Blur를 On으로 선택하여 파티큘러의 모션 블러 속성을 사용합니다. 아래쪽 Shutter Angle을 1800 정도로 높여줍니다. 확인해 보면 모션 블러가 적용되어 빗방울에 잔상이 생기므로 인해 더욱 속도감이 느껴집니다.

정도로 설정하여 빗방울의 크기를 불규칙적으로 해 줍니다. 그리고 Opacity 값을 65 정도로 낮춰 빗물의 투명도를 표현합니다.

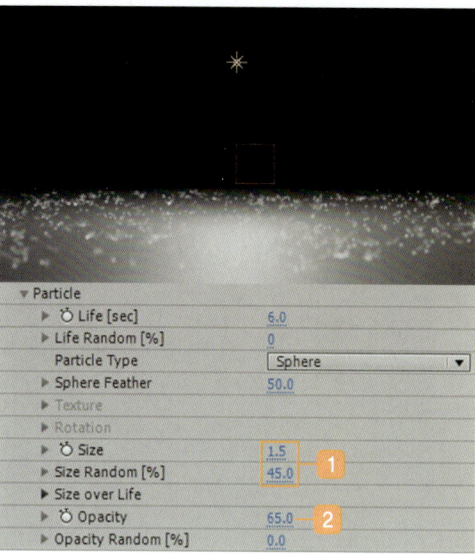

18 빗방울이 떨어지는 각도가 제각기입니다. 모든 빗방울(파티클)이 같은 방향으로 떨어지게 하기 위해 Direction Spread [%]를 0으로 설정합니다. 그리고 큰 빗방울이 떨어지는 속도가 작은 빗방울보다 느리기 때문에 Velocity 값을 350 정도로 늘려줍니다. 실제론 더욱 빨라야 하지만 작업의 편의를 위해 이 정도의 속도만 사용해 봅니다.

20 앞서 빗방울의 속도와 불투명도를 설정했기 때문에 큰 빗방울의 모습이 거의 나타나지 않습니다. Rendering 항목의 Motion Blur에서 Opacity Boost를 15 정도로 높여 큰 빗줄기의 모습을 뚜렷하게 해 줍니다.

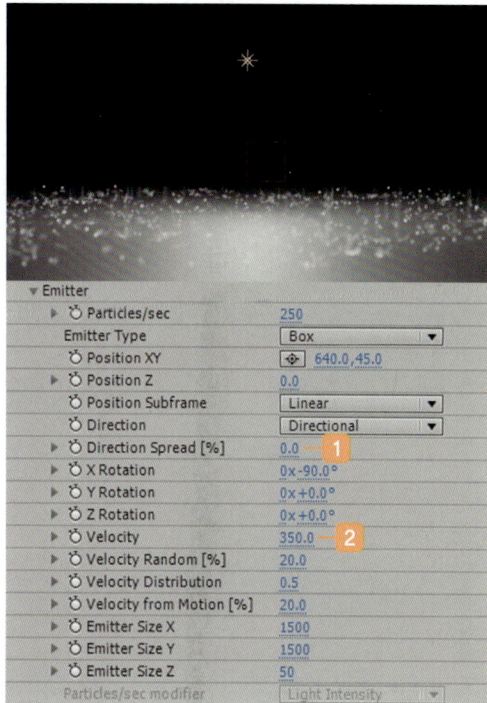

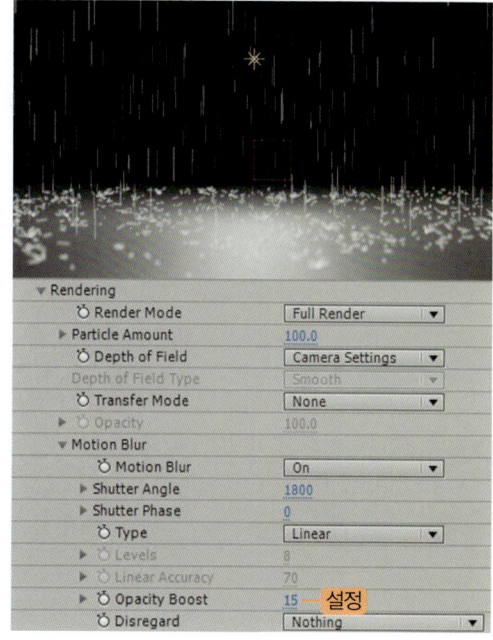

19 현재의 큰 빗방울의 크기가 너무 크게 느껴지므로 Particle 항목에서 Size를 1.5 정도로 작게 해 주고 Size Random [%]을 45

21 이제 작은 빗방울의 크기도 큰 빗방울의 크기를 생각하여 작게 조절해야 합니다. Aux System 항목에서 Size를 0.8 정도로 조절합니다. 앞서 큰 빗줄기를 1.5 정도로 설정했기 때문에 빗방울이 바닥에 튕겨서 여러 개로 분리되는 것을 감안해서 작은 빗방울의 크기를 조절해야 하지만 작은 빗방울의 크기가 너무 작아지면 표현이 잘 되지 않기 때문에 이 정도의 크기로 설정한 것입니다. 계속해서 Randomness에서 Life와 Size를 모두 45 정도로 설정하여 작은 빗방울의 생몰 시간과 크기를 불규칙적으로 표현합니다.

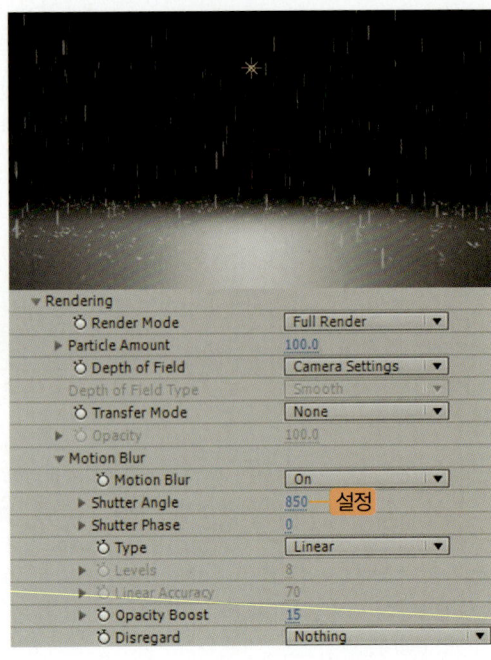

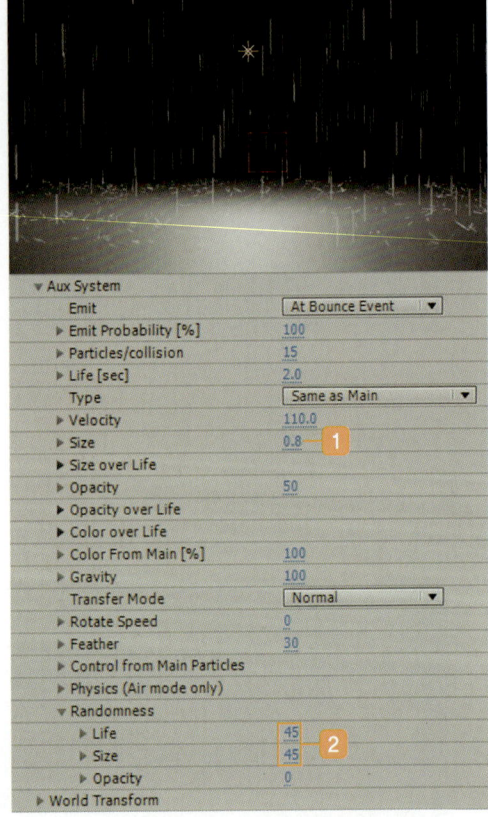

22 앞선 작업에서 빗방울의 속도를 빠르게 해준 관계로 모션 블러의 잔상이 너무 길게 느껴집니다. Rendering 항목의 Motion Blur에서 Shutter Angle을 850 정도로 낮춰줍니다. 이처럼 작업을 하다 보면 가장 완벽한 모습이 표현될 때까지 반복적인 재설정이 필요하게 됩니다.

23 빗물이 교차되는 시점에서는 Particle 항목의 Transfer Mode를 Add로 설정하여 더욱 강렬하게 해줍니다.

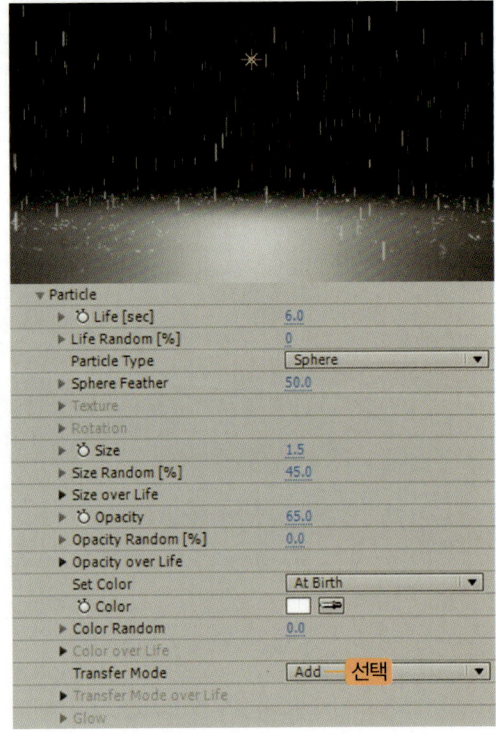

24 이번엔 빗줄기가 떨어지다가 멈추고 멈춰진 장면에서 카메라가 빗줄기 주위를 회전하는 장면을 표현할 것입니다. 마치 매트릭스란 영화가 연상되듯 말이죠. 타임라인에서 설정을 하기 위해 비내리는 장면 레이어의 Effects > Particular > Physics를 열어주고 Physics Time Factor의 스톱워치를 4초에 해당되는 시간에서 클릭하여 키프레임을 생성합니다.

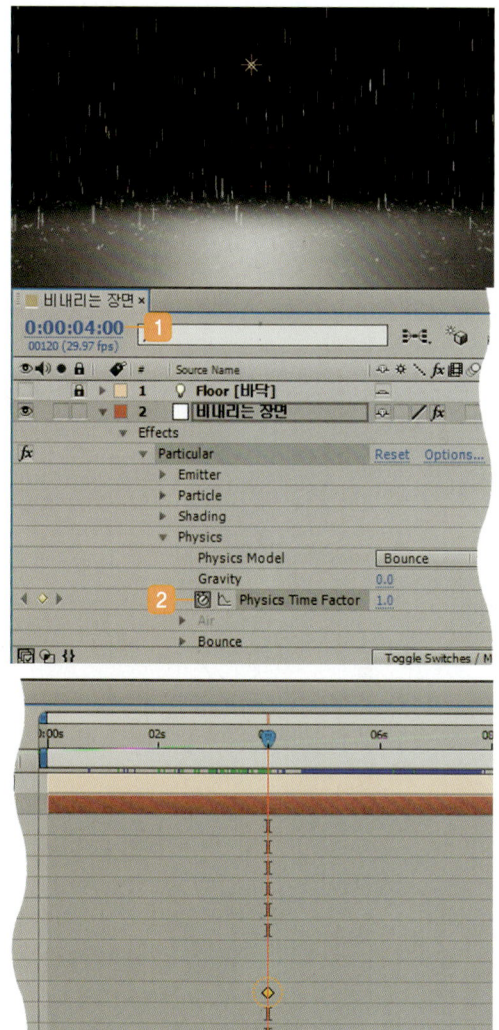

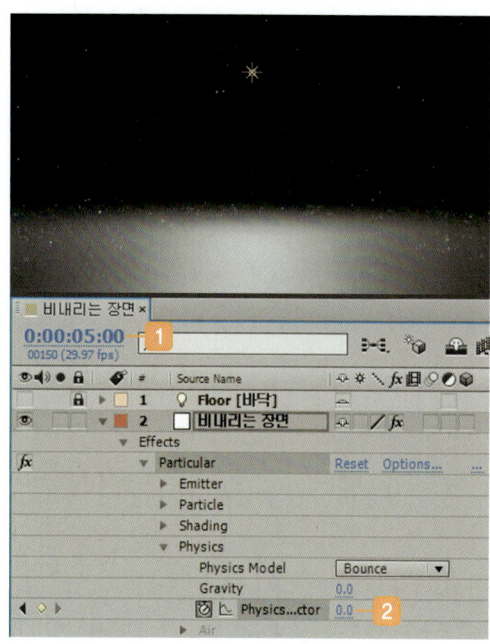

25 시간을 1초 뒤인 5초로 이동한 후 Physics Time Factor를 0으로 설정하여 이 시간에 모든 파티클(빗물)의 움직임을 멈추게 해 줍니다.

26 시간을 2초 뒤인 7초로 이동한 후 Physics Time Factor의 Add Keyframe을 클릭하여 2초동안 멈춰있게 해 줍니다.

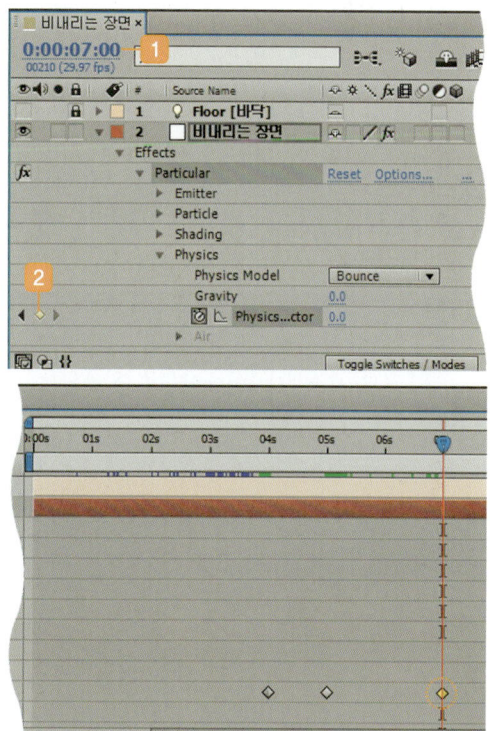

27 시간을 1초 뒤인 8초로 이동한 후 Physics Time Factor를 1로 설정하여 빗줄기가 다시 내리도록 해 줍니다.

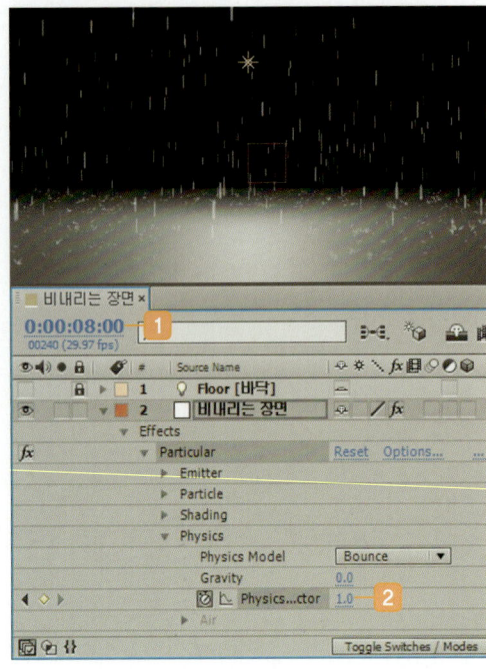

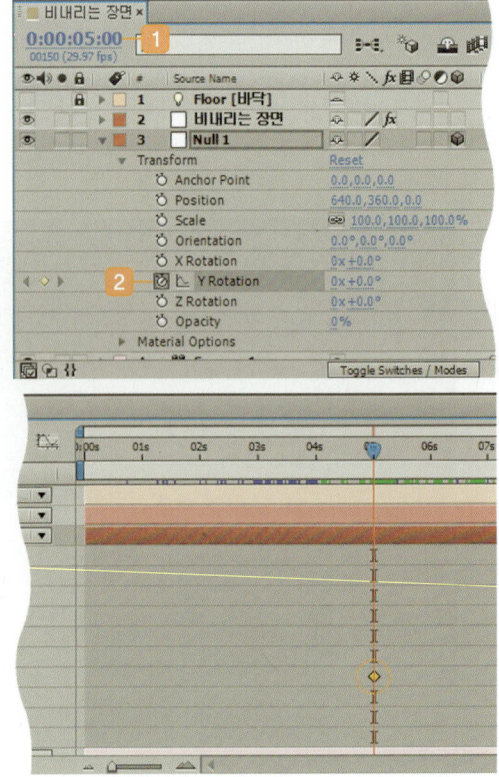

28 이제 카메라를 앞서 빗줄기가 멈춰진 시간에 회전을 하여 빗줄기 주위를 빠르게 회전하는 장면을 표현해 봅니다. Null 1 레이어의 Transform을 열고 시간이 5초인 상태에서 Y Rotation의 스톱워치를 켜줍니다. 현재는 빗줄기가 멈춰진 상태이기 때문에 빗줄기의 모습이 아주 희미하게 보이는 상태이지만 앞으로 발생될 모션 블러는 순전히 카메라의 움직임에 의한 것임을 이해하길 바랍니다.

29 시간을 빗줄기가 다시 내리는 시간인 7초로 이동한 후 Null 1 오브젝트의 Y Rotation을 한 바퀴 회전해 줍니다. 회전하는 속도에 따라 모션 블러의 표현이 달라지므로 적당한 회전수가 중요합니다.

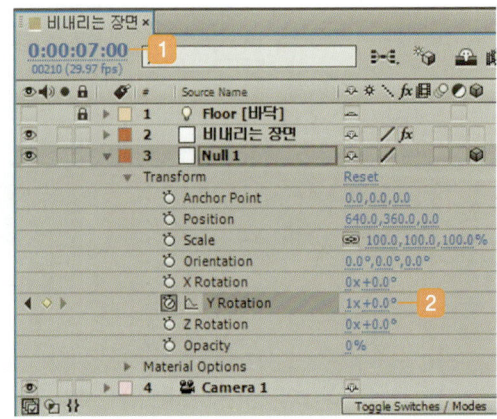

30 앞서 작업을 확인해 보면 5초에서 7초 사이에 카메라 애니메이션에 의해 발생되는 빗줄기의 모습에서 모션 블러가 너무 길게 표현되는 것 같아 보입니다. 이것은 카메라, 즉 널 오브젝트의 회전 속도가 빠르기 때문입니다. 참고로 모션 블러의 셔터 앵글은 스톱워치가 없으므로 시간에 따른 변화를 키프레임으로 만들 수가 없기 때문에 카메라의 속도를 조절해서 모션 블러의 양을 조절할 수밖에는 없습니다.

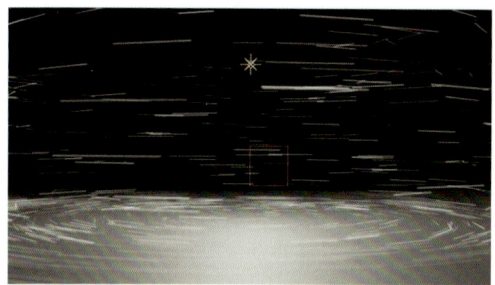

31 여기서 카메라에 의해 발생되는 모션 블러에 대해 알아보기 위해 Rendering 항목의 Disregard를 Camera Motion으로 바꿔봅니다. 그러면 카메라에 의해 발생되는 모션 블러가 사라지는 것을 알 수 있습니다. 확인이 끝나면 다시 Nothing으로 해 줍니다.

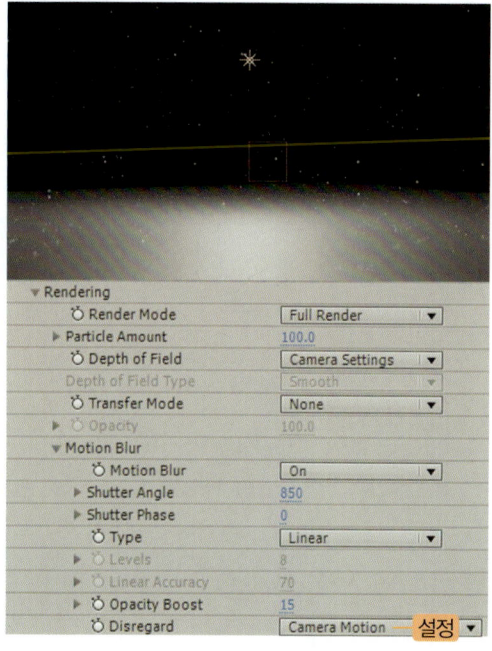

32 시간을 다시 빗줄기가 내리기 시작하는 7초로 이동한 후 Null 1 오브젝트의 Y Rotation을 180도로 줄여줍니다.

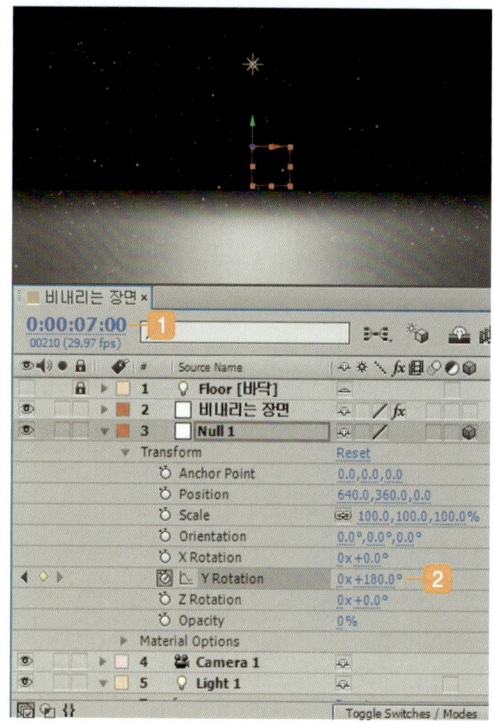

33 다시 확인해 보면 카메라가 한 바퀴 회전할 때보다 모션 블러의 길이가 훨씬 짧아진 것을 알 수 있습니다.

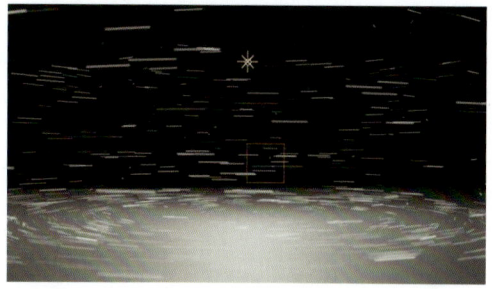

34 이제 마무리 단계로 세부적인 수정 작업을 해 봅니다. 파티큘러 효과가 적용된 비내리는 장면 레이어를 선택한 후 이펙트 컨트롤 패널에서 최종 파티클의 개수를 증가하기 위해 Rendering 항목의 Particle Amount를 200 정도로 증가합니다.

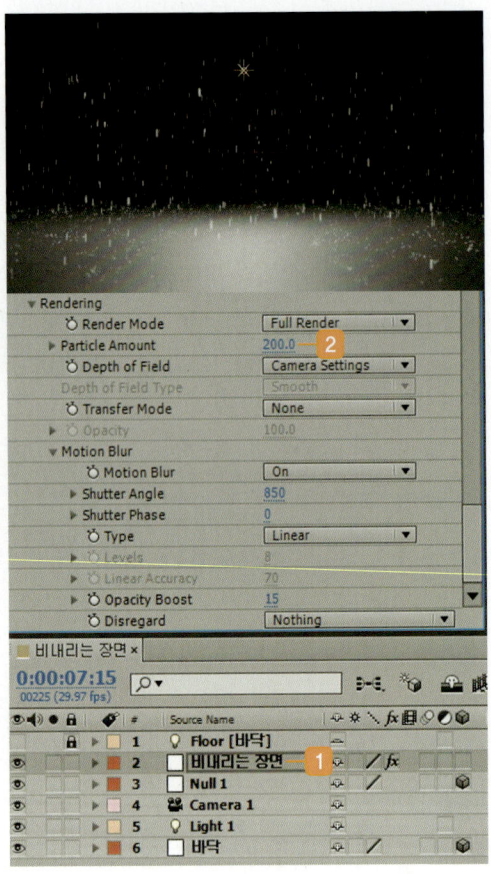

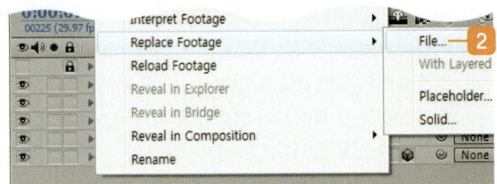

36 학습자료 폴더에 있는 비오는 날.jpg 파일을 불러옵니다. 실제 작업에서는 더욱 사실적인 이미지나 동영상 파일을 이용하는 것이 좋습니다.

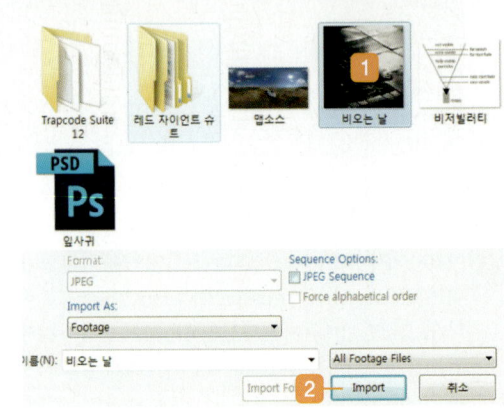

35 여기서 현재 바닥으로 사용되는 솔리드 레이어를 실제 빗방울이 떨어지는 바닥의 모습으로 재현하기 위해 학습자료 폴더에 있는 이미지로 바꿔봅니다. 프로젝트 패널에서 Solids 폴더에 있는 바다 솔리드 위에서 우측 마우스 버튼 > Replace Footage > File을 선택하거나 단축키 Ctrl+H 키를 누릅니다.

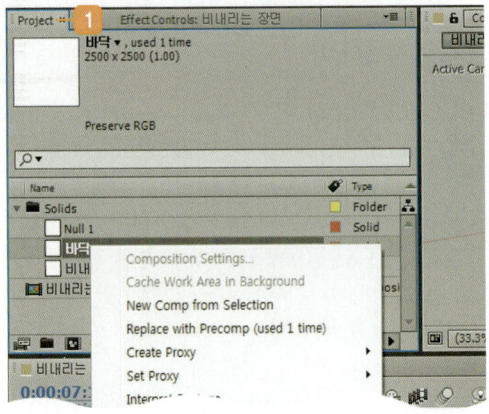

37 앞서 작업의 리플레이스먼트를 통해 바다 솔리드 레이어가 비오는 날.jpg 이미지로 대체된 것을 알 수 있습니다. 이제 확인해 보면 바닥이 단순한 바닥에서 실제 비오는 날 바닥처럼 표현됐습니다.

38 마지막으로 Light 1의 Light Options을 열고 Color를 밝은 노랑으로 바꿔주고 Intensity를 135 정도로 설정하여 은은한 세피아 느낌으로 표현합니다. 이렇듯 조명의 색상을 바꾸는 것만으로도 전체적인 느낌이 달라지는 것을 알 수 있습니다. 이번 학습에서는 비오는 장면을 표현해 보았습니다.

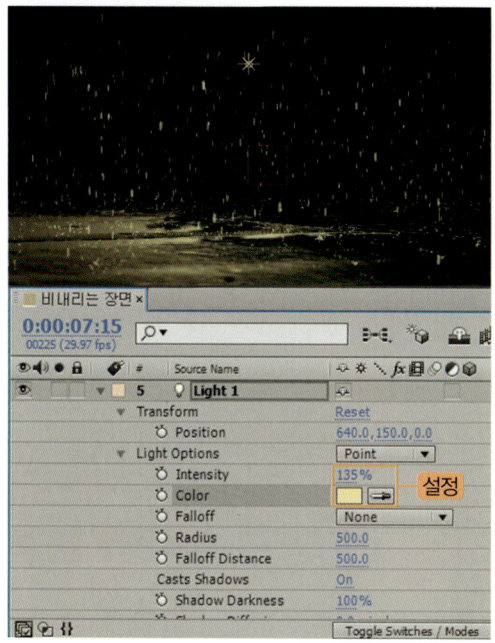

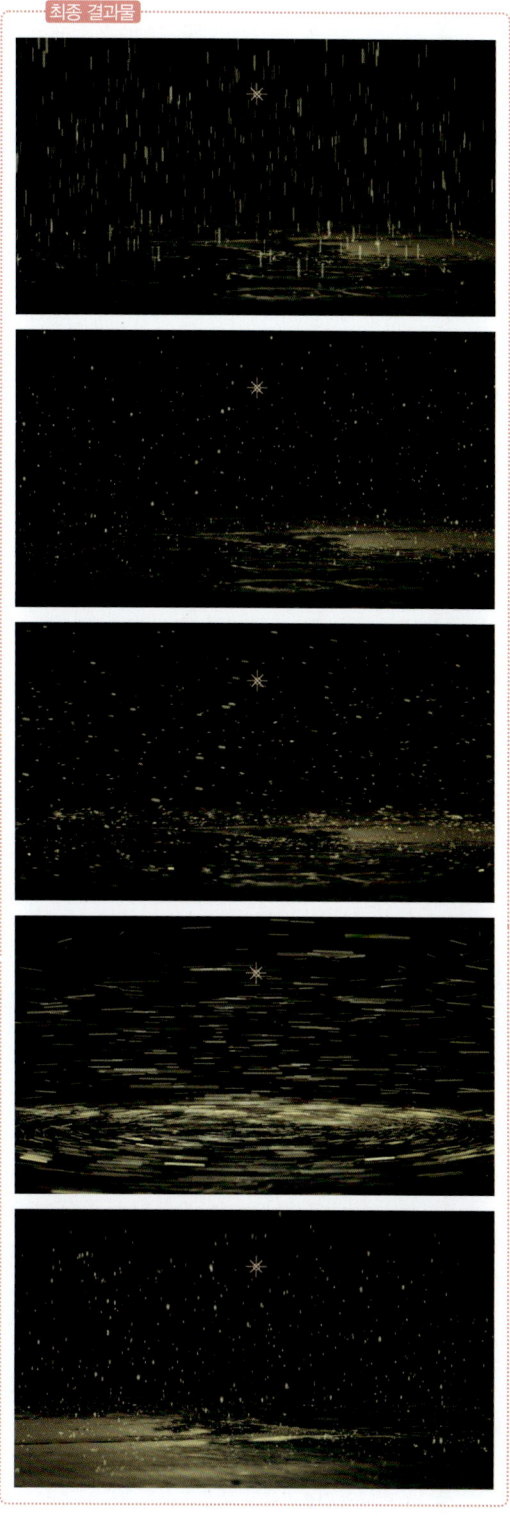

눈내리는 장면

파티큘러를 통해 가장 쉽게 표현할 수 있는 장면은 아마 눈이 내리는 장면이 아닐까 생각합니다. 눈이 바람에 영향을 받고 돌풍이 불 때의 모습을 자연스럽게 표현해 봅니다.

01 먼저 배경으로 사용될 이미지를 Ctrl+I 키를 눌러 학습자료 폴더에서 눈내리는 날.jpg 파일을 불러온 후 끌어다 Create a New Composition에 갖다 놓습니다. 그러면 눈내리는 날 이미지 파일의 규격과 동일한 컴포지션이 생성됩니다.

15초로 늘려줍니다.

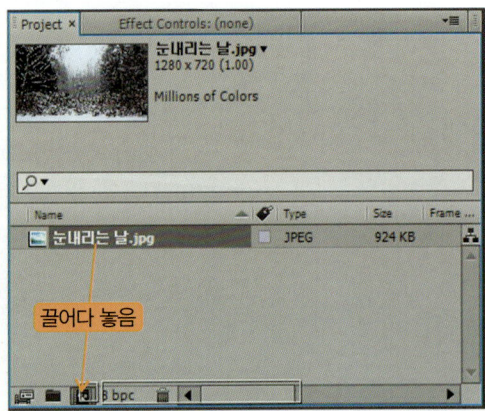

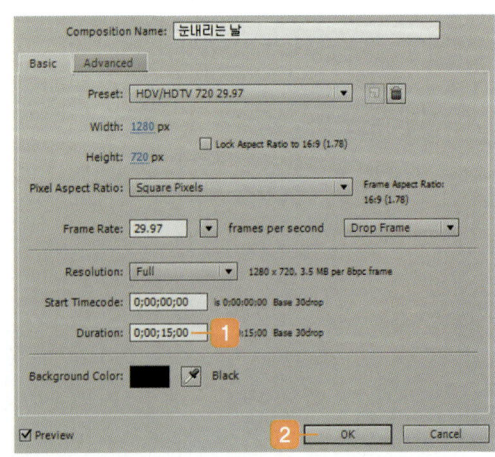

02 여기서 현재의 컴포지션의 작업 시간을 조금 더 늘려주기 위해 Composition 〉 Composition Settings를 선택한 후 Duration을

03 앞서 10초였던 작업 시간이 15초로 늘어났기 때문에 눈내리는 날 레이어의 길이도 15초로 늘려줍니다. 지금의 과정에서는 처음부터 컴포지션을 설정한 후 눈내리는 날 이미지를 타임라인에 적용하는 것이 효율적일 수도 있겠습니다.

04 현재의 눈 내리는 날 이미지는 실제 아무런 보정이 없는 이미지라 너무 평범하게 느껴집니다. 여기서 색보정을 통해 겨울의 차가운 느낌을 재현해 봅니다. 눈 내리는 날 레이어에 Effect 〉 Color Correction 〉 Curves를 적용한 후 이펙트 컨트롤 패널에서 Channel을 Blue로 설정합니다. 그리고 커브 그래프를 그림처럼 설정하여 파란색 톤을 증가합니다.

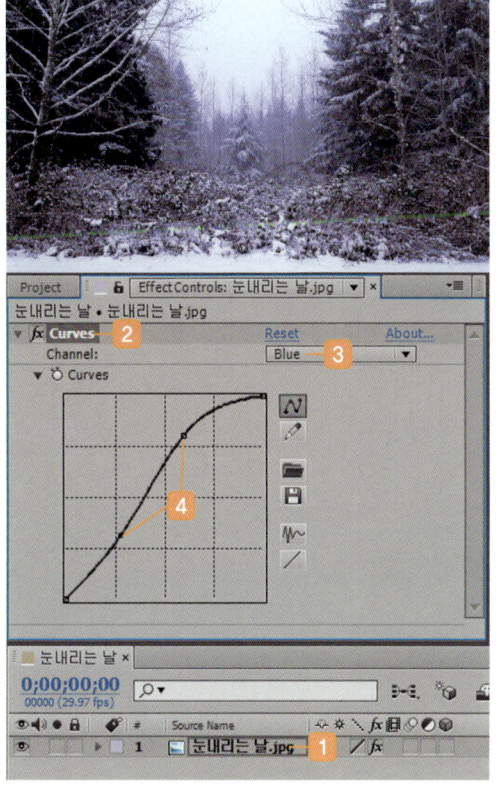

05 계속해서 Channel을 Red로 설정한 후 커브 그래프를 그림처럼 설정하여 겨울의 차가운 느낌을 완성합니다.

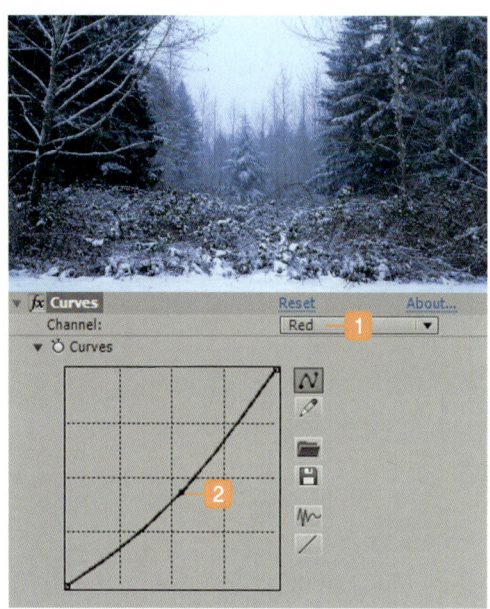

06 이제 파티큘러 효과를 적용한 레이어를 만들기 위해 Ctrl+Y 키를 눌러 [눈 내리는 장면]이란 이름의 솔리드 레이어를 만들어 줍니다.

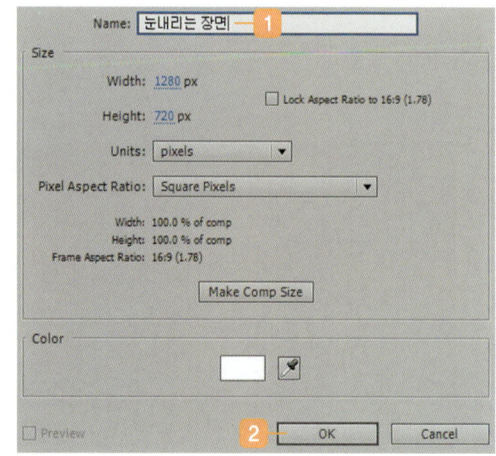

07 눈 내리는 장면 솔리드 레이어를 선택한 후 Effect 〉 Trapcode 〉 Particular 효과를 적용합니다.

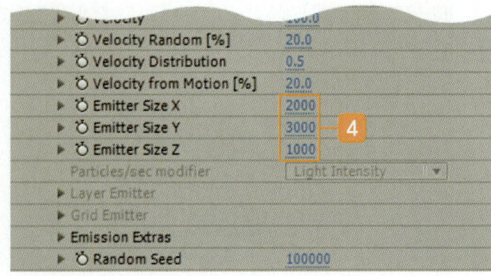

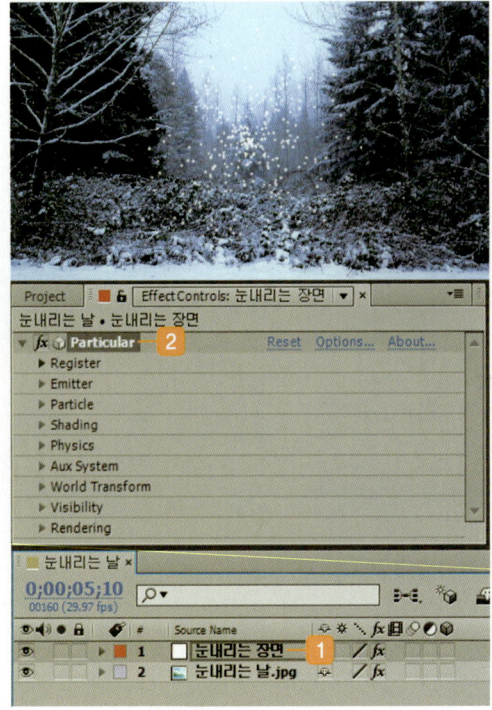

08 먼저 Emitter 항목에서 Emitter Type을 Box로 설정하고 Position Y축을 0으로 설정하여 이미터를 위쪽으로 이동해 줍니다. Direction을 Directional로 설정하여 X Rotation을 -90도 설정하여 파티클이 아래로 분출되게 합니다. 그리고 Emitter Size X, Y, Z축을 각각 2000, 3000, 1000으로 설정하여 눈 내리는 공간을 설정합니다.

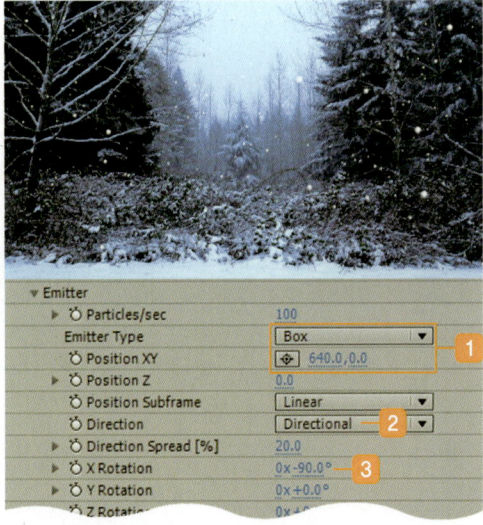

09 이번엔 Particle 항목에서 Life [sec]를 8초 정도로 늘려 파티클(눈)이 화면 바깥에서 사멸될 수 있도록 생몰 시간을 여유있게 해 주고 Sphere Feather를 100으로 설정하여 눈의 경계를 보다 부드럽게 해 줍니다. Size는 6 정도로 설정하여 약간만 더 키워주고 Size Random [%]를 35 정도로 설정하여 눈의 크기를 불규칙적으로 해 줍니다.

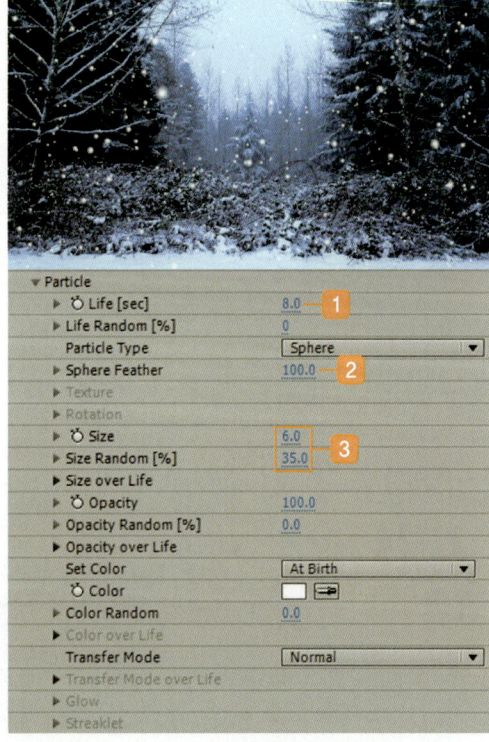

10 Physics 항목에서 Gravity를 45 정도로 높여 눈이 중력에 의해 떨어지는 속도를 조금 더 **빠르게** 해 줍니다.

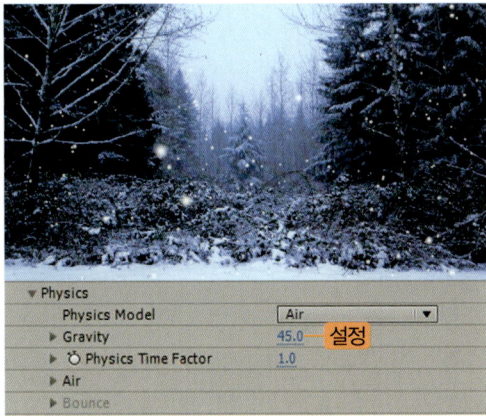

13 다시 눈내리는 장면 레이어를 선택하고 이펙트 컨트롤 패널에서 Rendering 항목의 Particle Amount를 200 정도로 설정하여 파티클(눈)의 양을 늘려줍니다. 눈이 내리는 속도가 느리기 때문에 여기에서는 모션 블러는 사용하지 않습니다.

11 이번엔 뎁스 오브 필드에 대한 설정을 위해 Ctrl+Alt+Shift+C 키를 눌러 기본 카메라를 생성합니다.

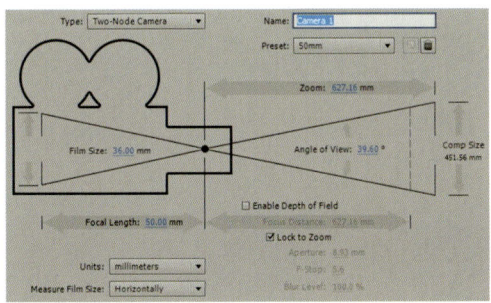

12 타임라인에서 카메라의 Camera Options를 열고 Depth of Field를 On으로 설정하고 Aperture를 85 정도로 설정합니다.

14 눈의 색상을 배경으로 사용되는 이미지의 눈의 색상과 일치시키기 위해 Particle 항목에서 Color의 스포이트를 선택합니다. 그리고 컴포지션 패널의 화면에 보이는 눈 부분을 클릭하여 색상을 지정합니다. 이때 배경 이미지가 색보정을 한 상태이므로 눈의 가장 밝은 부분을 지정하는 것이 좋습니다.

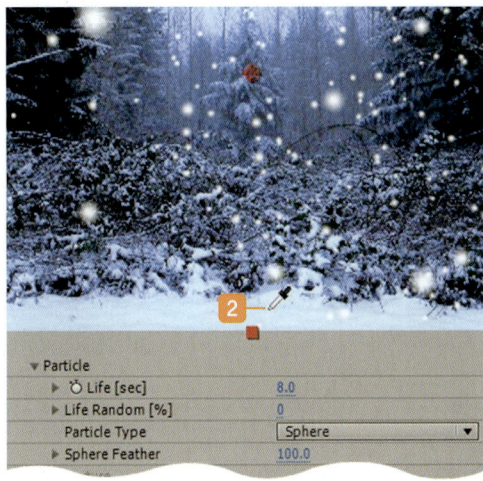

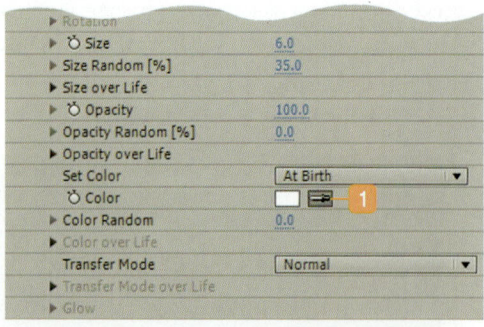
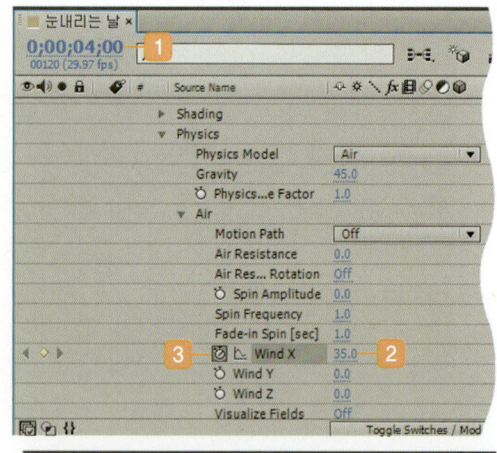

15 만약 앞선 작업에서 눈의 색상이 마음에 들지 않는다면 Color 를 선택하여 원하는 색상으로 수정해 주면 됩니다.

16 이번엔 눈이 바람에 의해 이리저리 날리는 장면을 표현해 봅니다. 시간을 4초로 이동한 후 Physics 항목의 Air에서 Wind X를 35 정도로 설정한 후 스톱워치를 클릭하여 키프레임을 생성합니다. 아직까지는 바람의 세기가 그리 세지 않아 파티클(투)들의 움직임은 처음과 많은 차이가 없습니다.

17 이번엔 바람을 보다 세게 해주기 위해 시간을 6초로 이동한 후 Wind X를 827 정도로 늘려줍니다.

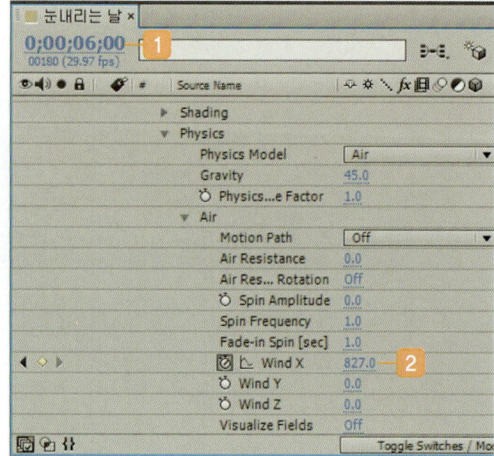

18 확인을 해 보면 바람이 우측으로 강하게 불기 때문에 눈발도 빠르게 날리는 것을 알 수 있습니다.

19 이번엔 시간을 7초로 이동한 후 Wind X를 0으로 설정하여 바람이 멈추게 해 줍니다.

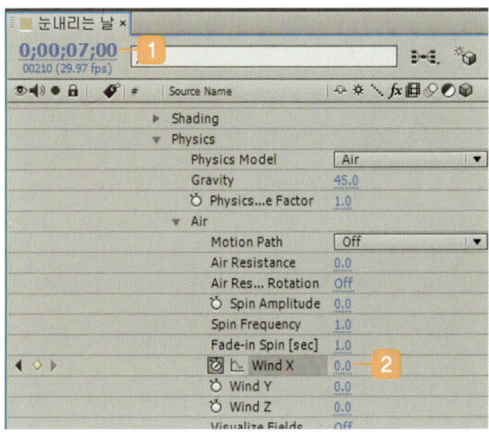

20 계속해서 이번엔 바람이 세게 부는 시점에서 돌풍이 불도록 해 봅니다. 시간을 4초로 이동한 후 Physics 항목의 Turbulence Field에서 Affect Position의 스톱워치를 켜서 키프레임을 생성합니다.

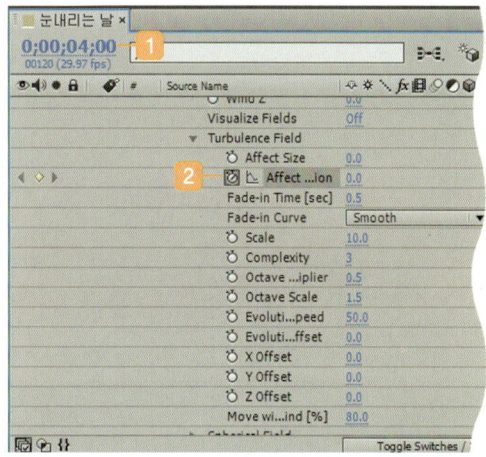

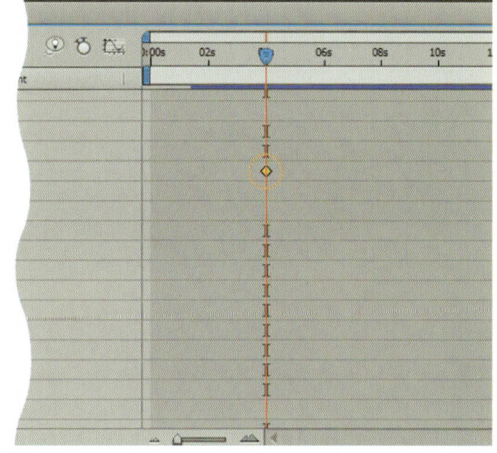

21 시간을 5초로 이동한 후 Affect Position을 155 정도로 높여줍니다. 확인해 보면 4초부터 돌풍이 불어 눈발이 빠르게 흔들리는 것을 알 수 있습니다.

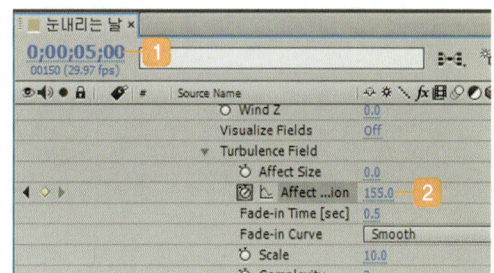

22 계속해서 시간을 7초로 이동한 후 Affect Position의 Add Keyframe을 클릭하여 현재 시간까지 돌풍이 불게 해 주고 8초부터는 Affect Position을 0으로 설정하여 돌풍이 멈추도록 해 줍니다.

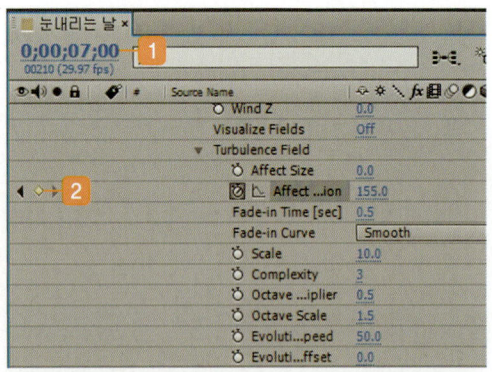

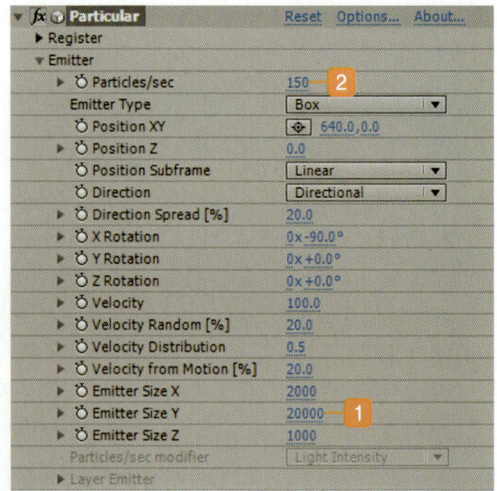

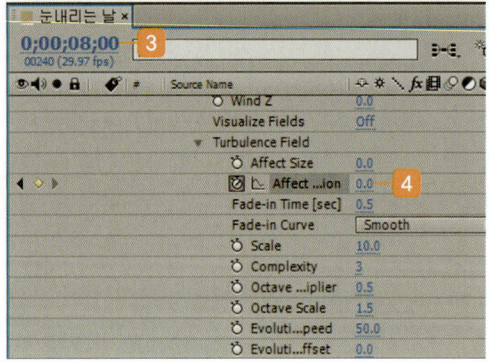

23 눈이 내리는 공간에 대한 세부 설정을 위해 다시 Emitter 항목에서 Emitter Size Y축을 20000으로 높여줍니다. 앞뒤 공간이 넓어졌기 때문에 눈들이 보다 공간감(거리감)이 느껴지며 앞선 모습보다 전체적으로 작게 느껴집니다. 그러므로 Particles/sec를 150 정도로 설정하여 눈(파티클)의 양을 증가시켜줍니다.

24 시간을 시작점(0프레임)으로 이동한 후 컴포지션 화면을 보면 눈(파티클)이 아직 내리지 않고 있습니다. 물론 눈이 처음부터 내리기 시작하는 장면을 표현하고자 한다면 이 상태로 그냥 사용하면 되지만 그렇지 않고 눈이 어느 정도 내리고 있는 장면부터 보여주기를 원한다면 지금의 작업은 수정이 필요합니다.

25 마지막으로 눈이 어느 정도 내린 후의 모습을 표현하기 위해 Emitter 항목의 Emission Extras에서 Pre Run을 35 정도로 설정합니다. 이것으로 시작점(0프레임)부터 눈이 35% 내린(파티클이 생물 시간 중 35% 진행된) 상태로 시작되는 것을 알 수 있습니다. 그밖에 아래쪽에 있는 Perodicity Rnd를 통해 눈(파티

클)들의 간격을 원하는 간격으로 설정할 수 있습니다. 지금까지 눈이 내리는 장면을 표현해 보았습니다. 참고로 눈이 바닥이나 나무가지에 쌓이는 장면을 표현하고자 한다면 Physics 항목의 피직스 모델을 바운스로 선택한 후 컬리젼 이벤트를 스틱(Stick)으로 사용하면 됩니다. 이 장면은 여러분이 직접 표현해 보기 바랍니다.

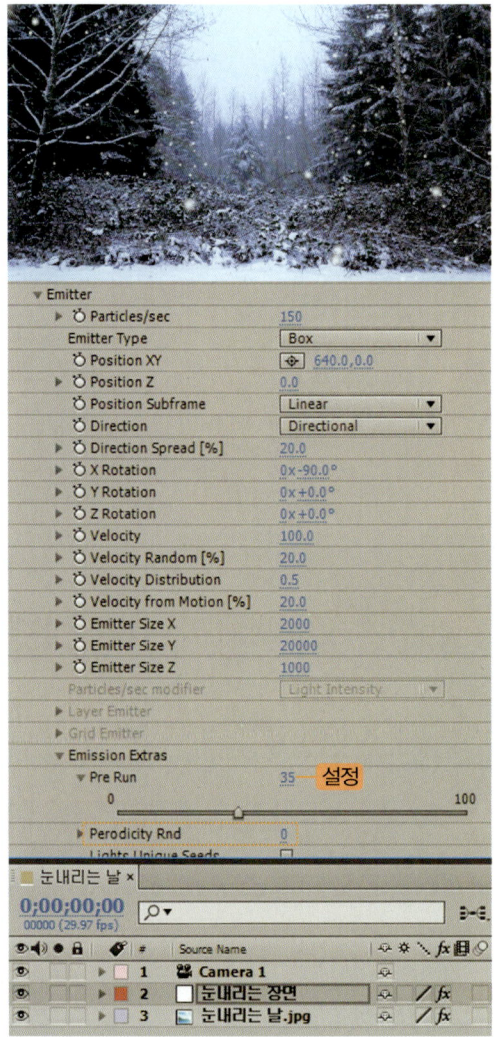

최종 결과물

예제로 배우는 파티큘러 - 눈내리는 장면

03

바닥에서 분출되는 버블

카메라에 의해 흔들리는 바닥을 트랙 카메라를 통해 트랙킹한 후 트랙킹된 트랙 포인트를 이용하여 버블 파티클의 움직임과 버블 파티클이 분출되는 구멍의 움직임을 일치시킬 수 있으며 조명에 의한 그림자와 카메라에 의한 뎁스 오브 필드를 표현해 봅니다.

01 먼저 배경으로 사용될 이미지를 Ctrl+I 키를 눌러 학습자료 폴더에서 바닥.mp4 파일을 불러온 후 끌어다 Create a New Composition에 갖다 놓습니다. 그러면 바닥 동영상 파일의 규격과 동일한 컴포지션이 생성됩니다.

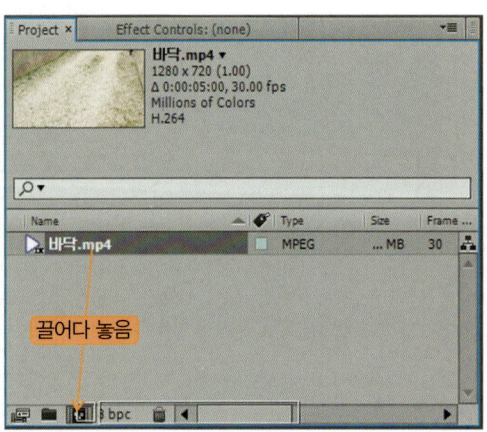

02 바닥.mp4는 카메라의 흔들림을 이용한 동영상입니다. 이제 이 바닥 동영상의 움직임을 트랙 카메라를 통해 트랙킹을 해 보도록 하겠습니다. 먼저 바닥 레이어를 선택한 후 Animation 〉 Track Camera를 적용(적용 후의 이름은 3D Camera Tracker로 바뀜)합니다. 그러면 바닥 동영상의 움직임을 자동으로 분석(Analyzing) 한 후 트랙 포인트를 완성(Solving)하게 됩니다.

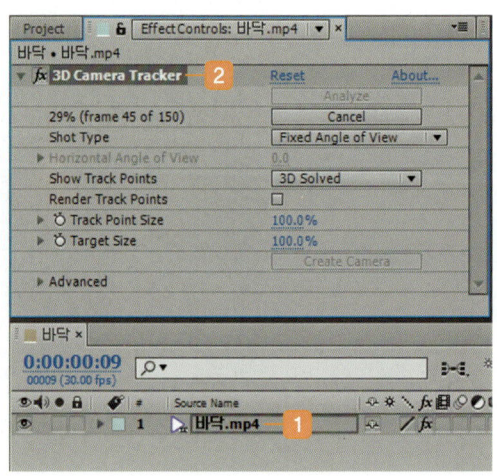

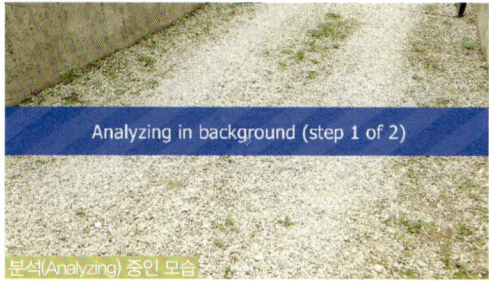

04 타겟이 만들어지면 가운데 부분에 타겟이 만들어질 때 사용된 트랙 포인트가 노란색으로 선택되어집니다.

05 만들어진 노란색 포인트들 근처에서 우측 마우스 버튼을 누르면 팝업 메뉴가 나타나는데 이 메뉴들을 통해 타겟의 원근(각도)에 맞는 글자, 카메라, 조명, 솔리드 레이어 등을 생성할 수 있습니다. 여기에서는 카메라와 솔리드 레이어를 만들기 위해 Create Solid and Camera를 선택합니다.

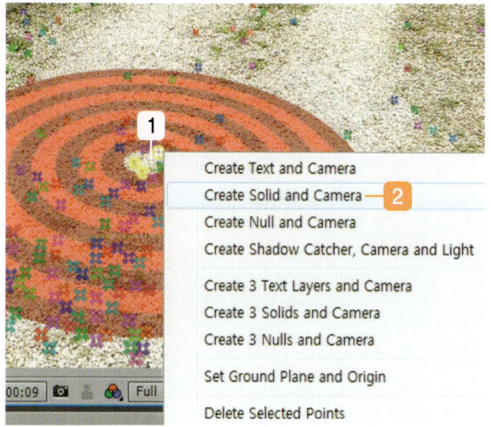

03 이제 앞선 작업에서 생성된 트랙 포인트는 원근감이 있는 동영상의 움직임을 입체 상태로 트래킹할 수 있습니다. 그렇게 하기 위해 원반 모양의 타겟을 만들어야 합니다. 마우스 커서를 컴포지션 패널 화면 중간쯤에 생성된 포인트 근처로 갖다 놓으면 그림처럼 빨간색 원반 모양이 나타나는데 이것을 타겟이라고 합니다. 타겟의 모양이 배경 동영상의 원근(각도)와 일치될 때 마우스 버튼의 손을 뗍니다. 이때 트랙 포인트의 초록색을 이용하는 것이 가장 정확인 타겟을 만들 수 있습니다.

06 타임라인을 보면 앞선 작업에서 Create Solid and Camera를 선택하여 만들어진 Track Solid 1과 3D Tracker Camera가 보입니다. 카메라 레이어를 열어보면 Position과 Orientation에 키프레임이 생성된 것을 알 수 있는데 이것이 바로 앞서 트랙 카메라를 통해 바닥의 움직임을 트래킹한 키프레임입니다. 여기에서는 트랙 솔리드 레이어의 Z Rotation 값(R 키를 누르면 회전에 대한 파라미터만 열림)을 23도 정도로 회전하여 바닥의 각도와 일치되도록 해 줍니다.

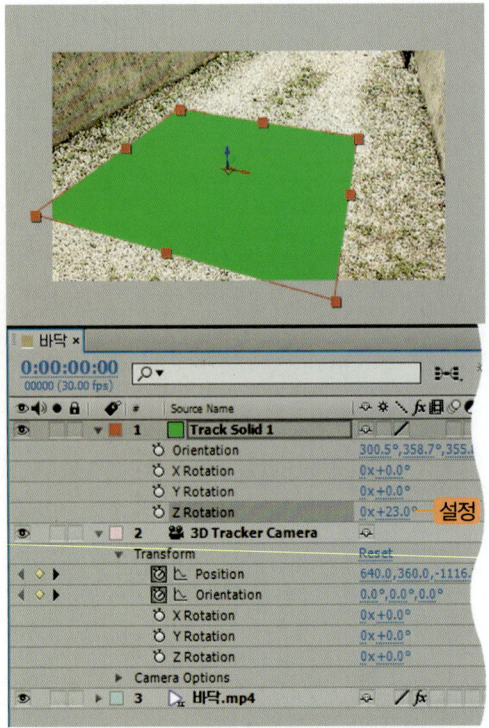

트랙 카메라를 통해 트랙킹된 키프레임의 모습

07 바닥의 구멍에서 분출되는 버블(파티클)을 표현하기 위한 구멍을 만들기 위해 트랙 솔리드 레이어를 선택한 후 Ellipse 툴을 사용하여 그림처럼 작은 원 모양의 마스크를 작성합니다. Mask 1의 Mask Feather 값을 15 정도로 설정하여 마스크 가장자리를 부드럽게 해 줍니다. 구멍의 크기는 나중에 다시 조절하기로 하며 구멍의 가장자리를 바닥의 울퉁불퉁한 모습을 재현해 보기로 합니다.

08 구멍으로 사용되는 트랙 솔리드의 색상이 초록색(필자의 경우)이기 때문에 구멍 안쪽의 느낌인 어두운 색으로 바꿔주어야 합니다. Layer 〉 Solid Settings를 선택하여 트랙 솔리드 설정 창을 열고 Color를 검정색에 가까운 어두운 색으로 설정합니다.

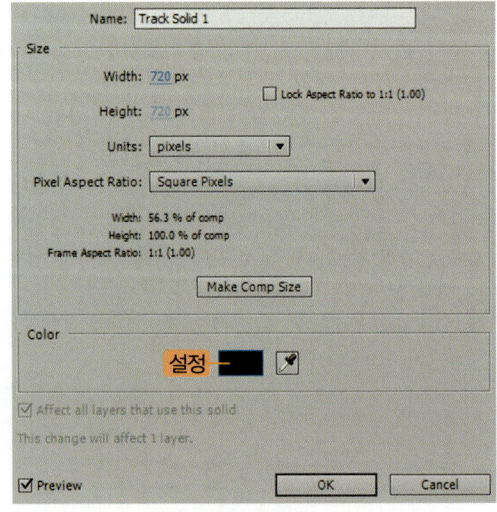

09 여기서 잠시 구멍과 트랙킹된 상태를 확인해 보면 움직이는

바닥과 구멍이 한 치의 오차도 없이 정확하게 같이 움직이는 것을 알 수 있습니다. 트랙 카메라 작업을 하다 보면 자칫 움직임이 정확하지 않는 경우가 있으므로 주의해야 합니다.

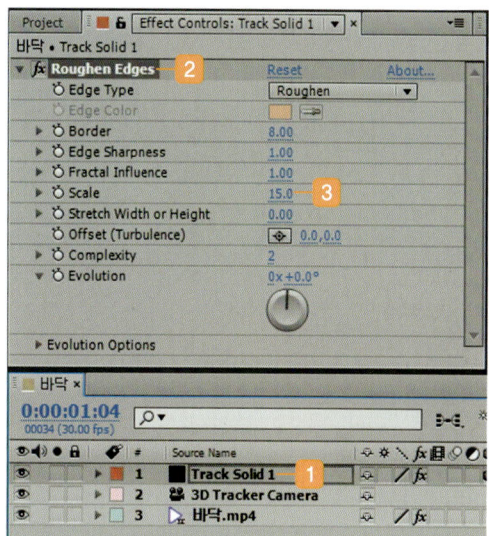

10 구멍의 경계가 너무 깔끔하기 때문에 바닥의 울퉁불퉁함과는 어울리지 않습니다. 트랙 솔리드 레이어에 Effect 〉 Stylize 〉 Roughen Edges를 적용한 후 Scale 값만 15 정도로 설정하여 경계를 거칠게 해 줍니다.

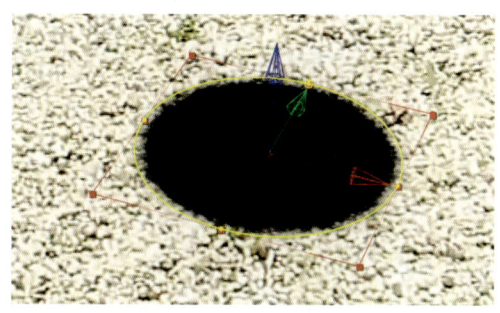

11 이번엔 버블 파티클을 표현하기 위해 Ctrl+Y 키를 눌러 [버블 파티클]이란 이름의 솔리드 레이어를 만들어줍니다. 이때 Make Comp Size 버튼을 클릭하여 현재 컴포지션과 같은 규격으로 해 줍니다.

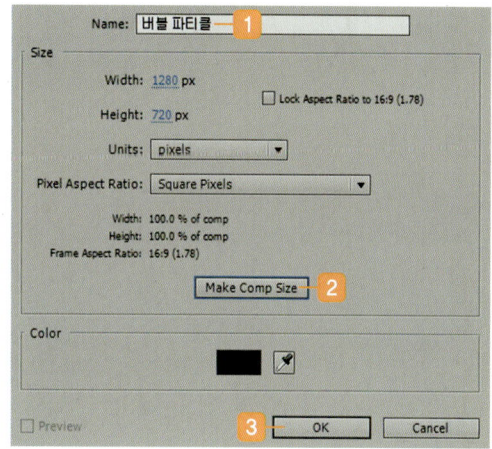

12 버블 파티클 솔리드 레이어에 Effect 〉 Trapcode 〉 Particluar를 적용합니다. 그리고 파티클이 트랙 카메라의 움직임과 일치되는지 확인해 봅니다. 현재는 파티클과 트랙 카메라의 움직임에 문제가 없어 보이지만 실제론 움직임에 문제가 있는 것입니다.

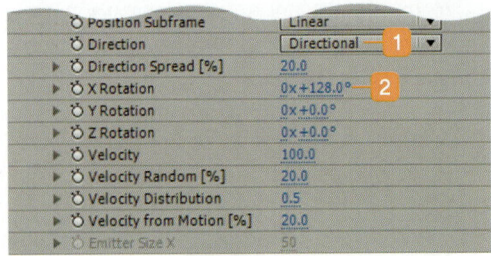

14 다시 확인해 보면 시간이 흐를수록 파티클의 위치가 구멍과 점점 멀어지는 것을 알 수 있습니다. 파티클이 위쪽으로 분출되는 모습에서는 더욱 눈에 띕니다. 이제 이 문제를 해결해 봅니다.

13 여기서 먼저 Emitter 항목에서 설정을 시작합니다. Direction을 Directional로 설정한 후 X Rotation을 128도 정도로 설정하여 파티클(버블)이 분출되는 각도를 구멍과 바닥에 일치되도록 합니다.

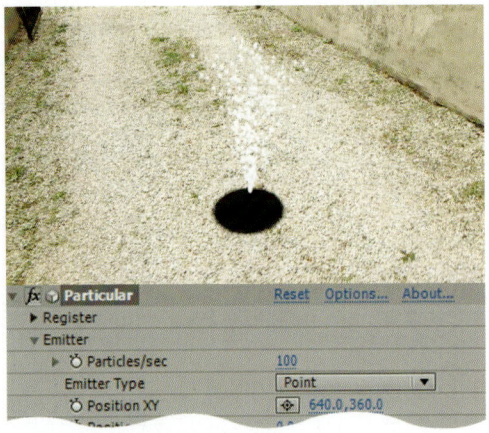

15 구멍으로 사용되는 트랙 솔리드 레이어의 Transform을 열고 Position의 X, Y, Z축의 수치를 파티큘러의 Emitter > Position XY, Z축에 동일하게 설정합니다. 트랙 솔리드 레이어의 포지션 수치를 복사해서 붙여놓으면 편리합니다.

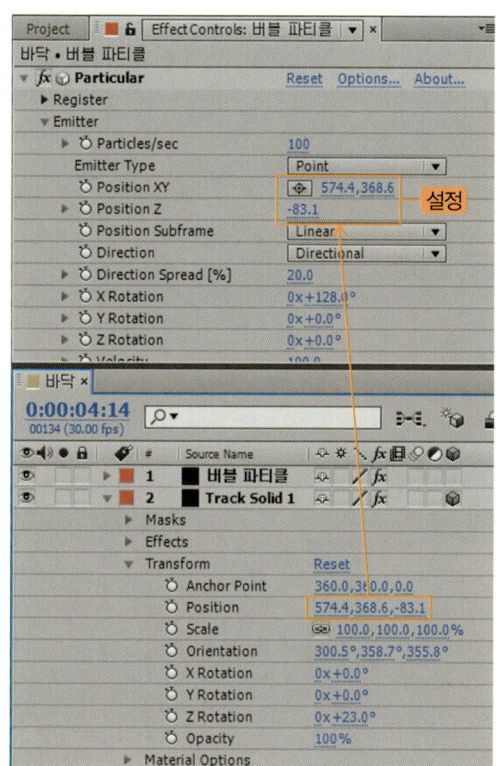

17 시간을 시작 프레임으로 이동해 보면 첫 장면에서는 파티클의 모습이 보이지 않습니다. 첫 장면에서부터 파티클의 모습이 보이게 하기 위해 Emission Extras의 Pre Run을 100으로 설정하여 파티클이 처음부터 100% 진행 완료된 상태로 나타나게 해 줍니다.

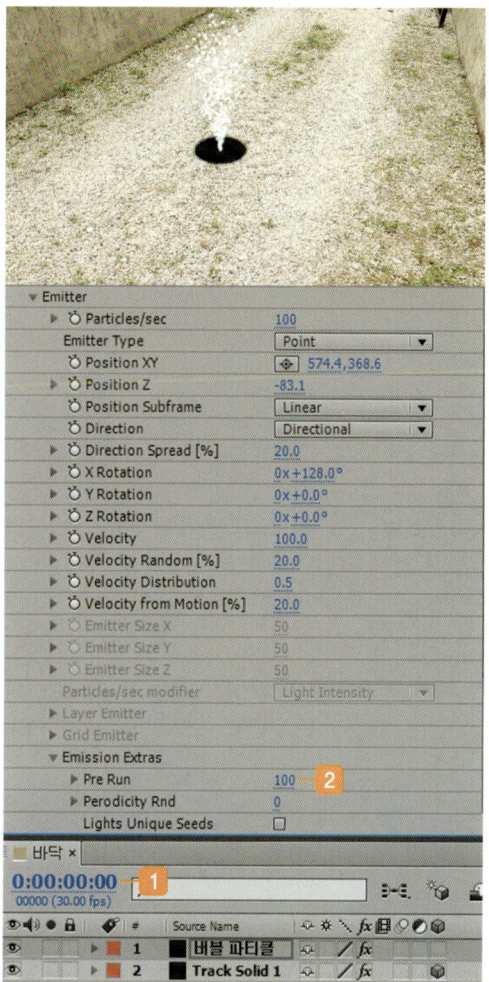

16 다시 확인해 보면 파티클이 구멍 중앙에 정확하게 맞춰진 것을 알 수 있으며 시간(재생)을 이동 해 보아도 위치에 대한 문제가 없다는 것을 알 수 있습니다.

18 이번엔 Particle 항목을 열고 Sphere Feather를 0으로 설정하여 파티클의 가장자리를 뚜렷하게 해 주고 Size를 10 정도로 키워 줍니다. Set Color를 Over Life로 설정하고 Color over Life를 그림처럼 흰색, 하늘색, 파란색으로 설정합니다.

19 파티클이 중력에 영향을 받아 아래로 살짝 떨어지게 하기 위해 Physics 항목에서 Gravity를 17 정도로 설정합니다.

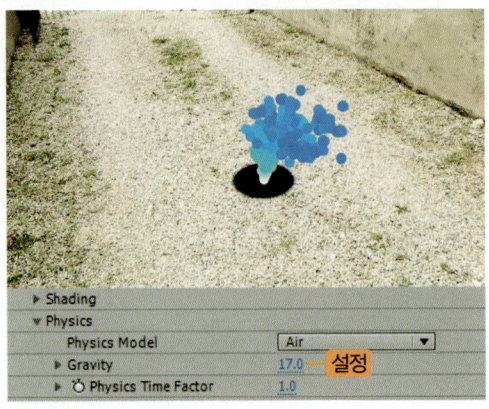

20 다시 Emitter 항목에서 Direction Spread [%]를 30 정도로 늘려서 파티클이 더욱 넓게 분출되도록 해 주고 X Rotation을 114도 정도로 재설정하여 수직으로 분출되게 해 줍니다. Velocity를 140 정도로 높여 파티클의 속도를 조금 더 빠르게 해 줍니다.

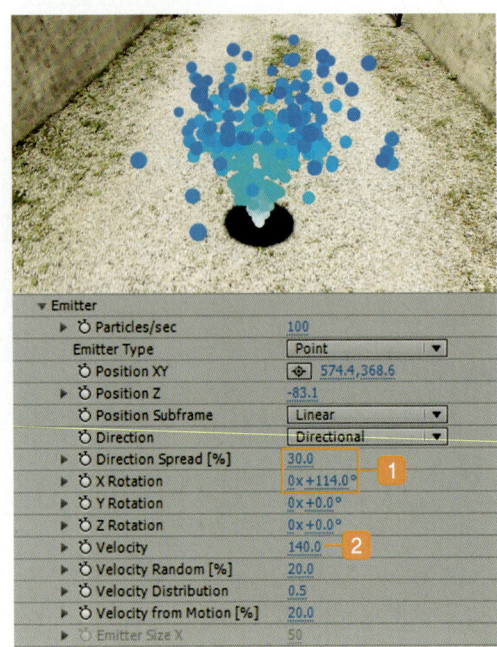

21 이제 파티클(버블)의 꼬리 부분을 표현하기 위해 Aux System 항목을 열고 Emit를 Continuously로 설정합니다. Size를 9 정도로 키워주고 Color From Main [%]를 100으로 설정하여 메인 파티클의 색상과 동일하게 해 줍니다.

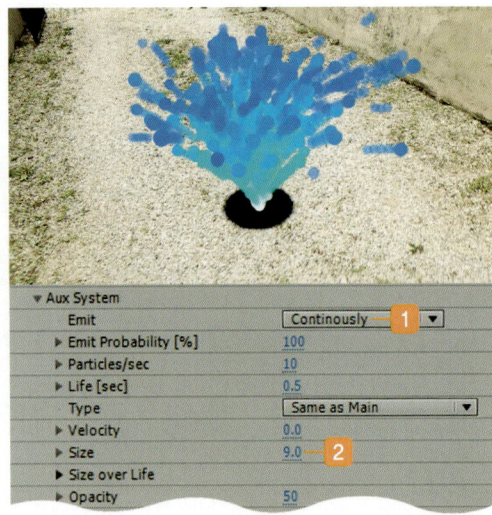

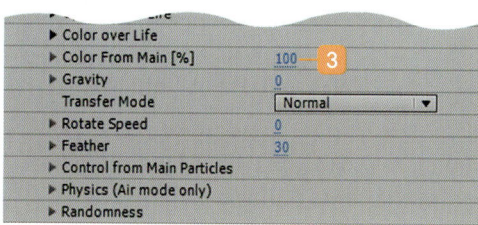

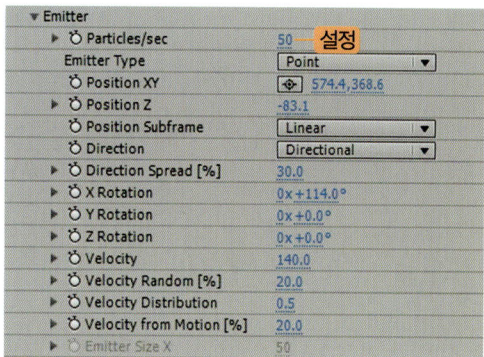

22 꼬리의 끝부분으로 갈수록 작아지게 하기 위해 Size over Life 의 그래프를 그림처럼 만들어줍니다. 그리고 Particles/sec를 50 정도로 설정하여 꼬리가 점선이 아닌 실선으로 보이도록 해 줍니다. 이것으로 꼬리 부분이 완성됐습니다.

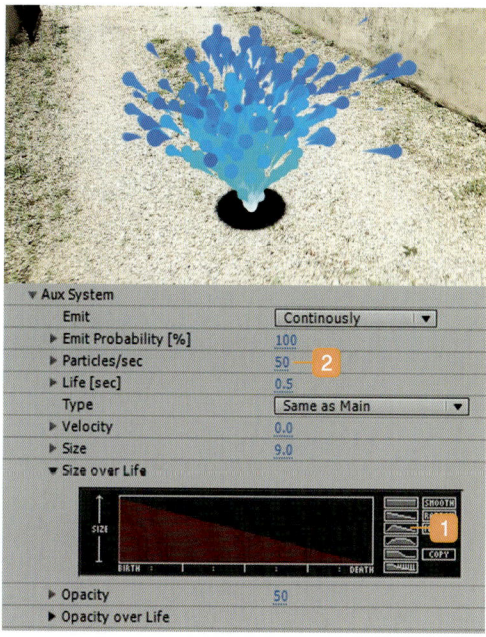

23 버블(파티클)의 양이 너무 많게 느껴집니다. Emitter 항목의 Particles/sec를 50 정도로 줄여줍니다.

24 이번엔 버블에 그림자를 표현하여 보다 입체적인 느낌이 들도록 해 줍니다. Shading 항목에서 Shadowlet for Main과 Shadowlet for Aux를 모두 On으로 설정하여 메인 파티클(버블 머리)과 서브 파티클(꼬리)에 그림자를 표현합니다. 그림자가 표현되므로 인해 입체적인 느낌이 듭니다.

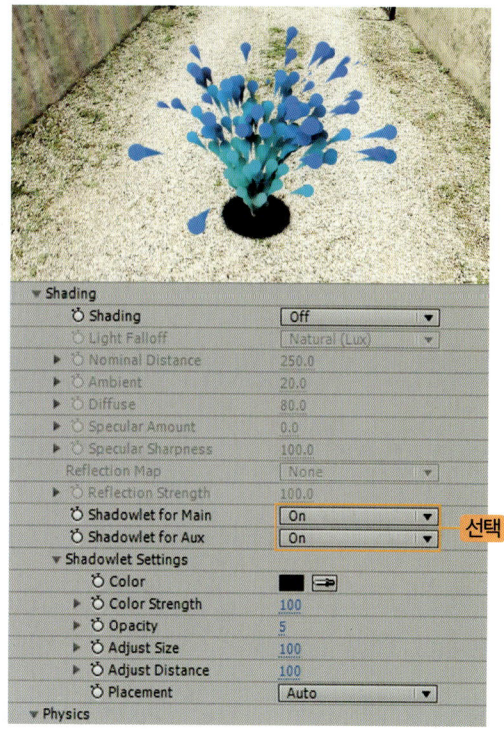

25 이제 조명에 영향을 받게 하기 위해 Ctrl+Alt+Shift+L 키를 눌러 Light Type을 Point로 선택하고 Color를 밝은 노랑으로 설정하여 조명을 생성합니다.

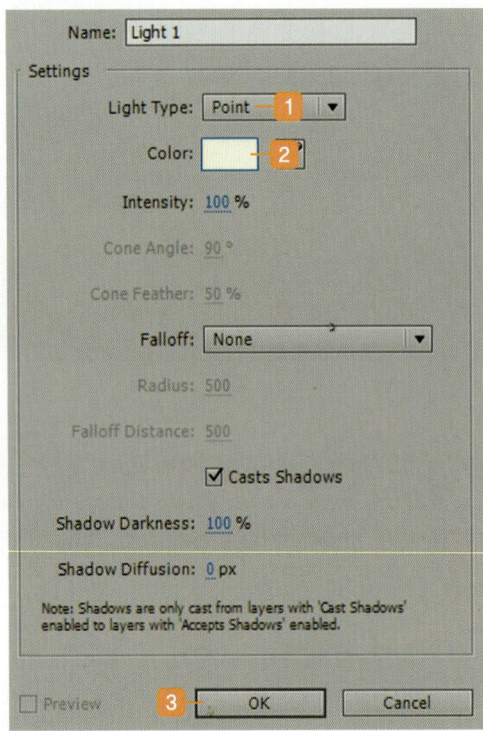

Distance와 Diffuse를 설정하여 은은하게 비춰지도록 해 줍니다. 그리고 Color Strength를 90, Adjust Size를 110 정도로 설정하여 그림자를 표현합니다.

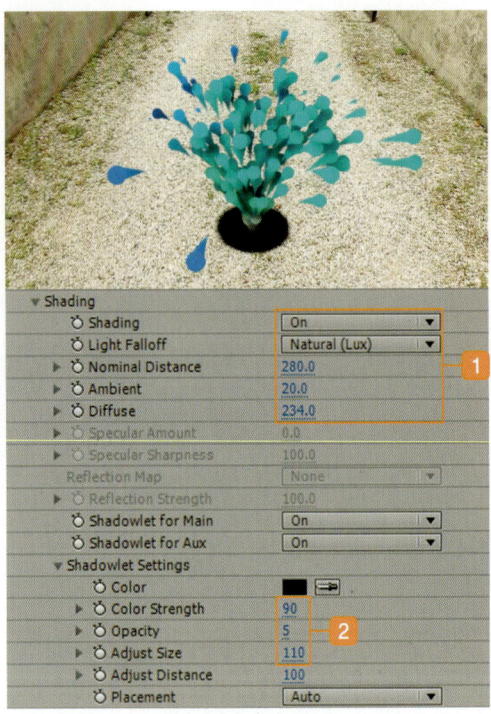

26 조명이 위쪽에 비추게 하기 위해 Selection 툴을 사용하여 조명의 Y축(초록색)을 위로 이동하여 그림처럼 배치합니다.

27 앞서 조명이 생성됐기 때문에 이제 조명을 사용하기 위해서는 Shading 항목의 Shading을 On으로 켜주어야 합니다. Light Falloff는 기본 상태인 Natural (Lux)로 놔두고 아래쪽 Nominal

28 셰이딩에 대한 설정이 있은 후의 버블의 색상을 보면 사라질 때의 파란색이 거의 보이지 않게 되었습니다. Particle 항목에서 Color over Life의 DEATH 컬러로 사용되는 파란색을 좌측으로 약간만 이동합니다. 다시 확인해 보면 버블이 사라질 때의 색상이 파란색으로 표현되는 것을 알 수 있습니다.

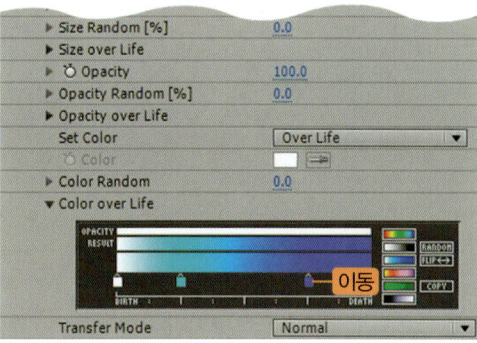

29 여기서 카메라에 의한 뎁스 오브 필드(아웃 포커스)를 표현하기 위해 3D 트랙커 카메라의 Camera Options를 열고 Depth of Field를 On으로 켜줍니다. 그리고 Focus Distance와 Aperture, Blur Level을 설정하여 원하는 상태로 설정합니다. 이제 뎁스 오브 필드로 인해 버블의 모습이 더욱 사실적으로 표현됐습니다. 참고로 여기서의 설정 값은 필자와 독자의 카메라 위치에 따라 달라지므로 책에서 설정된 값을 똑같이 할 필요는 없습니다.

30 버블 파티클에 속도감이 더욱 느껴지도록 하기 위해 Rendering 항목에서 Motion Blur를 On으로 설정하여 Shutter Angle을 320 정도로 낮춰줍니다.

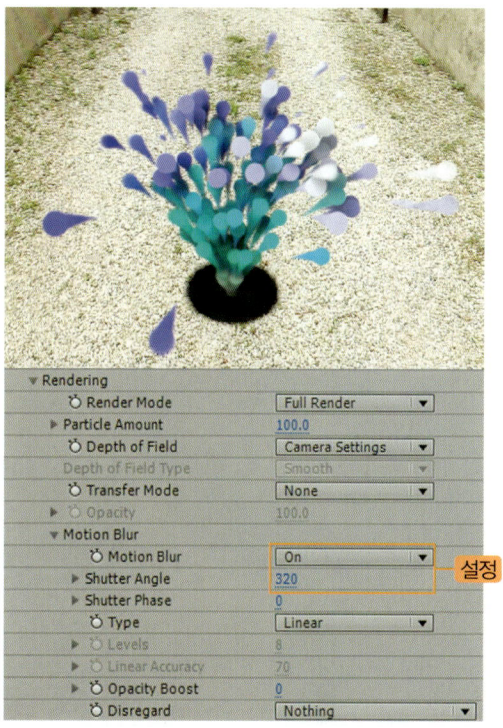

31 이번엔 구멍의 크기를 알맞은 크기로 설정해 주기 마스크가 적용된 Track Solid 1 레이어의 Scale의 X, Y, Z축을 모두 39 정도로 줄여줍니다.

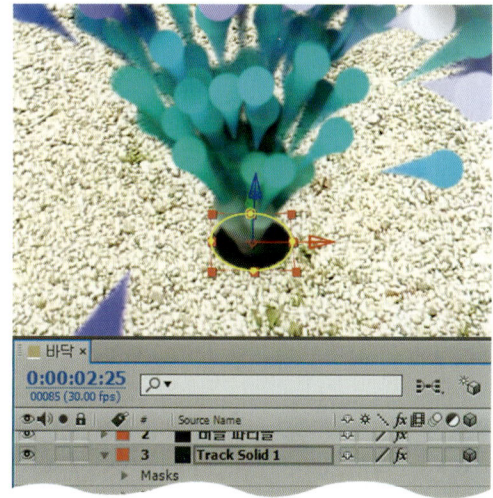
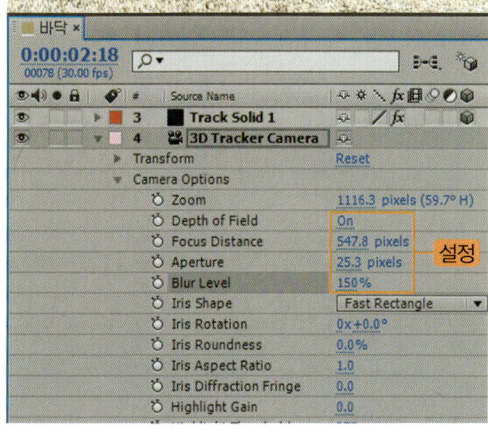

예제로 배우는 파티큘러 – 바닥에서 분출되는 버블

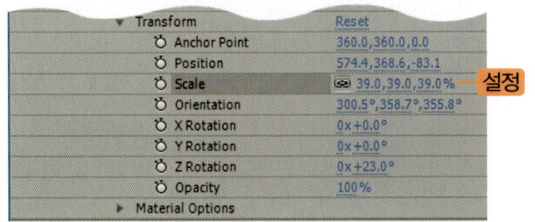

32 이번엔 버블 파티클들이 실제 구멍 안에서 뿜어져 나오는 장면을 표현하기 위해 Emitter 항목에서 Position Y축을 설정하여 그림처럼 버블 파티클이 시작되는 아래(뿌리) 부분이 구멍보다 약간 아래로 위치하도록 합니다.

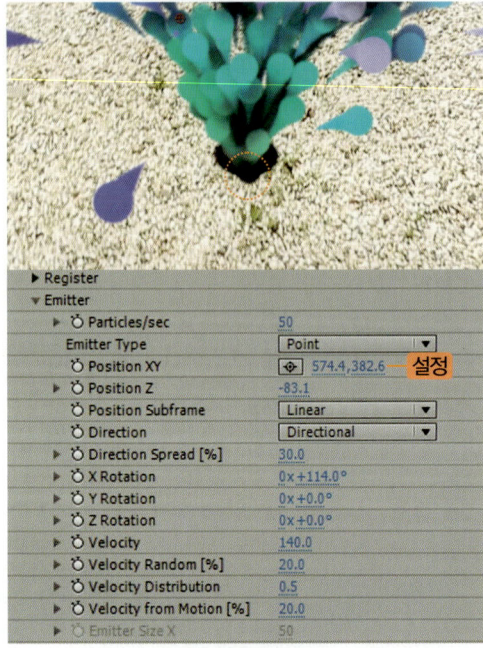

33 이번엔 버블 파티클이 정확히 구멍 속으로 들어간 느낌을 표현하기 바깥쪽 부분이 바닥의 모습이 보여야 합니다. 작업을 위해 먼저 일반적인 솔리드를 이용해 봅니다. Ctrl+Y 키를 눌러 [구멍 바깥쪽]이란 이름의 솔리드 레이어를 추가합니다. 솔리드 레이어의 크기는 현재 컴포지션과 동일하면 되고 색상은 아무거나 상관없습니다. 지금의 솔리드 레이어는 최종 작업을 위한 것이 아니고 테스트를 위한 것임을 참고하십시오.

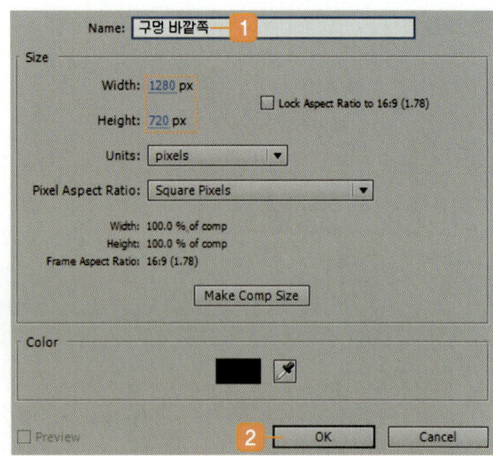

34 구멍 바깥쪽 레이어를 3D Layer로 전환하고 Adjustment Layer를 켜서 투명한 조정 레이어 상태로 전환해 줍니다. 만약 어저스트먼트 레이어를 켜주지 않으면 구멍 바깥쪽 솔리드 레이어의 모습이 버블 파티클을 가리고 있기 때문에 원하는 마스크 작업을 할 수 없습니다. 이 상태에서 Pen 툴을 사용하여 그림처럼 구멍 바깥쪽 부분에 마스크를 작성합니다.

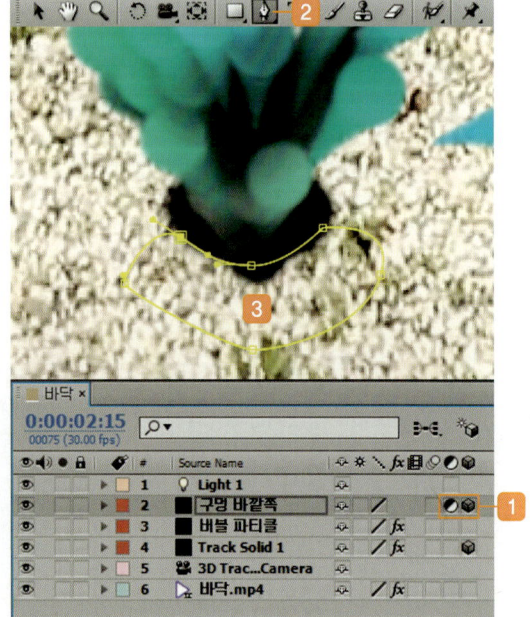

35 다시 Adjustment Layer를 해제해 보면 구멍 바깥쪽 솔리드 레이어의 모습(필자는 검정색)이 나타나는 것을 알 수 있습니다.

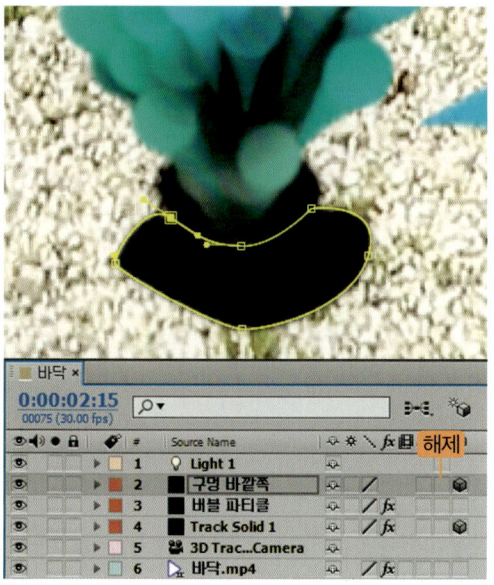

37 앞선 작업처럼 구멍 속에서 버블 파티클이 분출되는 장면을 표현할 수 있지만 현재의 구멍 바깥쪽 솔리드 레이어 상태에서는 트랙 카메라의 원근(각도)을 정확하게 인지하지 못 하기 때문에 다른 장면(시작점)으로 이동해 보면 마스크가 작성된 영역이 많이 틀어져있는 것을 알 수 있습니다.

36 이제 트랙 매트를 이용하여 구멍 바깥쪽 레이어와 버블 파티클 레이어를 합성해 봅니다. 그러기 위해서는 먼저 구멍 바깥쪽 레이어를 버블 파티클 레이어 바로 위쪽으로 이동해야 합니다. 필자는 앞선 작업에서 이미 이동한 상태입니다. 이동이 됐다면 버블 파티클 레이어의 트랙 매트를 Alpha Inverted Matte "구멍 바깥쪽"으로 설정합니다. 이 트랙 매트 방식을 이용하면 구멍 바깥쪽 레이어의 투명한 영역(마스크가 작성된 영역)이 반전되므로 버블 파티클의 아래쪽 뿌리 부분이 투명하게 처리됩니다. 투명하게 처리된 부분은 아래쪽 바닥의 모습이 나타나기 때문에 버블 파티클들이 마치 실제 구멍 속에서 뿜어져 나오는 것같이 느껴집니다.

38 이러한 문제를 앞서 버블 파티클과 트랙 솔리드의 위치 값을 동일하게 하는 것으로 해결될 수 있다고 생각할 수 있으나 실제로 동일한 수치로 설정해 보면 역시 마스크의 위치가 구멍의 위치와 많은 차이가 있습니다.

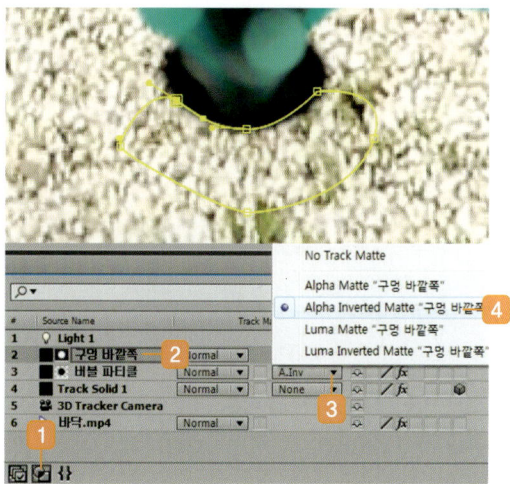

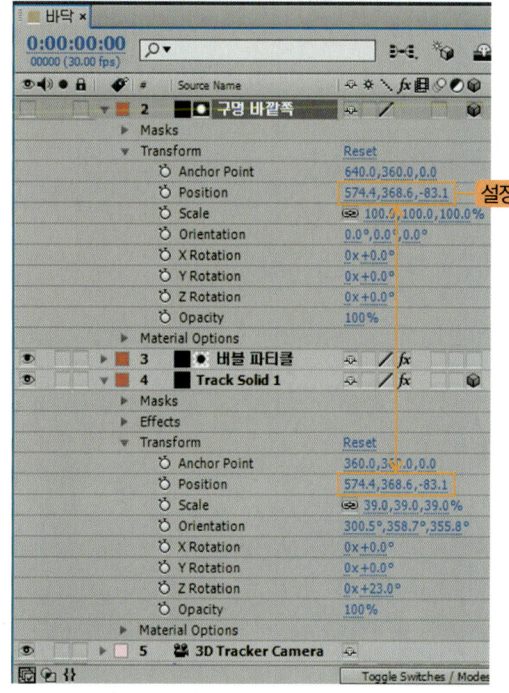

예제로 배우는 파티큘러 - 바닥에서 분출되는 버블

39 물론 이와 같은 문제는 마스크 자체를 이동하여 틀어진 구멍에 정확하게 갔다 맞춰줄 수는 있으나 지금까지의 과정이 복잡한 편이므로 다른 방법을 이용하는 것이 좋습니다.

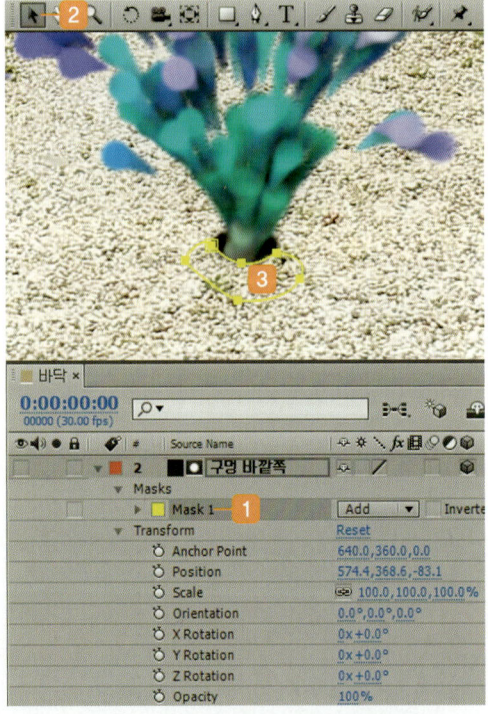

41 방금 복제한 트랙 솔리드 레이어는 트랙 카메라에 의해 생성된 솔리드 레이어이기 때문에 움직임이 정확하여 별도로 수정 작업을 할 필요가 없습니다. 다만 앞서 작성된 마스크를 삭제를 한 후 다시 작성해야 합니다.

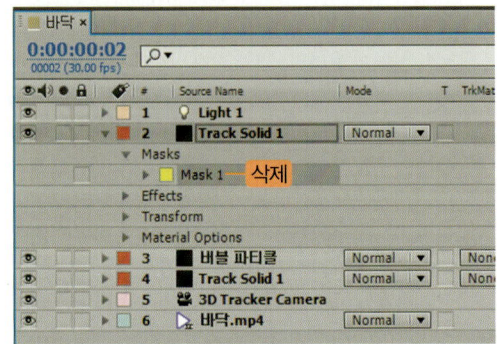

42 이번에도 역시 Adjustment Layer를 켜준 다음에 그림과 같은 마스크를 작성합니다.

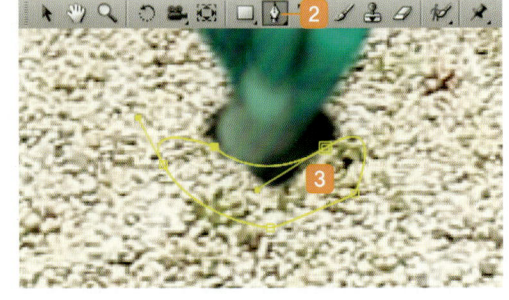

40 이번엔 보다 효율적인 방법을 살펴보기 위해 구멍 바깥쪽 솔리드 레이어를 삭제합니다. 그다음 Track Solid 1 레이어를 Ctrl+D 키를 눌러 하나 복제한 후 버블 파티클 레이어 위쪽으로 이동합니다.

43 이제 앞서 트랙 매트를 설정했던 것처럼 버블 파티클 레이어의 트랙 매트를 Alpha Inverted Matte "구멍 바깥쪽"으로 설정합니다. 이 트랙 매트 방식을 이용하면 구멍 바깥쪽 레이어의 투명한 영역이 반전되므로 버블 파티클의 아래쪽 뿌리 부분이 투명하게 처리됩니다. 이처럼 작업을 하다 보면 같은 결과물을 얻더라도 보다 신속하고 편리한 방법을 찾아 사용하는 것이 좋습니다.

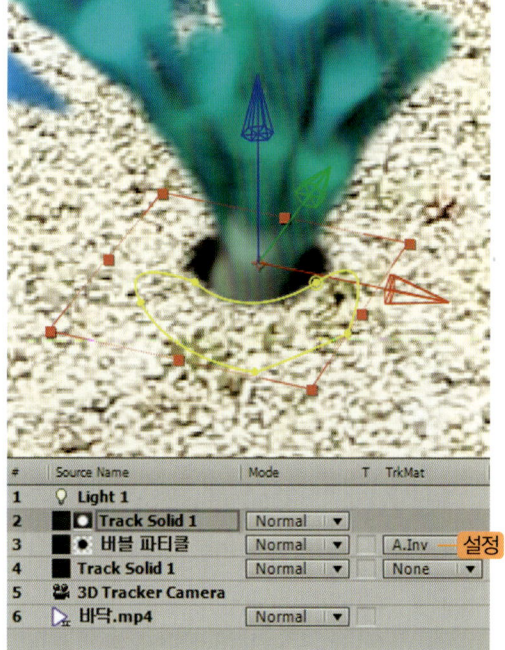

45 이제 그림자를 표현하기 위해 프로젝트 패널에서 바닥 컴포지션을 Ctrl+D 키를 눌러 복제합니다. 복제된 바닥 2 컴포지션을 더블클릭하여 해당 컴포지션을 열어줍니다.

44 지금까지의 과정을 확인해 보면 마스크가 작성된 트랙 솔리드 레이어와 구멍의 위치가 바닥의 움직임과 정확하게 일치되는 것을 알 수 있습니다. 이것으로 구멍 속에서 분출되는 버블 파티클을 표현해 보았습니다. 다음 작업은 버블 파티클의 모습의 그림자가 바닥에 비추는 장면을 표현해 보기로 합니다.

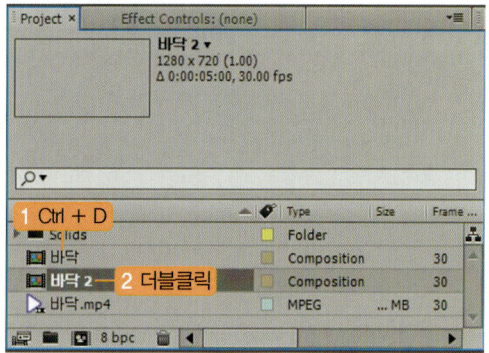

예제로 배우는 파티큘러 – 바닥에서 분출되는 버블 **171**

01 바닥 2 컴포지션의 타임라인에서 불필요한 바닥.mp4와 마스크가 작성된 2개의 Track Solid 1을 모두 삭제해 놓습니다.

르거나 Layer > New > Null Object를 선택하여 널 오브젝트를 생성합니다. 생성된 Null 1은 3D Layer로 전환해 놓습니다.

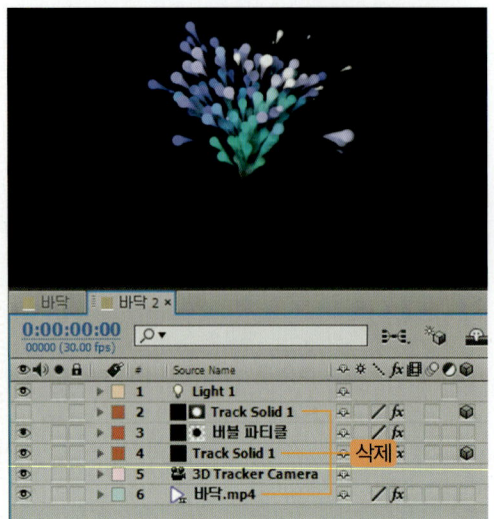

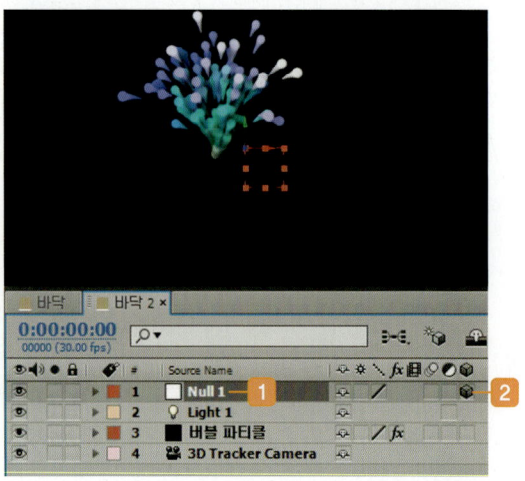

46 그리고 3D Tracker Camera 레이어에서 Transform의 Position과 Orientation의 스톱워치를 꺼서 여기에 적용됐던 모든 키프레임을 삭제합니다. 현재의 3D 트랙커 카메라는 그림자를 위해 사용하므로 키프레임을 통한 움직임이 필요 없기 때문입니다.

48 3D 트랙커 카메라의 페어런트를 방금 적용한 Null 1 레이어로 설정한 후 널 오브젝트의 X Rotation을 33도 정도로 설정하여 카메라가 버블 파티클을 위에서 바라본 앵글로 해 줍니다. 지금 설정된 각도가 최종 그림자가 표현되는 각도이기 때문에 신경을 써야 합니다.

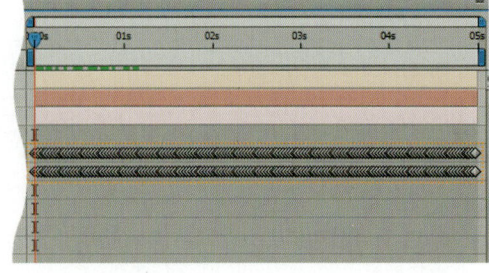

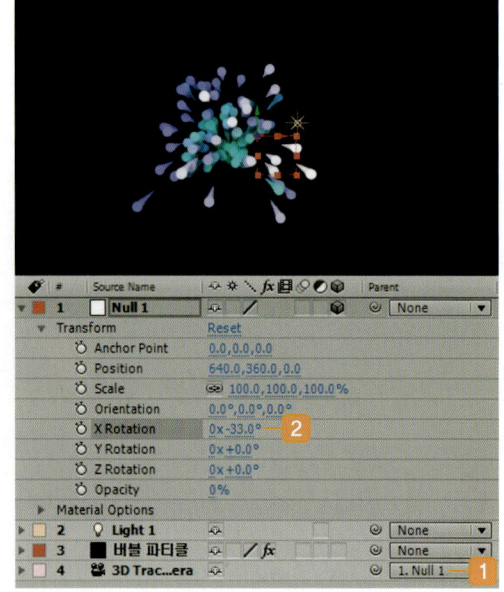

47 3D 트랙커 카메라를 제어하기 위해 Ctrl+Alt+Shift+Y 키를 누

49 여기서 다시 확인해 보고자 한다면 3D View Popup을 Custom

View 1로 설정한 후 Unified Camera 툴을 사용하여 회전해 보면 카메라가 버블 파티클을 바라보는 방향을 쉽게 파악할 수 있습니다. 확인이 끝나면 다시 Active Camera로 바꿔줍니다.

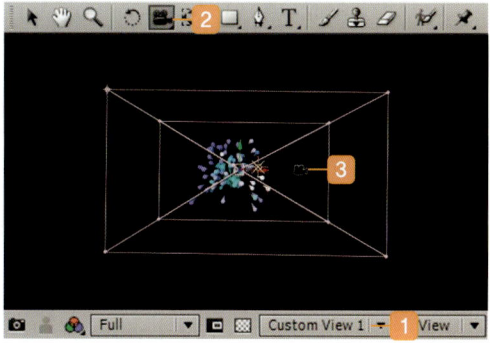

50 이제 다시 바닥 컴포지션으로 이동한 후 프로젝트 패널에서 앞서 작업한 바닥 2 컴포지션을 끌어다 바닥.mp4 파일 위쪽에 갖다놓습니다.

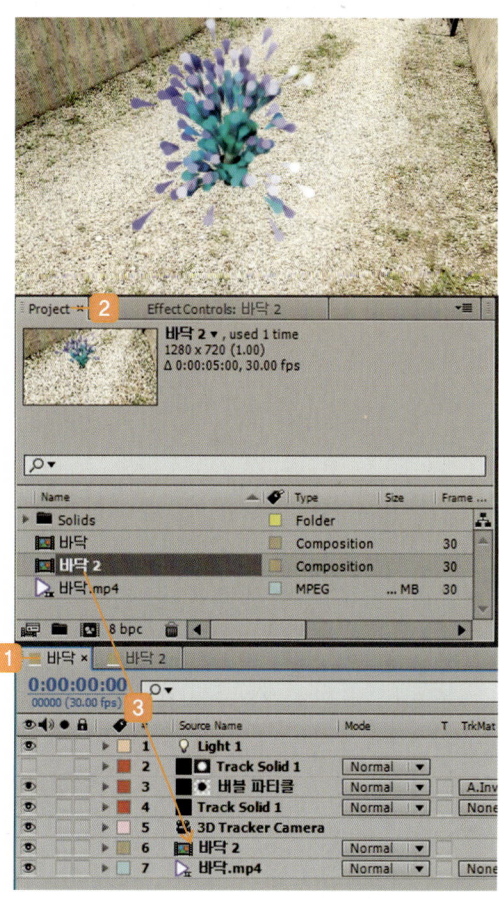

51 현재는 아직까지 그림자로 사용되는 바닥 2 컴포지션의 모습이 그림자로 사용하기엔 각도가 맞지 않습니다. 각도를 맞춰주기 위해 바닥 2 레이어를 3D Layer로 전환합니다.

52 바닥 2의 버블 파티클들은 실제 바닥에 그림자로 비춰져야 하기 때문에 평면적으로 보여야 합니다. 평면적으로 보이게 하기 위해 바닥 2 레이어의 Orientation X, Y, Z축과 Z Rotation의 각도를 위쪽의 Track Solid 1의 Orientation과 Z Rotation의 수치와 동일하게 설정해 줍니다.

예제로 배우는 파티큘러 – 바닥에서 분출되는 버블 **173**

53 이제 바닥 2의 버블 파티클을 그림자처럼 보이도록 하기 위해 바닥 2 레이어 위에서 우측 마우스 버튼 > Layer Styles > Color Overlay를 적용합니다. 이 메뉴는 Layer 메뉴의 Layer Styles에서도 사용할 수 있습니다.

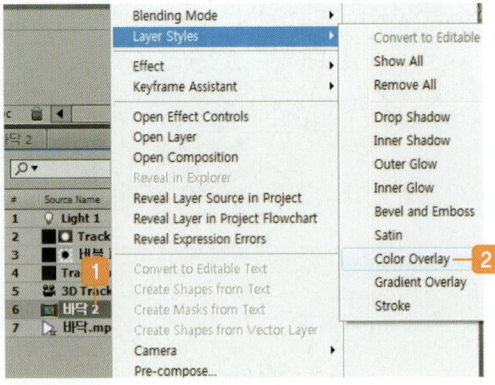

54 컬러 오버레이는 해당 레이어를 특정 색상(불투명한 영역만)으로 채울 때(덮어 씌움) 사용되는 기능으로서 기본적으로 빨간색으로 적용됩니다.

55 바닥 2 레이어 스타일의 컬러 오버레이에서 Color를 검정색으로 설정하여 빨간색이였던 그림자의 색상을 검정색으로 해 줍니다.

56 현재는 그림자가 너무 진하게 표현됩니다. 바닥 2 트랜스폼에서 Opacity를 35 정도로 낮춰 그림자를 엷게 나타나도록 해 줍니다.

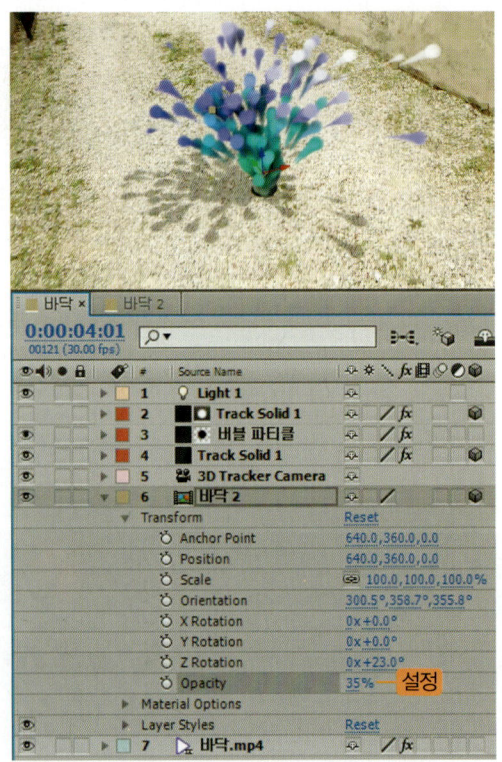

57 마지막으로 그림자의 가장자리 부분을 흐리게 해주기 위해 바닥 2 레이어에 Effect > Blur & Sharpen > Gaussian Blur를 적용한

후 Blurriness 값을 10 정도로 설정하여 그림자를 흐리게 해 줍니다. 지금까지 구멍이 뚫린 바닥에서 버블 파티클이 뿜어져 나오는 장면을 표현해 보았습니다.

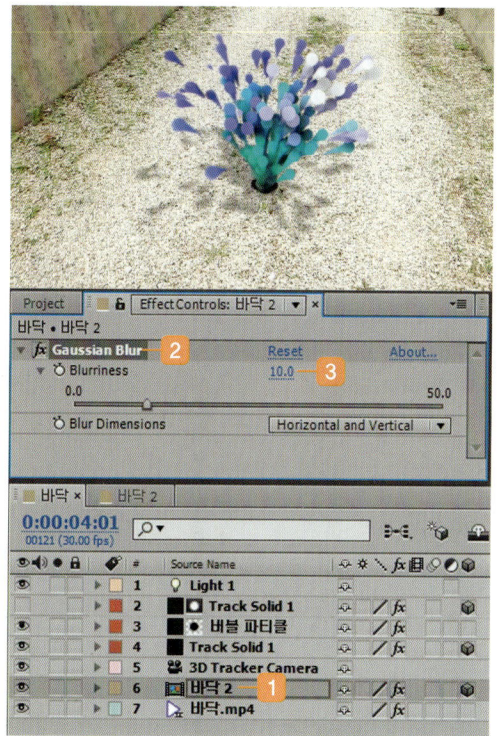

04

가시덩굴 글자

가시덩굴이 자라면서 글자를 휘감아 도는 장면은 이미터의 Z축을 이용하게 됩니다. 이때 글자도 Z축을 사용해야 함으로 3D 레이어 상태로 전환해야 합니다. 이미터 애니메이션을 통해 글자를 휘감는 장면을 만들고 이 움직임을 이용하여 메인 파티클과 옥스 시스템의 서브 파티클로 자라나는 줄기를 표현해 봅니다.

01 Ctrl+N 키를 눌러 [가시덩굴 글자]란 이름의 새로운 컴포지션을 만들어줍니다. 가로, 세로의 크기는 1280, 720으로 설정하며 Duration(작업시간)은 10초로 설정합니다.

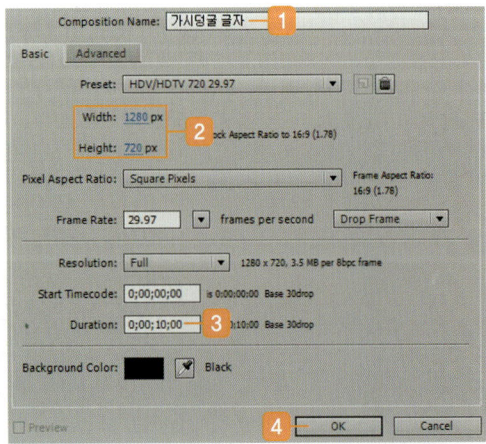

02 먼저 배경을 만들기 위해 Ctrl+Y 키를 눌러 [배경]이란 이름의 솔리드 레이어를 만들어줍니다.

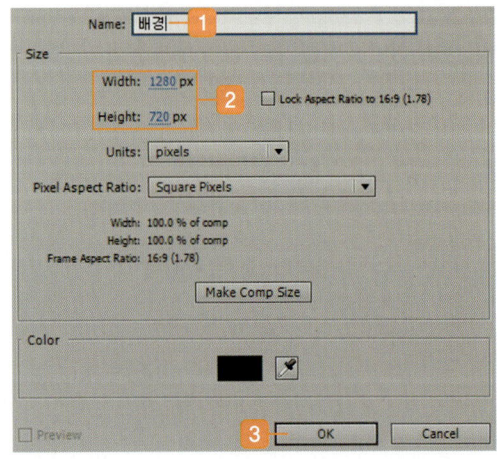

03 방금 만든 배경 레이어에 Effect 〉 Generate 〉 Gradient Ramp(CS6 이전 버전에서는 Ramp로 사용됨)를 적용한 후 Ramp Shape를 원형인 Radial Ramp로 설정하고 Start of Ramp와 End of Ramp의 위치를 그림처럼 설정합니다. 그리고 Start Color를 갈색, End Color를 짙은 갈색으로 설정합니다.

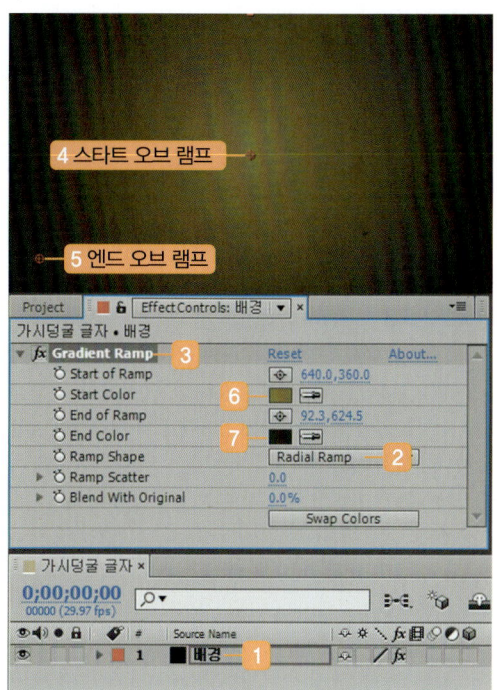

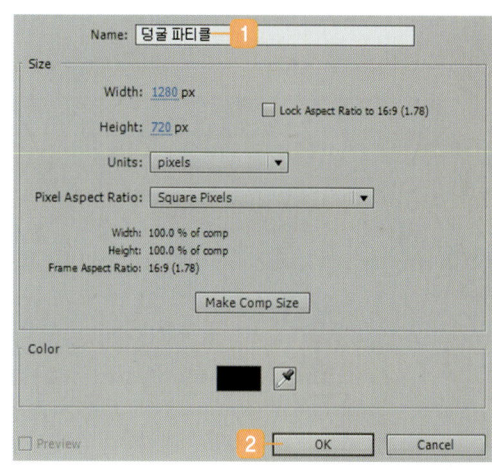

04 Type 툴을 사용하여 그림처럼 [가시덩굴글자]란 글자를 입력하고 색상은 배경과 비슷한 느낌으로 밝게 설정하고 글꼴은 흘림체 느낌으로 합니다.

05 이번엔 덩굴 파티클이 적용될 솔리드 레이어를 만들어줍니다. Ctrl+Y 키를 누르고 [덩굴 파티클]이란 이름을 사용합니다. 나머지는 기본 값을 그대로 사용합니다.

06 방금 만든 덩굴 파티클 레이어에 파티큘러를 적용하기 전에 앞서 만든 가시덩굴글자 레이어를 프리-컴포즈하여 컴포지션 형태의 레이어로 만들어주어야 합니다. 이렇게 하는 이유는 글자 레이어 자체는 파티큘러의 엄폐물(Obscuration)로 사용할 수 없기 때문입니다. 글자 레이어를 프리-컴포즈해 주기 위해 글자 레이어 위에서 우측 마우스 버튼〉Pre-compose 또는 단축키 Ctrl+Shift+C 키를 누릅니다.

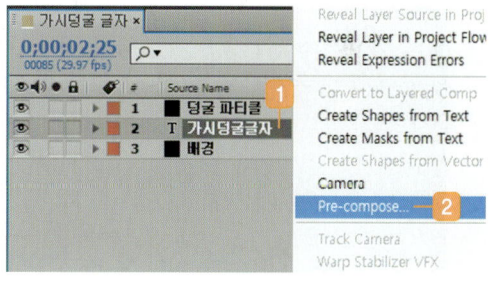

07 프리-컴포즈 설정 창에서 이름을 [가시덩굴글자]로 수정하고 적용합니다.

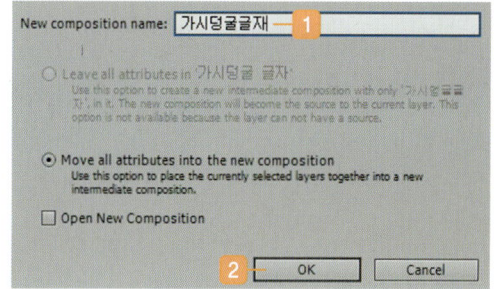

08 방금 만든 가시덩굴글자 컴포지션 레이어를 파티큘러의 입체 (3D) 공간에 영향을 받기 위해 3D Layer로 전환합니다.

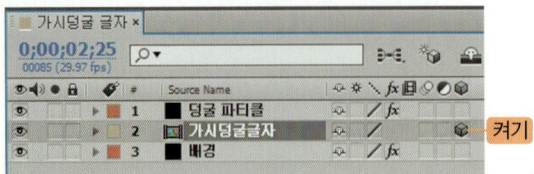

켜기

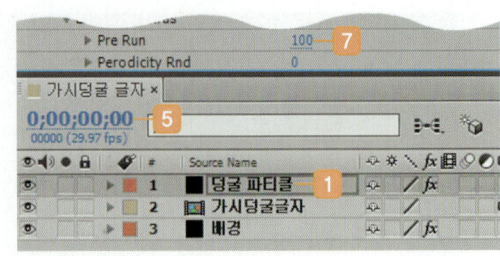

09 이제 덩굴 파티클 레이어에 Effect 〉 Trapcode 〉 Particlula를 적용한 후 Emitter 항목에서 Position XY축을 설정하여 가시덩굴 글자의 첫 번째 글자 좌측 아래로 이동합니다. 그리고 Position Z축을 -100으로 설정하여 파티클을 글자 앞으로 배치합니다. 현재 가시덩굴글자는 3D 레이어로 되어있기 때문에 앞뒤에 대한 공간적 설정이 가능합니다. Velocity를 0으로 설정하여 일단 파티클의 속도를 멈춰놓습니다. 계속해서 애니메이션을 위해 시간을 시작 프레임으로 이동한 후 Position XYZ축의 스톱워치를 켜줍니다. 이때 애니메이션이 시작되는 장면부터 파티클의 모습이 보이게 하기 위해 Rre Run을 100으로 설정해 놓습니다.

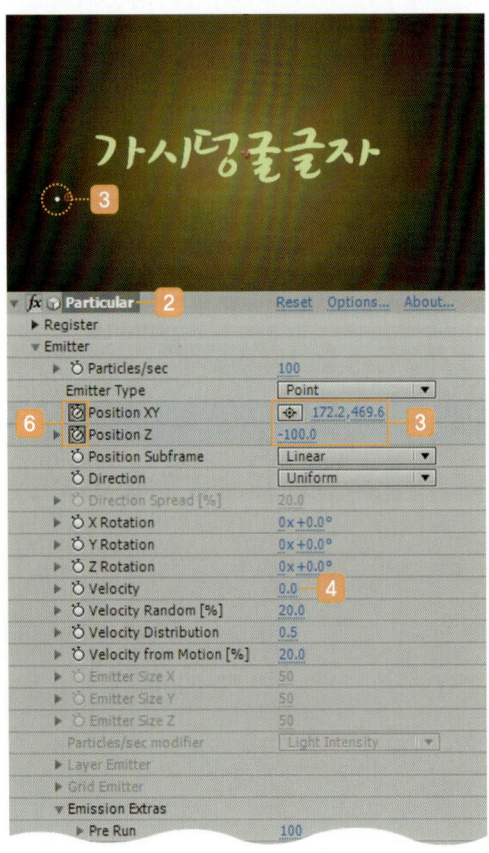

10 시간을 1초로 이동한 후 Position XY축을 설정하여 그림처럼 글자 위쪽으로 이동하고 Position Z축을 100으로 설정하여 파티클이 글자 뒤쪽으로 이동합니다. 글자 레이어의 Z축이 0이라고 했을 때 파티클의 위치가 Z축이 -(음수)일 경우엔 글자보다 앞쪽에 있는 것이며 반대로 +(양수)일 경우엔 글자보다 뒤쪽에 있는 것임을 기억하십시오. 물론 +(양수)를 사용할 경우엔 +는 표시되지 않으며 파티클(이미터)의 위치는 컴포지션 패널에서 위치 포인트를 직접 이동(XY축으로만 가능)해도 됩니다.

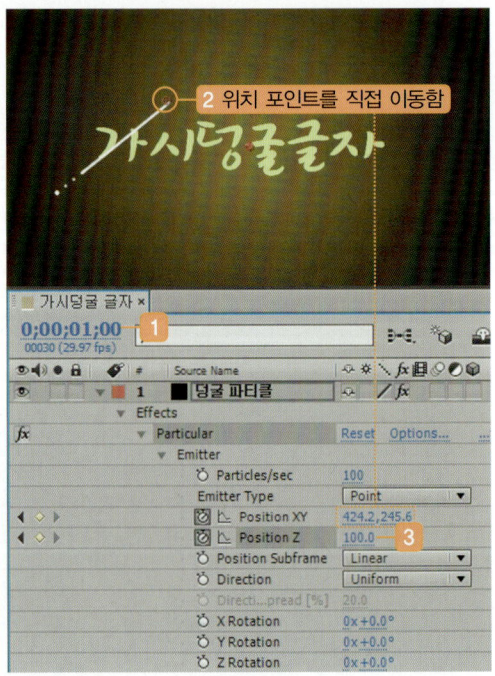

11 계속해서 시간을 2초로 이동한 후 Position XY축을 그림처럼 이동한 후 Position Z축을 -100으로 설정하여 글자 앞으로 이동합니다.

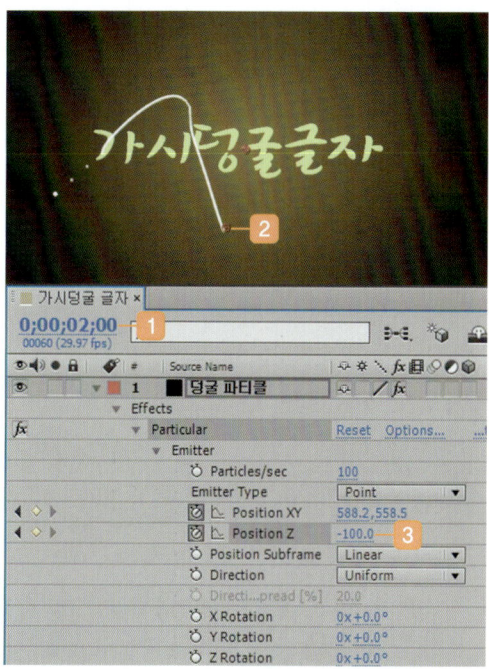

Position Z축을 -100으로 설정합니다.

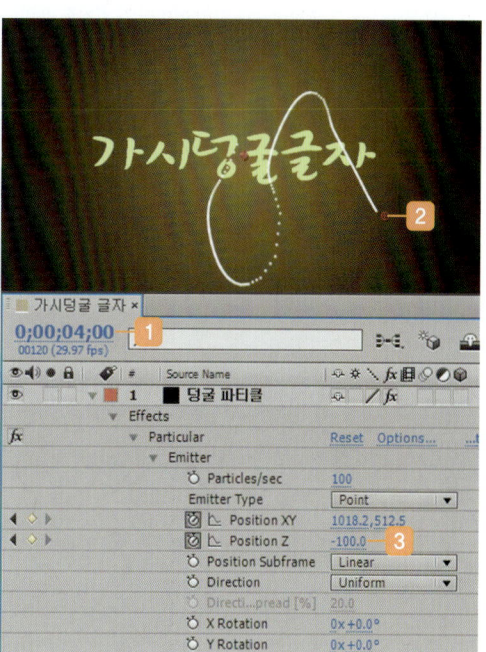

12 시간을 3초로 이동한 후 Position XY축을 그림처럼 이동한 후 Position Z축을 100으로 설정합니다.

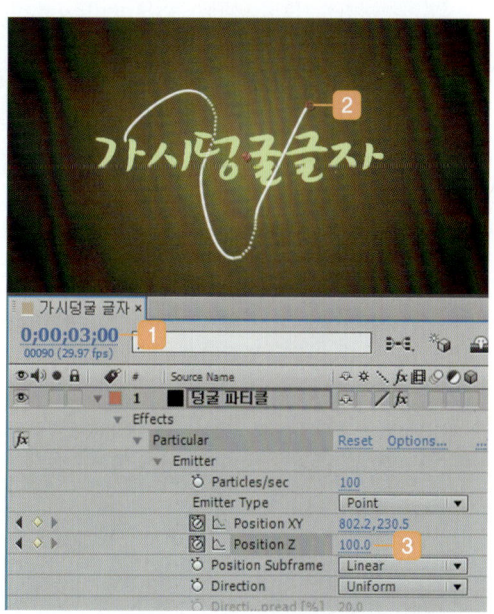

13 시간을 4초로 이동한 후 Position XY축을 그림처럼 이동한 후

14 시간을 5초로 이동한 후 Position XY축을 그림처럼 우측 화면 밖으로 이동한 후 Position Z축을 100으로 설정합니다. 이것으로 파티클(덩굴로 표현할)이 글자 앞뒤로 이동해 가면서 지나가는 애니메이션이 만들어졌습니다.

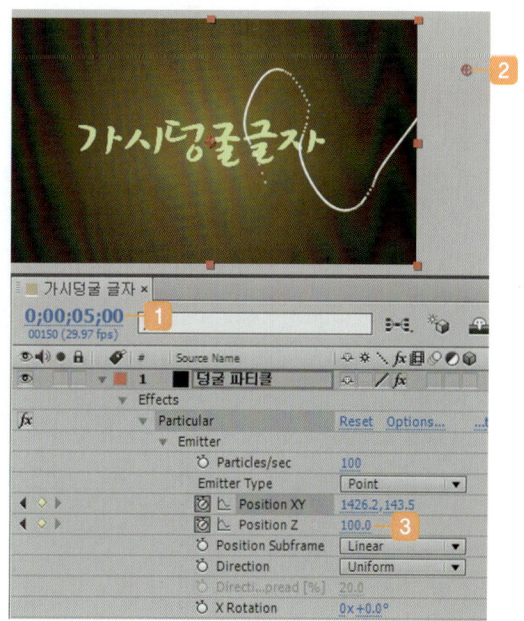

15 이미터의 위치가 바뀌는 애니메이션을 만들 때 벨로시티 프롬 모션을 사용하면 관성으로 인해 이미터의 위치도 움직이던 방향으로 계속 진행되기 때문에 여기에서 Velocity From Motions [%]을 0으로 설정하여 이미터 모션의 관성을 없애줍니다. 관성이 없어지면 앞서 만든 이미터의 모션 경로가 유연한 곡선으로 바뀌게 됩니다.

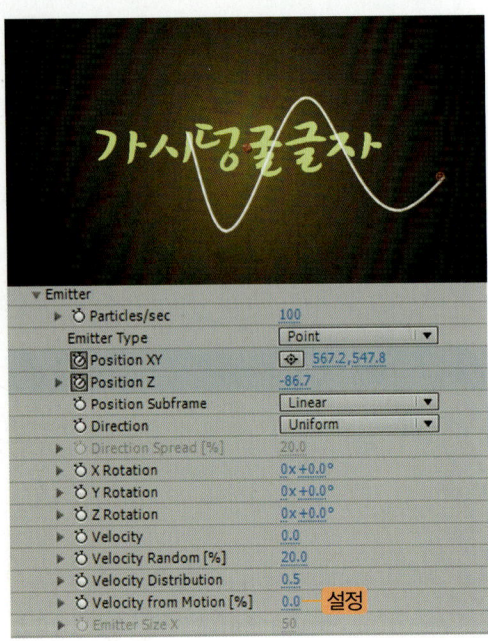

16 현재는 파티클의 수명이 짧기 때문에 이미터의 애니메이션이 끝나는 5초 전에 파티클의 모습이 사멸됩니다. Particle 항목에서 Life [sec]를 6초 정도로 늘려서 6초까지 파티클의 모습이 사라지지 않게 해 줍니다.

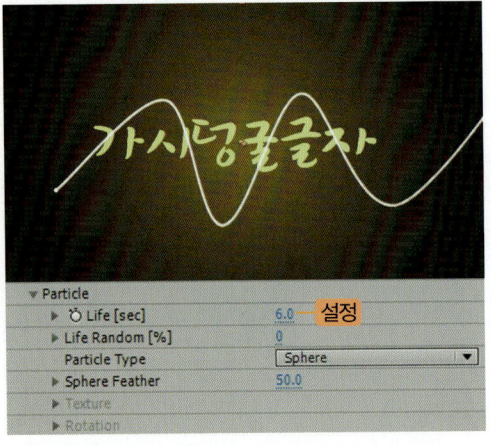

17 지금까지의 작업을 확인해 보기 위해 Ctrl+Alt+Shift+C 키를 눌러 기본 카메라를 생성합니다.

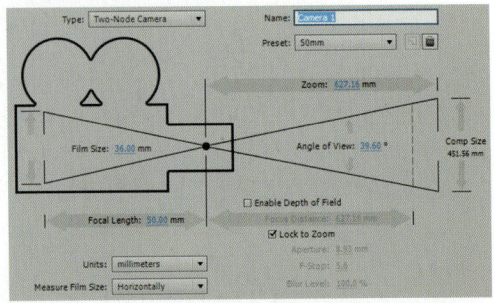

18 Unified 카메라 툴을 사용하여 회전해 보면 앞서 작업한 이미터 애니메이션 경로가 글자를 앞뒤로 지나다니는 것을 알 수 있습니다. 확인해 끝나면 다시 원래 각도로 돌아갑니다.

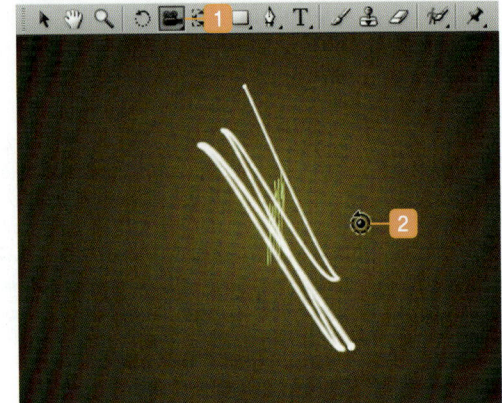

19 이제 다시 덩굴 파티클 레이어를 선택한 후 Emitter 항목에서 Particles/sec를 350 정도로 증가하고 Emitter Type을 Sphere(구 모양의 이미터 공간)로 바꿔줍니다. 이제 선이었던 모양이 흩어지는 상태로 바뀌었습니다.

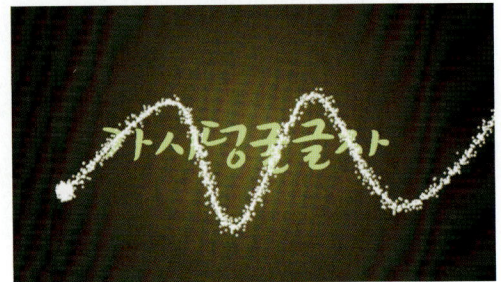

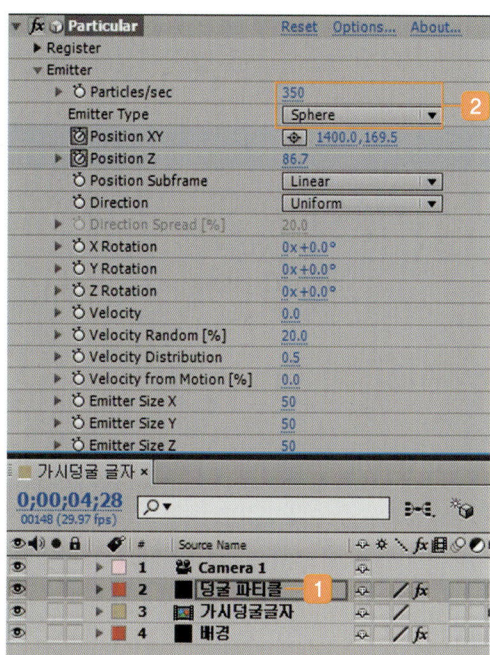

21 여기서 덩굴로 사용할 파티클과 글자 레이어의 위치를 실제 Z축의 위치에 맞게 앞뒤로 보이게 하기 위해 Visibility 항목의 Obscuration Layer를 가시덩굴글자 레이어로 선택합니다. 이제 가시덩굴글자 레이어가 파티클의 엄폐물이 되어 파티클이 글자 뒤쪽에 있을 때는 글자에 가려지게 됩니다.

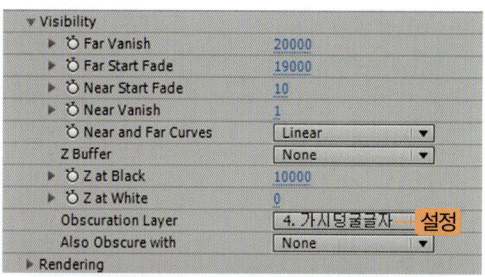

20 파티클이 시작되는 지점의 모습을 보면 스피어 이미터의 모습이 그대로 보이기 때문인데 Emission Extras의 Rre Run을 0으로 설정하여 첫 장면에는 파티클이 분출되지 않도록 재설정합니다.

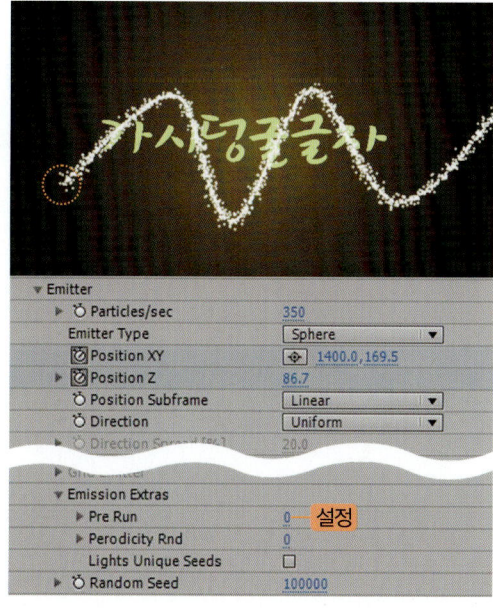

22 이번 작업에서는 메인 파티클이 서브 파티클보다 작아야 하므로 Particle 항목에서 Size를 1 정도로 줄여줍니다.

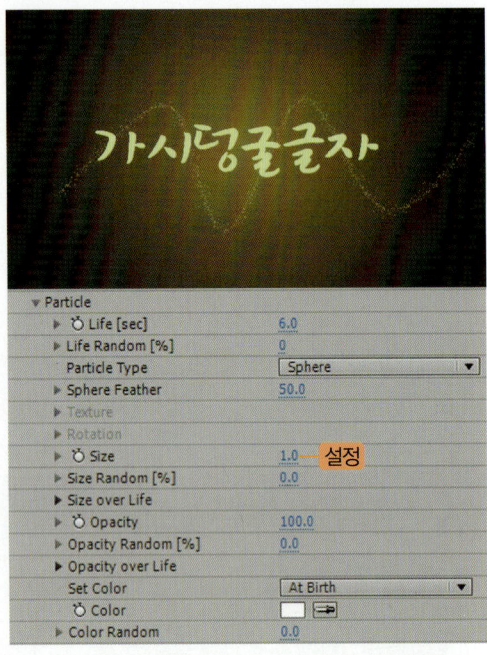

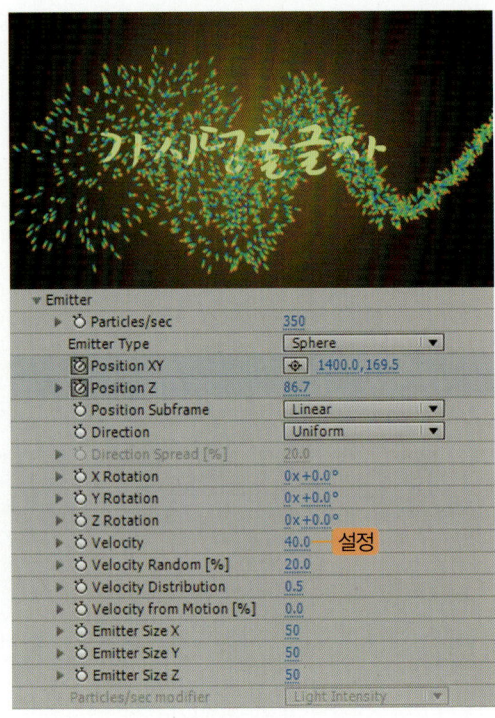

23 이제 덩굴의 작은 줄기를 표현하기 위해 Aux System 항목에서 Emit를 Continuously로 설정합니다.

25 작은 줄기를 표현하기 위해 Aux System 항목에서 Life [sec]를 일단 6초 정도(여기서의 시간은 작은 줄기가 자라는 시간과 관계가 있음)로 늘려주고 줄기의 모습이 선처럼 촘촘하게 보이도록 하기 위해 Particles/sec를 50 정도로 증가합니다.

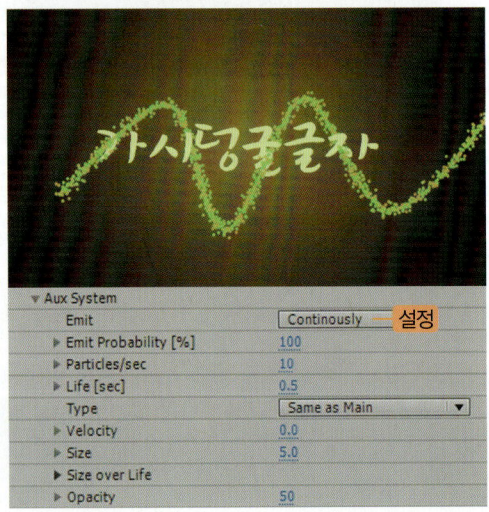

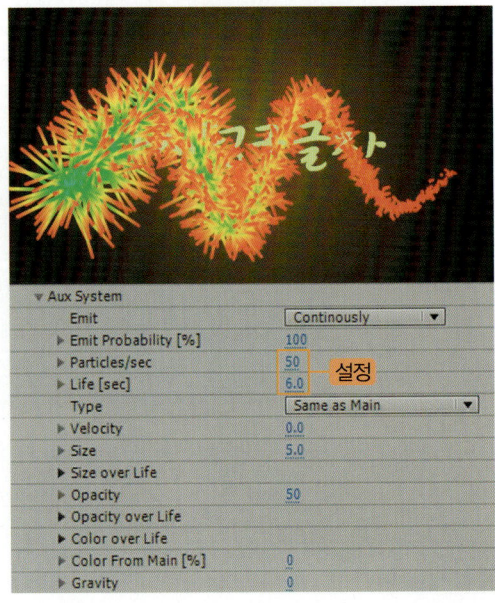

24 현재는 이미터의 속도가 멈춰있기 때문에 흩어지지 않습니다. 다시 Emitter 항목에서 Velocity를 40 정도로 높여줍니다. 이제 이미터의 방출 속도에 의해 전보다 많이 흩어지게 됩니다.

26 계속해서 작은 줄기의 색상을 메인 줄기(파티클)의 색상과 일치시키기 위해 Color From Main [%]를 100으로 설정합니다. 현재는 메인 파티클의 색상이 하얀색이기 때문에 서브 파티클의 색상도 흰색으로 처리됩니다.

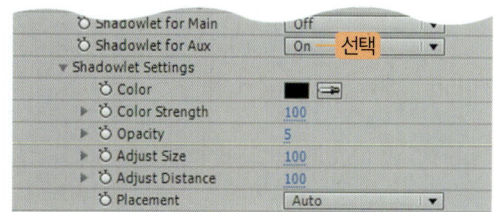

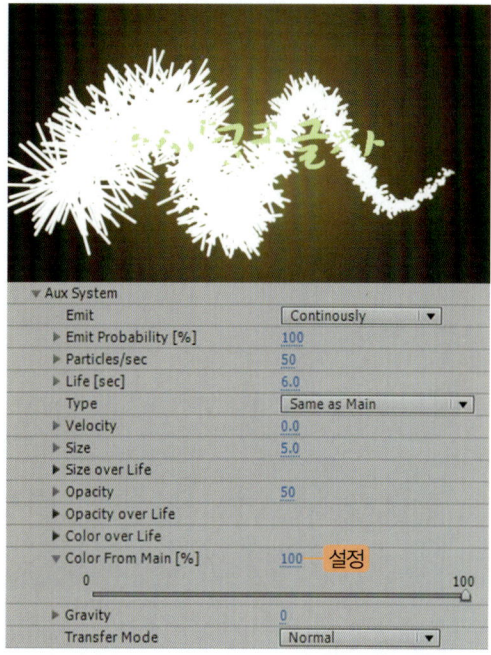

27 여기서 작은 줄기의 모습을 입체적으로 보이게 하기 위해 Shading 항목의 Shadowlet for Aux를 On으로 설정합니다. 이전 작업에서는 메인 파티클의 크기가 작거나 형체가 거의 없기 때문에 위쪽의 Shadowlet for Main은 사용하지 않아도 됩니다.

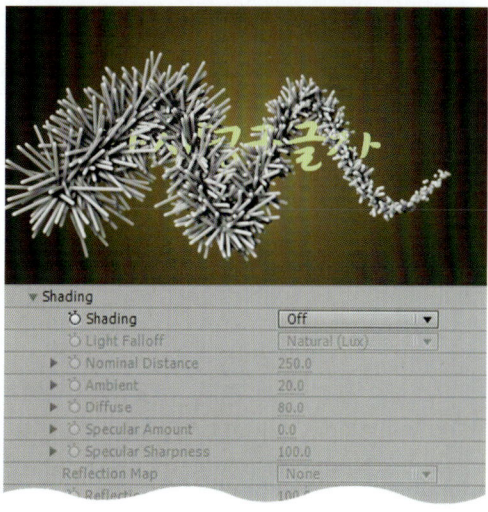

28 작은 줄기들이 모두 한 방향으로 향하고 있기 때문에 자연스럽지 않습니다. Emitter 항목에서 Velocity from Motion [%]을 0.8 정도로 증가합니다. 이제 이미터의 움직임에 의한 관성 때문에 작은 줄기들이 서로 다른 방향으로 흩어진 것을 알 수 있습니다.

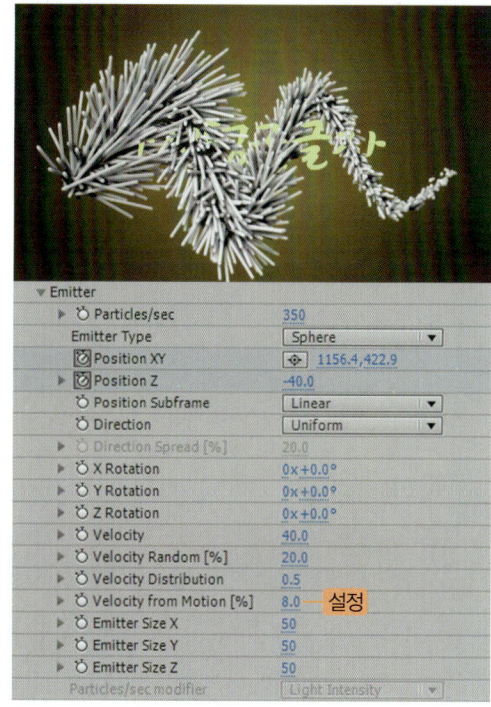

29 이제 작은 줄기의 모습이 끝으로 갈수록 점점 얇아지도록 하기 위해 Aux System 항목의 Size over Life의 그래프 모습을 처음에 작았다가 갑자기 커지고 서서히 작아지는 모습으로 만들어줍니다. 참고로 위쪽 Life [sec]의 시간 6초이기 때문에 작은 가지가 자라는 속도로는 아주 빠르게 느껴집니다. 이것은 나중에 상황에 따라 시간을 늘려주어야 할 경우도 있습니다.

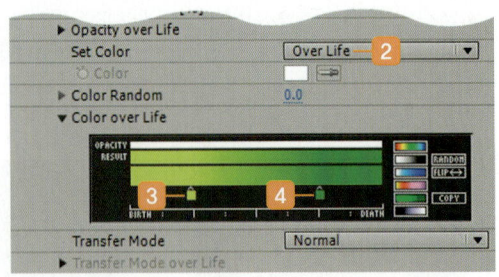

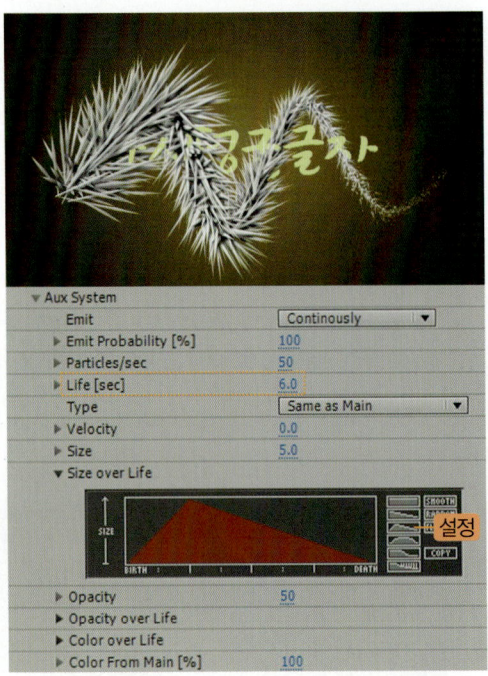

30 현재는 작은 줄기 끝부분에 메인 파티클의 모습이 작은 점처럼 보이기 때문에 아예 없애주는 것이 좋을 듯합니다. Particle 항목에서 Size를 0으로 설정하고 색상을 설정하기 위해 Set Color를 Over Life로 선택합니다. 그리고 Color over Life의 색상을 그림처럼 2개의 색상을 사용하고 사용되는 2개의 색상 중 시작(BIRTH)되는 색상을 연두색, 끝(DEATH)나는 색상을 초록색으로 사용합니다.

31 이번엔 작은 줄기로 사용되는 서브 파티클이 자라는 속도를 좀더 느리게 해 주기 위해 Aux System 항목에서 Life [sec]를 15초 정도로 늘려줍니다. 이렇게 생물 시간을 늘리면 메인 파티클의 색상이 사용되는 시간도 느려집니다. 15초라는 시간 동안 사용되기 때문입니다.

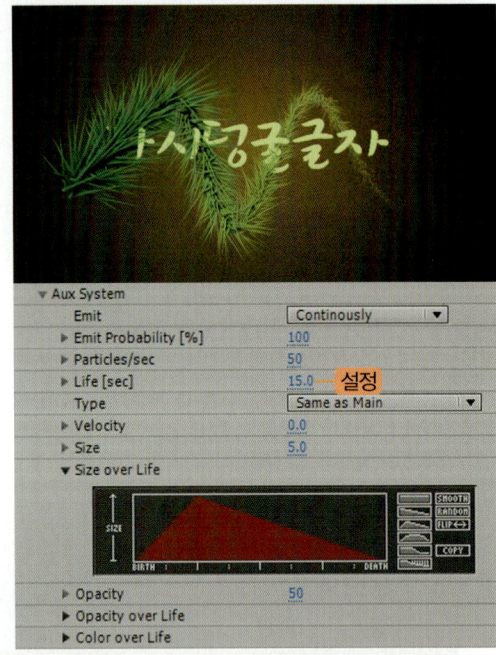

32 지금까지의 작은 줄기의 모습은 지나치게 길고 뾰족하게 보여집니다. 뾰족함을 무디게 하는 방법으로는 옥스 시스템에서 Size over Life의 그래프 모양으로 다듬어 줄 수 있겠지만 다소 인위적인 느낌이 들기 때문에 이번에는 피직스를 이용해 봅니다. Physics 항목에서 Air Resistance를 0.4 정도로 설정해 봅니다. 에어 리지스턴스는 공기에 대한 저항에 대한 설정으로 작은 줄기(서브 파티클)들이 공기에 대한 저항을 받게 되면 자라

는 즉, 움직이는 속도도 느리게 되므로 뾰족했던 모양이 다소 무뎌지게 됩니다.

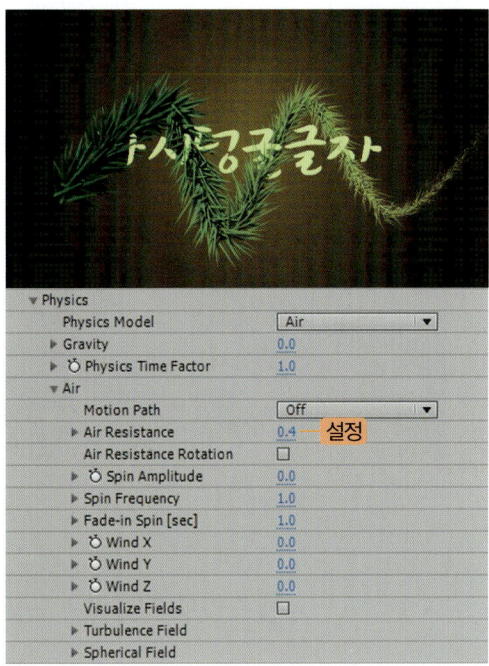

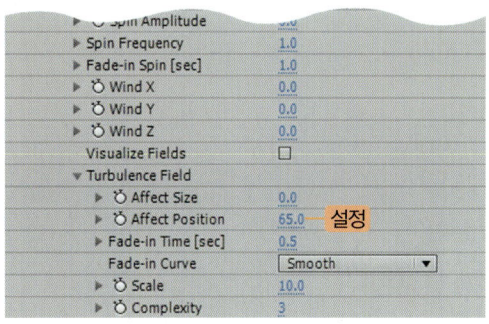

33 아직 앞선 작업에서의 작은 줄기의 모습이 완전한 것은 아닙니다. 계속해서 Physics 항목에서 Air의 Turbulence Field에서 Affect Position을 65 정도로 설정합니다. 프랙탈 노이즈 패턴의 위치가 변함에 따라 돌풍(터뷸런스)의 위치에 대한 변화가 생겼기 때문에 작은 줄기의 모습이 곧게 뻗은 모습이 아니라 여러 방향으로 휘어지게 됩니다. 이 모습이 전보다 훨씬 자연스럽게 보입니다.

34 그런데 어펙트 포지션 때문에 생긴 울퉁불퉁함이 너무 잘게 표현됩니다. 아래쪽 Scale 값을 5 정도로 줄여줍니다. 스케일 값을 줄였기 때문에 노이즈 패턴이 둔화되어 작은 줄기의 모습도 전보다 많이 부드러워졌습니다. 이처럼 피직스의 다양한 파라미터를 통해 작은 줄기(파티클의 움직임에 대한 물리학적 변화)의 모습에 변화를 줄 수 있습니다.

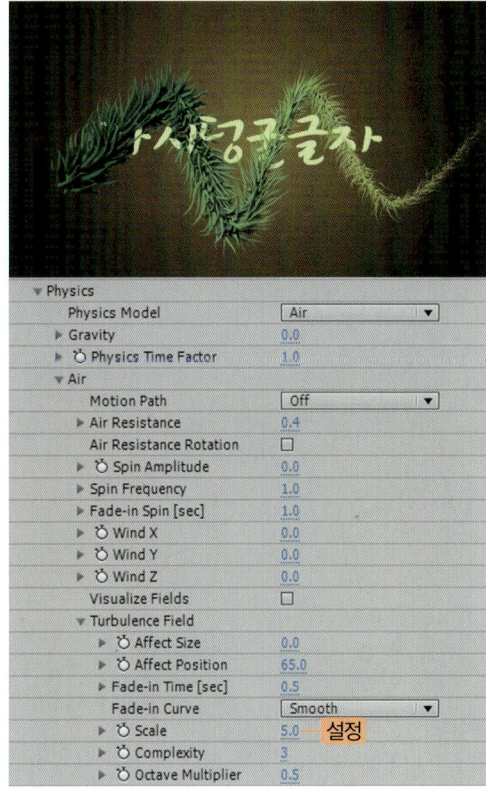

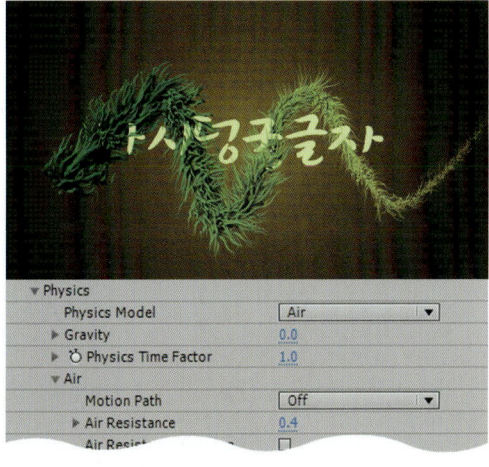

35 여기서 시간을 마지막 시간인 9초 29프레임으로 이동해 보면

예제로 배우는 파티큘러 - 가시덩굴 글자 **185**

가시덩굴이 하염없이 자라나 글자를 완전히 덮는 것을 알 수 있습니다. 이제 이 덩굴이 어느 정도 자란 후에는 더 이상 자라지 않게 해 주어야 합니다.

37 시간을 1초 뒤인 6초로 이동한 후 Physics Time Factor를 0으로 설정하여 움직임을 멈춥니다. 이것은 물리학적 시간, 즉 힘을 억제한 것과 같은 것으로 피직스 타임 팩터 값이 0이 되면 모든 파티클(줄기)의 움직임이 멈추게 됩니다. 또한 본 작업에서 시간을 1초의 여유 시간을 둔 것은 줄기의 길이가 자란 후 성장이 곧바로 멈추는 것 보다는 1초 동안 굵기가 좀더 굵어지는 것이 보다 자연스럽게 느껴지기 때문입니다.

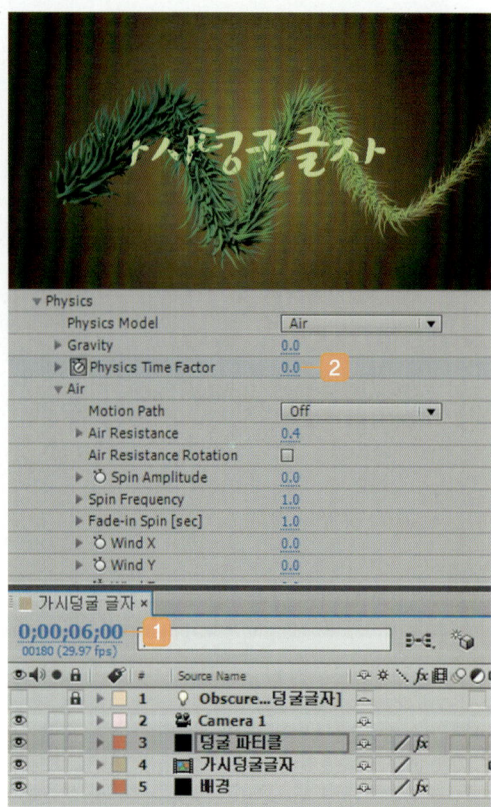

36 시간을 이미터의 애니메이션이 끝나는 5초로 이동한 후 Physics 항목의 Physics Time Factor의 스톱워치를 켜줍니다.

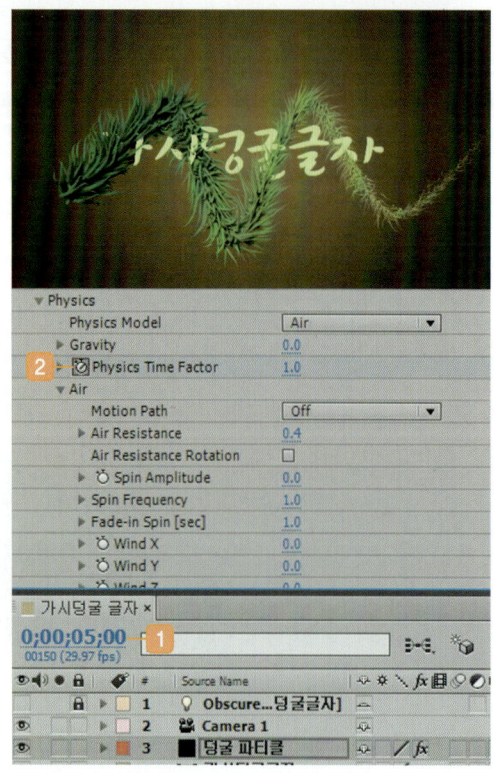

38 여기서 줄기가 자라는 장면을 확인해 봅니다. 자라기 시작하는 모습부터 끝까지 한결 같은 모습입니다. 그래서 자연스럽게 보이지 않습니다.

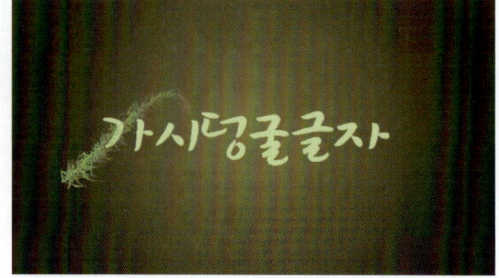

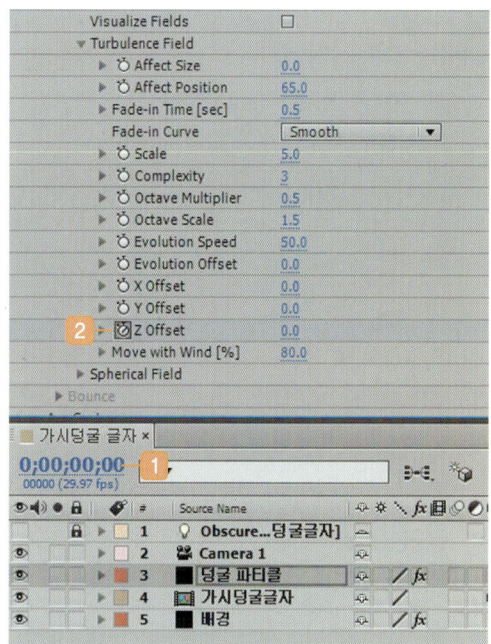

39 이제 줄기가 자랄 때 그냥 한 방향으로만 자라는 것이 아니라 줄기가 꿈틀거리며 자라는 장면을 표현해 봅니다. 이런 장면은 줄기가 실제 살아있는 것 같은 생동감을 느끼게 해 줍니다. 시간을 시작 프레임으로 이동한 후 Turbulence Field의 Z Offset의 스톱워치를 켜줍니다. 물론 X나 Y Offset을 이용해도 되겠지만 이번 작업에서의 줄기가 자라는 방향은 Z축이 가장 자연스럽게 보이기 때문에 Z축을 이용한 것입니다.

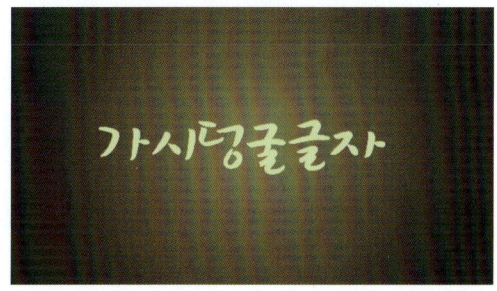

40 시간을 이미터의 애니메이션이 끝나는 5초로 이동한 후 Z Offset 값을 150 정도로 설정합니다. 이제 프랙탈 노이즈 패턴 위치의 변화로 줄기가 자랄 때 꿈틀거리는 듯한 모습이 표현됩니다.

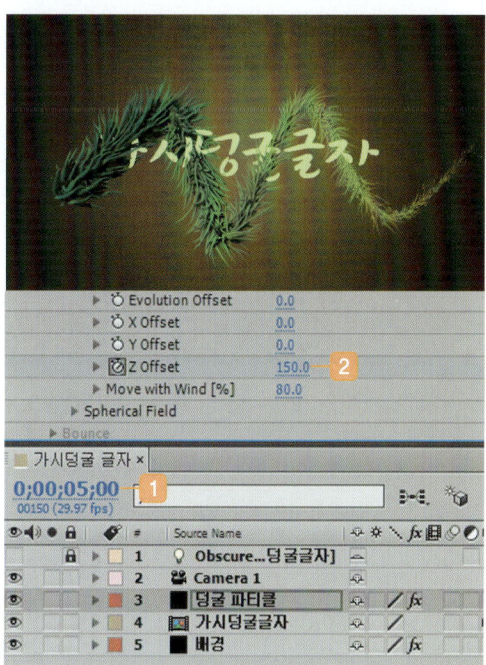

예제로 배우는 파티큘러 – 가시덩굴 글자 **187**

41 이제 앞선 작업을 확인해 보면 Z Offset에 의해 줄기가 자랄 때 실제 살아있는 것처럼 꿈틀거리는 것을 알 수 있습니다.

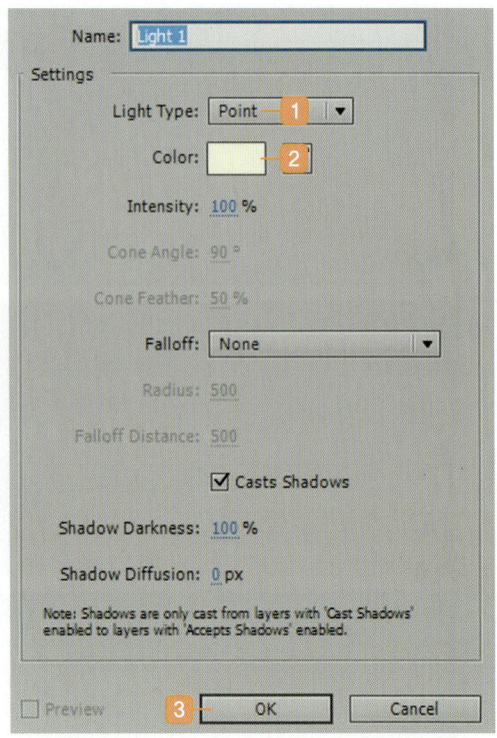

42 이번엔 조명에 대한 작업을 하기 위해 Ctrl+Alt+Shift+L 키를 눌러 포인트 조명을 만들어줍니다. 조명의 색상을 밝은 노랑색으로 설정합니다.

43 방금 만든 Light 1 레이어를 열고 먼저 Transform의 Position을 그림처럼 설정하여 글자 앞쪽 상단에서 비추도록 해 주고 Light Options의 Intensity를 110 정도로 설정하여 글자가 약간 더 밝게 비춰지도록 해 줍니다. 여기서 설정되는 조명의 속성 (파라미터) 값은 파티클(줄기)에 영향을 주는 것이 아니라 같은 타임라인 공간에 있는 3D 레이어(글자)에만 영향을 줍니다.

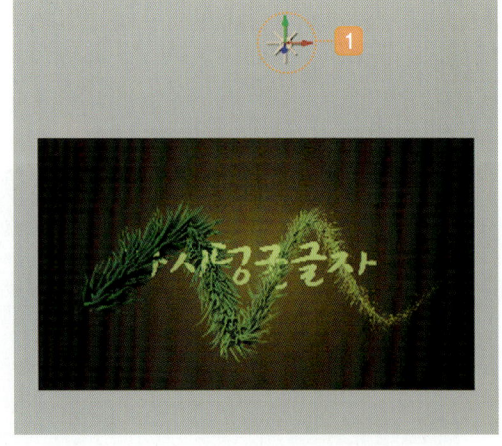

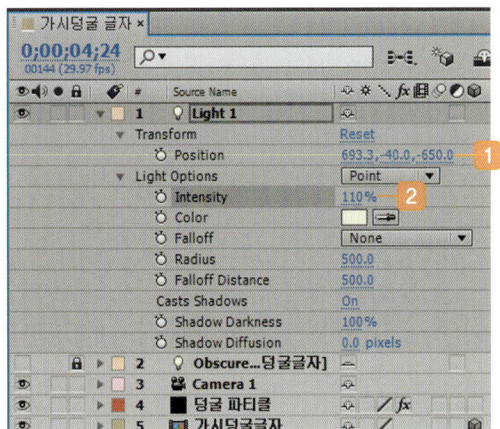

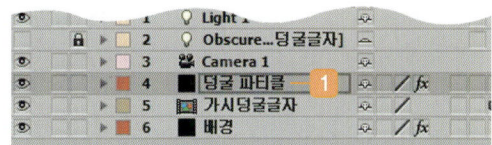

45 이번엔 불투명도에 대한 설정을 통해 덩굴의 모습을 자연스럽게 표현해 봅니다. Aux System 항목에서 Opacity over Life의 그래프를 그림처럼 불규칙적으로 그려줍니다. 지금의 그래프는 서브 파티클의 생성되고 소멸되는 과정의 투명도가 들쭉날쭉하여 인위적인 느낌이 들지 않게 됩니다.

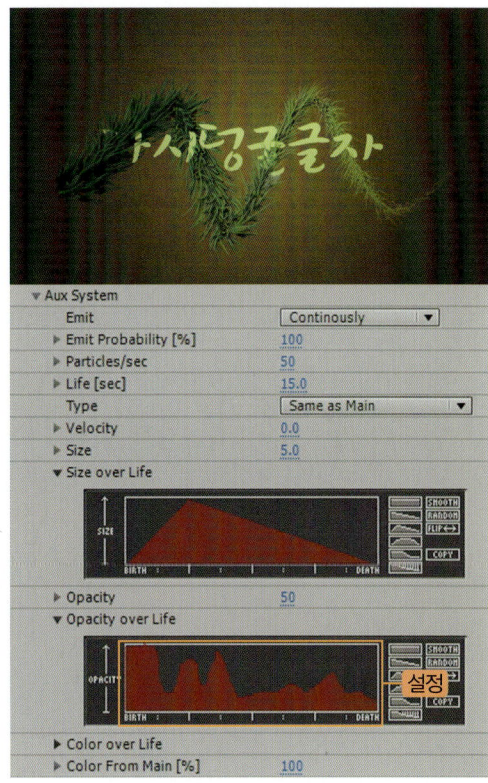

44 이제 덩굴 파티클 레이어도 조명에 영향을 받게 하기 위해 다시 덩굴 파티클 레이어를 선택한 후 Shading 항목에서 Shading을 On으로 켜줍니다. 아래쪽 Nominal Distance를 850 정도로 설정하여 덩굴의 모습을 밝게 해주고 Diffuse를 조금만 줄여줍니다. 그리고 Shadowlet Settings의 Adjust Size를 120 정도로 설정하여 그림자를 표현합니다.

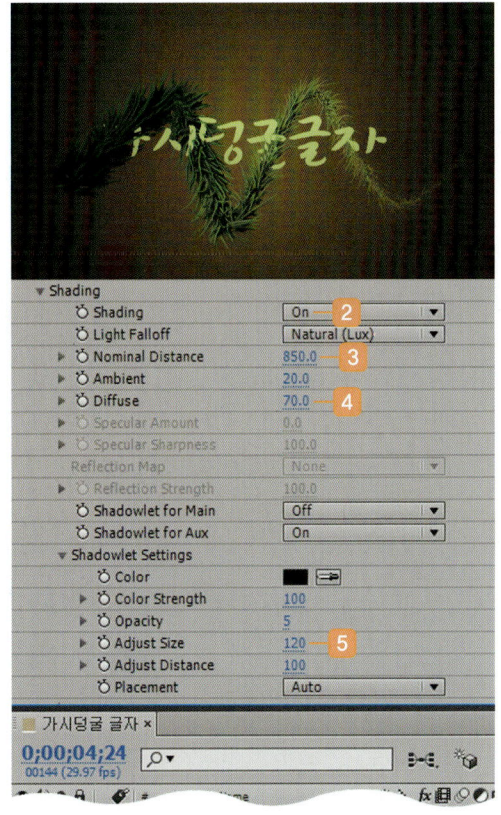

46 이제 카메라에 대한 작업을 통해 본 학습을 마무리할 차례입니다. 먼저 카메라를 제어하기 위해 Ctrl+Alt+Shift+Y 키를 눌러 널 오브젝트를 생성한 후 Null 1을 3D Layer로 전환합니다. 그리고 Camera 1의 페어런트를 Null 1로(나선형 모양의 픽 위프를 끌어다 적용해도 됨) 설정합니다. 이것으로 널 오브젝트를 통해 카메라의 위치나 회전 등의 제어를 할 수 있게 되었습니다.

해 줍니다.

47 시간을 시작 프레임으로 이동한 후 널 오브젝트의 Y Rotation 을 40도로 설정합니다. 그리고 스톱워치를 켜서 키프레임을 생성합니다.

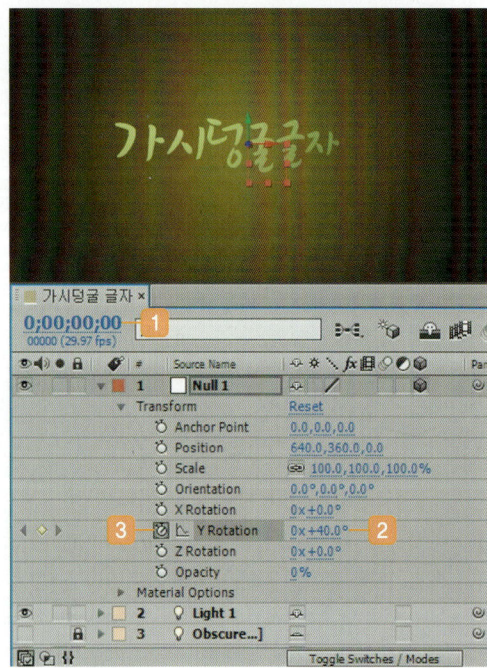

48 시간을 이미터의 애니메이션이 끝나는 5초로 이동한 후 Y Rotation을 -40으로 설정하여 천천히 반대쪽으로 회전되도록

49 카메라 애니메이션이 끝났기 때문에 이제 뎁스 오브 필드에 대한 설정을 해 봅니다. 카메라 레이어를 열고 Camera Options 에서 Depth of Field를 On으로 켜줍니다. 그리고 Aperture와 Blur Level을 설정하여 그림처럼 아웃 포커스(흐림) 효과를 표현합니다. 이렇듯 뎁스 오브 필드가 사용되면 보다 입체적이고 사실적인 느낌이 듭니다.

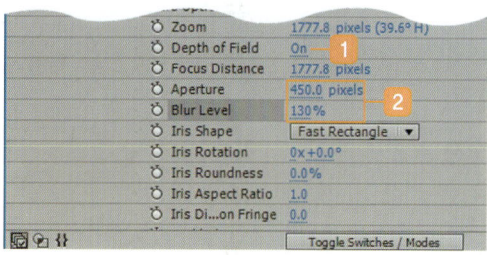

50 마지막으로 가시덩굴에 둘러 쌓인 글자가 너무 작게 느껴지기 때문에 글자를 만든 컴포지션에서 글자의 크기를 키워줬으며 글자의 색상도 더욱 밝게 수정했습니다. 그밖에 문제가 있는 부분은 수정을 하기 바라며 본 학습을 활용하여 줄기의 모양과 잎사귀 모양을 다르게 표현할 수도 있습니다. 잎사귀의 모양은 메인 파티클 타입을 스프라이트나 텍스쳐 폴리곤 타입을 사용하면 가능합니다. 지금까지 가시덩굴이 자라는 글자를 만들어보았습니다.

불꽃놀이

파티큘러로 표현할 수 있는 것 중에는 밤하늘에 화려한 수를 놓는 불꽃놀이를 빼 놓을 수 가 없을 것입니다. 하나의 파티큘러와 애니메이션을 위한 키프레임 속성을 변경하여 폭죽이 터지는 수많은 장면을 표현해 보며 또한 폭죽에서 생기는 연기와 수면에 비추는 모습을 사실적으로 표현해 봅니다.

01 Ctrl+N 키를 눌러 [불꽃놀이]란 이름의 새로운 컴포지션을 만들어줍니다. 가로, 세로의 크기는 1280, 720으로 설정하며 Duration(작업시간)은 10초로 설정합니다.

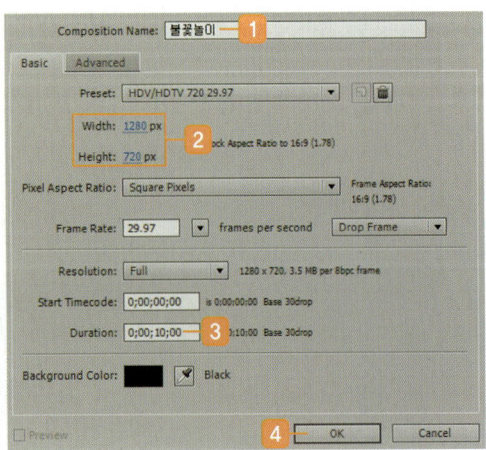

02 먼저 배경을 만들기 위해 Ctrl+Y 키를 눌러 [폭죽]이란 이름의 솔리드 레이어를 만들어줍니다.

03 이제 방금 만든 폭죽 솔리드 레이어에 Effect 〉 Trapcode 〉 Particular를 적용한 후 먼저 불꽃놀이의 폭죽이 터지는 위치를 설정하기 위해 Emitter 항목에서 Position XY축을 설정하여 그림과 같은 위치로 해 줍니다. Velocity는 400 정도로 설정하여 폭죽이 터지는 속도를 조금 더 빠르게 해 줍니다.

05 폭죽이 터지자마자 곧바로 파티클이 사라지도록 하기 위해 시간을 시작 프레임으로 이동한 후 타임라인의 Emitter 항목에서 Particles/sec를 10000 정도로 높여준 후 스톱워치를 클릭하여 키프레임을 생성합니다.

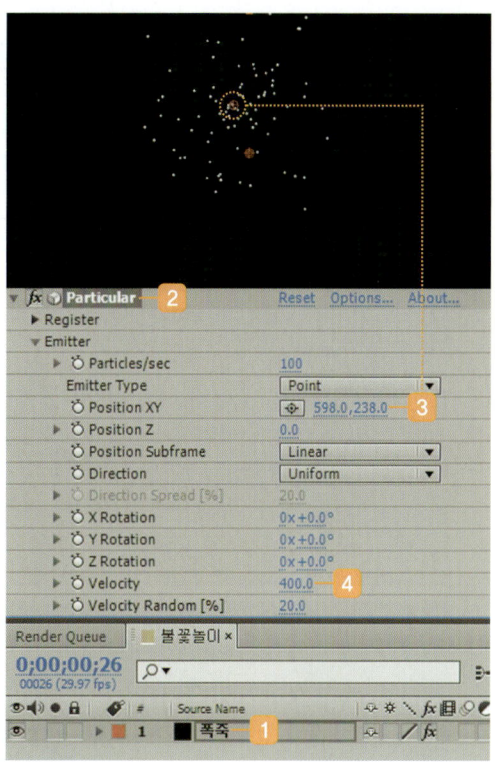

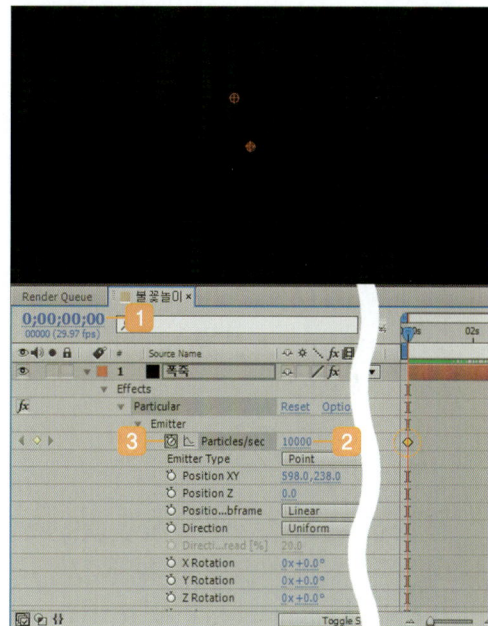

04 이번엔 파티클에 대한 설정을 위해 Particle 항목에서 폭죽(파티클)이 터지는 시간인 Life [sec]를 1초 정도로 줄여주고 Life Random [%]은 35 정도로 설정합니다. Particle Type은 가장자리가 부드럽게 빛나는 Glow Sphere (No DOF)로 선택합니다. 글로우 스피어 타입은 뎁스 오브 필드(DOF)를 사용할 수 없음을 참고 하십시오. 아래쪽 Sphere Feather를 40 정도로 낮춰 가장자리를 조금만 뚜렷하게 해 줍니다.

06 시간을 1프레임 뒤로 이동한 후 Particles/sec를 0으로 설정하여 이 시간 이후부터는 더 이상 파티클이 생성되지 않도록 합니다. 지금의 작업은 1프레임 동안 생성된 10000 개의 파티클이 동시에 나타났다 사라시게 하기 위한 것입니다.

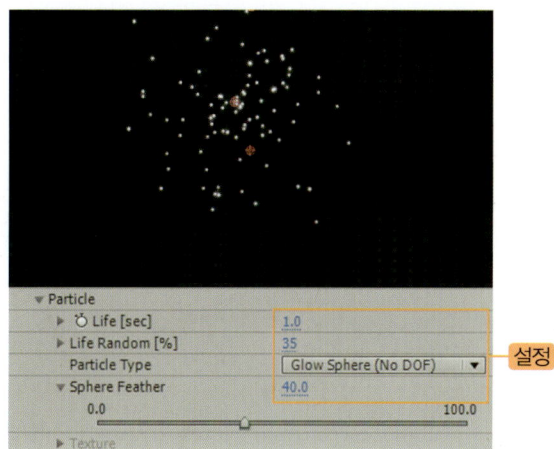

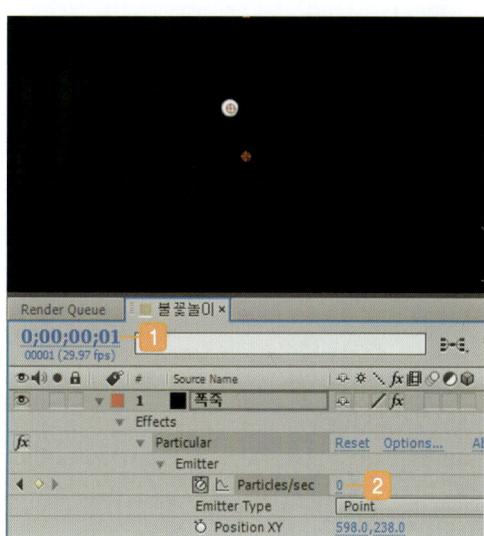

07 앞선 작업을 확인해 보면 1프레임 이후엔 파티클이 더 이상 생성되지는 않지만 너무 멀리 퍼져나가기 때문에 자연스럽지 않습니다.

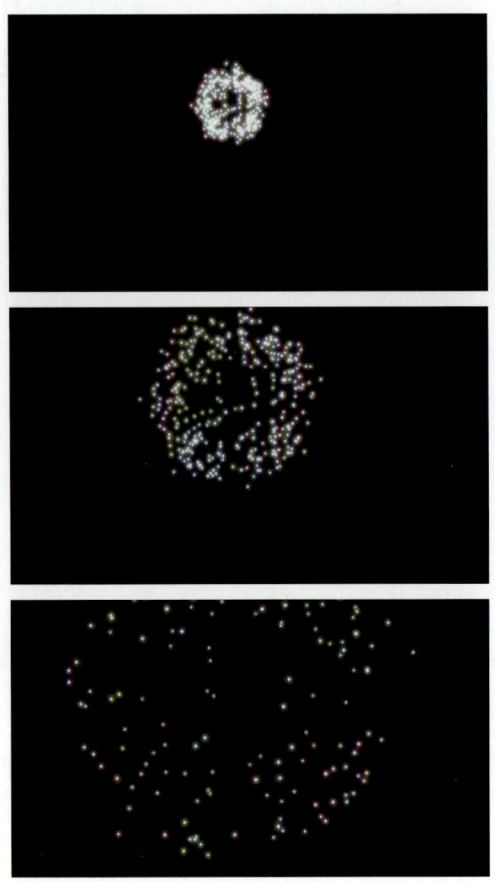

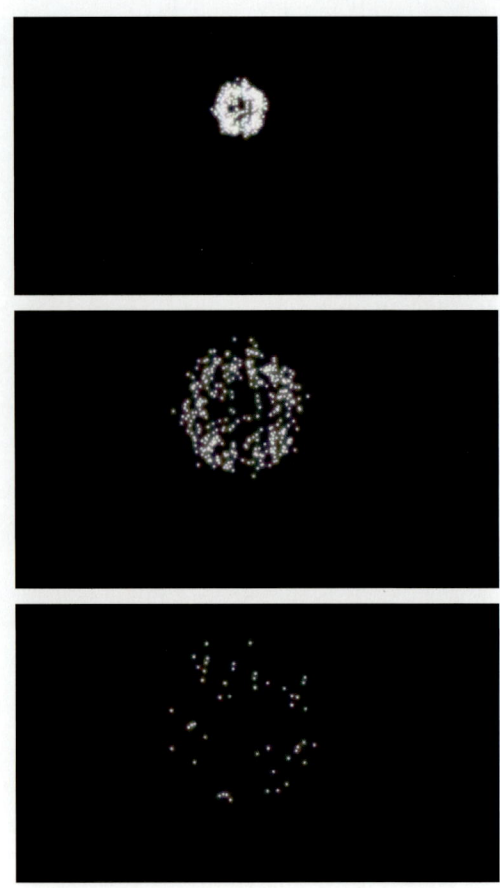

08 Physics 항목의 Air에서 Air Resistance를 1.8 정도로 설정하여 파티클이 공기에 저항을 받아 멀리 퍼져나가기 못 하도록 해주고 Gravity를 150 정도로 설정하여 중력에 의해 아래로 살짝 떨어지는 장면을 만들어줍니다.

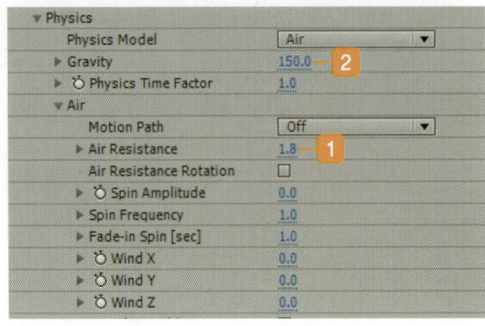

09 Particle 항목에서 Size over Life의 그래프를 그림처럼 그려서 파티클의 크기가 불규칙적으로 표현되게 합니다. 이것은 일종의 랜덤과 유사합니다. 그래프를 그릴 때 좁은 공간은 그리고자 하는 위치에서 클릭 & 클릭을 반복하여 그려줄 수 있습니다. 그래프를 그린 후 확인해 보면 파티클의 크기가 랜덤하게 표현되는 것을 알 수 있습니다. 랜덤한 크기로 인해 파티클이 실제 폭죽처럼 반짝거리게 됩니다. 계속해서 Size를 3 정도로 줄여서 최종적으로 사용할 파티클의 크기를 완성합니다.

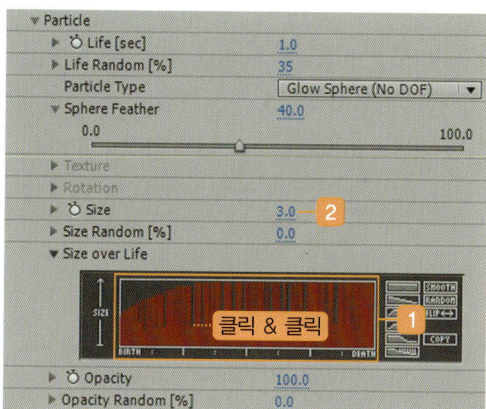

클의 크기를 불규칙적으로 해 줍니다.

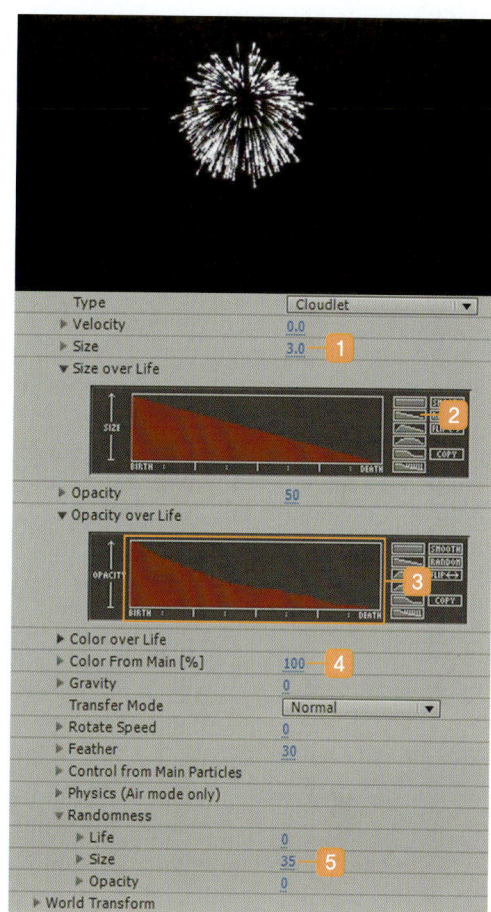

10 이번엔 폭죽의 꼬리를 표현하기 위해 Aux System 항목의 Emit를 Continuously로 설정합니다. Particles/sec를 45 정도로 설정하여 꼬리(서브) 파티클의 개수를 조금만 더 증가하고 Type을 Cloudlet으로 설정하여 파티클 모양을 구름(연기) 느낌으로 해 줍니다.

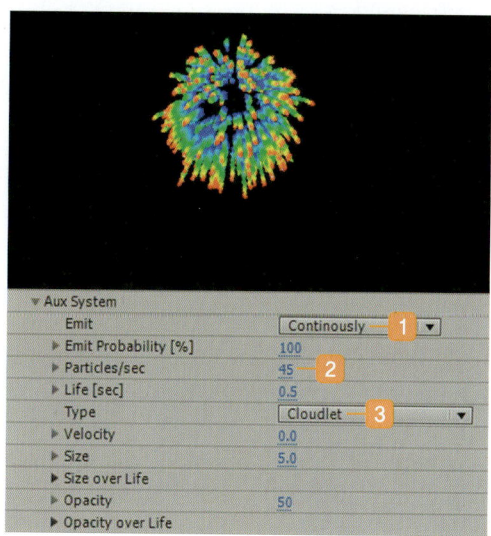

11 계속해서 서브(꼬리) 파티클의 크기를 조절하기 위해 Size를 3 정도 줄여주고 Size Over Life의 그래프를 그림처럼 사멸할 때 작아지도록 해 줍니다. 아래쪽 Opacity over Life의 그래프는 직접 그림처럼 그려서 처음엔 조금 빠르게 투명해졌다가 사멸할 때는 느리게 해 줍니다. 그리고 꼬리 파티클의 색상은 메인 파티클과 동일하게 해 주기 위해 Color From Main을 100으로 설정합니다. Randomness의 Size를 35 정도로 설정하여 서브 파티

12 폭죽의 색상을 설정하기 위해 Particle 항목의 Color를 빨간색으로 설정하고 아래쪽 Glow의 Size를 550 정도로 더 늘려서 폭죽 주변의 광채를 조금만 더 높여줍니다. 그리고 Aux System 항목의 Transfer Mode를 Screen으로 설정하여 서브 파티클들이 교차된 영역을 더욱 밝게 표현해 줍니다.

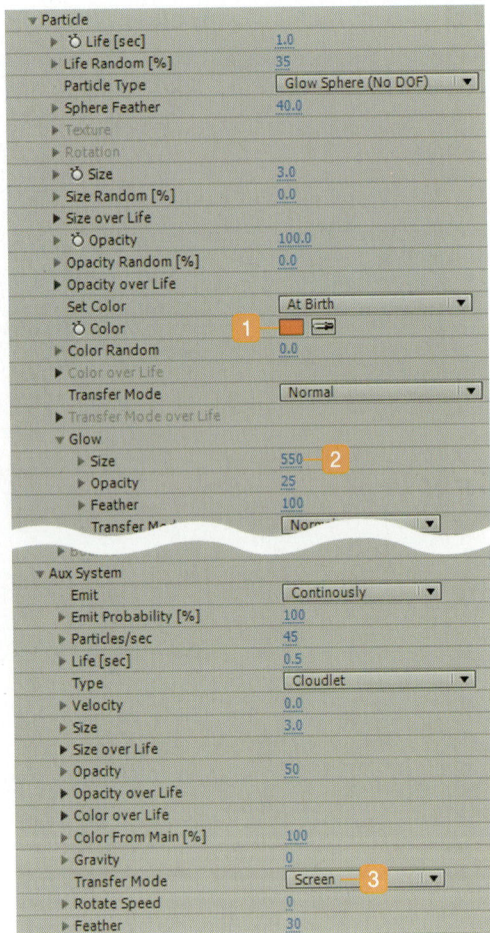
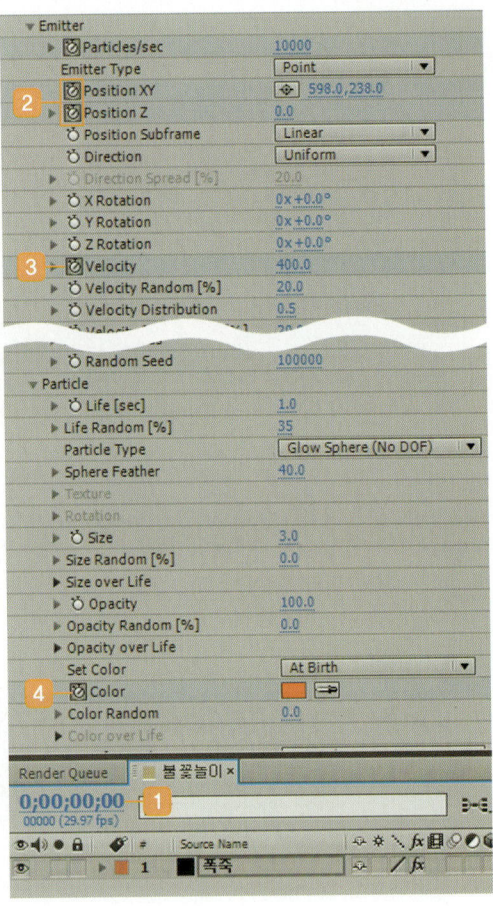

13 이제 지금까지의 작업에 대한 애니메이션을 위해 시간을 시작 프레임으로 이동한 후 Emitter 항목의 Position XYZ축의 스톱워치를 켜주고 아래쪽 Velocity도 스톱워치를 켜서 키프레임을 생성합니다. 그리고 Particle 항목에서 Color의 스톱워치를 켜서 키프레임을 생성합니다. 이제 키프레임이 생성된 이 파라미터들은 앞으로 새로운 폭죽을 표현하는데 사용됩니다.

14 다음 폭죽을 만들기 전에 여기서 배경을 삽입해 봅니다. Ctrl+I 키를 눌러 학습자료 폴더에 있는 전주유등축제.jpt 파일을 불러와 타임라인 폭죽 레이어 아래쪽에 갖다 놓습니다. 방금 적용한 이미지의 크기를 컴포지션의 크기에 맞춰주기 위해 Ctrl+Alt+F 키를 누릅니다. 이제 현재 작업인 폭죽과 어울리는 배경으로 인해 현장감이 재현됐습니다. 매년 10월초에 개최하는 전주유등축제는 한번쯤 가 볼만한 축제입니다.

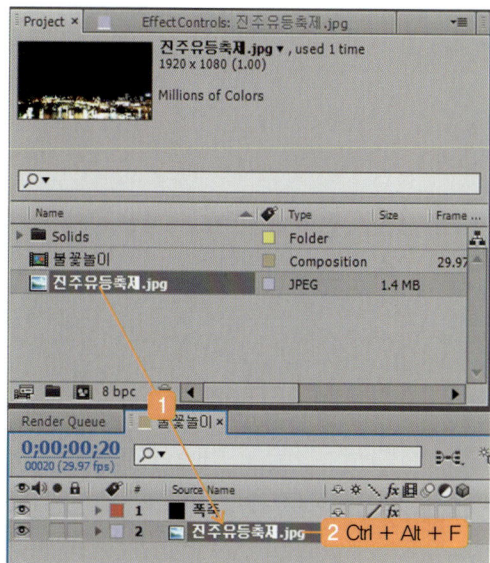

16 앞선 작업을 확인해 보면 첫 번째 폭죽이 터지고 20프레임 후 두 번째 폭죽이 다른 위치에서 다른 색상으로 터지는데 뭔가 이상해 보입니다. 즉 첫 번째 폭죽과 두 번째 폭죽이 서로 이어진 상태로 표현된다는 것이지요. 이것은 현재 생성된 키프레임이 기본적으로 두 키프레임 사이에서의 변화를 자연스럽게 이어지게 하는 속성을 가지고 있는 키프레임이기 때문입니다.

15 이제 다른 폭죽을 표현하기 위해 폭죽 레이어를 선택한 후 U 키를 눌러서 현재 키프레임이 생성된 모든 파라미터를 열어줍니다. 그리고 20프레임으로 이동한 후 Particle/sec를 8000, Position XY를 설정하여 두 번째 터지는 폭죽은 첫 번째 폭죽보다 약간 우측에서 터지도록 하고 Position Z축을 450 정도로 설정하여 첫 번째 폭죽 뒤쪽에서 터지도록 합니다. 그리고 Velocity를 300 정도로 설정하여 첫 번째 폭죽보다 약간 느린 속도로 해 주고 Color를 하늘색으로 설정합니다.

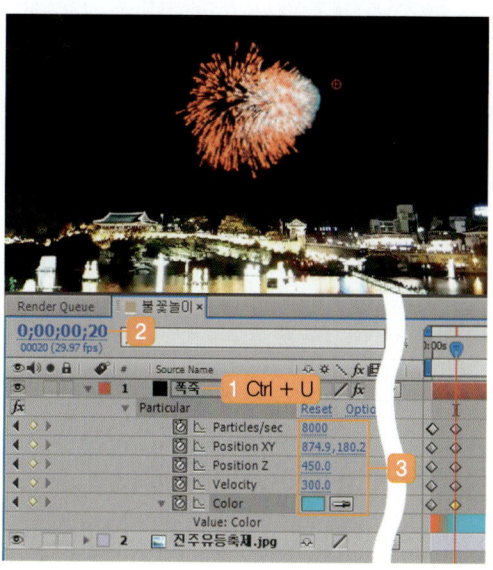

17 현재의 키프레임을 보면 이해할 수 있는데 특히 맨 아래쪽 색상에 대한 키프레임을 보면 첫 번째 키프레임의 빨간색과 두 번째 키프레임의 하늘색이 시간이 흐름에 따라 자연스럽게(그레이데이션-그라데이션) 바뀌고 있는 것을 알 수 있습니다. 이제 두 번째 키프레임이 되기 전까지는 첫 번째 키프레임의 속성을 그대로 유지할 수 있는 방식으로 수정을 해야 합니다.

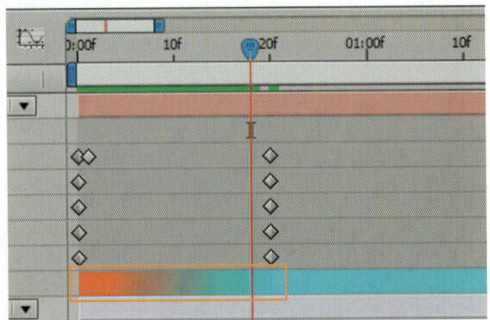

19 다시 확인해 보면 첫 번째 폭죽이 터진 후 20프레임 후에 두 번째 폭죽이 다른 위치, 다른 색상으로 터지는 것을 알 수 있습니다. 이런 방법으로 다른 폭죽도 표현하면 됩니다. 그러나 현재는 두 번째 폭죽이 뭉쳐있는 것처럼 보입니다. 이제 이 문제를 해결해 봅니다.

18 모든 키프레임을 선택한 후 아무 키프레임 위에서 우측 마우스 버튼〉Toggle Hold Keyframe을 선택합니다. 이제 키프레임의 모양을 확인해 보면 전의 다이아몬드(마름모) 모양이었던 것이 우측 모양이 깎여진 절벽 모양으로 평평해 졌습니다. 또한 색상도 첫 번째 키프레임의 색상이 두 번째 키프레임까지 빨간색으로 사용되는 것을 알 수 있습니다. 이렇듯 토글 홀드 키프레임은 이전 키프레임의 속성이 이후 키프레임 전까지 지속된다는 것을 알 수 있습니다. 일종의 멈춤이라고 이해하면 될 것입니다.

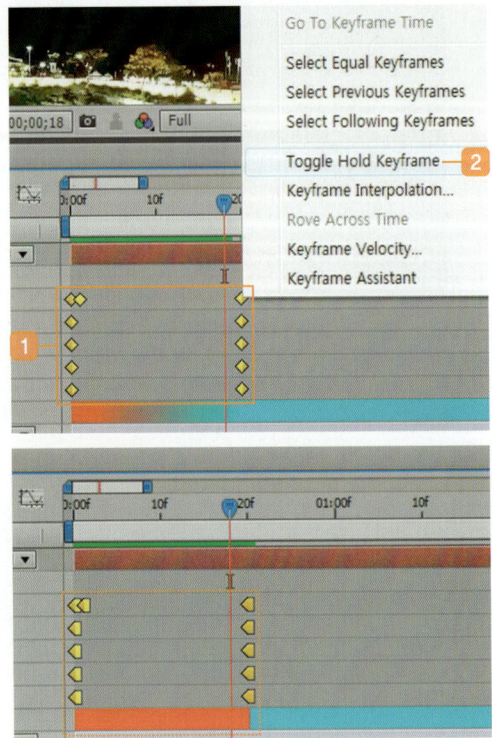

20 시간을 21프레임으로 이동한 후 Particles/sec 값을 0으로 설정하여 이 시간 이후부터는 두 번째 폭죽의 파티클이 더 이상 생성되지 않도록 합니다. 이 작업은 첫 번째 폭죽과 같은 개념으로 이해하면 됩니다. 지금 추가된 키프레임은 앞서 토글 홀드 키프레임으로 변환했기 때문에 자동으로 같은 속성의 키프레임으로 추가됩니다.

22 계속해서 이번엔 세 번째 폭죽을 표현해 봅니다. 이번엔 보다 빠르게 나타나도록 하기 위해 먼저 시간을 1초 5프레임으로 이동합니다. 그리고 위치, 속도, 색상을 그림처럼 첫 번째와 두 번째와는 다르게 해 줍니다. 참고로 필자는 Position Z축을 첫 번째 폭죽보다 앞쪽에서 터지도록 -250으로 설정했습니다.

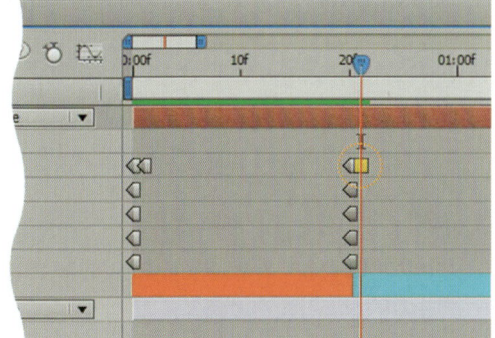

23 이번에도 역시 한 프레임 뒤에서 파티클의 생성이 멈춰야 하기 때문에 시간을 1초 6프레임으로 이동한 후 Particles/sec를 0으로 설정합니다.

21 다시 확인을 해 보면 앞서 뭉쳤던 두 번째 폭죽도 정상적인 모습으로 표현되는 것을 알 수 있습니다. 이것으로 첫 번째와 두 번째 폭죽은 개수, 위치, 속도, 색상이 다르게 되었습니다.

예제로 배우는 파티큘러 - 불꽃놀이 **199**

24 이번엔 세 번째 폭죽을 표현해 봅니다. 시간을 1초 20프레임으로 이동한 후 색상은 주황색, 속도는 450, 위치는 첫 번째 폭죽과 비슷한 위치로 해 줍니다.

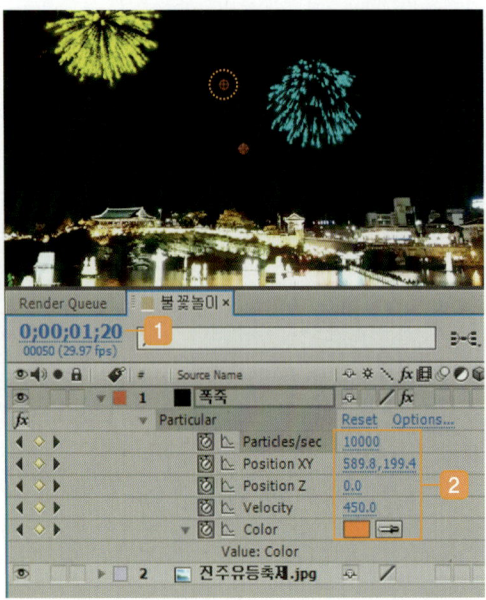

25 이제 폭죽을 멈추게 하기 위해 Particles/sec를 0으로 설정해줍니다.

26 계속해서 같은 방법으로 시간차를 두면서 다양한 색상과 속도, 위치에 대한 변화를 주면서 폭죽을 만들어줍니다.

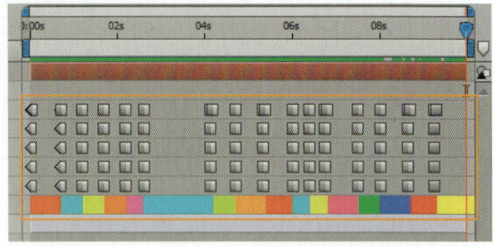

27 지금까지의 작업을 확인해 보면 실제 불꽃놀이의 모습처럼 밤 하늘에 아름다운 수를 놓고 있습니다. 그런데 여기서 아쉬운 점이 있다면 배경의 강(남강) 표면에 불꽃놀이의 모습이 비춰지지 않는다는 것입니다. 이제 강 표면에서도 불꽃이 비춰지는 장면을 표현해 봅니다.

28 강물에 비친 폭죽을 표현하기 위해 폭죽 레이어를 Ctrl+D 키를 눌러 복제한 후 아래쪽 폭죽 레이어가 선택된 상태에서 엔터 키를 눌러 [강물에 비친 폭죽]이란 이름으로 수정해 줍니다.

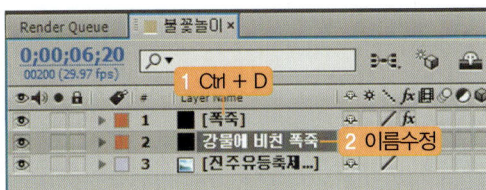

29 강물에 비친 폭죽 레이어를 3D Layer로 전환한 후 X Rotation를 강물의 각도와 같은 각도로 해 줍니다. 필자는 -85도로 설정했습니다. 그리고 Position Y축을 설정하여 강물 표면 쪽으로 내려줍니다. 현재는 불꽃놀이의 모습이 강물의 표면과 둔치에 모두 나타나는 상태입니다. 이 부분은 마스크를 통해 강 표면에서만 폭죽이 나타나도록 해야 합니다.

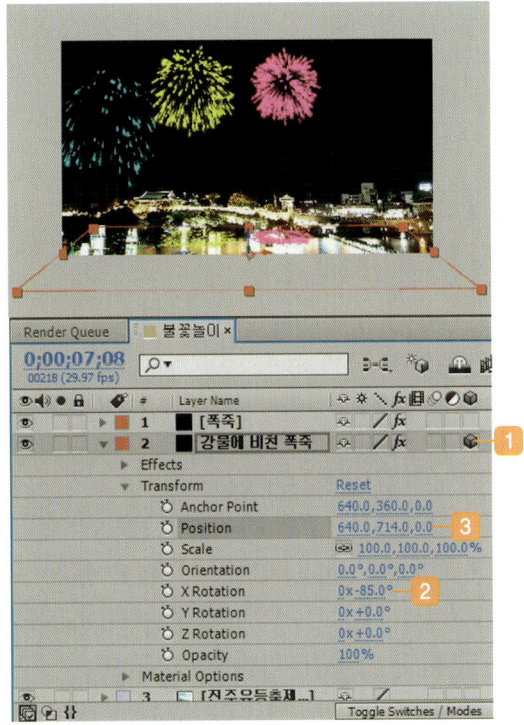

30 현재 사용되는 강물에 비친 폭죽 레이어는 파티큘러 효과가 직접 적용된 레이어이기 때문에 여기에 마스크를 작성하면 마스크의 역할을 제대로 수행할 수 없기 때문에 현재의 레이어를 프리-컴포즈하여 컴포지션 레이어 형태로 전환한 후 마스크를 작성해야 합니다. 강물에 비친 폭죽 레이어에서 우측 마우스 버튼〉Pre-Compose를 선택하거나 단축키 Ctrl+Shift+C 키를 눌러줍니다.

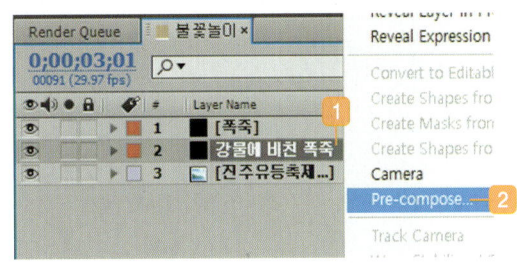

31 프리-컴포즈 창이 뜨면 New composition name을 [강물에 비친 폭죽]이라고 수정하고 프리-컴포즈하는 레이어의 속성을 그대로 새로운 컴포지션에 이전하기 위해 Move all attributes into the new composition을 체크합니다. 만약 이 옵션을 체크하지 않고 위쪽 Leave all attributesin(스펠링이 잘못 표기된 것 같음, attribution으로 정정할 것임)을 체크하게 되면 현재 레이어의 속성이 그대로 머물러있기 때문에 마스크가 작성되더라도 아무런 의미가 없게 됩니다.

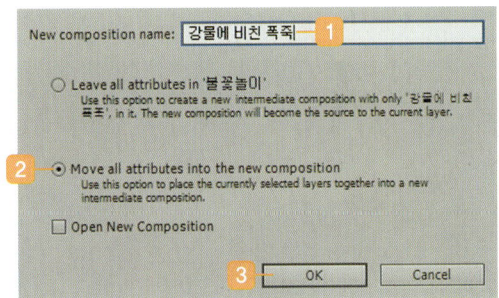

32 이제 프리-컴포즈한 강물에 비친 레이어에 Pen 툴을 사용하여 그림처럼 강물 표면만 마스크를 작성합니다. 이때 주의할 점은 강물에 떠있는 등과 다리는 불꽃놀이의 폭죽 모습이 비치면 안 되기 때문에 섬세하게 그려주어야 합니다. 섬세하게 마스크를 작성하기 위해서는 컴포지션 패널 위에 마우스 커서를 갖다 놓고 틸드(~) 키를 누르면 풀 화면으로 확대되기 때문에 섬세한 작업이 가능합니다. 작업이 끝나면 다시 틸드 키를 눌러 원래 크기로 되돌려주면 됩니다.

33 마스크 경계를 부드럽게 하여 자연스럽게 보이도록 하기 위해 앞서 작성된 Mask 1의 Mask Feather를 4 정도로 설정합니다.

34 마스크가 작성되어 불꽃놀이의 폭죽이 강물 표면에만 비춰지게 되었지만 너무 선명하게 표현되기 때문에 자연스럽지가 않습니다. 강물에 비친 폭죽 레이어의 블렌딩 모드를 Overlay로 설정하고 Transform의 Opacity를 50 정도로 낮춰서 강물 표면에 은은하게 비춰지도록 합니다.

35 지금까지의 작업을 최종 결과로 사용해도 크게 문제되지는 않겠지만 디테일을 살리기 위해 이번엔 폭죽의 연기를 표현해 봅니다. 폭죽의 연기를 표현하기 위한 레이어는 앞서 폭죽을 표현하기 위해 사용된 폭죽 레이어를 복제해서 사용하면 됩니다. 폭죽 레이어를 Ctrl+D 키를 눌러 복제한 후 아래쪽 레이어의 이름을 폭죽 연기로 수정합니다.

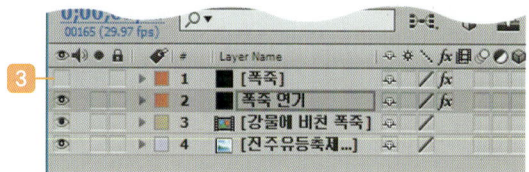

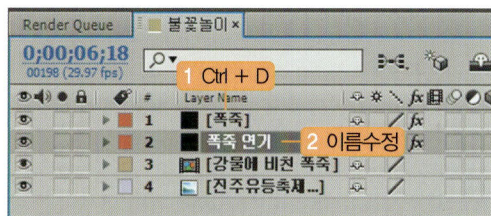

37 이번엔 Aux Systemp 항목에서 Emit Probability [%]를 25 정도로 낮춰서 연기로 사용되는 서브 파티클의 개수를 줄여줍니다. Particles/sec는 250 정도로 늘려주고 Life [sec]는 2 정도로 설정하여 폭죽보다 오랜 시간 동안 표현되도록 합니다. Velocity를 5 정도로 빠르게 하여 연기가 흩어지는 장면을 연출합니다. 벨로시티가 높아지면 흩어지는 파티클(연기)의 속도가 빨라지기 때문에 상대적으로 파티클의 양이 부족하게 느껴지므로 파티클/세크 값도 증가해야 자연스러운 연기의 모습을 얻을 수 있습니다.

36 먼저 폭죽 연기에 적용된 파티큘러 효과의 Particle 항목에서 Color의 스톱워치를 꺼주고 색상을 흰색으로 바꿔줍니다. 여기서는 일단 위쪽 폭죽 레이어의 불꽃놀이의 모습에 가려져 보이지 않기 때문에 폭죽 레이어를 잠시 숨겨놓습니다.

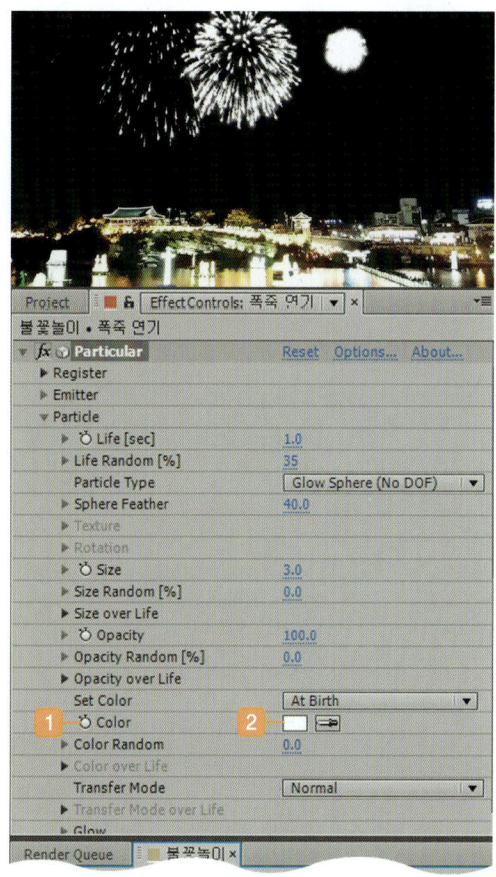

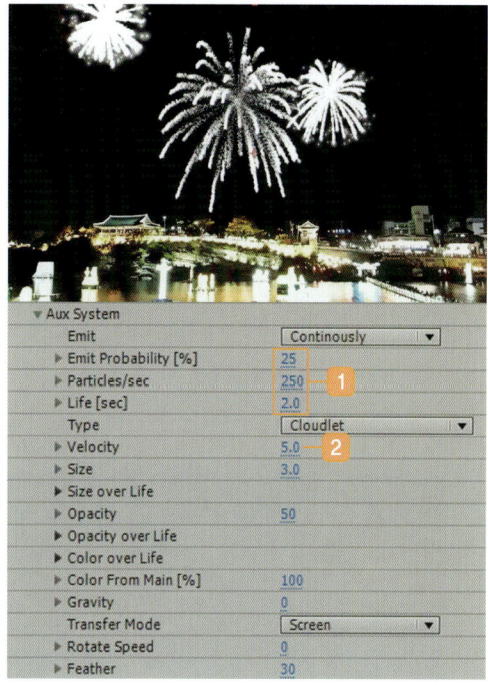

38 폭죽에 의한 연기는 그림자가 발생되기 때문에 연기에 음영을 표현하기 위해 Shading 항목의 Shadowlet for Aux를 On으로 켜줍니다. 그림자의 설정은 아래쪽 Shadowlet Settings에서 적당하게 해 주면 됩니다. 필자의 경우 이번에는 기본 상태를 그대로 사용했습니다.

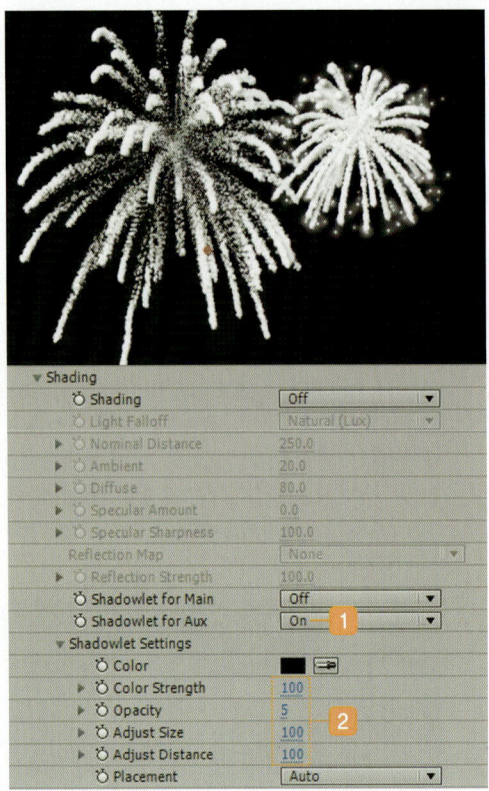

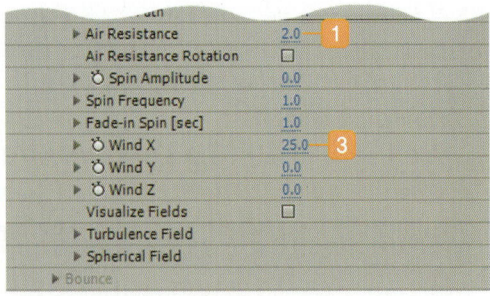

40 돌풍에 영향을 받아 흔들리는 장면을 연출하기 위해 Aux System 항목의 Turbulence Field를 열고 Affect Position를 45 정도로 설정하여 돌풍이 조금만 일어나도록 합니다.

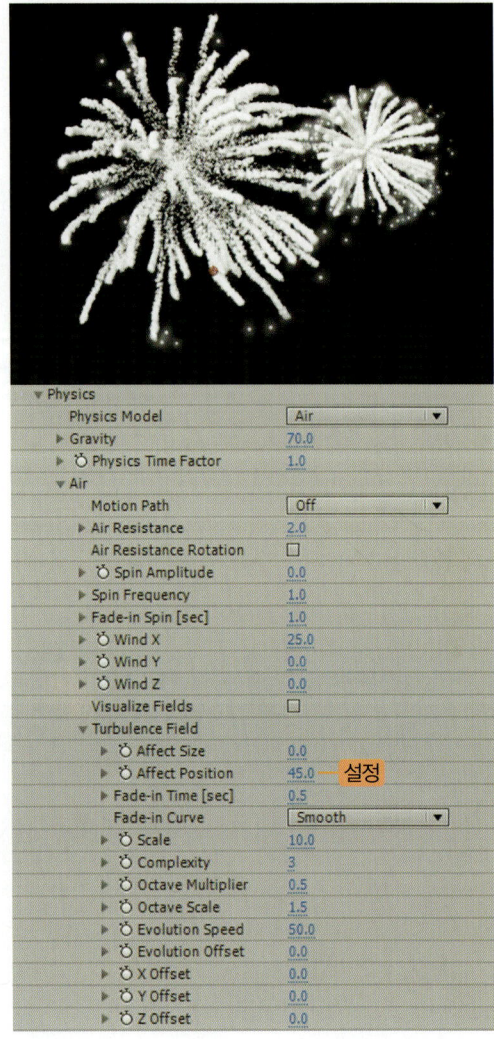

39 계속해서 Physics 항목에서 Gravity를 70 정도로 낮춰서 연기는 폭죽보다 가벼우므로 중력에 영향을 덜 받게 해 주고 Air의 Air Resistance를 2 정도로 조금만 높여서 공기의 저항을 더 받게 해 줍니다. 그리고 바람의 영향을 받아 움직이게 하기 위해 Wind X축만 25 정도로 설정합니다.

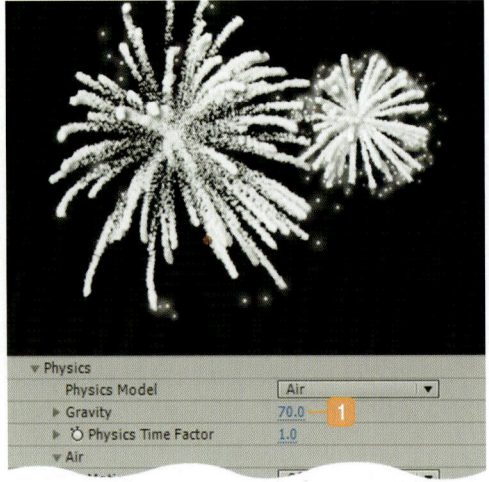

41 연기는 빛을 수반하지 않기 때문에 Particle 항목에서 메인 파티클의 Size를 0으로 설정하여 순수한 연기의 모습만 보이도록 해 줍니다.

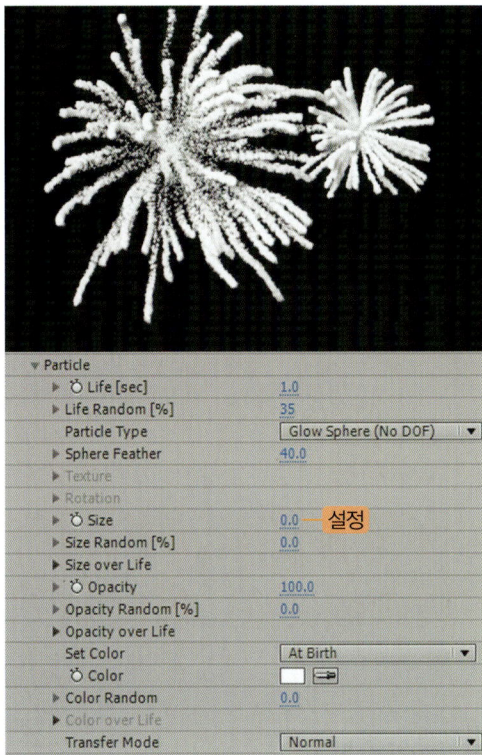

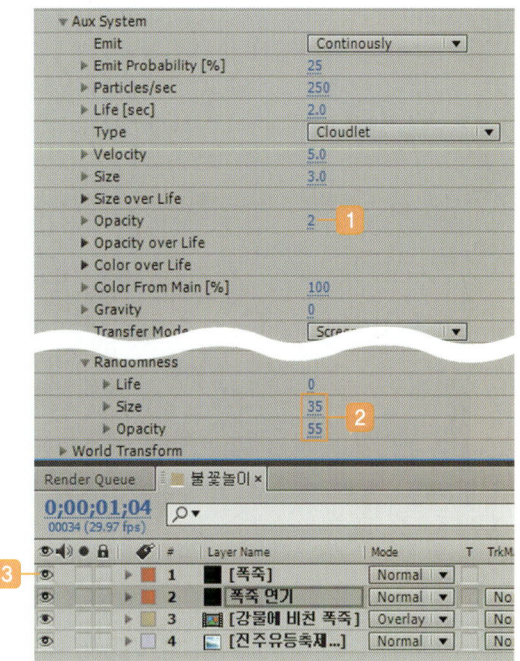

42 연기의 모습이 너무 뚜렷하게 보이기 때문에 다시 Aux System 항목으로 가서 Opacity 값을 2정도로 낮춰주고 Randomness의 Size를 35, Opacity를 55 정도로 설정하여 연기 입자(파티클)의 크기와 불투명도를 불규칙적으로 보이도록 해 줍니다. 그리고 앞서 꺼놓았던 폭죽 레이어의 모습을 다시 보이도록 합니다. 이제 확인해 보면 폭죽과 연기가 자연스럽게 표현됐습니다.

43 여기서 최종적으로 사용될 폭죽 파티클의 양이 조금 부족해 보이므로 폭죽 레이어를 선택한 후 Rendering 항목의 Particle Amount를 130 정도로 증가합니다.

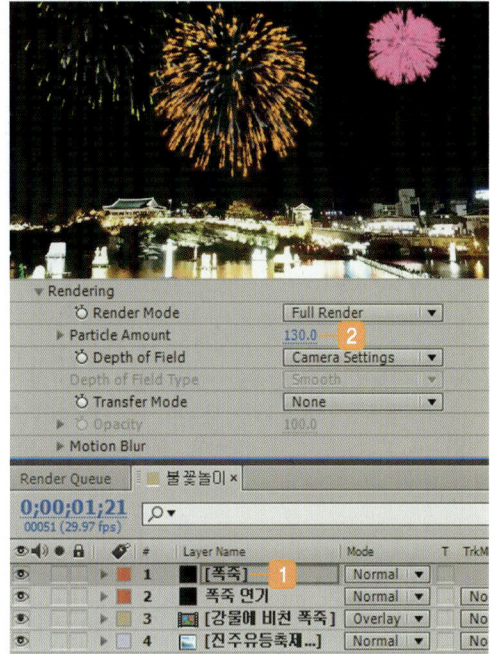

44 마지막 과정으로 폭죽이 터질 때 발광하는 빛의 양을 증가시키기 위해 폭죽 레이어에 Effect 〉 Stylize 〉 Glow를 적용한 후 Glow Based On을 50, Glow Threshold를 35, Glow Intensity를 0.5 정도로 설정하여 폭죽을 더욱 밝고 선명하게 표현되도록 합니다.

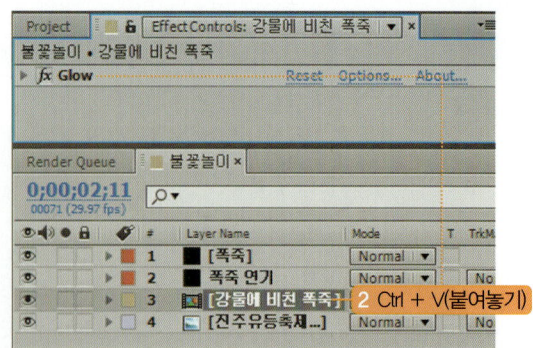

46 마지막으로 폭죽의 입자가 너무 크게 느껴져서 Particle 항목의 Particle과 Aux System 항목의 Size를 모두 2로 줄여주었습니다. 이제 모든 작업이 끝났습니다. 학습을 해 본 것처럼 파티큘러를 사용하면 불꽃놀이의 폭죽이 터지는 장면을 사실감있게 표현할 수 있다는 것을 알 수 있었습니다.

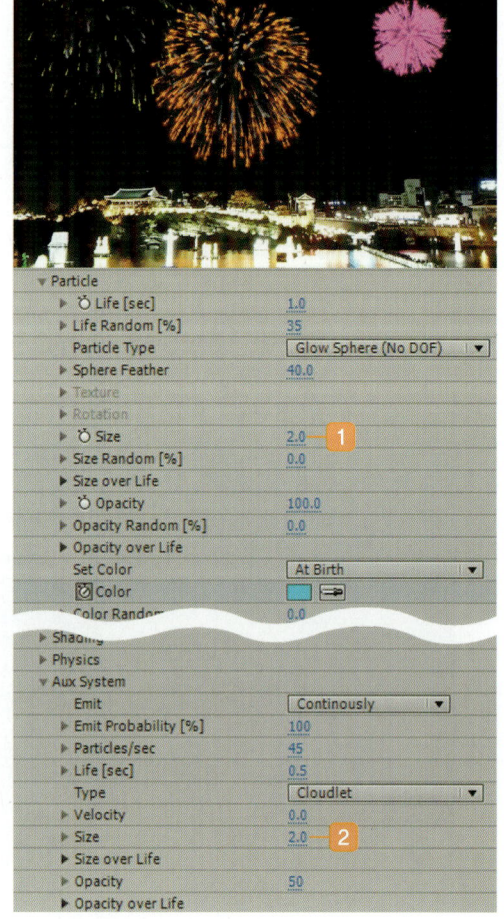

45 폭죽이 더욱 밝고 선명해졌기 때문에 강물 수면에 비춰진 폭죽도 같이 밝고 선명해져야 합니다. 폭죽 레이어에 적용된 Glow 효과를 복사한 후 강물에 비친 폭죽 레이어를 선택하고 Ctrl+V 키를 눌러 붙여놓기 합니다.

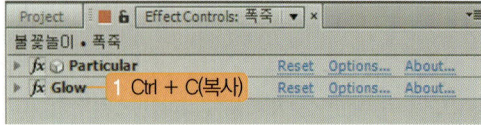

최종 결과물

슬로우 셔터 효과

야간에 카메라 셔터를 느리게 하여 촬영하면 생기는 긴 빛의 궤적은 일명 i-Phone 효과 또는 라이트 웨이라고도 합니다. 이미터 타입을 라이트로 설정하고 조명의 이름을 Emitter로 사용하면 이와 같은 효과를 표현할 수 있는데 특히 파티클 타입을 Streaklet으로 사용하면 빛의 궤적이 여러 갈래로 쪼개지는 모습을 자연스럽게 표현할 수 있습니다.

01 Ctrl+I 키를 눌러 학습자료 폴더에 있는 나이트 타워.jpg 파일을 불러온 후 끌어다 Create a New Composition에 갖다 놓습니다. 이것으로 나이트 타워 이미지 파일과 같은 규격의 컴포지션이 만들어졌습니다. 여기서 만약 컴포지션의 작업 시간이 5초 미만이라면 컴포지션 셋팅으로 들어가 5초 이상으로 설정해 줍니다.

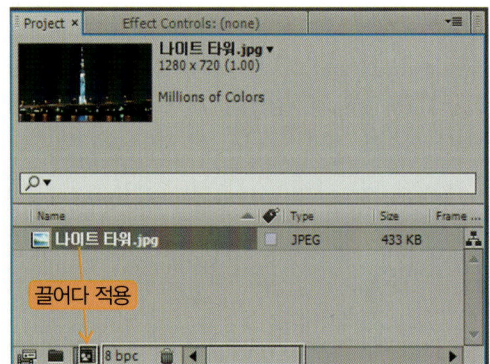

02 여기서 타워 부분만 별도로 사용하기 위해 Pen 툴을 사용하여 타워 부분만 마스크를 만들어줍니다.

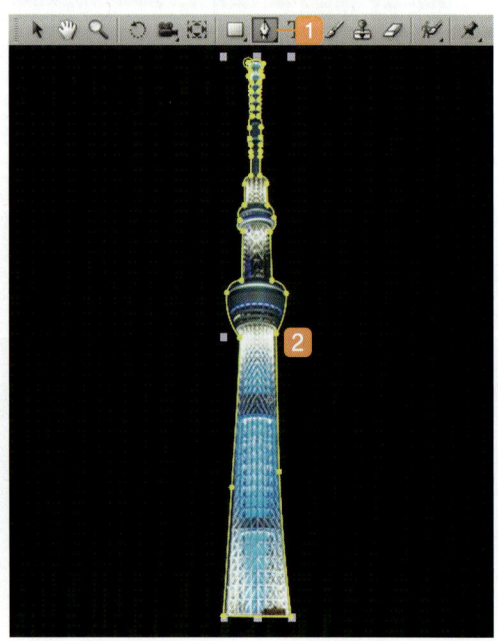

03 방금 만든 마스크의 경계를 부드럽게 해 주기 위해 Mask 1의 Mask Feather를 3 정도로 설정합니다. 타워 모양만 마스크를 만드는 이유는 파티큘러를 이용하여 만들어진 슬로우 셔터 효과(이하 라이트 웨이라고 칭함)가 타워를 한 바퀴 휘감아 도는 장면을 표현하기 위해서입니다.

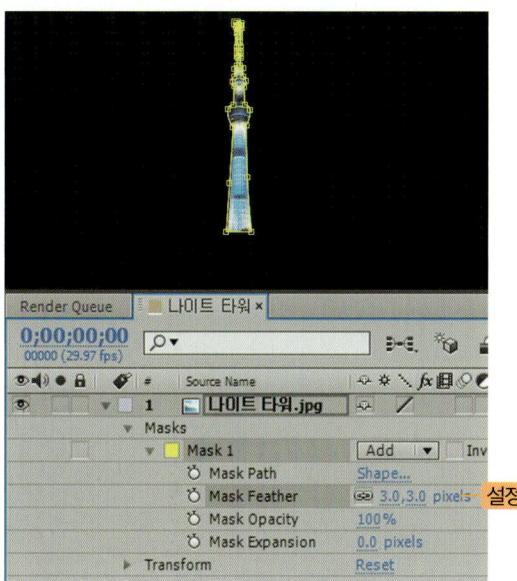

04 Ctrl+N 키를 눌러 [슬로우 셔터 효과]란 이름의 새로운 컴포지션을 만들어줍니다. 가로, 세로 크기는 1280, 720으로 설정하며 Duration(작업시간)은 10초로 설정합니다.

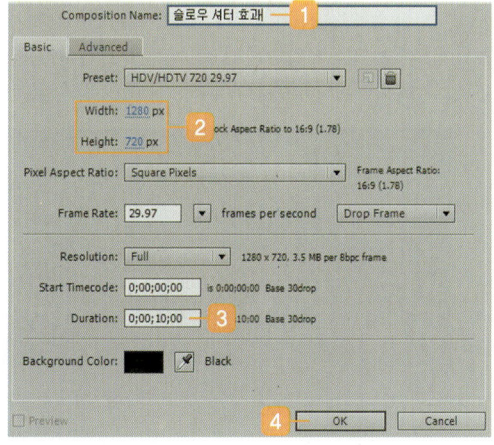

05 방금 만든 슬로우 셔터 효과 컴포지션(타임라인)에 앞서 만든 나이트 타워 컴포지션과 나이트 타워.jpg 파일을 모두 갖다 놓습니다. 레이어 순서는 나이트 타워 컴포지션이 위쪽에 있어야 합니다.

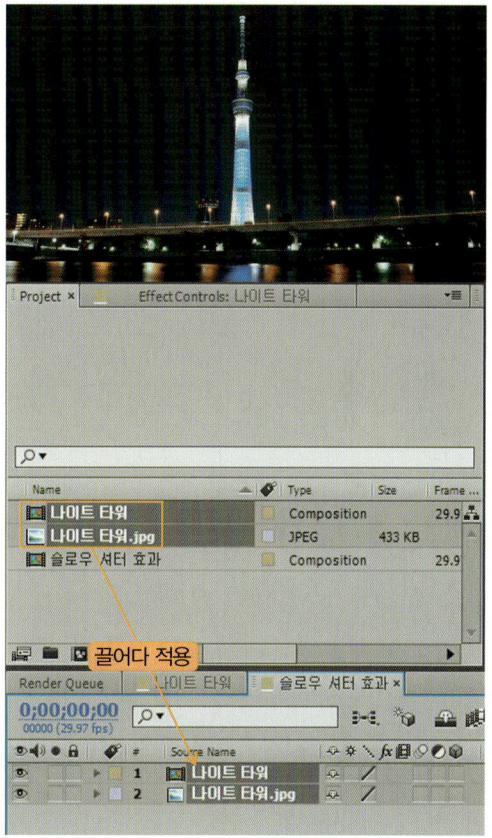

06 위쪽의 나이트 타워 레이어는 앞서 마스크를 통해 타워 부분만 따놓은 상태이며 아래쪽 나이트 타워 레이어는 순전히 배경으로만 사용할 것입니다. 일단 이 두 레이어를 모두 3D Layer로 전환하여 Z축(공간감)을 사용할 수 있도록 합니다.

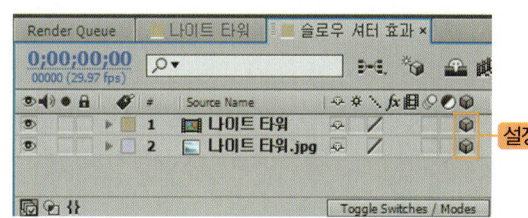

07 이제 Ctrl+Y 키를 눌러 파티큘러가 적용될 솔리드 레이어를 만

들어줍니다. 솔리드 레이어의 이름은 [라이트 웨이]라고 해 주고 규격은 현재 컴포지션과 동일하면 됩니다.

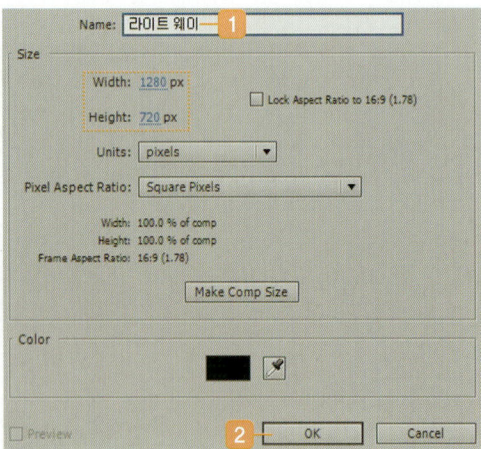

08 라이트 웨이 솔리드 레이어에 Effect 〉 Trapcode 〉 Particular를 적용하고 이펙트 컨트롤 패널에서 Emitter 항목의 Emitter Type을 Light(s)로 선택합니다. 이미터 타입을 라이트(s)로 하면 파티클이 조명에 의해 발생되기 때문에 조명이 없는 현재로서는 에러 메시지가 뜨게 됩니다.

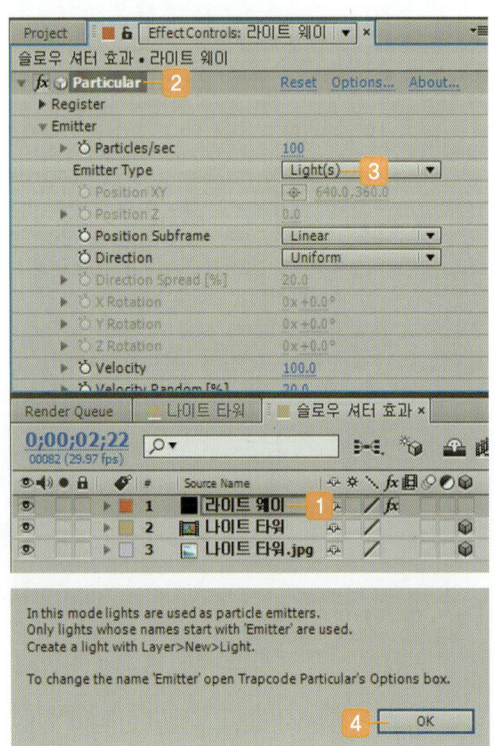

09 이제 조명을 이미터로 사용하기 위해 Ctrl+Alt+Shift+L 키를 누르거나 Layer 〉 New 〉 Light를 선택하여 조명을 만들어줍니다. 이때 중요한 것은 조명의 이름입니다. Name을 Emitter로 해 주고 Light Type은 Point, Color는 밝은 주황색으로 설정합니다.

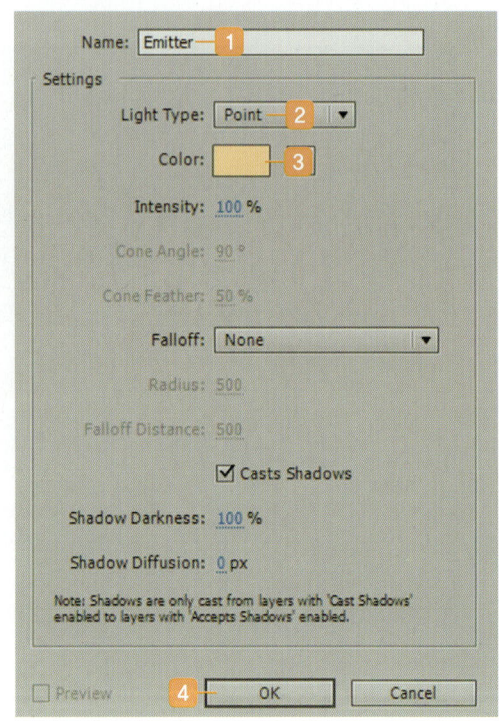

10 Emitter란 조명이 생성되면 앞서 적용한 파티큘러의 이미터가 조명의 위치에 맞춰지게 됩니다. 여기서 Emitter의 Transform을 열어서 Position을 다른 위치로 설정해 보면 이미터 조명의 위치에 따라 파티클(이미터)이 움직이는 것을 알 수 있습니다.

11 이제 조명이 타워를 한 바퀴 회전하는 애니메이션 작업을 위해 먼저 3D View Popup을 Top으로 설정합니다. 그리고 시간을 시작 프레임으로 이동한 후 조명의 위치를 그림처럼 탑 뷰 컴포지션에서 좌측 아래(정면에서 봤을 때는 앞쪽임)로 이동합니다. 그다음 조명 레이어에서 Position의 스톱워치를 켜서 키프레임을 생성합니다.

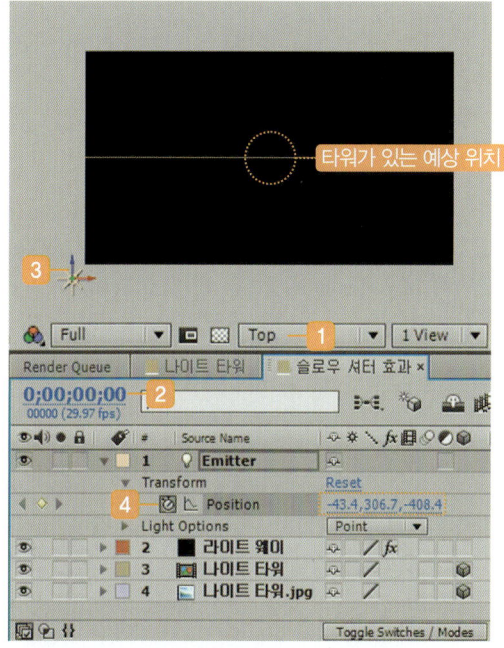

12 시간을 1초 15프레임 정도로 이동한 후 조명의 위치를 탑 뷰 컴포지션의 중앙에서 조금 위쪽으로 이동합니다. 정상적인 화면일 때 타워의 위치가 중앙에 있으므로 현재 이미터 조명(파티클)의 위치는 타워 뒤쪽에 있는 것입니다. 이제 이 지점부터 타워를 한 바퀴 휘감아 돌아야합니다.

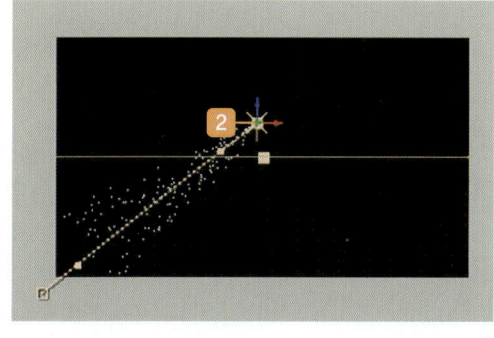

13 시간을 1초 29프레임 정도로 이동한 후 조명의 위치를 그림처럼 설정합니다. 현재는 타워의 오른쪽으로 돌아가는 지점입니다.

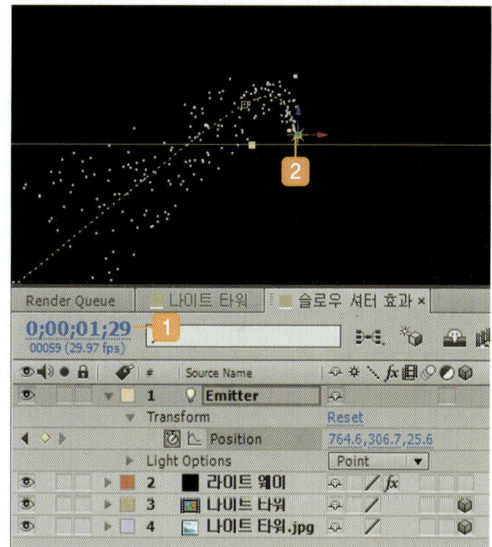

14 시간을 2초 12프레임 정도로 이동한 후 조명의 위치를 그림처럼 설정합니다. 현재는 조명이 타워 앞쪽을 돌아가는 지점입니다.

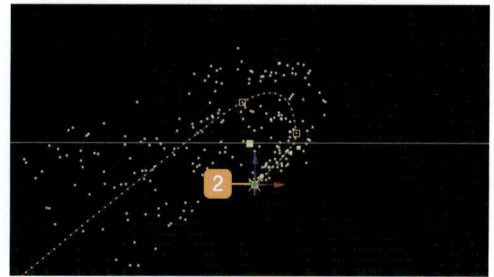

15 시간을 2초 25프레임 정도로 이동한 후 조명의 위치를 그림처럼 설정합니다. 현재는 조명이 타워 왼쪽을 돌아가는 지점입니다.

17 시간을 4초 29프레임으로 이동한 후 조명의 위치를 탑 뷰 컴포지션의 우측 위쪽(정면에서 보면 뒤쪽)으로 이동합니다. 지금까지 조명이 좌측 앞에서 시작하여 타워를 한 바퀴 회전하고 나서 우측 뒤쪽으로 날아가는 애니메이션이 작업이었습니다. 이제 이 애니메이션의 움직임을 보다 섬세하게 수정을 해야 합니다.

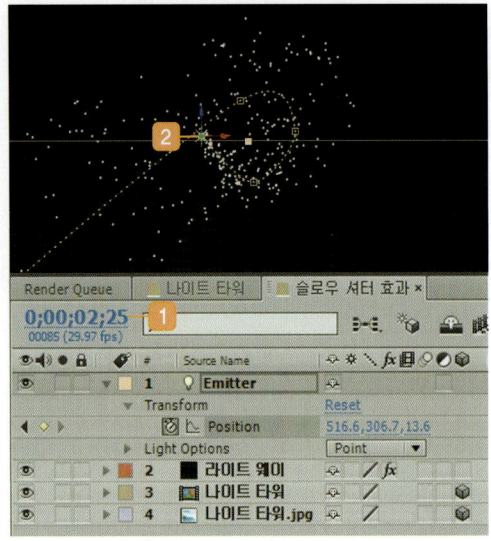

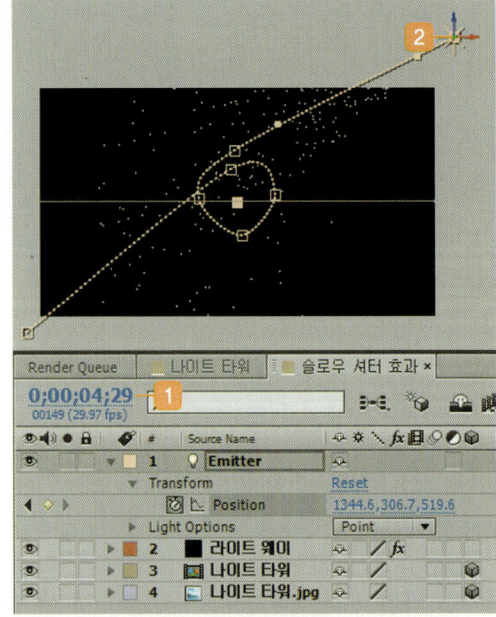

16 시간을 3초 8프레임 정도로 이동한 후 조명의 위치를 그림처럼 설정합니다. 현재는 조명이 타워 뒤쪽을 돌아가는 지점입니다.

18 먼저 조명이 타워를 회전할 때의 움직임이 자연스럽게 원을 그리며 회전할 수 있도록 각 키프레임에 있는 탄젠트 핸들을 조정하여 자연스런 원 모양으로 수정합니다. 이때 Alt 키를 사용하면 탄젠트 핸들을 개별로 조정할 수 있어 원하는 모양을 만드는데 도움이 됩니다.

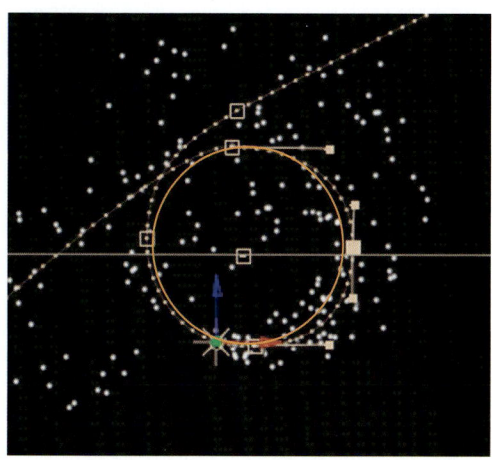

을 하면 됩니다.

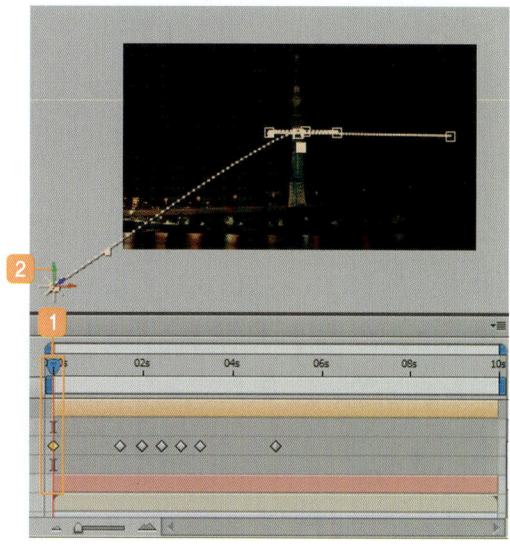

19 3D View Popup을 다시 Active Camera로 바꿔주고 확인을 해 보면 조명이 타워 뒤쪽에 있을 때는 타워와 배경의 모습이 어둡게 보이다가 조명이 앞으로 왔을 때는 타워와 배경의 모습이 나타나는 것을 알 수 있습니다. 이것은 타워와 배경으로 사용되는 두 나이트 타워 레이어가 3D 레이어이기 때문입니다.

21 시간을 두 번째 키프레임으로 이동한 후 조명의 위치를 그림처럼 원래 있었던 위치보다 조금만 아래로 내려줍니다. 지금의 작업은 Y축에 대해서만 설정을 하면 됩니다.

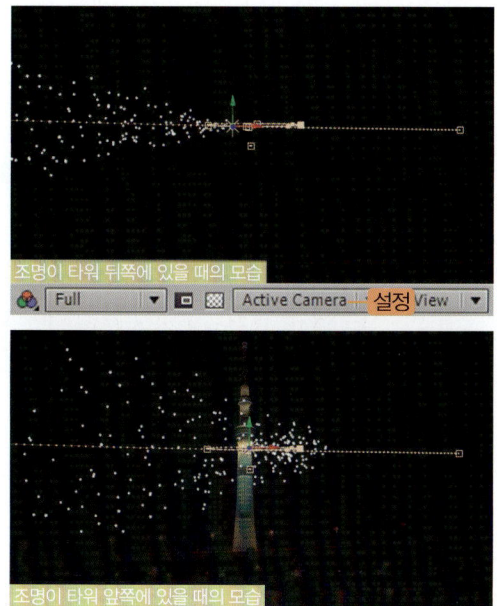

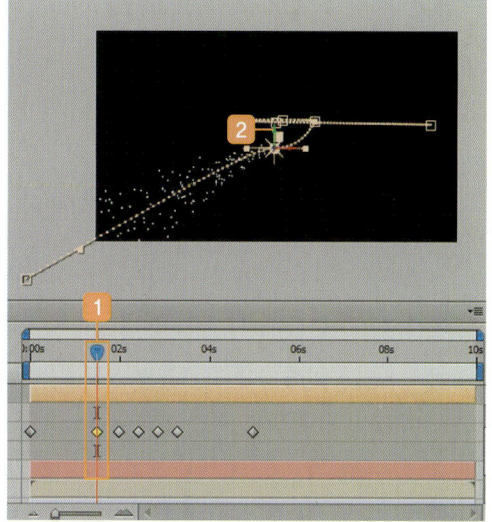

20 이제부터는 조명의 Y축에 대한 위치 수정이 필요합니다. 시간을 첫 번째 키프레임으로 이동한 후 조명의 위치를 그림처럼 아래쪽으로 설정합니다. 지금의 작업은 Y축에 대해서만 설정

22 세 번째 키프레임은 수정이 필요 없을 듯하여 그냥 넘어가고 시간을 네 번째 키프레임으로 이동한 후 조명의 위치를 그림처럼 원래 있었던 위치보다 조금만 더 위로 올려줍니다. 지금의 작업은 Y축에 대해서만 설정을 하면 됩니다.

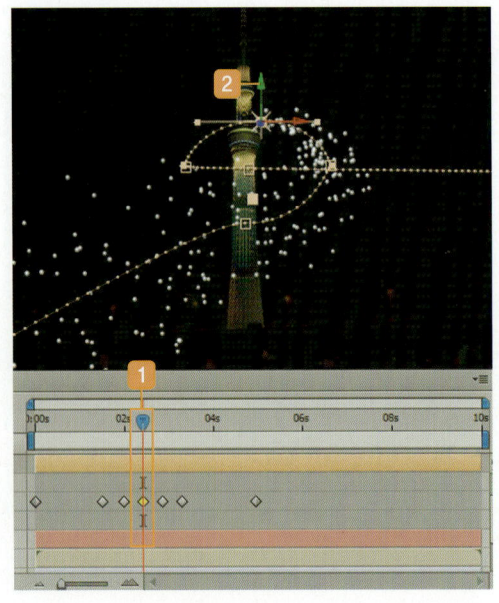
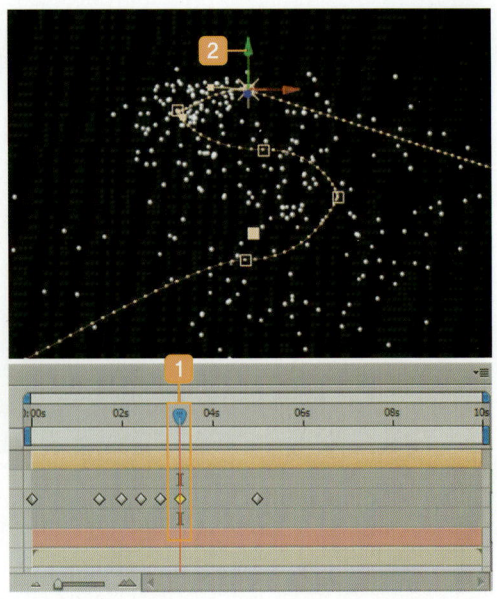

23 시간을 다섯 번째 키프레임으로 이동한 후 조명의 위치를 그림처럼 원래 있었던 위치보다 조금만 더 위로 올려줍니다. 지금의 작업은 Y축에 대해서만 설정을 하면 됩니다.

25 시간을 일곱 번째 키프레임으로 이동한 후 조명의 위치를 그림처럼 원래 있었던 위치보다 많이 위로 올려줍니다. 지금의 작업은 Y축에 대해서만 설정을 하면 됩니다.

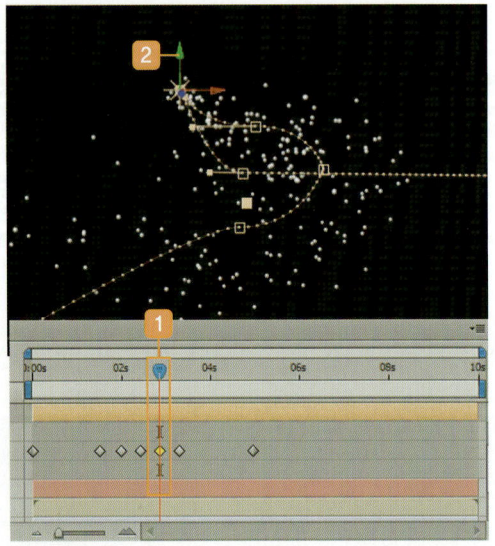
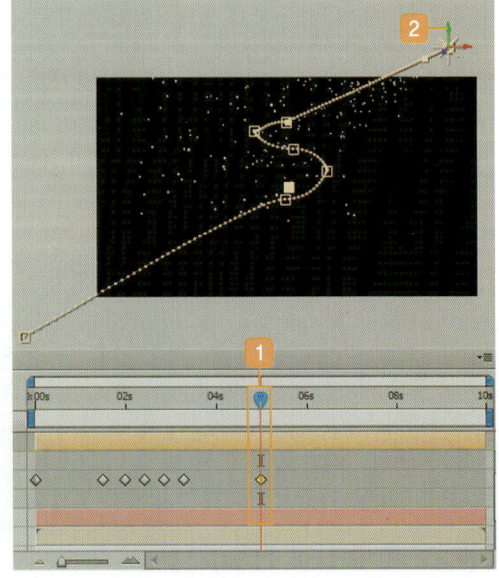

24 시간을 여섯 번째 키프레임으로 이동한 후 조명의 위치를 그림처럼 원래 있었던 위치보다 조금만 더 위로 올려줍니다. 지금의 작업은 Y축에 대해서만 설정을 하면 됩니다.

26 여기서 맨 아래 배경으로 사용되는 나이트 타워 레이어의 3D Layer를 꺼서 평면 레이어로 전환하여 조명에 영향을 받지 않

도록 해 주고 조명 레이어의 애니메이션 경로를 보다 부드럽게 움직일 수 있도록 수정을 해 줍니다.

의 역할도 중요합니다. Ctrl+Alt+Shift+C 키를 누르거나 Layer 〉 New 〉 Camera를 선택하여 기본 카메라를 생성합니다.

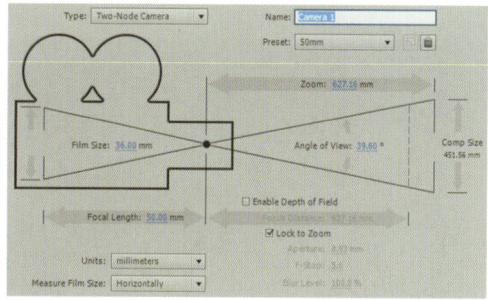

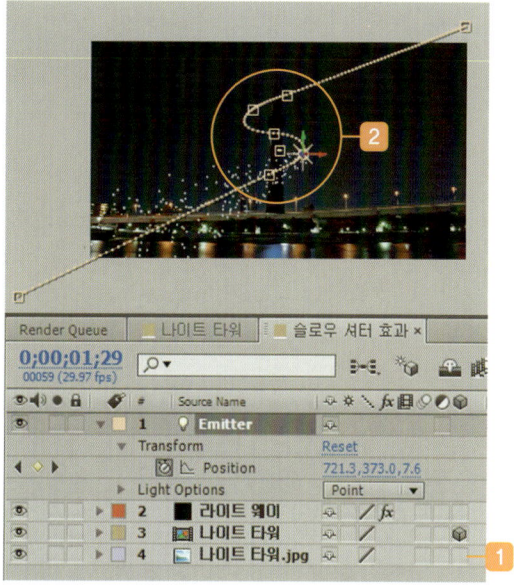

29 다시 Active Camera 앵글 뷰로 전환한 후 Unified Camera 툴을 사용하여 앵글을 회전해 보면 라이트 웨이 경로가 많이 왜곡되어 보일 것입니다. Emitter 레이어를 선택한 후 카메라의 앵글을 바꿔가면서 모양이 매끄럽지 않은 경로를 키프레임(포인트)과 탄젠트 핸들을 이용하여 모양을 바로 잡습니다.

27 여기서 3D View Popup을 다시 Top으로 전환해 보면 앞서 동그랗게 해 놓았던 모양이 다시 흐트러졌을 것입니다. 다시 동그란 모양으로 수정해 줍니다. 이처럼 뷰 앵글을 바꿔가며 모양을 만들 때 생각대로 잘 되지 않을 수도 있기 때문에 몇 번을 반복해야 원하는 모양이 될 것입니다.

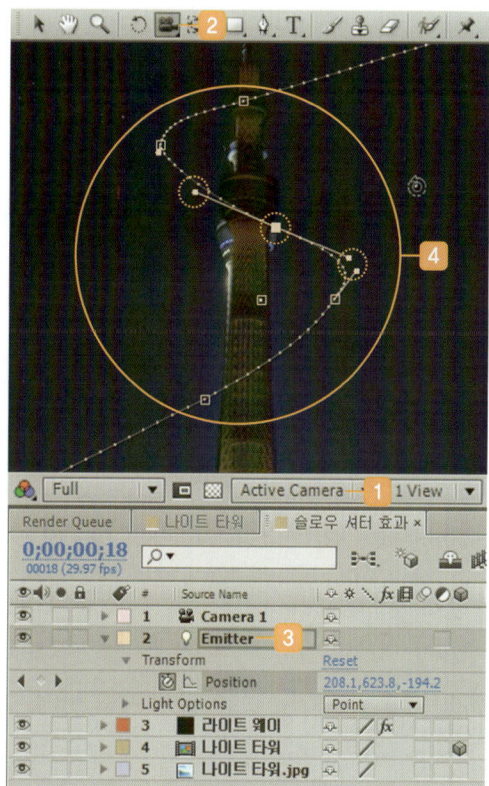

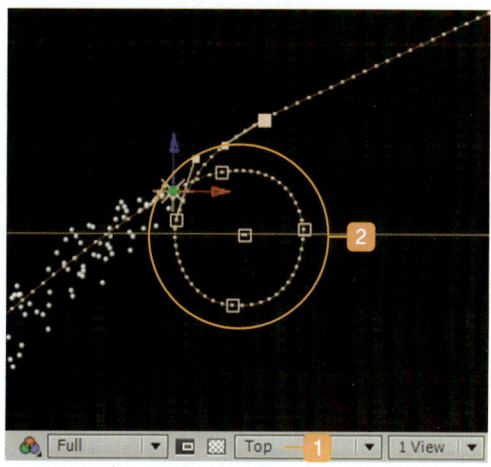

28 또한 라이트 웨이의 경로를 정확하게 만들기 위해서는 카메라

예제로 배우는 파티큘러 – 슬로우 셔터 효과 **215**

30 카메라 앵글을 이용하여 라이트 웨이의 경로를 수정했다면 Camera 1의 Transform 우측에 있는 Reset을 클릭하여 초기 카메라 앵글 상태로 돌아갑니다.

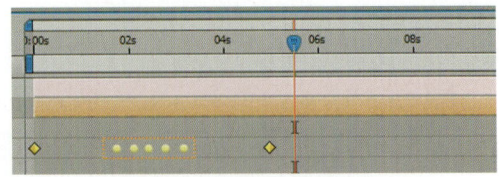

32 이제부터 본격적으로 파티큘러 효과를 설정하여 슬로우 셔터 효과(라이트 웨이)를 표현해 봅니다. 라이트 웨이 레이어를 다시 선택하고 이펙트 컨트롤 패널에서 Velocity를 0으로 설정하여 속도를 없애줍니다. 그리고 Velocity from Motion [%]을 0, Emitter Size X, Y, Z를 모두 0으로 설정하여 파티클이 흩어지지 않고 선으로 표현되게 합니다.

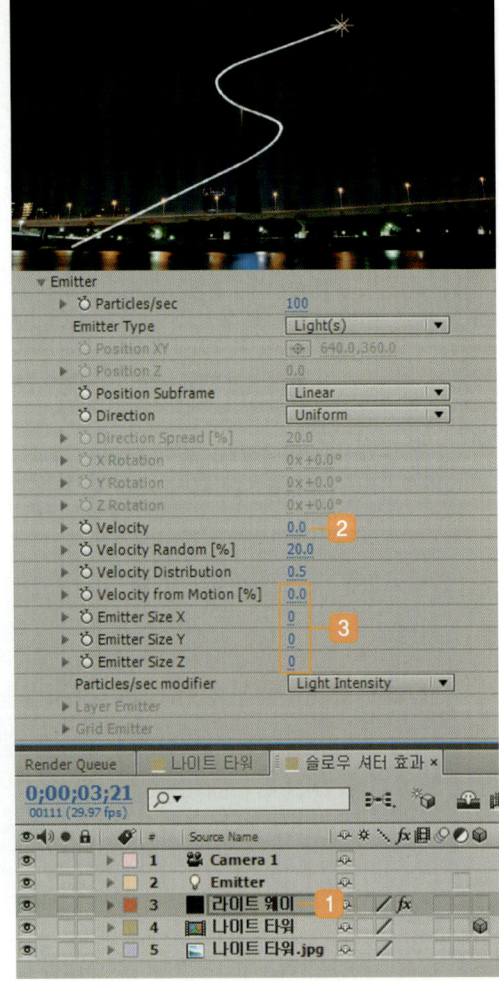

31 지금까지의 작업을 확인해 보면 조명이 좌측 앞에서 날아와 타워를 한 바퀴 돌아서 우측 뒤쪽으로 날아가는 애니메이션이 만들어졌습니다. 그런데 앞서 키프레임이 만들어진 시간 간격이 일정하지 않습니다. 특히 타워를 돌 때의 속도가 불규칙적입니다. 이렇듯 불규칙적인 애니메이션 속도를 일정한 속도로 바꿔주기 위해 Emitter 레이어에 적용된 모든 키프레임을 선택한 후 아무 키프레임 위에서 우측 마우스 버튼 > Rove Across Time을 선택합니다. 로브 어크로스 타임을 이용하면 선택된 키프레임들은 애니메이션 경로의 길이를 계산해서 일정한 속도로 조절됩니다. 조절된 후의 키프레임은 동그란 형태로 바뀌게 됩니다.

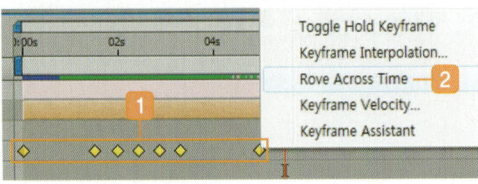

33. 이번엔 Particle 항목에서 Particle Type을 Streaklet으로 설정합니다. 그러면 파티클의 모습이 거친 브러시로 그린 것 같은 느낌으로 표현됩니다. 계속해서 Size를 25로 설정하고 Set Color를 조명(Emitter)의 색상으로 사용하기 위해 From Light Emitter로 선택합니다. Transfer Mode는 Add로 설정하여 파티클들이 교차된 영역을 더욱 강렬한 빛으로 표현되게 하며 Streaklet의 Streak Size를 23, No Streaks(스트릭스 개수)를 11, Random Seed를 설정하여 파티클들의 위치를 원하는 모습으로 배치합니다.

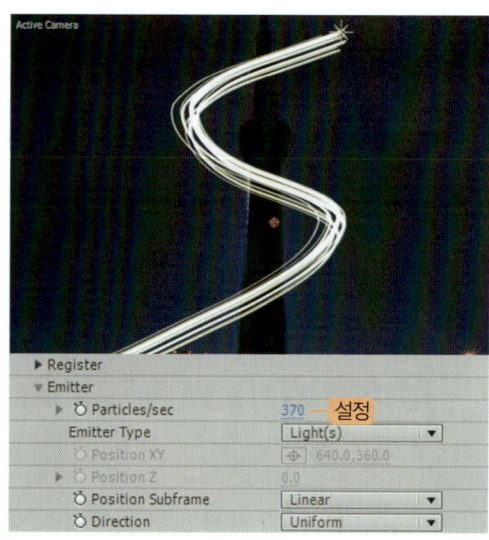

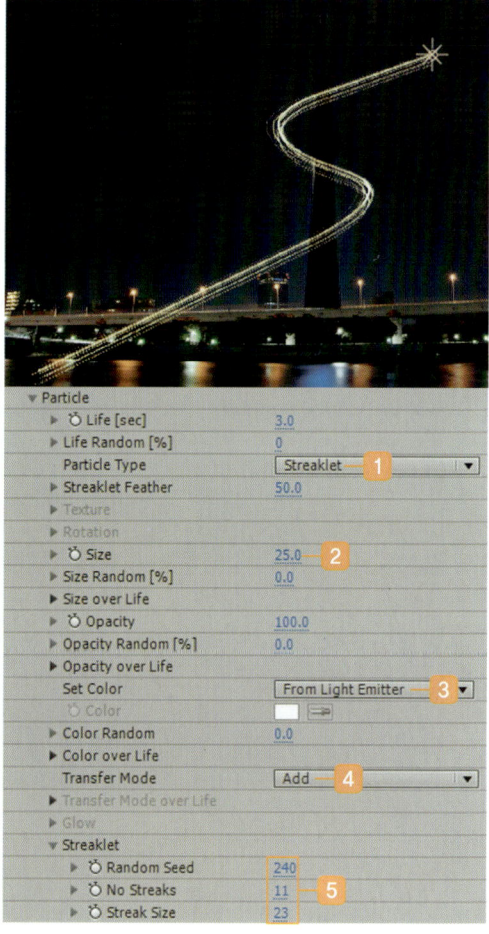

34. 앞서 파티클 항목에 대한 설정을 해보니 라이트 웨이의 모습이 점선처럼 표현됩니다. 실제 빛의 경로처럼 선으로 표현하기 위해 Emitter 항목에서 Particles/sec를 370 정도로 증가하여 실선으로 보이게 합니다.

35. 라이트 웨이가 타워를 한 바퀴 돌 때 라이트 웨이가 타워 뒤쪽에 있을 때는 타워에 가려져야 하고 앞쪽에 있을 때는 타워가 라이트 웨이에 의해 가려져야 하는데 현재는 그렇지 않습니다. 이제 나이트 타워가 엄폐물 레이어로 사용되게 하기 위해 Visibility 항목에서 Obscuration Layer를 컴포지션 형태로 사용되는 5. 나이트 타워로 선택합니다. 이제 확인해 보면 라이트 웨이가 타워 앞에 있을 때와 뒤에 있을 때가 실제 모습으로 표현됩니다.

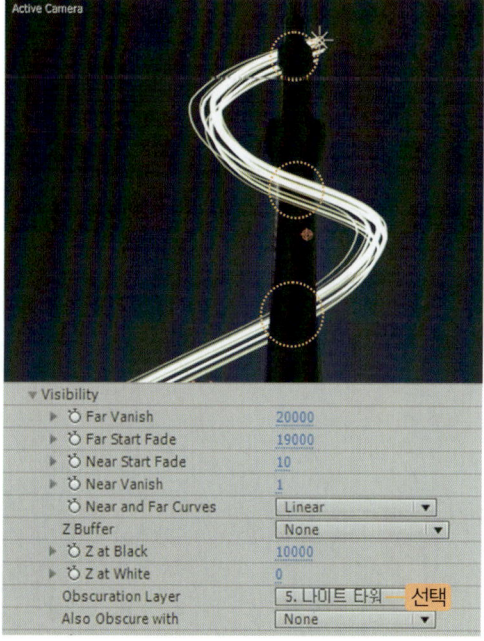

36 이번엔 라이트 웨이 끝 부분을 자연스럽게 사라지게 하기 위해 다시 Particle 항목에서 Opacity over Life를 그림과 같은 그래프 모양으로 설정합니다.

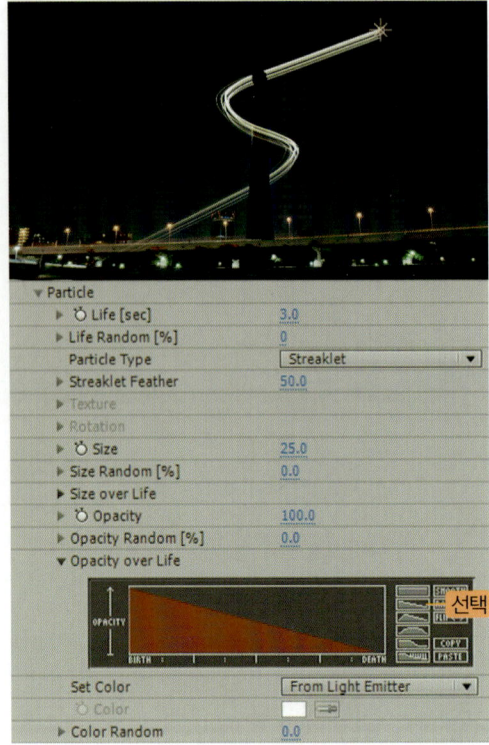

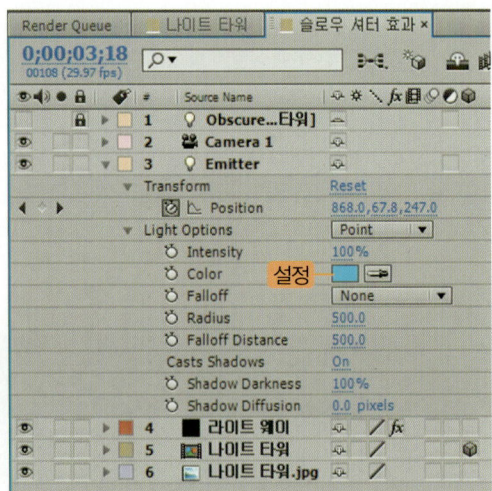

37 지금 사용하는 라이트 웨이의 색상이 너무 흐릿하게 표현되기 때문에 색상에 대한 설정이 필요할 듯합니다. Emitter 레이어에서 Light Options의 Color를 앞서 사용되던 색상보다 짙게 하거나 필자처럼 아예 다른 색으로 설정합니다. 필자는 배경과 잘 어울리는 색상이 하늘색인 것 같아 하늘색으로 변경하였습니다.

38 라이트 웨이에서 발광하는 빛을 표현하기 위해 라이트 웨이 레이어에 Effect 〉 Stylize 〉 Glow를 적용한 후 Glow Threshold, Glow Radius, Glow Intensity를 적당하게 설정합니다. 필자는 세 번째의 글로우 인텐시티 값만 0.6 정도로 낮춰주었습니다.

39 이번엔 메인 파티클의 꼬리로 사용되는 서브 파티클을 표현하기 위해 Aux System 항목에서 Emit를 Continuously로 선택하고 Particles/sec를 80, Life [sec]를 0.5, Size를 12 정도로 키워주고 Opacity를 5 정도로 낮춰 흐리게 나타나게 합니다. 그리고 Opacity over Life의 그래프를 그림처럼 사멸될 때 완전히 투명하게 보이도록 해 주고 Color over Life의 그래프를 흰색, 밝은 청록색, 짙은 파란색으로 설정합니다. 확인해 보면 메인 파티클만 사용했을 때보다 훨씬 사실적인 라이트 웨이가 표현됐습니다.

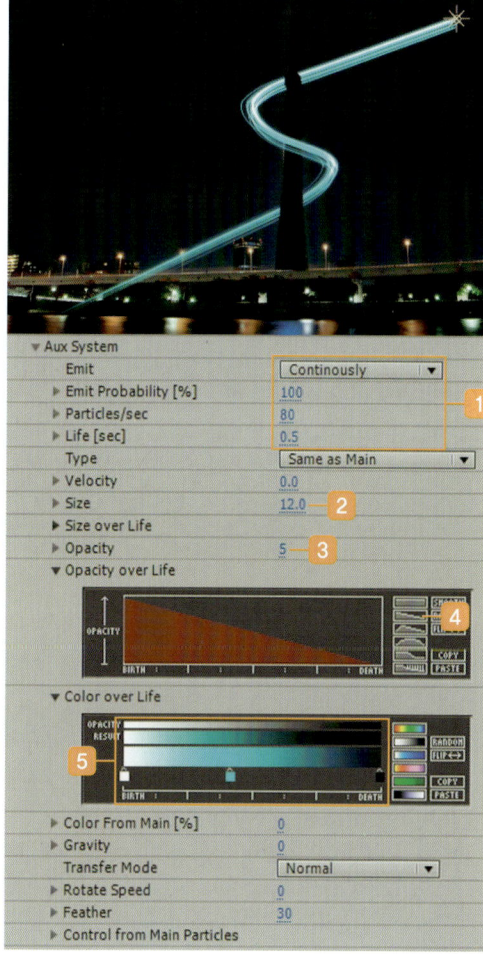

40 여기서 잠깐 Emitter로 사용되는 조명과 파티클 타입의 이미터에 대한 관계에 대해 이해하기 위해 파티큘러 효과 이름 우측에 Options 글자를 클릭해 봅니다. 그러면 Trapcode - Particular 창이 열리는데 Light Emitters의 Light name starts with를 보면 타임라인에 있는 조명의 이름과 같은 Emitter란 글자가 입력되

어있는 것을 알 수 있습니다. 이것은 즉 이미터 타입을 라이트로 사용하기 위해서는 여기에서 사용되는 이름과 조명으로 사용되는 이름이 일치되어야 한다는 것을 의미합니다. 그러므로 이미터 타입을 라이트로 하여도 이 두 곳의 이름이 서로 다를 경우엔 조명을 이미터로 사용할 수 없게 됩니다. 그리고 조명 이미터는 여러 개를 사용할 수 있는데 조명 이미터로 사용하기 위해서는 역시 같은 이름을 사용하되 이름 끝에 숫자를 표기해야 합니다. 예) Emitter 1, Emitter 2 등의 숫자를 표시해야 합니다.

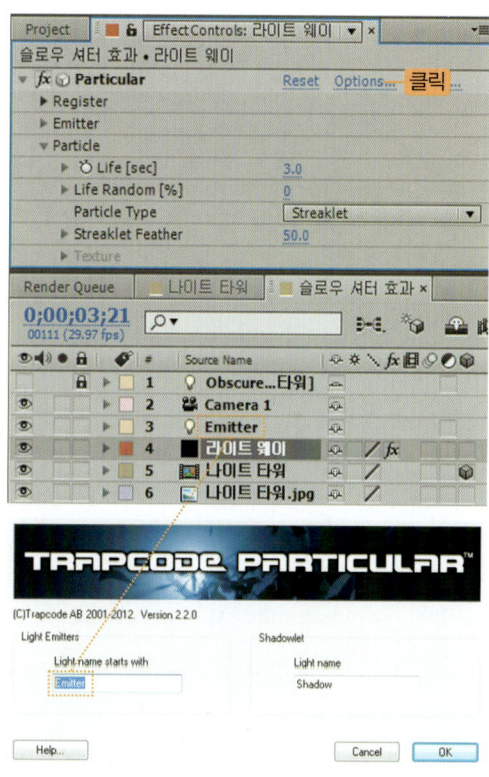

41 이제 라이트 웨이의 디테일을 살리기 위해 라이트 웨이 레이어를 Ctrl+D 키를 눌러 하나 복제를 해 주고 복제된 위쪽 레이어의 이름을 [라이트 웨이 헤드]라고 수정합니다.

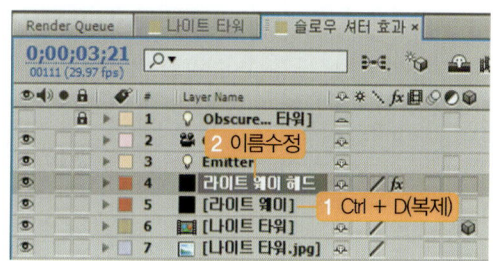

42 이제 라이트 웨이 헤드 레이어를 선택하고 이펙트 컨트롤 패널에서 Particle 항목의 Particle Type을 Glow Sphere (No DOF)로 바꿔줍니다. 그리고 Size를 7 정도로 줄여줍니다.

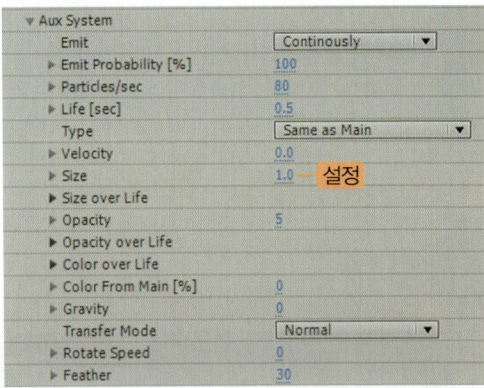

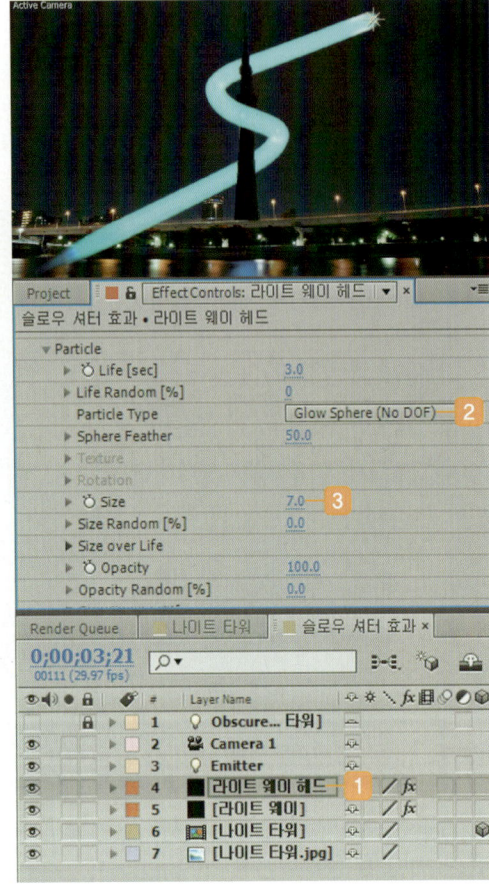

43 Aux System 항목에서 Size를 1 정도로 줄여줍니다. 이제 라이트 웨이 헤드의 꼬리 부분이 얇아졌습니다. 그런데 길이가 너무 깁니다.

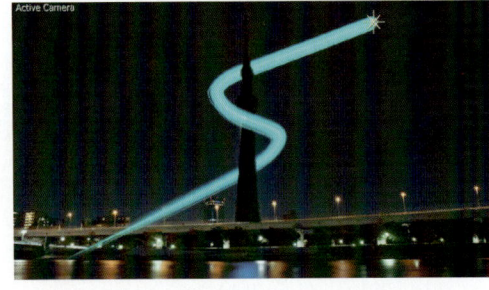

44 라이트 웨이 헤드의 꼬리가 너무 길기 때문에 다시 Particle 항목에서 Life [sec]를 1로 줄여줍니다. 그러면 꼬리의 길이가 짧아졌는데 꼬리의 길이는 줄어들었지만 너무 짙게 표현되므로 Opacity를 70 정도로 낮춰주고 Glow의 Transfer Mode를 Add로 설정하여 빛을 더욱 강렬하게 해 줍니다.

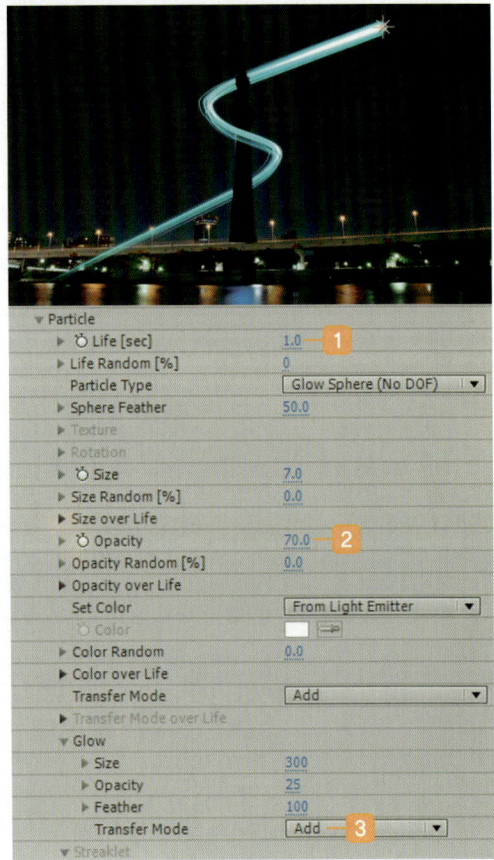

45 이번엔 라이트 웨이의 경로, 즉 빛의 궤적을 흔들어봅니다. 현재는 라이트 웨이의 경로가 너무 반듯합니다. 물론 지금의 모습을 최종 결과물로 사용할 수도 있지만 필자는 빛의 궤적이 흔들리는 모습을 원합니다. 라이트 웨이 레이어를 선택하고 이펙트 컨트롤 패널에서 Physics 항목의 Turbulence Field에서 Affect Position을 35 정도로 설정하여 라이트 웨이의 경로를 흔들어놓습니다.

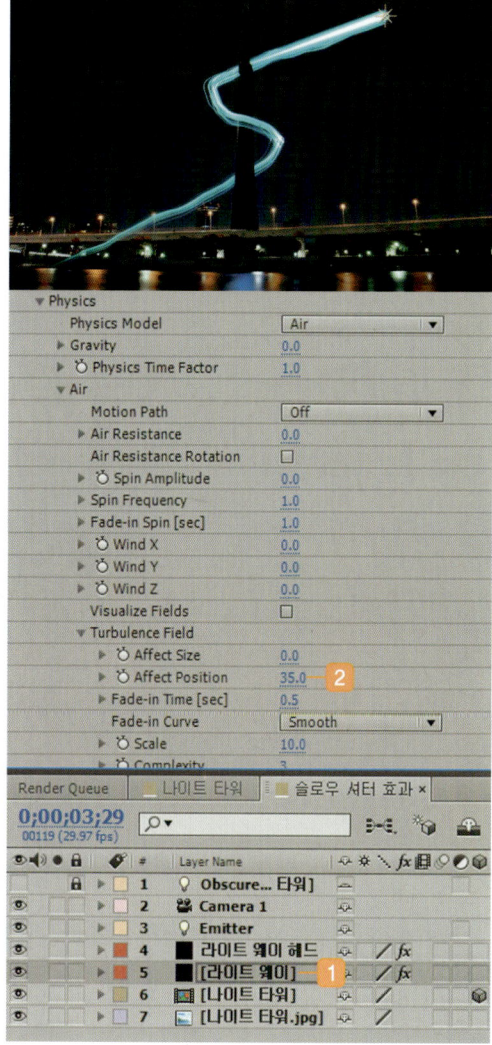

46 앞서 라이트 웨이에 대한 빛의 궤적을 흔들어놓았기 때문에 이번엔 라이트 웨이 헤드도 역시 같게 표현해야 합니다. 라이트 웨이 헤드 레이어를 선택하고 이펙트 컨트롤 패널에서 역시 Physics 항목의 Turbulence Field에서 Affect Position을 앞서 라이트 웨이에서 설정한 35로 설정합니다. 이로써 라이트 웨이 헤드도 흔들리는 모습이 되었습니다.

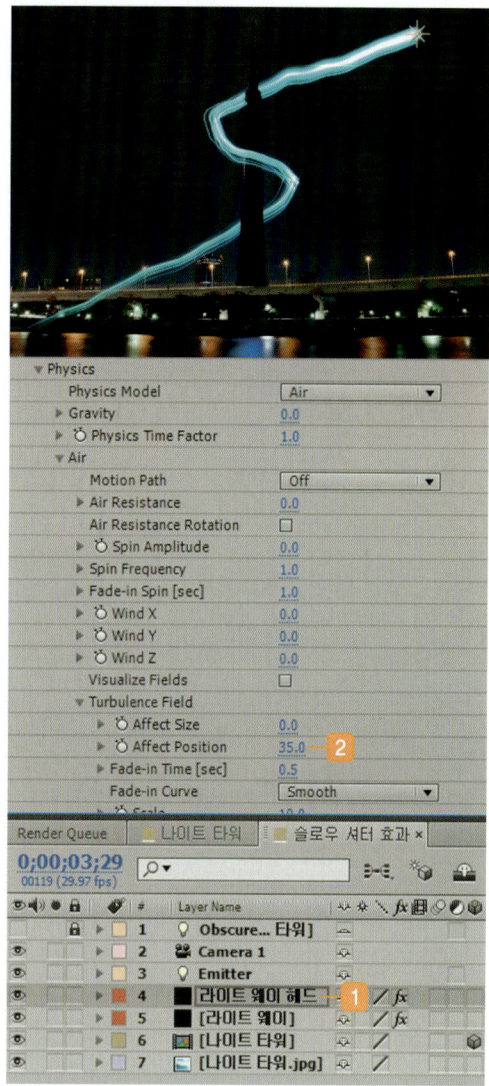

47 현재는 라이트 웨이 헤드의 꼬리 부분이 너무 선명하기 때문에 보다 자연스럽게 표현할 필요가 있습니다. Particle 항목에서 Life Random [%]을 65 정도로 설정하여 꼬리의 엷어짐과 짙어짐이 자연스럽게 연결되도록 합니다. 그리고 나서 Opacity Random [%]을 45 정도로 설정하여 불투명도 또한 불규칙적인 투명도를 통해 보다 자연스럽게 표현하고 Glow의 Size와 Opacity를 적절하게 설정하여 자연스러운 라이트 웨이 헤드의 모습을 표현합니다.

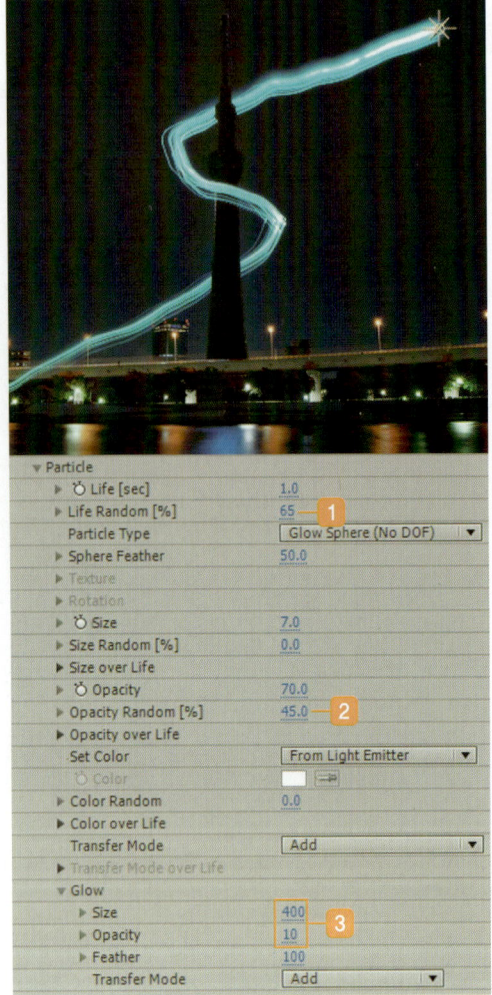

라이트 웨이가 타워 뒤쪽에 있을 때의 모습

49 장면 전체의 밝기를 균등하게 해 주기 위한 조명을 만들어봅니다. Ctrl+Alt+Shift+L 키를 눌러 포인트 타입의 흰색 조명을 생성합니다.

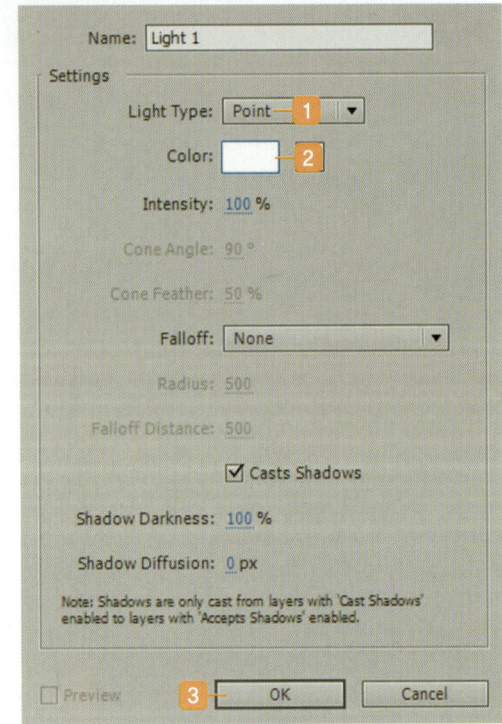

48 이제 작업이 거의 끝나갑니다. 여기서 지금까지의 작업을 확인해 보면 라이트 웨이가 타워 앞쪽 부근에 있을 때만 타워의 모습이 밝아지고 그 외에는 어두워 형태 조차 보이지 않습니다. 또 다른 조명을 통해 이런 문제를 해결해 봅니다.

라이트 웨이가 타워 앞쪽에 있을 때의 모습

50 조명이 설치되므로 인해 전체적으로 밝아졌으며 역시 라이트 웨이가 타워 앞쪽에 있을 때는 평상시보다 약간 밝아져 자연스럽습니다. 물론 라이트 웨이의 빛과는 상관없이 항상 같은 밝기를 원한다면 컴포지션으로 된 나이트 타워의 3D 레이어를 꺼서 평면 레이어로 바꿔주면 됩니다. 이것은 여러분이 원하는 대로 결정하면 됩니다.

51 마지막으로 Camera Options의 Depth of Field를 사용하여 아웃 포커스 효과를 표현하면 라이트 웨이의 원근감을 보다 사실적으로 표현할 수 있습니다. 지금의 작업을 활용하면 마술봉이 움직일 때 생기는 빛의 궤적과 같은 장면을 연출할 수 있습니다. 지금까지 슬로우 셔터 효과를 표현해 보았습니다.

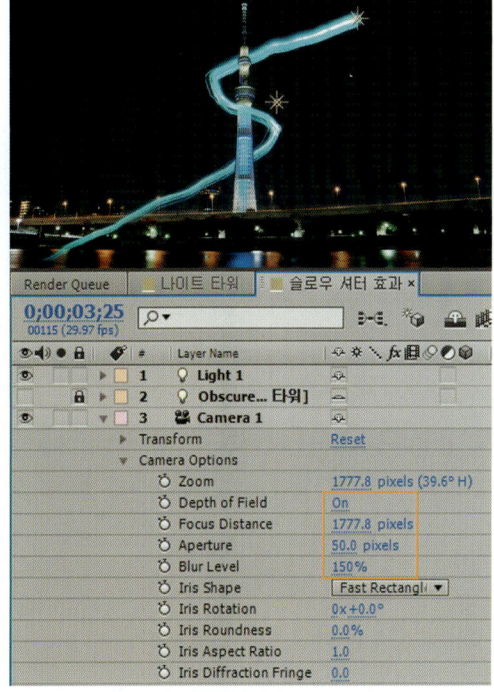

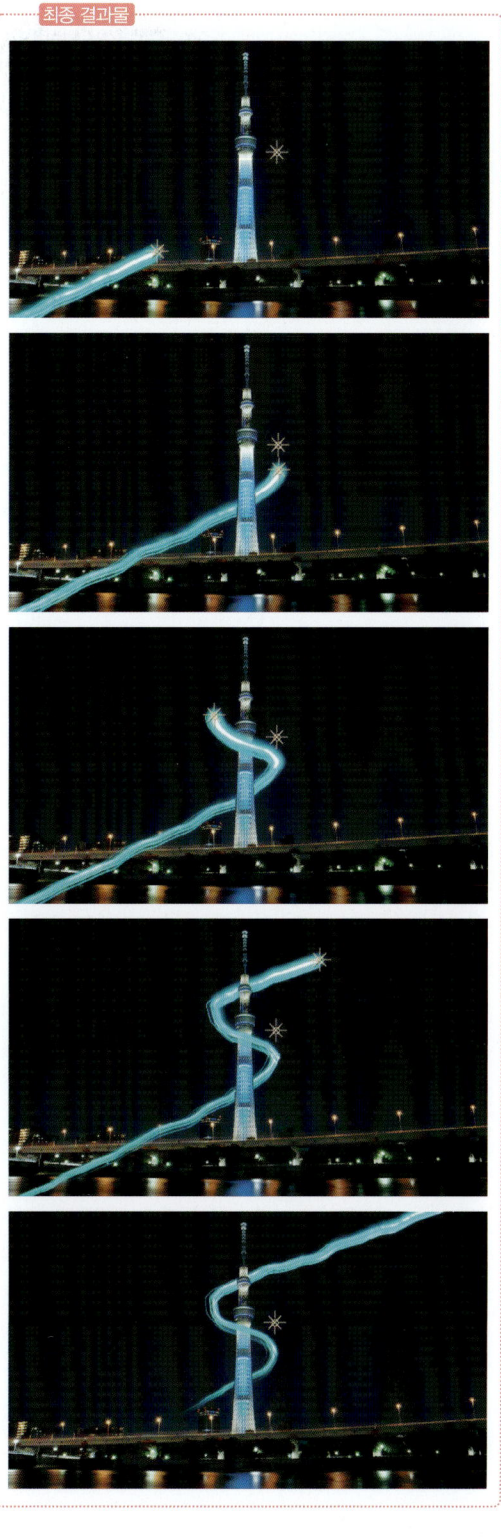

구름 글자 1

구름 느낌의 글자는 동화적이고 신비스런 느낌을 줍니다. 이와 같은 구름 글자도 파티큘러를 사용하면 쉽게 표현할 수 있습니다. 이미터 타입을 Layer로 선택하고 레이어 이미터를 글자 모양의 레이어로 사용합니다. 그리고 파티클 타입을 Cloudlet을 사용하면 구름 느낌의 글자를 표현할 수 있습니다.

01 글자 모양의 구름을 표현하기 위한 이미터로 사용할 글자를 만들기 위해 Ctrl+N 키를 눌러 [글자]란 이름의 컴포지션을 만들어줍니다. 컴포지션의 크기는 1280X720으로 해 주고 작업 시간을 10초(나중에 다시 설정할 수 있음) 설정합니다.

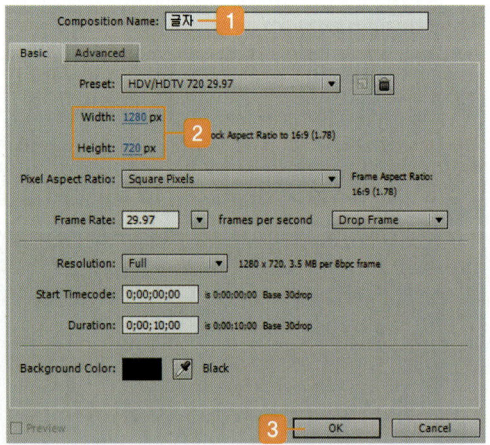

02 Text 툴을 사용하여 글자를 입력합니다. 필자는 Cloud란 글자를 입력했지만 독자분들은 원하는 글자를 입력하면 됩니다. 여기서 중요한 것은 구름 글자와 잘 어울리는 글꼴을 사용해야 한다는 것입니다.

03 이번엔 최종 작업을 위한 컴포지션을 만들기 위해 Ctrl+N 키를

눌러 [구름글자]란 이름의 컴포지션을 만들어줍니다. 컴포지션의 크기는 1280X720으로 해 주고 작업 시간을 10초(나중에 다시 설정할 수 있음)로 설정합니다.

반드시 소스 레이어는 Z축이 있는 3D 레이어로 되어있어야 합니다. 그리고 글자 레이어를 다른 컴포지션에 포함된 상태로 사용하는 것은 파티큘러의 이미터나 파티클 소스는 일반 레이어의 속성을 인식할 수 없기 때문입니다.

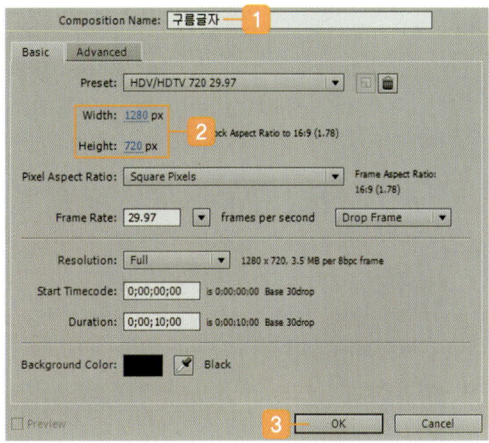

04 이번엔 배경 이미지를 사용하기 위해 Ctrl+I 키를 눌러 학습자료 폴더에 있는 가을하늘.jpg 파일을 불러옵니다. 그리고 구름글자 컴포지션에 방금 불러온 가을하늘과 앞서 작업한 글자를 끌어다 갖다 놓습니다.

06 현재는 글자의 위치가 왼쪽의 나무에 닿아있기 때문에 적당한 곳으로 이동해야 합니다. X와 Y축을 사용하여 그림처럼 우측 하늘의 가운데 부분으로 이동해 줍니다.

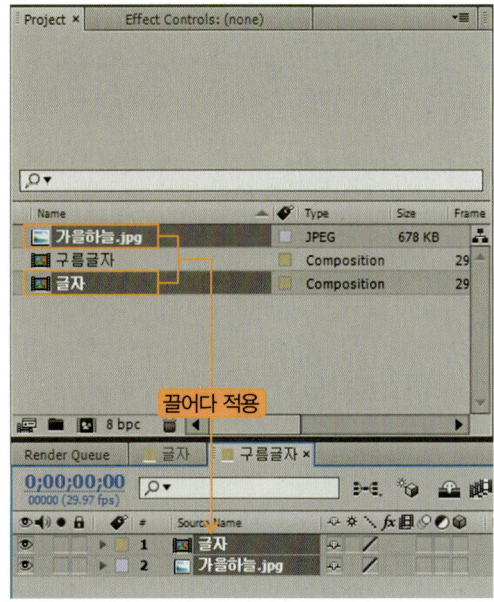

05 글자 레이어를 이미터 타입으로 사용하기 위해 글자 레이어를 3D Layer로 전환합니다. 이미터 레이어로 사용하기 위해서는

07 이제 구름글자를 표현하기 위한 파티큘러가 적용될 솔리드 레이어를 Ctrl+Y 키를 눌러 만들어줍니다. 솔리드의 이름은 [구름글자 파티클]이라고 하고 크기는 현재 컴포지션과 같은 크기로 해 줍니다.

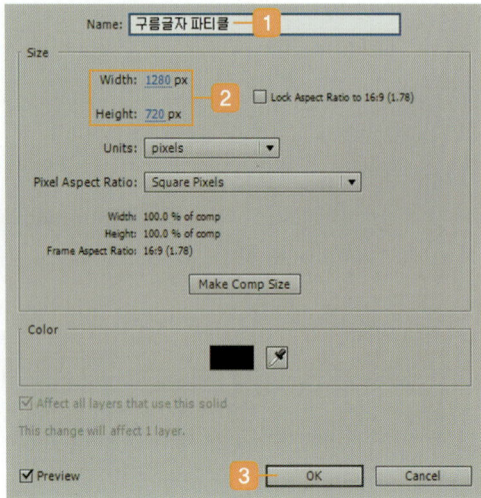

08 구름글자 파티클 레이어에 Effect 〉 Trapcode 〉 Particular를 적용하고 먼저 Emitter 항목에서 Emitter Type을 Layer로 설정합니다. Layer Emitter의 Layer를 3. 글자 레이어로 선택하여 글자(Cloud) 모양에 파티클이 생성되는 이미지로 사용되게 합니다.

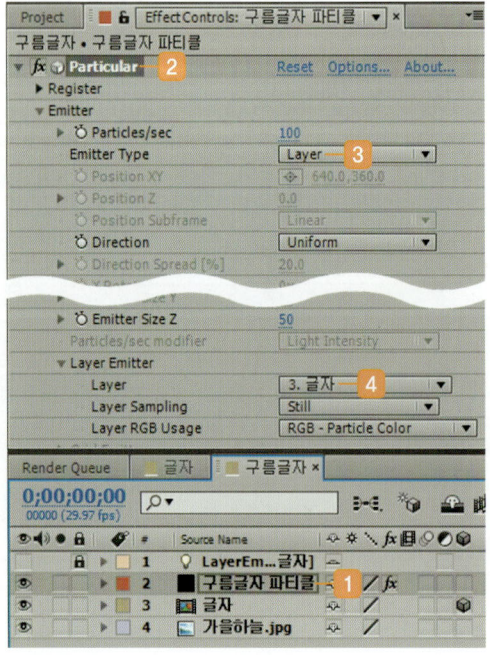

09 계속해서 Particles/sec를 10000 정도로 늘려서 파티클의 양을 증가합니다. 현재는 파티클이 분출되는 속도가 빠르기 때문에 Velocity를 6 정도로 낮춰 실제 구름처럼 천천히 움직이게 해 주고 Velocity Random [%]을 45 정도로 설정하여 파티클의 속도를 불규칙적으로 해 줍니다. 그리고 Emitter Size Z축을 100 정도로 증가하여 파티클이 생성되는 깊이 영역을 조금 더 키워 줍니다. 여기서 파티클의 모습만 보이도록 하기 위해 레이어 이미터로 사용되는 글자 레이어를 숨겨놓습니다.

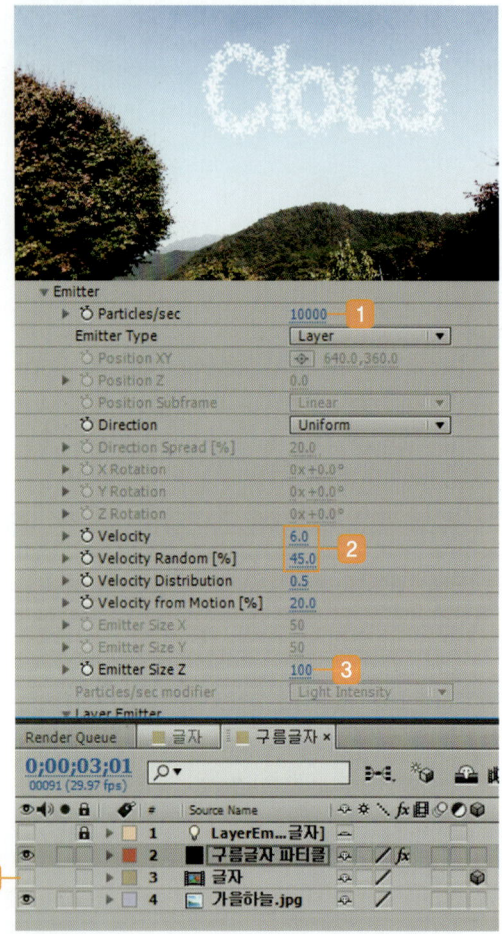

10 이번엔 Particle 항목에서 Particle Type을 Cloudlet으로 설정하여 파티클을 구름 모양으로 표현되게 해 주고 Size over Life를 그림처럼 설정하여 처음에 작았다가 사라질 때 커지도록 합니다. 그리고 Opacity over Life는 처음엔 불투명했다가 사라질 때 투명하게 해 줍니다.

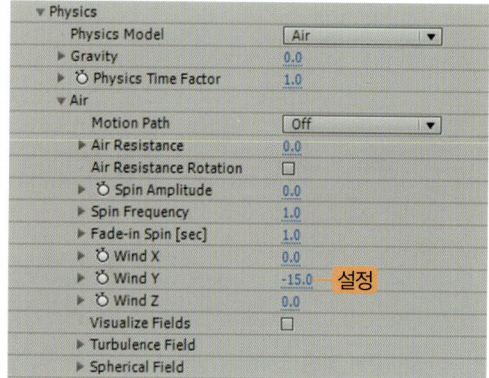

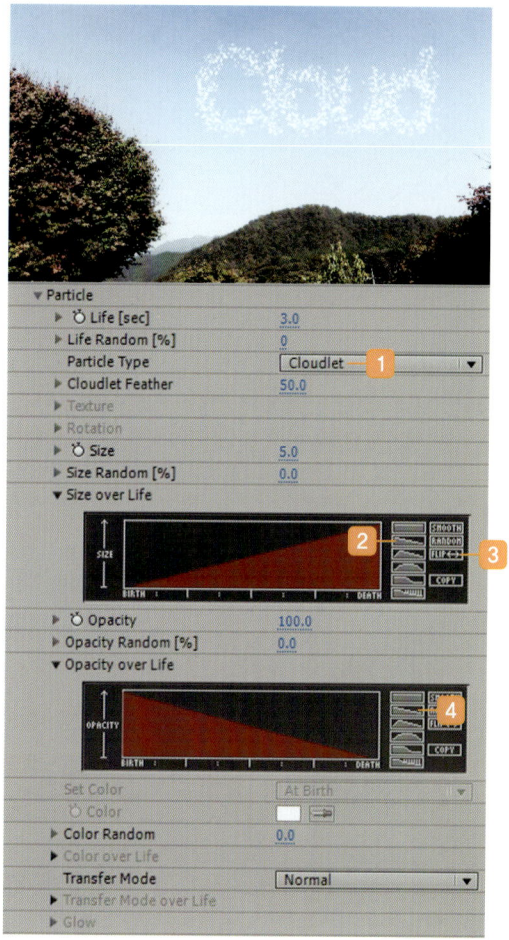

11 이번엔 바람에 영향을 받아 움직이는 구름을 표현해 봅니다. Physics 항목에서 Air의 Wind Y축을 -15 정도로 설정하여 바람에 영향을 받는 구름이 위쪽으로 천천히 올라가도록 합니다. 물론 다른 축을 설정하여 다른 방향으로 흘러가게 할 수도 있으나 여기에서는 다른 축의 바람은 사용하지 않을 것입니다.

12 앞서 파티클 항목의 사이즈 오버 라이프를 구름이 사라질 때 크기가 작게 했기 때문에 전체적으로 구름의 양이 줄어든 느낌입니다. 다시 Emitter 항목의 Particles/sec를 15000 정도로 늘려줍니다.

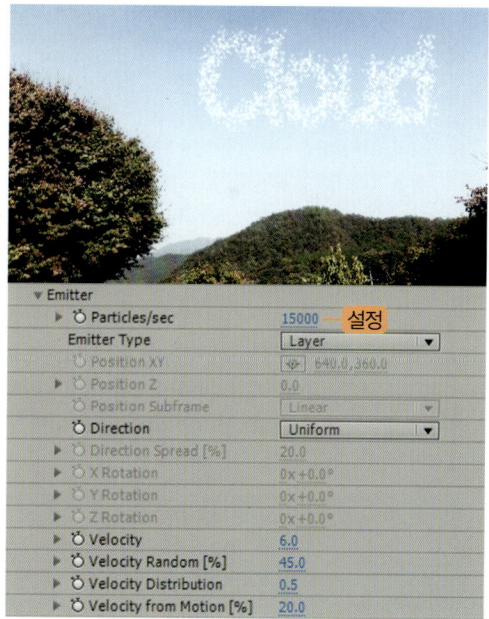

13 앞선 작업에서 파티클의 개수를 증가했는데도 구름이 양이 풍족해 보이지는 않습니다. 이번엔 Particle 항목에서 Size를 15 정도로 설정하여 구름 입자를 크게 해 줍니다. 이것으로 구름이 풍성하게 되었습니다. 여기서 Size Random [%]를 50 정도로 설정하여 구름 입자의 크기를 불규칙적으로 해 주고 구름의 가장자리를 더욱 부드럽게 해주기 위해 Cloudlet Feather를

100으로 설정합니다.

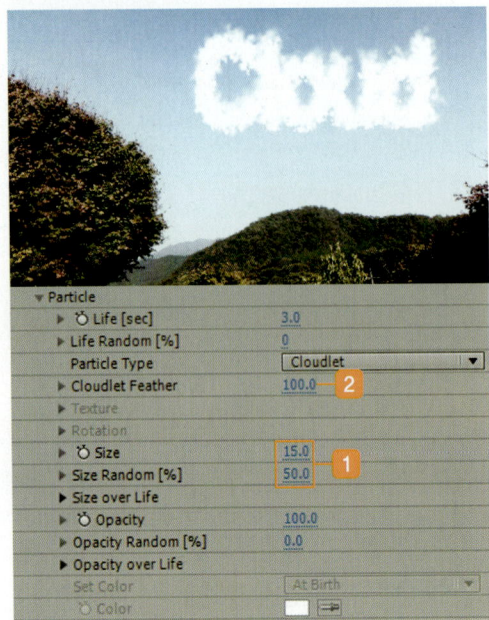

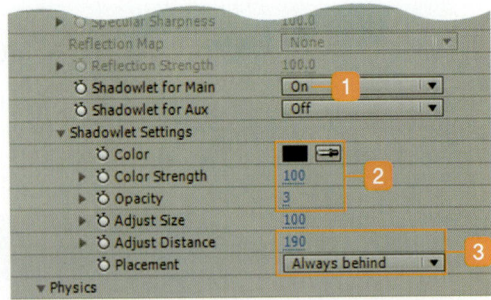

15 지금까지의 작업을 확인해 보면 맑은 하늘에서 구름이 피어나고 글자 모양의 구름이 형성되다가 사라지는 장면입니다. 그런데 구름의 느낌은 좋으나 구름의 생몰 시간이 너무 짧아 흩어지는 범위가 한정되어 있습니다.

14 현재의 구름 모습은 구름처럼 보이기는 하지만 왠지 도화지에 그림을 그린 것처럼 평면적으로 느껴지기 때문에 사실감이 덜합니다. Shading 항목에서 Shadowlet for Main을 On으로 켜줍니다. 이제 메인 파티클(구름 입자)에 그림자가 생성되어 실제 구름처럼 입체적이고 볼륨감 있는 구름이 탄생됐습니다. 여기서 Shadowlet Settings의 Color를 검정색에서 톤을 약간만 낮춰주고 Opacity를 3 정도로 낮춰줍니다. 그리고 Adjust Distance를 190 정도로 설정하여 그림자의 위치를 배경(나무)의 위치와 같게 해 줍니다. Placement는 Always behind로 설정하여 구름 뒤쪽에만 그림자가 비춰지도록 합니다.

16 Particle 항목에서 Life [sec]를 7 정도로 늘려서 구름이 7초 동안

살아있게 해 줍니다. 이제 구름의 생명이 늘어났기 때문에 위쪽으로 더욱 높이 흩어지게 되었습니다. 그리고 Life Random [%]을 50 정도로 설정하여 구름의 생몰 시간을 불규칙적으로 해 줍니다.

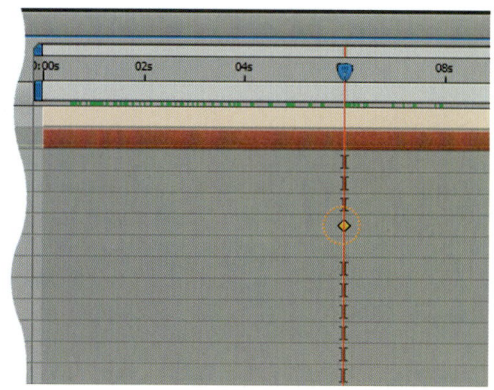

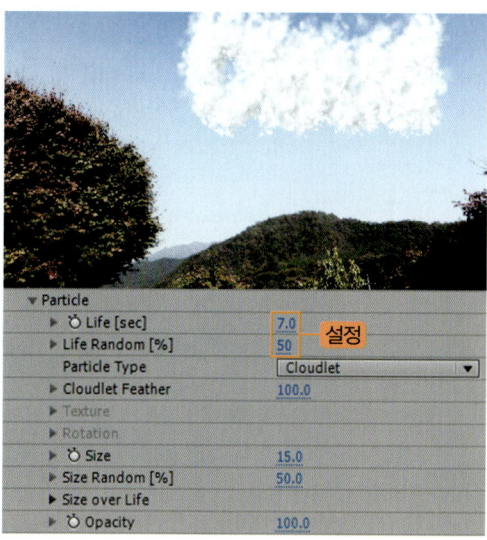

17 이제 구름이 일정한 시간이 지나면 더 이상 생성이 멈추도록 해야 합니다. 시간을 6초로 이동한 후 타임라인의 Emitter 항목에서 Particles/sec의 스톱워치를 켜서 키프레임을 생성합니다.

18 계속해서 시간을 1프레임 뒤인 6초 1프레임으로 이동한 후 Particles/sec 값을 0으로 설정하여 6초 1프레임부터는 더 이상 파티클이 생성되지 않도록 합니다.

19 시간을 마지막 시간인 9초 29프레임으로 이동한 후 확인해 보면 현재의 구름 모습은 위로 흩어지다가 그대로 장면이 멈춥니다. 즉, 작업 시간이 부족하다는 의미입니다. 이것은 앞서 컴포지션을 설정할 때 작업 시간을 10초로 설정했기 때문입니다. 이 시간은 지금의 작업이 어떻게 진행될지 예측을 할 수 없었기에 대략적으로 설정해 놓은 시간이므로 다시 설정해야 합니다.

예제로 배우는 파티큘러 - 구름 글자 1

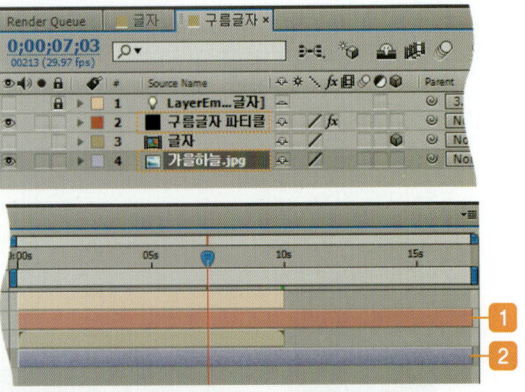

20 Composition 〉 Composition Settings를 선택하거나 단축키 Ctrl+K 키를 눌러 컴포지션 셋팅 창을 열어줍니다. 구름의 움직임을 예측한 결과 여기서의 작업 시간은 Duration을 17초로 늘려주어야 합니다.

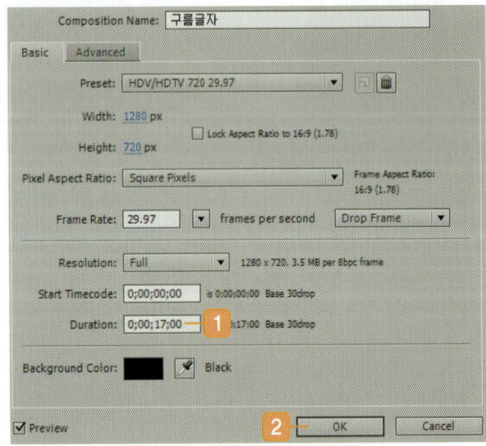

22 여기서 타임마커를 10초 이후의 시간으로 가 보면 앞서 늘려준 두 레이어의 모습만 보일 뿐 구름글자의 모습은 보이지가 않습니다. 앞서 구름글자 파티클 레이어의 길이를 17초로 늘려놓았지만 위쪽의 LayerEmit [글자] 레이어가 10초밖에 되지 않기 때문이며 컴포지션으로 된 글자 레이어도 역시 10초의 길이로 사용되기 때문입니다. 이제 이 두 레이어의 길이에 대한 설정이 필요합니다.

21 컴포지션의 작업 시간을 늘렸기 때문에 그 동안 사용했던 레이어의 길이도 모두 17초에 맞게 늘려주어야 합니다. 여기서는 일단 구름글자 파티클과 가을하늘 레이어만 17초로 늘려줍니다.

23 먼저 LayerEmit [글자] 레이어의 길이를 늘려봅니다. 그러나 현재는 이 레이어의 어떤 작업도 허용되지 않습니다. 이것은 이 레이어가 잠겨있기 때문입니다. 자물쇠 모양의 아이콘인 Lock를 해제한 후 다시 늘려보면 이제야 길이가 조절됩니다. 이제 길이를 늘려 17초에 맞춰줍니다. 다시 확인해 보면 LayerEmit [글자] 레이어의 길이를 늘렸는데도 불구하고 역시 구름글자의 모습은 보이지 않습니다.

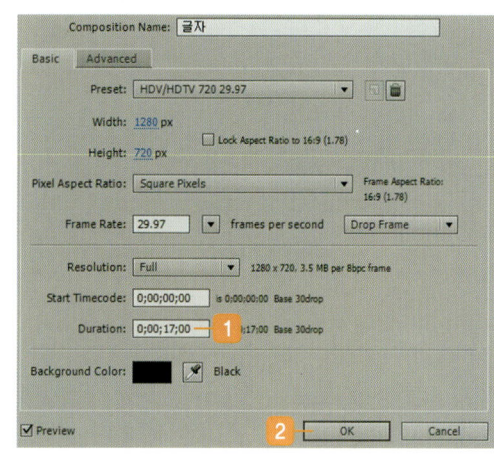

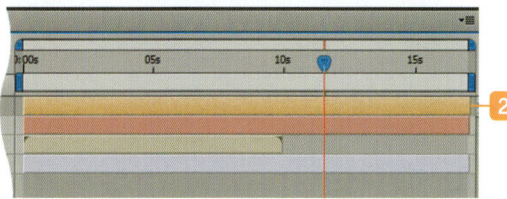

24 이번엔 컴포지션으로 된 글자 레이어의 길이를 늘려봅니다. 그러나 늘어나지 않습니다. 이 글자 레이어는 컴포지션으로 되어있기 때문에 해당 컴포지션을 열고 컴포지션의 길이와 글자 레이어를 늘려주어야 합니다. 글자 레이어를 더블클릭하거나 이미 탭으로 되어있는 글자 컴포지션 탭을 클릭합니다.

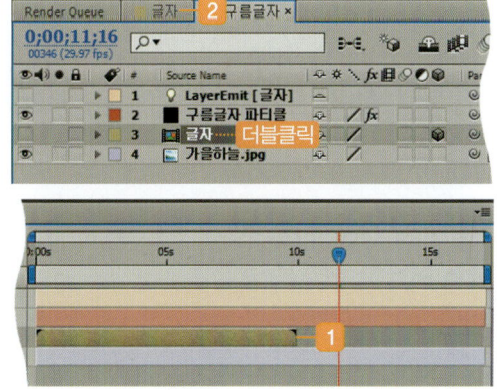

25 글자 컴포지션이 열리면 Composition > Composition Settings를 선택하거나 단축키 Ctrl+K 키를 눌러 컴포지션 셋팅 창을 열어준 후 작업 시간인 Duration을 17초로 늘려줍니다.

26 이제 Cloud 글자 레이어의 길이를 방금 설정한 컴포지션의 작업 시간인 17초에 맞게 늘려줍니다.

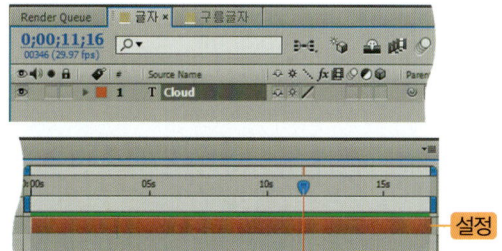

27 이제 다시 구름글자 컴포지션으로 이동한 후 글자 레이어의 길이를 17초로 늘려줍니다. 이렇듯 컴포지션 형태의 레이어의 길이는 동영상처럼 이미 정해져 있기 때문에 길이를 조절하기 위해서는 해당 컴포지션 셋팅에서 늘려주어야 합니다. 늘려준 후 확인해 보면 구름이 사라진 마지막 장면까지 볼 수 있게 되었습니다. 작업을 하다 보면 전에 설정한 작업 시간을 재설정해야 하는 경우가 생기게 됩니다. 그럴 땐 이와 같은 방법을 통해 길이를 설정하면 됩니다.

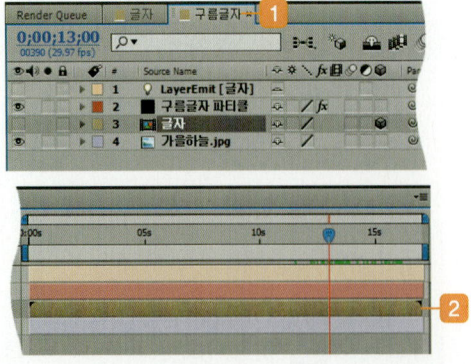

28 그러나 파티큘러를 사용할 때의 레이어 길이는 지금 살펴본 방법을 통하지 않고서도 가능합니다. 이번엔 또 다른 방법에 대해 알아보기 위해 글자 레이어의 길이가 조절되기 전(24번 과정)까지 언두(Ctrl+Z)를 해 줍니다.

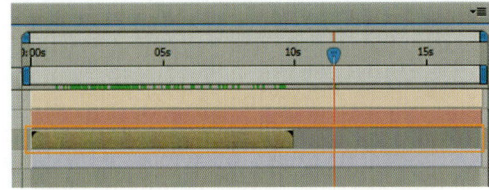

28 파티큘러가 적용된 구름글자 파티클 레이어를 선택하고 이펙트 컨트롤 패널에서 Emitter 항목의 Layer Emitter에서 Layer Sampling을 Particle Birth Time으로 바꿔줍니다. 파티클 버스 타입을 사용하면 레이어 이미터의 길이와는 상관없이 파티클의 생몰 시간을 그대로 반영합니다.

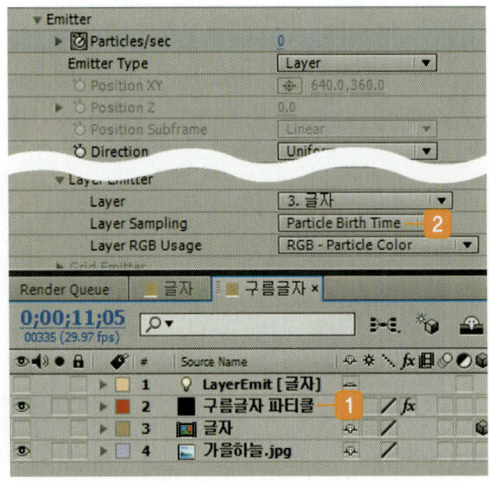

30 다시 확인해 보면은 글자 레이어의 길이와는 상관없이 구름글자가 완전히 사라지는 모습까지 표현되는 것을 알 수 있습니다. 앞서 살펴본 두 가지 방법은 작업 상황에 맞게 적절하게 활용하면 됩니다.

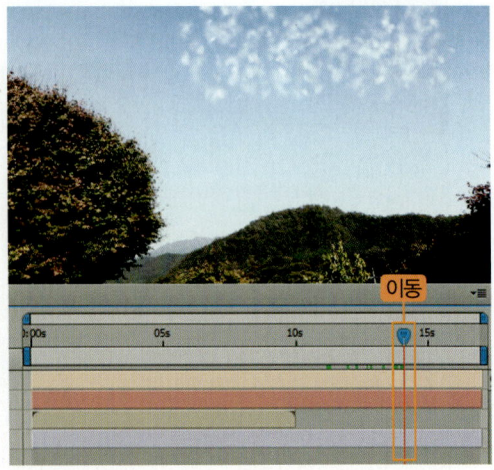

31 지금까지의 작업을 최종적인 완성물로 사용해도 되겠지만 필자의 생각엔 뭔가 단조로운 느낌이 있어 마지막 사라질 때의 구름글자를 돌풍이 불어 사방으로 흩어지게 할 것입니다. 시간을 돌풍이 불기 시작하는 9초로 이동한 후 Physics 항목의 Air에서 Turbulence Field를 열고 Affect Position의 스톱워치를 클릭하여 키프레임을 생성합니다.

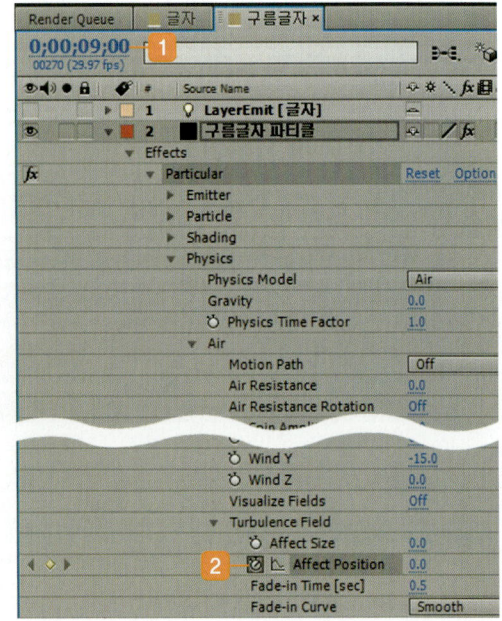

32 시간을 9초 10프레임으로 이동한 후 Affect Position 값을 150 정도로 설정하여 10프레임 동안 빠르게 돌풍(바람을 동반해도 좋을 것임)이 불어 글자가 흔들리는 장면을 연출합니다.

33 마지막으로 구름글자의 모습이 너무 흩어져있어 무슨 글자인지 읽기 어렵기 때문에 Physics 항목의 Air에서 Air Resistance를 0.6 정도로 증가하여 공기 저항을 받은 글자의 흩어짐을 둔화시켜줍니다. 이제 구름글자의 윤곽이 보다 뚜렷해졌기 때문에 글자를 읽기가 쉬워졌습니다. 지금까지 구름글자를 만들어보았습니다. 지금 학습한 내용을 활용하여 구름과 유사한 다양한 표현을 해 보길 바랍니다.

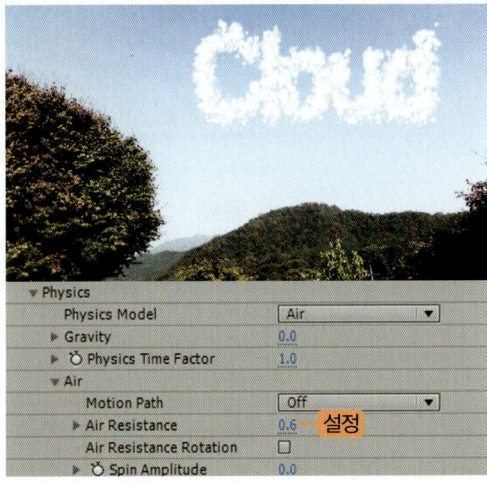

구름 글자 2

이번 학습에서는 앞선 학습처럼 구름 글자의 표현으로 싸인처럼 그려지는 구름 느낌의 글자를 표현할 것입니다. 그림이 그려지듯 써지는 구름글자의 경로는 마스크의 모양을 이용할 것입니다. 이렇듯 파티큘러는 연기나 안개와 같은 구름 느낌의 장면을 다양한 표현을 할 수 있습니다.

01 새로운 작업을 하기 위해 Ctrl+N 키를 눌러 [구름글자]란 이름의 컴포지션을 만들어줍니다. 컴포지션의 크기는 1280X720으로 해 주고 작업 시간을 15(처음부터 여유있게) 설정합니다.

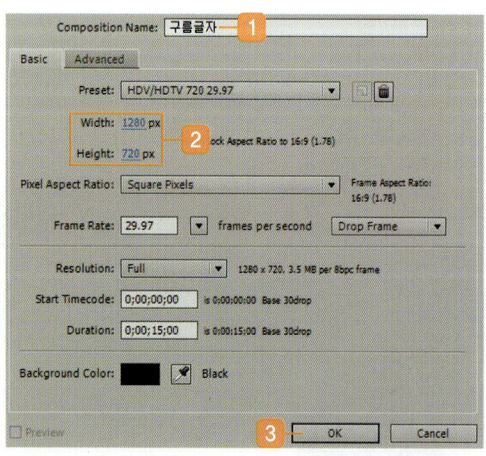

02 먼저 하늘 배경을 만들기 위해 Ctrl+Y 키를 눌러 [하늘배경]이란 이름의 솔리드 레이어를 만들어줍니다. 하늘배경 레이어의 크기는 현재 컴포지션과 동일하면 되고 색상은 아무거나 상관없습니다.

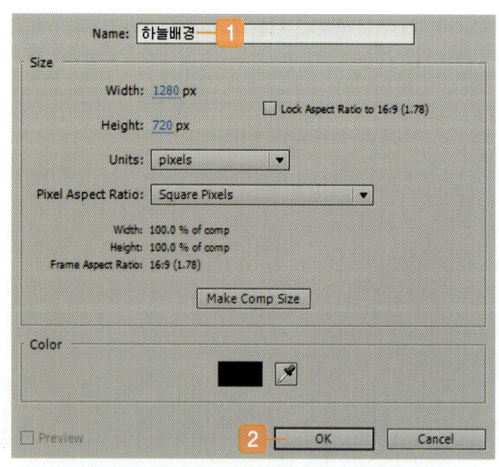

03 하늘배경 레이어에 Effect 〉 Generate 〉 Gradient Ramp(CS6 이하 버전에서는 Ramp)를 적용한 후 이펙트 컨트롤 패널에서 Start Color를 하늘색(R139, G171, B211), End Color를 밝은 하늘색으

로 설정합니다.

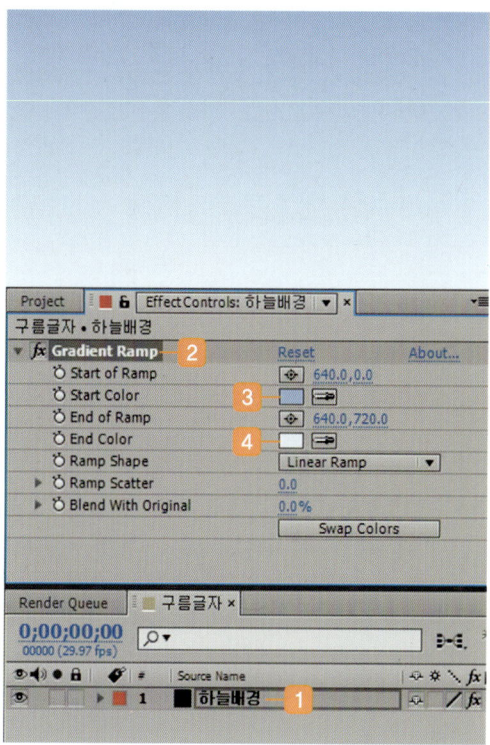

04 이번 학습에서 만들 구름글자는 싸인이 써지는 모습을 표현하는 것이지만 여기서 먼저 일반적인 구름은 어떻게 표현하는가에 대해 알아보기로 합니다. Ctrl+Y 키를 눌러 [구름 파티클]이란 이름의 파티큘러가 적용될 솔리드 레이어를 만들어줍니다.

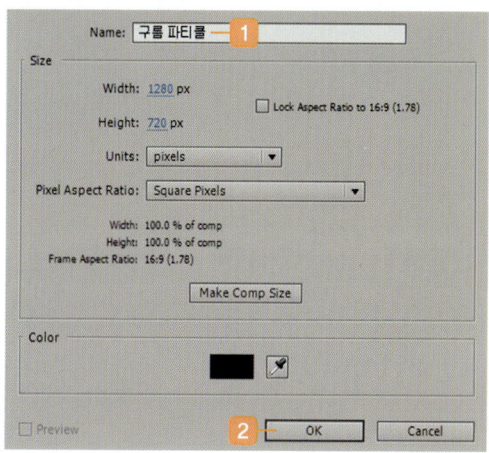

05 구름 파티클 레이어에 Effect 〉 Trapcode 〉 Particular를 적용한 후 이펙트 컨트롤 패널의 Emitter 항목에서 Particles/sec를 10000으로 설정하고 Emitter Type을 Box로 선택합니다. 그리고 Position Y축만 설정하여 그림처럼 아래로 내려줍니다. 그 다음 Emitter Size X, Y, Z축을 각각 2000, 200, 10000으로 설정하여 앞뒤의 거리, 즉 영역을 넓게 해 주고 Velocity를 10 정도로 낮춰 구름 파티클의 움직임을 느리게 해 줍니다.

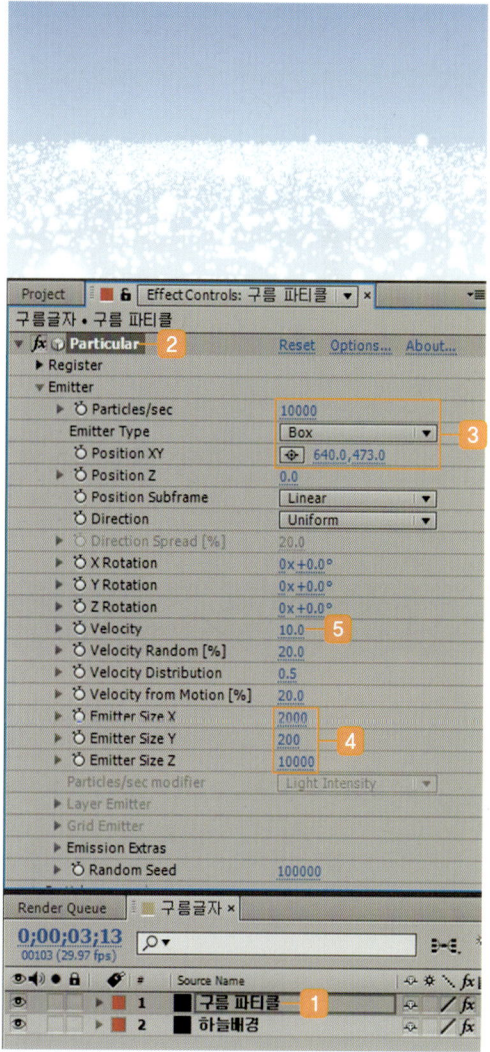

06 이번엔 Particle 항목에서 Life [sec]를 10초 정도로 늘려주고 Life Random [%]을 60 정도로 설정하여 생몰 시간을 랜덤하게 해 줍니다. Particle Type은 구름을 표현하기 위한 Cloudlet으로 설정하며 Cloudlet Feather를 100으로 설정하여 구름 가장자리

예제로 배우는 파티큘러 – 구름 글자 2 **235**

를 부드럽게 해 주고 Opacity over Life를 그림처럼 처음에 뚜렷했다가 서서히 사라지게 합니다. Opacity Random [%]은 50 정도로 불규칙한 투명도를 사용합니다.

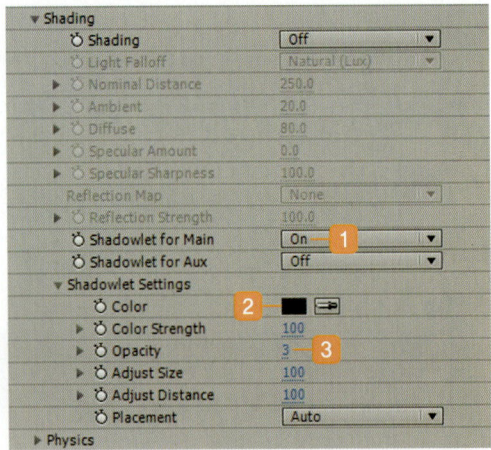

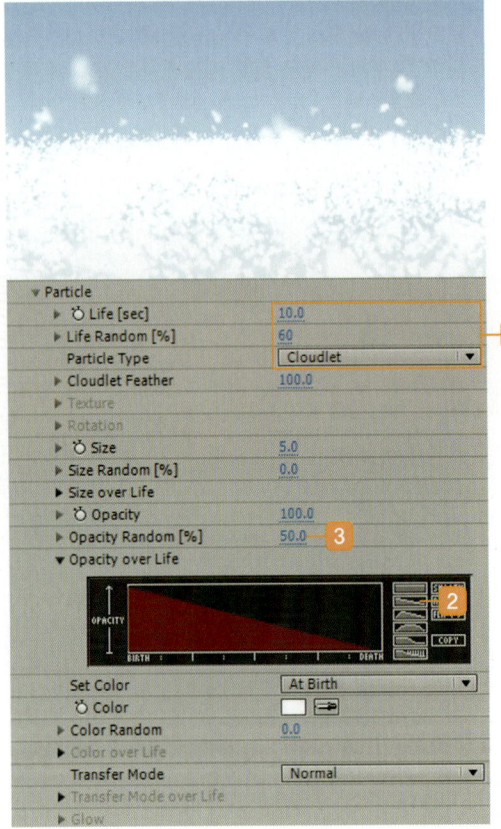

08 현재 첫 장면에서는 구름 파티클의 모습이 없다가 서서히 나타나게 되기 때문에 처음부터 구름이 표현되도록 해야 합니다. Emitter 항목에서 Emission Extras의 Pre Run을 100으로 설정하여 첫 장면부터 구름이 100% 완성된 상태로 해 줍니다.

07 이번엔 Shading 항목에서 Shadowlet for Main을 On으로 켜서 구름에 그림자를 표현합니다. Shadowlet Settings의 Color를 검정색보다 약간 엷은 검정으로 설정하고 Opacity를 3 정도로 낮춰 줍니다. 구름에 음영이 깃드니까 더욱 사실적인 구름이 표현됐습니다.

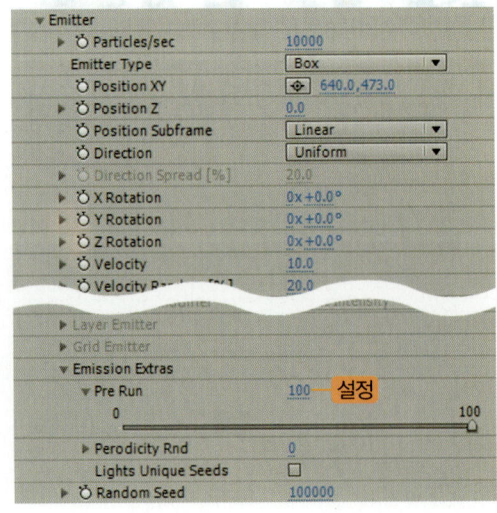

09 다시 Particle 항목에서 최종적인 구름 파티클의 크기를 설정합니다. Size를 9 정도로 설정하고 Size Random [%]을 50 정도로 불규칙한 크기로 해 줍니다. 사실적인 구름이 완성됐기 때문에 이제 카메라를 이용하여 구름 위를 나는 장면을 표현해 봅니다.

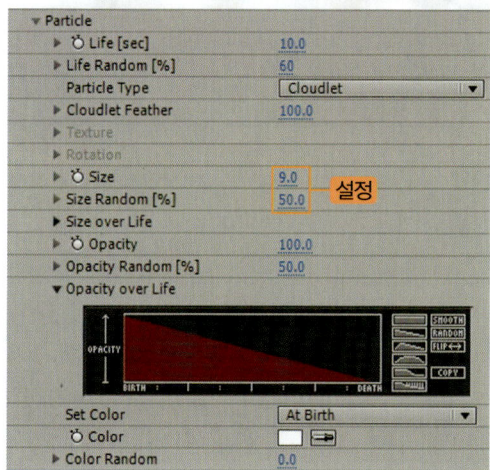

10 이제 카메라 애니메이션을 통해 구름 위를 날아봅니다. 물론 현재의 상태로도 충분히 하늘의 구름으로 사용해도 되겠지만 역동적인 모습을 표현하기 위해서는 카메라 워크를 사용하는 것이 필요합니다. Ctrl+Alt+Shift+C 키를 누르거나 Layer 〉 New 〉 Camera를 선택하여 기본 카메라를 생성합니다.

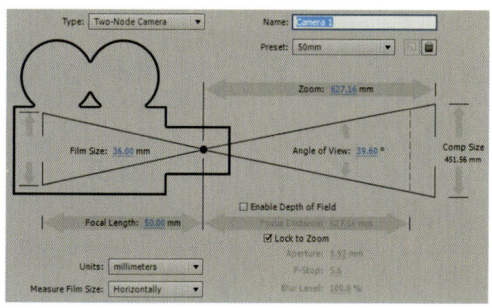

11 시간을 시작 프레임으로 이동한 후 방금 만든 Camera 1의 Transform을 열고 Position의 Z축만 -5000 정도로 설정한 후 스톱워치를 켜서 키프레임을 생성합니다.

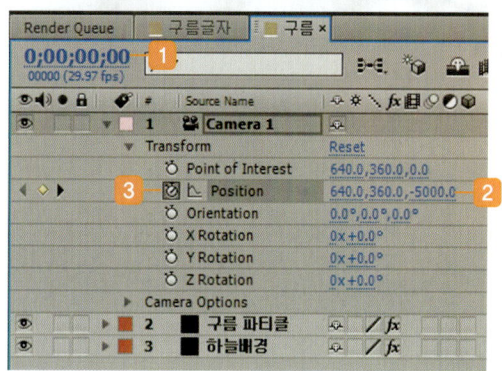

12 시간을 마지막 프레임으로 이동한 후 Position의 Z축을 0으로 설정하여 구름의 끝 부분까지 날아갑니다. 지금까지 싸인을 그리듯 써지는 구름 글자 작업에 앞서 일반적으로 사용하는 구름을 표현해 보았습니다.

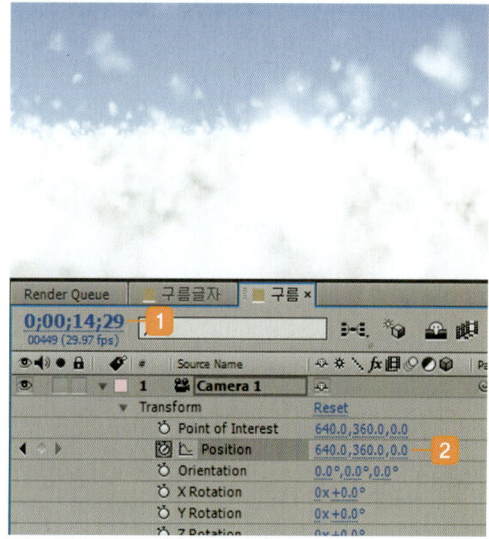

최종 결과물

13 이제부터는 싸인처럼 써지는 구름 글자 작업을 하기 위해 앞서 작업했던 컴포지션을 복제해서 작업을 이어나가 봅니다. 프로젝트 패널에서 앞서 작업한 구름글자 컴포지션을 Ctrl+D 키를 눌러 복제해 주고 복제된 위쪽 컴포지션의 이름은 [구름]으로 수정합니다. 그리고 아래쪽 구름글자 컴포지션을 이번 작업에 사용합니다.

14 구름글자 컴포지션(타임라인)에서 사용됐던 Camera 1은 삭제를 해 줍니다.

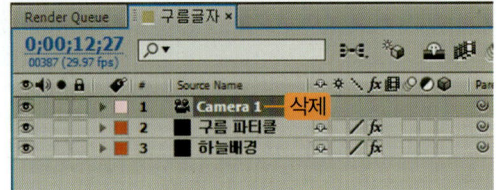

15 구름 파티클 레이어를 선택하여 이펙트 컨트롤 패널을 열고 앞서 설정된 모든 파라미터 값을 초기 값으로 리셋합니다. Opacity over Life와 같은 그래프 형식은 리셋에 영향을 받지 않는데 이번 작업에서는 앞서 설정한 오패서티 오버 라이프 모습을 그대로 사용합니다.

17 싸인 레이어를 선택하고 Pen 툴을 사용하여 그림처럼 싸인의 모습을 마스크로 만들어줍니다. 이제 이 마스크는 이미터의 모션 경로로 사용됩니다.

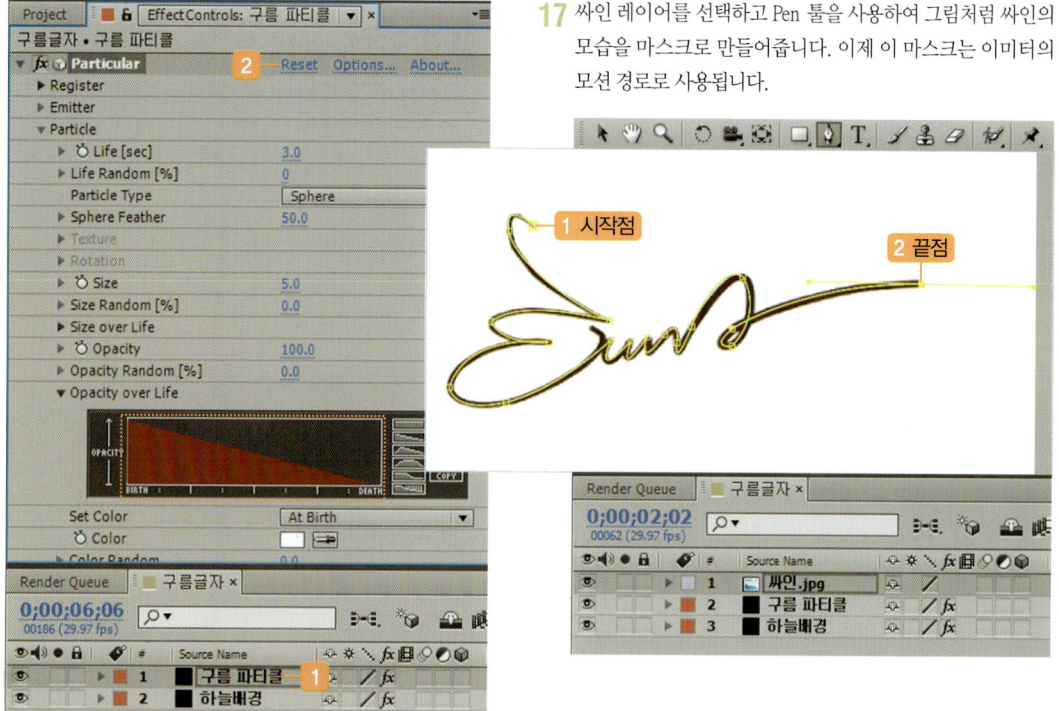

16 이제 싸인처럼 써지는 구름글자의 경로를 만들어주어야 합니다. 여기에서는 싸인이 그려진 이미지를 불러와 작업을 해 봅니다. Ctrl+I 키를 눌러 학습자료 폴더에 있는 싸인.jpg 파일을 불러와 타임라인 맨 위쪽에 갖다 놓습니다.

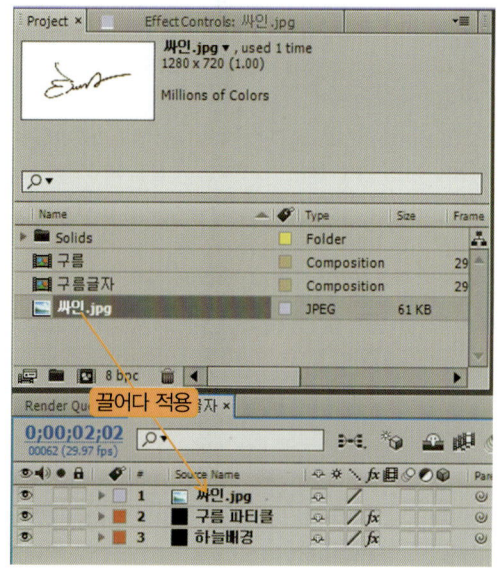

18 앞서 만든 마스크는 마스크의 역할뿐만 아니라 마스크의 모양을 애니메이션의 경로로 사용할 수 있습니다. 싸인 레이어의 Masks를 열고 Maks 1의 Mask Path를 선택한 후 복사(Ctrl+C)를 합니다. 마스크를 복사하기 위해서는 반드시 Mask Path를 선택한 후 복사해야 합니다.

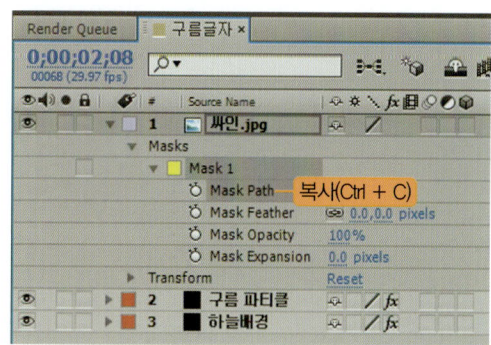

19 이제 앞서 복사한 마스크를 붙여놓기 할 구름 파티클의 Emitter 항목에서 Position XY를 선택한 후 Ctrl+V 키를 눌러 붙여놓기 합니다. 이때 시간은 시작 프레임에 있어야 첫 장면부터 모션 경로를 사용할 수 있습니다.

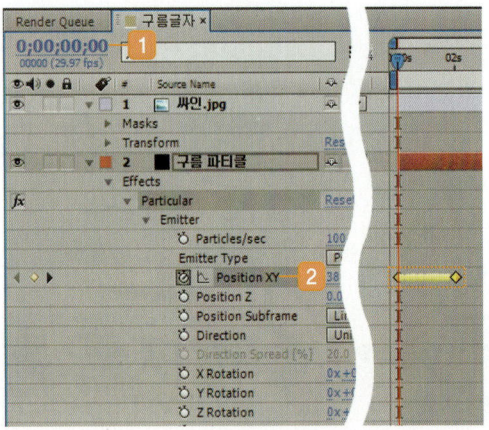

21 앞선 작업을 확인해 보면 파티클(이미터)가 마스크의 경로와 동일하게 움직이는 것을 알 수 있습니다.

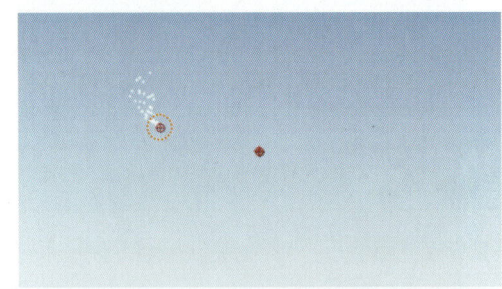
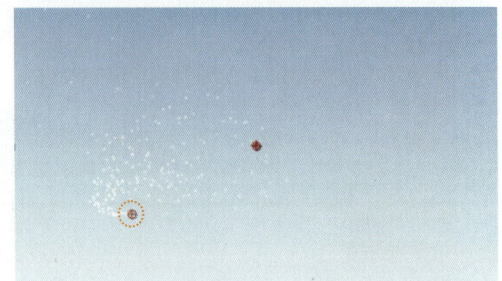
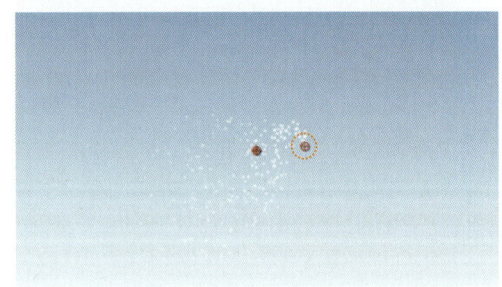

20 마스크의 경로를 통해 생성된 이미터 포지션의 키프레임을 보면 이전 학습에서 일정한 속도를 위해 사용해 보았던 로브 어크로스 타임 형식의 키프레임인 것을 알 수 있습니다. 이렇듯 마스크를 이용한 모션 키프레임은 자동으로 속도를 일정하게 해 줍니다. 여기에서는 적용된 키프레임의 시간이 너무 짧기 때문에 모든 키프레임이 선택된 상태에서 Alt 키를 누른 상태로 마지막 키프레임을 5초에 맞춰줍니다. 이제 싸인 레이어의 모습은 숨겨줍니다.

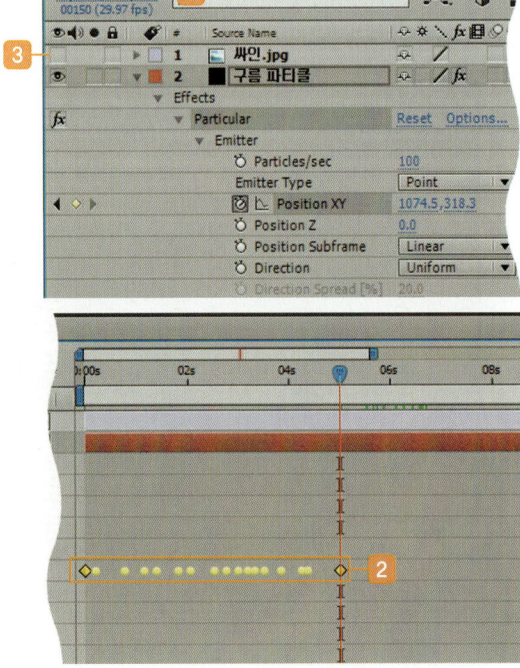

22 이제부터 파티큘러에 대한 설정을 해 봅니다. 구름 파티클 레이어를 선택하고 이펙트 컨트롤 패널에서 Emitter 항목의 Velocity를 10 정도로 줄여서 파티클이 멀리 퍼지지 않을 정도의 속도로 해줍니다. 그리고 Velocity from Motion [%]을 0으로 설정하여 이미터의 움직임(모션)으로 생긴 관성을 없애줍니다. 만약 벨로시티 프롬 모션을 실수로 사용하게 되면 싸인 모양을 그대로 유지하지 못하고 관성에 의해 움직이던 방향으로 변형됩니다.

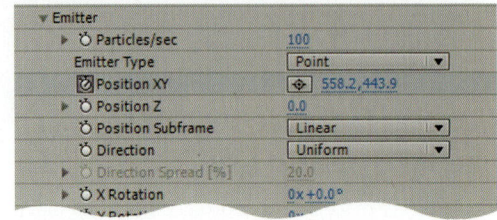

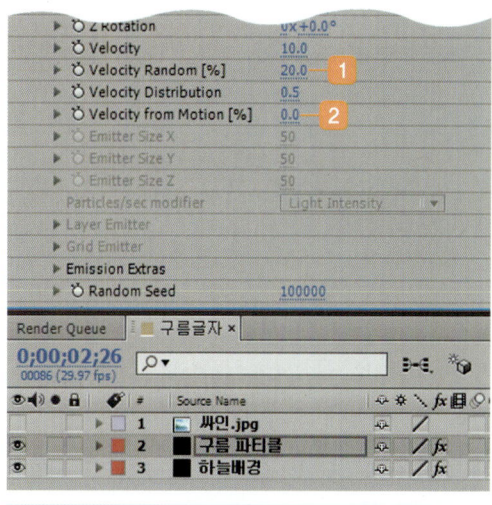

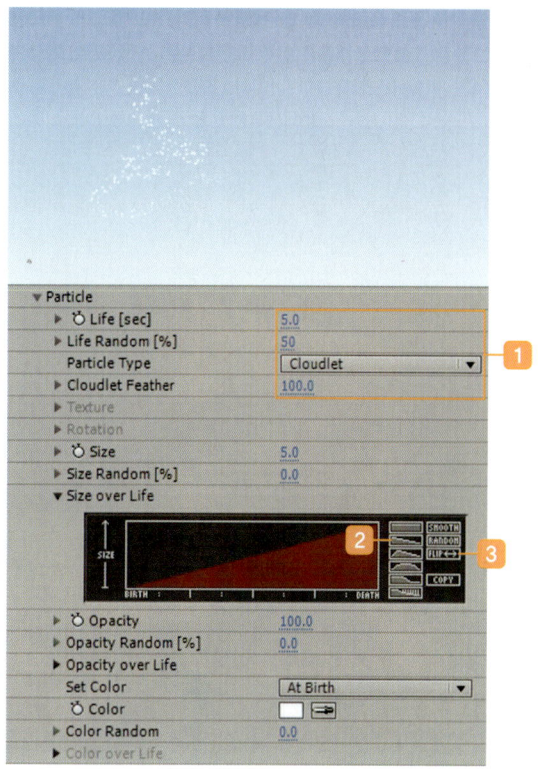

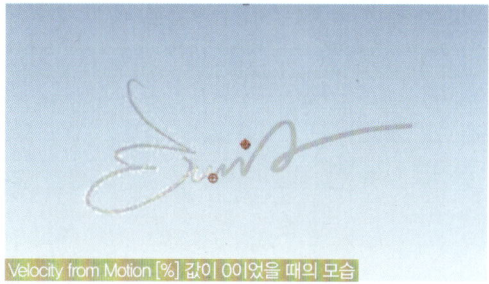

Velocity from Motion [%] 값이 0이었을 때의 모습

Velocity from Motion [%] 값이 30이었을 때의 모습

23 이번엔 Particle 항목에서 Life [sec]를 5초로 설정하고 Life Random [%]을 50 정도로 불규칙한 생몰 시간으로 해 줍니다. 그리고 Particle Type을 Cloudlet으로 설정하여 구름 모양의 파티클로 해 주고 Cloudlet Feather를 100으로 설정하여 구름 가장자리를 부드럽게 해 줍니다. Size over Life는 그림처럼 수명이 다해갈수록 점점 커지게 해 줍니다. 이 모습의 그래프는 먼저 두 번째 프리셋을 통해 점점 작아지게 한 후 FLIP을 선택하여 반전시켜야 합니다.

24 이제 파티클이 생성되고 멈추는 것에 대한 작업을 해야 합니다. 시간을 파티클의 수명이 끝나는 5초로 이동한 후 Emitter 항목의 Particles/sec를 7000 정도로 설정하고 스톱워치를 켜서 키프레임을 생성합니다.

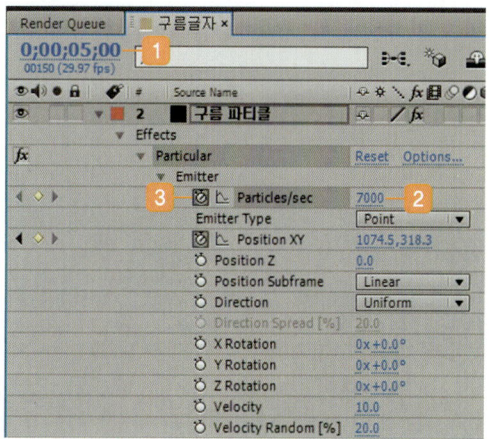

25 시간을 1프레임 뒤인 5초 1프레임으로 이동한 후 Particles/sec를 0으로 설정하여 이 시간부터는 파티클이 더 이상 생성되지 않도록 합니다.

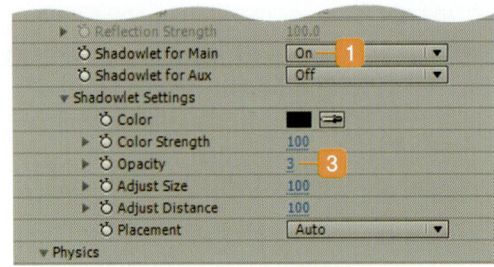

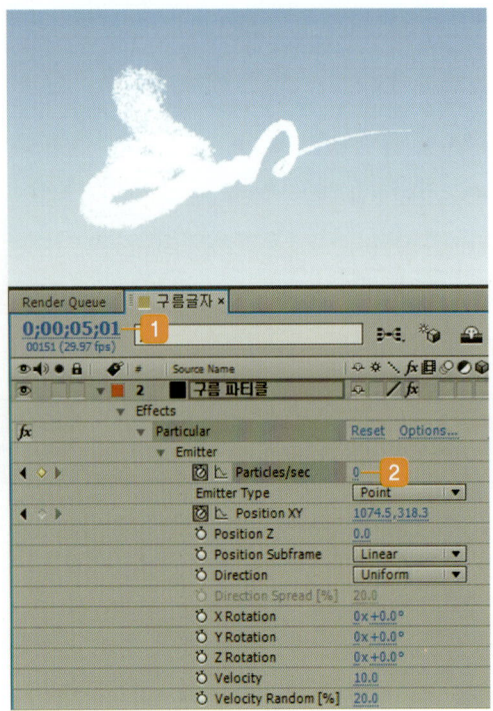

27 현재는 파티클의 크기가 조금 작게 느껴집니다. Particle 항목에서 Size를 9 정도로 키워주고 Size Random[%]을 100으로 설정하여 크기에 대한 불규칙율을 최상위로 해 줍니다. 그리고 불투명도에 대한 불규칙율은 Opacity Random [%]을 65 정도로 설정합니다.

26 이번엔 구름 파티클에 음영을 표현하여 사실적인 입체감이 들도록 해 봅니다. Shading 항목에서 Shadowlet for Main을 On으로 켜줍니다. Shadowlet Settings의 Opacity를 3 정도로 낮춰 그림자가 은은하게 드리워지게 합니다.

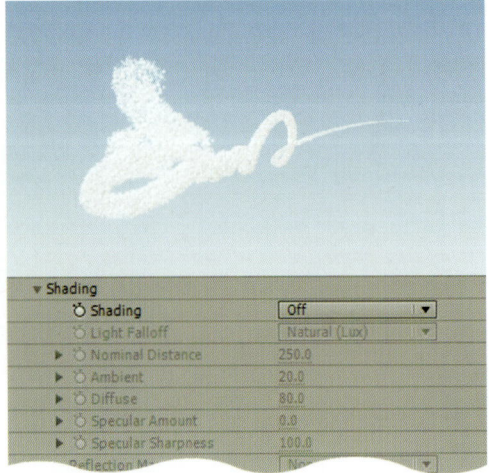

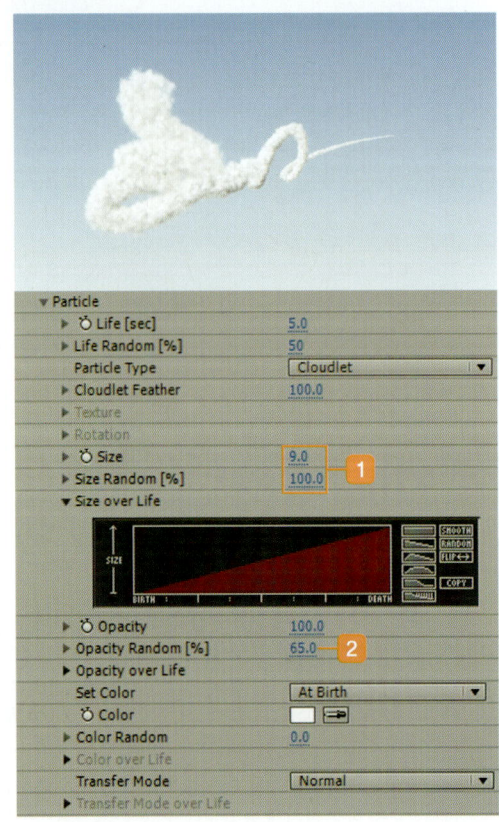

28 이제 마지막 작업입니다. 현재는 벨로시티의 속도에 의해 흩어진 구름글자의 모습을 읽기가 어렵기 때문에 공기 저항을 통해 제한을 두어 싸인 글자의 모습을 알아 볼 수 있을 정도로

해 주어야 합니다. Physics 항목의 Air에서 Air Resistance를 0.4 정도로 설정하여 구름(파티클)이 공기 저항을 받아 흩어지는 범위를 제한시킵니다. 이제 확인해 보면 글자를 알아볼 정도가 되었습니다. 이것으로 구름에 관한 파티클 작업을 모두 살펴 보았습니다. 지금까지 학습한 내용을 토대로 구름에 관한 다양한 표현을 해 보시기바랍니다.

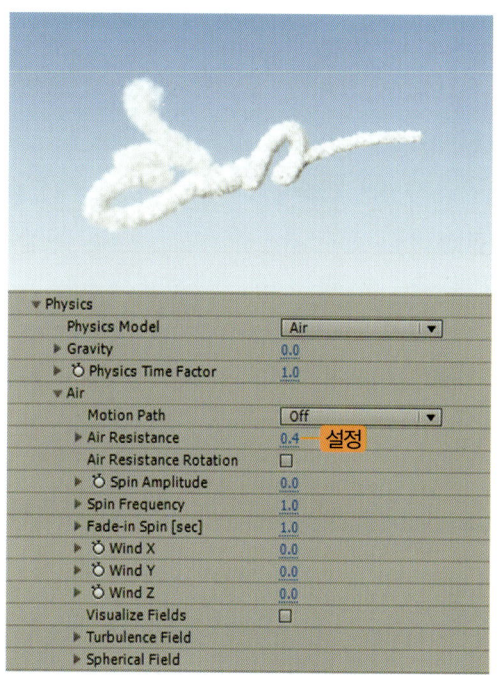

최종 결과물

09

날아가는 새들

여러 마리의 새가 떼를 지어 날아가는 장면은 파티큘러를 이용하면 한 마리의 새를 사용하여 쉽게 표현할 수 있습니다. 날개 짓 하는 새를 마스크를 통해 만들고 흔들리는 화면은 트랙 모션을 통해 키프레임을 생성합니다. 파티클 타입을 Textured Polygon Fill로 설정하여 떼지어 날아가는 새들을 표현합니다.

01 새의 날개 짓을 하는 작업을 하기 위해 Ctrl+N 키를 눌러 [새]란 이름의 컴포지션을 만들어줍니다. 컴포지션의 크기는 400X 400으로 해 주고 작업 시간을 10 정도로 설정합니다.

이번 작업은 멀리서 날아가는 새들을 표현할 것이므로 정교하게 그리지 않아도 되며 색상은 눈에 띄는 색상이면 아무 색상이나 상관없습니다.

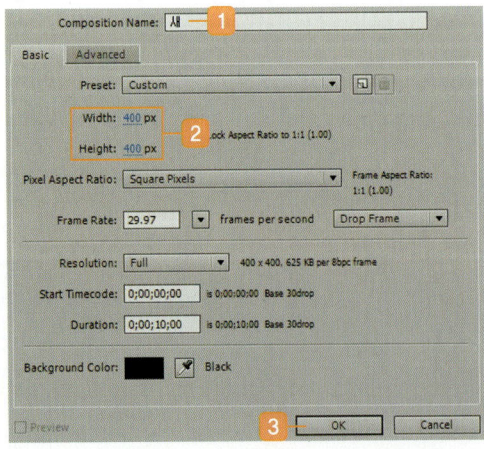

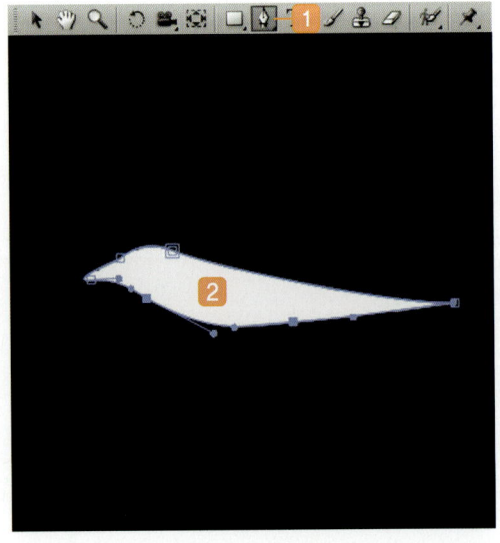

02 방금 만든 새 컴포지션의 타임라인에 아무 것도 없는 상태에서 Pen 툴을 사용하여 그림처럼 새 몸통 모양을 그려줍니다.

244 애프터이펙트를 위한 파티큘러

03 이번엔 날개를 그려주기 위해 앞서 만들어진 Shape Layer 1이 선택되지 않은 상태에서 다시 Pen 툴을 사용하여 그림처럼 날개를 그려줍니다. 날개 역시 멀리서 보이는 장면이기 때문에 정교하게 그릴 필요가 없습니다.

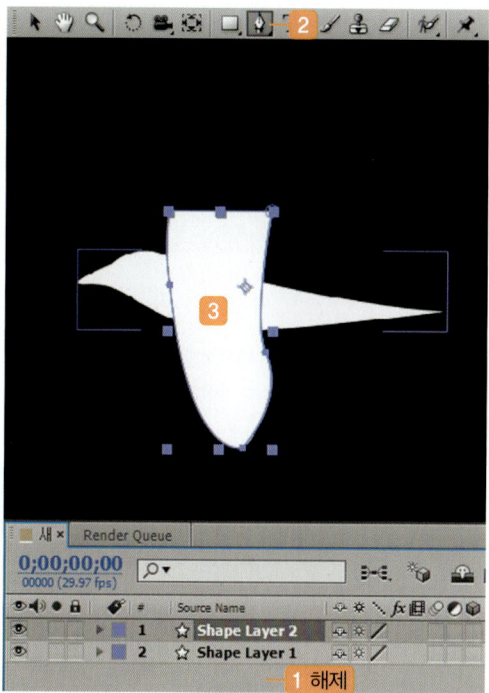

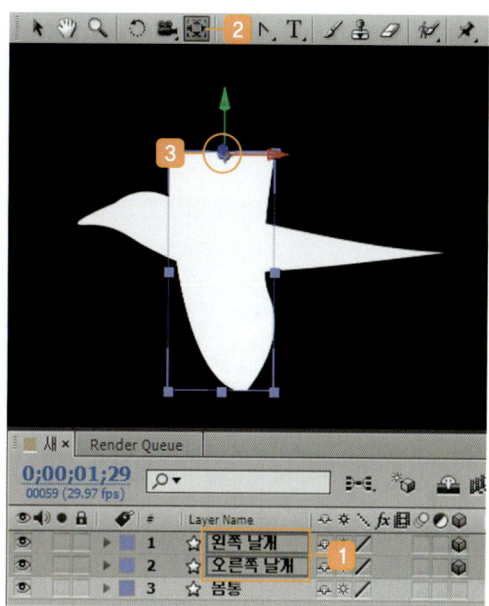

04 날개 모양으로 그려준 Shape Layer 2 레이어를 Ctrl+D 키를 눌러 하나 복제한 후 각 레이어에 맞는 이름으로 수정합니다. 날개는 왼쪽 날개와 오른쪽 날개로 구분합니다. 그리고 날개 짓 하는 장면을 연출하기 위해 3개의 레이어를 모두 3D Layer로 전환합니다.

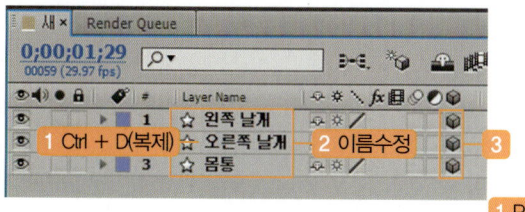

05 이번엔 두 날개의 중심점을 날개쭉지에 맞춰주기 위해 왼쪽과 오른쪽 날개 레이어를 선택한 후 Pan Behind 툴을 사용하여 그림처럼 위쪽 날개쭉지에 맞춰줍니다. 중심점을 이동할 때는 X와 Y축만 사용합니다.

06 왼쪽과 오른쪽 날개가 선택된 상태에서 P 키를 눌러 포지션 파라미터를 열고 Shift+R 키를 눌러 로테이션 파라미터도 열어줍니다. 이 상태에서 왼쪽 날개는 X Rotation을 -90, 오른쪽 날개는 X Rotation을 90으로 설정하여 몸통을 기준으로 양쪽으로 뻗게 해주고 Position의 Y축을 설정하여 몸통 중간 정도까지 내려줍니다.

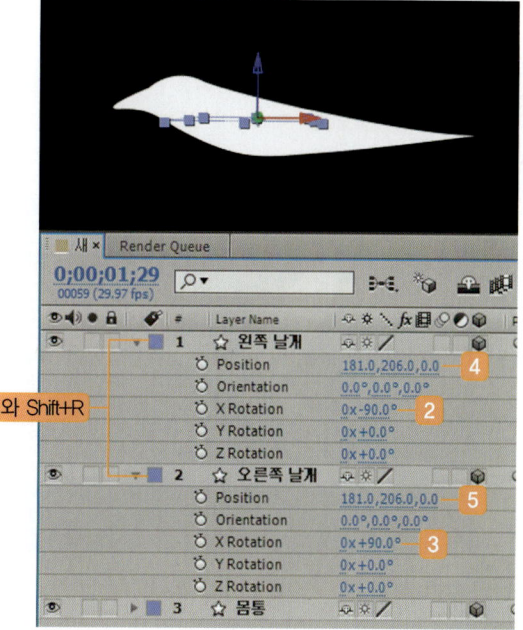

예제로 배우는 파티큘러 - 날아가는 새들 **245**

07 이제 날개 짓 하는 애니메이션을 연출하기 위해 시간을 10프레임으로 이동한 후 두 날개 레이어의 X Rotation에 있는 스톱워치를 켜서 키프레임을 생성합니다. 지금의 작업에서는 3D View Popup을 Custom View 1 앵글로 설정해서 보는 것이 좋습니다.

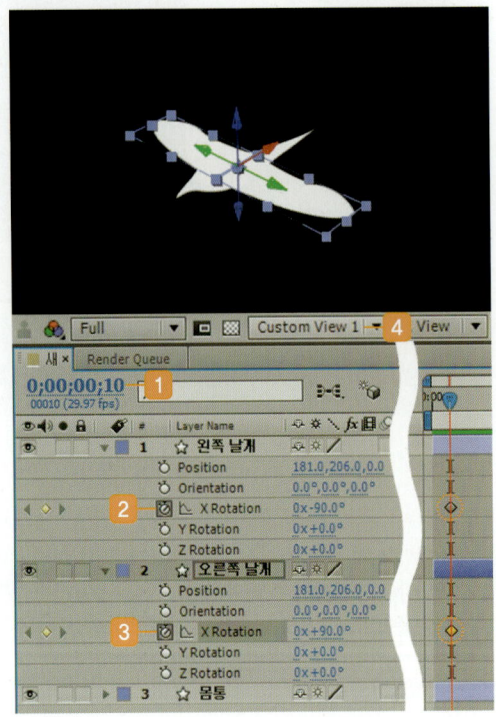

08 시간을 20프레임으로 이동한 후 왼쪽 날개의 X Rotation을 -125, 오른쪽 날개의 X Rotation을 125로 설정하여 두 날개를 위쪽으로 회전합니다.

09 시간을 1초로 이동한 후 왼쪽 날개의 X Rotation을 -65, 오른쪽 날개의 X Rotation을 65로 설정하여 두 날개를 아래쪽으로 회전합니다.

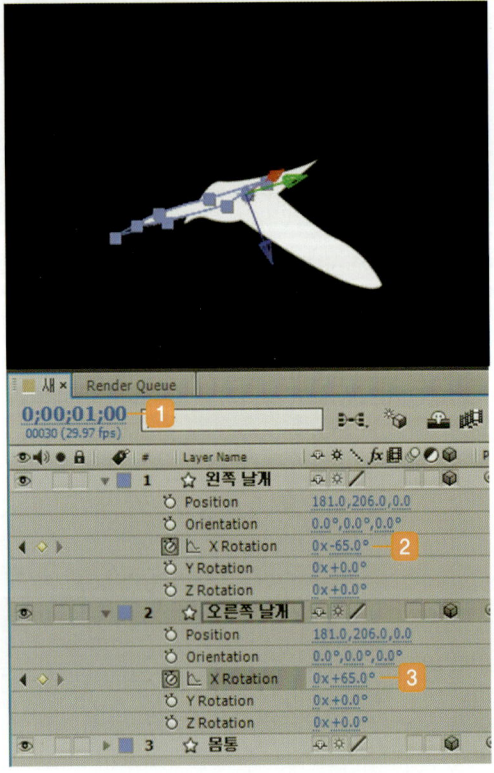

10 시간을 1초 10프레임으로 이동한 다음 먼저 왼쪽 날개의 20프레임과 1초 지점에 추가된 두 개의 키프레임을 모두 선택한 후

복사(Ctrl+C)하고 1초 10프레임 지점에서 붙여놓기(Ctrl+V) 합니다. 그러면 앞선 두 번의 작업(위아래 날개 짓)을 한 번에 수행하게 됩니다.

유지하면서 붙여놓기 합니다. 이와 같은 작업을 네 번에 거쳐 수행하여 날개 짓하는 애니메이션을 만들어줍니다. 참고로 지금의 작업은 왼쪽과 오른쪽 날개 레이어를 개별로 해야합니다. 작업 후 마지막 키프레임은 7초 지점에 있어야 합니다.

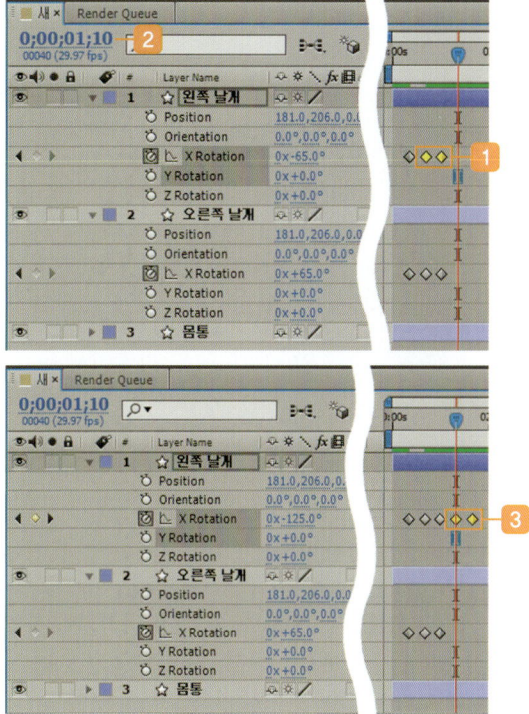

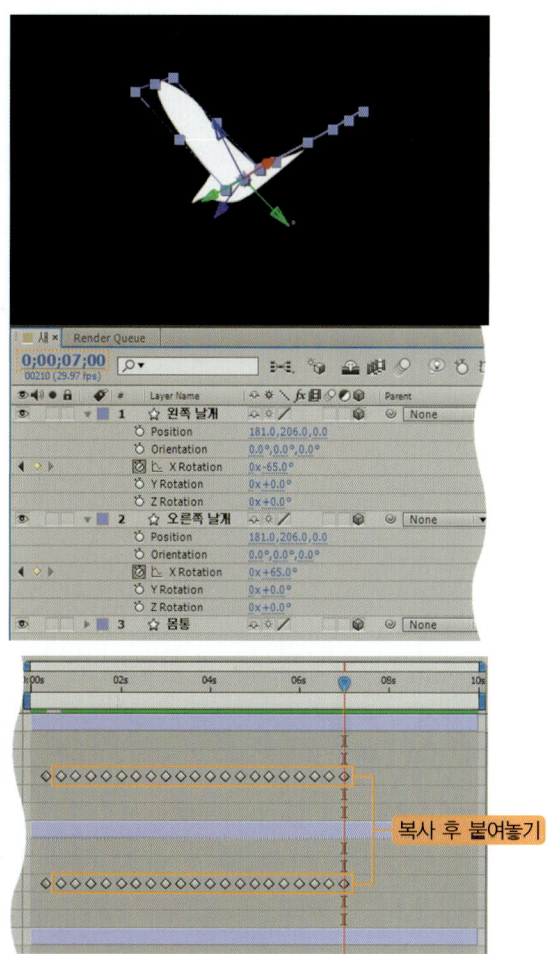

11 계속해서 오른쪽 날개도 왼쪽 날개와 같은 방법으로 앞서 작업한 두 개의 키프레임을 1초 10프레임 지점에 붙여놓기 합니다.

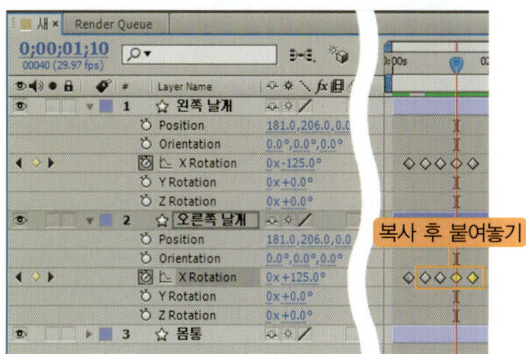

> **알아두기**
>
> **익스프레션을 이용한 반복 애니메이션 만들기**
>
> 위와 같이 반복되는 애니메이션은 "cycle" 스크립트로 쉽게 표현할 수 있습니다. X Rotation에 익스프레션을 적용한 후 입력 필드에 loopOut(type="cycle")라고 스크립트를 입력하면 키프레임을 복사하지 않아도 한 번의 움직임을 반복적으로 실행시켜줍니다. 그러나 지금의 작업에서는 날개 짓을 하다가 잠시 멈추는 구간이 있기 때문에 스크립트를 사용하지 않았습니다.

12 같은 방법으로 이번엔 앞서 작업(복사한 것 포함) 4개의 키프레임을 선택 후 복사하여 마지막 키프레임과 10프레임 간격을

13 이제 날개 짓을 잠시 머물러있게 하기 위해 시간을 7초 10프레임으로 이동한 후 왼쪽과 오른쪽 날개의 첫 번째 키프레임을 복사한 후 현재 시간에 붙여놓습니다. 이것으로 날개 짓을 하다가 이 시간부터는 날개 짓을 멈추게 됩니다.

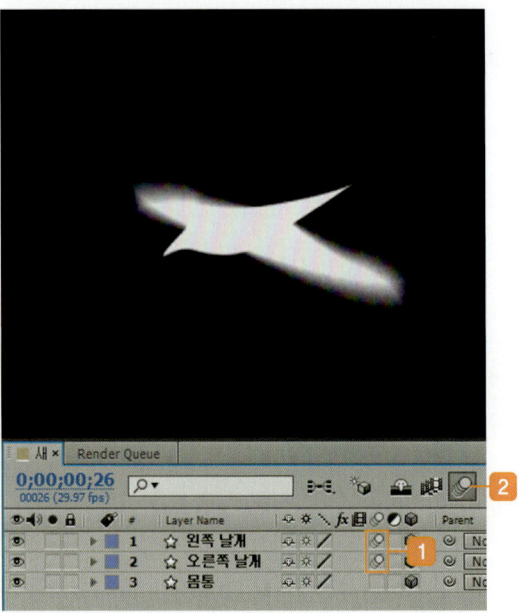

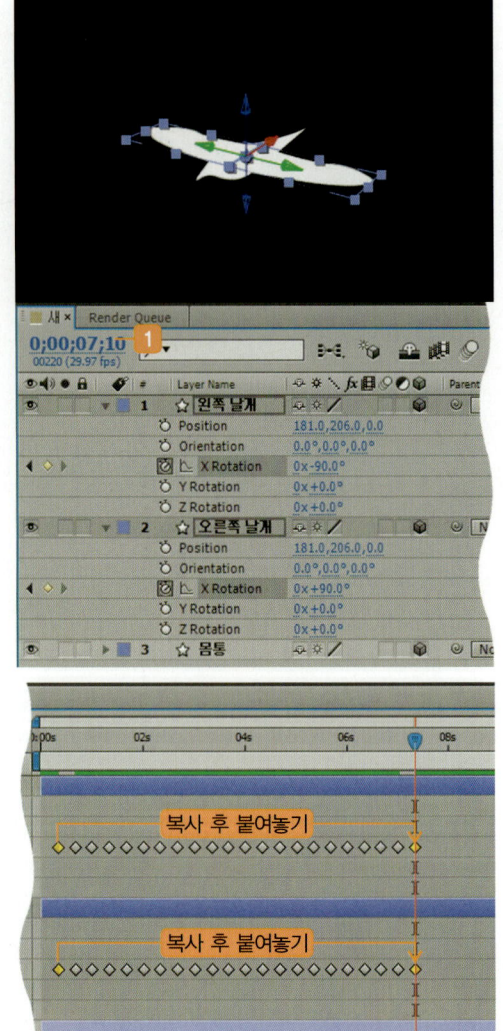

14 이번엔 날개 짓 하는 움직임에 속도감(잔상)을 느끼게 하기 위해 왼쪽과 오른쪽 날개의 Motion Blur를 켜주고 Enable Motion Blur도 켜서 날개의 움직임에서만 모션 블러가 나타나게 합니다. 여기에서는 모션 블러 양을 기본 상태를 그대로 사용해도 문제가 없기 때문에 셔터 앵글은 별도로 설정하지 않습니다.

15 이번엔 날개 짓 할 때 몸통도 같이 올라갔다 내려갔다 하는 장면을 표현해 주기 위해 왼쪽과오른쪽 날개 그리고 몸통 레이어를 모두 선택한 후 우측 마우스 버튼〉Pre-compose를 선택하거나 단축키 Ctrl+Shift+C 키를 누릅니다. 프리-컴포즈 설정 창이 열리면 New composition name에 [날개 짓]이란 이름을 입력하고 적용합니다.

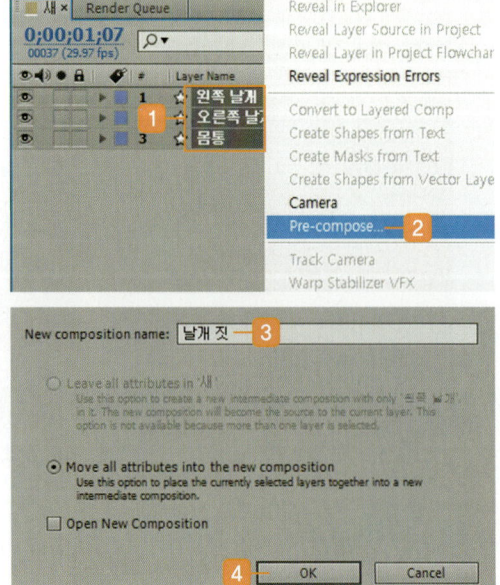

16 날개 짓 프리-컴포즈 레이어로 합쳐지면 새의 모습이 평면으로 바뀌게 될 것입니다. 여기서 For Comp layer: Collapse…. 를 켜줍니다. 이제 앞서 작업했던 새 컴포지션의 앵글이 그대로 반영됩니다.

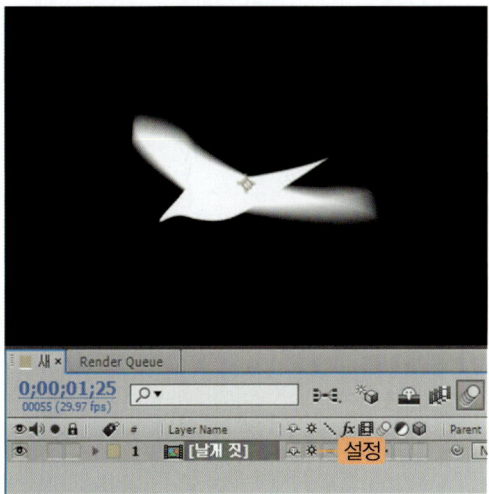

17 그러나 필자의 생각엔 현재의 앵글은 적당치 않게 느껴집니다. 그래서 날개 짓 레이어를 3D Layer로 전환한 후 Transform의 Y Rotation을 31도 정도 회전하여 왼쪽으로 날아가는 방향으로 보이게 해 줍니다. 이때 너무 회전하면 양쪽 날개가 겹쳐보이기 때문에 약간의 원근감을 유지합니다.

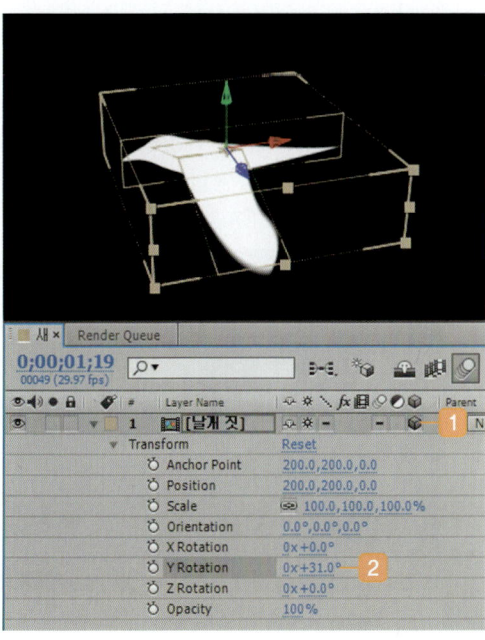

18 이제 날개 짓 할 때 몸통도 같이 움직이게 하기 위해 시간을 20프레임으로 이동합니다. 현재는 날개짓을 멈췄다 위로 올리는 구간이기 때문에 Position의 Y축을 220 정도로 설정하여 약간 아래로 내려줍니다. 그리고 스톱워치를 켜서 키프레임을 생성합니다.

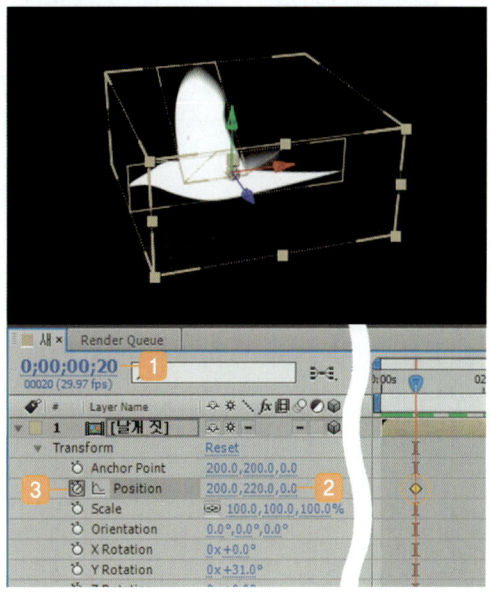

19 시간을 1초로 이동한 후 Position의 Y축을 다시 200으로 설정하여 위로 올려줍니다. 현재 구간은 날개가 아래로 내려갔기 때문에 몸통은 반대로 위로 올라가야 합니다.

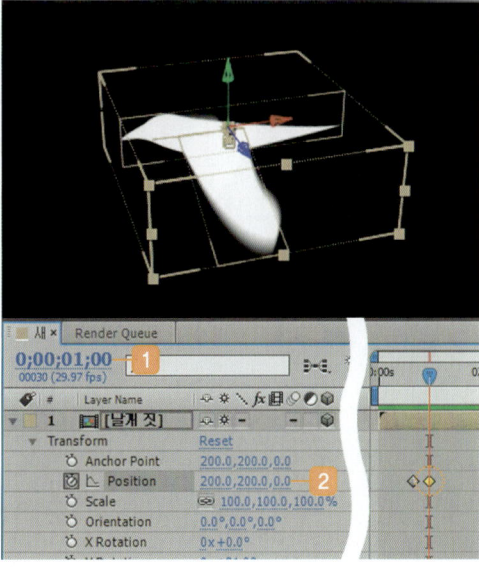

20 시간을 1초 10프레임으로 이동한 후 Position의 Y축을 220으로 설정하여 조금 아래로 내려줍니다.

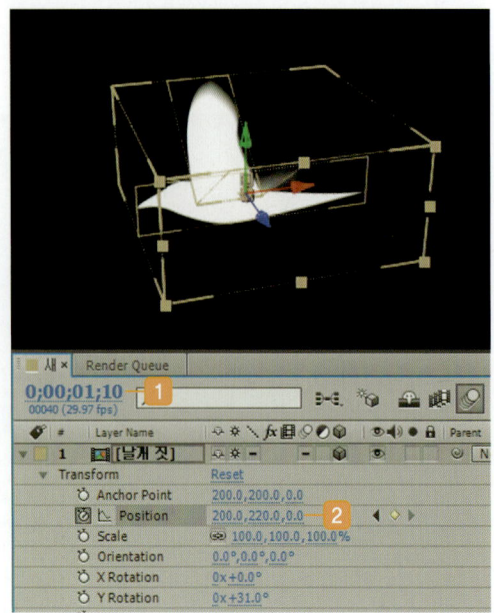

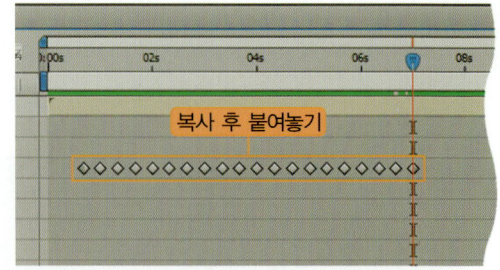

22 이제 날아가는 새들을 표현하기 위한 새로운 컴포지션을 만들어줍니다. Ctrl+N 키를 눌러 [날아가는 새들]이란 이름과 가로, 세로가 1280X720 그리고 작업 시간이 10초인 컴포지션을 만듭니다.

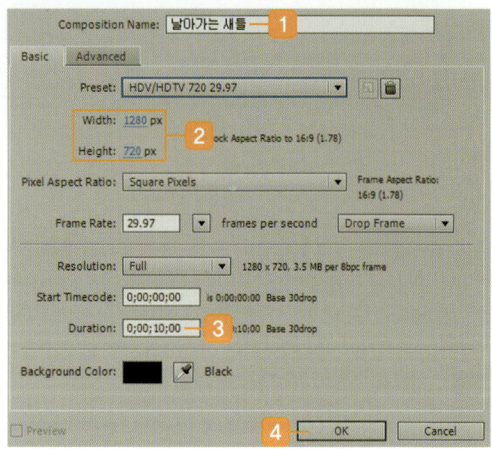

21 한 번 위아래로 움직였기 때문에 이제 앞서 날개를 작업했던 것처럼 두 개의 키프레임을 복사하여 10프레임 간격으로 붙여놓습니다. 마지막으로 붙여놓은 키프레임의 시간은 7초여야 합니다.

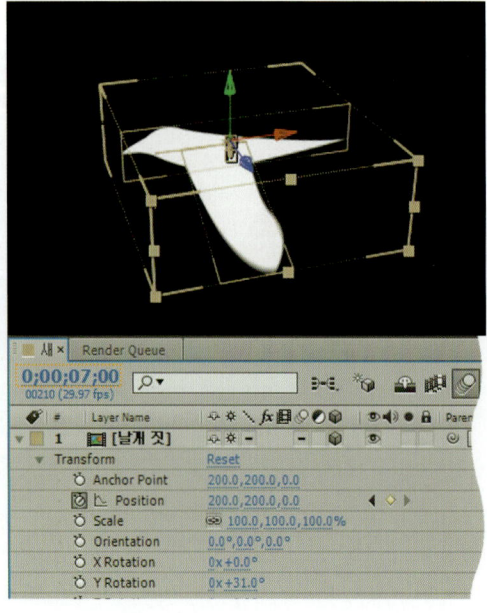

23 날아가는 새들 컴포지션(타임라인)에 앞서 작업한 새 컴포지션을 끌어다 타임라인에 적용한 후 Enable Motion Blur를 켜서 새의 날개 짓에 대한 잔상을 표현합니다.

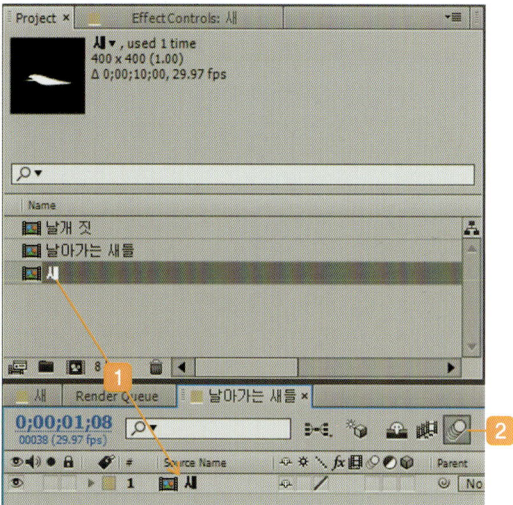

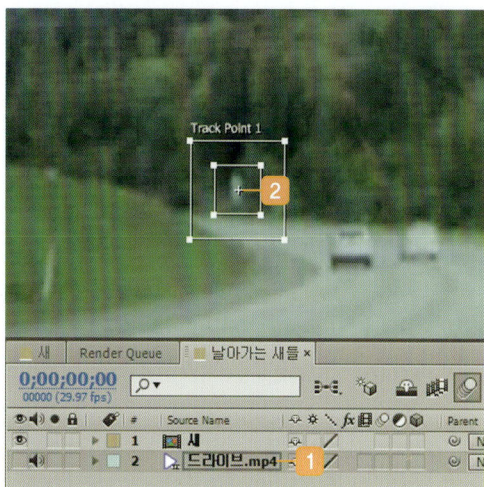

24 이번엔 배경으로 사용되는 동영상 파일을 불러오기 위해 Ctrl+I 키를 눌러 학습자료 폴더에 있는 드라이브.mp4 파일을 불러와서 타임라인 맨 아래쪽에 갖다 놓습니다.

26 Tracker 패널에서 애널라이즈에 있는 Analyze forward 버튼을 선택하여 현재 지정된 영역을 분석합니다. 분석 후에는 Apply 버튼을 선택하여 트랙킹으로 분석된 위치 값을 키프레임으로 적용합니다.

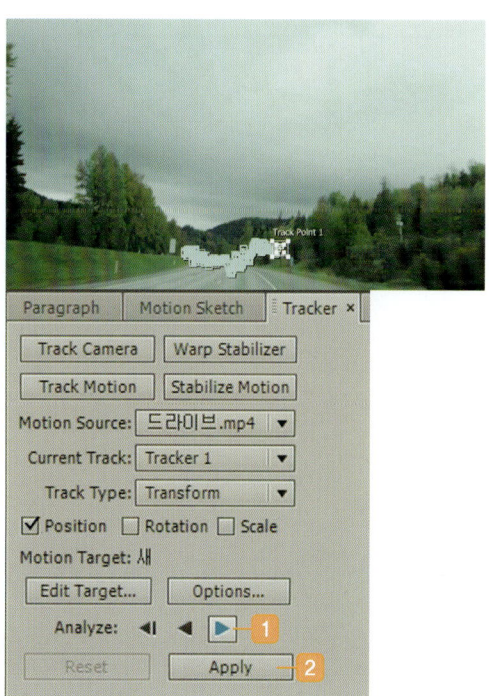

25 드라이브 동영상(레이어)을 선택한 후 Animation 〉 Track Motion을 적용합니다. 보다 정교한 트랙킹 작업을 하기 위해서는 트랙 카메라를 사용해야 하겠지만 이번 작업에서는 평면의 움직임만을 트랙킹하면 되기 때문에 트랙 모션을 이용한 것입니다. 타임라인을 시작 프레임으로 이동한 후 그림처럼

27 Motion Tracker Apply Options 창이 뜨면 Apply Dimensions가 X and Y로 되었는지 확인하고 적용합니다. 이제 트랙킹에 사용된 드라이브 레이어의 위치에 대한 파라미터에 키프레임이 생성됩니다.

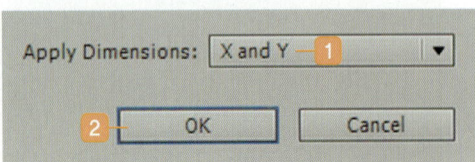

29 확인해 보면 파티클(이미터)의 위치가 앞서 모션 트랙킹된 움직임과 같이 움직이는 것을 알 수 있습니다.

28 이번엔 날아가는 새떼를 표현하기 위해 사용할 솔리드 레이어를 Ctrl+Y 키를 눌러 만들어줍니다. 솔리드 레이어의 이름은 [날아가는 새 파티클]이라고 해 줍니다. 그리고 드라이브 레이어의 Motion Trackers의 Tracker 1을 열고 Feature Center를 선택하여 이 파라미터에 적용된 키프레임을 모두 선택한 후 복사(Ctrl+C)합니다. 그다음 시간을 시작 프레임으로 이동한 후 방금 만든 날아가는 새 파티클 레이어의 Emitter 항목에서 Position XY에 붙여놓기(Ctrl+V) 합니다. 그리고 새 레이어의 Position에 적용된 키프레임은 모두 삭제합니다. 이것으로 모션 트랙킹에서 얻어진 움직임을 새들(이미터)의 움직임을 위해 사용될 수 있게 되었습니다. (차 후 수정할 수도 있음)

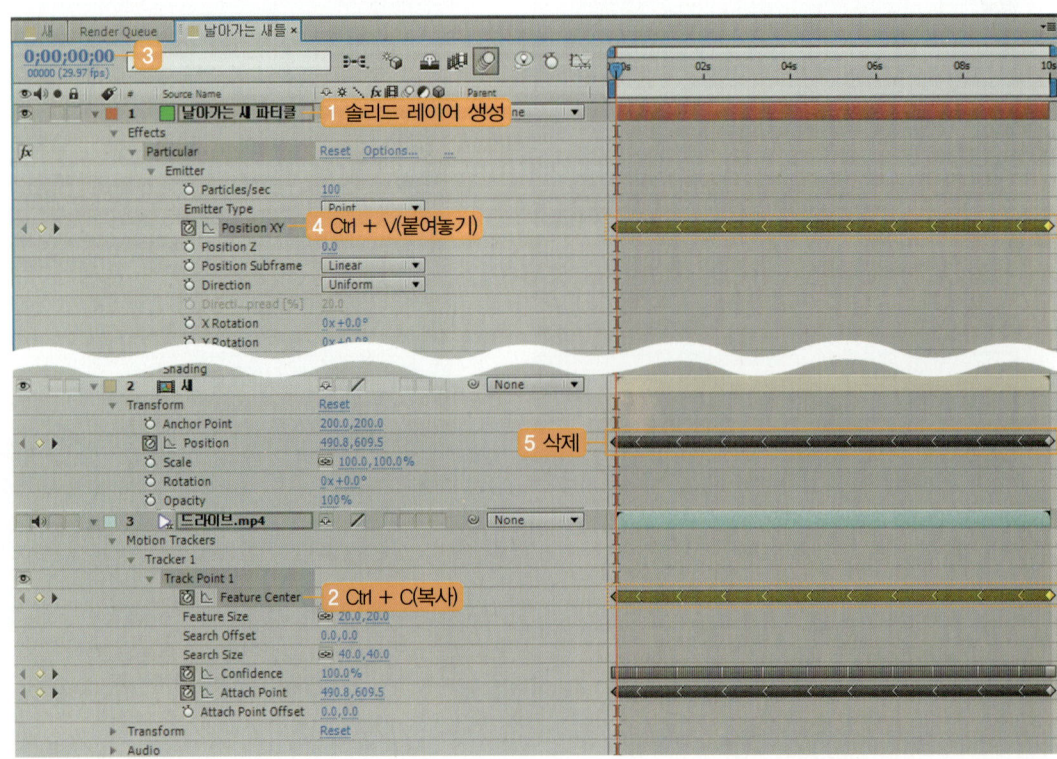

30 Emitter 항목의 Emitter Type을 Box로 설정하고 Velocity를 0으로 설정합니다. 그다음 Velocity Random [%]도 0으로 설정하고 Emission Extras의 Pre Run을 100(나중에 다시 설정할 수도 있음)으로 설정하여 첫 장면에서도 파티클의 모습이 보이도록 합니다.

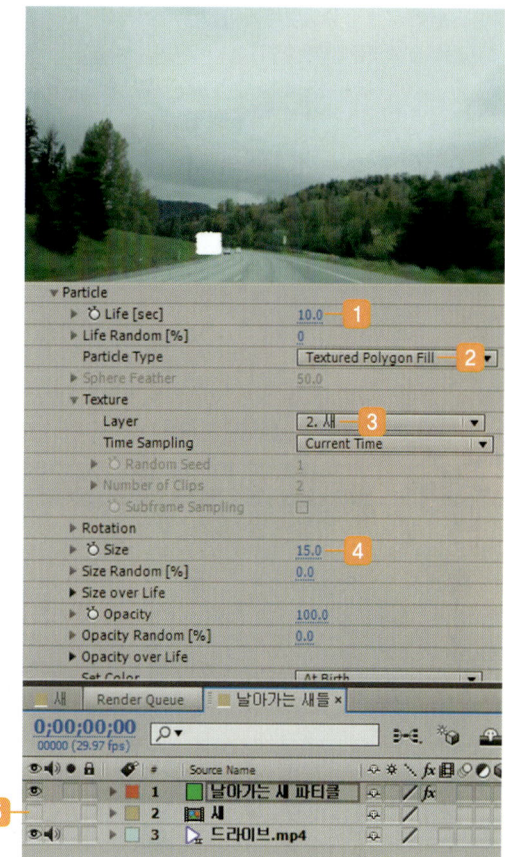

31 이번엔 Particle 항목에서 Life [sec]를 현재 작업 시간과 동일한 10초 설정하고 Particle Type을 Textured Polygon Fill(스프라이트 방식을 사용해도 되지만 파티클, 즉 새들이 회전할 때의 입체 감을 주기 위해서는 텍스터 폴리곤 방식을 사용해야 함)을 선택합니다. 그다음 Texture의 Layer를 2. 새 레이어로 지정합니다. 새의 모습이 너무 작기 때문에 Size를 15 정도로 키워줍니다. 이제 파티클들의 모습은 날개 짓 하는 새의 모습으로 바뀌게 됩니다. 여기에서는 새 레이어의 모습은 필요 없기 때문에 Hides Video를 해제하여 숨겨줍니다.

32 다시 Emitter 항목에서 Emitter Size X, Y, Z를 각각 400, 80, 570 정도로 설정하여 새들이 날아갈 영역을 설정해 줍니다.

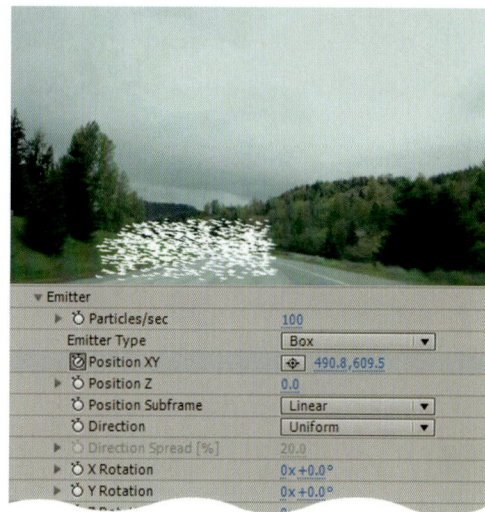

예제로 배우는 파티큘러 – 날아가는 새들 **253**

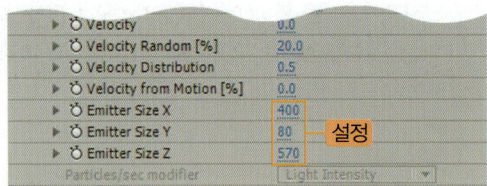

33 이번엔 최종적으로 사용할 파티클(새)의 개수를 설정해 봅니다. 새들의 마리 수가 처음부터 마지막까지 같아야 하기 때문에 조금 특별한 설정이 필요합니다. 먼저 시간을 시작 프레임으로 이동한 후 Particles/sec를 500 정도(여기서의 값은 큰 의미가 없음)로 설정한 후 스톱워치를 켜줍니다.

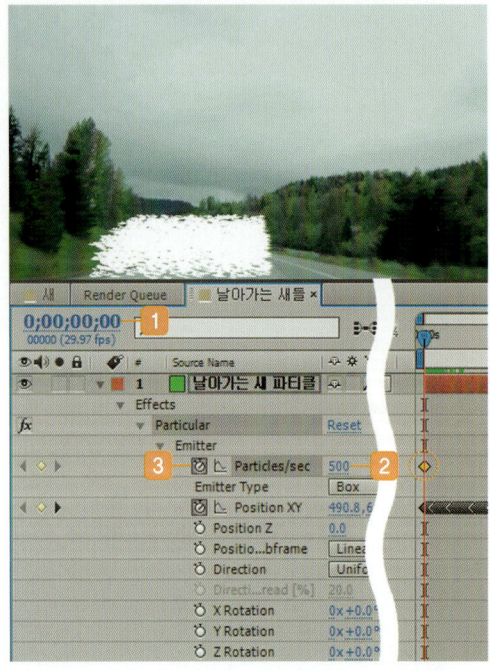

34 시간을 1프레임으로 이동한 후 Particles/sec를 0으로 설정합니다. 이제부터는 더 이상 파티클의 생성되지 않습니다. 그러나 현재의 모습엔 파티클(새들)의 모습이 나타나지 않습니다. 이것은 앞서 Pre Run을 100%도 설정했기 때문에 생기는 현상이라고 볼 수 있습니다. 이제 이 부분을 해결해 봅니다. 또한 파티클/세크 값이 0으로 설정됐을 때 발생되는 이미터(새들)의 흔들리는 모습이 멈추는 문제도 해결해야 합니다.

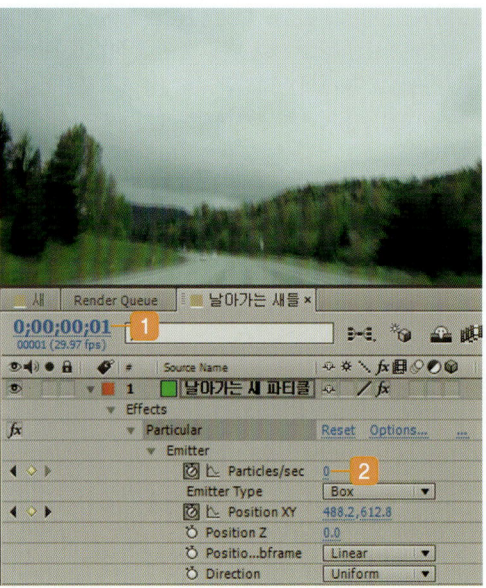

35 Emitter 항목의 Pre Run의 수치를 설정하여 파티클(새들)의 개수를 원하는 개수가 될 때까지 설정합니다. 필자는 2로 설정했을 때 가장 적당한 개수가 되었습니다. 여기서 파티클의 배열이 마음에 들지 않는다면 Random Seed를 설정하여 원하는 배열로 해 주면 됩니다.

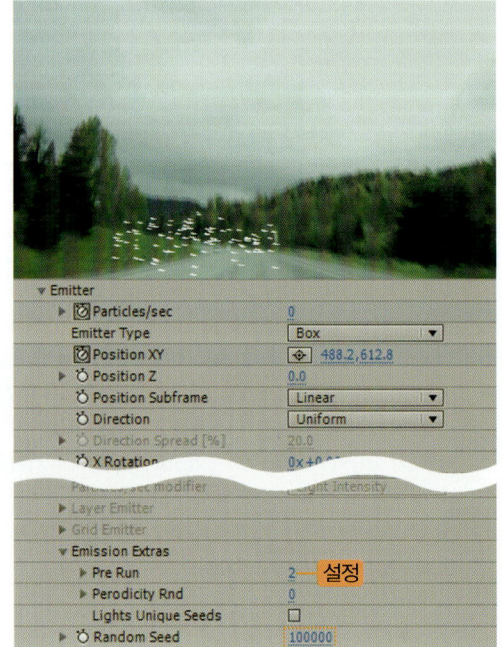

36 새들이 날개 짓 하는 장면을 유심히 보면 모두 똑같이 움직이는 것을 볼 수 있습니다. 물론 이런 경우도 있겠지만 필자의 생각엔 왠지 부자연스럽게 느껴집니다. 이제 이 새들의 날개 짓을 서로 다르게 움직이도록 해 봅니다.

37 Particle 항목의 Texture에서 Time Sampling을 Random - Loop로 선택합니다. 랜덤 - 루프를 사용하면 파티클(새들)의 시간을 랜덤하게 설정되기 때문에 새들의 날개 짓하는 모습도 각기 다른 모습으로 움직이게 됩니다. 또한 루프 방식으로 사용되기 때문에 텍스처로 사용되는 레이어의 원본 길이가 현재의 작업 길이보다 짧아도 계속 반복되어 끊이지 않게 됩니다. 이제 확인해 보면 새들이 날개 짓 하는 모습이 서로 다르게 움직이는 것을 볼 수 있습니다.

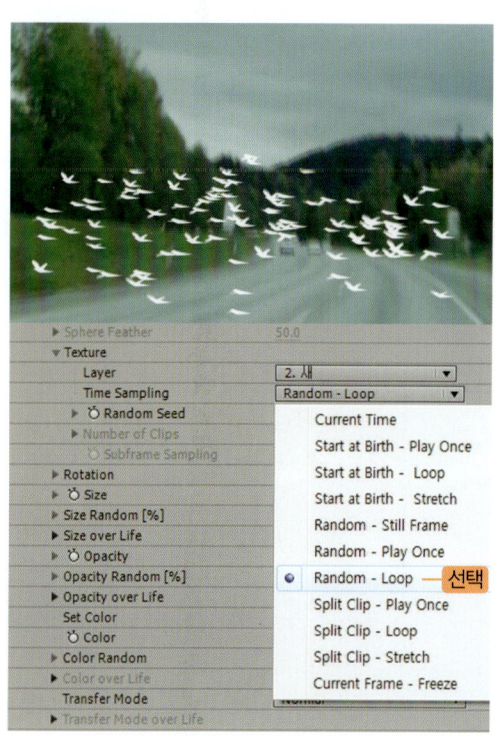

38 이번엔 새들에게 음영이 드리우게 하기 위해 Shading 항목에서 Shadowlet for Main을 On으로 켜줍니다. 세부 설정을 위해 Shadowlet Settings의 Adjust Size를 150 정도로 설정합니다.

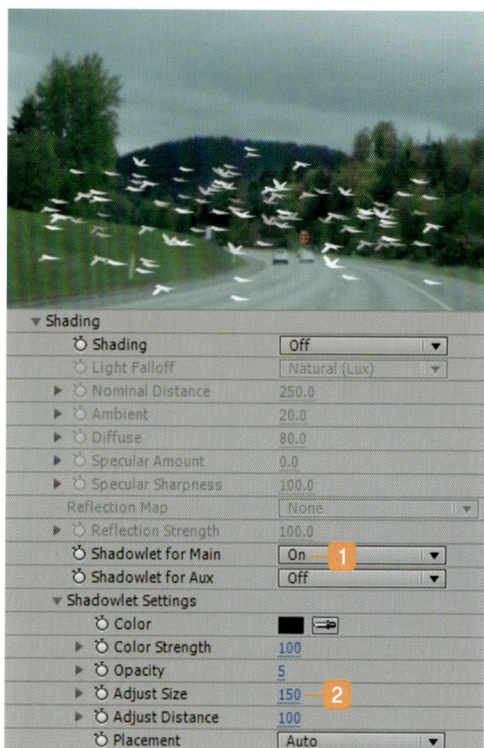

39 이제 새들의 색상을 설정하기 위해 Particle 항목에서 Color를 짙은 갈색으로 설정합니다. 멀리있어 색을 구분하기가 쉽지 않기 때문에 적당한 색상을 어둡게 하면 될 듯합니다. 그리고 Size Random [%]을 35 정도로 설정하여 새들의 크기를 30% 정도 불규칙하게 합니다. 여기서 Random Seed를 사용하면 새들의 날개 짓 하는 모습을 다양하게 바꿔줄 수 있습니다.

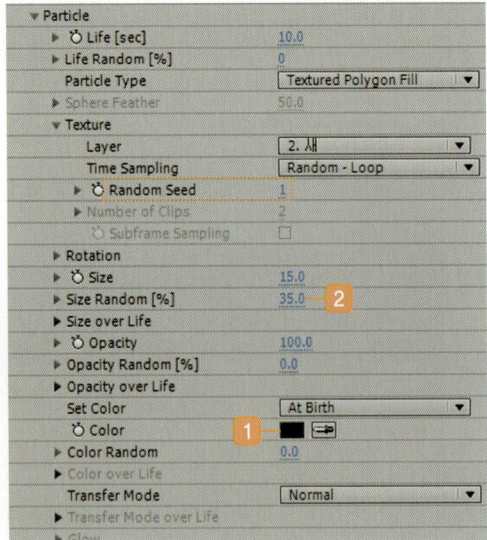

41 앞선 작업에서 새들의 모습이 아래로 사라져 화면에 보이지 않습니다. 날아가는 새 파티클 레이어의 이펙트 컨트롤 패널에서 World Transform의 X, Y, Z Offset W를 그림처럼 설정하여 위치를 잡아줍니다. 그런데 현재 날아가는 새 파티클 레이어의 위치가 바뀌는 바람에 새들의 모습이 잘려집니다.

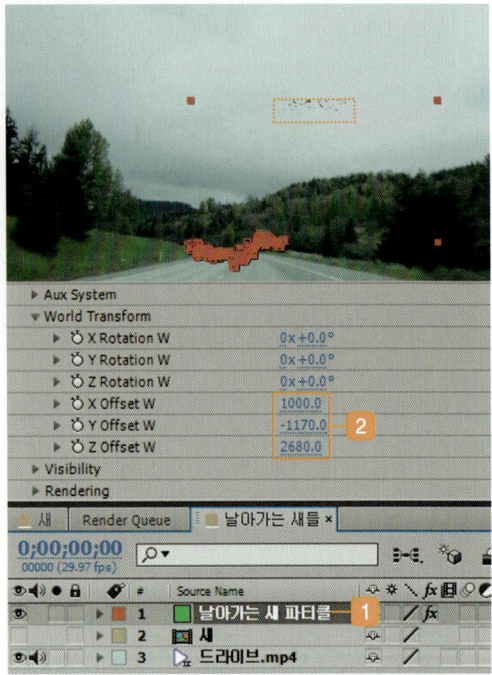

40 28번째 과정에서 복사된 키프레임을 33번째 과정에서 파티클/세크 값을 0으로 하여 생긴 멈춤(모션 트래킹으로 얻은 흔들리는 장면) 현상을 해결하기 위해서는 Emitter 항목의 Position XY축을 잘라내기(Ctrl+X)한 후 같은 날아가는 새 파티클 레이어의 Transform에서 Position에 붙여놓기 하면 됩니다. 이때 시간은 시작 프레임에 있어야 합니다. 이와 같은 문제의 원인은 필자도 아직 알 수 없으며 파티큘러의 버그라고 사려됩니다. 차기 버전에서는 이런 문제가 개선되길 바라는 마음 간절합니다.

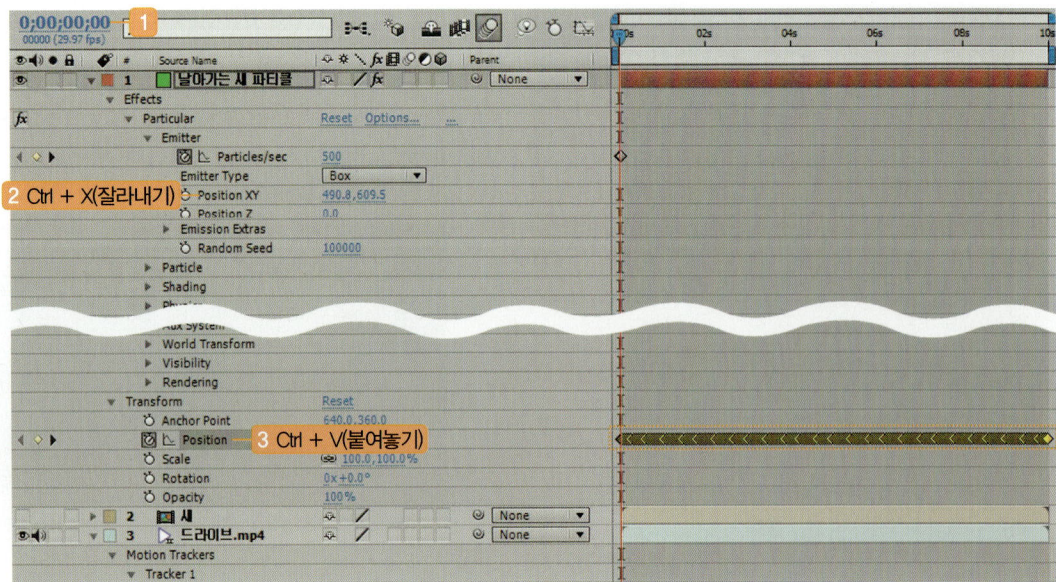

42 날아가는 새들 파티클 솔리드의 크기를 재설정하기 위해 Layer 〉 Solid Settings를 선택하거나 단축키 Ctrl+Shift+Y 키를 눌러 Height 방향만 1280 정도로 키워준 후 적용합니다. 필자는 혹시나 해서 Width 방향도 여유 있게 설정해 놓았습니다.

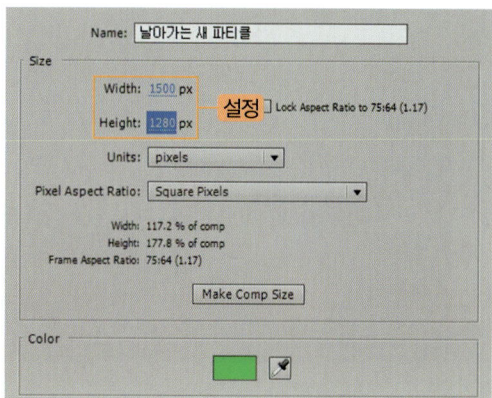

43 이제 새들이 우측에서 좌측으로 날아가는 장면을 표현하기 위해 다시 World Transform의 X, Y, Z Offset W를 그림처럼 설정하여 새들을 우측 상단으로 이동해 줍니다. 그다음 시간을 시작 프레임으로 이동한 후 스톱워치를 클릭하여 키프레임을 생성합니다.

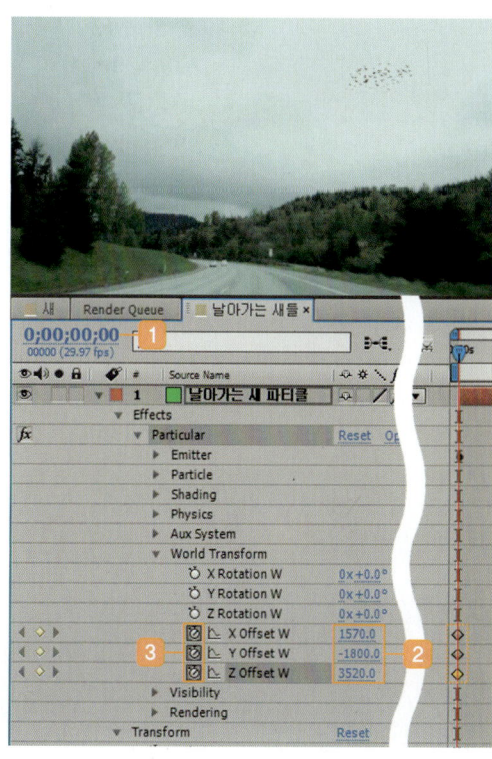

44 계속해서 시간을 마지막 프레임인 9초 29프레임으로 이동한 후 World Transform의 X, Y, Z Offset W를 그림처럼 설정하여 새들을 좌측으로 이동합니다. 이때 배경 동영상에서 달리는 자동차의 거리를 감안하여 새들을 앞쪽으로 당겨 자동차와 가까워지도록 하는 것이 중요합니다.

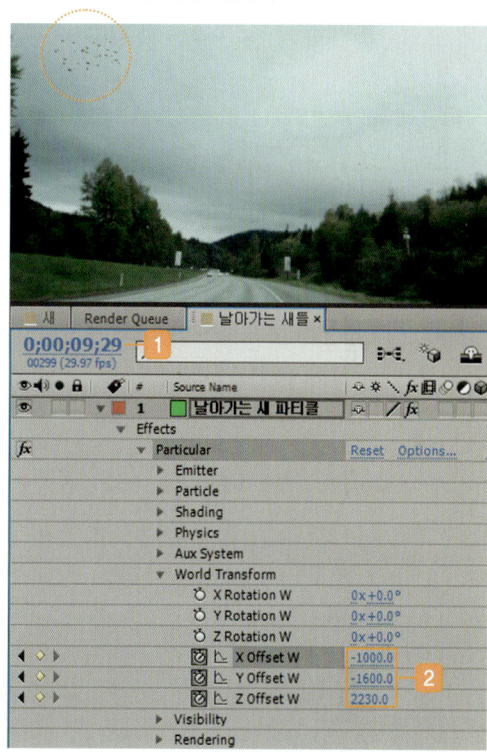

45 앞선 작업에서는 새들의 위치가 화면 안쪽에 있었기 때문에 화면(날아가는 새 파티클)에 잘려나가지 않았지만 여기서의 문제는 마지막 장면에서의 새들의 마리 수가 전 프레임보다 줄어들었다는 것입니다. 이제 이 문제를 해결하기 위해 Particle 항목에서 Life [sec]를 11초로 늘려줍니다. 다시 확인해 보면 원래 상태대로 새들의 마리 수가 제대로 표현됩니다.

예제로 배우는 파티큘러 – 날아가는 새들 **257**

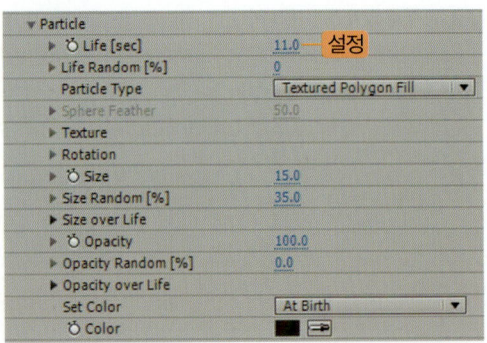

47 시간을 마지막 프레임으로 이동한 후 Affect Position 값을 600 정도로 설정하여 새들의 위치를 흩어지게 합니다. 여기서 사용하는 프랙탈 노이즈 패턴의 불규칙성에 의해 자연스럽게 흩어진 것을 알 수 있습니다. 이제 확인해 보면 무리를 지어 날던 새들이 5초부터 흩어지게 됩니다.

46 지금까지의 새들은 처음부터 끝까지 같은 거리를 유지하고 있어 다소 자연스럽지 않습니다. 엎치락뒤치락하는 장면을 표현하기 위해 Emitter 항목의 이미터 사이즈나 벨로시티를 이용하려 했으나 파티클/세크 값이 0이된 상태에서는 키프레임을 이용한 변화는 생기지 않기에 부득이하게 Physics 항목의 Turbulence Field를 이용해 봅니다. 시간을 5초로 이동한 후 Affect Position의 스톱워치를 켜서 키프레임을 생성합니다.

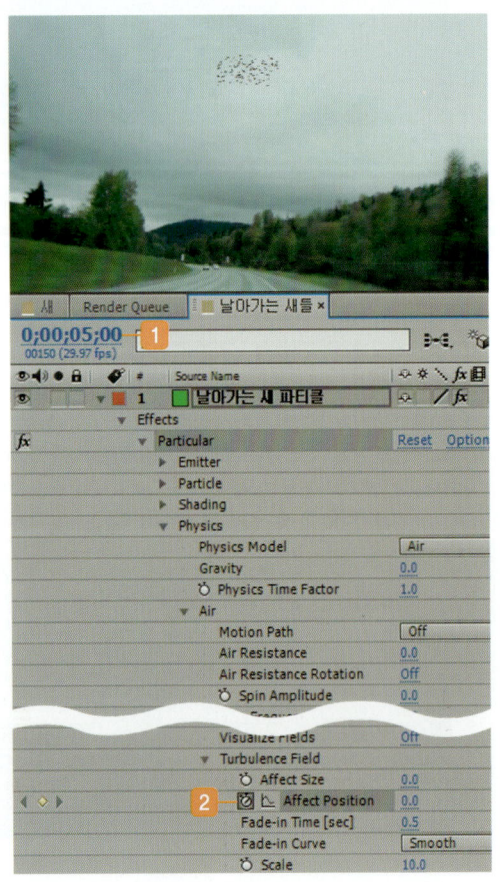

48 마지막으로 새들의 모습만 너무 뚜렷한 것 같아 날아가는 새 파티클 레이어에 Effect 〉 Blur & Sharpen 〉 Fast Blur를 적용하고 Blurriness 값을 2 정도로 설정합니다. 이제 새들도 배경과 같이 약간 흐려졌기 때문에 더욱 자연스럽게 보입니다. 지금까지 한 마리의 새로 여러 마리의 새들이 날아가는 장면을 표현해 보았습니다. 지금의 학습을 통해 나비나 벌 같은 곤충의 떼나 화살과 총알 같은 장면 등에서 활용을 해 보십시오.

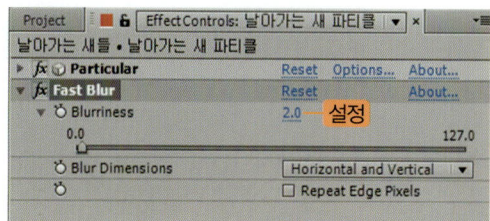

설정

최종 결과물

LED 스크린

레이어 그리드를 사용하면 특정 레이어의 이미지나 동영상을 파티클로 표현할 수 있으며 X, Y, Z축을 기준으로 정렬시킬 수 있어 LED 스크린 같은 장면을 쉽게 표현할 수 있습니다. 또한 바람에 모래가 날리듯 이미지(로고)를 작은 입자로 분해하여 흩어지는 장면을 표현할 수도 있습니다.

01 본 작업을 하기 전에 레이어 그리드에 대해 간단하게 살펴볼까 합니다. Ctrl+I 키를 눌러 학습자료 폴더에 있는 이용태.com 로고.psd 파일을 불러옵니다. 지금 불러오는 파일은 포토샵 프로젝트 파일이기 때문에 포토샵 속성에 대한 설정 창이 열립니다. 여기서 Import Kind를 Composition으로 설정하여 이용태.com 로고 파일과 같은 규격의 컴포지션이 생성되도록 해줍니다. Layer Options은 아무 옵션이나 상관없습니다.

02 계속해서 이번엔 실제 작업을 위한 새로운 컴포지션을 만들어 줍니다. Ctrl+I 키를 눌러 [흩어지는 로고]라는 이름과 컴포지션의 크기는 1280X720, 작업 시간은 10초로 설정합니다.

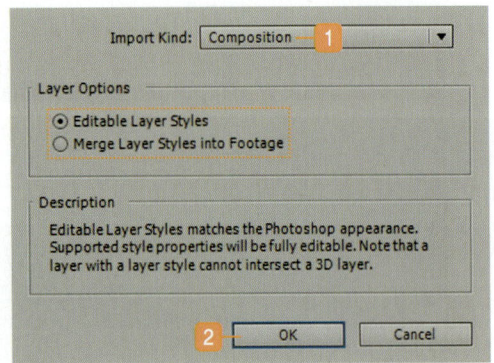

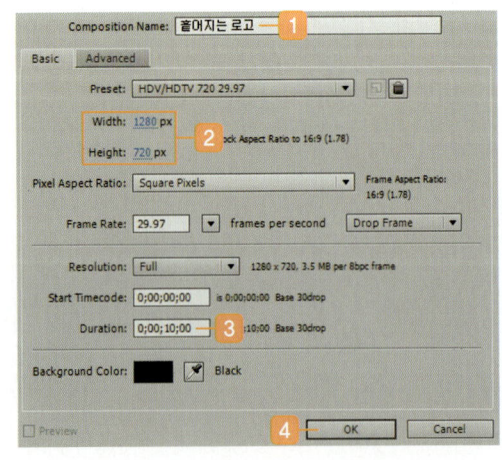

03 이제 흩어지는 로고 컴포지션(타임라인)에 이용태.com 로고 컴포지션을 끌어다 놓습니다. 이용태.com 로고를 컴포지션 형

태의 레이어로 사용하는 이유는 이미터 방식을 레이어 또는 레이어 그리드로 사용하기 위해서는 컴포지션으로 된 레이어만 사용할 수 있게 되어있기 때문입니다.

05 방금 만든 배경 레이어를 아래로 내리고 Effect 〉 Generate 〉 Gradient Ramp(CS6 이하 버전에서는 Ramp)를 적용합니다. Ramp Shape를 Radial Ramp로 설정하고 Start와 End of Ramp와 그림처럼 각각 중앙과 좌측 하단에 배치하고 Start Color를 청록색, End Color는 짙은 청록색으로 설정하여 배경을 완성합니다.

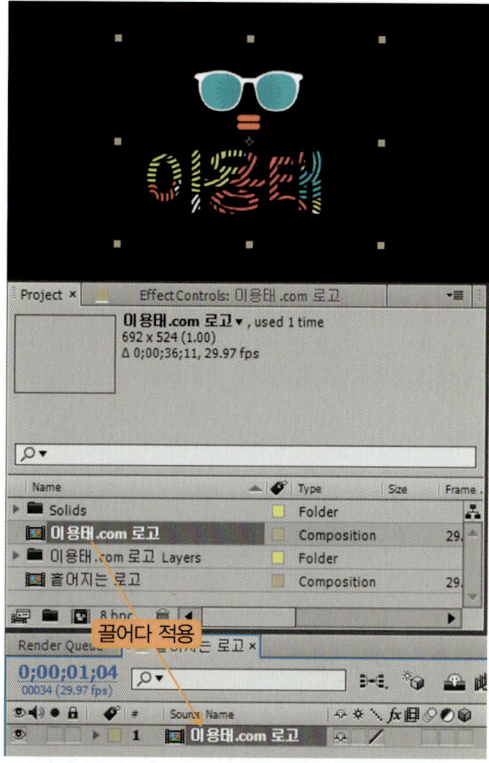

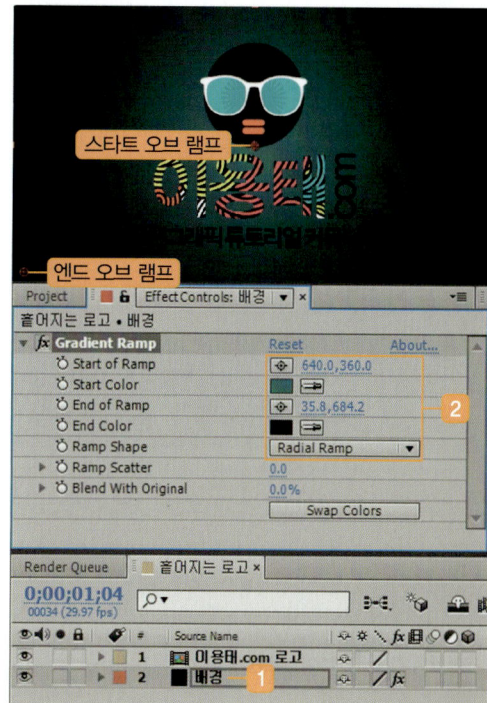

04 현재는 로고의 모습이 제대로 표현되지 않기 때문에 배경이 필요합니다. Ctrl+Y 키를 눌러 [배경]이란 이름의 솔리드 레이어를 생성합니다.

06 이제 파티큘러 효과를 적용하기 위해 Ctrl+Y 키를 눌러 [흩어지는 파티클]이란 이름의 솔리드 레이어를 만들어줍니다.

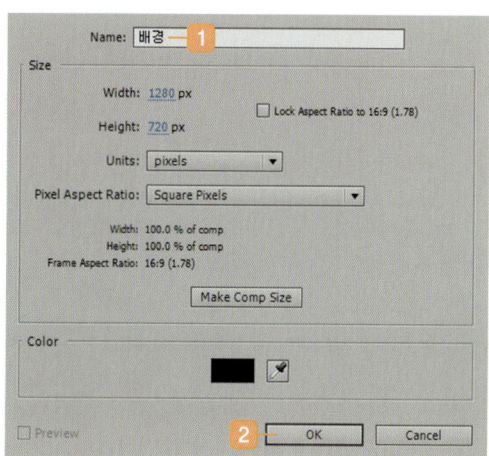

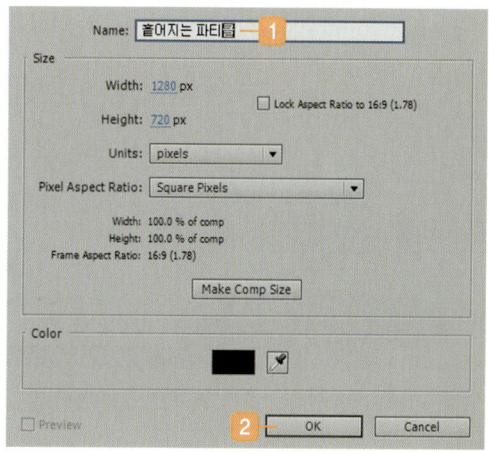

07 이제 흩어지는 파티클 솔리드 레이어에 Effect > Trapcode > Particular를 적용하고 먼저 Emitter 항목의 Emitter Type을 Layer Grid로 설정합니다.

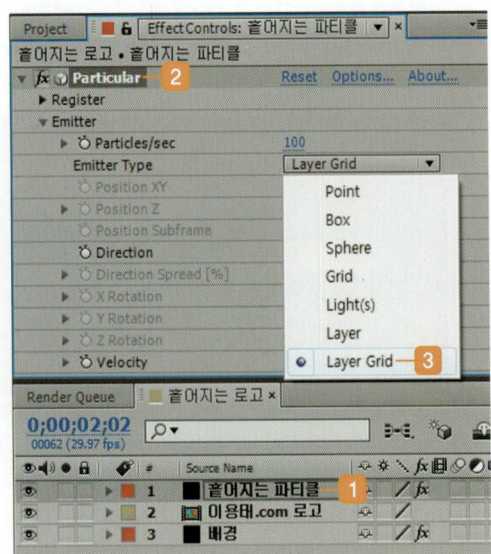

08 계속해서 Layer Emitter에서 Layer를 이미터로 사용될 2. 이용태.com 로고 레이어로 설정합니다.

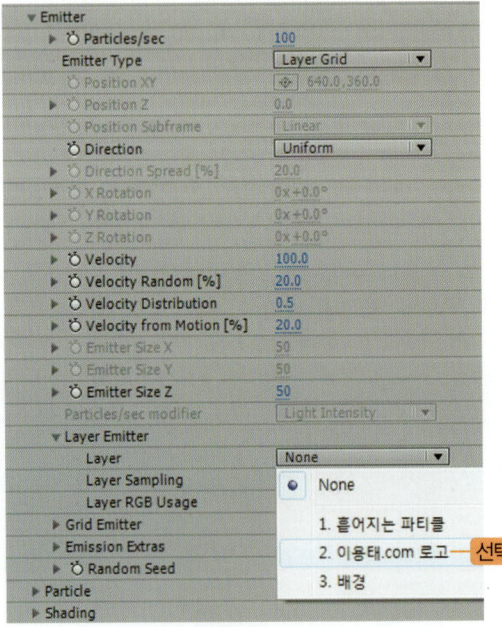

09 앞선 작업의 Layer Emitter에서 Layer를 이미터로 사용될 2. 이용태.com 로고 레이어로 선택하면 그림과 같은 에러 메시지가 뜨게 됩니다. 현재 레이어 이미터로 사용되는 레이어(이용태.com 로고)가 3D 레이어가 아니기 때문에 3D 레이어로 전환해야 한다는 뜻입니다. 일단 무시하고 OK합니다.

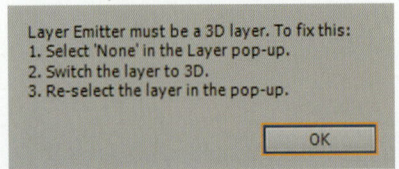

10 이용태.com 로고 레이어를 3D Layer로 전환해 줍니다. 그러나 아직은 파티클의 모습이 보이지 않습니다. 이 문제를 해결하기 위해 Layer Emitter의 Layer를 일단 None으로 설정했다가 다시 이용태.com 로고로 선택해야 합니다. 이제 확인해 보면 파티클의 모습이 표현됩니다.

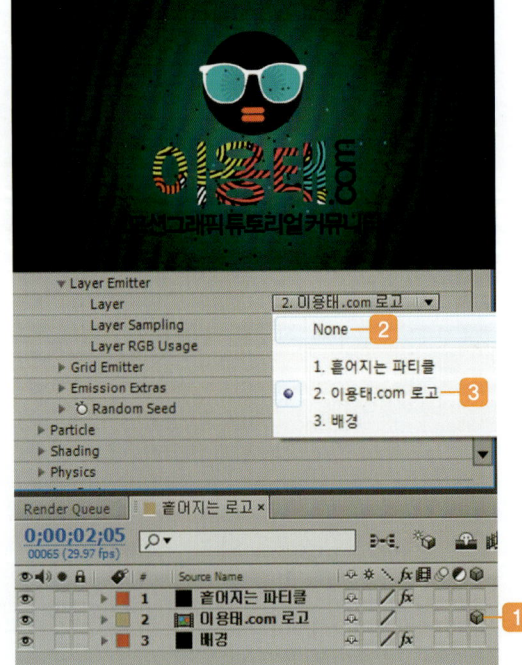

11 계속해서 Velocity를 0으로 설정하여 파티클들이 흩어지지 않도록 해 주고 Grid Emitter의 Particles In X를 1000, Particles in Y를 700 정도로 설정하여 로고의 모습이 완전하게 표현되도록 합니다. 그리고 이용태.com 로고 레이어의 모습은 숨겨놓습니다.

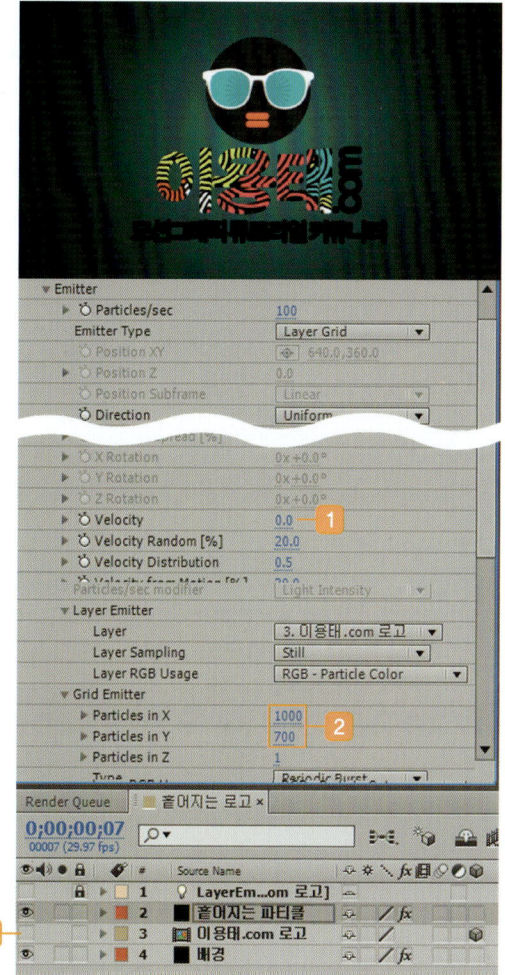

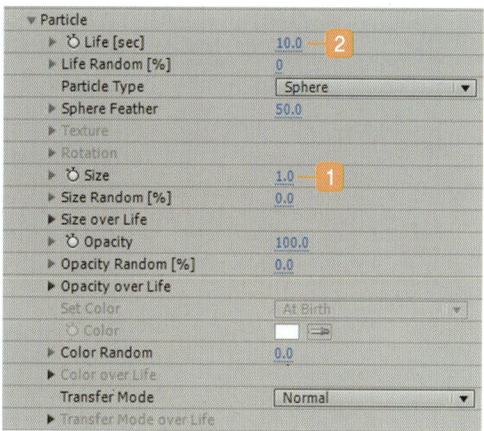

13 첫 장면도 파티클(로고)의 모습이 보이게 하기 위해 Emitter 항목의 Emission Extras의 Rre Run을 1로 설정합니다.

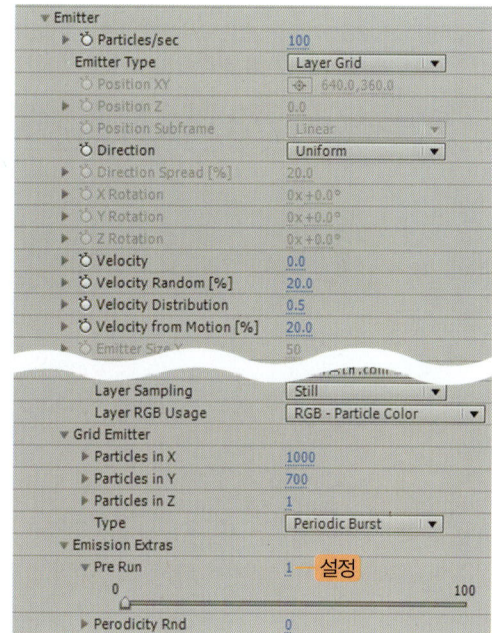

12 현재는 파티클의 크기가 너무 크기 때문에 로고의 두께도 크게 표현됩니다. Particle 항목에서 Size를 1 정도로 줄여줍니다. 그러면 로고의 두께가 정상적인 두께로 표현됩니다. 그리고 Life [sec]를 10초로 늘려줍니다.

14 여기서 참고로 Emitter Type을 Layer로 설정해 봅니다. 그리고 Particles/sec를 20000 정도로 늘려줍니다. 확인해 보면 레이어 방식은 레이어 그리드와는 다르게 일정한 간격으로 배치되는 것이 아니라 파티클들이 불규칙적으로 배열된 것을 알 수 있습니다. 이것이 레이어와 레이어 그리드 방식의 차이점입니다. 확인이 끝나면 다시 원래 상태로 되돌려줍니다.

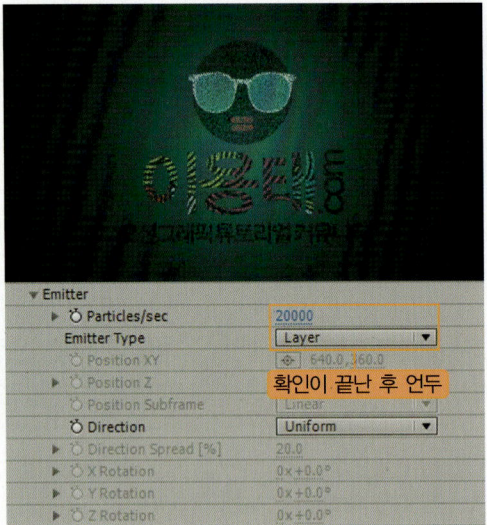

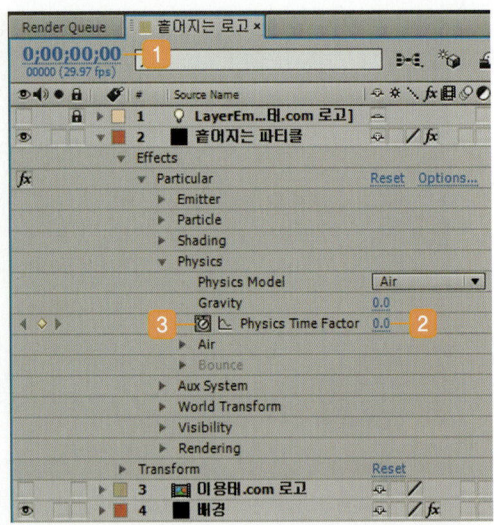

15 이제 로고가 흩어지는 장면을 표현하기 위해 먼저 Emitter 항목에서 Velocity를 50 정도로 증가합니다.

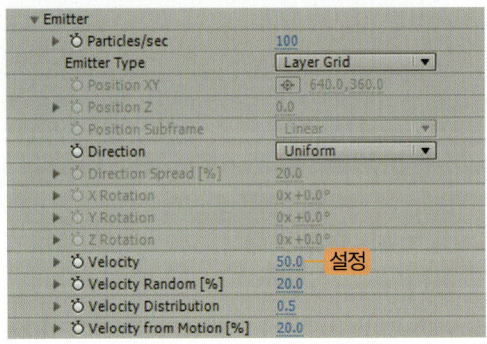

16 시간을 시작 프레임으로 이동한 후 Physics 항목의 Physics Time Factor를 0으로 설정하고 스톱워치를 켜서 키프레임을 생성합니다.

17 시간을 1프레임 뒤로 이동한 후 Physics Time Factor를 3 정도로 설정하여 다시 흩어지게 합니다.

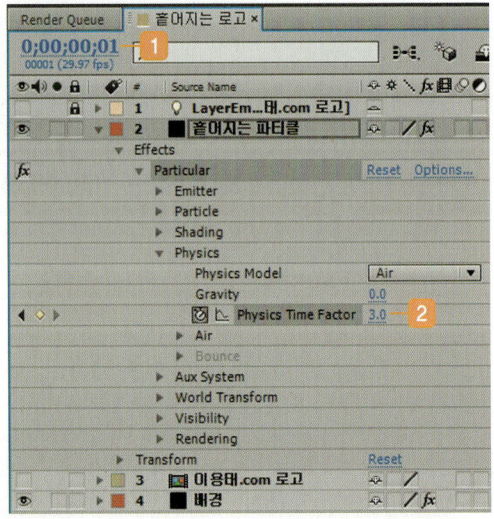

18 앞선 작업에서의 첫 번째 장면에서는 로고의 모습이 보이지 않기 때문에 이용태.com 로고 레이어를 다시 켜서 로고의 모습을 보이게 해 줍니다. 그리고 시간을 1프레임으로 이동하여 로고의 모습이 정상적으로 보이게 한 후 Opacity의 스톱워치를 켜서 키프레임을 생성합니다.

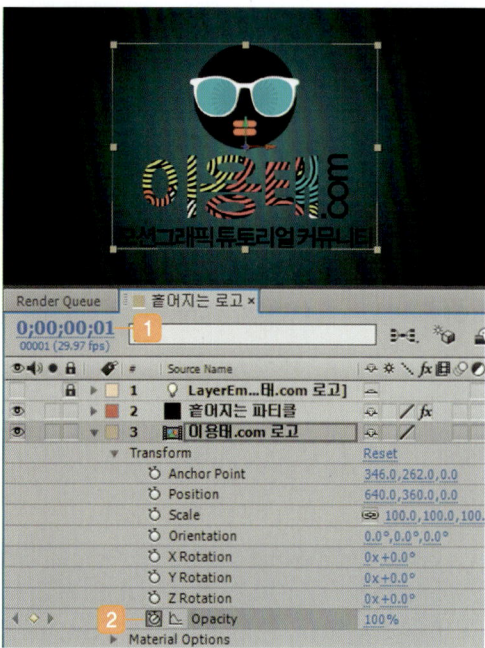

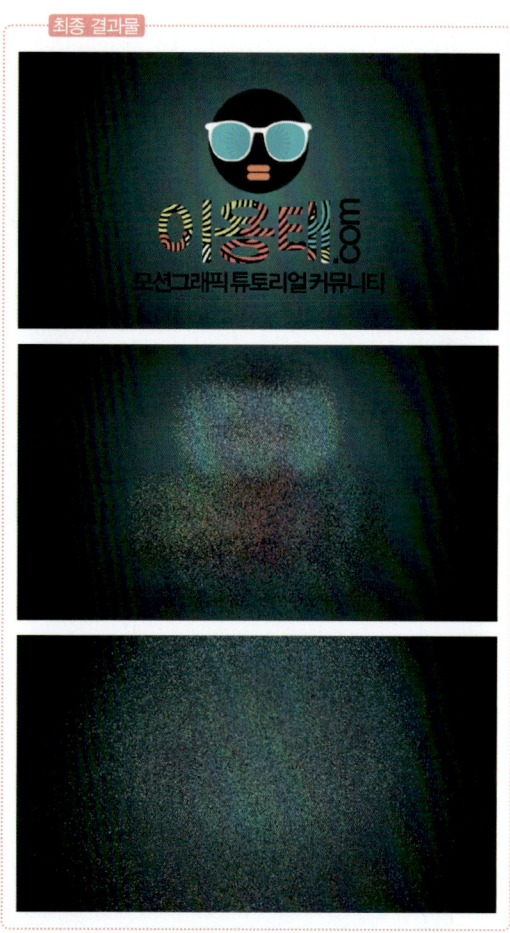

19 시간을 2프레임으로 이동한 후 Opacity 값을 0으로 설정하여 이용태.com 로고의 모습은 사라지고 파티큘러로 만든 로고의 모습이 나타나도록 합니다. 이제 확인해 보면 로고가 사방으로 흩어지는 것을 알 수 있습니다. 여기에 만약 바람을 불게 한다면 바람의 방향대로 흩어지게 됩니다. 지금까지 레이어 그리드에 대해 간단하게 살펴보았습니다.

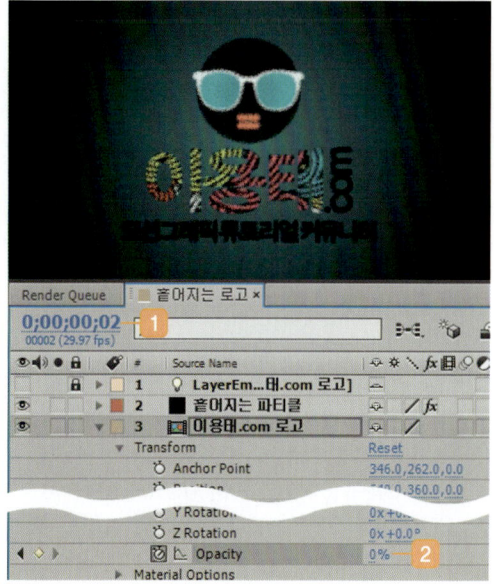

20 이제부터 LED 스크린을 표현해 보기 위해 Ctrl+I 키를 눌러 학습자료 폴더에서 뮤직비디오.mp4 파일을 불러옵니다. 그리고 뮤직비디오 파일을 끌어다 Create a New Composition에 적용하여 뮤직비디오 파일과 같은 규격의 컴포지션을 생성합니다.

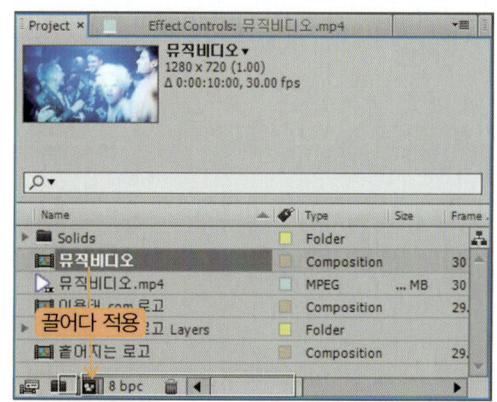

예제로 배우는 파티큘러 - LED 스크린

21 이제 파티큘러 효과가 적용된 레이어를 만들기 위해 Ctrl+Y 키를 눌러 [LED 스크린 파티클]이라는 이름의 솔리드 레이어를 생성합니다.

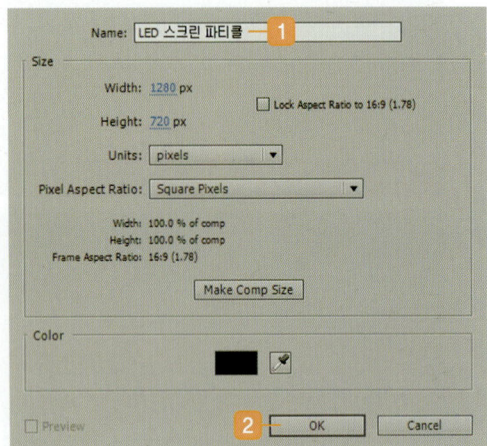

22 계속해서 LED 스크린 파티클 솔리드 레이어에 Effect 〉 Trapcode 〉 Particular를 적용하고 뮤직비디오 레이어를 먼저 3D Layer로 전환한 후 이펙트 컨트롤 패널에서 Emitter 항목의 Emitter Type을 Layer Grid로 설정합니다. Velocity는 0으로 설정하여 속도를 없애주고 Layer Emitter의 Layer를 3. 뮤직비디오.mp4 레이어로 선택합니다.

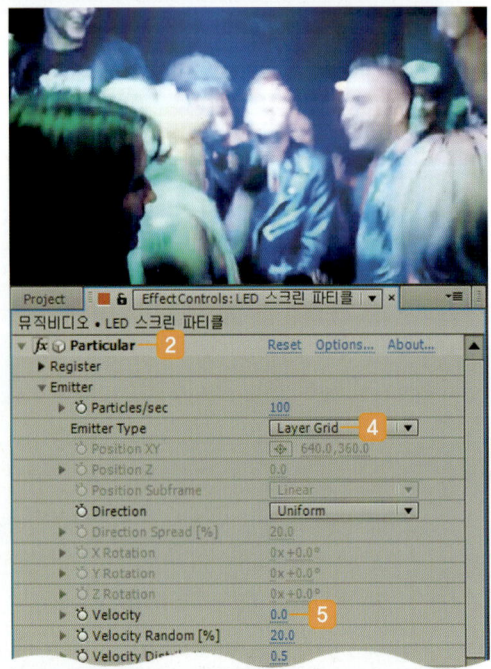

23 이번엔 Particle 항목에서 Size를 8 정도로 키워주고 Life [sec]를 10초로 늘려줍니다. 그리고 LED 뮤직비디오 레이어를 숨겨주면 가로와 세로에 5개의 격자로 파티클이 정렬된 것을 볼 수 있습니다.

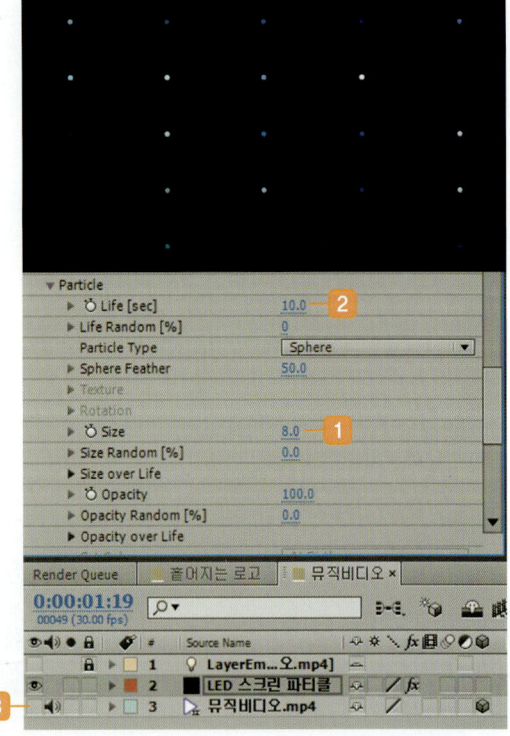

24 다시 Emitter 항목에서 Grid Emitter의 Particles in X를 125, Particles in Y를 65 정도로 설정하여 LED에서 비춰지는 화면처럼 표현합니다. 그리드 이미터 값을 증가하여 더욱 촘촘하게 표현할 수도 있지만 이번에는 LED라는 것을 부각하기 위해 개수를 조금 적게 합니다. 이제 첫 장면에서도 파티클(LED)의

모습이 보이게 하기 위해 Emission Extra의 Pre Run을 1로 설정합니다.

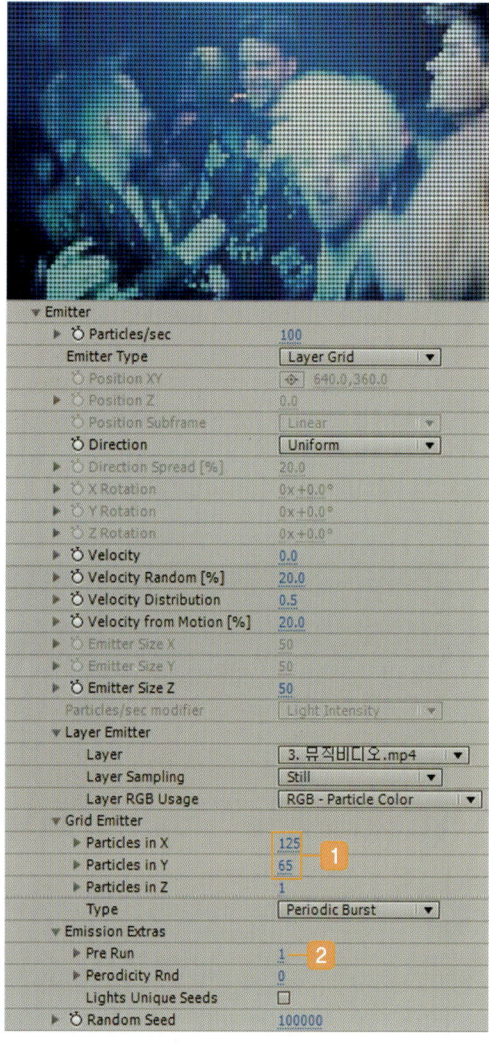

25 이제 스크린에 비친 바닥을 표현하기 위해 LED 스크린 파티클을 Ctrl+D 키를 눌러 복제한 후 아래쪽 레이어의 이름을 LED 스크린 파티클 바닥으로 수정합니다.

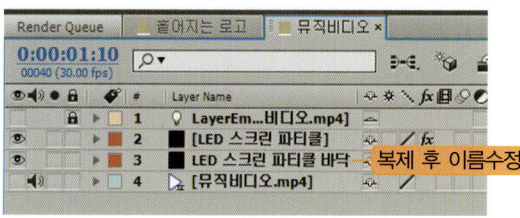

26 이번엔 바닥을 만들기 위해 Ctrl+Y 키를 눌러 [바닥]이란 이름과 짙은 회색의 솔리드 레이어를 생성합니다.

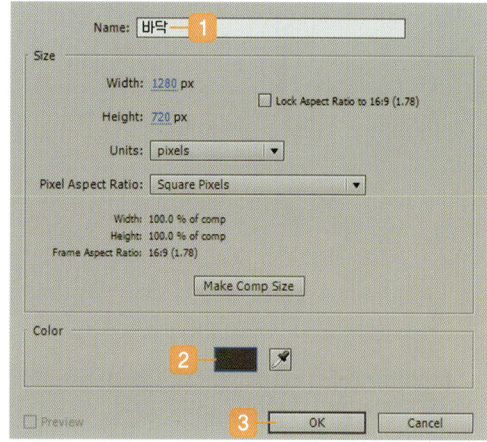

27 카메라를 설치하기 위해 Ctrl+Alt+Shift+C 키를 눌러 기본 카메라를 생성해 줍니다.

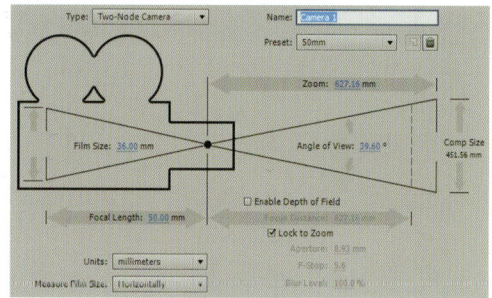

28 바닥 레이어를 뮤직비디오 바로 위쪽으로 이동한 후 Unified Camera 툴을 사용하여 그림처럼 카메라 앵글을 설정합니다. 마우스 왼쪽과 오른쪽 버튼을 이용하여 회전 및 앞뒤 간격을 설정하면 됩니다.

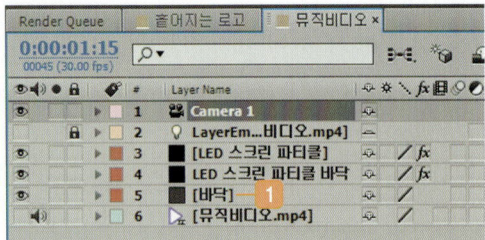
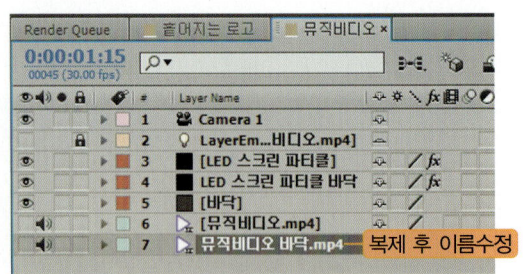

29 이제 바닥 레이어를 3D Layer로 전환한 후 X Rotation을 90도로 회전하여 바닥처럼 해 주고 Position의 Y와 Z축을 설정하여 그림처럼 바닥으로 보이도록 내려줍니다.

31 이제 뮤직비디오 바닥 레이어를 바닥에서 비추는 모습으로 표현하기 위해 앞서 작업한 바닥 레이어의 Positino과 X Rotation의 수치를 복사한 후 뮤직비디오 바닥 레이어의 Position과 X Rotation에 붙여놓습니다. 지금의 작업은 뮤직비디오 바닥 레이어를 직접 회전하고 위치를 이동하여 바닥처럼 설정할 수 있으나 뮤직비디오 바닥은 파티큘러의 레이어 그리드로 사용되고 또한 숨겨져 있는 상태이므로 바닥 레이어를 이용하는 것이 효과적입니다.

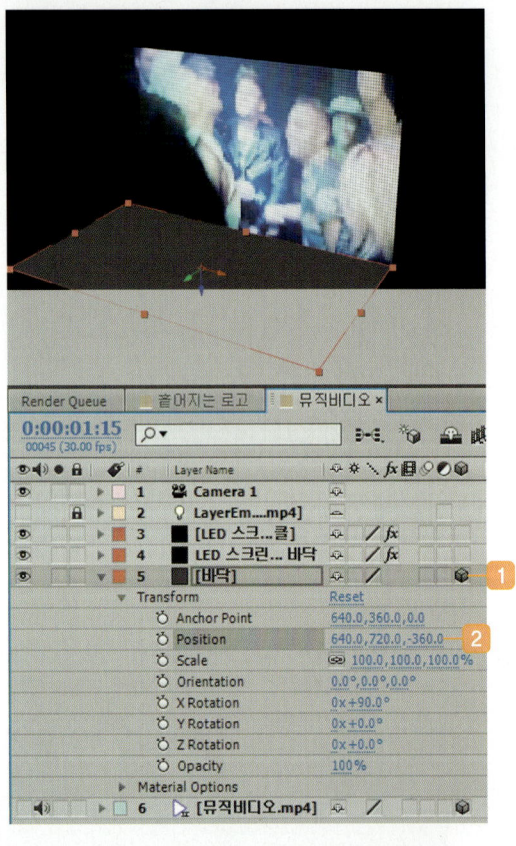
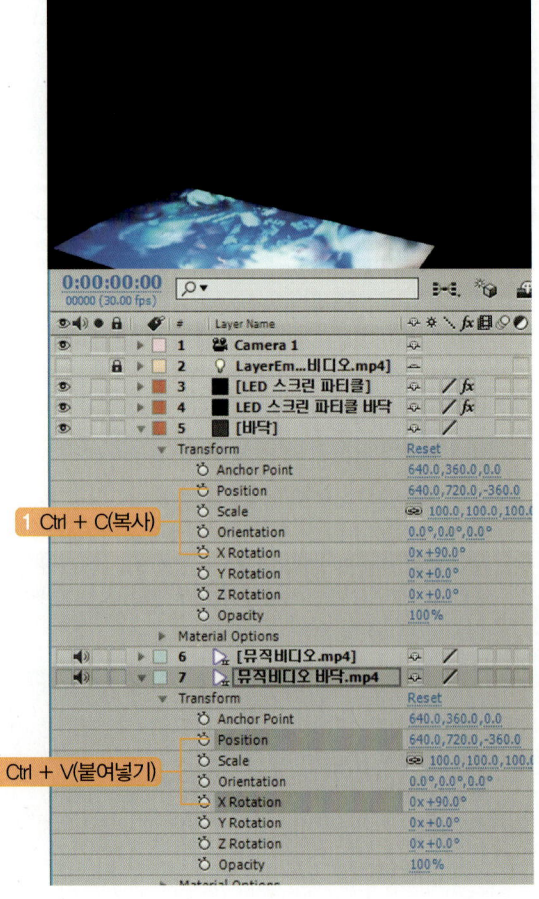

30 계속해서 뮤직비디오 레이어를 Ctrl+D 키를 눌러 복제한 후 아래쪽 뮤직비디오 레이어의 이름을 [뮤직비디오 바닥]으로 수정합니다.

32 앞선 작업에서의 모습을 보면 2개의 뮤직비디오가 모두 바닥으로 이동된 것을 알 수 있습니다. 이 문제를 수정하기 위해 위쪽 LED 스크린 파티클 레이어를 선택한 후 이펙트 컨트롤 패널에서 Layer Emitter의 Layer를 위쪽에 있는 7. 뮤직비디오.mp4 레이어로 바꿔줍니다. 이것으로 스크린과 바닥에 비친 모습이 제대로 표현됐습니다.

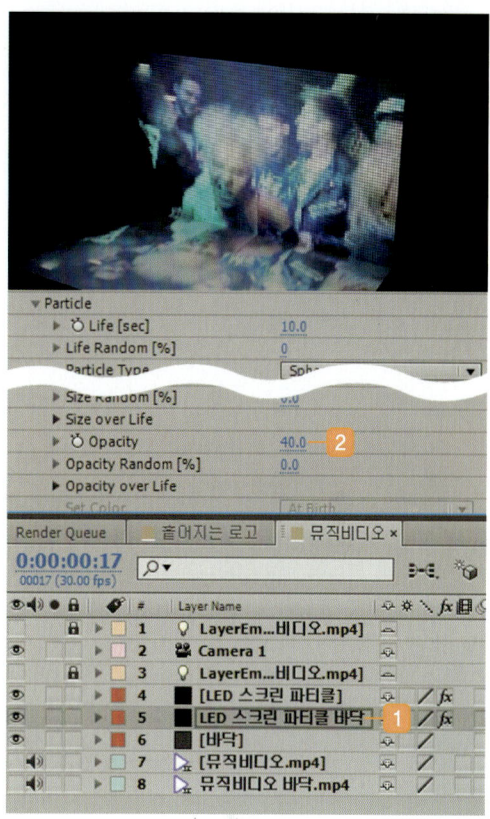

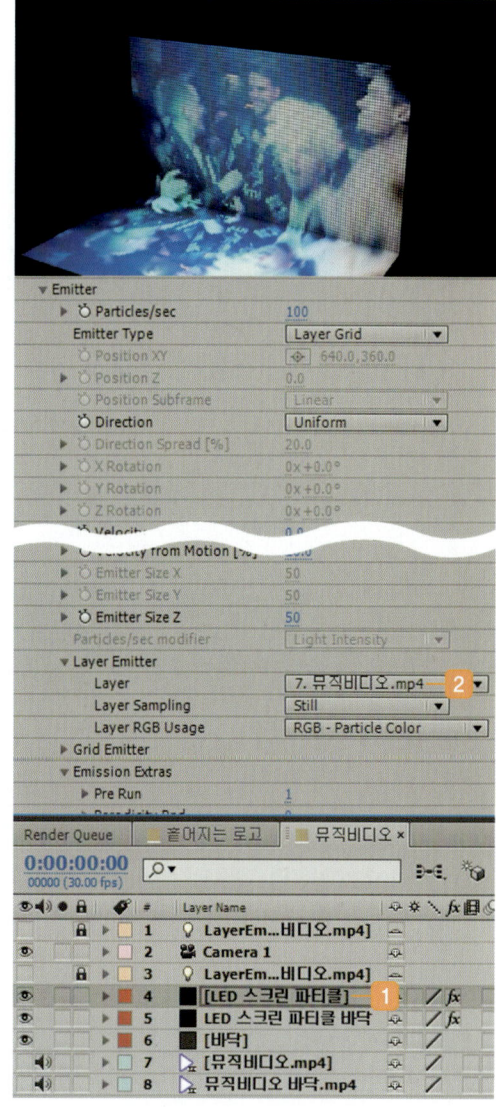

33 현재는 바닥에 비친 스크린이 너무 선명하게 표현되기 때문에 아래쪽 LED 스크린 파티클 바닥 레이어를 선택하고 이펙트 컨트롤 패널에서 Particle 항목의 Opacity를 40 정도로 설정하여 흐릿하게 표현되도록 합니다.

34 이번엔 LED 스크린에서 뻗어 나오는 빛을 표현해 봅니다. 이번 작업에서는 트랩코드의 새로운 이펙트가 필요합니다. 만약 이번 작업에 필요한 Shine 이펙트가 설치되시 않았다면 학습 자료 폴더에 있는 Trapcode Suite 12 폴더로 들어가 파티큘러를 설치할 때처럼 Trapcode Suite 12.1.1 64-bit 파일을 통해 샤인 이펙트를 설치합니다. 샤인 이펙트가 설치됐다면 위쪽 LED 스크린 파티클 레이어에 Effect 〉 Trapcode 〉 Shine를 적용한 후 이펙트 컨트롤 패널에서 Colorize의 Colorize…를 None으로 설정합니다. 그리고 Transfer Mode를 Screen으로 설정하여 마치 LED 스크린에서 빛이 뻗어 나오는 듯한 표현을 해 줍니다.

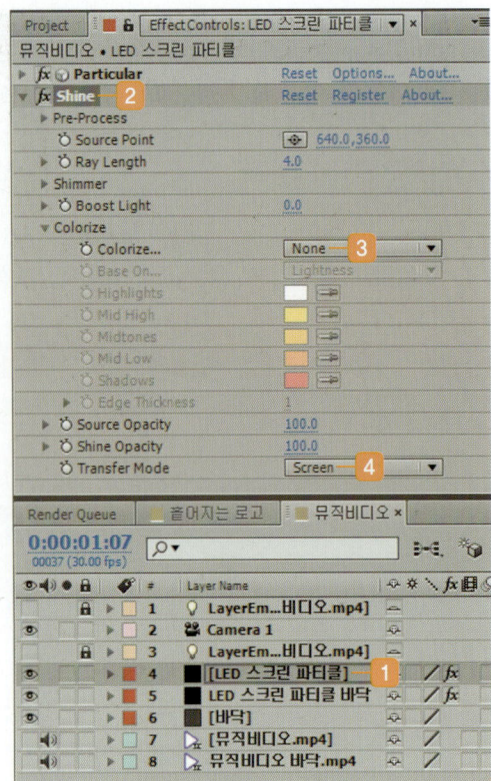

36 이제 샤인의 빛의 각도를 스크린처럼 입체적으로 해주기 위해 Ctrl+Alt+Shift+Y 키를 눌러 널 오브젝트를 생성한 후 3D Layer로 전환해 줍니다. 그리고 LED 스크린 파티클 레이어에 적용된 Shine 이펙트의 Source Point의 스톱워치를 Alt 키를 누른 상태로 클릭하여 익스프레션을 적용한 후 익스프레션 입력 필드에 다음과 같이 입력합니다. 이제 샤인의 위치가 널 오브젝트의 X, Y, Z축에 영향을 받게 됩니다.

thisComp.layer("Null 1").toComp([0,0,0])

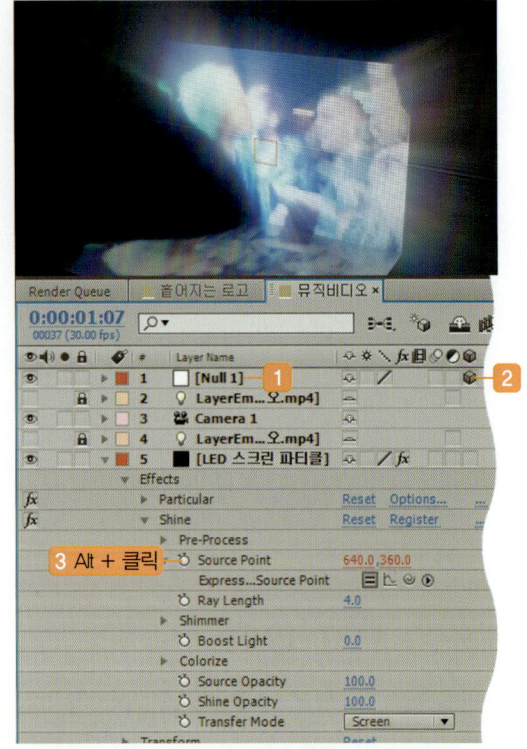

35 스크린에서 뻗어 나오는 빛의 방향을 설정하기 위해 Source Point의 X, Y축을 설정해 봅니다. 언뜻 빛의 방향이 입체적으로 보이지만 카메라를 회전해 보면 평면으로 보이게 됩니다. 확인이 끝나면 다시 원래 상태로 되돌려줍니다.

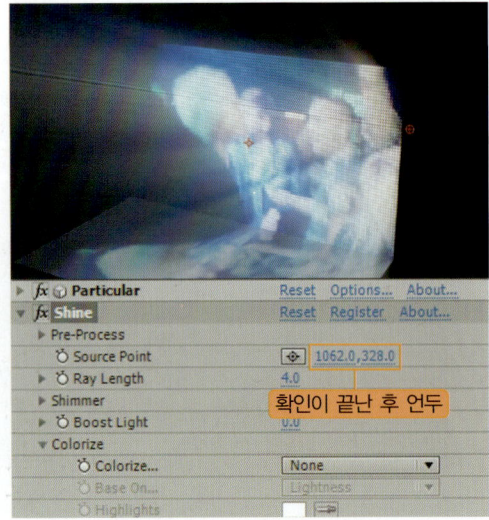

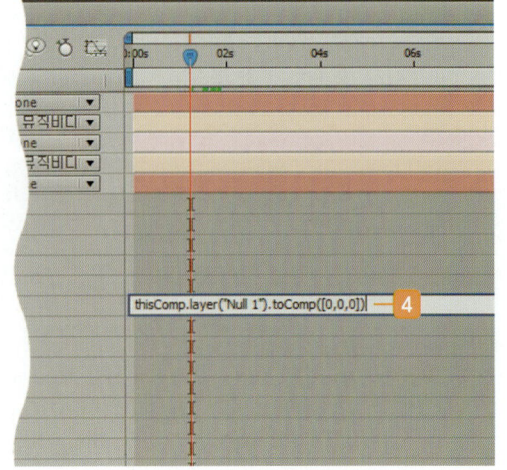

37 이제 널 오브젝트의 Position에서 Z축을 설정하여 뒤쪽으로 이동해 보면 빛의 각도가 입체적으로 표현됩니다. 그리고 카메라를 회전하여 확인해 보십시오. 이와 같은 방법을 이용하면 평면의 빛도 입체적인 각도로 표현할 수 있습니다.

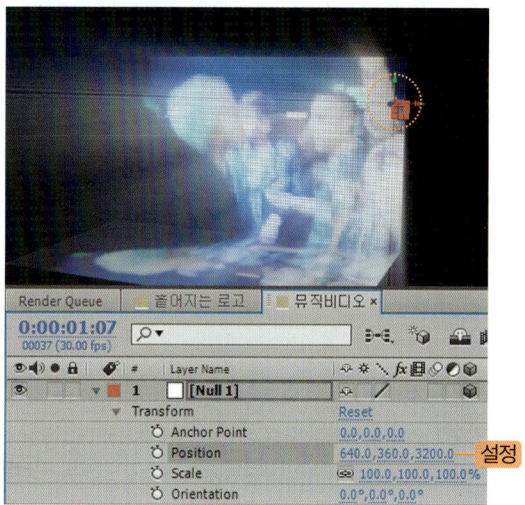

38 마지막으로 학습자료 폴더의 시퀀스 폴더에서 관객환호 파일을 시퀀스 형태로 불러온 후 5번째 레이어 자리에 갖다 놓고 3D Layer로 전환한 후 그림처럼 크기와 위치를 조절하여 스크린 앞에서 환호하는 장면을 표현합니다. 이것으로 모든 작업이 끝났습니다. 살펴본 것처럼 레이어 그리드 방식은 정렬된 파티클 효과를 표현할 때 유용하게 사용됩니다.

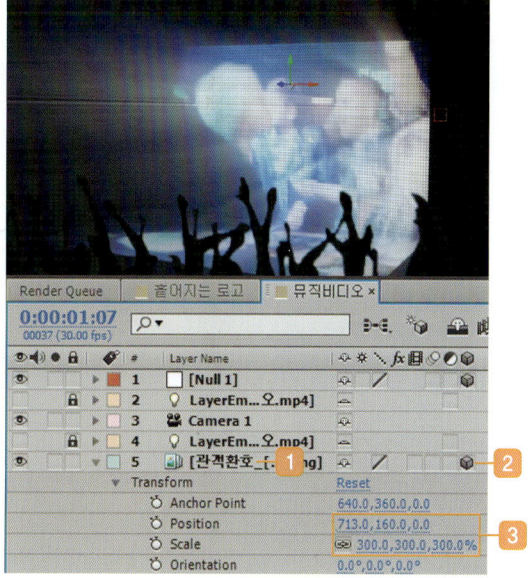

최종 결과물

캠프파이어

모닥불 피워놓고 마주 앉아서… 생각만해도 낭만적이죠. 이런 낭만의 모닥불도 파티큘러를 이용하면 어렵지 않게 표현할 수 있습니다. 모닥불의 불꽃과 연기 그리고 불똥을 단계별로 표현해 보며 불꽃에 의해 주위에 있는 피사체가 깜빡거리는 장면은 위글(wiggle) 익스프레션을 이용합니다.

01 새로운 작업을 하기 위해 Ctrl+N 키를 눌러 [캠프파이어]란 이름의 컴포지션을 만들어줍니다. 그리고 컴포지션의 크기는 1280X720으로 해 주고 작업 시간은 10 정도로 설정합니다.

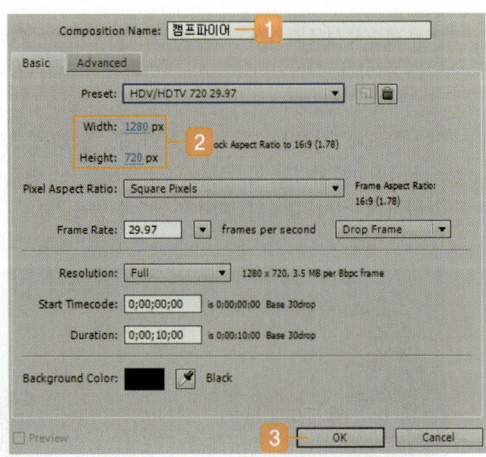

02 배경 작업을 위해 Ctrl+I 키를 눌러 학습자료 폴더에 있는 캠핑.jpg 파일을 불러와 캠프파이어 컴포지션(타임라인)에 갖다 놓습니다.

03 캠핑 레이어를 Ctrl+D 키를 눌러 복제합니다. 복제된 위쪽 레이어는 일단 숨겨놓습니다.

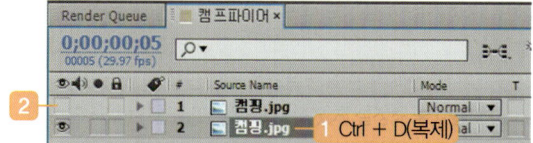

04 이제 캠프파이어(모닥불)를 하기 적당한 밤을 표현하기 위해 아래쪽 캠핑 레이어에 Effect 〉 Color Correction 〉 Brightness & Contrast를 적용하고 이펙트 컨트롤 패널에서 Brightness 값을 -100으로 설정하여 밤처럼 어둡게 해 줍니다.

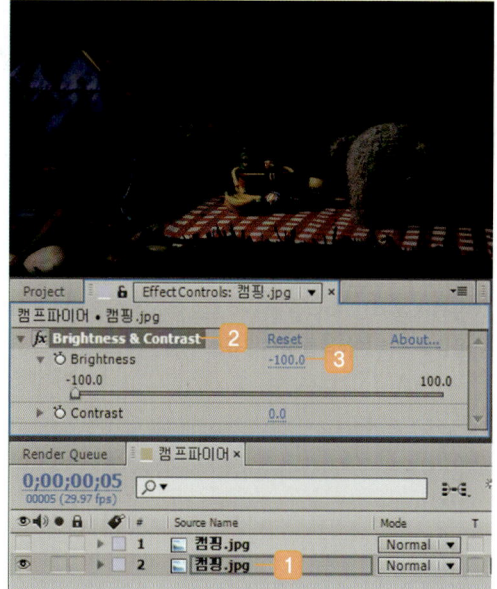

05 이번엔 캠프파이어를 할 때 빛에 의해 피사체가 밝게 비치는 장면을 표현하기 위해 위쪽 캠핑 레이어를 다시 보이게 해준 후 Effect 〉 Color Correction 〉 Curves를 적용합니다. 커브 이펙트의 Channel을 Red로 설정한 후 그림처럼 그래프를 설정하여 뜨거운 느낌의 붉은 톤으로 해 줍니다.

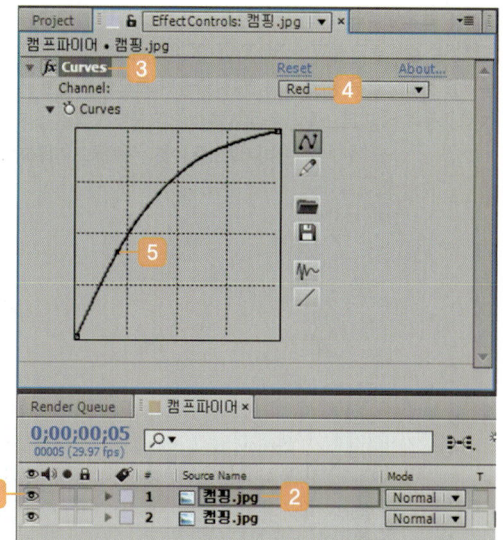

06 계속해서 Channel을 Blue로 설정한 후 Curves 그래프를 그림처럼 설정하여 이미지의 색감을 따뜻한 느낌(황색)의 톤으로 해 줍니다.

07 이제 따뜻한 느낌의 캠핑 레이어에 Pen 툴을 사용하여 그림처럼 캠프파이어의 빛을 받는 피사체 주위를 마스크로 영역을 만들어줍니다. 이때 펜 툴 모드를 RotoBezier를 체크하면 자연

예제로 배우는 파티큘러 - 캠프파이어 **273**

스런 곡선을 그려줄 수 있습니다.

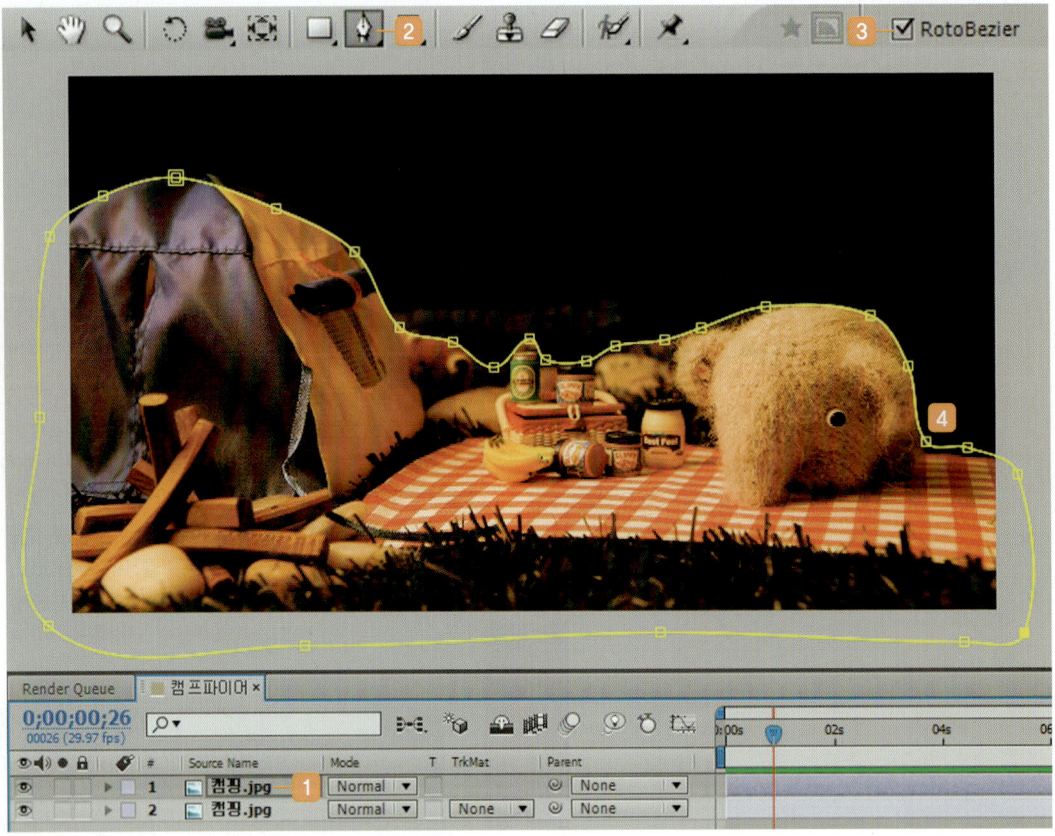

08 계속해서 Mask 1의 Mask Feather를 110 정도로 설정하여 마스크 경계를 부드럽게 해 줍니다.

09 이번엔 빛에 의해 깜빡거리는 장면을 표현해 봅니다. 위쪽 캠핑 레이어의 Transform에서 Opacity의 스톱워치를 Alt 키를 누른 상태로 클릭하여 익스프레션을 적용한 후 익스프레션 입력 필드에 다음과 같이 입력하여 깜빡거리는 장면을 만듭니다. 위글 값 중 첫 번째 수치는 깜빡거리는 빈도를 뜻하고 두 번째 수치는 깜빡거릴 때의 최대 불투명도를 뜻합니다.

wiggle(10, 65)

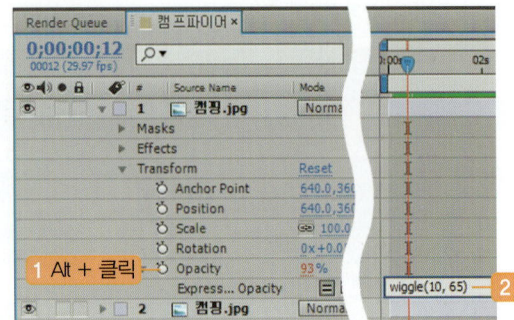

10 앞선 작업을 확인해 보면 위글 값에 의해 장면이 깜빡거리는 것을 알 수 있습니다. 이것은 실제 모닥불 주위에 있을 때와 같은 장면을 표현한 것입니다.

11 위쪽 따뜻한 느낌의 캠핑 레이어를 Ctrl+D 키를 눌러 다시 하나 복제한 후 위쪽 캠핑 레이어에 적용된 마스크를 그림처럼 빛에 의한 하이라이트(강조)될 부분에 맞게 모양을 수정합니다. 수정할 때 Ctrl+T 키를 눌러 프리 트랜스폼 모드에서 크기와 위치를 조절하면 쉽게 모양을 수정할 수 있습니다. 그다음

Mask Opacity를 70 정도로 떨어뜨리고 블렌딩 모드를 Add로 설정하여 하이라이트 영역을 더욱 강렬하게 표현합니다.

12 아직은 모닥불이 없지만 실제 모닥불이 있다고 가정하고 모닥불 주위에서 발광하는 장면을 표현해 봅니다. Ctrl+Y 키를 눌러 [주변광1]이란 이름과 주황색의 솔리드 레이어를 만들어줍니다.

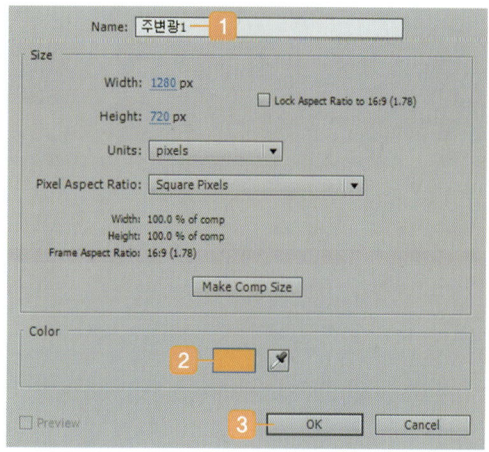

13 주변광1 솔리드 레이어에 그림처럼 마스크를 만들어줍니다. 마스크를 그릴 때는 주변광1 레이어를 숨겨놓고 그려주는 것

이 원하는 모습으로 정확하게 그려줄 수 있습니다.

여기에서는 이전에 캠핑 레이어의 Opacity에서 작업한 익스프레션을 그대로 복사하여 사용합니다. 캠핑 레이어의 트랜스폼에 있는 Opacity를 선택한 후 복사(Ctrl+C)합니다. 그다음 주변광1 레이어의 트랜스폼의 Opacity를 선택한 후 Ctrl+V 키를 눌러 붙여놓기 하면 위글 익스프레션을 쉽게 사용할 수 있습니다.

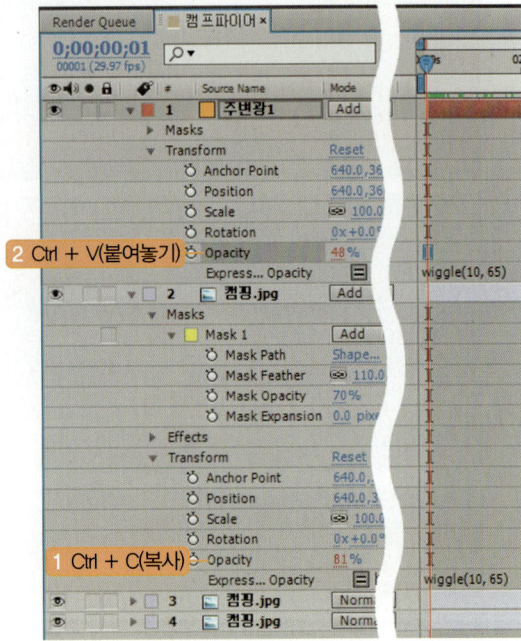

14 주변광1 레이어를 다시 보이게 해 주고 Mask 1의 Mask Feather를 120 정도로 설정하여 마스크의 경계를 부드럽게 해 줍니다. 그리고 Mask Opacity를 80 정도로 떨어뜨리고 블렌딩 모드를 Add로 설정합니다.

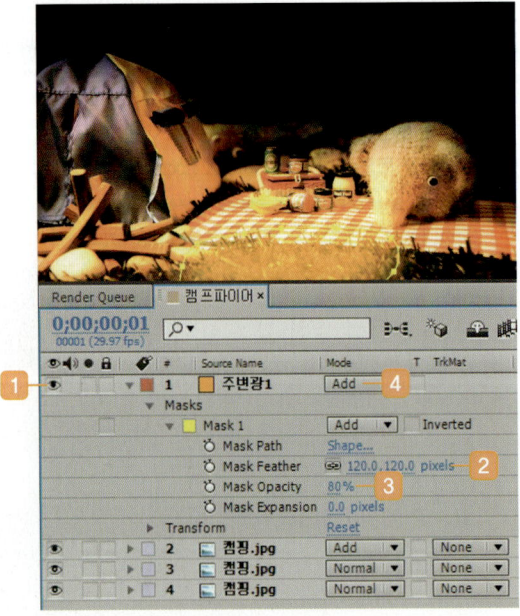

16 계속해서 주변광1 레이어를 Ctrl+D 키를 눌러 하나 복제하고 위쪽 레이어의 이름을 주변광2로 수정합니다.

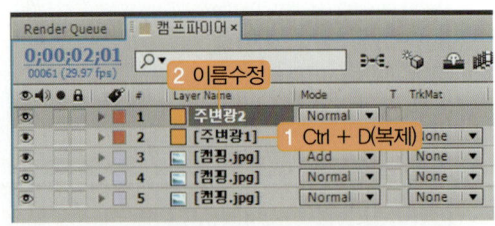

17 이번엔 주변광2 솔리드 레이어의 색상을 변경하기 위해 주변광2 레이어가 선택된 상태에서 Layer 〉 Solid Settings을 선택하거나 Ctrl+Shift+Y 키를 눌러 솔리드 셋팅 창을 열고 색상을 노란색으로 바꿔줍니다.

15 이제 주변광1 레이어도 깜빡거리는 불빛을 표현해야 합니다.

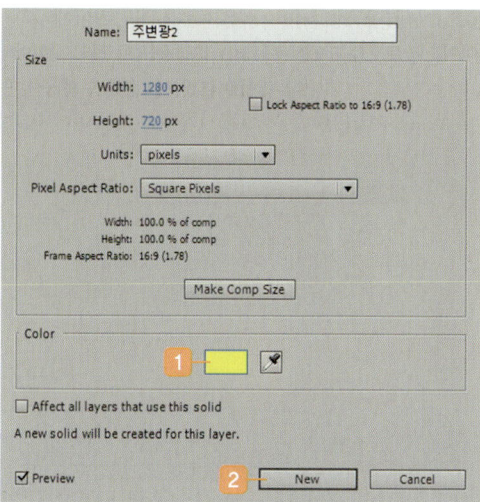

모그)와 불똥(스파크) 그리고 불꽃을 표현해 볼 것입니다. 먼저 연기를 표현하기 위해 Ctrl+Y 키를 눌러 [연기]란 이름의 솔리드 레이어를 생성합니다.

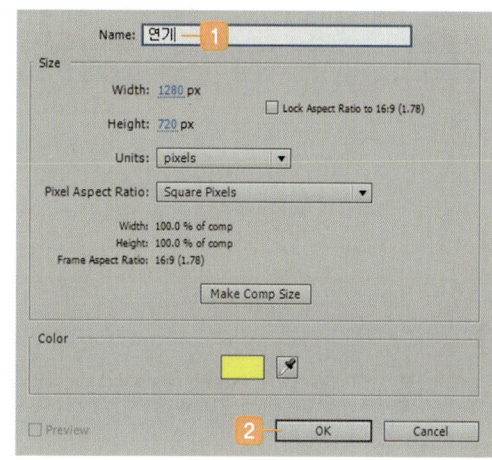

18 주변광2 레이어에 적용된 Mask 1의 크기를 주변광1 레이어의 마스크보다 약간 크게 조절하고 블렌딩 모드를 Add로 설정합니다. 현재의 모습은 너무 강렬하게 표현되므로 Mask Opacity를 35 정도로 떨어뜨립니다.

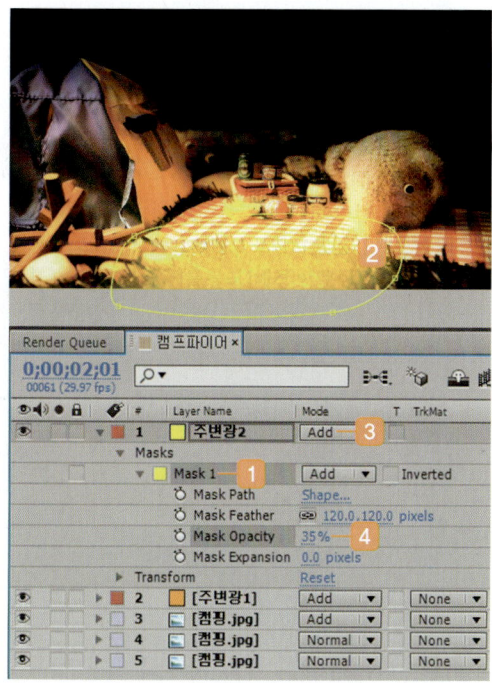

19 이제부터는 파티큘러 효과를 사용하여 모닥불 주변의 연기(스

20 연기 레이어에 Effect 〉 Trapcode 〉 Particular를 적용하고 Emitter 항목에서 Emitter Type을 Box로 설정하고 Position Y축을 설정하여 화면 아래로 내려줍니다. 그리고 Direction을 Directional로 설정하고 X Rotation을 90도로 설정하여 파티클이 위쪽으로 방출되도록 합니다. 그다음 Direction Spread [%]를 50 정도로 설정하여 파티클들이 위쪽으로만 방출되지 않고 주변으로도 퍼져나가게 해 줍니다. Velocity를 80 정도로 낮춰 연기의 속도처럼 느리게 해 주고 Velocity Random [%]은 50 정도로 설정합니다. Velocity Distribution은 3 정도로 설정하여 Emitter Size X, Y, Z축을 각각 500, 500, 200 정도로 설정합니다.

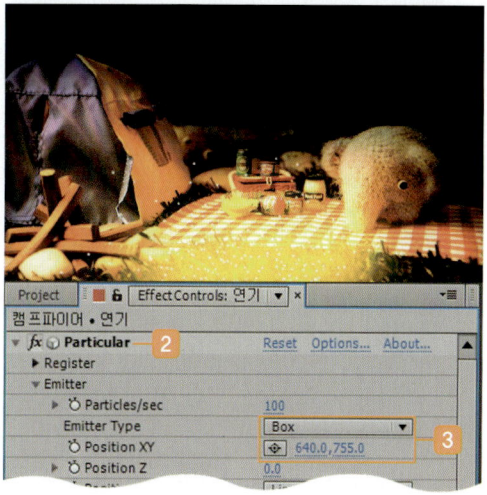

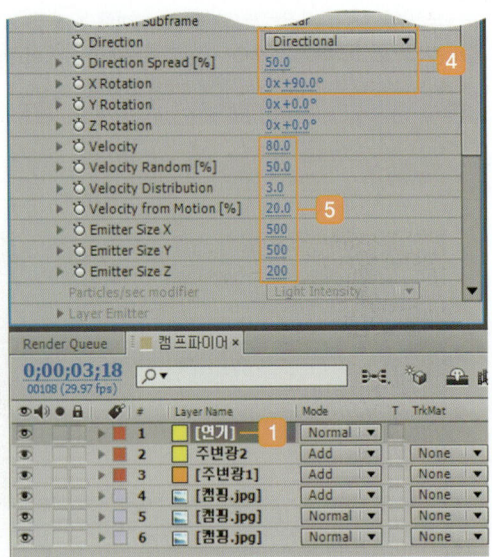

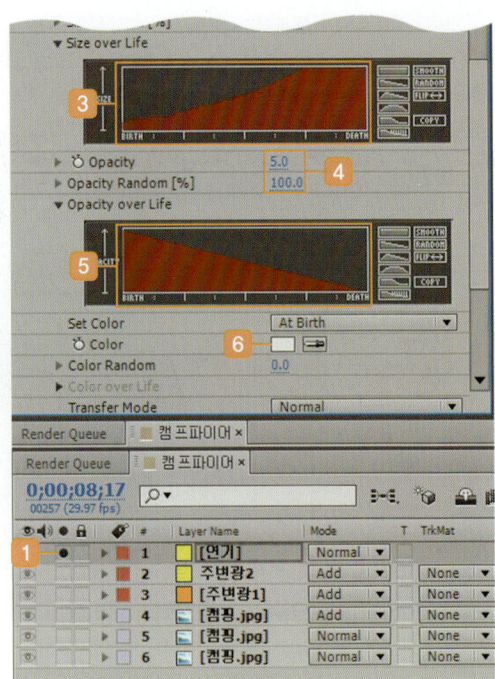

21 이번엔 Particle 항목에 대해 설정해 봅니다. 설정하기 전에 먼저 연기 레이어의 모습만 나타나도록 Solo를 켜줍니다. Life [sec]를 7 정도로 늘려주고 Life Random [%]를 50, Particle Type을 연기가 표현되도록 Cloudlet으로 설정합니다. 그리고 Size를 140 정도로 키워주고 Size Random [%]를 100, Size over Life를 그림처럼 작았다가 시간이 갈수록 점점 커지게 해 줍니다. 그다음 Opacity는 5 정도로 낮춰서 연기가 은은하게 보이도록 해 주고 Opacity Random [%]를 100으로 설정합니다. Opacity over Life는 처음엔 불투명했다가 투명하게 사라지도록 해 주고 Color는 밝은 회색 정도로 해 줍니다.

22 연기의 Solo를 다시 해제하여 모든 레이어의 모습이 보이도록 해 주고 연기 레이어의 블렌딩 모드를 Screen으로 설정하여 자연스럽게 합성을 해 줍니다. 연기(파티클)의 모습이 첫 장면부터 보이게 하기 위해 Emitter 항목의 Emission Extras에서 Pre Run을 100으로 설정합니다. 이것으로 연기를 표현해 보았습니다.

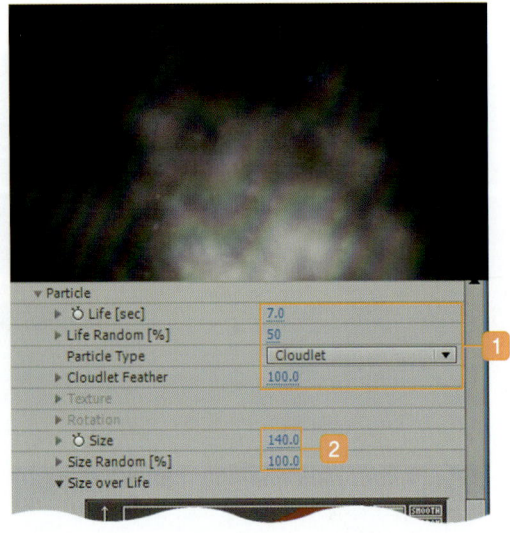

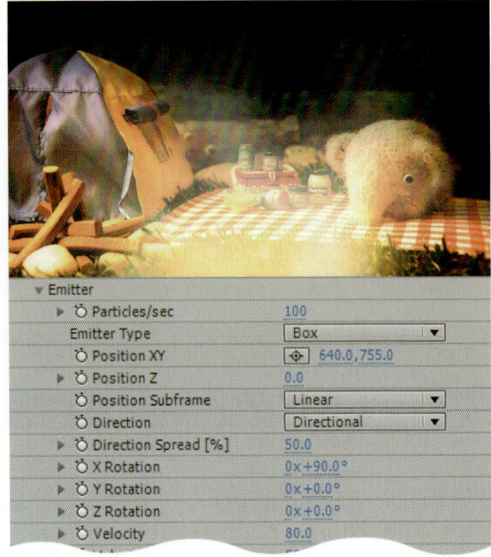

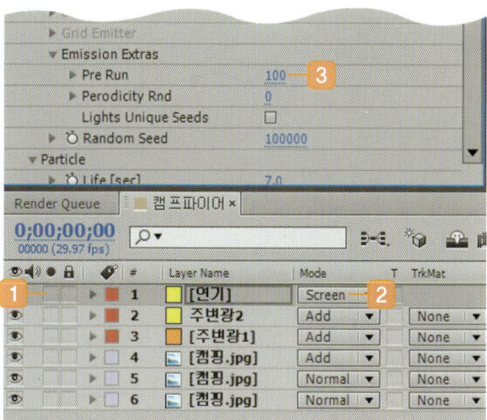

23 이번엔 불똥(스파크)을 표현해 봅니다. Ctrl+Y 키를 눌러 [불똥]이란 이름의 솔리드 레이어를 추가합니다.

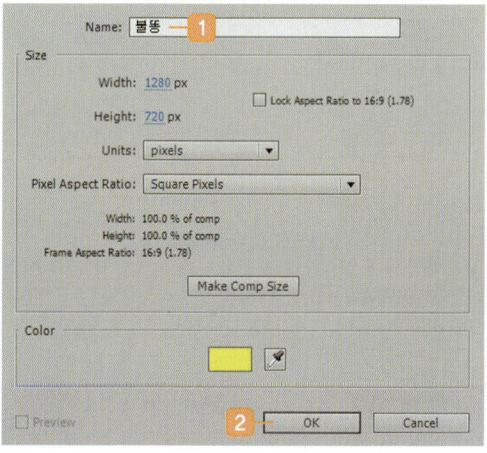

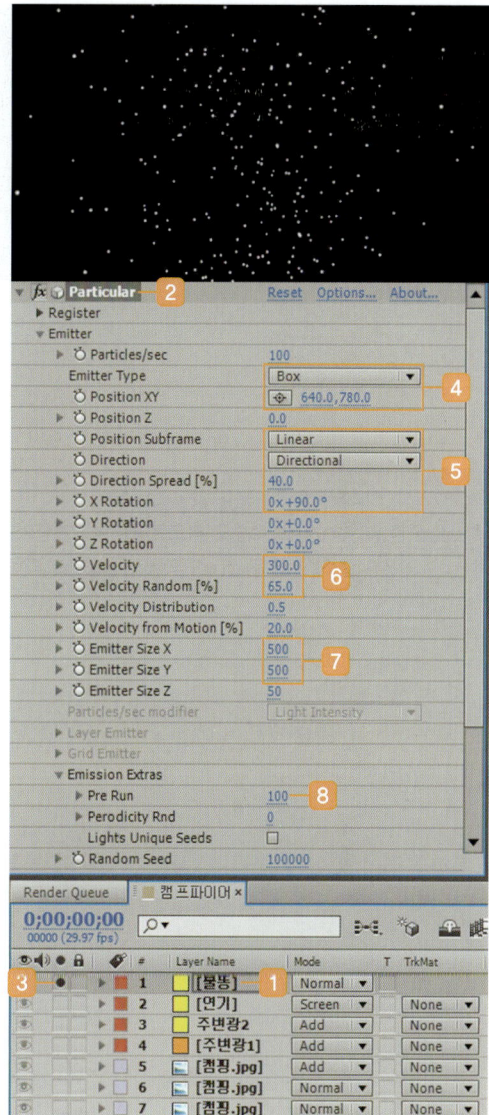

24 불똥 레이어에 Effect 〉 Trapcode 〉 Particular를 적용하고 먼저 Solo를 켜서 불똥 레이어의 모습만 보이게 합니다. Emitter 항목에서 Emitter Type을 Box로 설정하고 Position Y축을 설정하여 화면 아래에서 파티클이 분출되도록 합니다. Direction을 Directional로 설정하고 X Rotation을 90도로 설정하여 파티클들이 위쪽으로 분출되게 하며 Direction Spread [%]를 40 정도로 설정하여 파티클들이 주위로도 흩어지게 합니다. Velocity는 300 정도로 설정하여 속도를 빠르게 해 주고 Velocity Random [%]을 65로 설정합니다. Emitter Size X, Y축을 모두 500으로 설정하고 첫 장면부터 파티클의 모습이 보이게 하기 위해 Emission Extras의 Pre Run을 100으로 설정합니다.

25 이번엔 Particle 항목에서 Life [sec]를 1.1초 정도로 줄여주고 Life Random [%]을 50 정도로 설정합니다. Particle Type을 Glow Sphere (No DOF)로 설정하고 Size는 4 정도로 설정하며 Size Random [%]를 60 정도로 설정합니다. Size over Life는 그림처럼 거의 사라질 무렵에 크기가 줄어들게 하고 Opacity는 90, Opacity Random [%]은 50 정도로 설정한 후 Opacity over Life는 사라질 때 빠르게 투명해지도록 합니다. Color는 진한 주황색으로 설정합니다. 아래쪽 Glow의 Size를 500 정도로 높여서 불똥 파티클 주위에서 발광하는 빛을 더욱 뚜렷하게 해 줍니다.

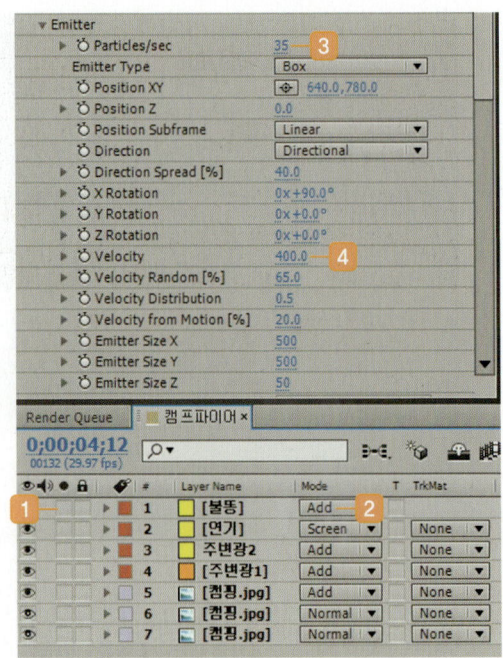

26 이제 다시 불똥 레이어의 Solo를 해제하여 모든 레이어의 모습이 보이도록 해 주고 블렌딩 모드를 Add로 설정합니다. 확인해 보면 불똥이 너무 많게 느껴지고 속도가 조금 더 빨랐으면 하는 바램입니다. Emitter 항목에서 Particles/sec를 35 정도로 줄여주고 Velocity를 400 정도로 설정합니다.

27 이제부터는 불꽃을 표현해 봅니다. 불꽃을 표현하는 방법은 파티큘러외에도 프랙탈 노이즈를 이용하는 방법이 있습니다. 먼저 프랙탈 노이즈를 이용한 불꽃을 표현하는 방법에 대해서 잠시 살펴봅니다. Ctrl+N 키를 눌러 [프랙탈 노이즈 불꽃]이라는 이름의 컴포지션을 만들어줍니다.

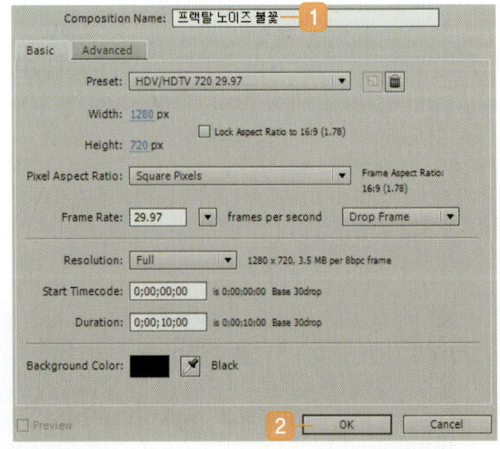

28 계속해서 Ctrl+Y 키를 눌러 [프랙탈 노이즈 불꽃]이란 솔리드 레이어를 생성합니다.

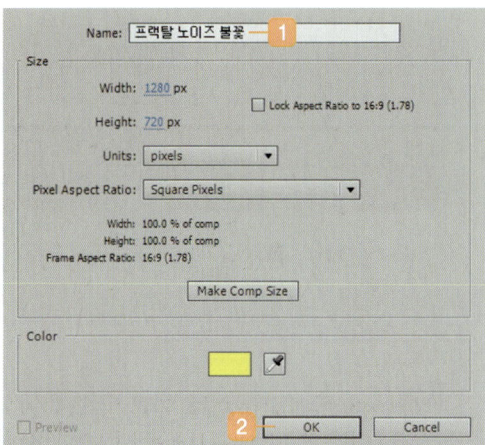

29 프랙탈 노이즈 불꽃 솔리드 레이어에 Effect 〉 Noise & Grain 〉 Fractal Noise를 적용하고 이펙트 컨트롤 패널에서 Contrast를 182 정도로 설정합니다. Transform의 Uniform Scaling을 해제하고 Scale Width를 50, Scale Height를 160 정도로 설정하여 노이즈 패턴을 길게 늘려줍니다.

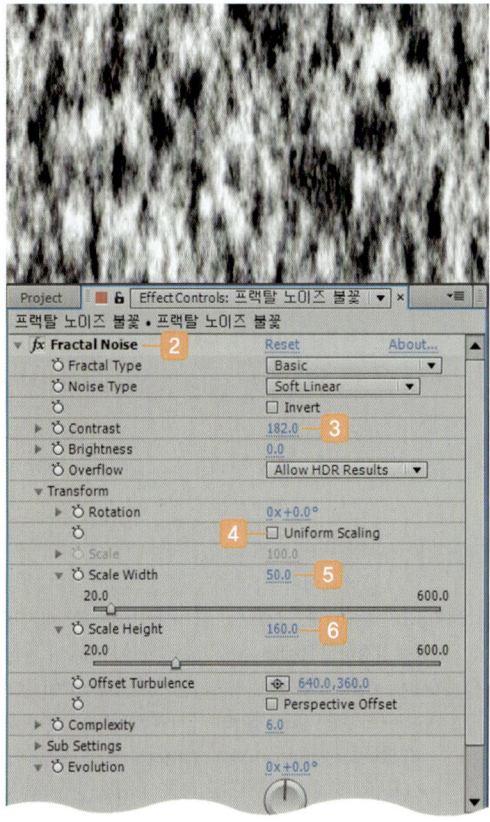

30 이제 프랙탈 노이즈 패턴이 불꽃처럼 활활 타오르는 장면을 표현하기 위해 시간을 시작 프레임으로 이동한 후 Fractal Noise의 Transform에서 Offset Turbulence와 Evolution의 스톱워치를 켜서 키프레임을 생성합니다.

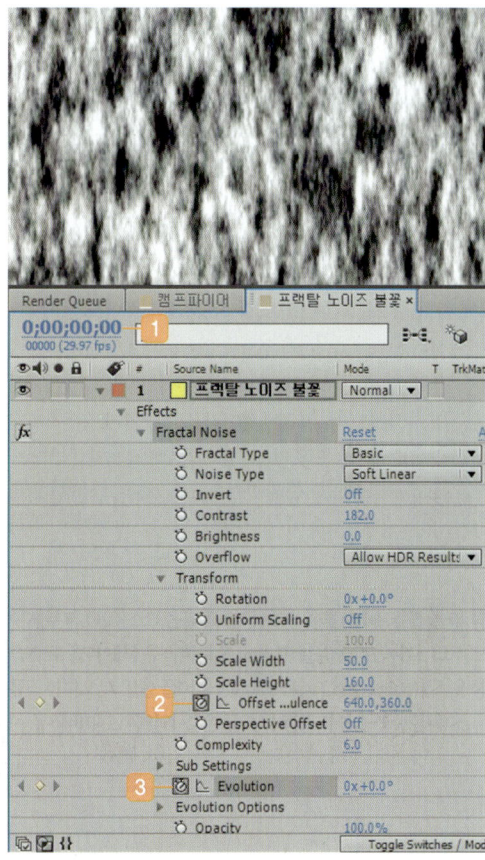

31 시간을 마지막 프레임으로 이동한 후 Offset Turbulence의 Y축을 -550 정도로 설정하여 빠르게 위쪽으로 움직이게 해 주고 Evolution를 여섯 바퀴 회전하여 노이즈 패턴의 모습을 빠르게 변화되도록 합니다. 이렇듯 현재는 색상 때문에 불꽃 느낌은 들지 않지만 프랙탈 노이즈 패턴의 변화되는 모습이 불꽃이 활활 타오를 때의 모습과 유사하다는 것은 느낄 수 있을 것입니다.

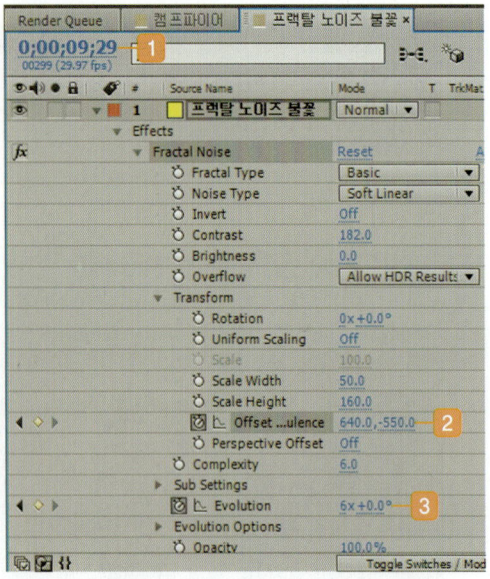

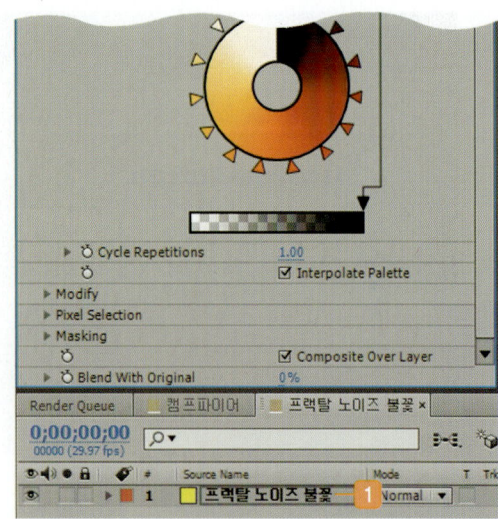

32 이제 실제 불꽃 느낌으로 해 주기 위해 프랙탈 노이즈 불꽃 레이어에 Effect > Color Correction > Colorama를 적용하고 Output Cycle의 Use Preset Palette를 Fire로 설정합니다. 이와 같은 방법으로 프랙탈 노이즈의 패턴을 불꽃이 타오르는 모습으로 표현할 수 있습니다. 이렇게 얻어진 소스는 앞서 작업하던 컴포지션으로 옮겨놓은 후 마스크를 사용하여 필요한 영역만 표현하고 블렌딩 모드를 통해 합성하면 모닥불처럼 표현할 수 있습니다. 파티큘러를 이용하여 불꽃을 만드는 방법 전에 잠시 불꽃을 표현하는 또 다른 방법에 대해 살펴보았습니다.

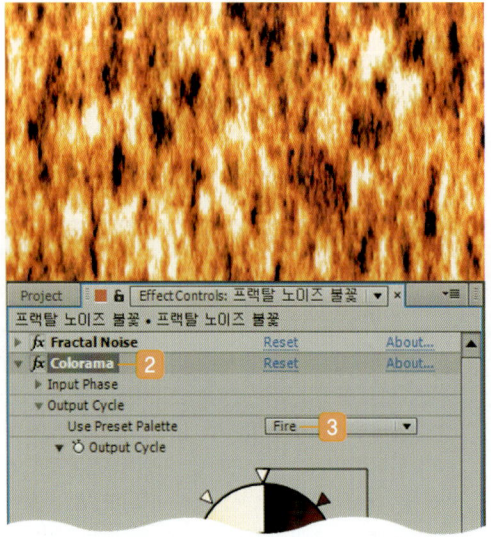

33 이제부터는 파티큘러를 이용하여 불꽃을 표현해 봅니다. 다시 캠프파이어 컴포지션으로 이동한 후 Ctrl+Y 키를 눌러 [불꽃]이라는 솔리드 레이어를 만들어줍니다.

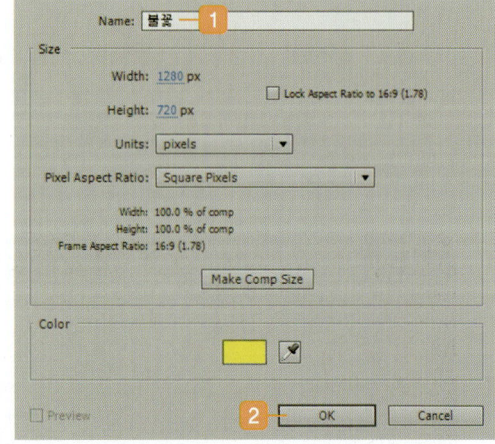

34 불꽃 솔리드 레이어에 Effect > Trapcode > Particular를 적용하고 먼저 불꽃 레이어의 Solo를 켜서 불꽃 레이어의 모습만 보이도록 해 줍니다. 그리고 Emitter 항목에서 Emitter Type을 Box로 설정하고 Position Y축을 설정하여 파티클이 화면 아래쪽에서 분출되도록 합니다. Direction을 Directional로 설정한 후 X Rotation을 90도로 설정하여 파티클이 위쪽으로 분출되도록 하고 Velocity를 500 정도로 빠르게 해 줍니다. Velocity Random [%]은 30 정도로 해 주고 Emitter Size X, Y, Z축을 각각

500, 500, 300 정도로 설정하며 첫 장면부터 파티클이 나타나게 하기 위해 Emission Extras의 Pre Run을 100으로 설정합니다.

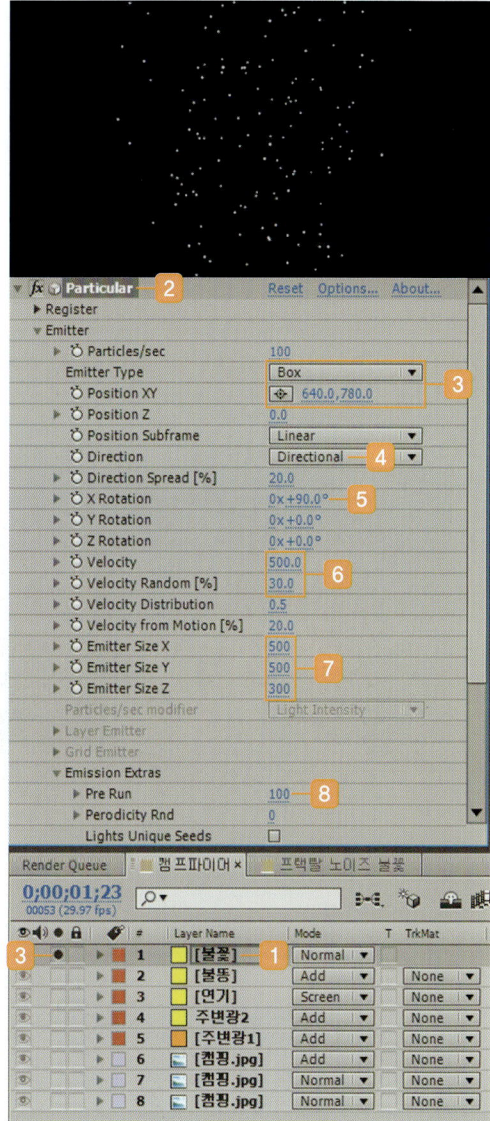

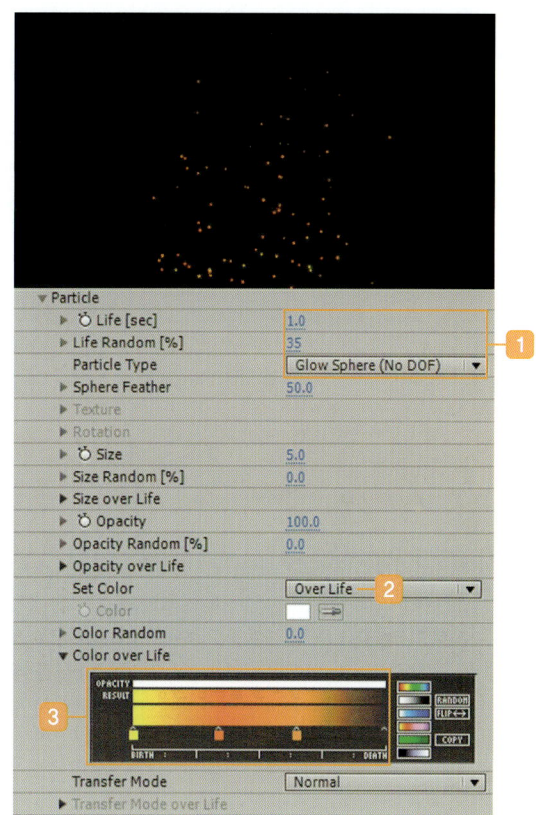

35 이번엔 Particle 항목에서 Life [sec]를 1초로 줄여주고 Life Random [%]을 35 정도로 설정합니다. Particle Type을 Glow Sphere (No DOF)로 설정하고 Set Color를 Over Life로 설정한 후 Color over Life를 그림처럼 노랑, 옅은 빨강, 주황, 회색으로 설정하여 불꽃의 색상을 만들어줍니다.

36 이번엔 Physics 항목에서 Air의 Spin Amplitude를 21 정도로 설정하여 불꽃이 올라갈 때 스핀(회전)이 생기도록 해 주고 Spin Frequency를 4.3 정도로 설정하여 스핀의 빈도를 증가합니다. 아래쪽 Turbulence Field의 Affect Position을 55 정도로 설정하여 흔들리는 불꽃을 표현합니다.

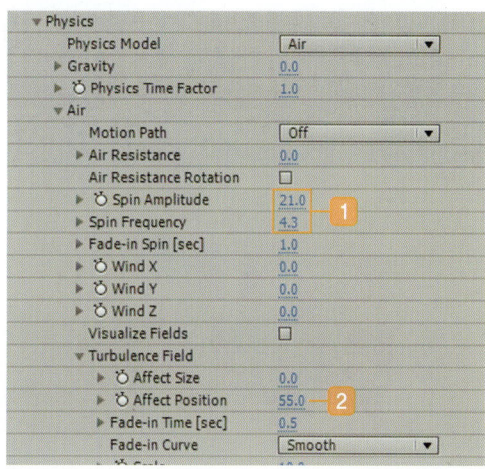

37 이제 메인 파티클의 모습은 필요 없으므로 Particle 항목에서 Size를 0으로 설정합니다. 메인 파티클은 옥스 시스템의 서브 파티클의 움직임과 색상을 위해서만 사용됩니다.

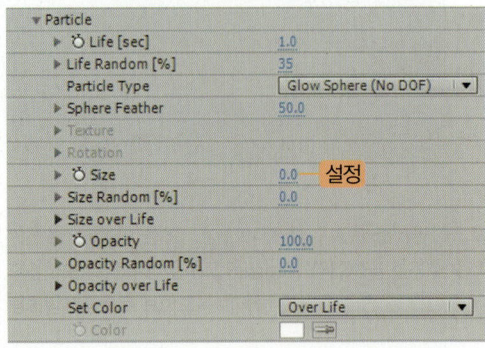

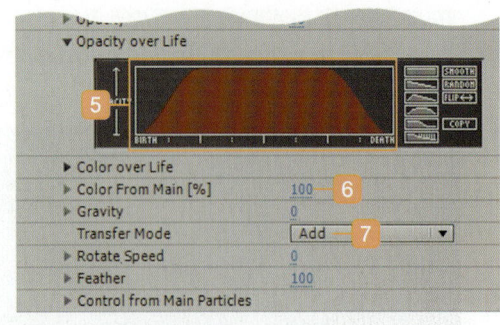

38 이제 실제 불꽃 느낌을 표현하기 위해 Aux System 항목에서 Emit를 Continuously로 설정하고 Particles/sec를 120 정도로 설정합니다. Life [sec]는 0.4 정도로 사용하고 Size를 24 정도로 키워줍니다. Size over Life의 모습을 그림처럼 BIRTH에서는 작게 해주고 DEATH에서는 크게 해 줍니다. 지금의 사이즈 오버 라이프에서의 모양을 어떻게 그려주냐에 따라 불꽃의 모양이 판이하게 달라질 수 있으므로 정확하게 그려주어야 합니다. Opacity over Life는 그림처럼 네 번째 프리셋을 사용하면 되고 Transfer Mode는 Add로 설정합니다. Feather를 100으로 설정하여 불꽃의 경계를 부드럽게 해 줍니다.

39 불꽃이 너무 붉고 끝부분의 회색이 두드러지기 때문에 수정이 불가피합니다. Particle 항목으로 가서 Color over Life의 두 번째 색상을 진한 주황색 정도로 설정하고 마지막 색상을 검정색에 가깝게 설정합니다. 그리고 Transfer Mode를 Add로 설정합니다.

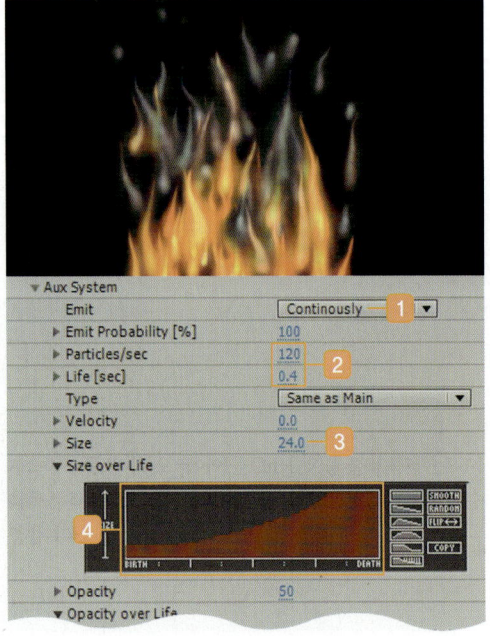

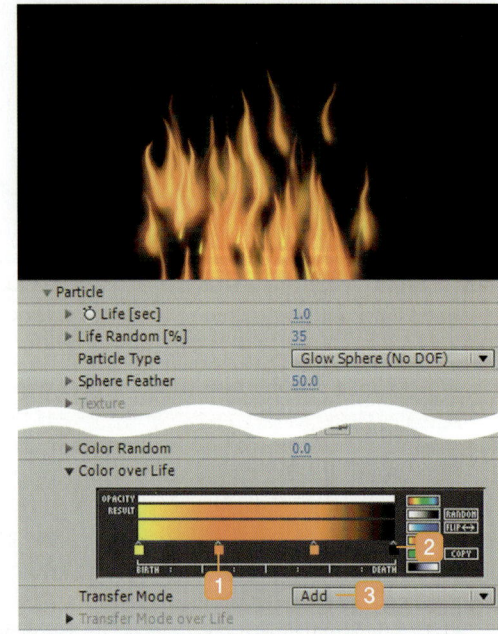

40 이제 Emitter 항목에서 최종 설정을 합니다. Particles/sec를 170 정도로 늘려 불꽃(파티클)의 화력을 높여주고 Emitter Size X, Y, Z축을 각각 150, 150, 50 정도로 줄여서 불꽃의 영역을 작게 해 줍니다. 그리고 Position Y축을 설정하여 불꽃이 화면 아래쪽에서만 보이도록 해 줍니다.

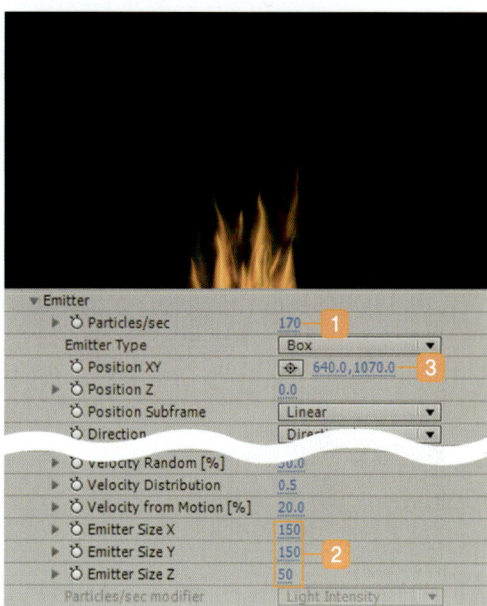

41 마지막으로 불꽃 레이어의 Solo를 해제하여 모든 레이어의 모습이 보이게 한 후 블렌딩 모드를 Screen으로 설정합니다. 현재는 2개의 주변광 때문에 불꽃이 묻혀 보입니다. 두 주변광의 블렌딩 모드를 Darken으로 설정하여 조금 어둡게 합니다. 이제야 불꽃이 눈에 들어옵니다. 지금까지 캠프파이어를 표현해 보았습니다. 학습한 내용을 참고하여 다양한 장면을 표현해 보시기 바랍니다.

배경 디자인

파티큘러는 주로 연기나 불꽃 같은 입자 효과를 위해 사용하지만 입자의 모양이나 크기, 색상 등에 따라서 배경 디자인을 하는데도 효과적으로 사용될 수 있습니다. 이번 학습에서는 서클 모양의 파티클이 움직이는 배경 디자인을 표현해 봅니다.

01 새로운 작업을 하기 위해 Ctrl+N 키를 눌러 [배경 디자인]이란 이름의 컴포지션을 만듭니다. 컴포지션의 크기는 1280X720으로 해 주고 작업 시간은 10 정도로 설정합니다.

의 크기는 400X400으로 해 주고 작업 시간은 10초로 설정합니다.

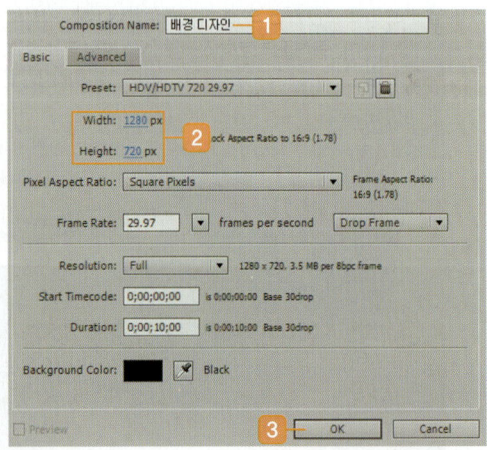

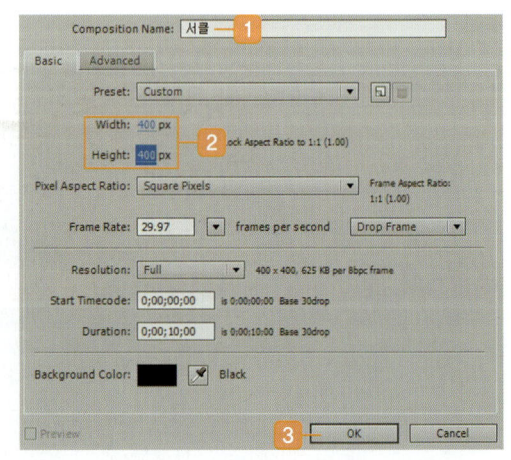

02 계속해서 텍스처 소스로 사용할 작업을 하기 위해 Ctrl+N 키를 눌러 [서클]이란 이름의 컴포지션을 만들어줍니다. 컴포지션

03 서클 모양 작업을 하기 위해 Ctrl+Y 키를 눌러 솔리드 레이어를 만들어줍니다. 솔리드 레이어의 이름은 [서클]로 해 주고 크기는 서클 컴포지션과 동일한 가로, 세로 모두 400X400으로

설정합니다. 색상은 아무거나 상관없습니다.

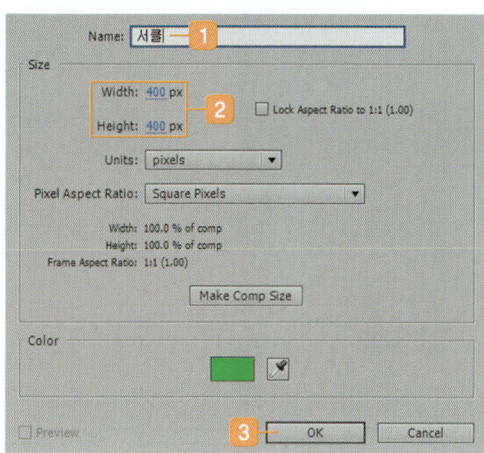

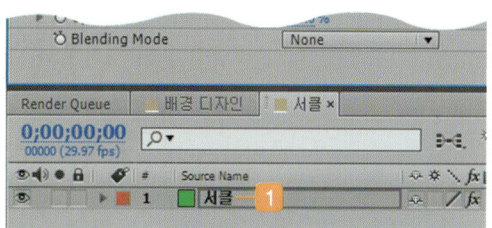

05 이번엔 서클 안쪽을 표현하기 위해 서클 레이어를 Ctrl+D 키를 눌러 복제한 후 위쪽 서클 레이어의 이펙트 컨트롤 패널에서 Edge를 None으로 설정하여 서클 안쪽의 원을 만들어주고 Radius를 150 정도로 작게 합니다. 그리고 Feather Outer Edge를 40 정도로 설정하여 가장자리를 부드럽게 해 줍니다.

04 방금 만든 서클 레이어에 Effect 〉 Generate 〉 Circle을 적용하고 이펙트 컨트롤 패널에서 Radius를 170, Edge를 Thickness로 설정하여 링 모양으로 해 줍니다. Thickness는 3 정도로 설정하여 두께를 얇게 해줍니다.

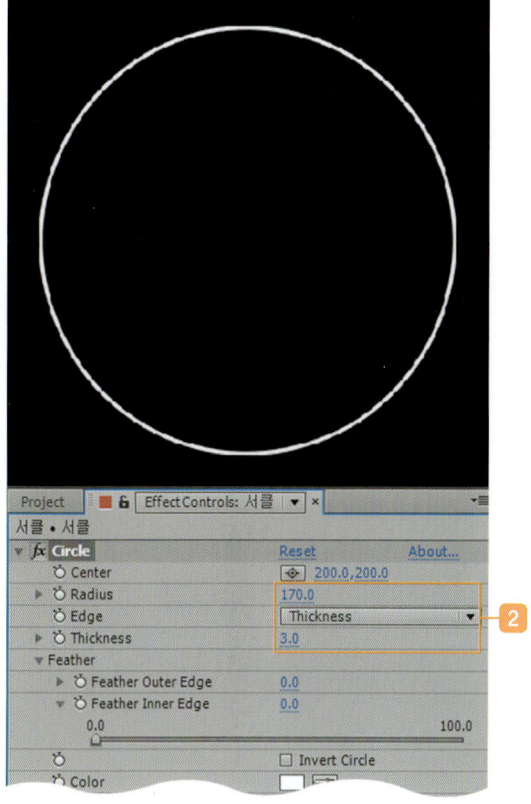

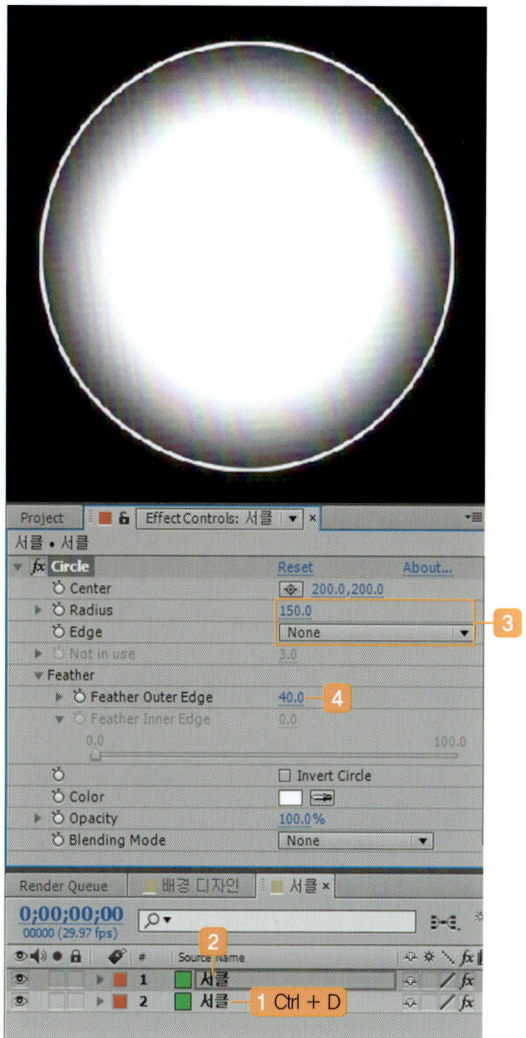

예제로 배우는 파티큘러 - 배경 디자인 **287**

06 다시 위쪽 서클 레이어에 Effect 〉 Transition 〉 Linear Wipe를 적용한 후 Transition Completion을 25 정도로 설정하고 Feather 값을 100으로 설정하여 와이프 경계를 부드럽게 해 줍니다. 그다음 역시 위쪽 서클 레이어의 Opacity를 60 정도로 낮춰 반투명하게 해 줍니다.

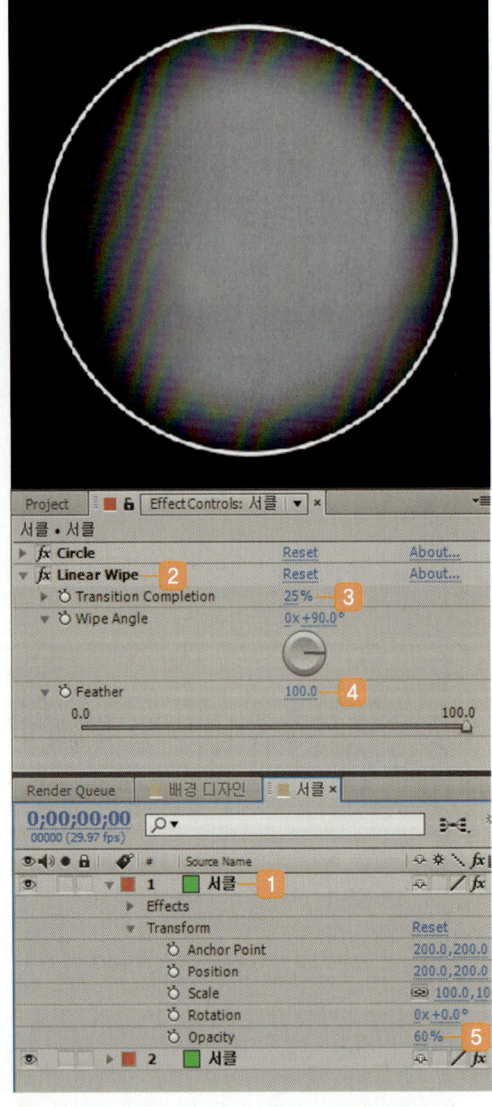

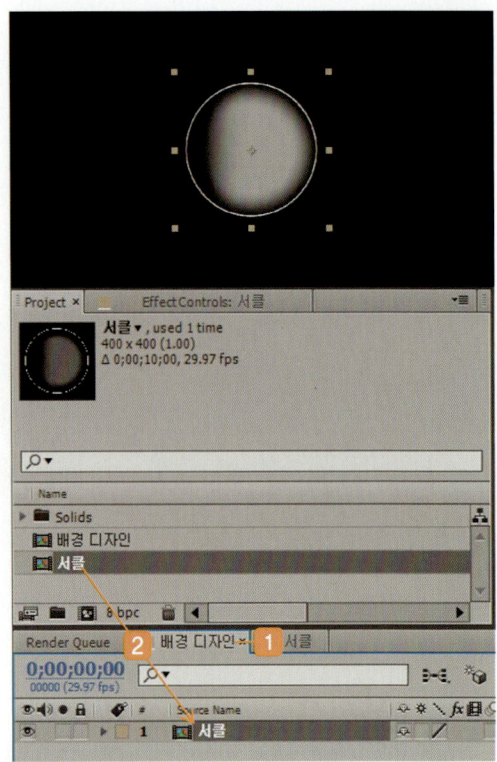

07 이제 배경 디자인 컴포지션으로 이동한 후 프로젝트 패널에서 앞서 작업한 서클 컴포지션을 끌어다 타임라인에 갖다 놓습니다.

08 이번엔 앞서 만든 서클을 파티클로 표현하기 위한 솔리드 레이어를 만들어줍니다 Ctrl+Y 키를 눌러 [서클 파티클]이란 이름과 서클 컴포지션과 동일한 가로, 세로를 1280X720의 크기로 설정합니다. 색상은 아무거나 상관없습니다.

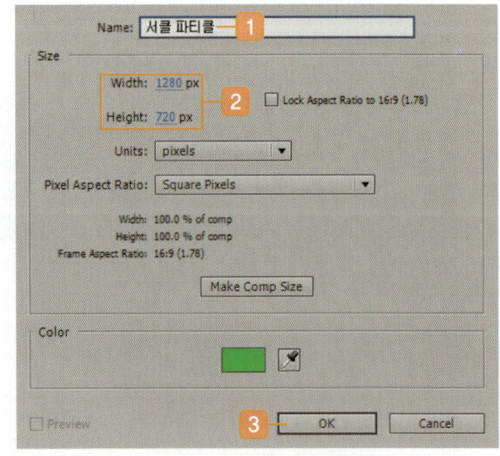

09 서클 파티클 레이어에 Effect 〉 Trapcode 〉 Particular를 적용하고 Emitter 항목에서 Emitter Type을 Box로 설정합니다. 그리고 Direction을 Directional로 설정하고 X Rotation을 90도로 설정합니다. 그리고 Position Y축을 720 정도로 설정하고 Emitter Size X, Y, Z축을 각각 1600, 500, 50 정도로 설정하여 이미터를 아래쪽에 배치합니다.

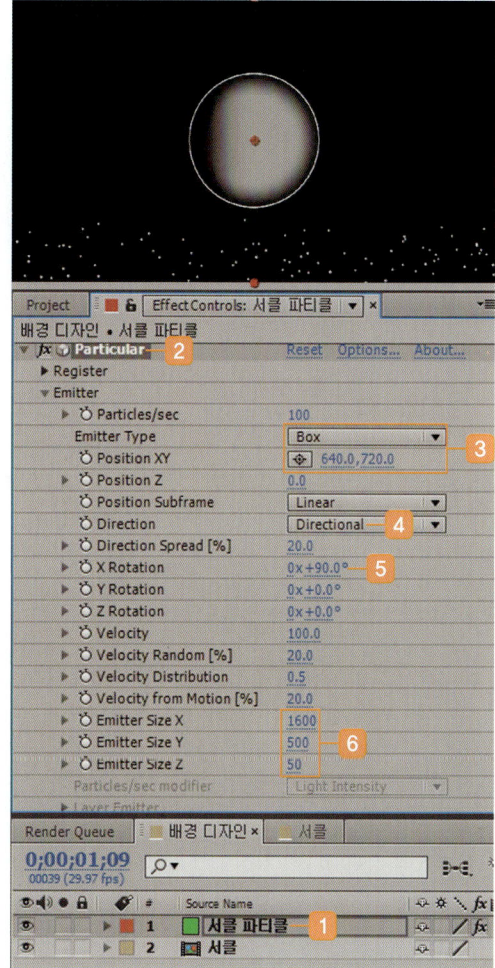

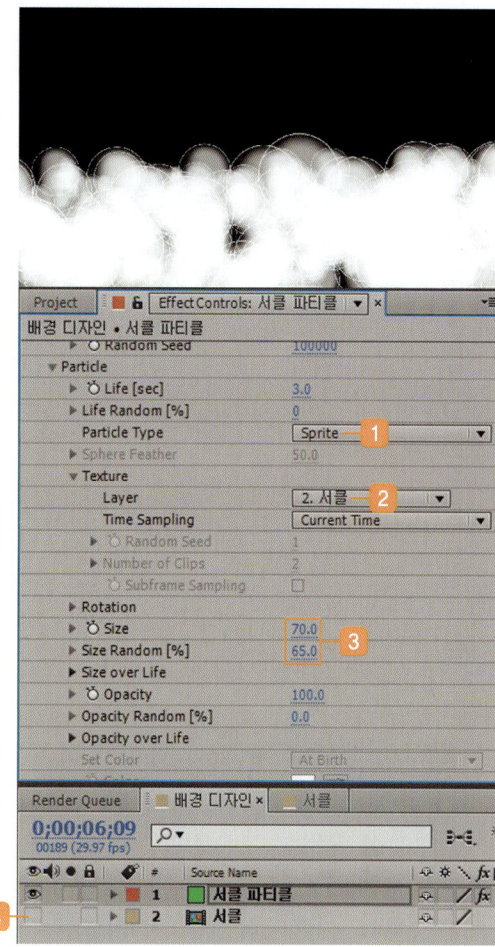

10 계속해서 이번엔 Particle 항목에서 Particle Type을 Sprite로 설정하고 Texture의 Layer를 2. 서클 레이어로 설정합니다. 이제 파티클 모습이 서클 모양으로 바뀌었습니다. 서클 파티클의 크기가 너무 작기 때문에 Size를 70 정도로 키워주고 Size Random [%]을 65 정도의 불규칙적인 크기로 해 줍니다. 그밖에 파티클 항목에 대한 세부적인 설정은 다른 작업을 한 후에 다시 설정하기고 하고 서클 레이어의 모습은 숨겨놓습니다.

11 다시 Emitter 항목에서 Particles/sec를 27 정도로 증가하고 Velocity를 50 정도로 설정하여 속도를 줄여줍니다. 그리고 Velocity Random [%]을 100으로 설정하여 파티클의 속도를 100% 불규칙적으로 해 줍니다. 여기서 Emitter Size Z축을 700 정도로 설정하여 수직 방향(회전됐기 때문에 Z축이 수직 방향이 됐음)의 너비를 더 넓게 해 줍니다.

예제로 배우는 파티큘러 - 배경 디자인 **289**

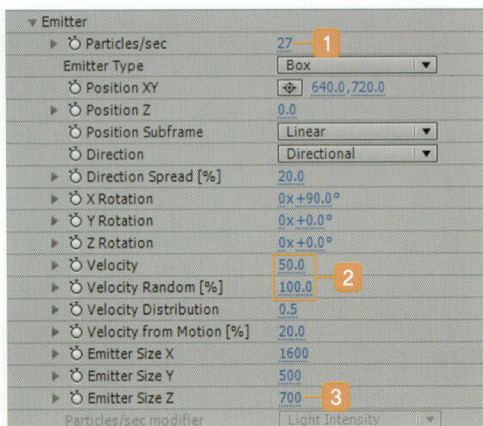

12 다시 Particle 항목에서 Life [sec]를 10초로 늘려준 후 Opacity를 90 정도로 낮춰주고 Opacity Random [%]을 35 정도의 불규칙적인 불투명도로 설정합니다. 아래쪽 Opacity over Life의 그래프를 그림처럼 네 번째 프리셋으로 설정하여 서클 파티클이 시작될 때 투명한 상태에서 나타나고 사라질 때도 투명하게 사라지게 합니다.

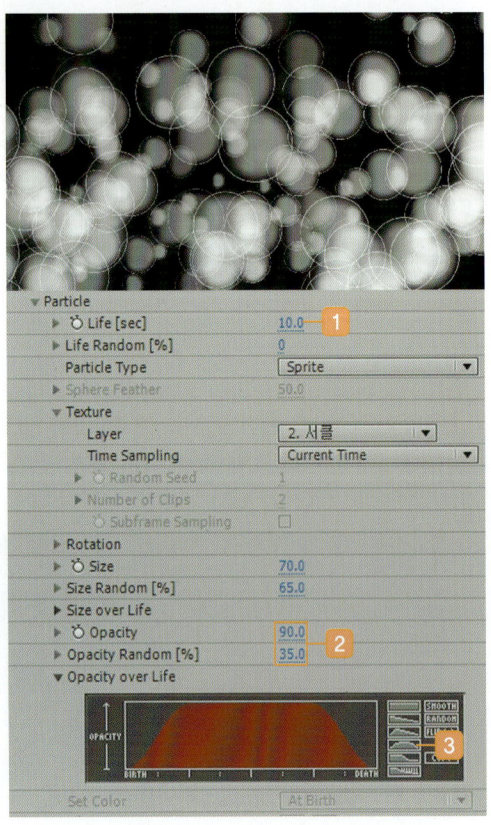

13 현재는 파티클의 개수가 너무 많게 느껴지기 때문에 Emitter 항목에서 Particles/sec를 12 정도로 줄이고 아래쪽 Emission Extras의 Rre Run을 43 정도로 설정하여 서클 파티클이 첫 장면부터 나타나게 해 줍니다. 이때 설정 값은 작업 상황에 따라 달라지므로 여러분이 원하는 상태가 될 때까지 설정하기 바랍니다. 그리고 Random Seed를 설정하여 서클 파티클의 위치를 원하는 상태로 배치합니다.

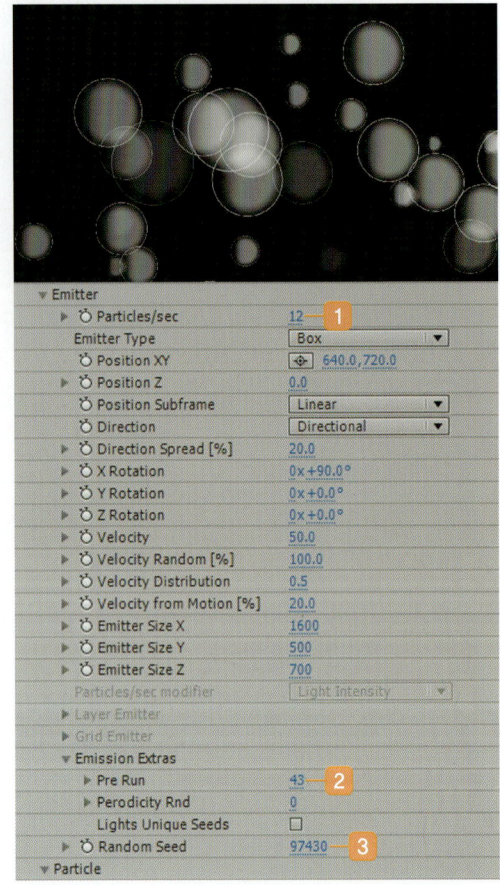

14 지금까지의 작업을 확인해 보면 서클 파티클들이 아래서 위쪽으로 천천히 움직이는 장면이 연출됩니다. 생각하기에 따라서 아무런 문제가 없어 보일 수도 있지만 필자의 눈에는 너무 수직으로 곧게 움직이는 것 같아 약간의 스핀을 줄 것이며 속도도 너무 느린 것 같아 바람의 영향을 받아 좀더 빠르게 움직이게 할 것입니다. 그리고 때에 따라서는 터뷸런스 필드를 이용하여 위치에 대한 변화를 주어도 괜찮을 듯합니다.

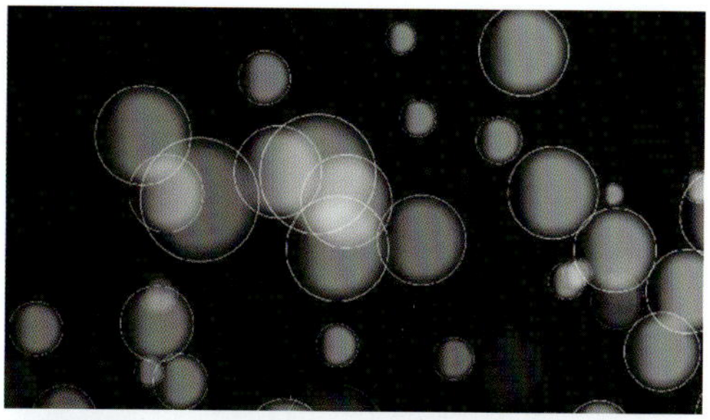

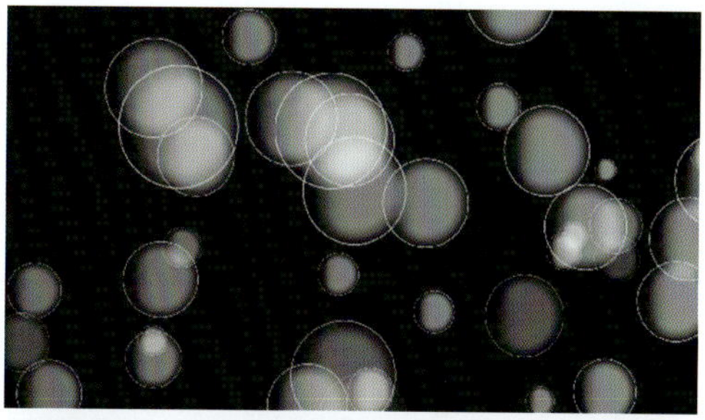

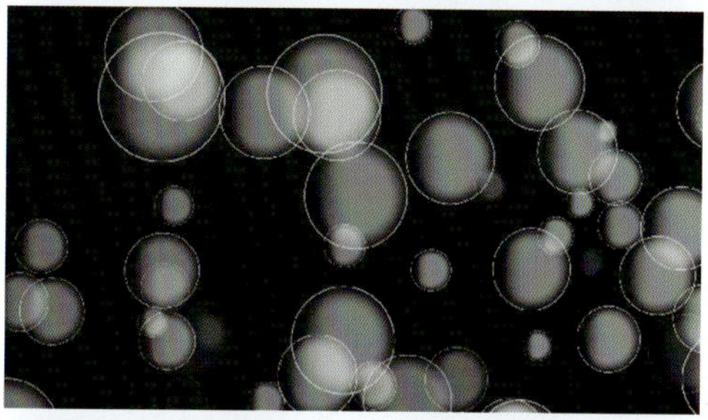

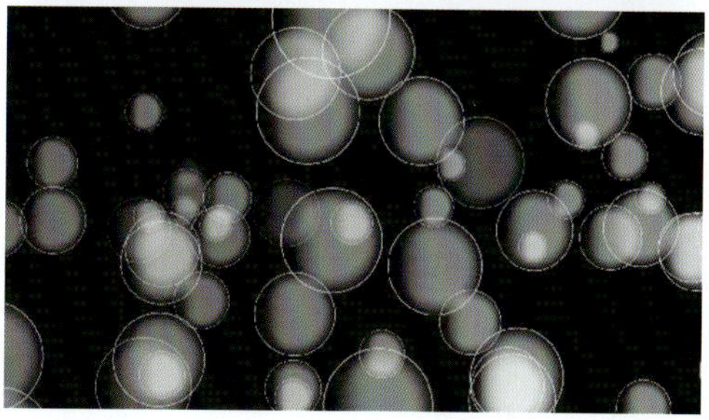

15 Physics 항목에서 Air의 Spin Amplitude를 65 정도로 설정하여 위로 올라갈 때 스핀(웨이브 형태로 움직임)을 주고 Wind Y축을 -30 정도로 설정하여 바람의 영향을 받아 위로 올라가는 속도를 조금 더 빠르게 해 줍니다.

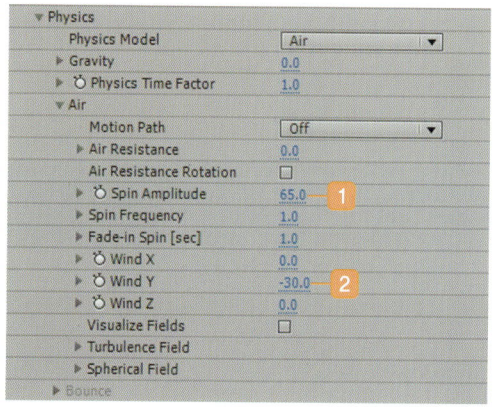

16 여기서 잠깐 Aux System 항목에서 Emit를 Continuously로 설정해 보면 메인 서클 파티클에 서브 파티클(꼬리)이 표현됩니다. 이와 같은 표현도 괜찮아 보이지만 이번 시간에는 서브 파티클 없이 하겠습니다. Emit를 다시 Off로 꺼줍니다.

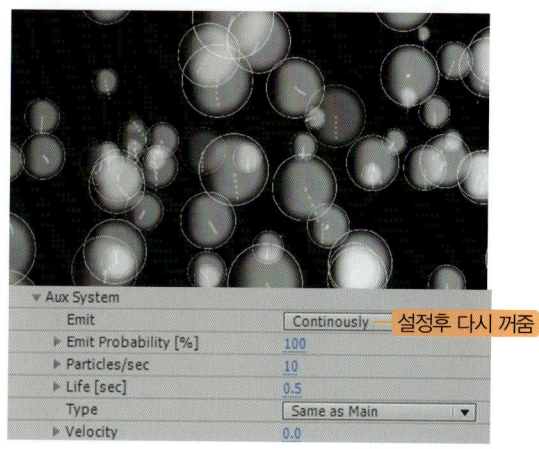

17 이제 조명을 설치하여 서클 파티클들에 비춰지는 색상을 표현을 해 봅니다. Ctrl+Alt+Shift+L 키를 눌러 Light Type를 Point로 설정하고 Color를 파란색으로 설정합니다.

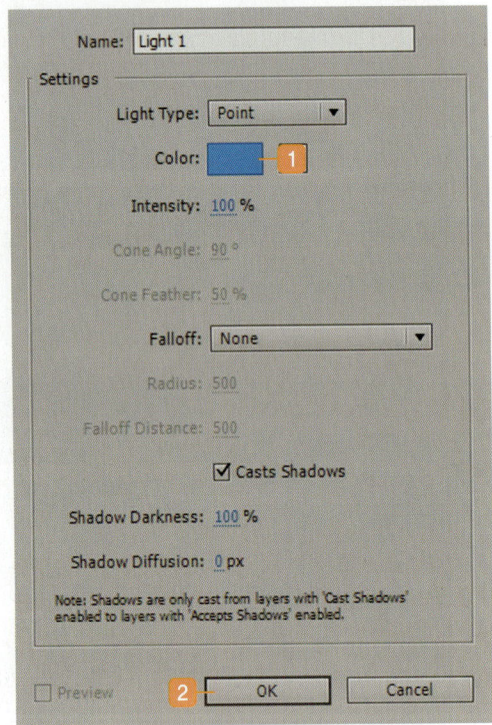

18 2개의 조명을 사용하기 위해 방금 만든 Light 1을 Ctrl+D 키를 눌러 하나 더 복제합니다.

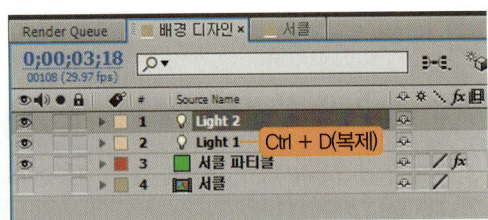

19 계속해서 복제된 위쪽 Light 2 레이어를 열고 Light Options의 Color를 주황색으로 설정합니다. 현재는 파티큘러 효과의 셰이딩 항목에서 조명을 사용할 수 있게 설정이 되지 않았기 때문에 아직까지는 조명에 영향을 받고 있지는 않고 있습니다.

20 앞서 만든 2개의 조명을 그림처럼 배치합니다. 파란색 Light 1은 오른쪽에 주황색 Light 2는 왼쪽에 배치합니다. 이때 Z축은 사용하지 않고 X와 Y축만 이용하여 이동합니다.

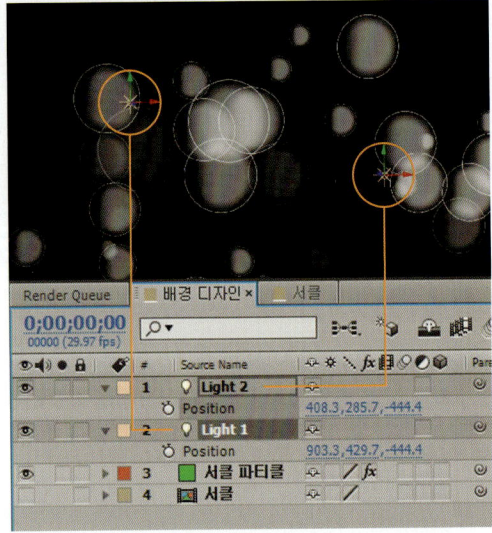

21 마지막으로 조명의 색상을 반영하기 위해 서클 파티클 레이어를 선택하고 이펙트 컨트롤 패널에서 Shading 항목의 Shading을 On으로 켜줍니다. 그리고 Nominal Distance를 530 정도로 거리를 설정하여 원하는 느낌의 색상이 들도록 해 줍니다. 지금까지 파티큘러를 이용하여 배경 디자인을 해 보았습니다. 그밖에 파티클의 모양을 다양하게 사용한다면 또 다른 느낌의 배경 디자인이 될 것입니다.

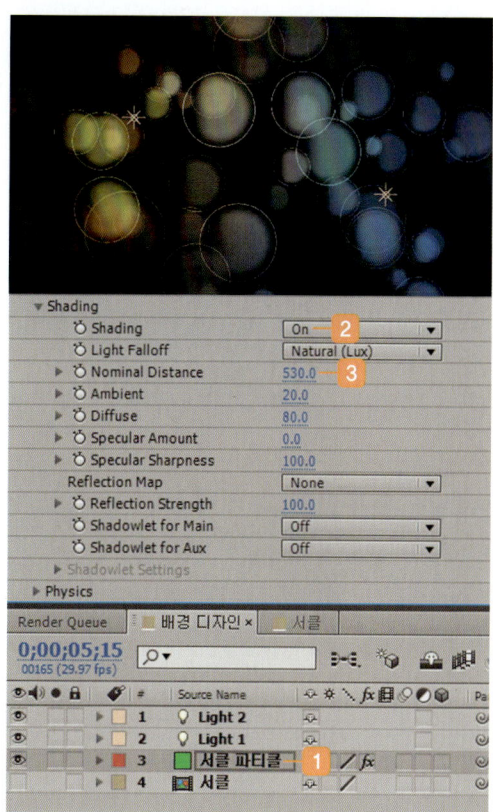
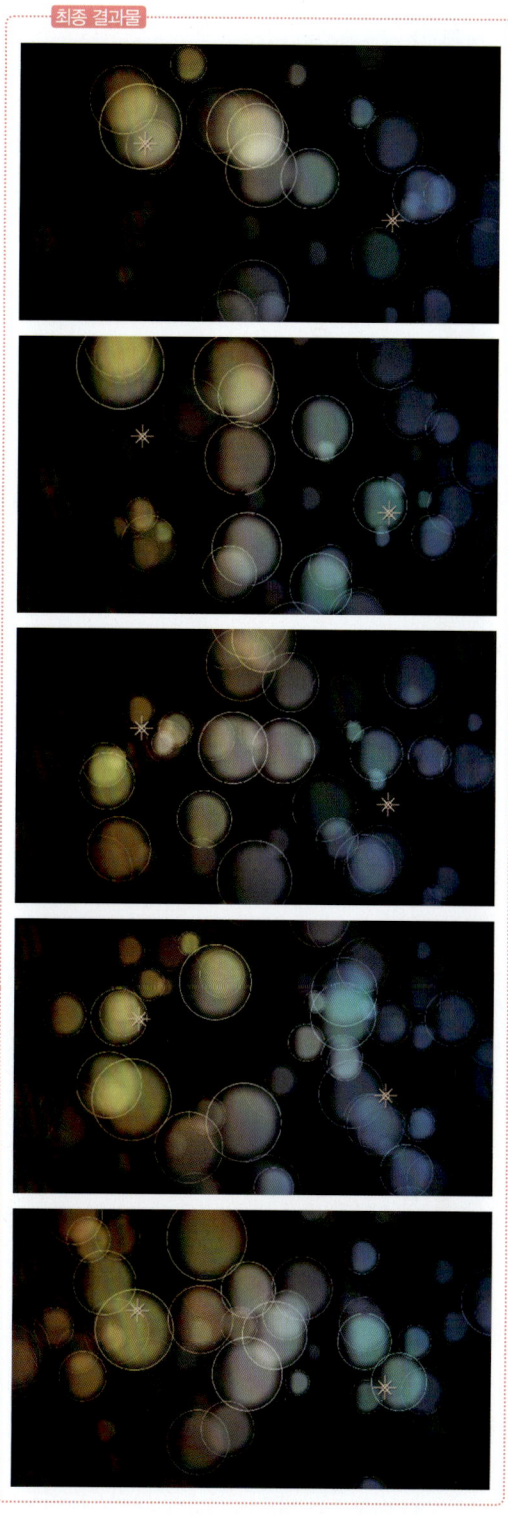

최종 결과물

13

파티큘러 프리셋 활용

파티큘러는 즐겨 사용되는 파라미터의 셋팅 값을 프리셋으로 사용할 수 있는데 v2.2.0 버전부터는 파티큘러 이펙트 컨트롤 패널이 아닌 이펙트 & 프리셋 패널에서 사용할 수 있게 변경되었습니다. 또한 직접 작업한 파티큘러의 파라미터 셋팅 값을 사용자 프리셋에 등록하여 다음 번에도 사용할 수 있으며 때에 따라서 다른 컴퓨터로 복사하여 사용할 수도 있습니다.

01 새로운 작업을 하기 위해 Ctrl+N 키를 눌러 [프리셋]이란 이름의 컴포지션을 만듭니다. 컴포지션의 크기는 1920X1080으로 해 주고 작업 시간은 10 정도로 설정합니다.

리셋]으로 해 줍니다.

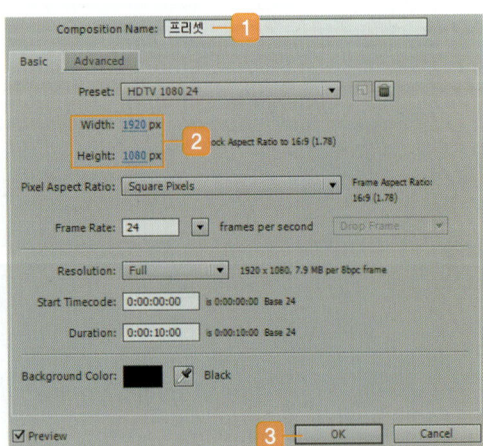

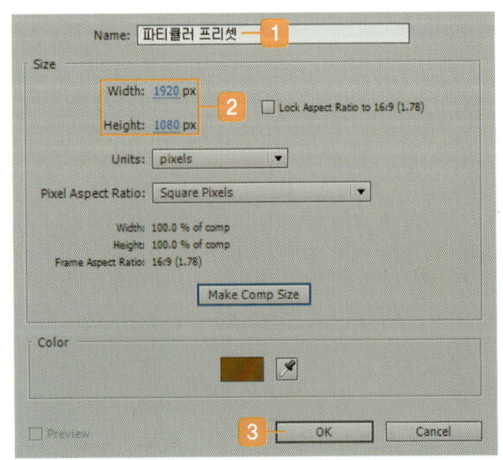

02 이제 파티큘러 프리셋을 살펴보기 Ctrl+Y 키를 눌러 솔리드 레이어를 만들어줍니다. 솔리드 레이어의 이름은 [파티큘러 프

03 파티큘러의 프리셋을 사용하기 위해서는 Effects & Presets 패널을 이용하면 됩니다. 이 패널에서 Animation Presets을 열어보면 애프터이펙트의 기본 프리셋 목록 아래쪽에 Trapcode Particular ffx라는 프리셋 폴더가 있는데 이 폴더를 열어보면

Trapcode HD Presets과 Trapcode SD Presets 두 개의 프리셋 폴더가 있습니다. HD 프리셋은 1920X1080 화면 사이즈에 적합한 프리셋이고 프레임 레이트는 24, 25, 30 fps를 지원합니다. 그리고 SD 프리셋은 NTSC와 PAL 그리고 D1 사이즈에 적합하며 프레임 레이트는 HD와 동일합니다. 여기에서는 Trapcode HD Presets 폴더를 열어줍니다.

05 적용된 프리셋을 확인해 보면 해당 프리셋의 모습을 볼 수 있습니다. 그러나 지금 적용된 fullreset 프리셋은 단순히 파티큘러를 적용한 것과 같은 기본 프리셋인 것을 알 수 있습니다. 확인이 끝나면 언두(Ctrl+Z)를 하여 다시 원점으로 돌아갑니다.

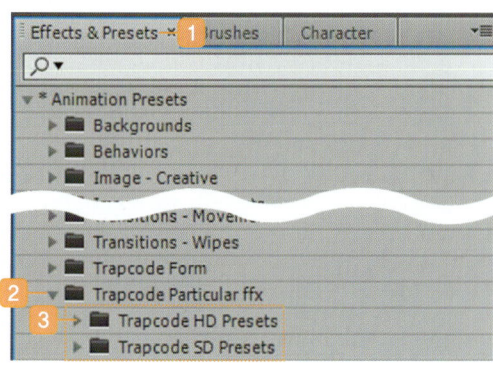

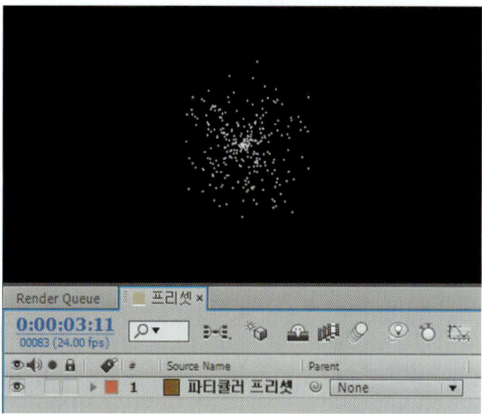

04 파티큘러의 프리셋은 총 46개(v2.2.0 버전 사용 시)를 사용할 수 있는데 목록을 보면 Graphical & Organic(그래프적인 유기적이고 규칙적인 장면), Explosion(폭발하거나 폭죽이 터지는 장면), Smoke & Trails(연기와 구름이 생성되는 장면), Natural(불꽃이나 우주, 눈, 비, 스파크 등과 같은 자연 현상에 관한 장면), Wipe(트랜지션 효과처럼 특정 방향으로 스쳐 지나가는 장면) 총 5개의 단위로 구분되어 있습니다. 이제 프리셋을 적용하기 위해 먼저 맨 위쪽에 있는 t2_0-fullreset_hd[이하 고유명(fullreset)만 표기함]을 끌어다 프리셋을 적용할 레이어에 갖다 놓습니다. 물론 여러 개의 레이어를 사용할 경우에는 해당 레이어로 갖다 놓으면 되지만 현재는 하나의 레이어밖에는 없기 때문에 컴포지션 패널에 보이는 레이어에 직접 갖다 놓아도 됩니다. 이때 중요한 것은 시간입니다. 즉 적용될 때의 시간부터 파티큘러 효과가 표현되므로 적용하기 전에 시간을 먼저 원하는 시간으로 이동해 놓는 것이 필요합니다. 이번에는 시간을 시작 프레임에 갖다놓고 적용하여 살펴봅니다.

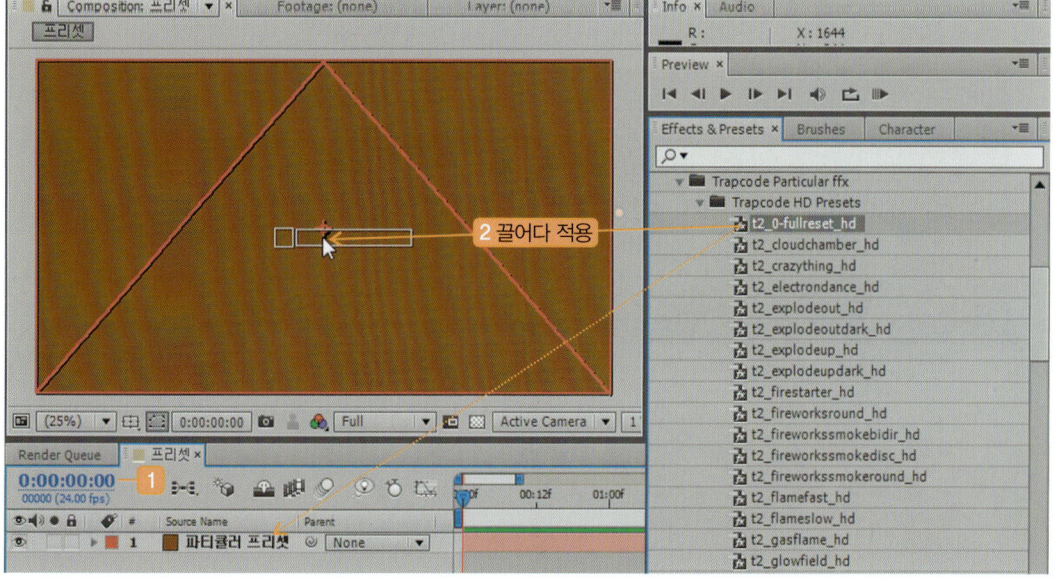

06 이번엔 다른 방법으로 적용하는 방법에 대해 알아봅니다. 먼저 적용될 레이어(파티큘러 프리셋)를 선택한 후 적용될 시간(시작 프레임)을 지정합니다. 그다음 적용하고자 하는 프리셋(explodeupdark)을 더블클릭합니다. 이와 같은 방법으로도 프리셋을 레이어에 적용할 수 있습니다.

파일을 열어줍니다. 여기서 프리셋에 등록할 파티큘러가 있는 레이어인 폭죽 레이어를 선택한 후 이펙트 컨트롤 패널에서 Particular라고 써있는 이름을 선택합니다.

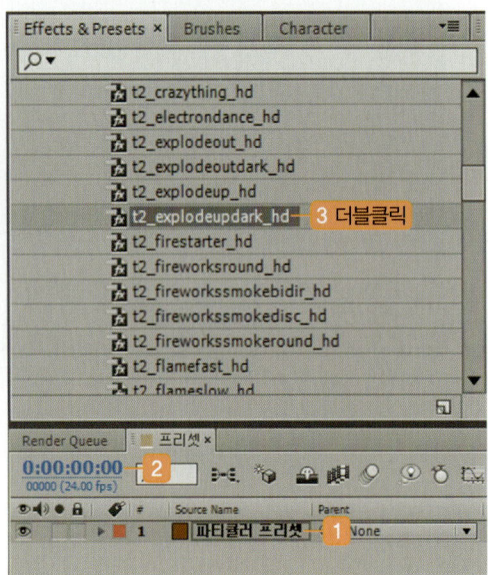

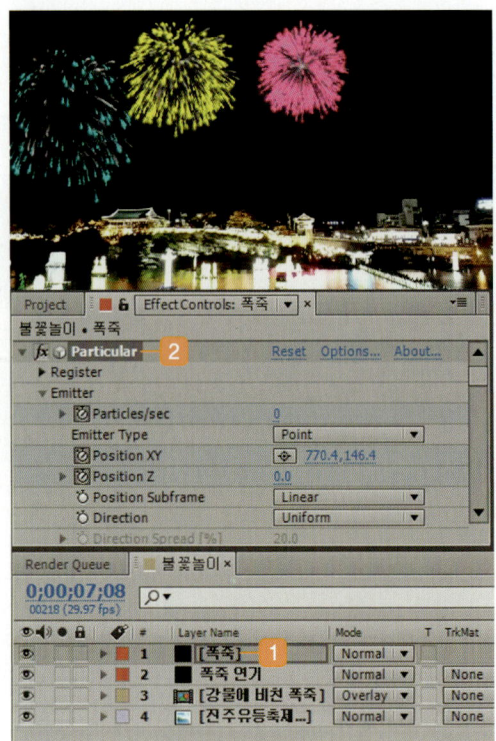

07 적용된 explodeupdark 프리셋을 확인해 보면 폭발되는 파티클이라는 것을 알 수 있습니다. 이와 같은 방법으로 나머지 프리셋도 적용하면 되며 어떤 프리셋이 제공되는지 확인해 봅니다. 이렇게 적용된 프리셋을 그냥 사용해도 되지만 대부분 파라미터를 설정하여 원하는 상태로 수정해서 사용하게 됩니다.

09 이제 Effect & Presets 패널 우측 하단에 있는 Create New Animation Preset 버튼을 클릭합니다.

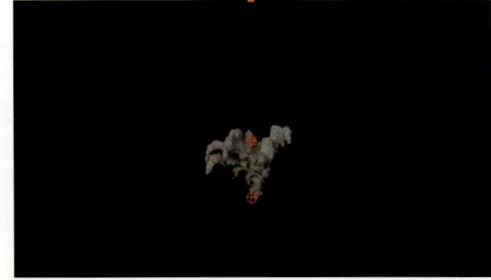

08 이번에는 작업한 파티큘러를 프리셋으로 등록하여 다음 작업에서 사용하거나 다른 컴퓨터로 복사하여 사용할 수 있게 파티큘러를 프리셋 등록하는 방법에 대해 알아봅니다. 살펴보기 위해 Ctrl+O 키를 눌러 이전에 작업했던 [불꽃놀이] 프로젝트

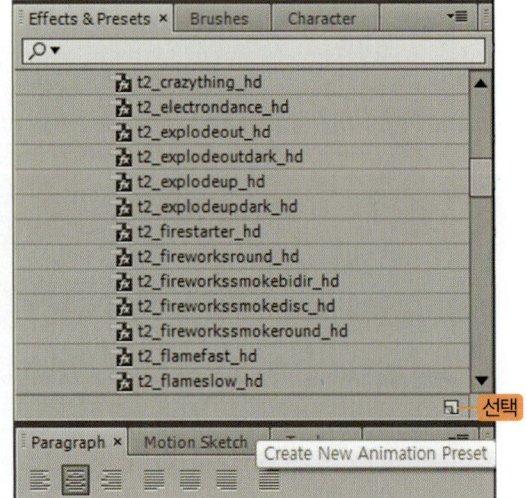

10 Save Animation Preset as 창이 뜨면 자동으로 컴퓨터 〉 시스템 (C) 〉 사용자 〉 사용자 이름 〉 내 문서 〉 Adobe 〉 After Effects CC 〉 User Presets 폴더 위치에서 열립니다. 이 위치에서 파일 (폭죽) 이름을 입력하고 저장 버튼을 클릭하여 저장합니다.

11 이제 Effects & Presets 패널에서 Animation Presets 폴더의 User Presets 폴더를 열어보면 방금 저장한 폭죽이란 이름의 프리셋이 등록된 것을 알 수 있습니다.

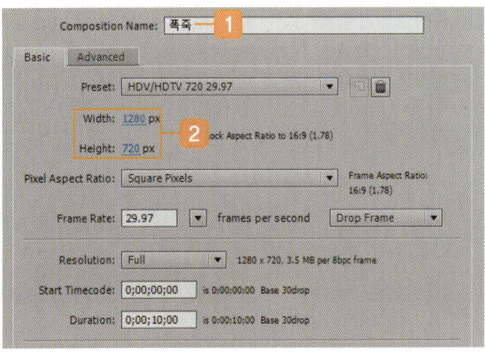

12 이제 앞서 등록된 프리셋을 사용해 보기 위해 Ctrl+N 키를 눌러 [폭죽]이란 이름의 새로운 컴포지션을 만들어줍니다. 크기는 현재 열려있는 불꽃놀이 컴포지션과 동일한 1280X720으로 설정합니다.

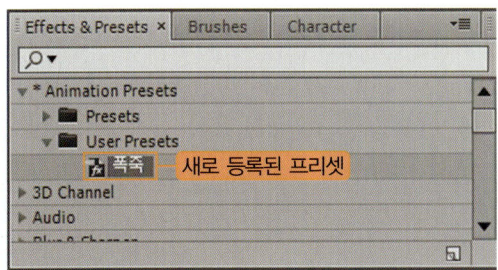

13 계속해서 Ctrl+Y 키를 눌러 폭죽 프리셋이 적용될 솔리드 레이어를 만들어줍니다.

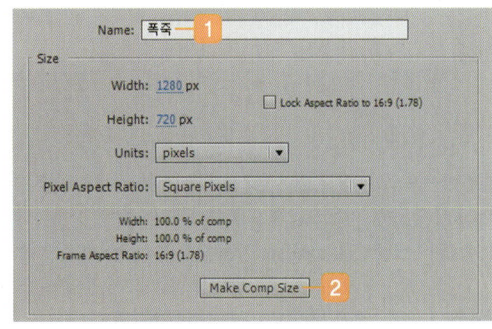

14 이제 방금 생성된 폭죽 솔리드 레이어를 선택한 후 폭죽 프리셋을 더블클릭하여 적용합니다. 그리고 확인해 보면 불꽃놀이에서 사용된 3개의 폭죽이 그대로 표현되는 것을 알 수 있습니다. 이렇듯 즐겨 사용될 만한 작업일 경우엔 프리셋으로 등록하여 사용할 수 있습니다. 또한 이 프리셋을 다른 컴퓨터에서 이용하고자 한다면 앞서 프리셋이 저장된 위치에 있는 프리셋을 복사한 후 다른 컴퓨터의 같은 위치에 붙여놓기 하면 됩니다. 이것으로 파티큘러의 모든 과정이 끝났습니다. 지금까지 학습한 내용을 잘 활용하여 멋진 작품을 만들어보십시오. 참고로 앞으로 출간될 "파티큘러 튜토리얼 컬렉션"도 많이 기대해 주시구요.^^

예제로 배우는 파티큘러 – 파티큘러 프리셋 활용 **297**

파티큘러 프리셋 목록

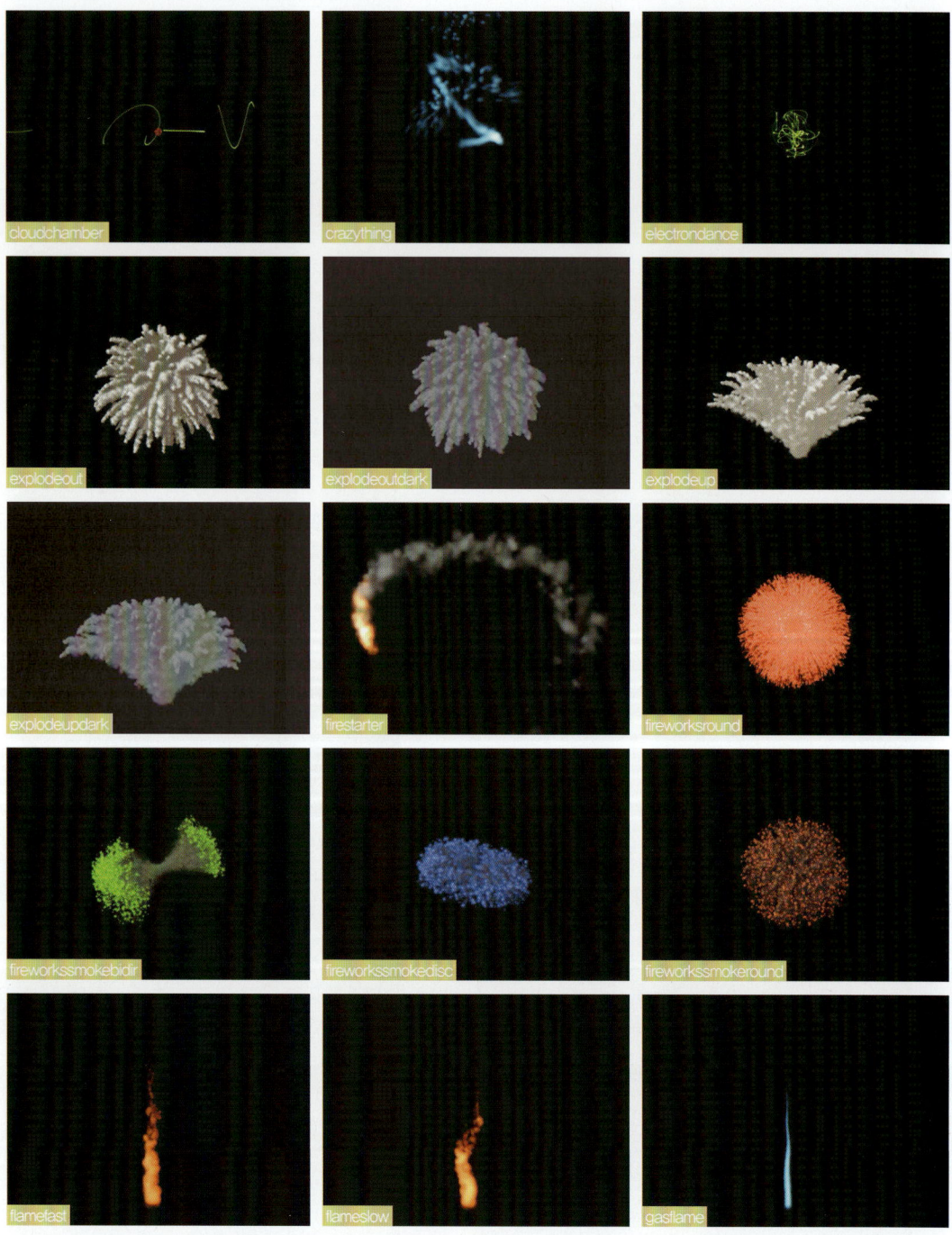

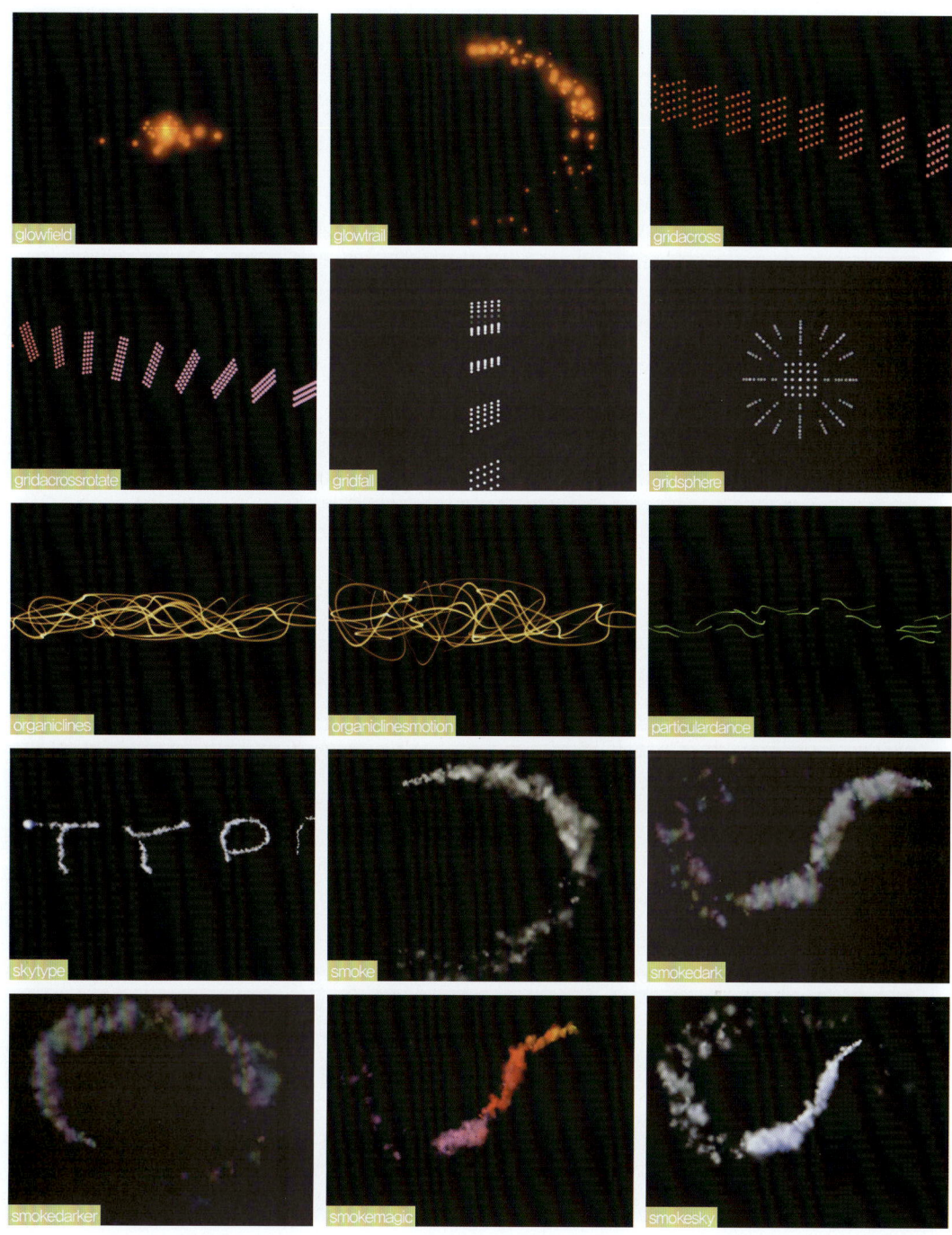

299

파티큘러 프리셋 목록

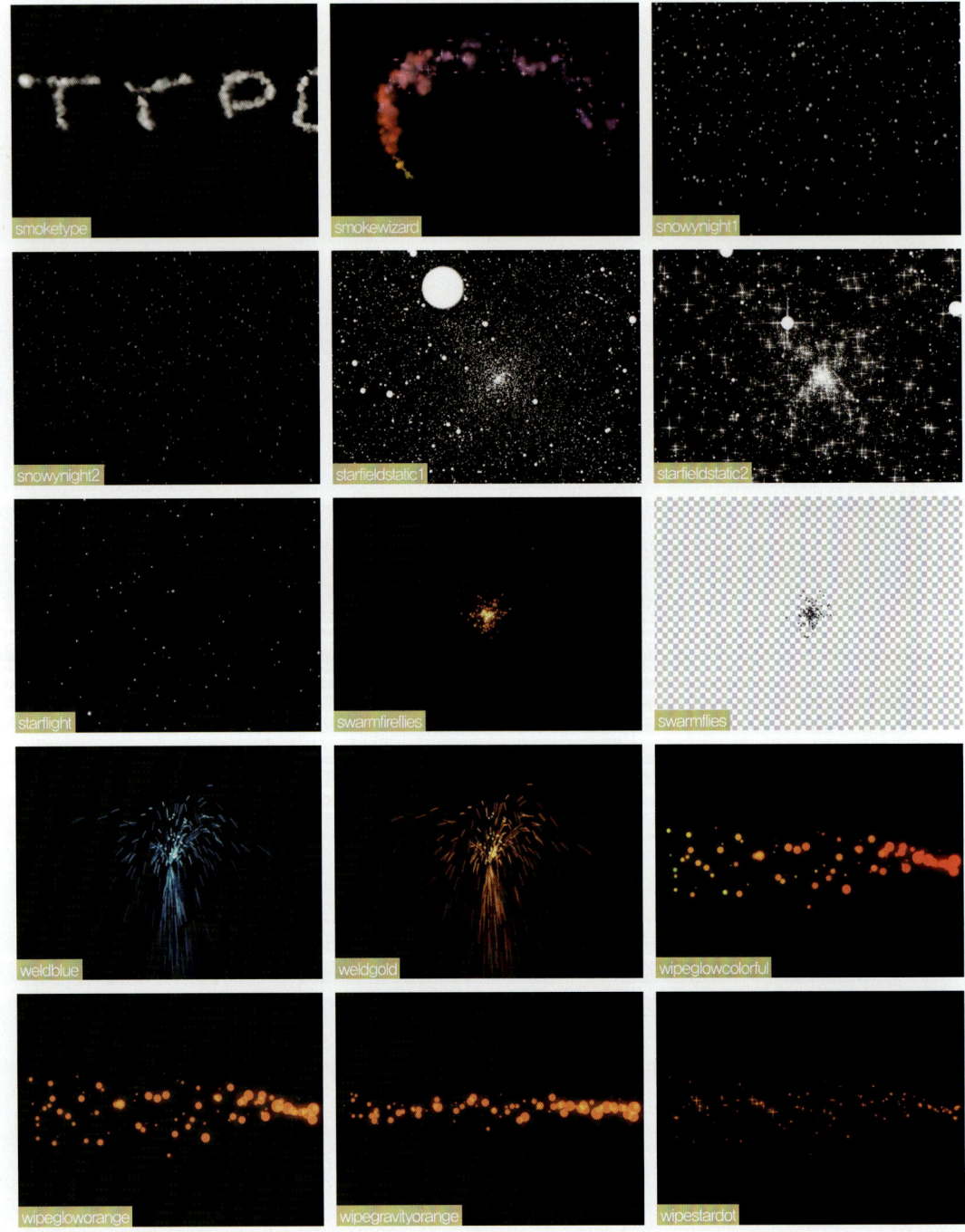

찾아보기

숫자

10x Linear   022
10x Smooth   022
3D Camera Tracker   158
3D Layer   028
3D Stroke   013

A ~ B

Add   041
Adjust Distance   068
Adjust Size   068
Affect Position   081, 084
Affect Size   081, 084
Air   070
Air Resistance   077, 104
Air Resistance Rotation   077
All   125
Also Obscure with   124
Always behind   069
Always in front   069
Ambient   064, 065
Aperture   129
At Birth   040, 057
At Bounce Event   096, 106, 108
Auto   069
Aux System   078, 096
Aux System
Bi-디렉셔널   025
BIRTH   039

Blur Level   128
Bounce   070, 089
Bounce Random [%]   094, 094
Box   022
Brightness   031
Brightness & Contrast   031

C ~ D

Camera   023
Camera Motion   135
Camera Motion & PTF   135
Casts Shadow   061
Character Offset   051
Circle   287
Cloudlet   039
Cloudlet Feather   039
Collision Event   095
Color Correction   031
Color From Main [%]   101
Color over Life   040, 057, 109
Color Strength   068
Colorize   044
Comp Settings   132
Complexity   083
Composition Settings   132
Continuously   078, 096
Control from Main Particles   103
Create New Animation Preset   296
Current Frame - Freeze   056
Current Time   030
DEATH   039
Depth of Field   037, 127
Depth of Field Type   129

Diffuse   065
Direction   024
Direction Bi-Directional   025
Direction Spread   025
Directional   024
Disc   025
Disregard   135
DOF   037

E ~ F

Effects & Presets   294
Ellipse   044
Emission Extras   023
Emit   078
Emit Probability   097
Emitter   018
Emitter Size   022
Emitter Type   020, 022, 024
Enable Expression   044
Enable Motion Blur   132
Environment   066
Evolution Offset   086
Evolution Speed   086
Exact (Slow)   022
Expression pick whip   075
Fade-in Curve   082
Fade-in Spin [sec]   079
Fade-in Time [sec]   081
Far Start Fade   117
Far Vanish   117
Feather   088
Fill   044
Floor Layer   090, 107

Floor Mode   091
Focus Distance   129
Form   013
Fractal Noise   082
From Light Emitter   041, 057, 217
Full Render   126

G ~ L

Gaussian Distribution   038
Glow   043
Glow Intensity   043
Glow Radius   043
Glow Sphere (No DOF)   037
Glow Threshold   043
Gradient Ramp   120
Gravity   070
Grid   026
Grid Emitter   084
Hides Video   046
HQ   073
Hue/Saturation   032
Infinite Plane   091
Inherit Velocity   103
Intensity   064
Kill   095
Layer   027
Layer Alpha   093
Layer Emitter   034
Layer Grid   034
Layer RGB Usage   030
Layer Sampling   029
Layer Size   091
Levels   133

Life [sec]   029, 098
Life Random   037
Light   027
Light Falloff   063
Light Options   063
Light(s) 026
Lightness – Rotation   032
Lightness – Size   030
Lightness – Velocity   031
Lights Unique Seeds   023
Linear   022, 082, 133
Linear Accuracy   134

M ~ O

Make Comp Size   092
Master Hue   032
Motion Blur   132
Motion Path   073, 074
Motion Preview   127
Move with Wind [%]   086
Natural (Lux)   064
Near and Far Curves   119
Near Start Fade   118
Near Vanish   118
New Comp Viewer   030
NO DOF   037
No Streaks   042, 217
Nominal Distance   063
None   033
None (AE)   063
Normal   130
Nothing   135
Null Object   139

Number of Clips   055
Obscuration   123
Octave Multiplier   086
Octave Scale   086
Off   060
Offset W   113
On   060
Opacity   039
Opacity Boost   134
Opacity over Life   039
Opacity Random [%]   046, 039
Options   026
Orbit Camera   072
Orient to Motion   046
Outwards   026
Over Life   040, 043

P ~ R

Particle   036
Particle Amount   127
Particle Birth Time   029
Particle in XYZ   034
Particle Type   039
Particles/sec   019, 028
Particular   018
Pen   044
Periodic Burst   035
Perlin Noise   082
Pero dicity Rnd   023
Physics   070
Physics (Air mode only)   104
Physics Model   070
Physics Time Factor (PTF) 071, 135

Placement   069
Point   074
Position   022
Position Subframe   021, 043
Pre-compose   248
Pre Run   023
Project   069
Radial Ramp   122
Ramp Shape   122
Random - Loop   054
Random - Play Once   054
Random - Still Frame   051, 053
Random from Gradient   041, 057
Random Rotation   038
Random Seed   042, 054
Random Seeds   023
Random Speed Distribution   038
Random Speed Rotate   038
Randomness   099, 105
Reflection Mat   066
Reflection Strength   067
Render Mode   126
Rendering   126
Reset   022, 042
Resolution/Down Sample Factor   130
RGB - Particle Color   030, 034
RGB - Size Vel Rot + Col   033
RGB - XYZ Velocity + Col   034
RGB - Size   032
Rot   032
Rotate Speed   102
Rotation   025
Rotation Speed   038

S

Same as Main   098
Scale   082
Screen   041
Selection   090
Set Color   040
Shading   060
Shadow   026
Shadowlet   069
Shadowlet for Aux   067
Shadowlet for Main   067
Shadowlet Settings   067
Shine   013, 269
Shutter Angle   132
Shutter Phase   132
Size Random [%]   046
Slide   094
Smooth   082, 130
Solid Setting   031
Specular Amount   065
Sphere   024, 037, 098
Sphere Feather   037
Spherical Field   087
Spin Amplitude   079, 116
Spin Frequency   079, 116
Split Clip - Play Once   055
Split Clip - Stretch   055
Split Clip   055
Spot   061
Sprite   044, 046
Sprite Colorize   044, 056
Sprite Fill   044, 058
Square (AE)   130

Star (No DOF)   038
Star at Birth - Loop   049
Starglow   013
Start at Birth - Play Once   048
Start at Birth - Loop   054
Start at Birth - Stretch   050
Start of Ramp   122
Start/Stop Emit [% of Life]   103
Stick   095
Still   029
Stop Emit [% of Life]   104
Streak Size   042, 043
Streak Size
Streaklet   023, 042, 217
Streaklet Feather   042
Strength   087
Stroke   044
Subframe Sample   133
Subframes Sampling
Subtract   092

T ~ Z

Texture   045
Textured Polygon   044, 058, 062
Textured Polygon Colorize   059
Textured Polygon Fill   044, 046, 059, 068
Time Sampling   046, 047, 049
Toggle Hold Keyframe   198
Track Camera   158
Track Motion   251
Transfer Mode   041
Trapcode Suite   012
Traverse   035

Turbulence Field   081
Turbulence Position   105
Type   027, 035
Unified Camera   023
Uniform   028
valueAtTime   076
Vel(벨로시티)   032
Velocity   020, 024, 099
Velocity Distribution   020
Velocity from Motion [%]   020, 021, 043
Velocity Random   020
Visibility   114
Visualize Fields   080, 087
Wall   125
Wall Layer   094
Wiggle   021, 042
Wind   080
Wind Affect [%]   104, 105
World Transform   112
Z at Black   121
Z at White   121
Z Buffer   120

한글

가우스 분포   038
그래비티   070
그리드   026
글로우 스피어(NO DOF)   037
노미널 디스턴스   063
뎁스 오브 필드   037
디(다이)렉셔널   024
디렉션 스프레드   025
디스리가드   135

디스트리뷰션　038
디퓨즈　065
라이트 유니크 시드　023
라이트니스 – 벨로시티　031
라이트니스 – 사이즈　030
라이프[세크]　037
랜덤 로테이션　038
랜덤 시드　023
레이어 RGB 유시지　033
레이어 샘플링　030
렌더링　126
리니어 애큐러시　134
리플렉션 맵　066
벨로시티　020
브라이트니스　031
브로버블러티　097
비저빌러티　114, 117
비주얼라이즈 필드　080
서드파티　016
셰이딩　060
쉐도울렛　069
스트리클렛　023, 037, 042
스틸　029
스퍼리컬　087
스프라이트　044
스프라이트 컬러라이즈　056
스플릿 클립 – 플레이 원스　055
스피어　024
스피어 패더　037
슬로우 셔터　042
시네마 4D　067
압스큐어레이션　123
앰비언트　064
어저스트 디스턴스　068

엄폐물　123
오패서티　068
옥스 시스템　096
월드 트랜스폼　110
이그잭트　022
이미터　018
익스프레션　021, 075
인바이어런먼트　066
커런트 타임 인디케이터　019
컨티뉴어슬리　078
컴플렉시티　083
클라우드　037
클라우들렛　039
탄젠트　075
터뷸런스　080
텍스처　044
트래버스　035
트랩코드 슈트　012, 014
파티클　036
펄린 프랙탈 노이즈　082
프랙탈　083
프랙탈 패턴　085
프리-컴포즈　248
프리셋　294
플리커　069
피리어아틱 버스트　035
피직스　070
피직스 타임 팩터　071
핸들　075

애프터이펙트 파티큘러

CS & CC 를 위한